Couvertures supérieure et intérieure manquantes

HISTOIRE DU PÉRIGORD

PÉRIGUEUX. — IMPRIMERIE R. DELAGE ET D. JOUCLA.

HISTOIRE
DU PÉRIGORD

PAR

Léon DESSALLES

———

TOME II

PÉRIGUEUX

R. DELAGE ET D. JOUCLA, ÉDITEURS, ROUTE DE BORDEAUX
—
1885

HISTOIRE DU PÉRIGORD

LIVRE IV.

CHAPITRE PREMIER.

Événements de 1250 à 1400

En rentrant en France (1254), saint Louis montra les meilleures dispositions pour le roi d'Angleterre. Aussi, en 1258, malgré les embarras que les barons anglais suscitaient à Henri III, mettait-il un véritable empressement à traiter la paix avec lui. Il est vrai que, tout en se montrant généreux, il prenait une position bien meilleure que celle qu'il occupait auparavant. La paix fut ratifiée en 1259, contrairement à l'avis du conseil de Louis IX. Sans doute elle ne réalisa pas toutes les espérances de ce monarque, mais elle restitua irrévocablement à la France, la Normandie, l'Anjou, la Touraine, le Maine, le Poitou, etc. Quant à la Guienne, elle ne fut désormais plus qu'un fief relevant directement de la couronne de France, avec des restrictions importantes qui n'existaient pas auparavant. Voici le texte même de l'article : « Henri etc., nous faisons assavoir, etc., que
» nous... avons paix faite avec le noble roi Louis de France... : Il
» nous donne, à nous et à nos hoirs et successeurs, toute la directe
» qu'il avait sur les trois évêchés et leurs cités, c'est-à-dire *Limoges*,
» *Cahors* et *Périgueux*, sauf l'hommage de ses frères, pour ce qu'ils
» y tiennent, qui resteront ses hommes et sauves les autres choses
» qui ne peuvent être mises hors de sa main. » La suite contient

des détails sans importance pour le Périgord, mais nets et précis sur tout ce qui est réglé par ce traité. A la fin, il est dit : « Et de
» ce qu'il donnera à nous et à nos hoirs en fiefs et en domaines,
» nous et nos hoirs lui ferons *hommage lige* et à ses hoirs rois de
» France, *ainsi que de Bordeaux, de Bayonne, de la Gascogne et de*
» *toute la terre que nous tenons de la mer d'Angleterre, les îles*
» *comprises.* »

Le roi d'Angleterre, se trouvait ainsi l'homme lige du roi de France, pour toutes les parties de la Guienne que ce roi lui cédait par ce traité.

La capitale du Périgord, l'église cathédrale de Saint-Étienne et la collégiale de Saint-Front, la ville et l'abbaye de Sarlat restaient par ce traité, sous la main immédiate du roi de France et ne pouvaient pas être détachées de la couronne. Il en était de même du comte de Périgord et de son comté, en vertu des lettres de 1212, rapportées plus haut. Montignac-le-Comte, Limeuil, Cendrieux (1), une grande partie des terres des bords de la Dordogne relevaient d'Alphonse, frère du roi, comte de Poitiers et de Toulouse ; etc.

BERGERAC. — A part les incidents de la guerre, Bergerac avait toujours relevé directement du roi d'Angleterre. La paix faite, il rentra dans sa condition normale. Il n'y aurait rien de surprenant que, dans l'espoir de sortir plus vite des embarras où elle se trouvait, pendant que son mari était retenu prisonnier, Marguerite, que nous avons vue envoyer un fondé de pouvoir pour la représenter auprès d'Edouard, fils d'Henri III et duc de Guienne, se fût empressée de saisir l'occasion du traité de paix pour se rapprocher du prince. Ce rapprochement pouvait lever les autres difficultés. Nous la voyons, en effet, lui rendre hommage et lui prêter serment de fidélité, le 19 avril 1259 (2), vingt-deux jours après la ratification de la paix ; mais la situation était trop complexe pour qu'elle se dégageât avec autant de promptitude. Le roi, lié avec les habitants de Bergerac, dotés du régime municipal, tenait garnison dans la ville pour y maintenir les nouvelles institutions. Il avait pris des engagements

---

(1) Il est vrai de dire cependant que ces deux dernières localités appartenaient aux Bouville, tout dévoués aux Anglais, comme je l'expliquerai bientôt.

(2) Bib. nat., coll. Bréquigny, t. II, Guienne, t. II.

avec les chevaliers et les bourgeois de son parti ; il avait fait des dépenses et, peut-être même, l'arrestation de Renaud avait-elle été suivie d'actes qui nécessitaient au moins des explications préalables. Il ne pouvait par conséquent pas se contenter d'un simple hommage à son fils ; il lui fallait ou une réparation ou un arrangement, suivant la nature des évènements accomplis. Il paraît à peu près certain qu'à la suite du traité et de l'hommage rendu par Marguerite, Renaud avait été relaxé et que, peu de temps après, il s'était présenté devant la cour de Gascogne, à Bordeaux, avec sa femme, demandant à cette cour de le remettre en possession de Bergerac. N'ayant rien pu obtenir, il s'était adressé au Parlement de Paris. Cela résulta d'un arrêt rendu aux octaves de la Chandeleur (1260), sur une incidence soulevée par les représentants du roi d'Angleterre, à l'occasion des témoins produits par les deux époux, et à la suite duquel la cause, malgré l'opposition soulevée, est retenue par la cour (1). Il nous manque beaucoup de documents sur cette affaire ; il n'est donc pas possible de la suivre dans toutes ses phases ; mais il est certain qu'elle ne se termina qu'en 1264, par jugement arbitral.

Les parties s'en étaient remises à la décision de Marguerite, femme de saint Louis, qui rendit la sentence dont voici le résumé :

« 1° Renaud de Pons et sa femme sont condamnés à payer à
» Henri et à Edouard 10,000 livres tournois, destinées à acquitter
» les dettes de ce roi et de son fils ; 2° Ils doivent les tenir quittes
» de tous les revenus perçus par eux ; 3° Ils pardonneront aux che-
» valiers et aux bourgeois de Bergerac du parti du roi et du prince,
» et éviteront de leur nuire ; 4° Ils respecteront les dons faits par
» le roi ; 5° Comme Henri III a accordé des franchises à la commu-
» nauté de Bergerac, dans la terre dudit Bergerac et ailleurs, les
» syndics du maire et de la communauté consentent à ce qu'Edouard
» rende aux deux époux le château de Bergerac, avec toutes ses dé-
» pendances, nonobstant tous pactes et conventions et même le
» serment de ce prince, par lequel il s'était engagé à ne jamais
» mettre Bergerac hors de sa main. Les syndics promettent en outre
» de déposer entre les mains de la reine arbitre, au parlement de

---

(1) Olim., t. I, p. 499.

» la Pentecôte, les lettres dudit prince, portant concession à la ville
» d'un maire et d'une commune, avec privilèges, coutumes, fran-
» chises et libertés, et déclarent au prince qu'ils le tiennent quitte
» de tout ce qu'il a fait pour la commune ; 6° Les deux époux sont
» tenus de faire hommage au roi et à son fils ; 7° Le roi et son fils
» pardonnent aux époux tout le passé ; 8° Ils remettent aux chevaliers
» et aux bourgeois les serments qu'ils leur avaient prêtés, etc. (1). »

Cette sentence porte la date du 30 mars 1264. Dans le courant de la même année (le 17 juin), la reine d'Angleterre donna ordre à Pierre de Bordeaux, lieutenant du sénéchal de Gascogne, de faire rendre Bergerac et ses dépendances à Renaud et à Marguerite. En août, un ordre semblable fut donné au même par la reine de France (2) ; en juin 1267, Henri III accepta et approuva la sentence et fit grâce aux deux époux de tout le passé (3) ; et en 1272, le 17 mars, Marguerite, devenue veuve, fit hommage à Edouard Ier, successeur d'Henri III, du château et de la châtellenie de Bergerac avec ses dépendances, à savoir les châteaux de *Montcucq* (4), de *Gardonne* (4), de *Bridoire* (5), de *Mouleydier* (6), les terres et tènements de *Baynése* (7), le domaine de *La Barde* (8), *Issigeac*, *Marmontèse* (ou Montmarvès), les châteaux de *Cugnac*, de *Biron*, de *Badefol* et leurs dépendances, le vicomté de Castillon, comprenant les châteaux de Castillon, de Puymorneand, canton de Beaumont, et leurs dépendances ; le domaine de *Gurson*, *Clermont de Beauregard*, *Montpazier*, *Cadouin* et *Montravel* (9). Elle reconnait en même temps qu'elle lui devait trois chevaliers de service pendant 40 jours, avec la faculté donnée au roi de les retenir plus longtemps à ses frais (10).

---

(1) Arch. nation. J 318, n° 28.
(2) Reg. de la bibl de Wolfenbuttel, contenant les hommages de la Guienne, pièce 497.
(3) Fœdera, litteræ et acta publica (Nouv. Rimer.), t, I, partie 1re, p. 474.
(4) Château détruit, non loin du Mantail.
(5) Commune du canton de Sigoulès.
(6) Détruit, entre Sigoulès et Cunèges.
(7) Canton de Lalinde.
(8) L'abbé Lespine a lu *Bajanés*, hist. généal. et hérald. des pairs de Fr. t. IV, art. Pons, p. 22, et il a eu à peu près raison, car il s'agit du territoire de la commune actuelle de *Bayac*.
(9) Bibl. nat., coll. de D. Estiennot, n° 557.
(10) Fœdera, litteræ et acta publica (Nouv. Rimer), t. I, part. 1re, p. 253.

La maison de Bourdeille. — Elle est une des plus anciennes et des plus considérables du Périgord. Elle jouait un rôle important dès le xii⁰ siècle, et contribua à la fondation de plusieurs maisons religieuses. Il n'est pas facile d'établir la filiation de tous les membres connus de cette famille, antérieurement au xiii⁰ siècle, ni peut-être même jusqu'au xiv⁰ ; mais ceux dont les noms sont parvenus jusqu'à nous et ce que nous savons d'eux, nous donnent une assez haute idée du rang qu'ils occupaient dans la société où ils vivaient.

Au xii⁰ siècle Hélie de Bourdeille et Ebles, son fils, contribuèrent à la fondation de Ligueux. Nous savons que Guillaume de Bourdeille et Hugues de Bourdeille vivaient également au xii⁰ siècle et furent peut-être ceux dont on a dit : *les seigneurs de Bourdeille sont placés parmi les fondateurs et bienfaiteurs de Fontaines*.

Au xiii⁰ siècle, nous trouvons un autre Hélie de Bourdeille qui se fait anglais, après la bataille de Taillebourg, entraîné qu'il est sans doute par les avantages que lui accorde Henri III (1) ; qui part ensuite pour la Terre-Sainte et fait son testament devant Damiette, en 1249, y parle de son père encore vivant, qu'il ne nomme pas, de son frère Ebles et d'un autre frère, dont le nom est douteux, et qui recommande qu'on répare tous les maux qu'il a causés (2). Nous trouvons aussi un Bernard de Bourdeille, sans doute le second fils, dont parle le testament d'Hélie, anglais comme lui, et très turbulent, qu'Edouard I⁰ʳ prend sous sa protection immédiate, en 1269, et qui, en 1273, est en querelle avec l'abbé de Brantôme, lequel le poursuit devant le Parlement de Paris pour avoir voulu se soustraire à la suzeraineté de l'abbaye, après avoir vu bannir Ebles, son frère aîné, par le roi saint Louis, et s'être mis au lieu et place de ce frère, en prétendant qu'il ne relevait que du roi d'Angleterre (3) ; ce qu'il ne put pas prouver, tandis que le couvent, admis à justifier son dire, établit son droit en 1281 et resta en possession de la suzeraineté de Bourdeille (4). Nous trouvons enfin un Boson de Bourdeille, violent, batailleur, continuellement aux prises avec ses voisins et en lutte, en 1267, avec la vicomtesse de Limoges. C'est de lui dont j'ai plus particulièrement à m'occuper.

---

(1) Original entre les mains des descendants de la famille.
(2) Olim., t. i, p. 940.
(3) Fœdera, litteræ, etc., t. i, part. 1ʳᵉ, p. 424.
(4) Olim. t. i, p. 940.

Les auteurs de *l'Art de vérifier les dates* disent que Gui VI, vicomte de Limoges, qu'on appelle le *Preux*, et qui aurait mieux été nommé le *Turbulent*, alla, en 1263, faire le siége du château de Bourdeille sans nous en dire le motif. Il échoua. Des lettres de cette année nous apprennent que Boson de Bourdeille se plaignit au roi d'Angleterre en ces termes : « Votre sénéchal, de ma part, a dili-
» gemment requis le vicomte de Limoges de réparer et amender les
» dommages qu'il m'a causés, pour ainsi dire sous mes yeux, pen-
» dant que durait la trêve, en détruisant ma seigneurie de *Peaussac*,
» en me portant bien préjudice et en me faisant bien d'autres ou-
» trages, dans ce que je tiens de vous en fief ; mais il a superbement
» et perversement répondu qu'il n'est pas votre homme et ne tient
» rien de vous. Je prie donc Votre Majesté royale de prendre en
» considération ce qui m'arrive et de faire en sorte que l'injure et
» l'outrage que cette conduite du vicomte fait retomber sur vous
» deviennent de la justice et de l'honneur (1) ».

Il est évident que, s'il y avait eu attaque du château de Bourdeille, les lettres de Boson en auraient fait mention. Mais, pour n'avoir pas attaqué Bourdeille, le vicomte de Limoges n'en était pas moins blâmable d'avoir violé la trêve, et sa conduite ne peut s'expliquer que par la rivalité qui, malgré la paix, existait toujours entre la France et l'Angleterre. Le vicomte de Limoges était Français, le seigneur de Bourdeille était Anglais, et peut-être le comte de Périgord laissait-il faire, car nous ne savons rien de sa conduite à cette époque.

Cependant le vicomte de Limoges, au lieu de continuer ses courses, se porta sur Brantôme et mourut au couvent dans le courant du mois d'août (2). Il ne paraît pas, du reste, que justice ait été rendue à Boson, et nous allons voir comment il s'y prit pour faire ce qu'on n'avait pas fait pour lui.

Le château de Châlus, en Limousin, se divisait en deux parties distinctes, dont l'une était jouie par Ebles de Bourdeille, frère de Boson, sous la directe de la vicomtesse de Limoges, et l'autre par la vicomtesse elle-même.

---

(1) Ibid. t. II, p. 187. Il avait été donné aussi au roi d'Angleterre par le pacte de 1256.
(2) *Art de vérifier les dates*, t. II, p. 396.

Ebles ayant été exilé du royaume, mou. ut sans doute peu de temps après. En sa qualité d'héritier, Boson prit possession de la portion provenant de son frère, s'il ne s'y était déjà installé avant sa mort, et, profitant de la position que les circonstances lui avaient faite, sans tenir compte de ce qu'il devait à la vicomtesse, évidemment même malgré sa volonté, il réunit des troupes, assaillit ses domaines, assiégea et envahit les bâtiments qui en dépendaient, les pilla, tua le gouverneur de sa propre main, fit prisonniers ses deux enfants, s'empara d'un otage et s'appropria tout ce dont il put se rendre maître. Il fit plus encore, il mit la main sur les biens du gouverneur et en perçut les revenus à son profit, détruisit des maisons et commit beaucoup d'autres dégâts (1).

Après la mort de son mari, la veuve du vicomte avait pris l'administration, au nom de sa fille, et s'était montrée très jalouse de son autorité et des droits vicomtaux. Elle était constamment en querelle avec ses voisins. Son indignation contre Boson dut être sans bornes ; mais comme elle n'était pas en état de se venger par les armes, elle demanda à saint Louis la réparation de l'outrage reçu et des dommages éprouvés. Le roi s'empressa d'accueillir la réclamation de la vicomtesse et prit ses mesures pour que justice lui fût rendue. C'était le moment où le parlement, devenu sédentaire, s'appliquait à entourer la royauté de ce prestige de suprématie qui devait mettre un frein à l'anarchie féodale, tandis que, de son côté, tout entier à l'étude du droit romain, ce corps consacrait ses soins à fonder une jurisprudence toute d'équité. C'est au parlement que fut confiée la mission de traiter cette grosse affaire. Nous ne connaissons pas tous les détails de la procédure engagée ; mais nous savons que de prime-abord trois actions parfaitement distinctes furent intentées : La première avait pour objet l'occupation violente du château et les dommages causés à la vicomtesse par cette occupation. La mort du châtelain, l'arrestation de ses enfants et l'abus de la force pour s'emparer des biens de la victime et les exploiter au profit de l'envahisseur, furent le sujet de la seconde. L'otage donna naissance à la troisième.

A travers une complication d'incidents et de questions préjudi-

---

(1) Cela ressort des arrêts du parlement ; Olim, t. 1, p. 264, 724, 286, 287 et 669.

cielles passablement obscures, nous voyons d'abord Raoul des Trapes, alors sénéchal de Périgord, Limousin et Quercy, chargé des premières poursuites contre Boson, dans l'intérêt de la vicomtesse ; mais il n'est pas possible de dire à quelle époque commencèrent ces poursuites ; nous savons seulement que Raoul des Trapes se rendit en Limousin avec deux chevaliers du roi et des troupes, et tout porte à croire que Boson fut fait prisonnier dans cette expédition (1). Nous le trouvons prisonnier à Tours en août 1267, offrant de fournir caution pour la garantie de la promesse qu'il avait faite de remettre entre les mains du roi ou de son sénéchal la portion du château et ses dépendances possédée par la vicomtesse de Limoges, lorsque le châtelain Adhémar de Maumont fut tué et la vicomtesse dépossédée ; offrant également de rendre les deux enfants d'Adhémar et l'otage capturé qu'on disait avoir été remis par lui à Hélie Flamme, seigneur de Bruzac (2). Il s'était en outre engagé, avec caution, de payer 1,000 livres tournois s'il ne se soumettait pas à la décision du roi sur le compromis fait entre lui, d'une part, la vicomtesse et Pierre de Maumont, fils d'Adhémar, d'autre part.

Nous avons vu les lettres de Rotrou, seigneur de Montfort (3), de Foulques, seigneur de Mastas, et d'Hervais, seigneur de Roufflac (4), qui s'engagent pour lui, et celles de saint Louis au bailli de Tours, auquel ce roi recommande de relâcher le prisonnier aussitôt que les lettres des pléges seront parvenues (5). Il était libre à la Toussaint, et comme il avait rempli à peu près tous les engagements qu'il avait pris, il réclamait auprès du parlement pour qu'on lui rendît les otages qu'il avait fournis. Le parlement ayant reconnu que le château, les enfants et l'otage capturé avaient été remis au roi, lui accorda sa demande, malgré les instances de la vicomtesse. On exigea pourtant de lui qu'il donnerait des sûretés pour ce qu'il restait à faire (6) ; et de fait le 21 décembre il donna ces sûretés (7), puisqu'il

---

(1) Olim, t. 1, p. 681. La date de cette expédition n'est pas connue ; mais tout porte à croire qu'elle dut avoir lieu en 1266 au plus tard.
(2) Aujourd'hui canton de Lanouaille.
(3) Arch. nation., J 400., n° 49, 2me.
(4) Ibid. J 426, n° 8.
(5) Ibid, J 317. Les lettres du roi sont du 26 août ; celles de Rotrou de Foulques et d'Hervais de septembre 1267.
(6) Olim, t. 1, p. 688.
(7) Arch. nation., J 400, n° 49, 4me.

fournit pour plèges Humbert Lagnonie, seigneur de Brillac, qui s'était engagé dès le 1er décembre (1) et Gaston VII, vicomte de Béarn, qui prit son engagement le 20 du même mois (2).

Cependant la vicomtesse, de son côté, ayant demandé qu'on lui fît à elle-même la remise du château, des enfants d'Adhémar, de l'otage et de tout ce que Boson n'avait remis ou réparé qu'entre les mains du roi, quoique Boson n'hésitât pas à répondre que le château était sien et que tout ce qu'il avait fait, il l'avait accompli en vertu de son droit; sans tenir compte de son dire, le château, les enfants, l'otage, et tout ce qui avait été pris fut rendu à la vicomtesse, à la condition que cette dame donnerait bonne garantie d'ester à droit, si Boson avait quelque réclamation à faire ; ce qu'elle fit par lettres du 16 décembre (3).

Après ces deux arrêts, il semblait que tout devait être fini ; mais Boson, loin de se décourager, eut encore recours au Parlement et demanda que la partie du château qu'il disait avoir appartenu à son frère, et qu'il prétendait avoir joui, depuis la mort de celui-ci jusqu'au moment où il en avait fait la remise au sénéchal de Périgord, lui fût rendue en état parce que, selon lui, après que Raoul de Trapes l'avait eu mise en possession de cette partie du château, la vicomtesse l'avait fait désemparer, et elle devait le rétablir avec dommages-intérêts. Une enquête faite au commencement de 1268, et un arrêt rendu à la Pentecôte, prouvèrent que Boson n'était pas dans son droit et il fut débouté (4).

Pendant que le procès de Boson et de la comtesse se déroulait, et sans attendre qu'il fût terminé, Géraud de Maumont, frère d'Adhémar, agissant pour lui, sa mère et les enfants de son frère, avait demandé que les terres, les maisons et autres objets à eux appartenant, que le roi tenait sous sa main et sous sa garde spéciale, leur fussent rendus et les dommages réparés. Par arrêt du Parlement de la Toussaint (1267), ces biens leur furent rendus, malgré Boson, qui voulait que l'affaire fût ajournée (5).

---

(1) Arch. nation., n° 49 1er.
(2) Ibid., ibid., n° 49, 2°.
(3) Ibid. J 531, n° 3.
(4) Olim. t. I, p. 261 et 724.
(5) Olim. t. I, p. 669.

Quinze mois après environ, Pierre de Maumont, fils d'Adhémar, poursuivait à mort Boson ; et comme il fut reconnu qu'en effet, le seigneur de Bourdeille avait frappé Adhémar de sa main, le roi le condamna à passer la mer et à aller combattre les infidèles pendant treize ans (1). Il fut en outre condamné à une amende de 400 livres tournois envers les enfants d'Adhémar, pour avoir démoli des maisons à eux appartenant et s'être servi des matériaux (2).

Quant à l'otage qu'on disait avoir été remis à Hélie Flamenc, Boson fut condamné à le rendre, sans autre forme de procès (3).

Mais ce n'étaient pas là les seules affaires que Boson s'était vues sur les bras. Presqu'en même temps, il était accusé, par le curé d'Augignac, aujourd'hui canton de Nontron, d'avoir envahi, ruiné et brûlé son église et son presbytère, d'avoir pris les ornements de l'église, cinq chevaux et beaucoup d'autres objets, d'avoir fait prisonniers son frère et deux de ses petits-neveux ; d'avoir tué un homme dans le clocher, d'avoir pillé et ruiné plusieurs maisons du bourg d'Augignac ; par des marchands de Nontron, d'avoir été faits prisonniers par lui, d'en avoir été spoliés, bien qu'ils fussent sous la sauvegarde du roi (4). Quoique ces accusations fussent graves, il en fut cependant quitte pour des amendes. Telles étaient les mœurs de la haute société de ce temps-là. A mesure que la féodalité s'affaiblissait, ceux qui se trouvaient le plus en vue donnaient de plus en plus de mauvais exemples et habituaient progressivement le peuple à méconnaître l'honneur, le devoir et le respect du prochain.

Nous sommes arrivés à un moment où les événements se succèdent sans suite. Je les rapporterai chronologiquement.

Les Bouville. — Le premier fait qui se produit porte la date de 1264. C'est une transaction entre Raimond de Bouville et ses frères, seigneurs de Limeuil, d'une part, l'abbesse, le célérier et le couvent du Bugue, de l'autre, par laquelle ces seigneurs sont proclamés fondateurs, gardiens et défenseurs du couvent (5). Nous avons vu par

---

(1) Olim, t. I, p. 286.
(2) Ibid., Ibid., p. 287. On l'excusa de cette violence, parce que les maisons démolies étaient dans sa directe, et qu'il pouvait se servir de ces matériaux en les payant.
(3) Ibid., ibid. Voir aussi Arch. nat. J. 317, J. 400, n° 49, 2me.
(4) Ibid. t. I, p. 278 et 279.
(5) Bibl. nat. papiers Leydet (fonds Prunis), 2e rec., 1re partie.

qui fut fondé ce couvent. Nous savons par qui il fut ruiné. La reconstruction s'en fit à la fin du xii° et au commencement du xiii° siècle ; la confiscation de la Guienne sur Jean-sans-Terre, la guerre des Albigeois, les luttes avec les Anglais et l'agitation jusqu'à la bataille de Taillebourg, laissèrent les coudées franches aux ambitieux. La famille de Bouville, toute dévouée aux Anglais, profita de ces troubles et occupa la seigneurie de *Limeuil, Cendrieux, Miremont,* etc., soit du consentement de ces ennemis de la France, soit par un don exprès, vers l'époque de la bataille de Taillebourg, et en devint définitivement possesseur au traité de paix de 1259. Il n'y avait rien de commun entre cette famille et les seigneurs de Montignac, depuis Grimoard jusqu'aux sires de Pons ; mais elle avait besoin de prendre racine dans le pays. Il existait entre elle et le couvent du Bugue, un antagonisme, une lutte sourde dont on ne connait pas bien la cause ; mais l'antipathie était réelle. Elle trouva le moyen de lever les obstacles et d'arriver à la transaction dont je viens de parler ; et cette transaction eut un tel retentissement, qu'à partir de ce moment jusqu'à nos jours, on oublia les vrais fondateurs et l'époque de la fondation, pour ne plus parler que des seigneurs de Limeuil, et ne plus placer cette fondation qu'au xiii° siècle (1).

Les Croisades. — La guerre sainte, malgré les désastres par elle causés à l'Europe, était encore en grande faveur, et on s'occupait toujours de ramasser des fonds pour la soutenir. Nous avons des lettres de Simon, cardinal, prêtre de Sainte-Cécile, à l'archevêque de Bordeaux et à ses suffragants, au sujet de la dîme accordée pour la Terre-Sainte, portant la date de 1266 (2).

La monnaie Périgourdine. — Lorsque la société moderne s'organisa, que les pouvoirs et les administrations eurent à peu près repris leur place, et que les évêques ne durent plus s'occuper que des affaires religieuses, les contestations qui pouvaient survenir au sujet de la monnaie furent naturellement appelées à se débattre entre le comte et le pouvoir civil, qui résidaient alors dans les mains de la municipalité du Puy-St-Front ; c'est ce qui arriva en 1266. Durant la guerre, le comte n'avait pas même songé à fabriquer de la monnaie ;

---

(1) Cela est si vrai que, jusqu'à nos jours, tous les ouvrages qui en parlent, regardent Marie, qui traita avec les Bouville, comme la première abbesse.
(2) Arch. nat. J. 436, n° 23

mais après la paix, Archambaud III, successeur d'Hélie VI, voulut user de son droit, pour réparer sans doute les pertes que lui avait causé la guerre. La municipalité ne lui contesta pas ce droit ; mais, comme il prétendait faire fabriquer sa monnaie dans la ville, conformément, disait-il, à la faculté dont avait joui son père avant la guerre, le maire et les consuls s'y opposèrent, soutenant que jamais son père n'avait joui d'un pareil privilège. De là une assez longue controverse à la suite de laquelle survint un compromis entre les deux parties, par lequel elles prirent des arbitres chargés de régler le débat. Voici le résumé de la sentence de ces arbitres, rendue le samedi après la Toussaint (le 6 novembre) 1266 :

« De la date des présentes à Pâques prochaines, et à partir de
» Pâques, pendant trois ans, le maire et les consuls n'empêcheront
» pas le comte de battre ladite monnaie dans ladite ville du Puy-St-
» Front, à la condition que les monnayeurs chargés de battre ladite
» monnaie, la tailleront dans le marc du poids de Troyes, à trois
» deniers et une obole de fin, c'est-à-dire en argent, le reste en
» billon ; le marc devra valoir 19 sols 6 deniers pour les plus forts
» *Périgourdins*, et 24 sols pour les plus faibles. Ces monnaies seront
» marquées de cinq œils ou annelets, pour type et pour revers,
» sans effigie (1). »

La question touchait donc moins au fond qu'à la forme ; mais il est certain que le maire et les consuls étaient dans leur droit en exigeant des garanties pour la fabrication de la monnaie. Quant à la

---

(1) Rec. de titres, etc., p. 65. Cette pièce est défectueuse, ce qui la rend fort obscure ; cependant le chanoine Leydet l'a fort bien analysée dans un petit mémoire, publié dans le *Calendrier de la Dordogne* de 1832, p. 170. Le passage ainsi conçu : *Sint denarii petragoricenses cum quinque oculis, ex utraque parte denarii, in forma et litteris consimilis*, a été traduit par lui. « Les deniers périgourdins doivent être marqués de cinq annelets ou œils, pour type et pour revers, sans aucune effigie ; » traduction que j'ai reproduite, quoique elle ne rende pas précisément tout le texte, et qu'il eût fallu dire : « Les deniers périgourdins doivent avoir cinq œils ou annelets, semblables de chaque côté du denier par la forme et par les lettres ». Croirait-on que l'on s'est servi de ce texte pour justifier l'éternelle supposition que *Périgueux avait le droit de battre monnaie*. Il fut convenu, disent-ils, que les deniers périgourdins nouveaux seraient aux cinq œils, *quinque oculis*, que tant ceux des comtes que ceux des bourgeois, *ex utraque parte*, seraient semblables pour le dessin et la légende *et forma et litteris consimiles*. C'est à ne pas le croire et pourtant je copie textuellement !!!!! L'ancienne forme prévalut et on continua de mettre cinq œils d'un côté et de l'autre une croix.

prétention du comte, elle devait être acceptée, non parce qu'il affirmait son droit, mais parce qu'il était de toute justice que les bourgeois intéressés à ce que cette monnaie fût de bon aloi, pussent surveiller cette fabrication. Aussi quand, en 1276 (1), intervint une sentence arbitrale définitive, cette sentence, après avoir consacré ce qui avait été dit en 1266, relativement à la fabrication des espèces, déclara-t-elle formellement que : « la dicho moneda deus Peragosis » devra esser facha en la dicha vila de Poi-Sen-Front, en luoc veze- » dor e publiat ». *Ladite monnaie des Périgourdins devra être faite dans ladite ville du Puy-St-Front, en lieu voyant et public.*

Tout ayant ainsi été réglé, il ne pouvait plus y avoir de contestation entre la ville et le comte. La monnaie fut régulièrement battue conformément aux droits et aux privilèges dont jouissait chacune des parties. Je trouve seulement qu'au lieu d'une seule monnaie, il y en avait de deux sortes : *Le Périgourdin et la Périgourdine*. Le Périgourdin valait trois deniers et une pougeoise (2) ; la Périgourdine, deux deniers et dix-huit grains (3).

TESTAMENT D'ARCHAMBAUD III. — Je suis porté à croire que vers le temps où fut portée la première sentence arbitrale entre le Puy-Saint-Front et Archambaud III, ce comte, encore jeune, puisqu'il était mineur en 1251, se trouva pourtant assez malade pour sentir la nécessité de faire un testament. Il fut rédigé le 11 avril 1266 et confirmé en 1294 ; comme nous le verrons plus tard il ne contient pas de détails importants. Il nous apprend cependant qu'à cette époque ni le testament du père d'Archambaud III, ni le testament de son grand'père n'avaient encore été complètement exécutés ; qu'il était père d'Hélie Taleyrand depuis Hélie VII, comte de Périgord, d'Aremborc ou Aremburge, d'abord femme d'Anissant de Caumont, seigneur de Sainte-Bazeille, et plus tard abbesse de Sainte-Claire de Périgueux ; d'Aude et non pas d'Andrée, dont les généalogistes ne font pas connaître le sort, et qui pourtant fut religieuse à Fontevrault ; de Gaillarde, d'abord destinée au couvent et mariée plus tard avec Gaillard, seigneur de La Lande, tous enfants de son

---

(1) Rec. de Titres, etc., p. 75.
(2) *Traité des monnaies en Provençal*, bibl. de l'arsenal, Reg. mss., cote 10.
(3) Arch. de Pau ; 3ᵉ invent. prep. P. et L. l. 477, n° 14.

premier mariage avec Marie, fille de Pierre Bermont, seigneur d'Auduse (2).

Prison de Périgueux. — Cette même année 1266, le sénéchal de Périgord pour le roi de France reconnut officiellement au Puy-Saint-Front le droit d'avoir une prison à lui appartenant (1).

Les Bastilles. — Nous voici arrivés à une époque où les besoins de la royauté vont donner un nouvel élan au mouvement communal en Périgord. Je veux parler de la création des *bastilles*, que d'autres appelent *bastides*.

Villefranche. La Linde. — La première bastille construite en Périgord fut l'œuvre d'Alphonse, comte de Poitiers et de Toulouse, frère de saint Louis, et reçut le nom de *Villefranche-d'Agenais*, actuellement *Villefranche-de-Belvés*. Les premières démarches, dans le but de créer ce nouveau centre de population, remontent à 1260. Elles furent faites par Guillaume Bagnols, chevalier, sénéchal d'Agenais et de Quercy pour Alfonse.

Depuis l'avènement de ce prince au comté de Toulouse (1249), on s'occupait beaucoup de bastilles dans le pays qui lui était soumis. Celle de Villefranche-d'Agenais fut construite sur le penchant d'un coteau, tout près de la fontaine appelée des *Trois-Evêques*, et dans le voisinage d'une église sous l'invocation de Notre-Dame, appelée du *Vieil Sieurac* ou *Siorac*, diocèse de Périgueux, qui sans doute était l'église paroissiale de ce coin de terre. Les priviléges qui furent octroyés à cette bastille sont d'une excessive longueur. Ils ne ressemblent d'ailleurs en rien à ceux qu'on lira plus bas et qui servirent plus tard de type à ce genre de concessions. Ils n'en sont pas moins très curieux et le lecteur qui désirerait en prendre connaissance les trouverait à la bibliothèque nationale, fonds des mss. n°[s] 540[13] et 540[15]. Quant au plan de la nouvelle ville, c'est un parallélogramme rectangle, percé, dans sa longueur, de trois rues droites et, dans sa largeur, d'un plus grand nombre tirées au cordeau. Ce plan semble avoir servi de modèle aux bastilles qui se construisirent successivement à partir de cette époque durant le reste du XIIIe siècle, dont la plus ancienne, si elle avait été construite, serait due aux Anglais et s'appellerait *bastille de Puyguilhem*. Voici ce que nous apprend, au sujet du projet de construction de la bastille de Puyguilhem, le mss.

---

(1) Rec. de pr. pour la ville de Périgueux, p. 229.

de Wolfenbuttel déjà cité plusieurs fois (1). Le château de Puyguilhem avait été détruit, on ne dit pas quand, ni comment ni par qui ; mais il n'existait plus en 1265 : « Le 26 mars de cette année,
» Anger de Puyagut, Grimoard de Picon, Hélie de Saint-Michel...,
» etc., donnèrent, cédèrent et délaissèrent au noble et honoré sei-
» gneur, le seigneur Henri, par la grâce de Dieu, roi d'Angleterre,
» à la dame Éléonore, sa femme, et au seigneur Edouard, leur fils
» et héritier..., tous les poids, les justices, les gros nantissements,
» les questes, les devoirs, les droitures, les seigneuries, les sorties,
» les entrées qu'ils avaient et devaient avoir à Puyguilhem... ainsi
» que les places, les maisons, et toute la pierre qui était dans le
» château dudit Puyguilhem.... à la condition que ledit seigneur,
» ladite dame, sa femme, ledit seigneur Edouard leur fils et leur
» bailli construiraient une bastille fortifiée hors le château de Puy-
» guilhem. » Cette bastille n'ayant pas été construite, il est tout simple que nous n'ayons pas les privilèges et franchises dont elle aurait été dotée ; mais il nous reste une déclaration des princi-paux cosseigneurs de Puyguilhem, faite en 1272, devant des com-missaires royaux anglais, par laquelle ils reconnaissent qu'avant la destruction du château, ils devaient le service militaire comme il suit : « Lorsque le roi d'Angleterre mandait Aldebert (sans doute
» le seigneur de Puyguilhem) ou sa famille, ce seigneur convoquait
» huit hommes de *Clairac* ou de *Puyagut* pour qu'ils se rendissent,
» avec lui, à l'armée du roi, conjointement avec un sergent, chargé
» de la dépense, qui devait être acquittée par le château et son ter-
» ritoire. Après la destruction du château et le traité par lequel
» ledit Aldebert concédait à la reine les droits qu'il avait dans le
» château par l'entremise d'Ebles de Monts, de Jean de Grailly et
» de l'abbé de saint Fremer (inconnu), venus exprès au château,
» afin que le roi rétablît le lieu dans son premier et dû état, ceux
» de Clairac et de Puyagut, par des conventions que lesdits Ebles,
» Jean et abbé rédigèrent, s'engagèrent à ne jamais quitter le châ-
» teau tant que le roi le garderait sous sa main, moyennant quoi,
» ils furent affranchis et exemptés de toutes charges eux, leurs
» péages et leurs fours. »

Le château fut rebâti ; il était bien placé, et eut bientôt recon-

---

(1) Fol. 62, et p. 85 de la notice par M. M. Delpit.

quis son ancienne prospérité et son influence dans le pays ; aussi le verrons-nous jouer un assez beau rôle durant le xiv° siècle.

La première bastille due aux Anglais était d'abord, comme Puyguilhem, décorée du nom de château. Elle s'appela *La Linde*. On lit sur le pli du parchemin qui contient les libertés, franchises et privilèges concédés à ce château-bastille, qu'il fut commencé par Jean de La Linde, alors sénéchal de Gascogne pour le roi d'Angleterre. Ce Jean de La Linde était chevalier et jouait un certain rôle dès 1260. Il était sénéchal du Limousin pour le roi d'Angleterre en 1264 (1). Etait-il seigneur de la localité dont il portait le nom, ou en avait-il pris seulement le nom parce qu'il y était né ? Les documents parvenus jusqu'à nous se taisent sur ce point ; mais toujours est-il que, dès l'origine, la nouvelle bastille prit et conserva le nom de château. Quelle était l'importance de ce coin de terre avant la construction du château-bastille ? C'est ce que je ne saurais dire ; mais tout porte à croire qu'il fut appelé *La Linde*, c'est-à-dire la limite (2), comme je l'ai déjà dit, parce que dans le principe il était la limite Est de la seigneurie de Bergerac.

Voici les privilèges, franchises et libertés accordés à La Linde. Je les traduis en les transcrivant, parce que ces privilèges, etc., étant toujours les mêmes à quelques variantes près, pour toutes les bastilles anglaises, nous n'aurons plus à y revenir.

« Edouard, fils aîné du roi d'Angleterre, etc. ; sachez que nous
» concédons aux habitants du château de La Linde, diocèse de
» Périgueux, les libertés et coutumes ci-dessous écrites, à savoir
» que :

1° « Par nous ni nos successeurs, il ne sera prélevé, dans ledit
» château, taille ni droit de gîte, et que nous n'y prendrons ni
» prestation, ni fouage, ni commun de la paix, à moins que les
» habitants ne nous les concèdent volontairement ;

2° » Les habitants dudit château et ceux qui y habiteront dans la
» suite peuvent vendre, donner, aliéner tous leurs biens meubles
» et immeubles à qui ils voudront, toutefois ils ne pourront vendre
» des immeubles ni à l'église, ni à des personnes religieuses, ni à

---

(1) Fœdera, litteræ et acta publica on nouv. Rimer, t. 1, part. 1re, p. 401 et 135.

(2) Du latin *limitare*.

» des chevaliers si ce n'est avec l'assentiment des seigneurs de qui
» ils les tiendront en fief ;

3° » Lesdits habitants pourront librement marier leurs filles où
» ils voudront et leurs garçons entrer dans les ordres religieux ;

4° » Ni nous, ni notre bailli nous n'arrêterons personne dudit
» château, ni ne lui ferons violence, ni ne saisirons ses biens,
» pourvu qu'il veuille s'engager à ester à droit, à moins de meur-
» tre ou de mort d'homme ou de plaie mortelle ou de tout autre
» crime, par suite duquel son corps et ses biens seraient mis à
» notre discrétion ;

5° » A la demande ou requête de personne, à moins qu'il ne
» s'agisse d'un fait ou d'une plainte qui nous soient personnels,
» notre sénéchal ni ses baillis ne pourront appeler ni citer aucun
» habitant dudit château, hors de l'étendue de sa juridiction, sur
» tout ce qui se sera passé dans ledit château, ses dépendances et sa
» juridiction ou sur l'étendue de ses possessions et de sa juridiction ;

6° » S'il meurt quelqu'un intestat, dans ledit château, sans
» enfant, et qu'on ne trouve pas d'autres héritiers qui doivent lui
» succéder, notre bailli et les consuls, après avoir fait faire l'inven-
» taire des biens du défunt, en donneront la garde à deux pru-
» d'hommes dudit château, pendant un an et un jour ; et si, après
» ce délai, il se présente un héritier propre à lui succéder, tous ces
» biens devront lui être intégralement rendus, autrement ils nous
» seront remis pour que les immeubles tenus en fief de nous res-
» tent tout entiers à notre disposition et que ceux qui seront tenus
» en fief d'autres seigneurs soient restitués à ces seigneurs, qui en
» disposeront à leur volonté, après toutefois avoir acquitté avant la
» fin de l'année les dettes du défunt préalablement vérifiées ;

» 7° Les testaments des habitants dudit château, faits en présence
» de témoins dignes de foi, seront bons quoique non rédigés selon
» l'exigence des lois ; cependant les enfants ne devront pas être
» frustrés de leur portion légitime ; appeler pour cela le chapelain
» (curé) du lieu ou tout autre ecclésiastique, s'ils peuvent être
» commodément appelés ;

» 8° Aucun habitant du château, quel que soit le crime qui lui soit
» reproché ou dont on l'accusera, ne sera tenu, s'il ne le veut pas,

2

» de se disculper ou défendre par le duel, ni obligé à accomplir ce
» duel, et s'il s'y refuse, il ne sera pas pour cela tenu pour con-
» vaincu ; mais, si l'accusateur le veut, qu'il prouve le crime qu'il
» lui impute par témoins ou par d'autres preuves admises par la loi ;

9° » Les habitants du château pourront acheter et recevoir à cens
» ou un don, de toute personne voulant vendre, inféoder ou donner
» ses immeubles, à l'exception du franc-fief militaire (1), qu'ils ne
» pourront acheter ni recevoir que de notre volonté et de celle de
« nos successeurs ;

10° » D'un terrain de quatre aunes ou aunées (2) de large et de
» dix de long, nous aurons quatre deniers d'oblée (3), et plus ou
» moins, selon la mesure, à la fête de sainte Luce, et tout autant
» d'acapte à muance de seigneur, et, s'il est vendu, nous aurons de
» l'acheteur *les ventes*, c'est-à dire la douzième partie du prix de la
» vente ; et si les oblées ne nous sont pas payées au temps prédit,
» il nous sera dû une amende de cinq sols, en sus des oblées
» susdites ;

11° » Si des incendies et autres méfaits ont lieu dans le château,
» sa juridiction et ses dépendances, et que les auteurs n'en soient pas
» connus, nous ou notre lieutenant imposerons une amende, selon
» qu'elle paraîtra convenable aux consuls, et cette amende sera
» levée et perçue sur les habitants dudit château, à la volonté et
» selon le bon plaisir desdits consuls ;

12° » Notre sénéchal et notre bailli sont tenus de jurer en entrant
» en fonctions, devant des prudhommes dudit château, qu'ils se
» conduiront bien dans leur charge, rendront justice à chacun,
» selon leur pouvoir, et observeront les coutumes reçues et les
» règlements raisonnables ;

13° » Les consuls seront chargés tous les ans, à la fête de la pu-
» rification de la Vierge, et ce jour-là nous ou notre bailli, con-
» jointement avec les consuls sortants, devons choisir et installer
» six consuls catholiques pris parmi les habitants du château,
« lesquels nous verrons et reconnaîtrons de bonne foi être les plus

---

(1) Le franc-fief était un héritage noble qui ne pouvait être possédé que
une personne noble, sans la permission du roi.
(2) L'aune et l'aunée n'étaient qu'une même mesure : *La brasse*.
(3) Offrande du vassal au seigneur.

» profitables audit châte... Ces consuls jureront à notre bailli et
» au peuple de maintenir fidèlement nous et nos droits, de fidèle-
» ment gouverner et tenir protégés, de tout leur pouvoir, les habi-
» tants du château, et de ne recevoir de personne aucun service
» pour la charge de consul. A ces consuls la communauté jurera
» de leur prêter son concours et son aide et de leur obéir, sauf,
» cependant, en toutes choses, notre droit, notre domaine et notre
» juridiction. Lesdits consuls auront la faculté de réparer les rues,
» les chemins publics, les fontaines, les ponts, et de faire des
» règlements raisonnables ; de constituer un procureur-syndic ou
» fondé de pouvoir, pour toute l'universalité dudit château, et
» généralement comme spécialement, de faire toutes et chacunes
» les choses que l'universalité ou communauté dudit château peut
» et doit faire ; ils devront aussi percevoir sur le peuple et sur les
» habitants du château, de la juridiction et du district, les mises et
» dépenses occasionnées par les choses susdites et autres affaires
» communes ou nécessitées et faites pour l'utilité commune dudit
» château, et ceux qui auront jeté des ordures qu'ils soient punis,
» par notre bailli et lesdits consuls, selon qu'il leur paraîtra conve-
» nable. Quiconque aura, dans ledit château ou dans ses dépen-
» dances, des propriétés ou des revenus, à raison de ces choses,
» lui ou ses successeurs devront prendre part et contribuer aux
» mises et dépenses et aux collectes faites par les consuls, pour
» l'utilité dudit château, comme il a été dit, dans la proportion de
» ce que font les habitants dudit château, et, s'ils ne voulaient pas
» le faire, notre bailli les mettra à l'amende, sur la réclamation des-
» dits consuls ;

14° » (Chaque habitant dudit château doit, tous les ans, suivre à
» l'armée nous ou notre sénéchal contre nos ennemis et nous prêter
» et fournir aide et secours, à ses propres dépens, pendant quinze
» jours seulement, le moins dispendieusement qu'il le pourra.
» Tout comestible apporté du dehors pour vendre, et pourvu qu'il
» soit apporté de moins d'une demi-lieue, ne pourra être vendu
» qu'au préalable il n'ait été déposé sur la place, et si quelqu'un
» contrevient, acheteur ou vendeur, que chacun soit condamné
» judiciairement à deux sols et demi d'amende, à moins qu'il ne soit
» étranger ne connaissant probablement pas cette coutume) (1) ;

---

(1) Ce qui est entre parenthèses ne se trouve pas dans les autres chartes

15° » Quiconque, dans un accès de colère, aura frappé ou secoué
» quelqu'un avec le poing, la paume de la main ou le pied ou sans
» effusion de sang, s'il y a plainte, sera condamné judiciairement
» à cinq sols, et payera à la victime des dommages-intérêts raisonn-
» nables ; si au contraire il y a effusion de sang, l'agresseur payera
» vingt sols et fera une juste réparation à la victime. Si la violence
» a été faite avec un glaive, un bâton, une pierre ou une tuile,
» sans effusion de sang, sur la plainte, l'agresseur doit être con-
» damné à vingt sols d'amende, et s'il y a effusion de sang, il sera
» condamné à soixante sols, avec juste réparation à la victime ;

16° » Si un homme en a tué un autre, et est reconnu coupable
» de cette mort, de manière à être réputé homicide, qu'il soit puni
» par jugement de notre cour et que ses biens soient confisqués,
» ses dettes préalablement payées ;

17° » Si quelqu'un en colère a injurié, outragé ou dit des paroles
» offensantes à un autre, et qu'il y ait plainte, notre bailli le con-
» damnera à deux sols et demi d'amende et à réparer le tort fait à
» l'outragé ;

18° » Quiconque rompra notre ban ou celui de notre bailli, ou
» lui aura soustrait le gage établi pour la chose jugée, qu'il soit
» condamné à trente sols d'amende ;

19° » Les adultères surpris en flagrant délit, ou s'il y a plainte, ou
» s'ils sont convaincus par des hommes dignes de foi, ou s'ils en
» font l'aveu en justice, seront condamnés à cent sols d'amende ou
» courront nuds par la ville, à leur choix ;

20° » Toute personne en colère qui aura tiré l'épée émoulue
» contre un autre, sera punie d'une amende de dix sols avec
» réparation envers l'offensé ;

21° » Celui qui, de nuit ou de jour, aura volé un objet de la
» valeur de deux sols et au-dessous, courra la ville avec l'objet volé
» au cou, sera condamné à cinq sols d'amende et restituera l'objet
» volé, excepté le vol des fruits pour lesquels il sera fait comme il
» est dit plus bas ; celui qui aura volé un objet valant plus de cinq
» sols, sera marqué pour la première fois, et condamné à soixante
» sols d'amende, et, s'il est marqué, il sera puni, par notre cour,

---

de communes pour les bastilles. Il est probable qu'on introduisait ces
clauses dans celle-ci, parce qu'il s'agissait d'un château.

» conformément aux règles établies. Si quelqu'un est pendu pour
» vol, si ses biens le valent, ses dettes une fois payées, il nous sera
» d'abord attribué dix livres par la cour, et le reste appartiendra
» aux héritiers du pendu ;

22° » Si quelqu'un entre, de jour, dans les jardins, les vignes ou
» les prés d'un autre et y prend des fruits, du foin, de la paille ou
» du bois de la valeur de douze deniers ou au-dessous, sans la per-
» mission du propriétaire, après que défense en aura été faite, tous
» les ans, il sera condamné à deux sols d'amende envers les consuls
» pour les besoins du château ; et tout ce que les consuls réuniront
» de ces sortes d'amendes, ils doivent le dépenser au commun
» profit du château, c'est-à-dire a réparer les rues, les fontaines,
» les ponts et autres semblables choses ; et, si l'objet pris dépassait
» la valeur de douze deniers, que le coupable soit condamné à nous
» payer dix sols d'amende, et, si c'est pendant la nuit qu'on s'est
» introduit et qu'on ait pris des fruits, du foin, de la paille ou du
» bois, que le voleur soit condamné à nous payer trente sols
» d'amende, avec réparation envers le volé. Si c'est un bœuf, une
» vache ou toute autre grosse bête qui soit entrée dans les jardins,
» vignes ou les prés d'autrui, que le maître de l'animal paye trois
» deniers aux consuls ; pour un porc, pour une truie, également
» trois deniers ; pour des brebis, des chèvres ou des boucs, un
» denier pour le même emploi, avec réparation envers celui qui
» aura souffert le dommage ;

23° » Celui qui fera usage d'un faux poids, d'une fausse mesure,
» d'une fausse aune, pourvu toutefois qu'il soit loyalement con-
» vaincu du délit, sera condamné à nous payer soixante sols.

24° » Pour une plainte sur une dette, un traité ou tout autre
» engagement, si sur le champ, le premier jour en présence de
» notre bailli, le débiteur admet la réclamation, sans commence-
» ment de procès ni sans délai, il n'y aura pas de condamnation à
» notre profit ; mais; avant neuf jours, le bailli devra faire payer,
» rendre et compléter au créancier tout ce qu'on aura confessé
» devant lui être dû audit créancier, autrement, dès lors le débiteur
» sera condamné à nous payer deux sols et demi d'amende ;

25° » Pour toute simple plainte cause d'un procès avec demande
» de sursis, nous percevrons cinq sols d'amende après le prononcé
» du jugement ;

26° » Celui qui fera défaut, le jour que lui aura assigné le bailli,
» sera condamné à deux sols et demi d'amende envers nous et à
» rembourser à la partie adverse les dépenses légitimement faites ;

27° » Notre bailli ne doit recevoir amende ni gage jusqu'à ce
» qu'il aura fait acquitter le montant de la chose jugée, envers la
» partie qui aura gagné le procès ;

28° » Des procès en matière d'immeubles, il nous sera dû cinq
» sols de droit, après le jugement rendu ;

29° » De chaque plainte suivie d'un procès, si l'accusateur manque
» de preuves suffisantes, qu'il soit condamné à une amende de cinq
» sols, avec réparation pour ses dépenses envers l'accusé ;

30° » Le marché du château doit se tenir le mardi, et si un
» bœuf ou une vache, un porc ou une truie d'un an et au-dessus,
» est vendu par un étranger, le jour du rassemblement, le vendeur
» nous donnera un denier pour droit de *leyde* (péage) ; d'un âne et
» d'une ânesse, d'un cheval ou d'une jument, d'un mulet ou d'une
» mule d'un an et au-dessus, le vendeur étranger nous donnera
» deux deniers pour leyde, si au-dessous, rien ; d'une brebis, d'un
« bélier, d'une chèvre ou d'un bouc, une obole ; d'une charge de
» bled, un denier ; du septier, un denier ; de l'émine, une obole
» pour la leyde et le mesurage ; du quarturon, il ne donnera rien ;
» de la charge d'un homme de verres, un denier ou un verre
» valant un denier ; d'une charge de gros cuirs, deux deniers ;
» de la charge d'un homme ou d'un gros coin, un denier ; d'une
» charge de fer, de draps de laine, deux deniers ; des souliers,
» chaudrons, chênets, poêles, grils, pots, couteaux, faux, serpes,
» poisson salé et autres objets semblables, l'étranger, le jour des
» assemblées, donnera pour la leyde et l'entrée, deux deniers ;
» d'une charge et du faix d'un homme de ces susdites choses, un
» denier ; d'une charge d'aunes et de cordes, un denier ; du faix
» d'un homme, une obole.

31° » Les foires seront tenues dans ledit château à des époques
» déterminées, et chaque marchand étranger, ayant ballot, ou plu-
» sieurs balles dans lesdites foires, nous donnera, pour l'entrée, la
» sortie, l'étalage et la leyde, quatre deniers. Des objets achetés
» pour l'usage d'une maison, il ne sera rien donné par l'acheteur
» pour la leyde.

32° » Quiconque le voudra, pourra avoir et construire un four

» dans ledit château et dans son faubourg ; et de chaque four, dans
» lequel sera cuit du pain pour vendre ou pour un voisin, il nous
» sera payé, chaque année, à la fête de la sainte Luce, cinq sols
» d'oblée et autant d'acapte, à chaque muance de seigneur.

33° » Les actes dressés par le notaire dudit château auront la
» même force que les actes publics.

34° » Nous voulons et concédons que le château de *Clarens*, avec
» ses dépendances ; que le château de *Lougas*, avec ses dépendan-
» ces ; que le château de *Clermont* (de Beauregard), avec ses dépen-
» dances ; que le château de *St-Avit-Sénieur*, avec ses dépendan-
» ces ; que le château de *Badefol*, avec ses dépendances, et tous les
» droits, questions et domaines que nous avons et devons avoir dans
» les susdits lieux, dans le périmètre de deux lieues à la ronde du-
» dit château de Lalinde, soient de la juridiction, district, ressort et
» dépendance dudit château, sauf et à nous réservé d'ajouter et de
» diminuer, à notre volonté.

35° » Celui dont la famille habite dans le château ou ses dépen-
» dances, c'est-à-dire le père de famille, peut aller et venir au port
» de Lalinde-sur-Dordogne, librement et tranquillement, à la con-
» dition que, chaque année, à la Noël, il nous payera six deniers de
» droit de passage, pour lui et sa famille et ce qui leur sera néces-
» saire, sans plus.

» Nous approuvons ces libertés et tout ce qui précède, autant
» qu'il est en nous à perpétuité ; et, en témoignage de cette appro-
» bation, nous avons ordonné d'apposer notre sceau à ces présentes.
» Donné à Londres, le 26 juin et la cinquante-unième année du
» règne du seigneur Henri, notre père (1267) ».

Ces lettres furent confirmées par ce même prince devenu roi
en 1286 (1).

Telles étaient les garanties et assurances légales données à ces
nouveaux centres de population, que nous allons les voir se multiplier dans le pays, y développer la vie publique et devenir un élé-
ment de richesse et de sécurité. Les privilèges concédés ne varieront
guère ; mais les avantages se développeront en raison de la position,
des circonstances et des événements qui s'accompliront, dans le voisinage ou sur les lieux mêmes.

---

(1) Original conservé dans les archives de Lalinde ; imprimé dans les *Annales agricoles du département de la Dordogne*, année 1836, p. 221.

L'établissement des bastilles, en Périgord, semble être la conséquence d'un dernier reflet du mouvement communal qui, sans se traduire toujours en corporations municipales dotées d'institutions garantissant des franchises et libertés, engendra cependant certains privilèges, certains droits qui assuraient une assez grande sécurité aux habitants du lieu favorisé. Tel était Issigeac qui, sans être bastille ni ville de commune, jouissait des immunités et avantages dont voici le détail consigné dans un acte du 20 juin 1268 : « Que ceux
» d'aujourd'hui, comme ceux qui viendront après, qui verront, qui
» entendront lire cette charte, apprennent que tous les prud'hom-
» mes et le commun d'Yssigeac et tous et chacun dudit commun, de
» leur propre et entière volonté, non induits par la fraude, la trom-
» perie ou la force, mais pour se conformer à la vérité, à la droiture,
» reconnaissent au noble seigneur, le seigneur Edouard, fils aîné et
» héritier du noble roi d'Angleterre que, d'ancienneté, sauves et
» réservées la seigneurie et la droiture du doyen de l'église dudit
» lieu, il a dans la ville d'Yssigeac, au dehors et au dedans, le
» serment de fidélité et l'obligation de le défendre de telle manière
» que, quand le seigneur roi avant dit, à son avènement, de même
» que son lieutenant au duché de Guienne, veut requérir et avoir
» ce serment des avant dits prud'hommes ou commun, ce susdit
» lieutenant doit leur jurer préalablement qu'il les défendra de tout
» dommage que pourraient leur causer lui ou d'autres, et qu'il leur
» conservera et améliorera les bonnes coutumes qu'ils ont ou pour-
» ront avoir, de bonne foi, selon l'appréciation de sa cour, du doyen
» et du susdit commun ; et qu'il les délivrera des mauvaises et les
» fera disparaître : après quoi les prud'hommes doivent lui faire le
» serment susdit. » En outre, les habitants d'Issigeac reconnaissent devoir *est et chevauchée*, par toute l'étendue de l'évêché de Périgueux et ailleurs, pourvu qu'ils puissent rentrer chez eux, dans l'espace d'un jour d'été ; ils reconnaissent encore devoir douze deniers d'acapte, à l'octave de la Saint-Martin d'hiver, moyennant quoi ils sont exempts de toute autre redevance (1).

---

(1) Il semblerait que les rois d'Angleterre auraient eu l'intention d'ériger Yssigeac en bastille. Nous savons en effet que des coutumes (privilèges et franchises) furent rédigées pour cette localité, en 1298. Larrière et Berroyer dans leur *Bibliothèque des coutumes*, 1689, in-4°, p. 125, s'expriment ainsi à ce sujet : « *Privilegia seu consuetudines Issigiaci.* Ces statuts, qui sont de 1298
» contiennent cinquante-huit articles dont M. de Riparfons nous a conservé

CASTELRIAL, commune de Siorac. — La même année, le roi d'Angleterre avait eu la pensée de construire un château, sur le bord de la Dordogne, en un lieu très élevé de la commune de Siorac, qui dépendait alors de l'abbaye de Sarlat. Il fut commencé malgré l'abbé et le couvent de Sarlat. Ces religieux se plaignirent et l'affaire fut portée devant le parlement, qui ordonna une enquête (1); mais cette enquête traîna si bien que le procès ne fut terminé qu'en 1281. Voici l'arrêt du parlement rendu sur les réclamations des gens du roi d'Angleterre. Il résume avec une grande précision toutes les péripéties de la cause : « Comme il est certain que l'abbé et le couvent jouissent du privilège de ne pouvoir être mis hors de la main du roi eux, leurs choses, ni leurs biens, et parce qu'au temps de Saint-Louis il fut démontré, ainsi que se le rémémore très bien la cour, que les gens du roi d'Angleterre faisaient construire ledit château dans le fief du château de Siorac, qui, avec ses dépendances, est du fief desdits abbé et couvent et qu'ils faisaient construire malgré leur volonté et sans avoir cessé sur leur réquisition, ni sur la défense que leur en avait fait le roi saint Louis, par suite de quoi ledit monarque avait donné ordre de détruire ce qui avait déjà été construit, il fut décidé que les réclamations des gens du roi d'Angleterre ne devaient pas être prises en considération (2). » Ce château avait reçu de prime-abord le nom de *Castel-Rial*, et c'est encore le nom que portent les ruines situées sur une élévation assez abrupte, qui domine l'entrée du vallon au fond duquel est placée l'église d'Urval.

LA TOURBLANCHE. — Un arrêt du Parlement de cette même année 1268, rendu sur une contestation entre P. de la Tour, damoisel, et Itier de Villebois, chevalier, au sujet du domaine de La Tour-Blanche, constate qu'il y avait alors, audit lieu de la Tour-Blanche, un marché et un péage et un moulin appelé de *Gragnols*.

LE PUY-SAINT-FRONT. — Nous avons vu que les bourgeois du Puy-Saint-Front jouissaient du droit de punir les malfaiteurs. En 1269, Raoul de Trapes, sénéchal de Périgord pour le roi de France, leur

» une copie qu'il a écrite de sa main, au mois d'août 1676, sur l'original produit, dans un procès, par les habitants. » Par malheur ce texte n'a pas été conservé et il n'est connu que par cette mention.

(1) Olim, t. I, p. 722.
(2) Olim, t. II, p. 179.

contesta le droit de les punir de mort. L'affaire fut portée devant le Parlement, qui reconnut et proclama ce droit (1).

Le comte de Périgord. — A cette même époque le comte de Périgord se plaignait que le comte d'Angoulême prétendait tenir du roi des fiefs qu'il devait tenir de lui (2).

L'évêque de Périgueux. — De son côté, l'évêque de Périgueux accusait le roi d'Angleterre d'empiéter sur ses droits et de commettre des vexations sur ses domaines. Nous ne connaissons pas les suites de la plainte du comte de Périgord ; mais nous savons que le Parlement ne voulut pas entendre les explications des gens du roi d'Angleterre, parce que l'accusation de l'évêque ne rentrait pas dans la catégorie des affaires ordinaires (3).

Le renouvellement du traité de réunion du Puy-Saint-Front et de la Cité eut lieu le dimanche avant l'Epiphanie (5 janvier 1270).

Le seigneur de Bruzac. — A la fin du livre dernier, j'ai parlé d'Hélie Flamenc, seigneur de Bruzac, canton de Lanouaille, et d'Aimeri de Rochechouard, qui avait rendu hommage à saint Louis d'une partie de la seigneurie de Bruzac. Indépendamment du château de Bruzac, situé dans la commune qui porte ce nom, (canton de Lanouaille), Hélie Flamenc possédait deux autres châteaux également appelés Bruzac, qui se distinguaient l'un par le nom de *Bruzac supérieur*, et l'autre par le nom de *Bruzac inférieur*, situés tous les deux sur l'Escole, dans la commune actuelle de Saint-Pierre, canton de Thiviers. C'est pour le château de Bruzac supérieur, qui relevait d'Aimeri de Rochechouart, que ce dernier avait rendu hommage à saint Louis en 1256 ; mais les seigneurs de ce temps-là n'avaient pas pour habitude de garder longtemps leurs engagements. Avant 1269, il avait été reconnu qu'Aimeri s'était détaché du roi de France pour suivre le parti du roi d'Angleterre, et lui avait fait hommage de Bruzac supérieur, qui d'abord placé entre les mains de l'évêque de Périgueux, par ordre du roi de France, avait fini par être rendu au roi d'Angleterre, sur sa réclamation, à la condition

---

(1) Olim., t. 1, p. 785.
(2) Ibid., ibid., p. 773.
(3) Ibid., Ibid., p. 785.
(4) Rec. des titres, etc., p. 60.

cependant de faire ce que de droit de ce château et des gens qui étaient dedans, parce qu'on y avait reçu des individus bannis par saint Louis, pour avoir pris part à l'attaque de ceux dudit château contre les troupes de ce monarque assiégeant Bruzac inférieur, bien que préalablement ils eussent été placés sous la sauvegarde du roi de France ; et aussi parce qu'un homme venu au siège, par ordre du sénéchal, avait été tué par eux (1).

Quoique cette restitution et les conditions qui s'y rattachaient, reposassent sur un arrêt du Parlement, loin de s'empresser d'obéir, le roi d'Angleterre, ou ses représentants, firent trainer l'affaire en longueur. Deux fois, dans le cours de 1270, on leur signifia vainement de se conformer à la décision prise, ils étaient encore à obéir à la fin de 1270. Cependant, la vicomtesse de Limoges réclamait énergiquement la démolition du château, pour défaut d'obéissance ; mais on se borna à décider qu'on écrirait au roi d'Angleterre d'avoir à s'exécuter, avant la fête de Saint-Remi (13 janvier 1272) (2). Tout cela prouve suffisamment que les Anglais, enhardis par le départ de saint Louis pour sa dernière croisade, avaient repris de l'influence dans la Guienne et s'y sentaient assez forts pour dédaigner de se soumettre à un gouvernement dont le chef était absent.

Comme le désordre était un peu partout, pendant que le roi d'Angleterre mettait si peu d'empressement à obéir aux arrêts du Parlement, les agents de Rainaud de Pons, à Montignac, violentaient le curé de *Brenac* (sur la rive gauche de la Vézère). Les choses en étaient venues à ce point que le châtelain de Montignac avait violemment expulsé de son église le curé appelé Cap-de-Fer, et qu'Alfonse, comte de Poitiers et de Toulouse, de qui Renaud de Pons tenait Montignac, dut écrire à ce dernier et à son sénéchal de Saintonge pour mettre fin au désordre. Ses lettres nous ont été conservées (3).

Beaumont. — La seconde bastille construite par les Anglais s'appelait *Beaumont*, aujourd'hui chef-lieu de canton. Le chanoine Tarde (4) et le père Anselme rapportent qu'en 1292, *Beaumont* fut

---

(1) Olim, t. 1, p. 78.
(2) Ibid, t. 1, p. 786, 779, 830, 861.
(3) Arch. nat. J. 319, reg. 5, t. xxxiv.
(4) Bibl. nat. coll. Bréquigny, Guienne, t. III, p. 15.

érigé en paroisse, du consentement du seigneur de Badefol, du chapitre de St-Avit-Sénieur, et de l'abbé de Cadouin. La fondation de la bastille suivit de près l'érection de la paroisse. On dit généralement qu'elle fut construite par Luc de Tany, alors sénéchal de Gascogne pour le roi d'Angleterre. Mais elle existait, depuis plusieurs années, en 1279, date des lettres d'Edouard 1er, par lesquelles il enjoint à Luc de Tany d'exercer et de faire exercer la justice immédiate et la justice du ressort de La Linde, de Beaumont et autres lieux, comme elle s'exerçait avant la concession à lui faite de ces divers domaines.

Les privilèges et franchises accordés aux habitants de Beaumont sont exactement les mêmes que ceux de La Linde, sauf ce qui a été mis entre parenthèses ; seulement ils ne lui furent concédés qu'en 1287 ; car cette bastille se développa lentement.

Le fondateur de la bastille de La Linde, toujours attaché au roi d'Angleterre, figure dans presque toutes les affaires intéressant ce monarque, pendant les années 1269, 1270, 1271, 1272, dans l'Agenais, la Saintonge, le Poitou, le Limousin, etc (1).

HOMMAGES RENDUS AU NOUVEAU ROI D'ANGLETERRE. — Édouard 1er succéda à son père, en 1273. Quelques seigneurs de Guienne s'empressèrent de lui rendre hommage. Nous avons ceux de Marguerite, dame de Bergerac, des Bouville et des Galard de Limeuil, d'Aimeri de Biron et de Bernard de Montclar, pour le château et la châtellenie de ce nom, du seigneur de Pellegrue pour divers domaines sur les confins du Périgord et de l'Agenais, au sujet desquels il est dit que ce seigneur devait le service d'un chevalier à la couronne d'Angleterre ; mais qu'il lui en est fait remise à la condition que ce service sera fait par lui et les siens à Hélie Rudel, seigneur de Bergerac, et après la mort d'Hélie à Rudel, son fils, et après la mort de celui-ci, à son fils Guillaume, seigneur de Gensac, et de beaucoup d'autres lieux. Nous avons également l'hommage de l'abbé de Cadouin et de l'abbé de Ligneux, pour des domaines qu'ils possédaient en Bazadais (2). Mais il ne parait cependant pas que l'empressement fût général, comme nous le verrons bientôt.

MONTPAZIER. — En 1273, on songea à construire une nouvelle

---

(1) Fœdera, littera et acta publica in nouv. Rimer, t. I, part. Ire.
(2) Reg. de la bibl. de Wolfembuttel, passim, fol. 63 et 47.

bastille anglaise dans la partie du Périgord comprise entre le château de Biron, les sources du Drot et Beaumont. Mais le terrain cédé, à titre de don gratuit, au roi Edouard Ier par les deux frères Pierre et Amanieu de Maumont, situé dans la paroisse de Ste-Sabine, châtellenie de Montferrand, et appelé *le Puy-du-Pic*, ne parut sans doute pas bien choisi, et l'entreprise fut ajournée. Quelques années plus tard, Jean de Grailly, captal de Buch, et lieutenant ou sénéchal d'Edouard en Gascogne, ayant traité avec Pierre de Gontaud, seigneur de Biron, pour un plateau dominant le vallon du Drot, appelé *Mons-passerius* (Mont-passier, Mont-passager), aujourd'hui *Montpasier*, il s'établit un pariage entre le roi, par ses représentants d'une part, et Pierre de Gontaut, de l'autre, pour la construction d'une bastille sur ce plateau ; et de fait, cette bastille, commencée par Jean de Grailly, avait son bailli royal et son consulat au moins en 1285, qui traitaient avec les seigneurs du voisinage. Telle est l'origine de Montpasier. Pierre s'empara de Puy-du-Pic et en jouit jusqu'en 1289, que le roi Edouard ordonna de le restituer à Pierre de Maumont (1). Les libertés, franchises et privilèges de Montpasier, détruits pendant les guerres, ne sont pas retrouvés. On essaya de les reconstituer en 1461, comme je l'expliquerai.

Gurson et Villefranche-de-Lonpchac. — Parmi un grand nombre de concessions d'Edouard Ier à Jean de Grailly, captal de Buch, figure la châtellenie de Gurson, dans le canton de Villefranche-de Lonpchat (2). Cette donation, faite en octobre 1277, donna naissance à un procès entre le captal et le comte de Périgord, au sujet de la haute et basse justice appartenant à ce comte, dans ladite châtellenie ; procès qui fut jugé, l'année suivante, par une sentence arbitrale, contenant un relevé parvenu jusqu'à nous, de ce que devaient les habitants, paroisse par paroisse, au seigneur comte. Voici les noms de ces paroisses : *St-Remy, St-Géraud-de-Cors, St-Méard-de-Gurson, Montazeau, Le Fleix, Carsac* et *St-Vivien* (2). Par lettres de cette même année 1277, l'hommage de Jean de Grailly fut attribué à Alexandre de la Pebrée, seigneur de Bergerac et chevalier seigneur du lieu appelé *La Pebrée*, en Agenais. Il s'était marié en

---

(1) Reg. de la bibl. de Wolfembuttel., fol. 68, 49 et 129, Courcelles : hist. généal. et hérald. des pairs de France, t. II, article Gontaud, p. 12.

(2) Bibl. nat., coll. Bréquigny, t. XIII, pièce 16 et 19.

1273, avec Marguerite Rudel, dite de *Turenne*, veuve depuis un an de Renaud III, seigneur de Montignac et autres lieux, et dame de Bergerac, Gensac, Mouleydier, etc. On serait tenté de croire, faute de connaître une autre cause, que ce mariage lui avait valu l'attribution de l'hommage de Jean de Grailly.

Le château de Cugnac. — Pour un motif que nous ne connaissons pas, Edouard avait ordonné de mettre le château de Cugnac sous sa main royale. Le 7 juin 1276, ce monarque écrivit à Luc de Tany de s'abstenir de la moindre démonstration à ce sujet, s'il n'avait encore rien entrepris, et de le rendre immédiatement à Alexandre et à Marguerite, sa femme, dans le cas où il l'aurait déjà saisi (1). Or il est évident que cette démarche du roi était la conséquence d'une concession d'Alexandre et de sa femme, qui se résume comme il suit dans des lettres d'Edouard, du lendemain 8 juin : « Que tout
» le monde sache que, *pour nous être agréable et nous faire hon-*
» *neur*, Alexandre de la Pebrée a spontanément renoncé à son appel
» à la cour du roi de France, pour défaut de droit et s'est soumis à
» notre cour de Bazas, pour les violences commises par nos gens
» contre lui, au château de Cugnac. »

Gaston de Goutaud, I⁺ du nom, seigneur de Badefols et de Saint-Avit-Sénieur, ayant succédé à son père Pierre I⁺ que nous avons vu traiter avec Arnaud de Clarens et Guillaume de Sainte-Alvère, rendit hommage à Alexandre de la Pebrée, en 1276, du consentement exprès de Marguerite de Bergerac sa femme, pour le château de Badefols et ses dépendances qu'il reconnut tenir de lui, comme seigneur de Bergerac ; il déclara en outre lui devoir une lance d'acapte, à chaque muance de seigneur (2).

Bergerac. — Les *Olim* (3) nous apprennent que la ville de La Rochelle avait une hypothèque sur la terre de Bergerac, pour de de l'argent prêté, depuis quelque temps, à la dame et au seigneur de cette terre, et qu'en 1278, il fut enjoint au sénéchal de Gascogne, de faire exécuter l'engagement pris par eux, avec cette réserve que s'il ne menait pas à bonne fin cette affaire, le sénéchal de Périgord serait chargé de la terminer. Nous ne connaissons pas l'origine de

---

(1) Bibl. nat., coll. Bréquigny, t. XII, Guienne, t. III.
(2) Arch. de Pau, 3ᵐᵉ inv. prep., P. et L. l. 493, n° 66.
(3) T. II, p. 124.

cet emprunt. Mais il y a vraiment de quoi s'étonner de voir une ville, comme La Rochelle, créancière des seigneurs de Bergerac.

Alexandre survécut à sa femme qui, par son testament (1280), lui laissa 1,000 livres de rente (1). En 1290, le roi Edouard lui octroya, sa vie durant, la jouissance de la seigneurie de Puyguilhem ; mais les privilèges des habitants de ce château ne permettant pas que cette donation fût valable, ce roi donna en échange Puynormand, sur lequel Marguerite avait eu quelques droits de son vivant (2). A partir de ce moment, il n'est plus question de ce seigneur, qui d'ailleurs ne possédait plus de domaines en Périgord et mourut en 1301.

On a lu plus haut le texte de l'article du traité de 1259, relatif à la Guienne en général. Ce traité contient en outre un article non moins important qu'il est bon de rappeler ici : « Et nous, de ces
» choses accomplis (les articles du traité), sommes tenus de donner
» seurté au roi de France.... et la seurté des hommes et des villes
» pour nous, sera telle : Ils jureront qu'ils ne donront, ne conseil,
» ne force, ne aide, pour quoy nous ne nostre hoir venisson
» encontre la paix... *Et sera renouvelée ceste seurté de dix ans en*
» *dix ans à la requête du roy de France* (3). » C'était là la grande affaire. La première fois que ce serment aurait dû se réitérer, c'était en 1269 ; mais saint Louis s'occupait alors de sa seconde croisade, et il partit au commencement de 1270, sans avoir réclamé l'exécution de cette stipulation. En montant sur le trône, Philippe le Hardi avait eu aussi des soins plus pressants à remplir. Une réclamation d'Henri III d'Angleterre, au sujet de l'Agenais, faite peu de temps avant la mort de ce roi, à la suite du décès d'Alfonse, comte de Poitiers et de Toulouse, dut nécessairement appeler l'attention de Philippe, sur le traité de paix de 1259, en vertu duquel le monarque anglais avait réclamé, et lui fournit l'occasion de constater que ce même traité imposait à la couronne d'Angleterre l'obligation mentionnée plus haut ; si donc il n'exigea pas que cette clause fût immédiatement mise à exécution, ce fut probablement parce qu'Henri mourut peu de temps après. Il est également très probable que par

---

(1) Courcelles : Hist. généal. et héral. des pairs de France, t. IV, art. Pons, p. 23.

(2) Bibl. nat. coll. Bréquigny, t. XVI, Guienne, t. VII.

(3) Grandes chron. de Saint-Denis, éd. in-8° de Paulin, Paris, t. IV, p. 370.

ménagement pour Édouard I*, il attendit un temps assez long avant de le mettre en demeure de remplir l'engagement contracté par son père.

Mais ce prince, après son couronnement, en 1274, et son retour en Angleterre, ayant réitéré la réclamation de son père, au sujet de l'Agenais, Philippe exigea des sûretés et insista surtout sur l'exécution des clauses de 1259, toujours négligées jusqu'alors. Ce fut évidemment par suite de cette exigence de la part de Philippe que, l'année suivante, Édouard prit la détermination de faire prêter le serment imposé aux villes et aux seigneurs. Nous possédons trois lettres de ce monarque portant toutes trois la date du 8 avril relatives à cette formalité. Les premières sont adressées à ses sujets du Limousin, du Périgord, du Quercy et de la Saintonge, leur enjoignant de prêter le serment voulu. Les secondes informent le sénéchal de Limousin, Périgord, Quercy et Saintonge, que ce serment doit être prêté devant maitre Bonnet de Saint-Quentin, son fondé de pouvoir ; les troisièmes concernent Bonnet de Saint-Quentin et lui apprennent qu'il est fondé de pouvoir du roi dans cette circonstance. Il se présenta cependant une difficulté. Les barons de ces provinces ne voulurent pas obtempérer, prétendant que les lettres ne s'adressaient qu'aux chevaliers ; ce qui était vrai. Pour couper court à cette résistance, Édouard, le 15 novembre suivant, leur déclara que l'ordre était pour tous et leur enjoignit de se hâter d'accomplir le devoir qui leur était imposé.

Le 5 juin de l'année suivante, il nomma Étienne Ferriol, de Tuninges, son sénéchal des diocèses de Périgueux, Cahors et Limoges, et lui enjoignit de compter avec le *comptable* de Bordeaux.

Le même jour, poursuivant toujours son idée, ce monarque ordonna un recensement des fiefs et arrière-fiefs, dans les provinces où le serment avait été prêté, et confia ce travail à Etienne Ferriol et à Bonnet de Saint-Quentin. Le prétexte de ce recensement était de savoir quelles terres avaient été aliénées en main morte et quelles étaient passées en des mains roturières. Il y avait ordre en même temps de saisir toutes celles qui avaient été distraites, n'importe comment, du domaine de la couronne. A la manière dont sont rédigées les lettres écrites aux agents royaux, il faut reconnaitre que cet ordre dut être rigoureusement exécuté.

Le 8 du même mois, même année, il constitua ses fondés de pouvoir, envers et contre tous, dans les diocèses de Limoges, Cahors, Périgueux et Saintes, Bonnet de Saint-Quentin, Pierre d'Odon, Guillaume André, les deux derniers chanoines de Saintes et Jean de Vergnole, chanoine de Limoges, pour le représenter, avec pleins pouvoirs, devant tout juge, délégué ou auditeur, sénéchal ou bailli, député par le roi de France.

Le même jour, il accorda à Ogier Mothe ou à Bertrand son frère, suivant qu'ils épouseraient l'un ou l'autre la fille de Geoffroi Rudel, seigneur de Montclar, les terres, cens et revenus ayant appartenu à ce seigneur et confisquées sur lui, pour cause de forfaiture.

Le 6 octobre suivant, il écrivit au vicomte de Ventadour pour qu'il eût à délivrer à Etienne Ferriol le château de Bourdeille, quoique, dans un mandement antérieur, il eût négligé de spécifier ce château, en lui donnant l'ordre de délivrer à ce sénéchal les terres avec leurs châteaux, du Périgord, du Quercy et du Limousin dont il lui avait confié la garde.

Enfin, dans le courant de cette même année, Édouard reçut les lettres de Mathe, veuve d'Amanieu d'Albret, seigneur de Casteljaloux, pour l'engager à s'opposer au mariage de Philippe, fille d'Arnaud Othon, en son vivant vicomte de Lomagne, sœur de Vezian, successeur d'Arnaud Othon et héritière de ce dernier, mort sans enfants, avec le fils du comte de Périgord, dans le but de la faire épouser à son fils, ce qui n'eut pas lieu, comme nous le verrons plus tard (1).

A travers tout cela Édouard ne perdait pas de vue sa réclamation et poursuivait sans relâche un arrangement qui lui assurât la possession de l'Agenais. Le 15 novembre 1277, il écrivit au roi de France pour lui annoncer qu'il avait nommé des commissaires chargés de régler, avec ses agents, les réclamations, contestations, contraventions et affaires de toute espèce qui pourraient être survenues entre les sujets anglais et les sujets français (2). En 1278 il établit des lieutenants spéciaux en Guienne pour le représenter en toute circonstance (3). Enfin, en 1279 il obtint la remise de cet Agenais tant réclamé et, par un nouveau traité, portant la date du 23

---

(1) Bibl. nat. coll. Brequigny, t. xii, Guienne, t. iii.

(2) *Fœdera, littera et acta publica* in nouv. éd. de Rimer, t. i, 2º part. p. 547.

(3) Bibl. nat. coll. Brequigny, t. xii, Guienne, t. iii.

mai, Philippe, en lui faisant cette remise, l'affranchit aussi du serment des villes et des seigneurs.

AFFAIRES DE GUIENNE. — Ce traité avait pour conséquence naturelle de régler partout les différends de toute nature. Aussi Edouard, le 8 juin suivant, donna à son oncle Guillaume de Valence, les pouvoirs nécessaires pour requérir et recevoir du roi de France ou de ses agents, tout ce qui lui appartenait dans le Limousin, le Périgord, le Quercy et la Saintonge (1). En même temps, il avertit les habitants que son mandataire recevrait les hommages, les serments de fidélité, nommerait des baillis, des sénéchaux, des juges, etc., et s'occuperait de tout ce qui pouvait le concerner comme duc de Guienne. Il se ravisa cependant peu de jours après, et le 13 du même mois, il ordonna au comptable de Bordeaux de construire ou faire construire une pêcherie à La Linde, et en même temps de s'occuper de toutes les affaires intéressant lui et les siens. Il fit plus encore, et le 13 novembre, il nomma lui-même Bernard de Citoue sénéchal de Périgord, Quercy et Limousin (2), auquel, l'année suivante, il donna pour successeur son fidèle Jean de Grailly (3), qui va entrer en lutte avec les autorités françaises, au sujet des droits réclamés par son maitre.

DUEL. — Quoique le duel eût été interdit par saint Louis, cet usage persistait. Comme duc de Guienne, le roi d'Angleterre autorisait le duel. En 1281, Guillaume, Pierre et Gaston de Gontaud, frères, avaient un duel à soutenir et négligèrent de le faire. Par des lettres du 7 décembre, Edouard enjoignit à son sénéchal de Guienne et à tous autres fonctionnaires du pays, de n'empêcher en rien l'exécution du jugement prononcé par Luc de Tany contre ces trois frères et leurs plèges pour les contraindre à remplir les engagements pris par eux (4).

BASTILLES DE ROQUEPINE ET FONTROQUE. — Le roi d'Angleterre avait fondé plusieurs bastilles que je n'ai pas indiquées dans l'arrondissement de Bergerac : celle de *Molières*, dont les privilèges et franchises ne nous ont pas été conservés en original, mais dont j'ai

---

(1) *Fœdera*, etc., p. 574.
(2) Bibl. nat., coll. Brequigny, etc.
(3) *Fœdera*, etc., p. 589.
(4) *Fœdera, lettres et actes publiés* in nouv. éd. de Rimer, t. 1, 2ᵉ partie, p. 600.

retrouvé une traduction informe, analogue aux autres. Cette bastille jouera un rôle assez important. Celle de *Roquépine*, dont le territoire a dû être divisé entre les communes de Montmerode, *Faurilles* et *Ste-Radegonde* ; celle de *Fontroque*, près d'Eymet ; celle de *Beaulieu*, qui pourrait être le lieu qu'on nomme de nos jours la *Bastide-de-Puyguilhem*, près de Sigoulès ; et celle de *Villefranche*, sur laquelle je n'ai pu recueillir que des souvenirs. Du reste, nous ne possédons ni chartes de fondation, ni franchises, ni privilèges.

Il est question de Roquépine, pour la première fois, dans un document de l'an 1283, et d'autres dans un document de 1284. C'est une transaction entre Marguerite de Turenne, dame de Bergerac, et Jean de Grailly, sénéchal de Gascogne, à la suite d'une plainte portée par cette dame contre le sénéchal de Périgord, qu'elle accusait de l'avoir dépossédée de la terre de *Bayac* et de ses dépendances. Par cette transaction, Jean de Grailly cédait à Marguerite tout ce qu'Edouard possédait dans la bastille de *Roquépine* et ses dépendances ; dans la ville d'*Issigeac* et dans la terre de *Bayac* et ses dépendances ; à condition de tenir ces domaines de la couronne d'Angleterre comme les autres domaines, et Marguerite, de son côté, donnait en échange au roi *Naussannes*, *Bannes*, réunies aujourd'hui à Bayac, *Montcany* (1), (entre Naussannes et Labouquerie), *Montsac* et *Lepin*, appelé par corruption *Lepic* ou *Pic*, (entre Naussannes et Bardon) (2). Cette transaction fut ratifiée par Edouard, le 31 août de la même année (3).

Par celui de 1284, Edouard afferma à Henri Legallois le château de Puyguilhem avec les bastilles de *Fontroque*, de *Beaulieu* et de *Villefranche*, situées dans le territoire de la juridiction de ce château ; la bastille de *Beaumont*, celle de *Molières*, celle de *La Linde* avec le commun de *Clerens*, de *Bassac* (4), de *St-Avit-Sénieur* et autres terres, dans l'étendue de la juridiction de La Linde (5).

Nous avons vu la famille de Bouville s'établir à Limeuil, sous la protection des rois d'Angleterre, nous retrouvons, en 1283, Bernard

---

(1) Du latin *Montem-Canum*.
(2) Bibl. nat. coll. Bréquigny, t. XIII, Guienne, t. IV.
(3) Ibid.
(4) Inconnu ; pourrait être *Cusac*.
(5) Bibl. nat. coll. Bréquigny, t. XIV, Guienne, t. V.

de Bouville, chanoine de Périgueux, seigneur de Limeuil et de Duras, faisant hommage au roi d'Angleterre du château et de la châtellenie de Limeuil, du lieu de *Cendrieux* et de ses dépendances (1).

Bernard de Mouleydier, seigneur de Montclar, se plaignit au roi d'Angleterre, en 1285, que ses hommes questaux et ceux de ses vassaux, désertaient leurs domaines pour aller habiter les bastilles de *Beauregard* et de *Molières* ; Edouard donna ordre à son sénéchal de Périgord d'interdire à ces bastilles de recevoir ces hommes, et, s'il y en avait de nouvellement reçus, de les en expulser (2). Cette même année, Edouard fit de nouvelles réclamations au sujet de ses droits sur les trois évêchés (Périgueux, Cahors et Limoges), et notamment à propos de Brantôme, qu'il disait être de sa mouvance (3), ce qui fut reconnu vrai.

Dans les arrangements faits à la suite du traité de 1279, Edouard avait eu 3,000 livres tournoises assises sur *Mazeyroles* (4), et quelques autres lieux. Cette affaire n'était pas définitivement réglée en 1287 (5).

Une contestation s'était élevée entre Gaston de Gontaud, seigneur de Badefol, d'une part, le bailli et les consuls de Molières, d'autre part, au sujet des limites de leurs juridictions respectives.

Les parties furent mises d'accord par les soins de Bonnet de St-Quentin et Itier d'Angoulême, tous les deux commissaires d'Edouard (1288), qui approuva le traité fait sous leurs auspices, en 1289 (6).

---

(1) Ibid., t. xviii, ibid. t. ix. Il y a ici un détail qu'il importe de recueillir, parce qu'il constate de la manière la plus formelle qu'en 1283 saint Etienne était encore le véritable patron de l'église de Périgueux ; c'est la description du sceau de Raimond d'Auberoche, évêque de Périgueux : ce sceau portait d'un côté l'image d'un évêque revêtu des ornements pontificaux, la crosse d'une main et bénissant de l'autre avec une croix à doubles bras de chaque côté, et autour on lisait : *Sceau de Raimond, par la grâce de Dieu, évêque de Périgueux.* De l'autre côté, formant le contre-sceau, était l'image de saint Etienne, en habit de diacre, fléchissant sous le poids des pierres qui lui étaient lancées. On lisait autour de ce contre-sceau : *Seigneur, ne leur comptez pas ce péché.* J'aurai occasion de revenir sur ce sceau.

(2) Bibl. nat., coll. Bréquigny, t. xiv, Guienne, t. v.
(3) Arch. nat. J. 631, pièce 2.
(4) Canton de Villefranche-de-Belvès.
(5) Olim., t. ii. p. 47.
(6) Bibl. nat., coll. Bréquigny, t. xv, Guienne, t. vi.

A la même époque, toujours avec l'approbation du roi, ces mêmes commissaires accusèrent pour trois ans, à Bertrand de Panissaux, bailli de Montpasier, les bailliages de Moliéres et de La Linde, à la condition que, dans cet espace de temps, Panissaux construirait une pêcherie entre le clocher de La Linde et celui de St-Front-de-Colory, et deux moulins à quatre roues, pareils à ceux de la pêcherie de Limeuil ; le tout devant être prêt et en bon état au bout des trois ans.

En 1285, Eymeri de Biron, damoisel, seigneur en partie de Montferrand, fit concession et donation à Bertrand de Panissaux, bailli de Montpasier, et aux consuls de cette bastille, de la juridiction haute, moyenne et basse et de divers autres droits sur les paroisses de *Capdrot, Marsalès, Lavalade, Gaujac* et *St-Cassien*. Cette donation fut approuvée par Edouard, en 1289. Cette même année, ce même roi enjoignit à ses barons et tous ses autres sujets ayant juridiction, de forcer ceux de leurs vassaux qui avaient pris bourgeoisie dans la bastille de Montpasier, à construire, dans un certain délai, les maisons qu'ils s'étaient engagés à y faire pour y habiter, sous peine de 10 livres d'amende à employer à la clôture de cette bastille, ou à tout autre ouvrage d'utilité publique pour la nouvelle ville.

Le roi d'Angleterre. — Au xiii° siècle, les greffes s'affermaient. En 1289, Edouard afferma, cent sols tournois noirs, le greffe de la sénéchaussée de Périgord, Limousin et Quercy, à un certain Hugues Agia. Il autorisa également les consuls de Beaumont à construire une maison commune sur un terrain à lui appartenant. Il fit en même temps Hélie de Campagne son sénéchal de Périgord, Limousin et Quercy. Il accorda aux consuls et à la bastille de La Linde le produit du passage de la Dordogne pour être employé à la construction d'un pont sur cette rivière. Il décida que Villefranche (de Belvès) et ses appartenances ressortiraient désormais à la sénéchaussée d'Agenais et du Quercy. Il donna un sergent royal spécial à la partie du Périgord qui relevait des cours de Bordeaux et de Bazas, pour épargner des dépenses et des sollicitations à ceux qui avaient des affaires devant ces cours, et pour faire toutes les démarches qu'il y avait à faire (1).

---

(1) Bibl. nat. coll. Broquigny, t. xv. Guienne : t. vi.

Dans le cours de 1290, ce monarque-duc fit don à Etienne Sita de certains poissons, sa vie durant, à prendre à la pêcherie de La Linde, les jeudis et vendredis de chaque semaine, pendant le carême. Il nomma bailli et prévôt de Libourne et de *Villefranche-de-Lonpchat*, pour deux ans, Arnaud de Lacase, avec injonction au comptable de Bordeaux, au sénéchal de Gascogne et aux habitants de Libourne et de Villefranche, de le reconnaître pour tel ; il donna à Jean de Cardevère la recette des terres d'Agen, Lectoure, Quercy, Auch et de la bastille de Villefranche de Périgord ; il reçut de Renaud de Pons, quatrième du nom, seigneur de Bergerac, qui venait d'hériter de son père, Hélie Rudel Ier, une supplique tendant à ce qu'il voulût bien lui accorder des lettres pareilles à celles que Henri III, son père, avait accordées autrefois au père du suppliant, touchant les contestations entre la bastille de Beaumont et celle de Roquépine, d'une part, et ledit Renaud de l'autre, au sujet de Bayac (1).

LIVRE IV.

CHAPITRE III.

De l'influence française. — Après avoir fait connaître, autant que les documents me l'ont permis, le mouvement de l'influence anglaise dans le Périgord jusqu'en 1290, je dois décrire les effets de l'influence française.

Nous avons vu que le traité de 1259 réservait au roi de France tout ce qui ne pouvait être mis hors de sa main et que, parmi les choses qui ne pouvaient être mises hors de sa main, figuraient au premier rang la capitale du Périgord, ses églises, Sarlat, son abbaye, le

---

(1) Je n'ai pu retrouver les lettres d'Henri III, dont il est ici question. Tout ce que je puis dire, c'est que les seigneurs de Bergerac avaient eu beaucoup d'ennuis pour cette terre de Bayac, et que Renaud IV voulait sans doute ne plus se trouver exposé à de nouvelles tracasseries.

comte et le comté de Périgord, diverses localités qui ne dépendaient pas de ce comté, et presque tous les bords de la Dordogne. Jusqu'à l'avènement de Philippe le Hardi, tout avait bien marché et, tant que saint Louis avait vécu on avait fait trêve aux réclamations. Il n'en fut pas de même après sa mort, et la situation se modifia complètement au traité de 1279.

LE COMTE DE PÉRIGORD. — Il s'était bien produit çà et là quelques incidents sans importance pour les questions relatives aux rapports entre le roi de France et le roi d'Angleterre, comme duc de Guienne. C'est ainsi qu'en 1272 ou 1273 il s'éleva une contestation entre le comte de Périgord, Archambaud III, et le roi d'Angleterre, comme duc de Guienne, au sujet des limites de la châtellenie de *Gurçon*, relevant du duc de Guienne, et celles de la châtellenie de *Montpaon*, relevant du comte de Périgord, dont nous ne connaissons pas toutes les circonstances, mais qui n'aboutit alors qu'imparfaitement, ainsi que le constate la pièce suivante, du 13 juin 1273 : « Sachent tous,
» etc., que noble homme Archambaud, comte de Périgord, d'une
» part, et Jean Picard, châtelain de Castillon et de Gurçon pour le
» seigneur roi d'Angleterre, duc de Guienne, d'autre part, réunis
» devant Arnaud de Mareuil, archidiacre de Périgueux, et maître
» Jean Domice, clerc et juge dudit et illustre roi, à l'occasion d'une
» controverse, survenue entre lesdites parties, sur les limites et
» confins de Gurçon et de Montpaon et plus particulièrement sur le
» *Mont* ou *Puy-de-Chalus*, qui devait être examinée amiablement
» et traitée devant ledit archidiacre et ledit maître Jean, le jour de
» cette réunion spécialement assigné (1). » La suite dit que, lorsque Arnaud et Jean voulurent procéder à la visite des lieux, une multitude en armes et sans armes les empêcha de s'approcher du Puy-de-Chalus, au nom du comte de Périgord qui, requis de leur fournir le moyen de remplir leur mission, s'y refusa ; qu'alors, ils lui enjoignirent, sous peine de perdre ses fiefs et ses autres biens et sous toutes autres peines qui pourraient lui être infligées, d'obtempérer à leur demande, ce à quoi, après mûre réflexion, il finit par consentir, voulant que tout fût remis dans l'état existant au moment où l'affaire avait commencé et restât ainsi jusqu'à la fin du procès, dont le résultat n'est pas connu.

---

(1) Mss. de la bibl. de Wolfembuttel, fol. 131, pièce 472.

Une autre affaire, beaucoup plus importante sous tous les rapports, se traita cette même année 1273. Elle intéressait directement le comte de Périgord, comme on va le voir ; mais en même temps elle constatait que la hiérarchie féodale n'était pas tellement bien établie qu'on ne pût se détacher d'un suzerain pour en prendre un autre. Ce document est comme un dernier reflet de la recommandation.

CASTELNAUD DE BEYNAC. — Castelnaud et cette partie du Périgord relevait des comtes de Toulouse. L'avènement d'Alfonse de Poitiers au comté de Toulouse jeta de la confusion dans les possessions éloignées des anciens comtes. La mort de ce prince (1271) l'augmenta ; et bientôt des réclamations se produisent de la part du roi d'Angleterre comme duc de Guienne, et l'avènement de Philippe le Hardi provoque des hésitations à obéir.

Aymeri à qui saint Louis fit la concession rapportée plus haut était fils d'Hugues Ermengaud de Lautrec et de Castellane de Castelnaud. Il eut quatre fils : Gaillard, Guillaume, Raimond et Bertrand, tous quatre seigneurs indevis de Castelnaud après la mort de leur père. En 1273, Bertrand était mort laissant deux fils : Bertrand et Raoul. A cette époque, les trois oncles et les deux neveux possédaient par indevis non-seulement le château de Castelnaud, mais encore le lieu de *Berbiguières* et des domaines dans les paroisses de *Sengeyrac*, de *Rouffignac*, de *Lacropte*, de *La-Douze*, de *Saint-Cernin* et de *Saint-Félix-de-Reilhac*, et dans les châtellenies de *Vergn*, de *Limeuil* et de *Miremont*. Peu satisfaits de leur position équivoque, embarrassés par la nature si diverse de leurs domaines et peut-être sollicités par le comte de Périgord, qui cherchait à prendre pied sur la rive gauche de la Dordogne, les seigneurs de Castelnaud se prêtèrent aux ouvertures qui leur furent faites, et finirent par s'avouer les vassaux d'Archambaud, pour le château de Castelnaud. Voici le résumé de l'acte qui consacre ce vasselage, portant la date du 14 mai 1273 : « A tous ceux que ces présentes lettres verront Archam-
» baud, comte de Périgord, etc., reconnaissant que Gaillard, Guil-
» laume, Raimond, Bertrand et Raoul de Castelnaud nous ont tou-
» jours été fidèles et dévoués, et désireux de les protéger de toutes
» nos forces eux, leurs terres et leurs hommes, nous promettons de
» jamais nous introduire dans leurs fiefs et arrière-fiefs pour y ac-
» quérir soit par achat, soit par vente, soit par échange, soit de
» tout autre manière, ou pour y prétendre quelque droit sous pré-

» texte de coutume, d'usage et de règlement, si ce n'est dans les
» cas de délit. Nous promettons encore que ni nous, ni nos baillis,
» ni nos prévôts nous n'exercerons aucune juridiction, ni justice
» sur les personnes de leurs hommes des paroisses de *Sengeyrac,*
» de *Rouffignac,* et de tous leurs autres domaines, dès le moment
» qu'ils se seront faits connaître, à moins que les affaires ne soient
» portées volontairement devant nous, là où nous avons la haute
» justice. Nous promettons en outre que nous conserverons invio-
» lablement sous notre mains les fiefs qu'ils reconnaissent tenir de
» nous, sans pouvoir jamais les distraire de notre domaine, sous
» peine de les faire rentrer dans notre comté si, sous un prétexte
» quelconque, ils en étaient aliénés ; déclarant que, si nous ne le
» faisons pas à nos frais, les frères et neveux susdits seraient en
» droit de se soustraire à notre obéissance et hommage. Nous nous
» engageons d'ailleurs à protéger lesdits seigneurs envers et contre
» tous, à leur prêter aide et assistance, et à réparer les torts qu'ils
» pourraient leur être faits pour s'être montrés fidèles envers nous,
» avec l'assurance que les affaires qu'ils pourront avoir ne seront
» traitées qu'à Périgueux ou dans les châteaux et châtellenies où
» sont situés leurs fiefs. Au surplus, pour l'affection que nous leurs
» portons, *nous leurs donnons, en augmentation de fief,* tout ce que
» Raoul des Palatins et sa femme tiennent de nous, ainsi qu'un
» borderage dans la paroisse de *Saint-Sernin* tenu par Gerald Jau-
» bert et six deniers de rente que le lépreux de Reillac nous paye
» annuellement.

» Les fiefs qu'ils reconnaissent tenir directement de nous sont :
» *Castelnaud* avec sa juridiction, non compris *Berbiguières* avec ses
» dépendances, tout ce qu'ils ont dans les châteaux et territoires de
» *Vergn,* de *Limeuil,* de *Miremont* et de *Reillac,* dans les paroisses
» de *Sengeyrac,* de *La-Cropte,* de *La-Douze,* de *Saint-Félix* et de
» *Saint-Sernin* (1). »

LE COUVENT ET LA VILLE DE SARLAT. — En 1277, l'abbaye de Sarlat
était toujours en lutte avec le consulat. Que s'était-il passé depuis
1260 ? C'est ce que nous ne savons pas d'une manière certaine ;
un acte du 25 septembre prouve que l'abbaye était réduite à faire
de larges concessions : « A tous ceux qui verront ces lettres, le

---

(1) Bibl. nat. collection Doat., Reg. 242, Périgord, t. I, p. 357.

» monastère de Sarlat, etc. ; nous louons, nous ratifions, nous ap-
» prouvons et nous confirmons tout ce que notre révérent abbé
» (Robert de Saint-Michel) a fait, échangé, donné, mis en commun
» ou diminué sur la juridiction de la haute et basse justice tempo-
» relle, sur les murs, les clefs des portes, les portes, les fossés, les
» tours, les tourelles, les poids, les mesures de la ville de Sar-
» lat et de ses dépendances, et tout ce qu'il pourra dire ou régler à
» ce sujet (1). » La commune de Sarlat avait donc grandi et l'abbaye
» était réduite à traiter avec elle.

Le prieuré de Sourzac. — Cependant il était survenu, en 1276, une question de nature à donner une idée de la conduite du roi de France envers le roi d'Angleterre. Il s'agissait d'un arrêt du parlement rendu en faveur du prieuré de Sourzac, contre un nommé Brun de Saie ou mieux de Faye, chevalier, et probablement sénéchal de Périgord pour le roi-duc. Ayant violenté le prieur et ses gens, et enlevé les privilèges du prieuré, Brun avait été condamné à les restituer et à payer une amende. Les Olim portent (2) qu'à ce sujet il fut enjoint au sénéchal de Gascogne, agent du duc de Guienne, d'exécuter l'arrêt, en faisant arrêter Brun et saisir ses biens et ceux de sa femme, avec cette observation importante que, si ce sénéchal négligeait de mettre cet ordre à exécution, le sénéchal du Périgord, plus obéissant, sans doute, devait ne pas manquer de le faire.

Bannis. — On n'en persista pas moins à s'adresser au sénéchal de Gascogne. En 1278, le roi de France lui écrit et à tous autres justiciers, au sujet d'un certain nombre de personnages, parmi lesquels Bertrand des Tours, Ebles de Bourdeille, chevalier, Adhémar, son fils, bannis par jugement de la cour de Parlement, par lequel il leur enjoignait de les saisir partout où on pourrait les appréhender, sauf dans les lieux saints (3).

---

(1) Arch. nat. J. 497, n° 11.
(2) T. II, p. 81.
(3) Arch. nat. J. 1030. Il n'est pas bien facile de dire le sujet du bannissement de ces divers personnages. Il semble que l'affaire de Brantôme, rapportée plus haut, n'y était pas étrangère ; mais il devait y avoir complication de procès, parce que les bannis étaient de plusieurs provinces. On pourrait même admettre qu'il y avait eu quelque erreur, puisque nous trouvons une sorte de réparation à Bertrand des Tours, à la suite d'une enquête (Olim. t. II, p. 156).

CONDUITE DU COMTE DE PÉRIGORD. — En décembre 1279, le roi de France prit à l'égard du comte de Périgord, une résolution justifiant son intention bien arrêtée, malgré certaine concession, de maintenir les droits de la couronne de France sur le duché de Guienne, tels qu'ils avaient été déterminés par le traité de 1259, et même d'étendre ces droits.

Le Parlement devenait puissant ; il consacra ses premiers soins à régulariser la position des vassaux et des arrière-vassaux par rapport à la couronne. La tâche était difficile en Guienne ; mais l'influence réelle de l'autorité française, à la suite du traité de 1259, et celle que s'était acquise Philippe-le-Hardi, par le traité de 1279, permettaient d'aborder des questions d'un ordre plus élevé que celles qu'on avait traitées jusqu'alors. Un procès s'était engagé entre le comte de Périgord et les gens du roi d'Angleterre, comme duc de Guienne, au sujet du privilège par lequel ce comte et son comté se trouvaient placés sous la main du roi de France, sans pouvoir jamais en être retirés. Pour maintenir son dire, le comte invoquait l'hommage de 1212. A cela, les gens du roi d'Angleterre opposaient celui de 1214, et des lettres d'Edouard Ier, portant la date de 1270, dont voici la traduction : « Edouard, fils aîné de l'illustre roi
» d'Angleterre, à tous ceux à qui ces lettres parviendront, salut ;
» sachez que, pour nous, nos héritiers et successeurs, seigneurs de
» Gascogne, nous avons concédé, par la teneur de ces présentes, et
» confirmons à perpétuité, à notre cher et fidèle Archambaud, comte
» de Périgord, ici présent et acceptant, pour lui, ses héritiers et suc-
» cesseurs, les coutumes bonnes, louables et approuvées par nous,
» dont lui et ses ancêtres avaient l'habitude d'user et de jouir, au
» temps passé, dans leurs terres, leurs fiefs et arrière-fiefs, avec
» promesse que nous, ni nos agents n'y contreviendrons d'aucune
» façon ; mais bien plutôt que nous défendrons lui, les siens, ses
» terres et ses biens contre les violences manifestes, les oppressions
» et les innovations injurieuses des nôtres et de tous autres dépen-
» dant de notre juridiction, et que nous lui serons bons seigneurs,
» sans aucune injure ni méfait » (4).

L'hommage de 1214 et ces lettres suffisaient et au-delà pour prouver que le comte de Périgord avait renoncé au bénéfice de l'hom-

---

(2) Bibl. nat., coll. Doat, reg. 243, Périgord, vol. 2, fol. 27.

mage de 1212 ; mais il avait très certainement un intérêt immédiat à rentrer dans le parti français, et dès lors, sans tenir compte des immunités que lui avaient accordées les Anglais, il en était revenu à l'hommage de 1212, antérieur aux actes invoqués par Edouard. La couronne de France devait se rattacher le comte ; le Parlement de Paris donna donc la préférence à l'hommage de 1212 ; et le procès fut clos par les lettres de Philippe-le-Hardi (1279), dont voici la teneur : « Philippe, par la grâce de Dieu, roi de France : Nous
» faisons savoir à tous présents et à venir, que les gens de notre
» amé et fidèle cousin, Edouard, par la grâce de Dieu, illustre roi
» d'Angleterre et duc de Guienne, firent ajourner devant nous,
» notre fidèle comte de Périgord, essayant de révoquer en doute
» que ledit comte fût privilégié de telle sorte, que lui et son comté
» ne doivent jamais être mis hors de notre main ; mais comme il
» nous a été parfaitement constaté que les rois, nos ancêtres, ont
» accordé depuis longtemps au comte de Périgord qu'il ne serait
» mis hors de leur main ni de celle de leurs successeurs, lui ni son
» comté, après avoir pris conseil d'hommes compétents, nous avons
» retenu ledit comte et son dit comté dans notre dite main et dans
» celle de nos successeurs, imposant un éternel silence au roi d'An-
» gleterre et à ses gens » (1).

MARIE, DEUXIÈME FEMME D'ARCHAMBAUD III. — Vers 1269, Archambaud III était devenu veuf de Marguerite, sa première femme, fille de Guy V, vicomte de Limoges, et veuve d'Aimery VIII, vicomte de Rochechouart. Dans le courant de 1270, il avait épousé Marie, fille de Pierre Bermond, seigneur d'Anduse, etc., veuve d'Arnaud Othon II, vicomte de Lomagne, cousine germaine de Jeanne, comtesse de Toulouse, femme d'Alfonse, frère de saint Louis. En juin de la même année, Alfonse, comte de Poitiers et de Toulouse, et Jeanne, sa femme, avaient donné à Marie les châteaux de *Laverdac* et de *Lormont*, dans le comté de Toulouse (2). Peu de jours après, pensant que ces deux châteaux ne complétaient pas le don que Jeanne et lui avaient voulu faire à Marie, Alfonse avait enjoint à son sénéchal d'Agenais d'assigner en sus 300 livres tournoises de rente au comte de Périgord, au nom de la comtesse, sa femme, sur les lieux

---

(1) Arch. de Pau, 3e inv. prép., P. et L., l. 493, no 60.
(2) Bibl. nat., coll. Doat, reg. 243, tit. des comt. de Périgord, t. I, p. 249.

de Gontaud et de Tourguillat (1). En 1273, le roi Philippe-le-Hardi avait assigné ces mêmes 300 livres à percevoir sur le péage de Marmande (2) ; et en 1275, Marie donnait quittance, au nom de sa fille Philippe, de son premier mariage avec Arnaud Othon II, vicomte de Lomagne et d'Auvillars, à Philippe-le-Hardi, de cette même somme de 300 livres qui lui avait été payée en argent comptant (3) ; ce qui prouve que les dons de Jeanne et d'Alfonse s'adressaient autant à Philippe qu'à sa mère Marie.

En mourant, Jeanne avait fait son héritière cette même Philippe, fille de Marie, qui déjà avait hérité des terres de Lomagne et d'Auvillars, par la mort de Vézian, son frère (4).

Grignols. — Selon les généalogistes, l'année 1277 a une très grande importance pour la famille des Taleyrand-Périgord, qu'ils nous donnent comme les descendants directs des comtes de Périgord dont ils formeraient une deuxième branche. Sans revenir sur l'origine de cette famille, je parlerai des seigneurs de Grignols, qui jouèrent un rôle, sans me préoccuper autrement de leurs rapports de famille avec les comtes de Périgord (5).

L'importance ajoutée à l'année 1277 tient à la confirmation de la cession de tout ce qui appartenait au comte de Périgord, dans le château et la châtellenie de Grignols, faite à Boson Taleyrand de Grignols, en 1238, et déjà confirmée une première fois en 1245 (6), comme je l'ai dit en rapportant sur ces pièces l'opinion d'un homme plus compétent que moi.

---

(1) Bibl. nat., coll. Doat. reg. 242, tit. des comt. de P., t. I., p. 356 bis.
(2) Arch. de Pau, 3e inv. prép. P. et L., 1. 506, n° 61.
(3) Arch. nat., J. 474, n° 39.
(4) Cet héritage et les longs pourparlers auxquels il donna naissance, ne se rattachent que très indirectement à l'histoire du Périgord. Il me suffira donc de dire qu'en 1280 on s'en occupait encore, comme le prouvent des lettres de Philippe-le-Hardi à son sénéchal d'Agenais (arch. de Pau, 3e inv. prép. P. et L., 1. 477, n° 18) ; mais qu'à la fin il fut résolu qu'il ne serait pas dévolu à Philippe, par des motifs que je n'ai pas à déduire ici.
(5) Il demeure bien entendu que je ne m'arrêterai pas davantage aux détails consignés dans le roman que Lagrange-Chancel a intitulé : *Histoire du Périgord* et dont les généalogistes ont essayé de tirer un grand parti.
(6) Je reviendrai sur la parenté des seigneurs de Grignols et des comtes de Périgord, à propos de la cession du château de Grignols au comte de Périgord (1301). Voir aussi l'appendice.

Cette même année, il y eut un procès entre Hélie Taleyrand, fils d'Archambaud III, et la chambellane de Tancarville. Le sujet en est inconnu ; mais il doit être important, puisque le roi s'en mêla (1). Il y eut encore un commencement de procès au parlement de Paris entre le roi d'Angleterre et le comte de Périgord ; mais le comte, qui poursuivait, se désista de ses poursuites (2).

Archambaud III. Montignac. Le Petit-Bénévent. Vergn. — Dans le cours de 1281, Archambaud III fit don à Aremburge, sa fille aînée, veuve d'Anissen de Caumont, de 60 livres de rente, à percevoir pendant son veuvage (3), et il octroya des privilèges et franchises à *Montignac-le-Petit*, aujourd'hui réuni à *Monesteyrol*, (c^ton de Montpaon). Ces privilèges et franchises, semblables à ceux des bastilles, prouvent qu'il voulait fonder une bastille à Montignac.

Nous avons vu la contestation survenue entre le roi d'Angleterre et le comte de Périgord au sujet du Puy-de-Châlus et de ses environs, c'est-à-dire au sujet des limites des châtellenies de Gurçon et de Montpaon. Quoiqu'il ne soit pas parlé à ce propos du lieu de *Bénévent*, aujourd'hui commune de *Saint-Laurent-des-Hommes* (4), il est très probable cependant que dès lors le comte de Périgord s'occupait d'y fonder une bastille, puisque nous savons qu'elle existait en 1286. Il n'est pas aussi facile de constater à quelle époque il avait essayé d'en fonder une à Vergn ; mais il est certain qu'il avait aussi voulu le faire, comme cela est formellement dit dans les plaintes du roi d'Angleterre.

Cette même année, conjointement avec son fils, il vendit au comte d'Alençon et de Blois un hôtel appelé *Histeriche*, provenant d'Alfonse de Poitiers et de Jeanne, sa femme (5).

L'année 1282 ramena la question de la rente sur le péage de Marmande ; c'était alors le roi d'Angleterre qui, rentré dans la possession de l'Agenais, s'en préoccupait et contestait au comte le droit de la percevoir ; mais un arrêt du parlement de Paris décida que

---

(1) Arch. nat. J. 1030, trois pièces.
(2) Olim, t. II, p. 133.
(3) Arch. de P., 3me inv. prép. Périgord et L. l. 507, n° 74.
(4) Qui s'appelait aussi *Saint-Laurent-de-Pradoux* ou de *Double*.
(5) Arch. nat. J. 65, n° 51.

cette rente lui était toujours due et qu'il pourrait même réclamer les arrérages (1).

Montagrier. — L'année suivante, une contestation qui subsistait depuis longtemps entre les habitants de Montagrier, d'une part, Hélie Taleyrand, *co-seigneur* (2) de Grignols, et Hélie Vigoros, damoisel, d'autre part, au sujet de la haute juridiction, de la haute et basse justice des fiefs, des hommages et des amendes de Montagrier et de sa châtellenie, ayant été renvoyée devant le comte de Périgord pour être jugée en dernier ressort, le comte décida que tous les fiefs et hommages appartenant à Hélie Taleyrand, soit de son propre chef, soit par héritage, devaient lui être reconnus et que, s'il y en avait eu d'aliénés, depuis deux ans, ils devaient lui être restitués. Quant à la juridiction entière, ou haute et basse justice, il déclara qu'elle appartenait aux habitants de Montagrier, dans tous les cas, et sur toutes sortes de gens, sauf certaines localités et bourgs ; mais qu'ils la tenaient en fief des seigneurs susdits (Hélie Taleyrand et Hélie Vigoros), et à l'occasion de ce dernier, il se borna à maintenir la décision rendue quelque temps auparavant par Pierre, en son vivant évêque de Périgueux (3).

Archambaud III et Périgueux. — Nous avons vu le comte de Périgord et la municipalité de Périgueux faire un arrangement au sujet de la justice criminelle, par lequel, moyennant 20 l. de rente annuelle, cette municipalité rendait seule cette justice au Puy-Saint-Front. En 1286, il s'éleva quelques difficultés entre les deux parties à l'égard de savoir jusques où s'étendait cette justice qui, selon le comte, ne devait pas dépasser les murs de la ville et, selon la municipalité, devait s'étendre à toute la banlieue. Après d'assez vifs débats, survint un autre arrangement qui porta la rente annuelle à 40 l., payables : 20 l. à la Noël, 20 l. à la Saint-Jean ; et il accorda en plus au comte un marbotin d'acapte, à chaque muance de seigneur ; moyennant quoi la municipalité eut le droit d'exercer la justice criminelle dans la banlieue, dont les limites furent ainsi réglées : *L'hôpital de la croix des Fromentals ; La Borie ou métairie ayant*

---

(1) Bibl. nat. coll. Brequigny, t. xiii, Guienne, t. i, deux pièces.
(2) Donc la prétendue 2me branche des comtes de Périgord ne possédait pas seule la seigneurie de Grignols en 1283.
(3) Arch. de Pau, 3e inv. prep. P. et L., l. 514, n° 11.

appartenu à Hélie Volpat ; *Le bois de Labatut-Dessalles* ; *Le Puy de Tirecul* ; *La Mothe de Paris sur le chemin de Batichat* ; *Le moulin dit des Ruisques* ; *La croix qui est au pressoir de Septfons* ; *La croix qui est sur la place de Champsevinel* ; *La croix qui est sur Beaupuy, appelée croix de Blancavel* ; *Le pont de la Beauronne* ; *La croix de la pause Gérald de Born, près Chamiers*, et *l'église de Coulounieix* (1). Le traité imposait en outre à la municipalité l'obligation de présenter à la cour du comte les condamnés à mort pour homicide, afin que l'exécution en fût faite immédiatement par les soins du comte, en présence du maire, des consuls et de leurs gens, du comte ou de son prévôt et de ses gens, avec cette clause que, si le comte cherchait à différer cette exécution, les consuls avaient le droit de la faire par eux-mêmes. Ce traité portait aussi que, les immeubles et hardes du condamné, excepté les objets en or et en argent, appartenaient à ses héritiers directs, comme s'il était mort de sa mort naturelle. Quant aux meubles trouvés dans la circonscription de la juridiction de la ville, ils étaient partagés par moitié entre le comte et la municipalité, après remboursement de la dot de la veuve et les dettes préalablement payées. Il y est dit encore que, si la veuve ou les enfants de celui qui avait été tué par l'exécuté étaient sans ressource, la municipalité devait les aider de sa moitié. Enfin il y a aussi une clause concernant les gens du comte coupables de quelque crime ou délit. Ils devaient être jugés par le comte ou son prévôt et le consulat, dans la ville même. Il est dit en outre que, s'il y avait appel d'un jugement du consulat, l'affaire serait jugée en dernier ressort par le comte et quatre prud'hommes de la ville. Les parties étaient d'ailleurs d'accord à reconnaître que ce traité n'était pas applicable à la Cité et qu'il ne devait en rien porter atteinte aux décisions de 1247, rendues par ordre de Saint-Louis (2).

Ce traité avait été conclu le mardi avant la fête de Saint-Georges (16 avril) ; le jour de la fête de Saint-Georges, il fut convenu qu'il serait loisible de le modifier, c'est-à-dire d'ajouter ou de retrancher

---

(1) Je n'ai pu retrouver les noms de toutes ces localités ; mais au moyen de celles qui ont été reconnues il est facile de se faire une idée de l'étendue de cette banlieue.

(2) Rec. des titr. etc., pour la ville de Périgueux, p. 75.

au dire de ceux qui avaient contribué à sa conclusion. Il fut ratifié par le roi de France, en 1293.

Le roi d'Angleterre. — Vers cette même époque, le roi d'Angleterre formula de nombreuses plaintes contre le comte de Périgord, parmi lesquelles figurent les suivantes :

1° Il fit extraire du vieux registre de la cour de France et se fit renouveler le privilège que ni lui ni sa terre ne peuvent être mis hors de la main du roi de France, quoiqu'il y eût renoncé en se plaçant sous l'autorité anglaise, et en reconnaissant tenir en fief du roi d'Angleterre la plus grande partie de ses terres (1).

2° Depuis le renouvellement de ce privilège, il n'a plus voulu faire serment de fidélité, devant le sénéchal du roi d'Angleterre, dans le pariage, comme il le faisait auparavant, ni l'hommage pour ce qu'il tient de ce monarque, ni son devoir pour ce qu'il possède en Gascogne ;

3° Non content de cela il exige que des terres, soumises au roi d'Angleterre jusqu'à ce jour, relèvent de lui, notamment en ce qui concerne Guillaume de Clarens, Olivier de Saint-Astier et ses frères, co-seigneurs de Châteauneuf en Périgord, et d'autres encore de Saint-Astier ;

4° Le comte, comme il est facile de s'en assurer, n'avait aucune juridiction dans la seigneurie de Saint-Astier, et au roi d'Angleterre seul appartenait le droit d'y tenir des assises ; aujourd'hui ce seigneur s'efforce d'y tenir les siennes ;

5° Il est cause que le roi d'Angleterre perdit la *directe* et le ressort des seigneurs de Châteauneuf, de Reillac, de Montencès et de Mussidan, appartenant à Olivier et à ses frères, et de quelques autres de la seigneurie de Saint-Astier qui le reconnurent pour seigneur immédiat, quoiqu'il n'eût jamais eu de juridiction sur eux ;

6° Il suscite toute espèce d'embarras au roi, au sujet du droit du

---

(1) Comme on le voit, malgré la déclaration du roi de France, le roi d'Angleterre réclamait encore parce que, en fait, le comte de Périgord avait pris avec lui des engagements solennels que le renouvellement de l'hommage de 1212 ne pouvait pas briser à lui seul.

commun, et fait tous ses efforts pour que les habitants de la bastille de *Bénévent* et ceux d'une autre bastille qu'il vient de construire à *Vergn*, ne le payent pas, veillant à ce que ses sujets qui doivent ce tribut, se retirent dans ces bastilles et même dans le château de Roussille, au moment où il faut l'acquitter, et retournent chez eux quand la levée est achevée. Il fait plus encore, il empêche de lever ce droit dans ses terres.

Il y avait eu en outre des violences contre des sergents royaux, contre des particuliers, contre les consuls de la bastille de *Beauregard*, fondée par le roi d'Angleterre. Le comte s'était permis de faire circuler des hommes en armes dans les terres du roi d'Angleterre et dans celles qui relevaient de ce monarque, quoique ce droit n'appartînt qu'au roi de France. Il était allé même jusques à assiéger Casaubon, dans les terres du seigneur d'Armagnac, malgré la défense des gens du roi d'Angleterre, etc. (1).

En 1287, il y eut un arrangement sous forme de sentence rendue par deux arbitres, dont voici la substance :

« Archambaud reconnaît tenir du roi d'Angleterre, Vergn, les
» châteaux et châtellenies de *Roussilie* et de *Reitlac*, et consent à ce
» qu'on s'assure s'il ne tient pas autre chose de lui et à quelles con-
» ditions. Il devra aussi déclarer s'il resta sous l'obéissance du roi
» d'Angleterre, après la paix de 1259.

» Il prêtera serment d'observer la paix, en présence du sénéchal
» de Périgord, pour le roi d'Angleterre.

» Il permettra la levée du commun et aidera, s'il le faut, à le faire
» rentrer.

» Il ne portera ni ne laissera porter les armes dans la partie du
» Périgord appartenant au roi d'Angleterre, qu'au nom du roi de
» France.

» On examinera et réglera, comme elles doivent être réglées,
» les questions relatives à *Châteauneuf*, à *Montancès*, à *St-Astier*,
» à *Mussidan* et à *Montpaon*.

» Les affaires de l'Agenais doivent être également réglées. » A la suite de cette décision, on lit : « Moi, Archambaud, comte de Péri-
» gord, etc., j'homologue l'arbitrage sus énoncé, et, en témoignage

---

(1) Arch. de Pau ; 3ᵉ inv., prép. P. et L., l. 474, n° 21.

» de mon approbation, j'appose mon sceau à côté des sceaux des
» arbitres. » (1).

Au commencement de l'année suivante, il donna quittance de 150 l. à-compte sur les 300 l. bordelaises qu'il tenait en fief du roi d'Angleterre (2).

En 1288, il reçut divers hommages, notamment de Foulques de Clarens, sans doute parent et peut-être frère de Guillaume de Clarens, pour ce qu'il avait au Puy-St-Front et dans la juridiction de la ville, pour ce qu'il avait à Vergn et pour ce qu'il avait dans la juridiction d'Estissac (3). Il avait acheté en 1286, d'Arnalde d'Attous, tout ce qu'elle avait dans la paroisse de St-Laurent-de-Pradoux, sans doute pour compléter sa bastille de Bénévent. Il acheta, en 1289, de Géraude, prieure de Mas-Robert, tout ce qu'elle avait dans les paroisses de *St-Remi* et de *St-Martin-de-Gurçon*, canton de Villefranche-de-Lonpchat. Cette même année, sa fille Jeanne, qu'il avait eue de Marie Bermond, épousa Pierre de Bordeaux (4), et le roi d'Angleterre lui confirma les privilèges qu'il lui avait accordés en 1270 (5).

LE COMTE DE PÉRIGORD ET SA MONNAIE. — L'année 1292 raviva une vieille querelle. La monnaie périgourdine, qui n'était plus un sujet de contestation entre le comte et les bourgeois de Périgueux, quant à sa fabrication, soulevait encore des difficultés quant à son titre, et mettait souvent le comte dans l'embarras. Il est probable qu'on doit rapporter à cette époque des lettres du prévôt de la monnaie de Limoges, dont voici le résumé : « A tous les ouvriers et monnayeurs
» du serment de France, le prévôt de la monnaie de Limoges, salut
» et amour : Nous vous faisons savoir que le comte de Périgord nous
» a envoyé son message pour nous informer que sa monnaie n'est
» pas bonne, que le poids en est trop faible et le coin trop grand
» et qu'il faut rectifier le travail de manière que cette monnaie con-

---

(1) Bibl. nat. coll. Doat, reg. 242, Périgord, t. I, p. 435.
(2) Ibid. coll. Brequigny, t. XIV, Guienne. t. v.
(3) Arch. de Pau, 3ᵉ inv. prép. P. et L., l. 493, nº 61.
(4) Ibid., ibid. On a vu qu'en 1264, Pierre de Bordeaux était lieutenant du sénéchal de Gascogne. Il n'était donc pas de la première jeunesse lors de son mariage
(5) Bibl. nat., coll. Doat, reg. 243, Périgord, t. I, p. 441.

» vienne. Il ne faut pas d'ailleurs que d'autres ouvriers que ceux
» du serment de France s'en occupent. On devra prendre des me-
» sures pour que le poids, qui était de treize marcs, soit de seize,
» que nous ayons 9 sols du travail et que la demi-once soit avanta-
» geuse. Mettez-y tous vos soins et procédez comme ceux de Char-
» roux, de Montrueil et de Nantes. Que Dieu vous garde (1) ».

Ce qui surtout me fait croire que cette pièce, sans date, se rapporte à cette époque, c'est que nous trouvons, à la date de 1292, des lettres du sénéchal du Périgord vidimant des lettres de Philippe-le-Bel, lui enjoignant de faire une enquête sur la commodité ou l'incommodité de la permission demandée par le comte de Périgord. Voici les lettres de Philippe-le-Bel : « Philippe, par la grâce de
» Dieu, roi des Français, au sénéchal de Périgord, salut : Nous
» avons reçu une supplique du comte de Périgord demandant que
» nous voulussions lui permettre de changer sa monnaie blanche en
» noire, comme cela se fait dans tous les pays environnants, d'au-
» tant, nous assure-t-il, que cela ne peut porter préjudice à per-
» sonne ; c'est pourquoi nous vous mandons de vous informer du
» poids et du titre de cette monnaie, quel est l'usage que le comte
» en a fait et si ce changement peut nous être utile ou nuire à nous
» et à d'autres, et de nous faire un rapport circonstancié sur ce que
» vous aurez appris, etc. (2) ».

LE ROI D'ANGLETERRE COMME DUC DE GUIENNE ET SES PRÉTENTIONS. — A la suite des plaintes du roi d'Angleterre contre le comte de Périgord, il s'éleva plusieurs difficultés qui furent portées au Parlement de Paris, en 1281. La première avait trait aux privilégiés du Périgord. On voulait les obliger à se munir de lettres expliquant leur droit et de prêter serment, devant Jean de Grailly, sénéchal de Périgord pour le roi d'Angleterre, de tenir et conserver la paix. Mais ces prétentions furent pareillement repoussées.

On avait aussi articulé des griefs au sujet de St-Astier. On accusait le sénéchal de Périgord pour le roi de France, de troubler, dans l'exercice de ses fonctions, dans cette même localité, le sénéchal du roi d'Angleterre, notamment en ce qui concernait l'abbaye que le

---

(1) Arch. de Pau, 3e inv. prép. P. et L., l. 501, n° 54.
(2) Bibl. nat., coll. Doat, reg. 242, Périgord, t. I, p. 491.

sénéchal du roi de France prétendait protéger, quoiqu'elle ne fût pas sous la protection de son maître ; le Parlement répondit qu'on ne mettrait aucun obstacle à l'exercice des droits du roi-duc.

On disait encore que la facilité donnée aux sujets du roi-duc entraînait des abus, et on demandait que cette facilité fût restreinte. Le Parlement ne voulut pas la restreindre pour le pays de droit coutumier, et déclara que, dans le pays de droit écrit, on se conformerait au droit écrit.

Cette même année, l'abbaye de St-Amand-de-Coly, ayant perdu son abbé, dont on ne dit pas le nom, le Parlement décida que les moines choisiraient quelqu'un d'entre eux pour administrer leurs biens, et que, si ces administrateurs étaient troublés dans leur mission, le sénéchal les défendrait, comme il avait coutume de défendre l'abbé (1).

Le Périgord relève du Parlement de Toulouse. — Le parlement de Toulouse fut créé en janvier 1280, par Philippe le Hardi, qui s'exprime comme il suit dans les lettres d'établissement : « Désireux » d'épargner des peines et des dépenses aux sujets des sénéchaus- » sées de Toulouse, Carcassonne, *Périgord*, Rouergue, Quercy et » Beaucaire, nous avons envoyé à Toulouse, etc. (2). »

Dome. — Nous avons vu les Anglais essayer de fonder une bastille à Castelrial, près Siorac ; pour éviter sans doute quelque surprise de la même nature et commander les bords de la Dordogne, Philippe le Hardi, en 1280, fit l'acquisition du Mont-de-Dome de Guillaume de Dôme, pour le prix de 1,500 livres de tournois noirs, par l'entremise de Simon de Melun, alors sénéchal de Périgord, Limousin et Quercy, et y construisit une bastille (3).

Nous ne savons pas le temps qu'on mit à construire cette bastille. Nous ignorons également la date de la charte qui organisa son consulat et lui attribua les franchises et priviléges dont elle jouit dès son origine. Cette charte fut perdue dans une attaque faite par les Anglais (xiv° siècle). Tout ce qu'il est permis de dire, c'est que l'espace de terrain acquis par Philippe III était aride, peuplé de gens

---

(1) Olim, t. ii, p. 36 et 37.
(2) Histoire de Languedoc, t. iv, preuves, col. 72.
(3) Arch. nat. J. 295, n° 32.

très pauvres, que les murs de clôture n'étaient pas encore terminés en 1310, et que les habitants, effrayés de leur détresse, des charges qu'ils supportaient déjà et surtout de celles qu'on voulait leur imposer, menaçaient de s'éloigner ; que pour les retenir on augmentait leurs priviléges et que, notamment en 1283, des lettres de Philippe le Hardi accordèrent à la nouvelle bastille un ressort, et comprirent dans ce ressort *Dome-Vieille* (Cénac), *Grolejac, Aillac, Montfort, Vitrac, La Roque-de-Gageac, Castelnaud, Berbignières, Siorac, Campagnac, Bouzic, Florimont, Gaunier, Saint-Martial* et *Nabirat*, avec leurs dépendances. Ces lettres disaient aussi que, dans l'étendue de ce ressort, les habitants du Mont-de-Dome, leurs familles, leurs bestiaux seraient affranchis du droit du commun, que toutes les affaires qui s'y engageraient seraient traitées et terminées au Mont-de-Dome. Il était d'ailleurs interdit aux consuls d'exercer aucune juridiction ni de participer aux amendes, en dehors des limites du ressort, ainsi établies du consentement de Guillaume de Dome et de l'abbé de Sarlat (1). Elles déclaraient en outre que la bastille resterait à perpétuité attachée à la couronne (2).

En dehors de ces lettres, nous avons une enquête de 1310, qui jette un grand jour sur la situation de la nouvelle bastille. Un arrêt du parlement nous apprend qu'en 1301, l'abbé de Tulle et ses gens furent condamnés à 4,000 livres d'amende pour avoir commis des violences contre ce bailli, à Rocamadour, où il était allé exercer son ministère (3).

Cette même année, les consuls et l'universalité des habitants du Mont-de-Dome avaient été condamnés par le Parlement à payer la somme de quatre mille livres de petits tournois ; voici dans quelles circonstances :

Il paraît que les personnnes venues se fixer dans la nouvelle bastille devaient y résider et y bâtir. Pour punir celles qui manquaient à cet engagement on devait leur imposer des amendes ; mais les contrevenants étaient si nombreux qu'il fallut se

---

(1) Voilà pourquoi nous verrons plus tard les abbés de Sarlat mêlés aux affaires de Dome.
(2) Arch. départ. Papiers provenant de Dome.
(3) Arch. nat. 4e registre. Olim, fol. 101e, vo.

résoudre à condamner la population en masse et les consuls eux-mêmes, avec cette réserve que, si la nouvelle bastille avait des privilèges qui lui permissent de s'affranchir de l'obligation imposée, elle les produirait. Il fut démontré qu'elle ne pouvait pas le faire, en 1301.

Cette condamnation, resta en suspens jusqu'en 1308 ; alors, en présence du roi, il fut décidé que ces 4,000 livres seraient levées périodiquement, par portions égales, réglées d'avance et employées à la réparation et à l'achèvement du mur d'enceinte, des tours et d'un pont sur la Dordogne (1). Les habitants du Mont-de-Dome firent des démarches auprès de Philippe-le-Bel pour obtenir la remise de cette amende, qui ne pouvait que les ruiner, vu l'état de détresse où ils se trouvaient, et ils finirent, en 1310, par obtenir des lettres adressées à Jean d'Arrablai, sénéchal de Périgord, et au juge ordinaire du Quercy, les chargeant de s'assurer de la situation réelle des réclamants ; lesquels n'ayant pas pu s'occuper de cette affaire, donnèrent à Géraud de Sabagnac le soin de la traiter pour eux ; et, en effet, les six consuls du Mont-de-Dome, appelés Guillaume de Caslar, Aymeric Fabre, Raimond de Maraval, Jean Guarrigues, Etienne Rampon et Raimond de Monservel, se rendirent devant lui à Calviac, diocèse de Cahors (2), et exposèrent la situation de la bastille de la manière suivante :

« 1° A l'exception d'un petit nombre de jeunes gens, les habi-
» tants du Mont-de-Dome sont étrangers, venus des pays circon-
» voisins et ne possédant que très peu de chose, parce que les hé-
» ritages et domaines, attenant au Mont-de-Dome, appartiennent
» d'ancienneté aux habitants de *Dome-Vieille*, de *Castelnaud*, de
» *Montfort* et autres lieux du voisinage ;

2° Tous les habitants du Mont-de-Dome sont cultivateurs, et ne
» vivent par conséquent que de leur travail ;

» 3° Ils sont si pauvres, qu'il n'en est pas un qui possède des re-
» venus et qui ait assez de bien pour entretenir sa maison et nour-
» rir sa famille ;

» 4° Par suite, la plus grande partie se trouve obligée d'aller tra-

---

(1) Arch. nat., 4° reg. olim., fol. 101, verso.
(2) Aujourd'hui canton de St-Céré (Lot).

» vailler hors de la localité, pour se procurer les choses nécessaires
» à la vie et à l'entretien d'eux et des leurs ;

» 5° Tout ce qu'ils possèdent ne suffirait pas à couvrir les 4,000
» livres destinées aux murs et au pont, et, si on persiste à vouloir
» les contraindre à payer, ils déserteront la ville et s'en iront men-
» dier. Il en est même déjà qui ont pris la fuite.

» 6° La construction du pont en bois qu'ils ont jeté sur la Dor-
» dogne les avait induits en dépenses excessives ; son écroulement
» et les réparations qu'il nécessite ne peuvent qu'augmenter leur
» détresse, et ils doivent encore beaucoup ;

» 7° Le Mont-de-Dome est essentiellement pierreux, à peu près
» stérile et d'un accès si difficile que c'est avec la plus grande peine
» qu'on porte les subsistances sur ce point culminant ;

» 8° Tous les ans, ou à peu près, les consuls sont obligés d'ouvrir
» des chemins aux abords du Mont et de réparer des passages péril-
» leux. Ils sont également dans la nécessité de se tenir en garde
» contre les seigneurs du voisinage, jaloux et mal disposés pour la
» bastille, qui leur résiste et ne recule jamais devant leur milice ;
» or tout cela est fort dispendieux et dépasse leurs forces ;

» 9° L'excessive pauvreté du lieu est cause que les ouvriers en
» étoffes y manquent et qu'il faut en aller chercher ailleurs ;

» 10° Aucun chemin public n'aboutit au Mont-de-Dome, de ma-
» nière à être de quelque utilité pour les habitants » (1).

Ces faits furent l'objet d'une discussion préalable à la suite de laquelle vingt-quatre témoins furent entendus et en constatèrent l'exactitude. Par malheur, le rôle contenant cette enquête ne nous est pas parvenu tout entier, et nous ne savons pas ce qui résulta de la démarche des consuls du Mont-de-Dome ; mais il est à croire que la remise des 4,000 livres fut obtenue et que le pont ne fut pas réparé, car rien ne permet de croire à cette réparation.

Le Puy-St-Front. — Depuis 1266, il n'a plus été question du Puy-St-Front, en tant que ville municipale. Nous l'avons vu avoir des démêlés avec le comte de Périgord ; mais ses franchises, ses libertés, son organisation n'étaient attaquées par personne, et le traité de 1240 avec la Cité était toujours religieusement exécuté. En 1282,

---

(1) Arch. nat. J, 896.

le sénéchal Jean de Villatte, ayant voulu sans doute tenir ses assises dans la maison du consulat, en fut empêché et se vit contraint, par les faits, de déclarer qu'il n'avait ni le droit de tenir ses assises au consulat, ni celui d'user de la prison de ville, sans l'autorisation de la municipalité (1).

La Cité. — Agissant, selon toute probabilité, sous l'action d'une influence étrangère, les deux consuls de la Cité, en 1283, ne voulurent plus se croire liés par le traité de 1240, renouvelé en 1269, avec la clause que la maison du consulat serait toujours au Puy-Saint-Front et qu'on y traiterait et jugerait, devant les consuls, les affaires dont la connaissance leur appartenait, survenues entre les hommes de l'universalité de la ville et de la Cité ; et refusèrent d'aller les traiter au consulat. Par ses lettres du mois de février 1284, Philippe le Hardi, sur un arrêt du parlement, condamna les deux consuls de la Cité à porter les affaires de ladite Cité, au consulat du Puy-Saint-Front, ou partout ailleurs où le maire et la majorité des consuls voudraient qu'elles fussent débattues ; les obligeant en outre d'aller devant son sénéchal, chaque fois qu'il s'élèverait quelque discussion entre eux (2).

A peine quelques mois après que ces lettres avaient été solennellement signifiées aux consuls et habitants de la Cité, de nouvelles difficultés surgirent et amenèrent les deux parties devant Jean de Montigny, sénéchal de Périgord, qui, le 10 juin 1284, rendit le jugement suivant, dont la teneur explique parfaitement les prétentions de ceux de la Cité : « Les citoyens prêteront et sont
» tenus de prêter serment d'obéissance au maire ou aux adminis-
» trateurs du consulat ; ils contribueront et sont tenus de contribuer
» à toutes les dépenses de l'universalité ; ils doivent rembourser
» ce qui n'a pas été payé, au prorata de ce qui les concerne, après
» compte fait. Les sergents de la cour du consulat pourront, en
» toute liberté, ajourner, citer, prendre nantissement, saisir, exi-
» ger des gages, arrêter des hommes et conduire ou déposer le tout
» au consulat. Quant à la prison, nous ordonnons et déclarons que
» les deux consuls de la Cité pourront déposer dans une fosse, ceux

---

(1) Rec. de titres, etc., p. 229.
(2) Rec. de titres, etc., p. 81 et 221.

» appartenant, et y garder, jusqu'au matin, les malfaiteurs arrêtés
» de nuit ; mais le matin venu, ils sont dans l'obligation et seront
» toujours tenus de conduire ou faire conduire ces malfaiteurs au
» consulat, dans la prison commune, sous peine d'amende ; et,
» comme cette faculté ne donne, en aucune manière, aux consuls
» de la Cité le droit d'avoir une prison et d'en exiger une, la clef
» de la fosse appartient de fait au maire ou aux administrateurs du
» consulat, qui la confient aux consuls de la Cité, mais peuvent la
» reprendre quand bon leur semblera (1). »

Cette sentence, acceptée par les deux parties, fut confirmée par lettres de Philippe le Bel du 31 janvier 1287.

LE PUY-SAINT-FRONT, L'ABBÉ ET LE CHAPITRE DE SAINT-FRONT. — J'ai signalé la double démarche faite auprès de saint Louis, en 1247, par la municipalité et l'abbé et chapitre de Saint-Front. Ils vont maintenant essayer de tirer parti, chacun pour soi, de cette démarche.

Le traité de 1286 entre le comte et la municipalité, laissait à celle-ci les coudées assez franches, et comme les empiétements et les usurpations se justifiaient toujours par le succès, les maires et consuls, peu soucieux de l'acte de 1245, émané de l'abbé et du chapitre de Saint-Front et correspondant à celui de leurs prédécesseurs de la même date, se crurent sans doute assez forts pour arriver à leur but. Ils le poursuivaient déjà en 1286, car le jugement dit expressément que les premiers essais d'empiétement remontaient au temps de Philippe le Hardi. Ils cherchaient à s'immiscer dans la juridiction temporelle du chapitre sur la paroisse de Saint-Front, et l'abbé et le chapitre s'en étant émus, l'affaire fut portée devant le Parlement. Nous ne connaissons pas leurs allégations respectives ; mais un arrêt de 1290 nous renseigne sur les réclamations et les prétentions du chapitre et les droits de la municipalité non contestés. Voici le résumé de cet arrêt : « L'abbé et le chapi-
» tre disaient, en leur nom et au nom du roi de France, leur asso-
» cié, que le domaine, la justice, et la juridiction de la ville, dans
» l'étendue de la paroisse de Saint-Front, ainsi que le marché,
» appartenaient en commun à eux et au roi, sauf les affaires crimi-

---

(1) Ibid., p. 89 et 222.

» nelles, qui regardaient le comte, et que ceux qui se disaient
» consuls les troublaient dans l'exercice de leurs droits, en agissant
» en consuls, en faisant usage d'un sceau aux contrats, en levant
» tailles et questes, en exigeant le serment des habitants, en se
» mêlant de certaines affaires telles que les saillies ou balcons, les
» montres ou revues, en empêchant le marché, en usurpant les
» terrains vagues pour y placer les poids du bled et de la farine,
» etc. ; et ils demandaient que ces prétendus consuls fussent dé-
» boutés de leurs prétentions, et condamnés à payer cinq mille
» marcs d'argent pour dommages et intérêts envers eux et le roi. »
Après discussion, il fut établi que : « Le domaine direct de la ville,
» dans toute l'étendue de la paroisse, appartenait au roi et au cha-
» pitre, en vertu de l'association, d'autant plus que le parti adverse
» reconnaissait que lorsque une maison, une aire, un chapitre, un
» emplacement y étaient obligés, hypothéqués, accensés, vendus ou
» autrement aliénés, les contractants se rendaient devant l'église
» où le donneur se dévestissait et investissait le preneur, dans les
» mains du chapitre agissant et recevant les lods et ventes, pour le
» roi. Il fut aussi prouvé que d'ancienneté, et avant l'association, le
» chapitre avait une cour appelée du *Célerier*, possédée par indevis
» par le roi et le chapitre, depuis l'association, que cette cour avait
» ses sergents appelés *mandeurs*, qui ajournaient les gens, pour les
» affaires civiles. Il fut encore constaté qu'il y avait un viguier qui
» relevait du chapitre et avait la connaissance des causes crimi-
» nelles, sauf les cas qu'on disait appartenir au comte ; lequel
» viguier avait un pilori, une prison, et comme il parut cons-
» tant que les consuls n'avaient aucune juridiction dans la
» paroisse, soit au civil, soit au criminel, il leur fut interdit de
» s'en mêler. D'un autre côté, il fut parfaitement établi que les
» consuls jouissaient légalement du consulat et du sceau aux con-
» trats ; qu'ils avaient le droit de percevoir les questes et les tailles
» et de contraindre à payer les retardataires ; que les habitants de
» la ville, y compris ceux de la paroisse, devaient leur prêter
» serment ; que le mesurage du bled, la maison où il se vendait,
» les places où se trouvaient les poids publics, du bled et de la
» farine, étaient de leur ressort ; qu'à eux incombaient le soin de
» punir les fabricants de mauvaises étoffes et les autres travailleurs

» pris en défaut, sauf les vendeurs de chairs ladres, dans les vieilles
» boucheries de la paroisse ; qu'ils avaient une tour et un coffre com-
» muns, convoquaient l'armée ou chevauchée et la commandaient,
» que les ponts, les murs, les tours, les portails et les portes, les clefs
» de ces portes, les fossés, les glacis, les barbacanes et autres fortifica-
» tions de la ville étaient dans leurs attributions et qu'ils devaient
» les garder et réparer; qu'ils devaient aussi garder et réparer les pla-
» ces publiques, les rues, les chemins et les pavés (1). » Le jugement
dit en terminant que la cour ne veut rien préjuger sur les droits
du comte ni sur ceux du viguier ; nous verrons se renouveler
plusieurs fois des contestations de même nature. Après ce jugement,
la situation des partis resta ce qu'elle était en 1245; cependant une
innovation vint blesser les consuls, ce fut l'établissement d'un
sceau royal dans la paroisse de Saint Front, pour donner sans
doute plus de poids à l'association ; aussi ce fut-il en vain que la
municipalité réclama sa suppression, en disant que la juridiction
que le roi et le chapitre de Saint-Front avaient en commun, dans la
paroisse dudit Saint-Front, n'avait ni importance ni étendue et ne
donnait pas 15 livres de revenu par an, que c'était le chapitre qui
avait fait faire ce sceau qu'il appelait *sceau commun*, et que, sous ce
prétexte, il en abusait et portait grand préjudice au sceau royal de
Dome (2) ; le parlement de la chandeleur 1291 (mss) décida que ce
sceau resterait (3), et cette décision, en 1293, fut envoyée au sénéchal,
avec la réclamation de la municipalité et des instructions pour qu'il
s'assurât si le traité de 1286, entre le comte et cette municipalité,
pouvait nuire en quelque chose aux droits du roi (4).

LA VILLE ET LE COUVENT DE SARLAT. — Depuis 1277, où l'abbaye et
le couvent de Sarlat composent avec la ville, le consulat fait constamment des progrès. En 1286, le couvent se décide à le reconnaître officiellement, et par une transaction entre l'abbé et les religieux,
d'une part, les consuls et la communauté, de l'autre, il fut convenu
que les consuls créés, chaque année, par ladite communauté seraient

---

(1) Rec. des titres, etc., p. 107.
(2) Ibid., p. 3.
(3) Olim, t. II, p. 321.
(4) Rec. de Titres, etc., p. 3.

présentés à l'abbé, dans l'intérieur de l'abbaye, où ils seraient librement admis, prêteraient serment entre ses mains, ou entre les mains du prieur claustral ou du camérier, si l'abbé était absent, malade ou si l'abbaye était vacante (1).

Cependant, malgré ces échecs successifs, l'abbé et le couvent ne se résignaient pas à subir la nouvelle situation en face de l'autorité municipale qui grandissait et les primait. A la suite de contestations obscures, ils s'adressèrent au roi, et formèrent avec lui un *pariage* ou association, dont le préambule mérite d'être rapporté : « Après
» avoir examiné, pesé, calculé, médité nos intérêts et ceux de
» l'abbaye, les violences, les injures, les tracasseries dont nos prédé-
» cesseurs et nous avons été et sommes sans cesse accablés par les
» gens et habitants de Sarlat ; voyant que leur malice s'accroît tous
» les jours et que nous ne pouvons plus châtier et punir désormais
» les délinquants, comme ils le méritent et comme il serait conve-
» nable, en vassaux fidèles comme nos prédécesseurs, nous avons
» fait un pariage ou association avec le roi, de toute la temporalité
» que nous avons dans Sarlat, etc. » Ce pariage fut établi, par Philippe-le-Bel, au mois de février 1290 (n, s) et approuvé par l'abbé et le couvent, le 10 mars suivant (2).

Pierre Gontaud de Biron. — En 1285, Pierre Ier de Gontaud, seigneur de Biron, rendit hommage à Marguerite de Bergerac, pour son château de Biron et ses dépendances, qu'il déclara tenir et devoir tenir de ladite dame (3).

La maison de Lésignan avait des domaines en Périgord, dont nous ne connaissons pas l'étendue. Je trouve qu'en 1287, Guy de Lésignan, seigneur de Cognac et de Merpins, donna à son neveu Hugues Le Bru, comte de Marche et d'Angoulême, seigneur de Fougères, l'hommage-lige que le seigneur de Grésignac était dans l'obligation de lui rendre (4).

Les seigneurs de Grésignac. — Marguerite de Turenne, dame de Bergerac, fit son testament en 1280, et donna à Hélie Rudel, l'un de

---

(1) Tardes : *Antiquités du Périgord et du Sarladais*.
(2) Arch. nat. J. 397, n° 12.
(3) Arch. de Pau, 2e inv. prép. P. et L, l. 85, n° 11.
(4) Arch. nat. J. 270.

ses fils, les châtellenies de Bergerac, Mouleydier et Gensac ; et la vicomté de Turenne, à Geoffroi Rudel, son autre fils (1).

Le pont de Bergerac. — A propos du pont de Bergerac qui, comme nous l'avons vu, avait été démoli depuis longtemps et qui n'était pas reconstruit, en 1290, malgré le testament d'Hélie Rudel, il fut décidé cette même année, par arrêt du Parlement, sur la demande des habitants de cette ville, que le seigneur et la dame devaient reconstruire ce pont (2).

L'amortissement. — Les biens de main morte étaient possédés par les églises, les monastères et autres établissements religieux, en vertu d'un privilège appelé *amortissement*. En 1291, une ordonnance de Philippe-le-Bel régla les conditions auxquelles on obtenait l'amortissement. Cette ordonnance doublait pour le Périgord et autres provinces les sommes à payer pour acquérir ce privilège (3).

La Linde et le seigneur de Badefol. — La bastille de La Linde et Gaston de Gontaud, seigneur de Badefol, n'étaient pas d'accord sur les limites respectives de leur juridiction. En juillet 1288, ces limites furent réglées à la satisfaction des deux parties (4).

Testament d'Hélie de Caumont. — Vers 1291, Hélie de Caumont fit un testament dont voici les principales dispositions : Il ordonne qu'on l'enterre devant l'autel, dans l'église de Corgnac. Il donne à cette église une rente de 4 sols 6 deniers ; à l'église de *St-Jory-Las-Moux* (5), une mine de froment de rente ; aux Templiers, six deniers une fois donnés ; aux Hospitaliers, six deniers une fois donnés ; au luminaire de St-Front et de St-Etienne de Périgueux, à chacun six deniers une fois donnés ; aux frères prêcheurs de la même ville dix sols une fois payés ; au couvent de femmes de Gandumas (6), dix sols une fois donnés ; cinquante sols pour le voyage d'outremer ; aux églises de *St-Pierre*, de *St-Germain*, de *St-Georges* et de *Saint-Sulpice-de-Nanthiac*, de *Nantheuil*, de *Thiviers*, d'*Excideuil* et de

---

(1) Justel, pr. de la M. de Turenne, p. 47.
(2) Bibl. nat. coll. Doat, t. CCXLIX, Périgord, vol. 1, p. 237.
(3) Rec. des ord. des r. de Fr., t. 1, p. 321.
(4) Arch. nat. Pap. Bouillon, l. 19.
(5) En latin, *Sanctum Georgium de Blodiis*.
(6) En latin, *Gandomarum* ou *Gandolmarum*.

Clermont, à chacune un cierge d'un demi-quart ; aux religieuses de *Puycheni* (1), douze deniers ; à tous les pauvres qui assisteront à son enterrement, une ration de pain ; à l'hôpital de St-Jory-Lasbloux, une couverture ; à l'hôpital de Corgnac, quatre deniers, et enfin vingt sols à chacun de ses exécuteurs testamentaires (2).

ITIER DE LA TOURBLANCHE. — Dans le courant de la même année, ou peut-être avant, le comte de La Marche, à l'occasion d'une affaire dont nous n'avons pas les détails, avait prononcé un arbitrage qui paraissait trop dur à Itier de La Tourblanche, écuyer, principal intéressé. Itier s'étant adressé au Parlement, non-seulement n'obtint pas l'atténuation de la peine, mais encore se vit condamné à remettre ses biens et sa personne entre les mains du comte. La cour cependant conseilla au comte de faire grâce à Itier de sa personne, à la condition qu'il se croiserait et resterait un certain temps outremer, se réservant, si le comte ne procédait pas de la sorte, de régler elle-même ce que devrait faire Itier (3).

LE ROI D'ANGLETERRE COMME DUC DE GUIENNE ET LES SEIGNEURS DE CLARENS. — Un peu plus tôt, et vers 1287, il était survenu un débat entre le roi d'Angleterre, Edouard Ier, comme duc de Guienne, et les seigneurs par indivis du château et de la châtellenie de Clarens, au sujet de la juridiction, du péage et de la leide que les deux parties disaient leur appartenir. Cette contestation fut réglée, au mois de janvier 1288, et il fut décidé que le duc percevrait la moitié des droits, et les seigneurs l'autre moitié. Il fut également arrêté qu'on ferait un arrangement au sujet de la justice et de la juridiction de Grand-Castang et de Trémolat, sur lesquelles on n'était pas d'accord (4).

LE DOYENNÉ D'ISSIGEAC. — Les religieux de ce temps-là étaient peu endurants de leur nature. En 1287, le sang avait coulé dans le doyenné d'Issigeac. Un moine de l'abbaye de la Sauve-Majeure y avait été tué. Les moines et l'abbé de Sarlat furent pris à parti ainsi que le doyen d'Issigeac et condamnés à une amende de deux cents

---

(1) Lieu inconnu.
(2) Arch. de Pau ; 3e inv. prép., P. et L., 1. 477, n° 10.
(3) Olim, t. II, p. 325.
(4) Arch. nat., Reg. du tr. des chartes, côté 64, p. 282.

livres tournois, pour port d'armes illégal. Le sénéchal de Périgord fut chargé de lever cette amende, par ordre du conseil du roi. Il y eut en outre un arrangement entre les deux abbayes dont nous ne connaissons pas les conditions.

En 1290, il s'éleva une discussion entre le sénéchal de Périgord, pour le roi de France, et les agents du roi d'Angleterre, comme duc de Guienne, au sujet des chemins d'Aimet, de Castillonnet et de Ribes, sans que nous sachions quel en était le motif (1).

Les amendes. — Le roi d'Angleterre, en sa qualité de duc de Guienne, n'avait jamais cessé de solliciter de nouvelles faveurs du roi de France, et rarement il avait manqué son but. Au temps où nous sommes arrivés, les deux princes étaient dans les meilleurs termes, et le roi de France semblait se faire un plaisir d'être agréable au duc de Guienne. C'est ainsi qu'en 1286, il le déchargea de l'amende en cas d'appel, lui, ses sénéchaux et leurs lieutenants, dans toutes les terres qu'il avait ou pourrait avoir dans la suite, en Périgord ou autres pays circonvoisins (2). Il s'engagea, la même année, à faire faire une enquête afin de savoir ce qu'il y avait de vrai, au sujet des terres entre le Drot et la Dordogne, qu'on disait avoir été surprises par ses gens, au détriment du duc, après la mort d'Alfonse, comte de Poitiers et de Toulouse (3). Il ne faut pas perdre de vue non plus qu'il y eut, cette année 1286, un traité entre les deux monarques, et que Philippe-le-Bel ordonna d'assigner au roi-duc 3,000 livres de rentes, sur ce qui lui appartenait, en Périgord ; parmi ces choses figure la justice de Lisle (4).

Première confiscation de la Guienne. — Nous voici arrivés à l'époque où la lutte, entre la France et l'Angleterre, prit des proportions extraordinaires : Philippe-le-Bel confisqua d'un seul coup la Guienne. *La première confiscation de la Guienne* (5), est mal connue et n'a pas été racontée avec exactitude et impartialité. Je n'ai pas la

---

(1) Olim. t. ii, p. 269, 43 et 47.

(2) Rec. des ord. des r. de Fr. t. i, p. 311, Olim, t. ii, p. 44, etc.

(3) Olim, t. ii, p. 43.

(4) Bibl. nat. pap. Lespine, cart. des villes closes.

(5) Elle est ainsi désignée, quoique de fait ce fût la seconde.

prétention de la décrire dans tous ses détails. Une *Histoire du Périgord* ne le comporte pas.

Les deux rois, occupés à d'autres luttes, vivaient en bonne intelligence, et Edouard I*r, en 1286, prêta foi et hommage à Philippe-le-Bel. Mais en 1292, une querelle et des hostilités sur mer, entre des navires de commerce anglais et normands, amenèrent la guerre entre les deux rois.

Renonçant aux moyens de conciliation, Philippe fit usage de ses droits de suzerain, et, le 27 octobre 1292, il lança contre Edouard un ajournement à comparaître devant sa cour de parlement, à Paris. Le soin de signifier cet ajournement fut confié à Jean d'Arrablay, sénéchal de Périgord et de Querry, qui s'en acquitta avec beaucoup de zèle et d'intelligence. Cette signification, qui consistait à faire publier cet ajournement, dans diverses localités de la Guienne, appartenant à Edouard, en sa qualité de duc, dura plusieurs jours. Elle commença le jeudi après la Saint-Nicolas d'hiver (10 décembre 1293), et eut lieu partout avec la plus grande solennité. Il s'exprimait ainsi :

« Philippe, etc., comme il soit notoire et manifeste, par l'évi-
» dence du fait, si bien qu'on ne saurait le dissimuler à l'aide
» d'aucune tergiversation, que des *habitants de Bayonne*, s'é-
» tant adjoints plusieurs Anglais d'origine, en armes et montés
» sur des navires, avec une multitude d'hommes armés qu'ils
» avaient publiquement enrôlés, non sans que ledit roi (d'Angle-
» terre) ne le sût ou qu'il pût prétexter de son ignorance, se
» mirent en mer, méditant des projets sinistres, etc. » Suivent douze chefs d'accusation : Courses et pilleries, invasion, etc.

Le roi d'Angleterre ne se rendit pas. Dans l'intervalle, Edouard avait pu mener presqu'à terme un projet de mariage entre son frère et la sœur de Philippe-le-Bel, au moyen duquel il y avait tout lieu d'espérer qu'il apaiserait la querelle des deux rois. L'acte contenant les stipulations qui servaient de base à cette alliance, fut rédigé en 27 articles ; il est encore au trésor des chartes. On lit au dos d'une écriture du temps : *Quædam convencionnes quas petebant ante guerram sibi fieri gentes regis anglis, sed dominus rex noluit consentire* (1).

---

(1) Cette pièce a été imprimée dans la collection de Rimer (nouv. éd. t. 1,

Cette note, de la plus haute importance, s'explique parfaitement par les faits que je viens de rapporter, car il est de toute évidence que Philippe-le-Bel, mécontent de ce qu'on ne lui avait pas fait la remise du duché de Guienne, devait nécessairement exprimer son mécontentement, par un refus formel d'adhérer à des conventions de mariage qui ne pouvaient être admises par lui, que tout autant qu'il aurait eu en main le duché et s'en serait dessaisi, de son plein gré. Mais ce qui lui donne encore plus de valeur, c'est qu'elle réfute complètement les insinuations d'Edmond qui, dans un mémoire au roi d'Angleterre, sans date certaine, mais rédigé, selon toute probabilité, vers le milieu de l'année 1294, et imprimé à côté du projet de contrat de mariage (1), s'attache à faire croire que Philippe-le-Bel se comporta, dans cette affaire, avec déloyauté et mauvaise foi.

Cependant, au milieu de ces négociations, les désordres continuaient et le roi de France, après l'avoir déjà fait déclarer contumace, se vit obligé de faire signifier un nouvel ajournement au roi d'Angleterre, contenant huit nouveaux chefs d'accusation.

Cette citation est du mois d'avril 1294, et, comme la précédente, elle assigne Édouard à comparaître le 14 janvier suivant. Elle fut faite avec plus de solennité que la précédente, car elle fut signifiée par des envoyés exprès du roi, chargés de la lire dans les églises à la face du peuple. Mais, à partir de ce moment, les événements se pressèrent avec tant de rapidité, que les hostilités se trouvèrent commencées longtemps avant que le délai accordé fût expiré. Je ne crois pas, du reste, devoir entrer dans plus de détails, car les faits, postérieurs à la deuxième citation, sont très exactement résumés dans la pièce qui fait suite à ce mémoire.

Je n'ai pas à m'occuper de l'ensemble de ce long et émouvant épisode de l'histoire de France ; mais, comme j'ai parlé du sénéchal de Périgord et de la mission dont il fut chargé, je pense qu'on ne

---

2ᵉ art., p. 795), sans la note que je viens de rapporter, ce qui change du tout en tout la question, car on pourrait supposer, avec assez de vraisemblance, que le mariage d'Édouard et de Marguerite, sœur de Philippe-le-Bel, célébré seulement en 1299, ne fut différé que par le mauvais vouloir du roi de France, d'autant que la pièce qui la précède semble avoir été rédigée dans ce but.

(1) *Fœdera, litteræ et acta publica* (nov. éd. de Rimer), t. I. 2ᵉ part., p. 794.

sera pas fâché de me voir entrer dans quelques détails sur sa conduite dans cette affaire :

Le 10 décembre 1293, comme je l'ai dit plus haut, Jean d'Arrablay, sénéchal de Périgord et de Quercy, se rendit à Saint-Astier, et là, au milieu de la place publique, en présence du notaire qui rédigea l'acte, et des témoins appelés à cet effet, il fit venir devant lui Guillaume de Longa, qui tenait, dans le faubourg, près du pont de la ville, les assises, au nom du roi d'Angleterre, et, à la face des habitants du lieu, et des nombreux étrangers qui s'y trouvaient réunis, il fit lire à haute et intelligible voix, par maitre Armand de Clar, juge pour le Périgord et le Quercy, les lettres de Philippe-le-Bel signalées plus haut.

La lecture de ces lettres terminée, le sénéchal prit la parole, et déclara, à haute et intelligible voix, que Gui de Nanteuil, Pierre-Flotte (1) et lui, s'étaient rendus à Agen, le 1ᵉʳ décembre, où ils avaient solennellement publié ces lettres, et en avaient donné une copie authentique au sénéchal, pour la transmettre au roi d'Angleterre. Il offrit ensuite une pareille copie à Guillaume de Longa, qui ne voulut pas la recevoir. Tout ce cérémonial fut accompli en présence d'Archambaud III, comte de Périgord ; d'Hélie Laporte, abbé de Saint-Astier, d'Hélie de Bourdeilles, du curé de Ribeyrac, de Guillaume Laguyonie, bailli de Dôme, et de bien d'autres personnes.

De là, le sénéchal se transporta à Libourne, à Saint-Emilion. Il se rendit ensuite à Cahors, et écrivit une longue lettre au roi de France, pour lui rendre compte de ce qu'il avait fait, et qui se terminait comme il suit : « Quant à la défense et à l'armement de
» ma sénéchaussée, je m'en occupe avec tout le zèle dont je suis
» capable, aidé que je suis des lumières éclairées du seigneur de
» Pierre-Flotte qui, sans nul doute, veille avec le plus grand
» dévouement au service et à la gloire de votre royale majesté.
» Pour tout ce qui peut contribuer à l'utilité et à la prospérité de
» votre royale majesté, donnez-moi des ordres, à moi votre sujet
» soumis, sur ce qui précède et sur tout autre objet ; j'accomplirai
» votre volonté avec un dévouement aussi entier, aussi complet que
» mes forces pourront me le permettre. »

---

(1) Olim, t. 2, p. 19.

Les hostilités commencèrent peu de temps après la dernière citation, et, comme la lutte s'engagea en dehors du Périgord, je ne crois pas devoir m'occuper plus longtemps de cette longue querelle.

Bourdeille et les Maumont. — Nous avons vu les Maumont jouant un rôle de peu d'importance, pendant la lutte de Boson de Bourdeille avec la vicomtesse de Limoges. Depuis lors ils avaient grandi et, en 1280, Bernard de Maumont, abbé de Brantôme, dispose de la châtellenie de Bourdeille, en faveur de Gérard de Maumont, son frère, conseiller du roi (1).

Jusqu'en 1280, l'histoire ne parle que d'un château et d'une terre de Bourdeille, portant le nom de *seigneurie*. A cette époque, il y avait à Bourdeille, en dehors de la seigneurie, une châtellenie possédée par une famille dont on ne dit pas le nom, mais qu'on assure avoir été jouie par une dame Tharie, dont la descendance venait de s'éteindre ; que cette châtellenie relevait directement de l'abbé de Brantôme. Cet abbé, qui n'était autre alors que Bernard de Maumont, dut s'occuper de lui donner un nouveau possesseur, ce qu'il fit dans la personne de son frère Gérard, au grand mécontentement des religieux de Brantôme. Telle est l'origine de l'occupation de la châtellenie de Bourdeille par les Maumont, qui la possédèrent jusqu'en 1306 ou 1307, époque où elle devint la propriété du roi, par un échange sur lequel je reviendrai plus tard (2).

Les seigneurs de Bergerac. — Renaud de Pons IV, seigneur de Bergerac, Montignac, etc., qui avait succédé à son père en 1290, se maria en 1296 (3), avec Isabeau de Levès, fille de Gui III, seigneur de Levès, etc., et en eut deux enfants : un fils et une fille, qui firent également parler d'eux, et dont il sera bientôt question. Le fils reçut le nom d'Hélie Rudel, et la fille celui de Jeanne.

Dans cette famille, la vie s'usait vite. Hélie Rudel Ier n'avait pas 40 ans quand il mourut. Il s'était marié vers 1268 ou 1269 ; lorsqu'il lui succéda, son fils n'avait par conséquent qu'une vingtaine

---

(1) Œuvres de d'Aguesseau, t. 6, p. 473.
(2) Arch. nat. J. 296. n° 5?).
(3) Courcelles : histoire généal. et héruld. des pairs de Fr., t. iv, art. Pons, p. 28.

d'années ; et comme il n'était plus de ce monde en 1308, il n'avait même pas atteint l'âge de son père lorsqu'il cessa de vivre. Il fit deux testaments, l'un en 1302, l'autre en 1305. Isabeau de Levès rendit hommage à Philippe-le-Bel, en 1308 (1), au nom de son fils.

Duel a Bergerac. — De 1293 à 1299, il y eut un duel à Bergerac entre deux damoiseaux, dont les préparatifs, dirigés par Renaud de Pons IV, seigneur de cette ville, coûtèrent cinq cents livres à chacun des champions (2) ; il y eut également un échange de chemins entre les consuls et la communauté de Sarlat d'une part, et les frères mineurs de l'autre (3) ; ce qui n'a pas d'importance en soi-même, mais constate, par le fait, la vitalité croissante de la municipalité de cette ville.

Badefol-d'Ans. — Nous avons des lettres d'Artur de Bretagne, vicomte de Limoges, portant la date de 1292, par lesquelles ce seigneur approuve l'échange, entre Gui de Bretagne, son fils, plus tard vicomte de Limoges, et Adhémar Garés du Repaire, noble de Badefol-d'Ans (château d'Ans), aujourd'hui canton d'Autefort. Ces lettres furent données à Excideuil (4).

Les comtes de Périgord. — Archambaud III, qui s'était marié deux fois, mourut, assure-t-on, en 1294, après avoir confirmé son testament de 1266. Il fut enterré aux Jacobins de Périgueux. Nous avons vu qu'il était encore mineur, c'est-à-dire âgé de moins de 14 ans, en 1251, par conséquent il était assez jeune lorsque la mort vint le frapper. En admettant qu'il se maria pour la première fois en 1261 ou 1262, son fils Hélie II, lorsqu'il lui succéda, pouvait avoir de trente-deux à trente-trois ans ; et comme on prétend que Marquise, la fille unique que ce fils eut de son premier mariage, fut émancipée, l'année de la mort de son grand-père, il faut en conclure qu'il s'était marié fort jeune.

Sa première femme, Marguerite, fille de Guy V, vicomte de Limoges, le rendit père de quatre enfants : Hélie, que j'ai fait connaître plus haut ; la seconde, Marie, fille de Pierre Bermond,

---

(1) Arch. de Pau, 3ᵉ inv. pr. P. et L., l. 43, nᵒ 54.
(2) Arch. de Pau, 2ᵉ inv. prép. l. B. et M. 94, nᵒ 16.
(3) Arch. nat. reg. du tr. des ch. c. 45, p. 46.
(4) Arch. de Pau, 3ᵉ inv. pr. P. et L. l. 83, nᵒ 9.

seigneur d'Anduze, et veuve d'Arnaud Odon, vicomte de Lomagne, lui en donna trois autres : Boson, seigneur d'Estissac ; Archambaud, abbé de St-Astier, que nous verrons tous les deux en lutte avec le Puy-St-Front, et Jeanne, mariée trois fois : d'abord avec Pierre de Bordeaux (1289), ensuite avec Bertrand d'Autefort (1303), et enfin avec Sansanier de Pins, sire de Taillebourg et seigneur de Monterabeau, etc., comme nous l'apprend un acte de 1319 (1).

PLAINTES DU COMTE DE PÉRIGORD. — Le comte de Périgord, Hélie VII, assura (1297) que le sénéchal de Périgord profitait de la guerre pour exercer des violences et oppressions contre lui et les siens, sur quoi Guichard de Marzac, sénéchal de Toulouse, et Henri, seigneur d'Elise, sénéchal de Carcassonne, gouverneurs de Guienne et de Gascogne, pendant cette guerre, écrivirent à ce sénéchal pour lui enjoindre de cesser de troubler ce comte et ses gens et de ne pas les contraindre ni leurs cautions à payer leurs dettes, pendant la durée des hostilités (2). D'un autre côté, les seigneurs hauts justiciers se plaignirent (1298) que les baillis et sergents royaux *exploitaient* sur leurs terres ; et Philippe-le-Bel écrivit au sénéchal de Périgord de faire cesser cet abus qu'il avait déjà interdit (3).

LE PUY-ST-FRONT ET L'ABBÉ ET LE CHAPITRE DE ST-FRONT. — La lutte engagée entre le consulat et la communauté du Puy-St-Front, d'une part, le doyen et le chapitre de St-Front et le roi, d'autre part, en vertu du pariage établi entre eux, durait toujours ; une controverse s'éleva (1298), au sujet d'un arrêt du Parlement, sur l'étendue de la justice du pariage sur la paroisse de Saint-Front, que le doyen, le chapitre et les agents du roi prétendirent devoir s'étendre sur toute la paroisse, en dedans et en dehors des murs de la ville, et que les consuls et la communauté disaient ne devoir pas dépasser les murs. Un arrêt du conseil déclara qu'elle devait s'exercer sur toute l'étendue de la paroisse (4). Par des lettres patentes (1298), Philippe-le-Bel reconnut et confirma le droit du consulat et de la communauté du Puy-St-Front, d'établir des impôts pour le besoin de la ville, sur

---

(1) Bibl. nat. coll. Doat, reg. 242, Périgord, t. I, p. 693.
(2) Ibid.
(3) Arch. nat. K 36, n° 51.
(4) Olim, t. II, p. 423.

tous les habitants indistinctement (1). Il y eut un accord (1299) entre Philippe-le-Bel, d'une part, l'abbé et le couvent, les consuls et la communauté de Sarlat, d'autre part, à la suite de plaintes portées par les consuls contre le pariage entre le roi et le couvent ; par le couvent contre l'hommage fait au roi par la municipalité. Cet accord, qui supprimait le pariage et reconnaissait au consulat et à la communauté les mêmes droits et privilèges qu'aux autres villes de commune, était l'aveu le plus complet des progrès qu'avaient faits le consulat et la communauté, et la reconnaissance implicite, par l'abbé et le couvent, de l'existence légale de la commune (2). Cet accord date du mois de mai, et fut immédiatement suivi d'un traité entre l'abbé et le couvent d'une part, le consulat et la communauté, de l'autre, par l'entremise des mêmes fondés de pouvoir qui avaient représenté les parties à l'accord avec le roi, et conclu à Paris, comme l'accord lui-même. Par ce traité, l'abbé et le couvent reconnaissent que les habitants de Sarlat sont légalement constitués en commune, qu'ils ont le droit d'avoir des consuls, un sceau à leur usage, une caisse, une maison commune, des murs, des fossés, des portes, les clefs de ces portes, des tours, des crieurs publics ; que les consuls peuvent lever des impôts pour les besoins de la communauté, contraindre à les payer ceux qui voudraient s'y refuser, que les habitants doivent prêter serment une fois l'an à la municipalité, qui a la garde de la ville, des rues, des places, des terrains vagues ; qu'elle est chargée de veiller à ce que les poids et les mesures ne soient pas altérés, de punir ceux qui les altèrent, de faire publier les bancs, de faire défendre qu'on s'introduise furtivement dans les jardins, dans les vignes, dans les prés, dans les champs de bled ; de châtier ceux qui se permettent de le faire ; en un mot, que tout ce que fait la municipalité, et ce qu'ils regardaient comme des usurpations faites sur leur autorité, elle le fait justement et en vertu d'une possession en bonne et due forme. Les droits respectifs des parties sont ensuite réglés ; et, d'un commun consentement, elles acceptent les conditions auxquelles elles vivront en bon accord (3). Cet acte, approuvé par l'abbé, le couvent, les consuls et

---

(1) Rec. de titres, etc., p. 84.
(2) Arch. nat., reg., d. tr., des Ch., côté 28, p. 6.
(3) Ibid., ibid., p. 7.

la communauté, l'année suivante (1), ne fut pas la fin complète de la lutte ; à partir de ce moment, l'antagonisme s'apaisa progressivement et les deux parties finirent par vivre à peu près en bonne intelligence.

MONTAGRIER. — Nous avons vu, en 1283, Archambaud III, comte de Périgord, arbitre dans le différend entre les seigneurs de Montagrier et les habitants de cette localité, régler ce différend de manière à ce qu'on pût penser que tout était arrangé. Un arrêt du Parlement, rendu en février 1300, donne à croire le contraire. Il y est dit, en effet, que la haute et basse juridiction de cette châtellenie avait été saisie et mise sous la main du roi, qu'il y avait eu divers procès, devant le sénéchal, et qu'à la fin on avait décidé de retirer la main du roi, de rendre les gages saisis et de faire restituer, par ceux qui en étaient la cause, les dépenses faites à l'occasion de ces procès (2).

LIVRE IV.

CHAPITRE IV.

Mouvement religieux.

HÉLIE PILET. — Pierre de Saint-Astier se démit de l'épiscopat en 1266 ; mais il n'est pas vrai qu'Hélie Pilet, et non pas Pelet (latin *Piletus*), fut nommé évêque à la place de Pierre de Saint-Astier, démissionnaire. Sa nomination ne datant que du mois d'avril 1268, il ne fut réellement évêque de Périgueux qu'après environ deux ans de vacance. Il était, paraît-il, chanoine de Beaulieu, et chapelain du pape, lorsqu'il fut appelé au siège épiscopal de Périgueux (3). Un de ses premiers soins fut de se plaindre des ennuis et des molestations que lui suscitaient les agents d'Alfonse, comte de Poitiers et de Toulouse, en Saintonge et en Périgord. Nous avons des lettres du prince, du 26 août 1268, par lesquelles il

---

(1) Ibid. J. 48, n° 14.
(2) Olim, t. III, p. 33.
(3) Audierne, *Calendrier de la Dordogne* de 1836, p. 214.

enjoint à son sénéchal de Saintonge, de défendre ce prélat (1). Le 30 septembre 1269, il consacra le maitre autel du couvent des frères mineurs (Cordeliers) de Périgueux.

Nous avons des lettres d'Alfonse, comte de Poitiers et de Toulouse, en faveur de l'abbaye de Ligueux, datées de Montignac, le mardi avant Pâques (8 avril 1269). V. S. (1270) (2).

C'est sous l'épiscopat de cet évêque qu'on place la prétendue visite de saint Louis à Cadouin. Comme il arrive toujours, dans cette interpolation historique, on avait d'abord précisé tous les détails · on faisait accompagner le saint roi de ses trois enfants, Philippe, Pierre et Robert, et de ses frères, le comte de Poitiers et de Toulouse, et le comte d'Artois ; on le faisait visiter Sourzac, etc. Petit à petit, tous ces accessoires impossibles ont été mis de côté, ainsi que la visite dont on ne parlait plus qu'à la sourdine. en présence d'un itinéraire jour par jour de saint Louis, parfaitement authentique et où il n'est pas question même d'un passage de ce prince en Périgord (3).

Le père Dupuy (4) signale une transaction de l'évêque Hélie Pilet, avec l'abbé et le couvent de Sarlat, au sujet du prieuré de Saint-Léon, sur Vézère, qu'on lui assigna pour le rachat des quelques ventes à lui dues ; mais il ne donne pas de date. De son côté, l'abbé Audierne rapporte qu'il mit aux 24 prébendes ou canonicats dont était composé le chapitre Saint-Front, certains bénéfices-cures dépendant du patronage du même chapitre ; mais sans date, ni autres explications. En 1279, cet évêque fut appelé au patriarchat de Jérusalem, qu'il occupa jusqu'à sa mort (1288).

Au temps de l'épiscopat d'Hélie Pilet, il y avait, aux portes de Sarlat, un prieuré appelé Les Vayssières, fort prospère, où vivaient douze religieux de l'ordre de Grammont. Le chef de ces religieux s'appelait correcteur. Ils dépendaient de Francou, en Quercy (5).

---

(1) Arch. nat. J. 319, reg. de 1267 à 1268.
(2) Arch. nat. J. 319, reg. de 1269.
(3) Voir le recueil des historiens de France.
(4) *Estat de l'église en Périgord*, c. 2, p. 98.
(5) Tardes, *Antiquités du Périgord et du Sarladais*.

RAIMOND D'AUBEROCHE. — Le successeur d'Hélie Pilet s'appelait Raimond d'Auberoche. Il appartenait au Périgord par sa naissance, et était archidiacre de Boulogne, dans l'église de Thérouane, lorsqu'il fut appelé au siège de Périgueux (1). Sa nomination est du 7 juin 1279. Nous n'avons pas beaucoup de détails sur son épiscopat. En 1283, il rédigea les lettres constatant que Bernard de Bonville avait rendu hommage au roi d'Angleterre, comme duc de Guienne, pour Limeuil et Cendrieux (2). En 1285, il approuva l'élection d'un abbé de Sarlat (3). Nous avons vu Hélie Pilet écrire à l'évêque de Saintes, en faveur de l'abbesse de Ligueux, à l'occasion d'une relique, qu'on disait être un bras de saint Siméon. L'abbesse, continuant son pèlerinage, le nouvel évêque confirma le dire de son prédécesseur (1287) (4). L'année suivante, le pape Nicolas IV écrivit à Philippe-le-Bel, à propos des molestations que le sénéchal de Périgord faisait subir à l'évêque, au sujet d'un canonicat assigné à Hélie de Maumont, dans le chapitre de Périgueux, le priant de mettre fin à ce trouble, qui provenait des mauvais renseignements donnés au sénéchal par Gérard de Maumont, frère d'Hélie, et conseiller du roi (5).

On se rappelle que Bernard de Maumont, abbé de Brantôme, fit don à son frère Gérard, conseiller du roi, de la châtellenie de Bourdeille. Bernard fut déposé, on ne dit pas exactement à quelle époque, mais à peu près vers ce temps-là, et on en a conclu que cette donation, faite, comme je l'ai dit, malgré les religieux, fut la cause de cette déposition ; on ajoute pourtant qu'il faut y joindre l'indignation de l'évêque, de ce qu'il ne voulait pas le reconnaître pour seigneur de l'abbaye. Je ne sais jusqu'à quel point il faut admettre ces détails ; mais on lit dans la bulle de Nicolas IV, que je viens de citer, que la déposition de Bernard avait eu pour cause

---

(1) Calendrier déjà cité. Il y a ici une petite difficulté. Il n'y avait en effet de la sorte guère qu'un mois entre le départ d'Hélie Pilet et la nomination de Raimond, ce qui serait bien court ; mais le dictionnaire de Moreri dit qu'Hélie Pilet était patriarche dès 1279.

(2) Bibl. nat., coll. Brecquigny, vol. 18, Guienne, t. 9.

(3) Arch. nat. J., 347 n° 13.

(4) Le père Dupuy ; *Estat de l'église du Périgord*, t. 2, p. 97.

(5) Arch. nat. J. 699, n° 73.

les fautes dont il s'était rendu coupable, et que son successeur, Hélie de Fayolle, avait été élu canoniquement. Il faut cependant reconnaître que cette déposition ne fut pas faite d'une manière irréprochable, puisque l'évêque d'Angoulême, ayant été chargé par le pape de connaître de cette affaire, en obtint la révocation de l'évêque de Périgueux, et fit réintégrer Bernard, qui vivait encore en 1306 et fonctionnait toujours comme abbé de Brantôme (1).

Après une sorte d'enquête faite à Saint-Avit-Sénieur, constatant que de temps immémorial le chapitre vivait séculièrement, Raimond d'Auberoche, en 1295, dressa des statuts et règlements déclarant que la corporation était séculière, et qu'il y aurait un prieur, un chantre, un sacristain, un maître de l'œuvre, quinze chanoines et six prébendiers (2). On pense qu'il mourut bientôt après.

Pierre de Montvailler, archiprêtre de Nontron, assista à la rédaction de la charte des privilèges de Saint-Junien, en Limousin, donnée en 1285 (3).

C'est également sous son épiscopat que fut fondé le monastère de filles de Saint-Pardoux-la-Rivière, ordre de Saint-Dominique. Ce couvent dut son origine aux libéralités de Marguerite de Bourgogne, vicomtesse de Limoges. En mourant, cette dame désigna Bernard de Maumont, alors abbé de Brantôme, pour son exécuteur testamentaire. Cet abbé fit un arrangement avec le prieur des dominicains de Périgueux, et assigna, pour la fondation et la dotation du nouveau couvent, des revenus très suffisants. Il fit plus encore, il pria Philippe-le-Bel d'approuver son arrangement avec le prieur de Périgueux, et de prendre sous sa protection la nouvelle maison religieuse; ce qu'il fit, comme nous l'apprennent des lettres patentes de ce monarque, portant la date de février 1291, (n° S. 1292) (4).

---

(1) Dutempe, le *Clergé de France*, t. 2, p. 602.

(2) Tardes, *Antiquités du Périgord et du Sarladais*.

(3) Rec. des ordon. des R. de Fr. t. II, p. 364.

(4) Dupuy ; *Etat de l'église du Périgord*, t. II, p. 97 et 98. Dupuy se trompe sur ce point : Bernard de Maumont était, sans conteste, abbé de Brantôme à cette époque.

AUDOUIN DE NEUVILLE. — On ne sait pas exactement l'époque de la mort de Raimond d'Auberoche ; mais nous avons la certitude que le siège resta quelque temps vacant (1), et que son successeur, Audouin de Neuville, n'en prit pas possession en 1295 (2). A part quelques événements religieux accomplis sous son épiscopat, nous ne connaissons de cet évêque rien de particulier, sinon qu'il fit des statuts pour son église en 1300 (3). Il mourut le 18 décembre 1313 (4).

Un chanoine dont on ne dit pas le nom, au mois d'octobre 1295, eu égard à l'état de pauvreté où se trouvait l'abbaye du Bugue, et en considération des bienfaits qu'il avait reçus de Marie de Commarque, abbesse de ce couvent, résigna, entre les mains de ladite abbesse et des religieuses, les prieurés de Saint-Cirq, près du Bugue, et de Montmadalès, aujourd'hui canton d'Issigeac (5).

Nous avons vu Archambaud III faire don de 60 livres de rente à sa fille, tout le temps qu'elle resterait veuve. Non pas sous l'épiscopat d'Audouin, mais à la mort de son père (1294), dont elle devait hériter, si son frère était mort sans enfants, elle prit le parti de se faire religieuse, et se cloîtra dans le couvent de Sainte-Claire de Périgueux, avec Marquise, sa nièce, fille d'Hélie VII, dont il sera parlé plus tard. En 1305, Aremburge était abbesse de ce couvent, à qui Archambaud avait fait des largesses, et le 22 août de cette année le pape Clément V lui accorda le droit de donner des dispenses, elle et ses religieuses, conjointement avec le provincial des frères mineurs, lorsqu'il se trouverait à Périgueux, ou avec le gardien desdits frères de Périgueux, en l'absence du provincial, dans tous les cas où le général avait le droit d'en donner. Le même jour, il affranchit cette abbesse et son couvent des dîmes quelles qu'elles fussent, et l'autorisa, ainsi que Marquise, que les généalogistes font mourir en 1301, et toutes les autres religieuses, à se faire enterrer dans leur propre cimetière, quoiqu'en

---

(1) Arch. nat. J. 854, n° 1, p. 3.

(2) La vacance est constatée par une pièce conservée au trésor des chartes, portant la date du 23 septembre 1295 (Arch. nat. J. 354, n° 1, p. 3).

(3) Dupuy, l'Estat de l'église du Périgord, t. II, p. 100.

(4) Audierne, calendrier déjà cité.

(5) Voir Histoire du Bugue.

entrant en religion elles eussent fait le serment, au gardien et aux frères mineurs de Périgueux, de se faire enterrer dans celui de ces religieux. Elle était encore abbesse en 1308, ayant toujours avec elle Marquise, et le 22 avril, le même pape, à raison des infirmités du comte, son frère, père de Marquise, et pour divers autres motifs, l'autorisa, ainsi que sa nièce, à sortir librement, quand bon leur conviendrait, quoique ce fût contre la règle, pourvu qu'elles fussent convenablement accompagnées (1).

On s'accorde assez généralement à faire remonter à cette époque l'idée de la fondation de Vauclaire, qu'on attribue à Hélie VII, quoiqu'on reconnaisse cependant que la première pierre de ce couvent ne fut posée que par Archambaud IV. On croit même retrouver dans ce projet la pensée d'une réparation de la part d'Hélie envers sa fille Marquise, dont les biens, au lieu de passer au couvent de Sainte-Claire, à qui elle les avait donnés, seraient restés au comte, par ordre du roi (2). Il n'y a pas un mot de vrai dans tout cela. Philippe, première femme d'Hélie VII, avait donné ses biens à son mari dès 1286, bien longtemps avant qu'il fût comte. Elle ne pouvait donc pas en disposer en faveur de sa fille, et sa fille en faveur de Sainte-Claire. Il n'y avait, par conséquent, pas de scrupule possible de la part d'Hélie VII, d'où la conclusion qu'il n'y eut pas de projet de fondation pour rendre hommage à la volonté de Marquise. Cela n'empêche cependant pas de reporter à cette époque le dessein de construire Vauclaire. Nous venons de voir, en effet, qu'en 1308, Aremburge et Marquise avaient obtenu de sortir librement du couvent, pour visiter Hélie, malade depuis assez longtemps. On peut admettre que la douleur inspira ce projet, et que si Hélie avait recouvré la santé, il aurait fait ce que fit son fils.

Tout le monde connait les querelles du pape Boniface VIII et de Philippe-le-Bel ; commencées en 1301, elles atteignaient leur paroxysme en 1302. Cette année, Boniface ayant convoqué un concile à Rome, l'évêque de Périgueux crut devoir s'y rendre, sans

---

(1) *Annales Minorum*, t. III, pr., p. 28.

(2) Dupuy, ouvr. cité, t. II, p. 101.

tenir compte de la défense qui en avait été faite, d'une manière déguisée (1).

Le plus grand événement de l'épiscopat d'Audouin fut la visite de son diocèse par Bertrand de Got, archevêque de Bordeaux, depuis pape sous le nom de Clément V. Cette visite commença le 1ᵉʳ septembre 1304, et finit le 6 du mois de novembre suivant. Le premier jour, il visita la maison des Templiers à Bonnefont, et alla coucher au prieuré de Saint-Nexans. Le lendemain, il retourna à Bonnefont, et passa la nuit au prieuré de Montcarret. Le 3, il se rendit au prieuré de St-Médard-de-Gurçon, et de là, à Villefranche-de-Lonpchac, au Fleix, où il coucha. Il fut visiter le même jour Gurçon, Montfaucon, *Galassat*, le *Valence*, et Saint-Seurin. Le 4, il alla à Parcoul, et envoya à Gardedeuil et à Saint-Michel-de-l'Ecluse; le 5, pendant qu'il séjournait à Parcoul, il envoya visiter Puymangou et le prieur de *Champmartin* ; le 6, il se rendit à Saint-Privat, y séjourna le 7, le 8 et le 9, et fit visiter les prieurés de Saint-Aulaye, d'Echourgnac, de Chalais, près de Ribeyrac, et du *Bousquet*. Il arriva le 10 à Sourzac, y séjourna le 11 et le 12, et envoya visiter Saint-Médard-près-Mussidan et Maurens. Le 13, il était à Saint-Martin-de-Bergerac, y séjourna le 14, et fit visiter Pomport et Ribagnac. Il alla coucher le 14 à Tremolac, et envoya visiter le lendemain les prieurés de Lamonzie-Montastruc, de *Lavergne* et de *Guilgorce* . Il était à Paunat le 16, à Couze le 17, le 18 à Issigeac, où il séjourna le 19, et envoya visiter Saint-Germain, près Mons, Monestier, les prieurés de Puyguilhem et de Saint-Nazaire. Il alla à Sadillac le 20, et envoya visiter le prieuré de Thénac; le 23, il alla à *Saint-Pastour* (2). Il se rendit le même jour à Saint-Aubin-de-Cahusac ; le 24, il était à *Rias* ou *Rives* d'où il fit visiter le prieuré de Cahusac. Le 25, il se rendit à Saint-Avit-Sénieur, y séjourna le 26, le 27 et le 28, et envoya visiter le prieuré de Sainte-Foy-de-Longas. Nous le trouvons à Belvès le 29, et il y séjourna le 30. De Belvès, il se dirigea sur le Bugue, y passa les journées du 1ᵉʳ et du 2 octobre, et envoya visiter les prieurés de Tayac et de Saint-Christophe, en face du Moustier. Il était à Saint-

---

(1) Arch. nat., reg. du tr. des ch., côtés 35 et 36, p. 61.
(2) Les noms en italique se rapportent à des établissements inconnus.

Cyprien le 3, à Cénac ou Dome-Vieille le 4, et, le 5, au Mont-de-Dome (Dome proprement dit), où, après avoir entendu la messe, prêché et tonsuré, il excommunia le prieur de Cénac et ses complices, qui avaient non seulement refusé de le recevoir, mais encore s'étaient portés à des violences à main armée et avaient blessé une des personnes de sa suite. Le 6, il visita Sarlat, et envoya visiter les prieurés de Notre-Dame-de-Saint-Quentin, de La Canada et de Montignac qui se refusèrent à recevoir ses visiteurs. Il était, le 7, à Saint-Amand-de-Coly, et le 8 à Terrasson, d'où il envoya visiter les prieurés de Saint-Léonard (Saint-Lazare), et la commanderie de Ladornac, qui ne voulurent pas recevoir ses visiteurs. Le 9, il visita l'abbaye de Châtres, et envoya visiter le prieuré de Saint-Julien. Il arriva à Périgueux le 10, y séjourna le 11 et le 12; se rendit le 13 à Saint-Astier, y séjourna le 14, et alla coucher le 15 au prieuré de Lafaye, près Ribeyrac. Il était à Chancelade le 16, le 17 à Tourtoirac. Il y séjourna le 18, le 19, le 20 et le 21. Il fit visiter, pendant ce temps, la prévôté de Saint-Raphael et les prieurés de Noaillac, de Born, de Granges, de Gabillou et de Sainte-Eulalie-d'Ans. Il partit le 22 pour Saint-Rabier, y séjourna le 23 et, comme le prieur l'avait mal reçu, il l'excommunia avec ses complices et interdit l'église. Il alla coucher le 23 à la prévôté d'Excideuil; le 24, il était à Saint-Jean-d'Escole, d'où il fit visiter les prieurés de Soudex et de Saint-Nicolas (1). Le 25, il arriva au Jeune-Mareuil, dont le prieuré fut d'abord excommunié, pour n'avoir pas voulu le recevoir convenablement, mais ensuite absous pour s'être amendé. Le 26, il alla coucher à Cercles, et fit visiter le prieuré des Graulges. Le 27, il alla passer la nuit à Brantôme, y séjourna le 28, et fit visiter les prieurés de Bourdeille, de Condat, de La Chapelle-Montmoreau et de La Chapelle-Faucher. Il était à *Sept-Fons* (2) le 29, visita le prieuré le 30, excommunia le prieur et ses adhérents, pour n'avoir pas voulu le recevoir, interdit le prieuré et l'église, et envoya visiter les prieurés de Montagrier et de Celles. Il se rendit le 31 à Aubeterre, y séjourna le jour de la Toussaint et le lendemain, et, le 3, visita La Mothe-Saint-Peyaus (3),

---

(1) Inconnu.
(2) Inconnu.
(3) Inconnu.

d'où il partit le même jour pour Palluau, y séjourna le 4, et envoya visiter Juignac. Le 5, il était a Larochebeaucourt ; le 6, au Peyrat, d'où il envoya visiter les prieurés de Saint-Séverin et de Puyfoucault, et se dirigea ensuite vers le diocèse de Poitiers (1).

A son retour de Lyon, où il avait été sacré pape, sous le nom de Clément V, Bertrand de Got passa de Limoges à Périgueux, et y tint un concile, qui ne figure pas dans les chronologies de ces assemblées religieuses.

Sergeac et les Templiers. — En 1280, Hélie Rudel Ier, sire de Pons, seigneur de Bergerac et de Montignac, etc., vendit à frère Géraud Lavergne, précepteur des maisons du Temple, dans le diocèse de Périgueux, une certaine étendue de terrain autour de la maison du Temple de Sergeac, avec la moyenne et basse justice, pour la somme de cent livres tournois, et un marabotin d'or d'acapte, en signe de la haute justice, payable à muance du seigneur de Montignac et du grand maitre du Temple outre-mer, par le percepteur de Sergeac ou tout autre (2). Cet acte prouve suffisamment que la maison de Sergeac existait déjà depuis longtemps.

Dans les premiers mois de 1305, et par conséquent plus de vingt-quatre ans après cette vente, Renaud de Pons IV, fils et héritier d'Hélie Rudel, se trouva n'être plus d'accord avec Gérard Lavergne, et fit un traité avec lui, par lequel il ratifiait la vente faite par son père, moyennant trois cent cinquante livres de petits tournois noirs et le marabotin d'or d'acapte, stipulé avec quelques autres réserves sans importance (3).

Ce même Arnaud de Pons IV avait eu, l'année précédente, une contestation avec frère Dragonet de Montdragon, prieur de Saint-Gilles, de l'ordre de Saint-Jean-de-Jérusalem, chargé de la maison de cet ordre à Saint-Nexans, près Bergerac, au sujet de diverses

---

(1) Ce document était originairement en latin, et transcrit dans le *registrum vetus* des arch. de l'archevêché de Bordeaux ; il a été traduit, et la traduction copiée dans un cahier in-4°, conservé aux arch. départementales de la Gironde.

(2) Petit volume non coté, déposé à la sect. dom. des archives nationales, intitulé : *Hommages au comte du Périgord*.

(3) Ibid.

acquisitions faites à Bergerac ou dans sa châtellenie, c'est-à-dire dans les paroisses de *Saint-Martin*, de la *Madeleine*, de *Lembras*, de *Queyssac*, de *Saint-Julien-de-Crempse*, de *Campsegret* et de *Maurens*, par frère Pierre de Villabeau, prédécesseur de frère Montdragon, et dont l'ordre s'était mis en possession, sans la permission de ce seigneur de Bergerac, et sans avoir rempli les obligations féodales du temps, par suite de quoi ces biens, parmi lesquels figurait le moulin de *Pombonne*, dans Bergerac même, étaient, disait-il, tombés en commise, et lui appartenaient. Après de longues controverses, survint un arrangement, qui conserva tous ces domaines à l'ordre de Saint-Jean-de-Jérusalem, et lui en laissa la libre jouissance (1).

LIVRE V.
CHAPITRE Ier.

Le pape Boniface VIII et l'évêque de Périgueux. — En 1299, la paix fut ménagée par le pape Boniface VIII ; et le roi d'Angleterre épousa Marguerite, sœur de Philippe. Le xive siècle apparaissait donc aussi sous les auspices de la réconciliation. Il n'en était pas de même avec la Flandre, les hostilités se renouvelèrent. J'ai déjà parlé de la querelle de Boniface VIII et de Philippe-le-Bel. C'est en 1300 qu'elle acquit les proportions d'une véritable lutte, dans laquelle l'évêque de Périgueux sembla d'abord prendre le parti de Boniface en faisant le voyage de Rome.

Issigeac et le seigneur de Bergerac. — La lutte avec l'Angleterre avait introduit le désordre partout. C'est ainsi qu'en 1300, Renaud de Pons IV, seigneur de Bergerac, à la tête d'environ 600 hommes armés, se porta sur Issigeac, pendant la nuit, s'y introduisit au point du jour, en criant : *Bergerac ! à mort ! à feu !* attaqua le moulin du doyen, mit le feu à plusieurs maisons, ruina les faubourgs, brûla cinquante habitations, le moulin lui-même, et les fourches patibulaires avec deux pendus, blessa plusieurs hommes, pilla la ville, détruisit ou emporta les provisions et commit des

---

(1) Arch. de Pau, 3e inv. prép. P. et L., f. 514, n° 15.

outrages de toute sorte, au point que le dommage fut évalué à cinq mille livres, somme énorme pour le temps. Cette affaire ayant été portée au Parlement, Renaud et ses complices furent condamnés à rétablir les choses en leur état primitif et à payer les 5,000 livres (1) de dommage à titre d'amende. Pour se rendre compte du motif qui dut guider le seigneur de Bergerac, il faut savoir que, dans le cours de la même année, et probablement quelque temps avant son équipée, il avait eu un démêlé avec le doyen d'Issigeac, à propos de la juridiction haute, moyenne et basse des paroisses de *Montaud*, *St-Perdoux*, *Montsaguel*, *Ribagnac*, moins le ténement appelé de *Bonnefont*, paroisse de Montsaguel, juridiction que le doyen disait avoir joui paisiblement pendant trente ans, et qu'il avait été tellement tracassé par Renaud, au sujet de cette juridiction, qu'il avait dû s'adresser au Parlement pour obtenir que ce seigneur le laissât jouir en paix (2).

En 1300, également, Geoffroy de Pons V, chevalier, seigneur de Ribeyrac, vicomte de Turenne, oncle de Renaud IV, use de violence envers l'abbé et le couvent de Terrasson, sans que justice soit rendue avant 1300 (3). A cette même époque, des marchands se rendant aux foires de St-Emilion sont détroussés, dans les environs de Puynormand, sans que le châtelain du lieu prenne la moindre mesure pour punir les coupables (4).

Geoffroi de Pons V, seigneur de Ribeyrac. — Geoffroi de Pons V était fils de Renaud III de Pons et de Marguerite Rudel, dite de Turenne, que nous avons vus si longtemps en désaccord avec le roi-duc, et par conséquent frère d'Hélie Rudel, premier du nom. Par testament de 1280, sa mère lui avait légué Espeluche, Montfort, Aillac, Carlux, Larche, Bayac et son territoire, le château de Cazenac et plusieurs autres terres en dehors du Périgord (5). Il fit lui-même, en 1317, un testament intéressant dont voici le résumé :
« Choix de la sépulture du testateur dans l'hôpital neuf de St-Jean-

---

(1) Olim, t. III, p. 46.
(2) Olim, t. III, p. 45.
(3) Olim., t. III, p. 61 et 440.
(4) Ibid., p. 55.
(5) Courcelles : Hist. généal. et hérald. des pairs de Fr., t. IV, art. Pons, p. 31.

» de-Pons ; legs aux pauvres de Périgueux, Bergerac, Montignac,
» Sarlat et autres lieux ; ordre de payer exactement les legs de sa
» défunte mère, en ce qui le concerne ; Isabelle de Rodez, sa femme,
» qui lui avait apporté 4,000 livres de petits tournois de dot, est
» déclarée usufruitière de tous ses biens, sans avoir aucun compte
» à rendre ; si elle ne s'entend pas avec Renaud IV de Pons, son hé-
» ritier, elle aura en toute jouissance les châteaux de Montfort,
» Larche et Terrasson. Si Renaud de Pons mourait avant lui, il lui
» substitue Marguerite, sa fille ainée, et à celle-ci Isabelle (1). » Ce
qui prouve qu'à cette époque son fils n'avait que ces deux filles.

Geoffroi de Pons était en outre vicomte, en partie, de Turenne, et nous verrons qu'il eut des démêlés avec Bernard VI, comte de Comminge, devenu vicomte de l'autre partie, par sa femme Marguerite, fille de Raimond VII. Il fut, dit-on, fait chevalier avec son fils, par Philippe-le-Bel, vers 1313 (2).

Cette initiation à la chevalerie, quoique un peu tardive, puisqu'il avait alors au moins de 57 à 58 ans, n'est cependant pas improbable quand on songe qu'il s'agissait d'une nouvelle croisade (3).

Il avait épousé, le 24 mars 1290, Isabelle de Rodez, son usufruitière (4). Il eut un second fils du nom de Geoffroi de Pons, qui fut évêque de Maillezais.

ECHANGE ENTRE LE ROI DE FRANCE ET LE COMTE DE PÉRIGORD. — On se rappelle qu'en 1286, Philippe, première femme d'Hélie Taleyrand, comte de Périgord en 1295, sous le nom d'Hélie VII, céda à son mari les terres de Lomagne et d'Auvillars. En 1301, ce comte, se trouvant à St-Germain-en-Laye, donna ces terres au roi Philippe-le-Bel, en échange de la châtellenie de *Puynormand*, de la bastille de *Villefranche-de-Lonpchat*, de *St-Astier*, d'*Estissac*, de la bastille de *Beauregard* avec *Clermont*, de la bastille de *La Linde* avec sa pêcherie et *Longas*, du château de *Grignols* (5) et d'autres domai-

---

(1) Arch. de Pau, 2ᵉ inv. p. B et M. t. XXVII, nᵒ 11.

(2) Courcelles : Hist. généal. et hérald. des pairs de Fr. t. IV, art. Pons, p. 32.

(3) Gr. chron. de saint Denis, t. V, p. 197.

(4) Courcelles, etc. *Loco citato*.

(5) C'est ici le moment de revenir sur cette question de Grignols qui nous a déjà occupés plusieurs fois. J'ai fait remarquer, au sujet de Bourdeille,

nes situés en Quercy ou dans les environs (1). Cet échange, basé sur le revenu, fut calculé comme il suit : d'une part, les terres de Lomagne et d'Auvillars étant évaluées à 2,152 livres 12 sols 2 deniers tournois de rente, les édifices à 6,100 livres tournois ; total 8,252 livres 12 sols 2 deniers tournois. D'autre part, ce qu'on donnait au comte, en Périgord, qui avait du reste été demandé par lui, était estimé 3,503 livres 9 sols 4 deniers tournois de rente (2), dont voici le détail en monnaie chapetoise (3) : Puynormand, 263 livres 10 sols ; Villefranche-de-Loupchat, 103 livres 3 sols ; St-Astier, 80 livres 11 sols ; Estissac, 35 livres 13 sols 2 deniers ; Beauregard, 59 livres périgourdines ; La Linde, 872 livres 10 sols, y compris la pêcherie et Longas ; Grignols, 320 livres 9 sols 4 deniers ; Clermont, 4 livres. Somme totale 1,738 livres, 16 sols 6 deniers, valant 1,391 livres 14 deniers tournois. Les édifices et les bois estimés à part,

---

qu'il y avait eu une *seigneurie* et une *châtellenie* de ce nom, formant deux domaines. Ici pareille chose ne s'est pas produite. La ratification de la donation de Grignols à Boson Taleyrand, par Archambaud II, dont nous possédons le texte et qui est l'œuvre d'Hélie VI, son fils, porte : *in castro de Granhalio et castellania*. Le relevé des domaines cédés en échange au comte de Périgord par Philippe-le-Bel, porte de son côté : *La chastellenie de Grignols*. Donc il s'agit bien et il ne s'agit que de la châtellenie. S'il n'y avait qu'à dire comment cette châtellenie, appartenant aux descendants de Boson Taleyrand, à la fin du XIIIe siècle, se trouva la propriété de Philippe-le-Bel au commencement du XIVe, la réponse est bien simple. Elle devint la propriété du roi de France parce qu'elle faisait partie de tout ce qui tomba en commise et rentra dans le domaine de ce monarque, à la suite de la forfaiture du roi d'Angleterre. (Arch. nat J. 292, n° 9). Mais il n'est pas aussi facile d'expliquer comment cette terre se trouvait entre les mains du roi-duc d'Angleterre et comment, tombée entre celles du roi de France, au lieu d'être rendue par celui-ci aux descendants de Boson Taleyrand, elle fut donnée au comte de Périgord, qui, loin de la leur rendre, comme à ses plus proches parents et vrais possesseurs, la jouit, selon l'acte de donation d'Archambaud II, deux ou trois ans et s'en dessaisit ensuite, par ordre de Philippe, pour la restituer au roi d'Angleterre, après la paix de 1303. Les habitudes de la noblesse de ce temps-là sont trop connues pour qu'il soit permis d'admettre que les descendants de Boson Taleyrand n'eussent pas osé réclamer et ne se fussent pas vite faits français, s'il avait suffi de cela pour rentrer dans ce domaine. Si donc ils ne le firent pas, c'est qu'il y avait un empêchement plus sérieux resté inconnu, et j'en conclus qu'ils ne firent aucune démarche, parce qu'ils n'en avaient pas le droit ; d'autant que nous ne les voyons pas réclamer davantage, après la restitution au roi d'Angleterre.

(1) Arch. nat. reg. du tr. des ch., côté 38, p. 85.
(2) Ibid. J. 292, n° 14.
(3) Sorte de monnaie du Bigorre qui avait cours dans presque tout le Midi.

comme il suit : Puynormand, 400 livres périgourdines ; Villefranche-de-Loupchat, 515 livres ; Estissac, 593 livres ; Grignols, 1,120 livres ; somme totale 2,628. valant 2,112 livres 8 sols tournois ; somme égale 3,503 livres 9 sols 4 deniers tournois ; il en résultait que le roi demeurait encore le débiteur du comte pour une somme de 4,749 livres 2 sols 10 deniers chapelois, sur laquelle il lui donna 627 livres 4 sols 1 denier tournois, à prendre en Quercy, ce qui fit qu'il ne lui fut plus redevable que de la somme de 4,121 livres 18 sols 9 deniers tournois (1), pour laquelle il y eut des arrangements ultérieurs, sans intérêt pour l'histoire du Périgord. Nous verrons d'ailleurs que tous ces domaines furent rendus au roi d'Angleterre.

A la suite de cet échange, et pour procurer au comte de Périgord une plus grande facilité d'exercer son autorité sur ses nouveaux domaines, dont quelques-uns ressortissaient à la sénéchaussée de Gascogne, le roi, par lettres du même jour que celles qui réglaient l'échange, voulut qu'il ressortissent tous à la sénéchaussée de Périgord (2).

Outre ces détails, nous avons l'état de la population de ces terres, le nombre des maisons nobles et le relevé de ce que demandait le comte lorsque l'échange lui fut proposé. L'état de la population s'établit comme il suit : A Puynormand, 370 feux ; — à Villefranche, 260 ; — à Estissac, 95 ; — à Beauregard, non compris Clermont, 190 ; — à La Linde, 493 ; — à Grignols, 1000. Si bien qu'à cinq personnes par feu, comme on comptait à cette époque, la population de Puynormand était de 1,850 habitants, celle d'Estissac de 475, celle de Beauregard de 950, celle de La Linde de 2,465, celle de Grignols de 5,000. Il y avait en outre à Puynormand 22 familles nobles ayant 1,000 livres de rente. A Villefranche de Loupchat deux familles possédant 35 livres de rente et 13 autres habitant hors de la localité, jouissant de 1,000 livres de rente ; à Estissac, 5 nobles ayant 43 livres, et quelques autres, n'y demeurant pas, qui avaient 15 livres ; à La Linde, y compris Longas, 13 ayant 95 livres ; à Grignols, 35 ayant 700 livres, et quelques autres, n'y demeurant pas, ayant 200 livres ; le tout valant 1,700 livres 8 sols tournois de rente.

---

(1) Cela résulte des diverses pièces que je viens de citer.
(2) Arch. Nat., Registre du Tr. des chartes, côté 38, p. 86.

Mais ce n'est pas tout ; le comte voulait qu'on lui livrât, à Saint-Astier, tant dans la banlieue que dans la juridiction, 1,400 feux de non-nobles et 30 feux de nobles, les uns lui appartenant, les autres à l'abbé et au couvent, les autres à l'évêque de Périgueux ; à Paunat, 300 feux de non-nobles ; à Clerens, 27 seigneurs sur lesquels le roi n'avait que le ressort, un cheval ferré d'argent à muance de seigneur, et 50 livres périgourdines ; 5 feux de non-nobles et 3 de nobles, le tout jouissant de 530 livres de rente. La moitié du château de Limeuil, avec sa forteresse et sa pêcherie, que Bertrand de Bouville tenait du seigneur de Montignac et dont le quart valait 250 livres périgourdines de rente. Dans la châtellenie, il y avait 880 feux de non nobles et 20 feux nobles, jouissant de 300 livres périgourdines de rente. Le ressort de Miremont, où étaient 300 feux non nobles et 9 feux nobles qui, avec le seigneur, avaient 550 livres de rente. Le ressort de Monclar, avec 392 feux non nobles et 9 feux nobles qui, avec le seigneur, obligé de donner une lance à muance de seigneur, avaient 800 livres de rente. Le ressort de Clermont et la basse justice de Beauregard, avec 80 feux non nobles et 8 feux nobles, ayant 150 livres périgourdines de rente (1).

Comme on le pense bien, cet échange eut des suites, et nous aurons à y revenir bientôt ; mais il faut noter, avant d'aller plus loin, que cette même année les consuls de Sarlat, dénoncés au roi comme ayant arrêté violemment le bailli du pariage et son sergent, pendant qu'ils s'occupaient de saisir des malfaiteurs cachés dans cette ville, furent acquittés, et que le parlement reconnut qu'en agissant ainsi, ils n'avaient fait qu'user de leur droit comme gardiens de la ville (2).

Beaumont. — Il faut noter encore que Gaston de Gontaut II, seigneur de Badefol, pour un motif qui n'est pas spécifié, mais parce que sans doute il voulait contribuer à son développement, accorda à la bastille de Beaumont une exemption de péage (3).

Forteresses du Périgord. — Je crois devoir placer ici un fait dont la date est incertaine, mais qui se rapporte à l'époque comprise entre 1295 et 1303. Ce fait emprunte une valeur historique sérieuse

---

(1) Ibid. p. 292, n° 14.
(2) Olim, t. 3, p. 91.
(3) Hist. généal. et c. t. 7, p. 317.

aux circonstances qui s'y rattachent. Vers 1302 ou plutôt vers 1300, Jean d'Arrablaie, sénéchal de Beaucaire, chargé par le roi de visiter les forteresses de la Guienne, fit des règlements dont l'extrait, en ce qui concerne le Périgord, est ainsi conçu : « 1° Il fut ordonné que
» la garnison du château de Grignols, à la solde du roi, serait retirée
» par le châtelain, que la baillie serait vendue, et le château livré à
» garder, sans solde, au bailli ou à celui qui achèterait la dite
» baillie ;
» 2° Que le château de Miremont serait rendu à son maître, après
» lui avoir fait prêter serment et reçu de lui caution ou garantie, sur
» sa terre et sa personne, que, quand on voudrait l'avoir ou qu'il
» serait nécessaire de l'occuper, pour cause de guerre ou pour la
» défense du royaume, il le rendrait au roi ou à ses gens, et que le
» châtelain et la garnison qui y étaient, à la solde de l'Etat, seraient
» retirés ;
» 3° Le sénéchal de Beaucaire et celui du Périgord, de l'avis des
» autres seigneurs (1) rendirent, de vive voix, au seigneur de
» Fronsac et à son tuteur, le château de ce nom, commandé par un
» châtelain qui touchait 10 sols tournois par jour, et avait sous ses
» ordres trois écuyers, chacun à trois sols tournois par jour, et 30
» sergents à 12 deniers chacun, moyennant la promesse solennelle
» dudit seigneur et dudit tuteur, la main sur l'Evangile, qu'ils le
» livreraient au roi ou à ceux qui seraient porteurs de ses ordres,
» quand le monarque croirait devoir l'occuper, soit pour cause de
» guerre, soit dans l'intérêt de la défense de son royaume. Pour
» garantie de leur promesse, le vicomte et son tuteur obligèrent eux
» et leurs biens, par un acte authentique, et le sénéchal de Périgord
» leur fit délivrer le château et renvoya sur-le-champ le châtelain
» et la garnison à la solde du roi. » (2).

Il n'est pas douteux que ces ordres furent la conséquence du traité de paix ménagé dès 1299, et je les place volontiers en 1301,

---

(1) Le conseil se composait de Jean d'Arrablai, sénéchal de Beaucaire, de Guichard de Mauriac, sénéchal de Toulouze, de Gervais Flotte, sénéchal de Périgord, de Blain Loup, sénéchal d'Agenais, du vicomte de Bruniquel, de Gervaise Valence, valet du roi et trésorier de Gascogne, et de Bernard de Davize, trésorier d'Agenais.

(2) Arch. nat. J. 307.

parce que le château de Grignols, donné par le roi au comte de Périgord, en vertu de l'échange de 1301, appartenait toujours au roi.

Le comte de Périgord et le captal du Buch. — La querelle survenue autrefois (1277), entre le comte de Périgord et Jean de Grailly, captal de Buch, s'était renouvelée à une époque qu'on ne dit pas. En 1301, Philippe-le-Bel voulant y mettre fin, sur la réclamation sans doute de Boson, seigneur d'Estissac, frère d'Hélie VII, alors comte de Périgord, adressa des lettres aux commissaires désignés pour cela, dans lesquelles on lit : « Boson, fils de feu Archam-
» baud, jadis comte de Périgord, comparaitra immédiatement devant
» les commissaires chargés de l'affaire entre le comte de Périgord et
» Jean de Grailly, chevalier, au sujet de la terre de Gurçon et du
» Fleix, en tant que cette affaire les concerne, et après avoir soigneu-
» sement écouté ses raisons, les légitimes affirmations qu'il voudra
» émettre et avoir appelé ceux qui devront être appelés, ils feront
» ce qu'ils croiront juste de faire. » (1).

Ce fut sans doute pour se conformer à ces lettres, que ces mêmes commissaires, environ deux mois et demi après, s'adressèrent au bailli (sénéchal) de Périgord, lui enjoignant d'assigner le comte de Périgord et Jean de Grailly à comparaître devant eux, à Ste-Foy (la Grande), pour y voir juger leur querelle (2) ; mais le comte et Jean de Grailly ne virent pas la fin de leur procès, qui n'était pas encore terminé en 1312.

Les Périgourdins appelés a la guerre de Flandre. — Nous avons vu l'évêque de Périgueux se rendre à Rome sur l'ordre de Boniface VIII ; mais rien ne permet de croire que le clergé de la province partageât les dispositions de son évêque pour le pape qui venait de rompre avec Philippe-le-Bel. La France était en trêve avec l'Angleterre ; il n'y avait donc à craindre ni surprises, ni déceptions, ni plaintes, ni réclamations de ce côté. Toute l'attention du roi se portait sur la Flandre. C'est pour cela qu'ayant plusieurs fois, dès le commencement de l'année, donné inutilement l'ordre, au sénéchal de Périgord, d'enjoindre aux habitants de la province de lui venir

---

(1) Arch. de Pau, 3me inv. prép., P. et L., l. 495, n° 25.
(2) Ibid., Ibid., n° 34.

en aide, il fut obligé d'intimer de nouveau cet ordre, pour la fin de juillet, sous les peines les plus sévères (1). Le 8 août 1302, il convoqua directement le comte de Périgord avec son contingent à Arras, où il devait se trouver vers la fin du mois (2). Dans le cours de cette même année, il rendit deux ordonnances relatives au subside pour la guerre (3). Quant à ce qui se passait en Périgord, nous ne connaissons qu'un arrangement entre Hélie Talleyrand VII et Brunissende, sa femme, d'une part, et les consuls de Périgueux, d'autre part, par lequel le traité de 1286, rapporté plus haut, au sujet de la justice criminelle, fut confirmé sous le bon plaisir du roi (4). Nous avons aussi des lettres du roi d'Angleterre, du 23 août, enjoignant aux habitants de la Guienne, de reconnaître Jean de Hasting pour son lieutenant et sénéchal dans le pays (5).

Je ne veux pas omettre de parler de la convocation des états généraux qui, sans être parfaitement régularisée à cette époque, était à peu près un fait, dès 1301, et devint une véritable institution en 1303, comme le prouvent suffisamment la collection des lettres de convocation déposées aux archives nationales (6).

Après des tentatives faites sans résultat, en 1306, les deux rois de France et d'Angleterre tombèrent d'accord, et Philippe rendit la Guienne à Edouard, ce qui amena un notable changement en Périgord, dont la plus grande partie fut de nouveau soumise à la domination anglaise.

BEAUMONT. — A peine rentré en possession de la Guienne, le roi d'Angleterre recevait des plaintes de ses bastilles qui, pendant la guerre ou durant l'anarchie, sous l'apparence de trèves, avaient eu beaucoup à souffrir des seigneurs, tour à tour Anglais ou Français. Les consuls de Beaumont, la plus ancienne de ces bastilles, lui adressent la première requête au sujet de l'invasion par Renaud IV de Pons, seigneur de Bergerac, de *Faux*, canton d'Issigeac, de

---

(1) Arch. nat. Reg. des ch. côté 35, p. 18, et 36 p. 18.
(2) Ibid., Ibid., 35 p. 23 et 36 p. 23.
(3) Rec. des ord. des R. de Fr. t. 1, p. 347 et 369.
(4) Sup. au Rec. de tit. pour Périgueux, p. 33.
(5) Bibl. nat. Coll. Brequigny, t. 17; Guienne, t. 8. Il est évident qu'il s'agit de Jean Havering.
(6) On s'occupe de la publication de ces documents.

Mons et de *Saint-Germain*, aujourd'hui réunies, canton de Bergerac, de *Verdon*, de *Saint-Aigne*, canton de Lalinde, et de *Pontromieu*, qui n'existe plus depuis longtemps, comme paroisse, mais qui est dans le voisinage de Varennes, canton de La Linde. Renaud s'était emparé, au milieu des troubles, au grand détriment du roi d'Angleterre, de ces terres, qu'il avait longtemps gardées en son pouvoir et, dans la possession desquelles, les consuls n'avaient pu rentrer qu'après de longues et dispendieuses réclamations à la cour de France. Cette requête avait pour but d'obtenir que ces paroisses ne pussent plus être détachées du domaine ducal, et qu'il ne fût rien traité avec Renaud, sans leur participation. Ils demandaient, en outre, comme les habitants de la bastille cherchaient à en faire une *bonne ville* qui fît honneur au roi-duc, que ce prince lui vînt en aide pour la clore de murs. Sur quoi, une enquête fut ordonnée (1). C'est sans doute, à cette occasion qu'une exemption de péage fut accordée à cette bastille par Gaston II, seigneur de Badefol (2).

De 1303 à 1304, Philippe-le-Bel écrivit à Géraud de Salignac et au sénéchal de Périgord d'assigner des rentes au comte de Périgord, pour compléter ce qui lui était encore dû par suite de l'échange de 1301 (3).

VILLEFRANCHE DE LONPCHAC. — Villefranche de Lonpchac demandait, de son côté, que ses habitants pussent introduire leur blé, leur vin, leurs bestiaux et toutes autres choses, pour en trafiquer et les mettre en vente dans le marché, sans être à la merci du bailli. Elle priait aussi le roi-duc de lui aider à se clore de murailles, pour mieux résister aux ennemis dont elle était entourée, de lui permettre de construire une maison de ville, dans l'enceinte de la forteresse et d'autoriser l'expulsion des juifs qui y résidaient ; ce qui fut accordé par lettres du mois d'avril 1305. Le roi-duc leur donna à la même époque une maison à démolir, dans une forêt, pour construire une chapelle dans la ville (4).

D'un autre côté, Philippe avait entrepris un voyage dans le Midi.

---

(1) Bibl. nat. Coll. Brecquigny, t. 16, Guienne, t. 7.
(2) Hist. généalog. t. 7, p. 317.
(3) Arch. de Pau, 3me int. prép. P. et L., 1,496, n° 9.
(4) Ibid. t. 17, Guienne t. 8.

Il donna à Carlux des lettres datées de Béziers (1304), par lesquelles il s'engageait à ne jamais détacher de la couronne le château et ses habitants (1).

Hélie Talleyrand VII porta toujours une grande affection au couvent de Sainte-Claire, par attachement pour sa sœur et sa fille. En 1304 ou 1305, il fit don à ce couvent des dîmes de *S. Laurent de Pradoux*, aujourd'hui *S. Laurent-des-Hommes*, tant anciennes que *novales*; et ce don fut confirmé par une bulle de Clément V donnée à Bordeaux le 22 août 1305 (2).

LE VIGUIER DU PUY-SAINT-FRONT. — Dans le cours de cette année, s'accomplit en outre un petit événement qui ne permet pas de douter des prétentions de Périgueux à s'affranchir.

Le dimanche 15 septembre, l'administration du Puy-St-Front s'étant emparée de la personne du viguier de la ville et le tenant prisonnier dans la maison du consulat, sous le prétexte de quelques infractions, consentit à le relâcher à condition qu'il prêterait serment de ne plus entraver la marche des affaires de la commune ; ce qu'il jura (3).

---

(1) Arch. nat. Reg. du tr. des Ch. côté 80, p. 90.

(2) *Annales Minorum*, t., pr. p. 28.

(3) Suppl. au rec. de titr., etc., pour Périgueux. p. 38. Voilà déjà plusieurs fois qu'il est question du viguier. Il est temps d'essayer de nous rendre compte de ce qu'était le viguier au Puy-St-Front, où nous l'avons vu jouer un certain rôle dans la guerre de 1245 et 1246.
Dans le principe, le viguier ou vicaire (vicarius), était le délégué du comte, tantôt pour lever les impôts, tantôt pour rendre la justice. Plus tard, tous les dignitaires appelés à s'occuper de la justice, eurent des viguiers, c'est-à-dire des personnes de confiance qui les remplaçaient dans certains cas. Comme évêque, l'abbé de St-Front rendait la justice conjointement avec le comte, et de plus, il avait une juridiction comme abbé. A travers les péripéties du Moyen-Age, il y avait, dans cette double attribution, plus de motifs qu'il n'en fallait pour que l'évêque-abbé de St-Front eût un viguier, au Puy-Saint-Front. Comment se fait-il que le comte n'y en avait pas ? A mon sens, cela vient de ce que pendant longtemps le comte ne résidait pas en Périgord et n'y venait que par circonstance. Nous voyons cependant, dans la charte de 1235, en faveur d'Emenon, d'Hélie, d'Itier et de Pierre de Périgueux, que le comte parle de la *viguerie* des gens venant au Puy-St-Front ; mais cette viguerie n'eut jamais rien de sérieux, tandis que les fonctions du viguier relevant de l'évêque-abbé finirent par devenir une dignité héréditaire, dans une famille qui prit le nom de Vigier. Quelles étaient les attributions du viguier du Puy-Saint-Front ? L'arrêt du Parlement de 1290 mentionné plus haut, dit qu'il

L'attention du pays était toujours fixée sur la Flandre, et rien de saillant ne se passa en Périgord, dans le cours de 1304. Cependant la restitution de la Guienne au roi d'Angleterre y nécessita quelques changements : les domaines donnés au comte de Périgord, en échange des terres d'Auvillars et de Lomagne, étant rentrés sous l'obéissance de ce prince, il fallut assigner au comte une juste compensation de ces terres situées en Périgord (1); compensation qui fut prise dans d'autres provinces, et ne fut complétée qu'en 1305 (2).

LA VIGUERIE. — Le serment arraché au viguier de Périgueux, l'année précédente, eut aussi ses conséquences, dans le cours de 1304, et, le mardi après la quinzaine de Pâques (le 14 avril), en plein chapitre de St-Front, Hélie Vigier, assisté de son frère Pierre Vigier, considérant qu'il était toujours en querelle avec la municipalité, pour la viguerie qu'il exerçait en ce moment, du consentement de l'abbé et du chapitre de St-Front, dont il disait tenir cette viguerie, la rendit à la dite municipalité, avec sa cour, ses droits, sa juridiction et ses émoluments qui s'étendaient à la fois à la paroisse de St-Front et à celle de St-Sylain, moyennant la somme de 50,000 sols, avec la réserve de la directe appartenant au chapitre de Saint-Front et de l'acapte de dix florins d'or, payables à chaque changement d'abbé, que désormais la municipalité devait acquitter à sa place (3).

Vers la fin de 1304, la ville de Castillonnet demanda à être réunie à la sénéchaussée de Périgord (4).

---

connaissait de toutes les causes criminelles, au nom de l'église, excepté de celles qu'on disait appartenir au comte et que nous avons vu le comte céder à la ville ; qu'il avait un pilori, une prison et que l'enquête faite, au sujet des attributions dudit viguier, avait parfaitement établi que le consulat n'avait aucun droit sur les causes civiles et les causes criminelles dont connaissait ce fonctionnaire.

La situation ainsi faite, il était bien difficile qu'il ne s'élevât pas des conflits entre le viguier et la municipalité. Ils se multiplièrent tellement que le viguier ne trouva rien de mieux que de se défaire de sa viguerie.

(1) Arch. nat. J. 332, nos 9 et 10. et reg. du tr. des ch. côté 45, p. 86.

(2) Ibid. J. 312, no 36 ; Arch. de Pau, 2e inv. pr. P. et L., l. 91, no 4 ; Bibl. nat. coll. Doat, t. 1, p. 513.

(3) Rec. de tit., etc., pour Périgueux, p. 113.

(4) Bibl. nat., coll. Brequigny t. xvii, Guienne, vol. 8.

En 1305, Jean d'Arrablai, sénéchal de Périgord, écrivait à Philippe-le-Bel qu'il n'y avait, en Périgord ni en Quercy, aucun lieu propre à recevoir une assignation de 1,000 livres tournois, attribuées au comte, pour compléter l'échange fait avec lui. Cette même année on fit une enquête sur le revenu des terres de Villefranche et de Puynormand, pour savoir s'il pourrait couvrir ces 1,000 livres. Il y eut encore des lettres du roi sur le même sujet, trop endommagées pour en saisir le sens; enfin en novembre, Philippe prit le parti de donner au comte la baillie de Ste-Livrade en Agenais.

Montpasier. — La bastille de Montpasier, construite sur un terrain de la juridiction de Biron, avait été cause qu'un pariage s'était établi entre le roi-duc et le seigneur de Biron. En 1292 ou 1293, le seigneur de Biron et les habitants de Montpasier avaient eu quelques difficultés (1); en 1305, ce seigneur n'était pas d'accord, pour le pariage, avec les agents du roi-duc, auxquels ce prince donna ordre de faire observer les conventions stipulées (2).

Fleurac. — A cette époque, les seigneurs de Limeuil étaient aussi seigneurs de *Fleurac*, comme le disent les priviléges de Limeuil, et comme le prouve une reconnaissance de Pierre de Galard, en faveur du nommé Guillaume Cotes, de Mauzens, près Miremont, pour des terres situées dans la paroisse de Fleurac (3).

Bourdeille. — Nous trouvons, à cette même époque, un Bertrand de Bourdeille, greffier de Ste-Foy (4).

Dernières tentatives de la famille Taleyrand pour constater les droits qu'ils prétendaient avoir sur le Puy-Saint-Front. — Nous avons vu, vers 1226 ou 1227, le comte de Périgord accorder une charte à Emenon, Itier et Pierre de Périgueux, et leur reconnaitre des priviléges contraires à l'organisation municipale du Puy-Saint-Front; une sentence arbitrale du roi saint Louis (1247), imposait un éternel silence au comte sur le *mesurage du bled*; enfin une rente annuelle de 20 livres, payable à Noël, était la conséquence d'un traité par lequel le comte avait abandonné à la municipalité tous les

---

(1) Cat. des R. G. N. et F., t. i, p. 31.
(2) Bibl. nat. coll. Brequigny, t. xvii, Guienne, vol. 9.
(3) Bibl. nat., pap. Leydet, 2ᵉ Recueil, 1ʳᵉ partie.
(4) Ibid. coll. Brequigny, t. xvii, Guienne, vol. 8.

droits qu'il pourrait avoir au Puy-St-Front, dans le cas d'*homicide*, de *rapt de femme*, etc., et d'autres arrangements relatifs à des routes et juridictions.

Surgit, en 1305, l'incident dont voici les détails :

Parmi les enfants du second lit d'Archambaud III, figuraient Boson, seigneur d'Estissac, et Archambaud, chanoine de Périgueux, plus tard abbé de St-Astier. Ces deux frères, poussés, on ne dit par qui ni par quoi, mais peut-être par la mauvaise humeur qu'avait suscitée en eux la confirmation, en 1302, du traité de 1286, par le comte Hélie VII, leur frère aîné utérin, s'avisèrent tout à coup d'attaquer tout ce qui s'était passé jusqu'alors, et de prétendre que les droits de leurs ancêtres étaient toujours ce qu'ils avaient pu être dans le principe, et que, si quelques-uns de ces droits n'existaient plus, c'était parce que la municipalité du Puy-St-Front les avait fait disparaître subrepticement, et, partant de là, ils demandèrent au roi qu'une enquête fût faite sur les dix-neuf articles suivants :

1° Il fut convenu, par le traité de 1247, que le roi de France prendrait et garderait sous sa main, tout le temps que vivrait le comte, tous les droits et revenus que ce seigneur serait reconnu, par les bourgeois, posséder dans le Puy-St-Front, avec la réserve que ce monarque distribuerait aux veuves et aux enfants des bourgeois tués durant la guerre, le produit des trois premières années.

Cet article n'avait pas besoin d'être prouvé, puisqu'il était consigné dans un acte.

2° Le roi, agissant avec bonté, rendit au comte, après les trois ans, tous ses droits et revenus.

C'est ce qu'un autre acte constate pareillement.

3° Avant la guerre, le comte exerçait toute juridiction et justice dans et hors la ville, sur toutes sortes de personnes, dans tous les cas d'homicide, avec le droit de confisquer les biens des coupables.

4° Dans les cas de violence, de coups, de blessures, il percevait 65 sols et 1 denier d'amende.

5° Il percevait pareille amende, dans le cas de rapt de femme ou de fille.

6° De même dans le cas de faux ouvrages ou autres ;

7° De même pour les adultères pris en flagrant délit qu'il pouvait aussi faire courir nuds dans la ville.

8° De même pour les empoisonnements ;

9° De même pour les poids et mesures en général et spécialement en ce qui concerne le blé et la farine.

Ces sept articles sont implicitement rappelés dans le traité de 1286 et l'emprunt à la ville, en 1239, par Hélie VI, et qui devait se rembourser au moyen de la retenue de 20 livres de rente, payable à Noël, prouve suffisamment que la ville et le comte avaient traité longtemps avant la guerre de 1245-1246. Cependant, il se présente des difficultés. Quelques témoins, à propos du troisième article, disent que les consuls et le prévôt du comte jugeaient ensemble les criminels, tandis que d'autres attribuent uniquement au comte ce droit. Il est évident que cette différence dans les dépositions tient : 1° à la date des faits rapportés ; 2° au lieu où ces faits s'étaient accomplis. Avant que le comte eût cédé ses droits, moyennant 20 livres de rente, il devait nécessairement les exercer. Avant le traité de 1286, le comte et la municipalité devaient également n'être pas toujours d'accord, et dès lors on conçoit que les témoins puissent, sans être dans une erreur absolue, se trouver en divergence dans leurs dépositions ; de là les contradictions apparentes, mais non réelles, sur ce troisième article. Ces mêmes explications doivent s'appliquer aux autres articles (1).

La rente signalée dans le dixième article était due, en vertu du traité rapporté dans celui de 1286.

Le droit d'assembler et de commander une armée, dont parlent les articles 11, 12 et 13, découlait tout naturellement des termes des hommages au roi ; cependant il avait été expressément consacré dans le traité de réunion du Puy-St-Front et de la cité, de 1240 ;

---

(1) Il suffit de bien établir les faits pour apprécier comme elles doivent l'être les dépositions des témoins. Ceux de ces témoins qui disent qu'il y a plus de 70 ans qu'ils ont vu le comte user de ses droits, parlent évidemment de ce qui se passait avant la création de la rente de 20 livres ; ceux qui ne remontent qu'à 60 ans et au-dessous, ne racontent que des événements se rattachant à la divergence de la municipalité et du comte, sur les limites de la juridiction cédée, qui finit par amener le traité de 1286. Ceux enfin ou plutôt celui qui parle d'habitants de la cité jugés par le comte, fait allusion au traité de 1243, entre le comte et le chapitre de la cité, par lequel le comte devait faire justice des hommes de ce chapitre qui auraient tué leurs semblables et qui seraient pris dans l'étendue du comté ; mais il n'en faisait justice au Puy-St-Front, qu'avec la permission de la municipalité.

aussi les témoins n'affirment-ils rien pour le comte, tandis que le treizième témoin déclare que les bourgeois suivirent un jour le comte à Vergn *pour lui faire plaisir*.

Le droit d'avoir des crieurs publics, dont parle le quatorzième article, avait été reconnu par le roi, en 1247, comme appartenant à la ville ; et c'était vainement que plusieurs fois le comte et les siens avaient voulu en déposséder la municipalité.

Ce fut toujours en vain qu'ils essayèrent aussi de se faire prêter serment par quelques habitants. Ce droit, consacré par le traité de 1240, fut constamment la propriété exclusive de la municipalité ; les témoins, du reste, ont bien soin de faire observer que, chaque fois que le comte voulut essayer de l'usurper, les consuls s'y opposèrent énergiquement. Ils constatent même qu'on expulsait de la ville ceux qui lui avaient prêté serment.

Les 17mo et 18mo articles sont vagues et sans portée ; aussi, les témoins s'en occupent à peine, par la raison qu'ils ne contiennent que des reproches adressés à la municipalité, n'ont aucunement trait aux réclamations formulées dans les quinze premiers, et n'intéressent en rien les droits de la ville. Le dernier s'applique spécialement à la parenté des réclamants (1).

L'éclat donné à cette démarche demeura sans effet et, à partir de ce moment, nous verrons les comtes et leurs familles non plus réclamer des droits, mais essayer de se les faire attribuer par l'autorité royale (2).

REVENUS DU ROI D'ANGLETERRE. — Assez insignifiante par elle-même en dehors de la question des monnaies, l'année 1306 nous a conservé une pièce à signaler. Elle porte pour titre : *Domaines du roi d'Angleterre dans la sénéchaussée de Périgord* ; mais il est évident que c'est *revenus* qu'on a voulu dire. En voici le contenu avec le montant du fermage : Baillage de Saint-Astier, 70 livres tournois. — Baillage de Beauregard, 120 livres 13 sols 4 deniers tournois. — Baillage de La Linde, 310 livres tournois. — Baillage de Paunat, 66 livres 13 sols 4 deniers tournois. — Baillage de Molière, 160 livres. — Baillage de Beaumont, 380 livres tournois. — Baillage de Roquépine, 220 livres tournois. — Baillage de Montpazier, 150 livres

---

(1) Rec. de tit. etc. pour la ville de Périgueux, p. 121.
(2) Voir l'appendice.

tournois. — Baillage de Villefranche, 150 livres tournois. — Commun de la paix dans le duché, 1,640 livres tournois. — Commun de la paix de Clérens, 214 livres tournois. — Pêcherie de La Linde, 59 livres 16 sols tournois. Ajoutez à cela les greffes et les acaptes de ces mêmes baillages, les produits de quelques procès et autres petites recettes, et nous aurons un total de 3,852 livres 16 sols 6 deniers tournois, somme minime en apparence, mais qui, en réalité, représentait de 30 à 40 mille francs de notre monnaie, sinon davantage (1).

BOURDEILLE. — Un document de cette même année (1306) nous fournit aussi des détails sur Bourdeille. A la suite de la mort d'Hélie de Maumont, doyen de Saint-Yrieix, Philippe-le-Bel avait ordonné à Raoul de Jonchères, sergent d'armes, et à Guyon de Duzé, écuyer, de placer, sous sa main royale, les biens du défunt, parmi lesquels figurait le château et la châtellenie de Bourdeille. Lorsque ces agents du roi se présentèrent, pour exécuter ses ordres et assurer les revenus de ce domaine à Guillaume de Chanac, exécuteur testamentaire d'Hélie de Maumont, Guillaume de Maumont leur fit déclarer que ce domaine lui appartenait, comme héritier de Géraud de Maumont son oncle, et qu'il n'avait rien à leur remettre (2). Toute formelle qu'était cette déclaration, elle ne fut cependant pas maintenue par son auteur, puisque nous voyons, l'année suivante, Guillaume de Chanac faire un échange avec le roi de France qui, par cet échange, devint propriétaire du château et de la châtellenie de *Chalusset supérieur et inférieur*, canton de Jumilhac et de partie de *Saint-Pardoux* (3). La famille de Bourdeille ne vit-elle pas cet échange avec plaisir, ou bien songeait-elle avant qu'il fût accompli, à se débarrasser des Maumont, ses vieux ennemis ? C'est ce que je ne saurais dire ; mais toujours est-il que, l'année suivante, le roi fut obligé de faire interdire à Hélie de Bourdeille de construire une forteresse qu'il élevait, de manière à ce qu'elle pût nuire au château (4).

---

(1) Bibl. nat. Coll. Brequigny, t. 16, Guienne, t. 9.
(2) Arch. nat. J. 1040.
(3) Ibid. J. 296, n° 50. Toutefois l'échange ne fut complété qu'en 1312 (N. d. J. et reg. des tit. du chap., côté 48, p. 226.
(4) Olim. t. 3, p. 338.

C'est également en 1307 que l'abbé de Brantôme, de qui relevait la châtellenie de Bourdeille, vit confirmer par le parlement, un jugement du sénéchal de Périgord qui le condamnait à 300 livres d'amende envers le roi et 150 livres envers un certain Arnaud Saunier, pour avoir violemment démoli sa maison et son pressoir, sur l'instance d'un certain Pierre Ratelat qui disait que le sol lui appartenait et que Saunier avait illégalement bâti ces édifices (1).

ADMINISTRATION ANGLAISE. — En 1307, le roi d'Angleterre rendit une ordonnance pour l'administration de la Guienne dans laquelle figure un chapitre sur le Périgord sans importance, sauf qu'il y est dit qu'il n'y aura qu'un sous-sénéchal, dans la province, au lieu d'un sénéchal (2).

TEMPLIERS. — ETATS GÉNÉRAUX. — Arrêtés par toute la France, dans le cours de 1307, les Templiers dont la perte avait été résolue d'avance, se voyaient déjà en butte aux plus violentes accusations ; mais, pour procéder avec une apparence de justice, on crut qu'il était nécessaire de faire participer la nation à cet acte d'arbitraire préparé dans l'ombre. Afin de donner toute la solennité possible à cette manœuvre, on convoqua les états généraux, à Tours, pour l'année suivante. Nous avons cinq pièces relatives aux députés du Périgord : L'une portant nomination de deux fondés de pouvoir pour la ville de Périgueux (3), l'autre d'un fondé de pouvoir pour Excideuil (4), la troisième d'un fondé de pouvoir pour Eimet (5), la quatrième d'un fondé de pouvoir pour l'abbaye de Tourtoirac (6) ; la cinquième de trois fondés de pouvoir pour les consuls et la communauté de Carlux (7). Il est évident que le Périgord ne devait pas, ne pouvait pas être représenté par ces huit députés ; que la noblesse devait avoir ses représentants comme nous verrons que cela

---

(1) Olim. t. 3, p. 232.

(2) Bibl. nat. Coll. Brequigny, t. 17. Guienne, t. 8. Cette ordonnance ne paraît pas avoir jamais été mise à exécution, du moins en ce qui concerne le sous-sénéchal du Périgord.

(3) Arch. nat. J. 415 n° 210.

(4) Ibid.

(5) Ibid.

(6) Ibid.

(7) Ibid. J. 414.

se pratiquait plus tard; que le clergé dut envoyer plus d'un député et que le tiers-état lui-même ne dut pas se borner à nommer sept fondés de pouvoir; mais, tout restreints que sont ces documents, ils nous donnent une haute idée de la solennité de Tours.

Monnaie. — En 1302, ordre de par le roi avait été donné aux barons de porter à la Monnaie la moitié de leur vaisselle d'argent, et parmi ces barons figurait le comte de Périgord (1). La même année, l'évêque de Périgueux avait contribué aux subventions pour la guerre de Flandre (2). Le comte de Périgord se trouvait à Paris au commencement de l'année 1305; et il paraît qu'à cette époque encore, la promesse du roi de rétablir les monnaies de bon aloi n'avait pas commencé de se réaliser; mais qu'on espérait toujours de la voir bientôt mettre à exécution. Le comte profita de son séjour dans la capitale, pour traiter avec des monnayeurs de Florence qui se chargèrent de la refonte de sa monnaie (3). Il fut poussé à prendre cette résolution par le bruit qui courait sans doute déjà et qui se réalisa quelques mois après, que les monnaies des seigneurs n'auraient cours que dans leurs terres, à moins qu'elles n'eussent l'aloi

---

(1) Rec. des ord. de R. de Fr. t. I, p. 347.

(2) Ibid. p. 369.

(3) Arch. de Pau, 3me inv. par. P. et S., l. 501, n° 19. Voici les clauses de ce traité : « La monnaie blanche sera de la valeur de 3 deniers et maille d'argent de la qualité des bons sterlings; le marc de Troyes, fournira 20 » sols et 6 deniers, après avoir préalablement prélevé 9 deniers pour le comte, » par livre, 2 deniers pour ceux d'Angoulême, 1 pour les héritiers d'Itier » Baudoin; les trois portions d'un pour ceux de Péronne (des monnayeurs » sans doute pour lesquels on avait stipulé une réserve); Idem pour l'évêque » de Périgueux; trois pougeoises pour les gardes établis par le comte : en » tout 14 deniers et 1 en poitevin. Il était convenu en outre que, si le marc » fournissait plus de 20 sols et 6 deniers, le surplus serait partagé entre le » comte et eux; il en devait être de même s'il produisait moins, c'est-à-dire » que dans ce cas, la perte était supportée par moitié par le comte et les » monnayeurs. On régla en même temps la durée de la fabrication et la ma- » nière dont serait livrée la monnaie à mesure qu'elle serait frappée. Il était » aussi convenu qu'on payerait en monnaie nouvelle ceux qui porteraient des » lingots ou des matières d'argent, et que le payement se ferait dans les huit » jours qui suivraient la livraison; que si la monnaie était défectueuse, on » différerait le payement; que même, si elle perdait un grain et demi ou moins, » les monnayeurs en tiendraient compte aux livrants et que, si elle pesait » plus que le poids convenu, il leur en serait tenu compte à la fin de la » livraison. »

et le poids d'autrefois, c'est-à-dire du temps de Saint-Louis (1). La monnaie royale, au titre de celle de Saint Louis, parut enfin en 1306 (2) ; mais elle fut bientôt altérée et la perturbation devint plus grande que jamais.

Par suite de cette perturbation, les ordonnances de Philippe-le-Bel étaient moins bien observées dans la Guienne que partout ailleurs ; en 1308, ce monarque adressa des lettres à tous les fonctionnaires du duché, portant injonction de les faire ponctuellement exécuter (3).

Cette même année 1808, pour couper court, autant que possible, à tous ces désordres, Philippe créa des inspecteurs des monnaies, chargés de visiter tous les ateliers et d'éprouver les pièces, aussi bien dans les domaines des barons que dans les domaines royaux ; de donner cours aux monnaies de la couronne, dans tous les pays relevant du roi, d'arrêter les faux-monnayeurs (4). Il fit plus encore, et afin que ses ordres fussent exécutés dans tout leur ensemble, il écrivit aux baillis et aux sénéchaux d'y tenir la main. Nous avons deux lettres adressées au sénéchal de Périgord à ce sujet (5).

INTENDANTS DES FINANCES. — Le désordre dans les finances avait eu pour première cause le mauvais état des affaires, et ce mauvais état des affaires avait probablement poussé la noblesse à acenser une partie de ses terres. Les roturiers qui avaient pris ces terres à cens en Périgord, les avaient améliorées sensiblement et par conséquent rendu service au pays. Les *intendants des finances* de cette sénéchaussée partaient de là pour exiger des rétributions de ces roturiers ; des lettres de Philippe-le-Bel de 1309, interdisent à ces intendants de rien demander à ces censitaires (6).

PARLEMENT. — Le trouble était partout ; le Parlement même ne fonctionnait plus avec sa régularité primitive. Nous en avons la preuve dans des lettres de Philippe au sénéchal de Périgord, par

---

(1) Rec. des ord. des R. de Fr. t. 1, p. 429.
(2) Ibid., p. 441.
(3) Arch. nat., reg. du tr. des ch. côté 42, pièce 6.
(4) Ibid. reg. id. pièce 36.
(5) Ibid. reg. id. pièces 74 et 112.
(6) Olim., t. II, p. 505.

lesquelles il lui enjoint de promulguer, dans toute sa sénéchaussée, que la session des octaves de la Toussaint, 1308, est remise aux octaves de la Noël suivant (1) ; et pourtant le besoin d'argent était si grand que quelques jours auparavant (le 2 octobre), ce roi avait écrit à ce même sénécal de ne pas manquer, en se rendant à Paris, de porter tout l'argent dont il pourrait disposer et, s'il s'était occupé des Juifs, qu'il tînt ses comptes bien en règle à cet égard (2). Une autre preuve de la perturbation générale se tire des lettres du même roi (23 octobre 1308), par lesquelles il nomme deux commissaires chargés de reformer les forêts, dans les sénéchaussées de Toulouse, de Carcassonne, de Beaucaire, de Saintes, de Poitou et du Périgord ; d'y faire des concessions de bastilles, de s'enquérir de la conduite des sergents, des châtelains, de les changer, d'augmenter ou diminuer leurs gages, etc. (3).

Le viguier et la viguerie. — La lutte entre la municipalité et le chapitre du Puy-St-Front subsistait toujours et l'acquisition, par la municipalité, des droits et de la juridiction du viguier n'avait point mis fin aux querelles. Il fallait d'ailleurs l'approbation du roi, comme associé du chapitre, pour qu'on n'eût plus la faculté de revenir sur cette acquisition. Soit que les guerres avec la Flandre, soit que les embarras de toute sorte suscités à la couronne eussent empêché le roi de s'occuper de cette affaire, il y avait quatre ans que cette juridiction était acquise, que l'approbation royale n'était pas encore donnée. Le moment parut favorable en 1308, et des négociations furent entamées à ce sujet. Comme on va le voir, le consulat n'avait pas perdu son temps dans l'intervalle de ces quatre ans, voici le résultat de ces négociations qui n'aboutirent pas :

Le roi était représenté par Hugues de la Celle, chevalier, et par Jean Calvet, son procureur dans la sénéchaussée de Périgord. La municipalité demandait que Philippe approuvât et confirmât la paix et la transaction arrêtées entre elle, l'abbé et le chapitre, avec cette convention que la supériorité et le ressort appartiendraient à la couronne seule, et que le maire, les consuls et la communauté tien-

---

(1) Arch. nat., reg. du traité des ch. côté 42, pièce 157.
(2) Ibid., ibid., pièce 17.
(3) Ibid., ibid. pièce 26.

draient directement d'elle tout ce que l'abbé et le chapitre leur cédait, sans être obligés d'en faire hommage à l'abbé ni au chapitre. Le roi, de son côté, devait délaisser au maire et aux consuls la juridiction et l'émolument du sceau de la cour commune entre la couronne et l'église de St-Front, en tant seulement qu'il s'agissait de la cour du célérier et approuver l'achat, par la municipalité, de la viguerie et de la juridiction du viguier. Le roi devait encore céder à la municipalité toute la juridiction et tous les autres droits qu'il avait dans la paroisse du Puy-St-Front, moyennant le ressort, l'hommage et trois cents livres de rente, payables moitié à la St-Jean, moitié à la Noël, jusqu'au moment où cette rente serait assise sur un domaine suffisant, acquis par la couronne ou par la ville pour le compte de la couronne, et payés par la ville, et cinq mille livres une fois données (1). Ces démarches, de la part du maire et des consuls du Puy-St-Front, nous révèlent combien l'autorité municipale y avait grandi et de quelle considération elle jouissait. On verra plus tard quelles furent les raisons qui empêchèrent cet arrangement d'aboutir.

LE CHAPITRE DU PUY-SAINT-FRONT. — Cette même année, le chapitre du Puy-St-Front abusa de sa force envers le curé de la paroisse de St-Silain. Le Parlement dut intervenir et punir les chanoines des violences dont ils s'étaient rendus coupables (2).

LE COMTE DE PÉRIGORD. — Les infirmités dont on a vu qu'Hélie VII se trouva atteint en 1308, furent cause que ce comte choisit un fondé de pouvoir chargé de le représenter dans toutes ses affaires (3).

LES SEIGNEURS DE CASTELNAUD DE BEYNAC. — On n'a pas oublié le traité fait entre le comte de Périgord et les seigneurs de Castelnaud de Beynac. En vertu de ce traité, les seigneurs de Castelnaud devaient rendre hommage au comte pour leurs domaines énoncés dans l'acte. Raoul, fils de Bertrand, fit hommage à Hélie VII (1308), de Castelnaud, non compris Berbiguières, de tout ce qu'il possédait dans les châtellenies de Vergn, de Limeuil, de Miremont, de Reillac,

---

(1) Arch. nat. J. 292, n° 11.
(2) Olim, t. III, p. 298.
(3) Arch. nat. J. 414.

non compris Rouffignac, et dans les paroisses de *Sengeyrac*, de *Lacropte*, de *Ladouze*, de *St-Félix* et de *St-Sernin* (1).

LA BASTILLE DE SAINT-LOUIS. — L'année 1308 fut aussi l'année de la fondation d'une nouvelle bastille. L'abbé et le couvent de Charroux étaient toujours possesseurs du prieuré de Sourzac et de ses dépendances, depuis 1081. Il y avait dans l'étendue de la paroisse de ce nom une plaine appelée du *Chambon et de la Croix*, parfaitement propre à un établissement de ce genre. L'abbé et le couvent, de leur propre gré ou à l'instigation des agents du roi, mirent cette plaine en pariage avec lui, et le monarque y fonda immédiatement une bastille qu'on appela d'abord *bastille de Sourzac*, et qui prit plus tard le nom de *bastille de St-Louis* (2). Les privilèges de cette nouvelle agglomération de population, semblables à peu près à tous les autres, sont de la même année (3). Dans le pariage étaient comprises les paroisses de *St-Severin-d'Estissac*, du *Pont-St-Mamet*, de *Roussille*, de *Ste-Colombe*, de *Douville*, de *La Salvetat*, de *Beleymas*, de *Galmares* (4), de *St-Julien-de-Crempse*, des *Lesches*, de *St-Front* près de *Mussidan* et les domaines de La Lande et des fabriques (5). Les circonstances aidant, cette bastille, dont les officiers étaient nommés par le roi et l'abbaye, d'un commun accord, prit de l'importance, comme on le verra bientôt, et devint un centre d'activité qui ne s'est pas soutenu.

MAURENS. — Pendant qu'on s'occupait de fonder la bastille de St-Louis, Guillaume de Nogaret, au nom du roi de France, faisait l'acquisition du château de *Maurens* des exécuteurs testamentaires de Marguerite de Bergerac, à qui il appartenait de son vivant, moyennant la somme de 2,000 livres de gros tournois, avec cette clause que, si Gerard de Boisseuil, dont il va être question tout à l'heure, l'estimait davantage sans outre passer 3,000 livres, le sur-

---

(1) Bibl. nat., coll. Doat, reg. 242, Périgord, t. I, p. 291 bis.
(2) Arch. nat. J. 398, n° 24.
(3) Rec. des ord. des r. de Fr., t. XI, p. 405.
(4) Inconnu, peut-être Villadeix.
(5) Rec. des ord. des r. de Fr., t. II, p. 405.

plus serait compté par le roi (1), à qui les exécuteurs testamentaires donnaient quittance quoiqu'ils n'eussent reçu que 500 livres (2).

Château et châtellenie d'Autefort. — Presqu'en même temps, Gérard de Boisseuil vendait à ce même Guillaume de Nogaret, agissant toujours pour le compte du roi de France, moyennant une juste compensation, à régler par des experts, sa juridiction et tous les droits qu'il pouvait avoir dans le château et la châtellenie d'*Autefort* et dans les paroisses de *St-Agnan*, de *St-Martial-d'Autefort*, de *Lanouaille*, de *Teillot*, de *Charreix*, de *Cubas*, de *Boisseuil*, de *Coubjours*, de *Badefol*, de Segonzac et de St-Robert, en Limousin, et dans le château de *Moraile* (3).

Nontron. — Et, comme s'il y avait eu une sorte de plan d'opération arrêté entre Philippe et son fondé de pouvoir, peu de jours après, ce même Guillaume de Nogaret recevait, à titre d'échange, et moyennant une juste compensation, au nom de ce monarque, de l'abbé de Charroux, le fief de Pons, en Saintonge, avec tous ses droits et dépendances, et celui de *Nontron*, que le vicomte de Limoges tenait dudit abbé et de son monastère, avec toute sa temporalité et ses dépendances, sauf les dîmes et les oblées qui devaient rester au prieur dudit Nontron (4).

Montignac. — D'un autre côté, Isabelle de Levès, veuve de Renaud IV de Pons, seigneur de Montignac, etc., faisait hommage, à ce même roi, de la seigneurie de Montignac, pour son fils mineur, Hélie Rudel II, seigneur de Bergerac et dudit Montignac, etc., et de tout ce qu'il pouvait avoir dans la châtellenie de Montignac et dans la baillie de Sarlat, etc. (5).

Chassagne. — Nous trouvons encore, cette année, un arrêt du Parlement confirmant Eymery de Chassagne dans le droit de prélever, sur des hameaux de la paroisse de *Chassagne*, des revenus et tailles qu'il tenait d'Hélie de Maumont, seigneur de

---

(1) Arch. nat., reg. du tr. des ch. côté XLII, pièce 112, et reg. côté XLIV, pièce 168

(2) Ibid., ibid. pièce 169.

(3) Ce pourrait être le château de Moruscle ?

(4) Arch. nat. J. 622, n° 43.

(5) Ibid. J. 652, n° 44.

Bourdeille, et condamnait à une amende envers le roi et Eymery, Geoffroy V de Pons, seigneur de Ribeyrac, etc., pour avoir troublé ledit Eymery dans ce droit (1).

Municipalité de Périgueux. — L'année 1309 est à signaler d'une manière spéciale dans les annales du Périgord. Nous avons vu la ville du Puy-St-Front, que nous appellerons désormais Périgueux, s'organiser municipalement ; mais nous ne savions pas encore comment elle procédait au renouvellement et à l'installation de son maire et de ses consuls. Une conjuration organisée depuis plusieurs années, découverte en 1309 et poursuivie devant le Parlement, va nous apprendre à la fois et en quoi consistait cette conjuration, et comment on nommait le maire et les consuls. Je laisse parler, en le résumant autant que possible, l'arrêt qui fut rendu à cette occasion :

« Le mode et la forme de la création annuelle du maire et des
» consuls, longtemps et paisiblement observés par les habitants de
» Périgueux, étaient que, l'espace d'un an écoulé, le maire et les
» consuls s'assemblaient au consulat, et là, en présence de tous les
» habitants, convoqués à son de trompe, ils déposaient leurs pou-
» voirs, et après avoir préalablement prêté serment de désigner les
» plus capables et les plus dignes, ils faisaient choix de quatre per-
» sonnes parmi les citoyens autres que ceux de la municipalité
» sortante. Ces quatre élus, après avoir prêté serment à leur tour,
» en choisissaient huit autres, toujours en dehors du maire et des
» consuls, lesquels, le serment aussi préalablement prêté, désignaient
» le maire et les consuls qui devaient administrer la ville pendant
» l'année qui s'ouvrait. Or, il était arrivé que depuis plusieurs an-
» nées, le maire et les consuls, pour conserver toute leur influence,
» s'assemblaient clandestinement et désignaient en cachette les quatre
» électeurs qui devaient faire choix des autres huit, leur imposaient
» leur volonté et leur faisaient nommer les huit par eux désignés ;
» que ces huit circonvenus, à leur tour, proclamaient le maire et
» les consuls qui leur étaient imposés. Ce frauduleux système d'élec-
» tion ayant été découvert, et les malversations, les abus et les vio-
» lences qui en étaient la conséquence, ayant été dénoncés au Par-
» lement, il fut ordonné que la juridiction de la ville serait mise

---

(1) Olim. t. III, p. 327.

» sous la main du roi, que les maire et consuls, élus selon le mode
» accoutumé, seraient présentés au sénéchal et qu'ils administre-
» raient selon la manière ancienne. En outre, en punition des ré-
» sistances faites à l'autorité du roi, les portes de l'hôtel-de-ville
» furent brisées et brûlées, et il fut décidé que l'hôtel resterait
» sans fermeture autant de temps qu'il plairait au monarque, que
» le maire et les consuls coupables et leurs enfants, jusqu'à la troi-
» sième génération, seraient exclus de la mairie et du consulat, et
» qu'enfin ce maire, ces consuls et un certain nombre d'autres in-
» dividus qui leur avaient prêté la main, payeraient une amende au
» roi de 6,000 livres tournois, et à Lambert Porte, leur principale
» victime, 1,000 livres tournoises de dommages-intérêts, réparties
» sur les coupables par la cour elle-même » (1).

Cet arrêt fut rigoureusement exécuté, en ce qui concernait le maire et les consuls condamnés, la saisie de la juridiction et la destruction des portes du consulat ; mais, comme il arrive trop souvent, le sénéchal, profitant de la position qui lui était faite, voulut s'immiscer dans l'administration de la ville expressément réservée ; de là une plainte du maire et des consuls, sur laquelle le roi interdit à ce fonctionnaire de les troubler dans l'exercice de leur mission administrative (1310), ce qui n'empêcha pas le lieutenant du sénéchal de renvoyer l'affaire aux assises prochaines (2), où probablement elle fut terminée, conformément aux ordres du roi et à la demande des maire et consuls. Restait la main mise du roi sur la juridiction, l'interdiction jetée sur les familles et les portes détruites. Ces trois chefs de condamnation ne tardèrent pas à être le sujet de nouvelles réclamations qui amenèrent le Parlement à ordonner une enquête, sur laquelle cette cour se prononça le 11 juin 1317. Elle rejeta la requête présentée, conformément aux principes de l'inflexibilité qu'elle s'était imposée, dans le but d'atteindre à l'unité de pouvoir (3). Mais le temps des rigueurs était passé, et, cédant aux instances des réclamants, et comprenant qu'il était prudent de conserver, sur les frontières anglaises, l'affec-

---

(1) Olim. t. III, p. 366.
(2) Rec. de titr. etc., pour la ville de Périgueux, p. 154.
(3) Olim, t. III, 2e partie, p. 1,164.

tion d'une ville dévouée, Philippe-le-Long, seize jours plus tard, accorda des lettres de rémission portant que la main mise était retirée, que les portes du consulat seraient refaites, et que les maire, consuls et leur famille, exclus des fonctions municipales, jusqu'à la troisième génération, étaient réhabilités et reconnus de nouveau propres à exercer ces fonctions, à la condition cependant que la ville verserait au trésor public 11,000 livres tournois d'amende, payables en un certain nombre d'années (1).

GEOFFROI DE PONS, SEIGNEUR DE RIBEYRAC, ETC., ET LE VICOMTE DE TURENNE. — Geoffroi V de Pons, seigneur de Ribeyrac, Aillac, Montfort, Carlus, Salignac, Larche, Terrasson, etc., s'étant pris de querelle avec Bernard VII, comte de Comminge, et vicomte de Turenne, par sa femme, au sujet d'un individu pendu par ordre du vicomte à *Eyrigues* (canton de Salignac), quelqu'un des siens, en son nom, à la tête d'une troupe de plus de cent hommes armés, en violation de la paix, se rendit à Eyvigues, dépendit le supplicié et alla le rependre à Carlux, où les gens du vicomte le reprirent et le rapportèrent à Eyvigues, en le mettant sous la main du roi. Indignés de tant d'audace, les gens de Geoffroi revinrent à Eyvigues, et après avoir commis bien des violences, s'emparèrent de nouveau du pendu et le rapportèrent à Carlux. De là une enquête par le sénéchal de Périgord, adressée au parlement, qui, en 1309, reconnut que les fourches patibulaires d'Eyvigues appartenaient au vicomte de Turenne, condamna Geoffroi à 1,000 livres tournois d'amende envers le roi, à reconstruire les fourches renversées par ses gens et à y replacer le supplicié (2).

Dans la même session, et pour ainsi dire le même jour, Geof-

---

(1) Arch. nat., reg. du t. des ch., côté 54, fol. 34, recto. Voyez appendice.
(2) Olim, t. III, p. 372. On s'étonne de cette lutte entre le vicomte de Turenne et Geoffroi qui prétendait aussi, mais mal à propos, au titre de vicomte de Turenne, quand on sait que dans le partage entre Hélis de Turenne, mère de Marguerite de Bergerac, dite de Turenne, mère elle-même de Geoffroi et Raimond VI de Turenne, figurait pour la part d'Hélis, la châtellenie de Salignac, dans laquelle se trouvait Eyvigues ; cependant l'arrêt du parlement est formel et les droits du vicomte tellement bien distingués de ceux de Geoffroi, que cette même cour du parlement condamna ledit vicomte, dans cette même affaire, à 100 livres tournois d'amende, pour avoir violé le domaine de Geoffroi à Carlux, en y allant chercher le pendu. Olim, t. III, p. 374.

froi V, par un second arrêt, fut encore privé, au profit du roi, de toute justice sur ses châteaux d'Aillac et de Montfort, pour avoir approuvé et soutenu Gilbert de Themines, son châtelain de Carlux, qui avait reçu, dans ce château, deux bannis de France, les avait refusés au bailli de Sarlat qui les réclamait, et les avait conduits à Montfort, où Geoffroi les avait pris sous sa protection. Ce même arrêt ordonnait, en outre, que les principales constructions de Montfort seraient démolies et brûlées, les portes détruites, et qu'on ne pourrait fermer ce qui resterait qu'avec des épines, jusqu'à ce que le roi en aurait autrement décidé (1).

LISLE. — Une contestation s'était élevée entre Hélie de Saint-Astier, et Raimond de Montensès, d'une part, et les habitants de Lisle, d'autre part, au sujet de la haute et basse justice que lesdits Hélie et Raimond disaient leur appartenir, tandis que les habitants de Lisle soutenaient le contraire. Cependant, Raimond avait fini par se mettre d'accord avec ses adversaires, et, moyennant un juste dédommagement, leur avait fait abandon de ses droits. D'un autre côté, Hélie de Saint-Astier, et Talleyrand, son oncle, chanoine de Maux, qui avait aussi des prétentions, après s'être entendu avec les fondés de procuration des habitants de Lisle, qui leur assurèrent une juste compensation, e' conjointement avec eux, firent don et abandon au roi de la juridiction et de tous les droits qu'ils pouvaient prétendre les uns et les autres sur la paroisse jusqu'au ruisseau la *Dozéle*, avec un emplacement dans l'intérieur du lieu, et le droit d'y construire un château, à la condition que ledit lieu resterait toujours sous la main du roi, ce qui fut accepté, et afin qu'il fût bien établit que le roi prenait Lisle sous sa protection, il lui accorda sur-le-champ (1309), des coutumes, franchises et privilèges, peu différents de ceux des bastilles, sauf qu'il n'y avait ni maire, ni consuls; mais seulement six administrateurs renouvelables tous les ans, à la fête de l'Annonciation (2). Ces privilèges furent confirmés en 1315 (3).

La plaine dans laquelle avait été construite la bastille de Saint-

---

(1) Olim, t. III, p. 373.
(2) Arch. nat. J. 292, n° 12, et Rec. des ord. des R. de Fr. t. II, p. 417.
(3) Bibl. nat., coll. Doat, t. I, p. 595.

Louis était trop resserrée pour que cette bastille pût recevoir le grand développement qu'on avait l'intention de lui donner. C'est du moins ce qui semble résulter des détails qui vont suivre. On dirait, en effet, que ce fut afin de parer à cet inconvénient que Jean d'Arrablai, sénéchal de Périgord et de Quercy, et Jean Calvet, procureur du roi dans cette sénéchaussée, firent un échange avec Hélie de Blagnac, écuyer, seigneur de Saint-Front, qui leur céda tout ce qu'il possédait entre la vieille Beauronne, l'Ille et la seigneurie de Saint-Astier, aujourd'hui Saint-Martin-l'Astier, et qui reçut d'eux le domaine et la juridiction de tout ce que le roi possédait entre la vieille Beauronne et Saint-Front avec des droits et privilèges stipulés dans l'acte (1).

Le Cellerier et sa juridiction. — A Périgueux, comme dans toutes les villes du moyen-âge, il y avait, aux xiii° et xiv° siècles, des seigneuries et par suite des juridictions de diverses natures qui tenaient évidemment leur origine de la condition primitive de ces seigneuries. Nous avons vu que le comte avait ou prétendait avoir plusieurs sortes de juridictions, que le Puy-St-Front avait aussi les siennes et que le chapitre n'avait pas moins de prétentions que ses deux rivaux. Nous avons vu le viguier déclarant relever du chapitre. Voici maintenant la juridiction du Célerier, dont la mission était de s'occuper des affaires civiles du chapitre, ou plutôt de tout ce qui avait trait à ses approvisionnements, à sa subsistance et à son entretien, qui se trouve en cause ; le pariage avec le roi lui avait donné de l'importance. Un arrêt du Parlement de 1309 va nous expliquer quelle était l'importance qu'on voulait attribuer à cette cour à cette époque.

Enquêteurs. — « Le chapitre et le chantre de Saint-Front s'étaient
» plaints des enquêteurs envoyés par le roi en Périgord. Ils disaient
» qu'il était d'usage d'appeler de la cour du Célérier à la cour du
» chapitre et que cependant ces enquêteurs avaient défendu ces
» sortes d'appel; que, malgré la coutume consacrée de sceller les
» certificats de l'unique sceau du chapitre, par les soins du chantre
» qui en retirait un revenu en sa qualité de chantre et non au profit
» du chapitre, sans opposition de la part des personnes, ces enquê-

---

(1) Arch. nat., reg. du tr. des ch., côté 48, p 73.

» teurs avaient pareillement défendu qu'on fît usage de ce sceau
» pour ces sortes d'actes ; ils disaient encore que malgré que la
» juridiction temporelle de la ville de Puy-St-Front fût commune
» au roi et au chapitre, dans les causes civiles, comme dans les
» causes criminelles, que malgré que le roi et le chapitre, depuis la
» création du sceau commun, fussent en possession de créer des
» notaires publics chargés de la confection des actes destinés à être
» scellés de ce sceau, que malgré qu'ils eussent le droit d'accorder
» à ces notaires des lettres d'institution scellées du sceau du chapitre
» et de celui du sénéchal. ces mêmes enquêteurs avaient défendu
» d'ajouter foi aux actes des notaires porteurs de lettres d'institution
» scellées du sceau du chapitre et de celui du sénéchal, et voulaient
» qu'on ne considérât comme bons que ceux des notaires porteurs
» de lettres d'institution scellées du sceau commun au roi et au
» chapitre, au détriment du chapitre et du chantre (1). » L'enquête
s'étant trouvée mal faite, elle dut être recommencée : mais ces détails n'en sont pas moins très importants pour l'histoire de la cour du Célerier.

L'année suivante, divers habitants de Périgueux se crurent autorisés à contester à l'administration municipale le droit d'établir des impôts sur les habitants de la ville, pour en affecter le produit aux affaires communes ; sur la réclamation du maire et des consuls, le roi Philippe-le-Bel donna ordre au sénéchal de Périgord de prendre des mesures pour qu'ils ne fussent plus troublés dans ce droit parfaitement établi (2), ni dans celui d'administrer la ville municipalement (3).

Cour du pariage. — Nous avons vu un pariage s'établir entre le roi, l'abbé et le chapitre de Saint-Front, d'où la conséquence que la juridiction de l'abbé et du chapitre devait être commune au roi ; l'arrêt du parlement de 1309, rapporté plus haut, nous apprend qu'à la suite de ce pariage, on avait créé un sceau commun auquel les enquêteurs voulaient donner de l'importance. Il n'y avait cependant pas, à ce qu'il paraît, de local attribué à la cour du pariage. Cette

---

(1) Olim. t. III, 1re partie, p. 402.
(2) Rec. de tit. etc. pour la ville de Périgueux, p. 85.
(3) Ibid., p. 154.

même année 1300 le procureur de l'abbé et du chapitre s'adressa au roi pour que la maison d'un nommé Guillaume Laguionie, confisquée pour ses méfaits, et dont, selon ledit procureur, la moitié appartenait à l'abbé et au chapitre, fût affectée à cette cour ; mais après une information détaillée, il fut décidé que, si ledit procureur voulait poursuivre l'affaire, le parlement ferait faire une enquête (1).

Lambert Laporte. — Lambert Laporte, maire de Périgueux, dès 1283, jouissait du droit de basse justice dans les paroisses de *Manzac* et de *Bourrou* (2). De son côté, le comte de Périgord prétendait avoir sur ces mêmes paroisses la haute et moyenne justice, à cause de sa seigneurie de Grignols. (3) Dès avant 1309, les gens de ce comte avaient voulu y tenir des assises, en vertu, disaient-ils, du droit qu'ils en avaient d'ancienneté ; mais Lambert Laporte le leur avait fait défendre par le bailli du roi, sur quoi ils en avaient appelé au sénéchal à qui le comte avait demandé de prononcer que le bailli avait mal jugé et que Lambert Laporte devait être condamné à lui payer 1,000 marcs d'argent à titre de dommages-intérêts. En présence de cette attaque contre la décision du bailli et de la demande exorbitante de dommages-intérêts, le procureur du roi avait pris la défense du bailli et Lambert Laporte avait donné les explications dont la teneur suit : « Lorsqu'il avait voulu tenir ses assises dans les
» susdites paroisses, en vertu de son droit de basse justice, les gens
» du comte s'étaient présentés en armes pour l'en empêcher ; d'où
» appel de sa part au sénéchal, pendant que le sergent royal, chargé
» de le protéger et de le maintenir dans son droit, leur défendait
» de le troubler dans l'exercice de ce droit, plaçait ces paroisses et
» leur juridiction sous la main du roi et déclarait prisonniers les
» gens du comte, comme ayant illicitement porté les armes ; ce qui

---

(1) Olim., t. III, 1re partie, p. 403.

(2) Aujourd'hui communes : la 1re du canton de Saint-Astier, la 2me du canton de Vergt.

(3) Grignols appartenait donc toujours au comte depuis 1303, et malgré la restitution qui en avait été faite au roi d'Angleterre, n'avait point cessé d'être joui par lui ; ce qui prouve une fois de plus que la prétendue branche cadette des comtes devenue propriétaire de cette seigneurie, en vertu d'une donation dont il a été question plus haut, n'avait pas su ou pu la garder, en admettant qu'elle l'eût jamais possédée. Nous verrons bien si plus tard elle en reprit possession.

» ne les avait pas empêchés de passer outre et de tenir les assises du
» comté, enfreignant les ordres du roi, rançonnant les habitants, ne
» faisant aucun cas de la main mise et commettant beaucoup d'au-
» tres violences contre ledit Lambert, au préjudice de son appel et
» contre la défense du bailli. Il concluait en disant que la demande
» du comte devait être rejetée, ses réclamations contre ce seigneur
» accueillies, et les choses rétablies dans l'état primitif. » D'un autre
côté, le procureur du roi concluait à ce que le comte fût puni, selon
qu'il le méritait. L'enquête faite sur cette affaire fut portée au
Parlement qui décida, en 1309, que Lambert avait justement fait
appel, et que non-seulement l'appel du comte n'était pas recevable,
mais encore que ce seigneur était coupable de tous les excès qui
lui étaient reprochés ; en conséquence, il fut condamné à 200 livres
d'amende envers le roi et débouté de ses prétentions contre
Lambert (1).

Creyssac. — Hélie n'ii fut plus heureux avec le procureur du
roi et les habitants de Creyssac (2) qui se plaignaient que ses gens
avaient opéré des saisies dans la paroisse, au sujet d'une taille imposées, et demandaient la restitution des gages pris. Un jugement
de la même année le renvoya de la plainte (3).

Dettes du roi-duc. — Depuis quelque temps, diverses personnes
de la Gascogne réclamaient des sommes à Edouard Ier. Au commencement de 1310, Edouard II, son successeur, ordonna de vérifier si
les dettes étaient réelles et, s'il en était ainsi, de donner à leur
fondé de pouvoir le revenu de La Linde et de Ste-Foi jusqu'à
concurrence des sommes dues (4).

Le juge du Périgord pour le roi d'Angleterre, réclame pour ce
roi-duc. — Vers cette époque, le juge de Périgord pour le roi d'Angleterre, reprenant la question des réclamations, fit une information
des *surprises* du roi de France sur les terres de ce prince et réclama
ce qu'il persistait à dire avoir été usurpé par le roi de France.

Les réserves du traité de 1259 servaient de base à ces réclamations

---

(1) Olim, t. III, 1re partie, p. 469.
(2) Commune du canton de Montagrier.
(3) Olim, t. III, 1re partie, p. 473.
(4) Bibl. nat., coll. Brequigny, t. XVIII, Guienne, t. IX.

périodiques. Dans son factum, le juge reconnaissait que le comte de Périgord, l'évêque, la ville et le consulat de Périgueux, ainsi que la ville de Sarlat étaient privilégiés ; mais que c'était tout ; encore prétendait-il que le comte de Périgord avait renoncé à plusieurs de ses privilèges, sans doute lorsque de Français il s'était fait Anglais. Ces sortes de revirements, incessants parmi la noblesse, ne pouvaient pas avoir de portée dans la question, ainsi que l'avait déjà jugé le Parlement. Ce juge réclamait *Vergn*, le *château de Roussille, Saint-Michel* (sans doute de Villadeix), les *châteaux de Reillac, de Beynac et de Montignac, Aubeterre, Mussidan, Sourzac,* la bastille de *St-Louis, Montagnac-Lacrempse, La Salvetat, St-Julien-de-Crempse, St-Front, Douville, Le Pont-St-Mamet, Golinares* (Villadeix ?), *Le Pizou, la Cité* et *St-Hilaire,* près Périgueux, *Montagrier, Lisle, Brantôme;* les *châteaux de Bruzac* et de *Bourzac ; Vendoires, Champagne. Nanteil, Auriac, Boulaide, St-Sébastien, St-Paul-Lisonne, Bourdeille* et ses dépendances ; *Biras, Puy-de-Fourches, Peaussac, St-Juste, St-Julien-de-Bourdeille, St-Jean-d'Escole, Belvès, Dome-Vieille,* etc. (1).

Cette réclamation n'eut pas de suites pour le moment ; mais, l'année suivante, le roi-duc la renouvela ; elle fut encore ajournée(2). Le roi de France préparait aussi des réclamations. Mais le rôle de toutes ces réclamations ne nous est parvenu que très incomplet ; le commencement et la fin manquent ; il suffit pour nous prouver que les *surprises* et les *empiétements* des Anglais ne le cédaient en rien à ceux des Français. Par ce qui nous reste, nous voyons que le roi de France se plaignait que ses adversaires avaient de leur côté envahi les *juridictions de Montencès,* de *Montrem,* de *Lafaye,* de *St-Pardoux-de-Drône,* de *St-Apre,* de *l'Aiguillac,* de *Puycorbier,* du *Mas de Favairoles,* du tènement de *Lalo,* de *Villefranche-de-Loupchac,* de la *temporalité* du chapitre de St-Front, *du bourg et de la paroisse de Mensignac,* de *l'église cathédrale de Périgueux,* du *bourg et de la paroisse de St-Pardoux,* du *bourg et de la paroisse de Saint-Aquilain,* de *Bourdeille,* du *bourg et de la paroisse de Coutures, d'Estissac, des dépendances du monastère de Sarlat,* du *Mas de La*

---

(1) Bibl. nat. coll. Brequigny, reg. 19, Guienne, vol. 10.
(2) Rec. de titr., etc. p. 156.

Faurie, paroisse de Montmarvès, des *dépendances du doyenné d'Issigeac*, de *Paunat*, de *Trémolac*, de *Badefol-de-Lalinde*, de *Montferrand*, de *Beaumont*, de *Molières*, etc. (1). C'est alors sans doute, ou peu de temps après, que la question fut ramenée sur le tapis et que des commissaires du roi-duc et des commissaires du roi de France, réunis à Périgueux, la traitèrent dans tous ses détails à la satisfaction des parties (2).

Alamans. — Le bourg d'Alamans relevait d'Audouin de Neuville, évêque de Périgueux, qui y exerçait la haute et basse justice. Sous un prétexte qui n'est pas bien déterminé, mais qui paraît être la prétention de tenir des assises dans ce bourg et d'y rendre la justice malgré l'évêque, Geoffroy de Pons VII, seigneur de Ribeyrac, y avait exercé des violences contre les habitants, arrêté le curé, l'avait emprisonné au mépris de l'appel au roi de France, par l'évêque et par ses gens ; sans même se préoccuper de la garde spéciale du roi sous laquelle était placé l'évêque, ni des remontrances d'un sergent envoyé exprès à Alamans pour maintenir la sauvegarde royale et qui lui avait notifié sa mission. De plus, cité par ce sergent aux assises du sénéchal, afin de donner des sûretés au prévôt et aux habitants d'Alamans ; au lieu d'en tenir compte, il avait attaqué le bourg à main armée, avait enfoncé les portes sous les yeux même du prélat revêtu de ses habits pontificaux, tenant sa crosse et la croix, et lui défendant, au nom de Dieu et du roi, de commettre d'autres excès. avait gravement injurié l'homme de Dieu, l'avait poussé si rudement en passant entre lui et un prêtre, qu'il faillit les renverser tous deux ; avait persisté à vouloir y tenir ses assises, avait délivré un prisonnier pour dettes envers le roi, malgré le sergent, sur lequel il avait audacieusement porté la main ; et enfin, lorsque le sénéchal l'avait arrêté du geste et de la voix et lui avait enjoint d'aller tenir prison à Lauserte, il ne s'y était pas rendu et avait continué ses violences.

---

(1) Bibl. nat. coll. Brequigny, reg. 34, Guienne, vol. 25. Brequigny a mis au bas de sa copie que ce mémoire fut dressé sous le règne de Philippe de Valois. C'est une erreur, il fut certainement dressé avant la création de l'évêché de Sarlat qui eut lieu en 1317. Il se rapporte donc parfaitement à l'époque que je lui ai assignée.

(2) *Kalendar and inventories*, t. III, p. 118 ; et cat. des rôles Gascons. t. I, p. 40.

L'affaire appelée devant le Parlement, et les faits établis, la cour, en 1310, condamna ce seigneur de Ribeyrac à 1,500 livres de petits tournois de dommages-intérêts envers l'évêque, à 1,000 livres tournois envers le curé, à 150 livres tournois envers le sergent, à 50 livres tournois envers ceux qui avaient été maltraités ou incarcérés, à distribuer par l'évêque, et à 2,000 livres tournois d'amende envers le roi, avec saisie de toute sa terre jusqu'à final payement et à l'incarcération tout le temps qu'il plairait au chef de l'Etat. En sortant de prison, il devait se rendre auprès de l'évêque et faire amende honorable (1).

ISABELLE DE LEVÈS. — Par acte de 1310, Isabelle de Levès, mère d'Hélie Rudel II, avait cédé au roi d'Angleterre, duc de Guienne, pour trois ans, moyennant 2,054 livres, les châteaux de Bergerac, Maurens, etc. (2). Ces châteaux, provenant de la succession de Marguerite de Turenne, aïeule d'Hélie Rudel, se trouvaient sous la main du roi. L'arrangement pris avec le roi-duc fut cause qu'Isabelle fut accusée d'avoir brisé la saisie, et poursuivie, par ce motif, devant le parlement qui la condamna à voir rétablir cette saisie (3).

HÉLIE RUDEL II. — En mourant (1308), Renaud de Pons IV, seigneur de Bergerac, marié en 1296, laissa deux enfants : Renaud de Pons, plus connu sous le nom d'Hélie Rudel II, âgé de 10 à 11 ans, et Jeanne. Ces deux enfants se marièrent, Jeanne, en 1313, avec Archambaud IV, comte de Périgord, n'ayant guère lui-même que 17 ou 18 ans ; Hélie Rudel avec Marthe d'Albret, veuve en premières noces d'Armand Raimond, vicomte de Tartas (1314). Ce double mariage eut pour conséquence des troubles et des complications que je raconterai.

MORT D'HÉLIE VII. — Hélie VII mourut en 1311, après avoir langui plusieurs années, accablé d'infirmités. Il n'était pourtant pas vieux, puisqu'en 1294 il avait à peine 33 ans. Il fut marié deux fois : d'abord avec Philippe, dont il a été question à diverses reprises, mère d'une seule fille du nom de Marquise, au sujet de laquelle j'ai

---

(1) Olim., t. III, p. 587.

(2) Arch. de Pau, 3e inv. prép. P. et L. 1. 514, n° 20.

(3) On verra plus bas que le vrai motif était la réclamation des habitants de Bergerac qui demandaient le rétablissement de leur commune. Ibid, ibid, p. 620.

déjà fourni quelques renseignements qui ne sont pas d'accord avec les généalogistes et dont je reparlerai plus tard ; ensuite avec Brunissende de Foix que nous allons voir jouer un certain rôle, comme tutrice d'Archambaud IV, son fils ainé, et qui eut plusieurs enfants, trois garçons : Roger Bernard, successeur de son frère ainé ; le second, Hélie Taleyrand, plus connu sous le nom de *Cardinal de Périgord* ; le troisième, Fontaurès de Périgord, dont la vie resta sans éclat ; et quatre filles : Agnès, mariée avec Jean de Sicile, duc de Dura et comte de Gravina ; Jeanne, femme de Pons, seigneur de Castillon ; Marguerite, qui épousa Eymery de Lautrec ; Aremberge, mariée deux fois ; d'abord avec Jacques de Lavis, petit neveu du pape Jean XXII, et ensuite avec Pierre de Grailly, deuxième du nom de la maison de Foix.

A peine Hélie VII avait-il cessé de vivre, qu'il fallut s'occuper de faire reconnaitre, par ses vassaux, Archambaud IV, encore mineur. Ce fut Brunissende qui, comme tutrice, eut la mission de veiller à la réception des hommages et de faire prêter les serments de fidélité. Nous allons voir qu'elle conduisit fort bien cette opération délicate.

Eymery Vigier. — Cependant Eymery Vigier, seigneur de Beauronne et sans doute parent de Hélie Vigier, vignier de Périgueux, ne se trouva pas d'accord avec Brunissende ; mais cette dame et le vassal de son fils, ayant fini par s'entendre, Vigier rendit hommage, au château de la Rolphie, de tout ce qu'il possédait dans la paroisse de Beauronne et dans la seigneurie de Ribeyrac (1).

Le comte et ses vassaux. — Les autres vassaux du comte appelés à s'acquitter du même devoir, ne sont pas tous connus ; mais voici la liste de ceux dont les noms ont été conservés : Guillaume de Dome, comme tuteur du seigneur de Castelnaud, pour le château et la châtellenie de Castelnaud ; Hélie de Valbéon, pour ses domaines situés à Mussidan, à Saint-Astier, à Vergn et à Fronsac ; autre Valbéon, pour le domaine des Lesches et celui de S (*inconnu*) ; Bernard de Valbéon, pour ses terres situées dans la seigneurie de Bergerac, Saint-Pierre-d'Eyraud et de Gurson ; Bertrand d'Estissac, pour celles du territoire de Mussidan,

---

(1) Bibl. nat. coll. Doat, t. I, p. 619.

de Roussille et d'Issac ; Guillaume Salomon, une paire de gants blancs d'acapte, pour son manoir de Jalossic, paroisse de Saint-Jean-d'Ataux, et au Mas, paroisse de Saint-Germain-de-Salembre ; Hélié de Chavantone, une paire d'éperons dorés d'acapte, pour le tènement du Pic, paroisse de Creyssensac ; Jean de Clarens, également une paire d'éperons dorés d'acapte, pour ses terres de la paroisse de Trélissat ; Hélie Manain, pour ce qu'il acheta, avec sa mère, dans la même paroisse, dudit Jean de Clarens ; Hélie de Saint-Astier, de Saint-Germain-de-Salembre, pour ses biens de Mussidan et un manoir à Saint-Astier ; Arnaud de Veyrines, pour ses biens de Lacropte ; Gaillard de Robert, pour ses biens de Montanceix et de Vergn ; Henri de La Tour, pour des tènements et un manoir dans les environs de Marsac ; Guillaume Grégoire de La Tour, un sterling d'argent d'acapte, pour des tènements dans les paroisses de Cercles et de Cherval ; Seguin d'Engunau, une paire de gants blancs d'acapte, pour ses terres et ses bois dans la paroisse de Saint-Pardoux-de-Dronne ; Guillaume de Campinsac, pour ses biens de la paroisse *(inconnue)* ; Olivier de Saint-Astier, pour ses terres dans le territoire de Mussidan ; Bernard de Saint-Astier, pour ses terres du fief de Valbréon, territoire de Mussidan ; Alays de la Filolie, pour son tènement de la Peyrière et autres, paroisses de St-Pardoux-de-Dronne et de Saint-Médard ; Raimond de Saint-Gilles, de Cendrieux, pour ce qui est dans le territoire de Vergn et de Reillac ; Raimond Hélie, pour ce qui est dans le territoire de Saint-Astier ; Guillaume Belet, une paire de gants blancs pour ses terres du territoire de Vergn ; Pierre Raimond, pour les biens de la paroisse de *(inconnu)* ; Géraud-de-Saint-Front, pour *(inconnu)* ; Jean de Lena, pour une *borie*, paroisse de Monesteyrol ; Pierre Dartensé, Arnaud de Puyboson, Pierre Jucaure, Guillaume Grimoard, Itier Vigier, Hélis Labrou, pour leurs biens de la seigneurie de Montpaon ; Gerard Bertrand de Clermont, Bertrand Amalvin, pour leurs biens de la seigneurie de Vergn ; Pierre Clarens, pour ses biens de la seigneurie de Vergn et de Roussille ; Hélie Garric, pour les mas de Roussie et de Cuzine ; Hélie Bertrand, Plaisance de Sénillac, Etienne Relat, pour leurs biens de la châtellenie de Raillac ; Arnaud de Platine, pour un mas à Reillac et un tènement à Rouffignac ; Raimond des Coutures, pour le tènement de Romanque ;

Raimond de Vernode, pour la borie de Laval, paroisse de Saint-Médard-de-Dronne ; Grimoard Railli, pour le mas de Marcillac ; Raimond Etienne de La Roche, pour le mas appelé Vinède, paroisse de Bassillac ; Guillaume de Montpaon, pour ses biens de territoire de Montpaon et des Faveyroles ; Pierre Vigier de Lisle, pour ses biens de Mensignac ; Pierre de Saint-Privat, pour le manoir de Lassant, paroisse de Servanche ; Pierre de Périgueux, pour ses domaines et droits du Puy-St-Front, de la Cité, du faubourg Saint-Hilaire, de Sainte-Marie-de-Vergn, de La Douze, de Lacropte, de Marsaneix, de Champcevinel, de Saint-Pierre-ès-Liens, de Sengeyrac, de Grignol, d'Espeluches, de Preyssac, de Trélissat, de Mansac et de Cornille, du territoire des seigneuries de Périgueux, de Sarlat, de Bergerac et de la terre comtale d'au-delà la Dordogne ; Raimond de Montaut, pour le château et la châtellenie de Mussidan et d'Estissac ; Hélie de Périgueux, pour ses domaines et droits dans tous les lieux où en avait Pierre de Périgueux, et à Saint-Paul-de-Serres ; Eymery Vigier, pour la forêt de la Double ; Eymery de Mensignac, pour ses biens de Mensignac ; Hélie Dartensé, pour ses biens du territoire de Montpaon et de Mussidan, et pour le mas de Puybrun ; Guillaume Lambert, pour le manoir et la dîme d'Avauxens, de Puymangon et de Puy-Lambert ; Pierre Artaud, pour ses biens de la seigneurie de Montpaon ; Pierre Barrière, pour les manoirs de la Bouetie et de la Garabonie ; Pierre Maurens, pour ses biens de la seigneurie de Montpaon ; Hélie Geoffroi des Coutures, pour le fief de Falquière, le bois de Clair et le tènement de la Longray ; Eymery Lagut, pour ses biens dans les seigneuries de Montpaon et de Mussidan, et le fief de Valbéon ; Gautier de Vernode, pour ses biens de la seigneurie de Saint-Astier et de la paroisse de Beauronne ; Guillaume de Lussac, pour le mas de la Jovanie et ses terres, paroisse de Carsac et du Fleix ; Hélie Lagut, comme tuteur de Guillaume Lagut, pour ses biens de la seigneurie de Mussidan, et en son nom propre, pour ses biens des seigneuries de Mussidan, de Saint-Astier et de Montpaon ; Etienne de Malayol, pour ses biens de la seigneurie de Montpaon, du fief de Gandue, de la seigneurie de Saint-Astier, et de la paroisse de Saint-Pardoux-de-Dronne ; Guillaume de Lagut, au nom de Guillelmine de Lagut, sa femme, pour ses biens de la seigneurie de Montpaon.

Il résulte de ce relevé, tout incomplet qu'il est, que les comtes de Périgord ne possédaient qu'une très faible partie de la province ; qu'ils n'avaient rien dans la portion avoisinant le Limousin (arrondissement actuel de Périgueux), rien sur les bords de la Dordogne, du côté du Quercy, dans l'arrondissement actuel de Sarlat, que la terre de Castelnaud, que nous les avons vu acquérir par des concessions aux seigneurs de cette terre ; rien dans l'arrondissement actuel de Bergerac, au-delà de la Dordogne, que ce qu'on appelait la terre comtale ; et que ses domaines essentiels en Périgord, se trouvaient dans l'arrondissement actuel de Périgueux, et plus particulièrement dans les cantons de Périgueux, Vergn, Brantôme, Saint-Astier ; l'arrondissement de Sarlat, canton de Montignac, dans la plus grande partie de l'arrondissement de Ribeyrac et dans quelques faibles portions de celui de Bergerac, à peu près comme dans les temps anciens. Mais voici le moment où ses domaines vont prendre de l'extension par les concessions (1).

TOURTOIRAC. — Les religieux de Tourtoirac avaient exigé des fourches patibulaires sur un point de leur juridiction. Le sénéchal de Périgord prétendit que le lieu où ces fourches avaient été placées se trouvait sous la main du roi, et par conséquent que cette main avait été violée. Il survint des incidences et l'affaire ne fut pas vidée (2)

ISSIGEAC. — Amblard, doyen d'Issigeac, avait été assassiné et Hélie de Saint-Dizier, fondateur du doyenné, accusé d'avoir pris part à ce crime, avait été banni du royaume de France, par sentence du sénéchal de Périgord, approuvée par lettres du roi. Les biens d'Hélie étaient ainsi tombés en commise, et le doyen d'Issigeac, successeur d'Amblard, avait le droit d'en disposer. Par acte du mois de novembre 1310, ces biens, situés dans les paroisses d'*Issigeac*, de *Montaut*, de *Monsaguel*, de *Ribagnac*, d'*Eyrenville*, de *Montmarvez* et de *Boisse*, furent donnés à Hélie Urdimala, frère du mort, qui avait rendu de grands services au doyenné, qui fit hommage

---

(1) Bibl. nat. coll. Doat, reg. 242, Périgord, t. I. p. 627 ; arch. de Pau, 3º inv. prép. P. et L. l. 480, nº 28, l. 493, nºs 72 et 73, arch. nat. petit rig. déposé à la sect. nat. sans numéro.

(2) Olim, t. III, 1ʳᵉ part., p. 636.

au nouveau doyen, et prêta serment de fidélité entre ses mains (1).

ARCHAMBAUD ET BOSON. — Nous avons vu Archambaud et Boson fils d'Archambaud III, l'un chanoine à Périgueux et l'autre simple chevalier, essayer d'intenter un procès à la ville de Périgueux. Nous les retrouvons en 1312, Archambaud, abbé de Saint-Astier, et Boson, toujours simple chevalier, fondé de pouvoir d'Archambaud IV passant un compromis avec Jourdain de Lisle, qui agissait lui-même au nom de Catherine de Grailly, sa femme, dans le but de régler à l'amiable les contestations, différends et rancunes entre les comtes et Jean de Grailly d'une part, et ledit Jourdain de Lisle et sa femme d'autre part (2).

PIERRE PILET. — Pierre Pilet avait exercé les fonctions de sénéchal de Périgord pour le roi d'Angleterre, pendant l'année 1311 ; le roi-duc ayant nommé un sénéchal, pour son duché de Guienne, en 1312, ordonna à ce sénéchal de maintenir Pierre Pilet (3).

PARIAGE ENTRE LE ROI ET LE CHAPITRE DE SAINT-FRONT. — On se souvient de l'établissement du pariage, en 1245, et de l'arrêt du Parlement de 1290, et des tracasseries suscitées au viguier, et des démarches pressantes pour obtenir du roi l'approbation de la paix avec le chapitre, et de la vente de la viguerie, la cession de certains droits et la reconnaissance de certains privilèges pour le consulat. Non moins actifs que le maire et les consuls, l'abbé et le chapitre avaient éventé toutes ces démarches et avaient, de leur côté, fait des ouvertures solennellement acceptées par des actes que je n'ai pu retrouver, mais dont l'existence ne saurait être mise en doute (4). L'évêque-abbé et le chapitre l'emportèrent en 1313. Voici le résumé de deux actes qui le constatent. Le premier est intitulé : *Pariage de Saint-Front*, et nous apprend que le roi Philippe-le-Bel avait traité, par l'entremise de ses représentants, la cession à la

---

(1) Arch. nat. Reg. du tr. des chart. côté 49, p. 2.
(2) Bibl. nat., coll. Doat, Reg. 242. Périgord, t. I, p. 635.
(3) Ibid. coll. Brequigny, t. XIX, Guienne, t. X. Ce Pierre Pilet pourrait bien avoir été de la famille de l'évêque Hélie Pilet.
(4) Voir l'acte de pariage et celui de la vente de la viguerie résumés plus bas.

couronne de la juridiction temporelle du chapitre, moyennant une juste récompense ; mais que les actes passés n'étant pas définitifs, pour en terminer, il avait chargé Hugues de la Celle et Pierre de Blanasque, chevalier, d'aller sur les lieux traiter cette affaire, à la satisfaction de tous les intéressés, et pour le plus grand avantage de l'intérêt général. Sur quoi, ces fondés de pouvoir du roi se rendirent à Périgueux, s'adjoignirent le sénéchal et le procureur du roi de la sénéchaussée, et traitèrent avec le fondé de pouvoir du chapitre et le chapitre lui-même, de la manière suivante : « La juridic-
» tion et la justice que le roi et le chapitre possèdent en commun
» au Puy-St-Front, le chapitre les cède au roi, ainsi que la juridic-
» tion de la paroisse de Saint-Georges, près Périgueux, sauf les
» fiefs et autres revenus, pour la somme de deux cents livres de
» petits tournois de rente que le chapitre se procurera au moyen de
» quatre mille livres de petits tournois une fois données par le roi,
» sans avoir aucun droit à payer. Il est bien entendu néanmoins
» que le chapitre aura la faculté de juger au Puy-St-Front les
» procès, les crimes et délits de ses hommes, ainsi qu'il le faisait
» par le passé, sans réserve ni difficultés, comme aussi sans aucune
» innovation. Le domaine direct des maisons, greniers et autres
» dépendances, dans toute l'étendue de la paroisse de Saint-Front,
» ainsi que les lods et ventes de ces maisons, greniers, etc., reste-
» ront en commun ; il est cependant permis aux chanoines, comme
» ils sont très petitement logés, et malgré qu'il leur soit interdit de
» faire des acquisitions autrement que pour leur logement, d'ache-
» ter quatorze maisons, sans payer de lods et ventes, avec cette
» condition qu'elles seront de main-morte. Ils se réservent aussi le
» droit de faire rentrer les cens, rentes et autres revenus qui leur
» sont dus, conformément à l'usage du pays. Le chapitre cède encore
» au roi tout le droit féodal qu'il a sur le viguier et la viguerie.
» Enfin, il est convenu qu'il n'y aura plus de sceau commun dans
» la ville, mais un sceau royal (1). »

Cet acte est du jeudi 29 novembre.

LE VIGUIER. — Le dimanche suivant (2 décembre), la cession au roi de la viguerie s'opérait de la manière suivante : Les mêmes

---

(1) Arch. nat. Reg. du tr. des chart., côté 50. p. 7.

fondés de pouvoir, porteurs de lettres du roi, accompagnés du sénéchal et d'un des procureurs royaux de la sénéchaussée, traitent avec Hélie Vigier : « Ledit Vigier cède au roi, *à titre d'échange*, la
» viguerie et les droits qui en dépendent, comme lui et ses ancêtres
» l'ont toujours jouie, à titre de fief tenu de l'abbé et du chapitre
» de Saint-Front, avec hommage, serment de fidélité et acapte de
» huit florins d'or à muance de viguier, sauf les droits qui lui
» incombent personnellement, moyennant cent livres de petits
» tournois de rente à percevoir sur la sénéchaussée de Périgord,
» sur celle de Saintonge ou sur le comté d'Angoulême, et quinze
» cents livres une fois payées à cette condition que ledit Hélie
» Vigier exercera ses fonctions et percevra les produits de la
» viguerie tant qu'il n'aura pas reçu les quinze cents livres et qu'on
» ne lui aura pas assigné les cent livres de rente. Il se réserve en
» outre que, dans cette assignation, il n'y aura rien de placé sous la
» juridiction du maire et des consuls de Périgueux et que sa famille,
» ses biens et lui seront sous la sauvegarde spéciale du roi, avec un
» gardien particulier » (1).

Cet acte nous explique assez que ce pariage et cette rente étaient faits dans le but d'arrêter l'influence de la municipalité de Périgueux.

LES APPELS ET LEURS ABUS. — La suzeraineté du roi de France sur le duché de Guienne avait pour conséquence, en matière de justice, les appels des sujets du roi-duc aux tribunaux français. Ces appels avaient été une source d'abus. Nous avons trois lettres de Philippe-le-Bel de 1313, adressées aux sénéchaux de Périgord et de Saintonge, qui leur tracent la conduite qu'ils ont à tenir pour couper court à ces abus. Aucun appel ne devra être reçu sans un ordre ou un avis du roi (2).

VOYAGE EN FRANCE DU ROI ET DE LA REINE D'ANGLETERRE. — Cette même année, il y eut une grande assemblée à Paris, à laquelle assistaient le roi et la reine d'Angleterre. Le roi Philippe y fit ses fils chevaliers, et la plupart des assistants y prirent la croix, s'engageant à faire le voyage d'outre-mer. A la suite de cette fête, le roi et la reine d'An-

---

(1) Arch. nat., Reg. du tr. des chart. côté 50, pièce 4.
(2) Bibl. nat. coll. Brequigny, t. XIX, Guienne. t. X.

gleterre ayant manifesté le désir de visiter la France, et ce désir ayant été favorablement accueilli par Philippe, on profita de ce voyage pour faire accorder des lettres de rémission à un certain nombre de Périgourdins coupables de désobéissance envers le roi de France (1). Nous en avons : 1° En faveur des consuls de Beaumont, accusés d'avoir donné asile à des meurtriers (2) ; 2° en faveur de Guillaume Bertrand, bailli de Saint-Astier, pour ses excès dans l'église de Saint-Germain-de-Salembre ; 3° en faveur du bailli et des consuls de Moliéres, accusés d'excès envers Gaston de Gontaud (3) ; 4° et en faveur de tous les officiers du roi-duc qui pouvaient s'être rendus insoumis envers le roi de France (4).

GEOFFROI DE PONS, SEIGNEUR DE RIBEYRAC. — Geoffroi de Pons, seigneur de Ribeyrac, en partie du vicomté de Turenne, etc., était condamné, par arrêt du Parlement de 1309, pour avoir recélé des bannis à Carlux. La situation était la même en 1313. A cette époque, Armand de Probolant, trésorier du roi en la sénéchaussée de Périgord, afferma pour un an, à Adhemar Vigier, lieutenant dudit Geoffroi de Pons, Montfort, Aillac, Carlux, Larche, Terrasson, Jayac, Borèze et Martel, pour le prix de 1,000 petits tournois (5). Il y avait cependant une différence, par la raison que ce lieutenant, nommé depuis quelques mois (6), n'en devenait pas moins fermier, et que Geoffroi de Pons lui-même, quelque temps auparavant (7), se trouvant à Paris, avait vendu vingt-cinq livres de petits tournois de rente, à prendre indifféremment sur la châtellenie de Carlux, sur celle de Montfort ou sur celle d'Aillac (8).

EYMET. — Par lettres de la même année, le roi Philippe-le-Bel s'engagea à ne jamais séparer la ville d'Eymet de la couronne de France (9).

---

(1) Arch. nat. reg. du tr. des ch., côté 49, p. 105.
(2) Ibid, id., côté 36, p. 432.
(3) Ibid, id., côté 49, p. 103 et 105.
(4) Ibid, reg. côté 59, p. 405.
(5) Ibid. Papiers de Noailles, cart. 26.
(6) Il avait été nommé au mois de février précédent.
(7) Il était à Paris à la Pentecôte et la ferme se faisait à la Saint-Jean.
(8) Arch. nat., papiers de Noailles, cart. 26.
(9) Arch. nat. reg. du tr. des ch., côté 49, p. 117.

PUYNORMAND ET VILLEFRANCHE. — Les baillies de Puynormand et de Villefranche furent données alors pour six ans à Hélie Audoin, par lettres d'Edouard II, roi d'Angleterre, comme duc de Guienne, accompagnées du commandement au sénéchal de Gascogne, de faire la remise de ces baillies audit Audouin (1).

PARIAGE DE SAINT-ASTIER. — C'est encore en 1313 que Hugues de la Celle, le sénéchal de Périgord et le procureur du roi, à Périgueux, traitèrent avec l'abbé et le chapitre de Saint-Astier, et formèrent pariage entre eux et le roi de leur seigneurie, comprenant Saint-Astier, Saint-Germain-de-Salembre, Saint-Aquilin, Segonzac et Doupchac, à la condition expresse que le roi ne pourrait mettre ce pariage hors de sa main. Comme compensation, le roi leur donnait 30 livres de rente à prendre sur de bons domaines. Les officiers devaient être choisis en commun, les revenus partagés ; l'abbé et les chanoines conservaient leurs droits dans les affaires civiles et criminelles, poursuivies civilement, et le roi ni ses officiers n'avaient rien à y voir. Le roi n'avait le droit d'avoir ni forteresse, ni prison, ni fourches patibulaires ; il devait se contenter de la prison, du pilori et des fourches patibulaires de l'abbé et du chapitre ; toutes les autres clauses et conditions étaient communes, sauf que l'abbé et le chapitre se réservaient de faire rentrer seuls leurs créances et que si les sergents royaux se trouvaient en faute dans leurs fonctions, ils étaient punis par le sénéchal (2).

SCEAU ROYAL DE SAINT-LOUIS. — C'est à cette même époque que fut créé un sceau royal, à la bastille de Saint-Louis, dont la juridiction comprit dès lors : *Mussidan, Ribeyrac, Montpaon, Le Fleix, Gurson, Morens, Estissac, Montravel, Fraysse*, avec leurs châtellenies et leurs dépendances et les bourgs et paroisses de *Beauronne*, de *Douzillac*, de *Neuvic*, d'*Issac* et de *Saint-Pierre-d'Eyraud* (3).

PÉRIGUEUX. Malgré les graves échecs que lui avaient fait éprouver le pariage et la vente de la vignerie, la municipalité de Périgueux ne s'était pas découragée. En 1314, elle fit constater officiellement par le sénéchal que les prisons de la ville étaient à elle seule et que

---

(1) Bibl. nat. coll. Brequigny, reg. 19, Guienne, t. x.
(2) Ibid, reg. des tr. des ch. côté 30, p. 5.
(3) Arch. nat., Reg. du t. des ch. côté 60, p. 108.

les officiers du roi ne pouvaient s'en servir qu'avec sa permission (1). Elle fit également une information sur les dommages que lui avaient causé les Anglais ou leurs partisans (2). Elle fit mieux encore, elle tint une sorte de cour plénière, pendant laquelle le maire créa des chevaliers, comme l'aurait fait un grand baron (3).

Eymet. — Guillaume de Caumont, troisième du nom, qui fut plus tard sénéchal de Toulouse, avait épousé la sœur de Corberan de Mauléon, vicomte de Soule, dont elle était l'héritière. Corberan avait une rente de 300 livres sur la trésorerie de Toulouse en attendant qu'on les lui assignât ailleurs. Guillaume de Caumont demanda et obtint qu'on les assignât sur le baillage d'Eymet (4).

Montfaucon. — Montfaucon, canton de La Force, était jadis un prieuré dépendant de je ne sais quelle abbaye. Le prieur, en 1314, fut chargé par le roi de constater les usurpations faites sur le domaine royal dans le Languedoc (5).

Sarlat. — La municipalité de Sarlat et les habitants de la ville n'étaient pas d'accord depuis quelque temps. Les habitants se plaignaient que leurs privilèges et franchises n'étaient pas toujours respectés et que les tailles imposées pour les dépenses de la ville n'étaient pas réparties avec impartialité et conformément aux règles établies. Le sénéchal prit une décision en 1314, à la satisfaction de tout le monde, et cette décision fut approuvée par le roi en 1315 (6).

Louis X dit le Hutin. — Louis X dit le Hutin, sur des plaintes des populations, s'occupa du Périgord et rendit, le 1ᵉʳ avril 1315, une ordonnance relative aux juifs, aux fiefs, aux aleux, à la justice et à l'administration en général, adressée au sénéchal de la province et aux autres fonctionnaires.

Sénéchaussée du Périgord. — La charte de fondation du Parlement

---

(1) Rec. des tit., etc., p. 162.
(2) Rec. somm., etc., p. 29.
(3) Sup. au Rec. des tit., etc., p. 61.
(4) Arch. nat. Reg. du tr. des ch., côté 50, p. 119.
(5) Arch. nat. 2ᵐᵉ Reg. du crim. fol. 6.
(6) Ibid., Reg. du tr. du chap., côté 52, p. 151.

de Toulouse désignait la sénéchaussée du Périgord comme devant faire partie de la circonscription de cette nouvelle cour (1280). Cette circonstance fut naturellement cause qu'elle députa aussi aux états de la Langue-d'Oc. On a paru croire cependant que l'organisation primitive des sénéchaussées n'était pas étrangère à cette combinaison et que, par suite de ce que le Périgord, le Quercy et le bas Limousin n'avaient d'abord formé qu'une sénéchaussée, cette sénéchaussée tout entière avait dû être comprise dans le ressort du nouveau Parlement. Mais dans ce cas, il faudrait peut-être dire que les formes du langage concoururent plus que toute autre considération aux divers arrangements administratifs et judiciaires pris au xiiie siècle. Il n'est pas douteux, en effet, que le langage eut la plus grande part dans l'institution d'un seul sénéchal pour le Périgord, le Quercy et le bas Limousin, et qu'il dut conséquemment jouer un rôle dans l'établissement du Parlement de Toulouse, puisque à partir du xive siècle, sinon du moment où ce Parlement fonctionna, l'autorité royale prit la détermination d'écrire en idiome méridional les chartes, lettres et ordonnances destinées aux populations y ressortissant, et qu'auparavant on rédigeait en latin. Quoi qu'il en soit, il est certain que nous voyons, dès 1303, la sénéchaussée du Périgord, Quercy et bas Limousin concourir avec les autres sénéchaussées du Midi, à la concession d'un subside pour la guerre de Flandre (1), et fournir, comme les autres, son contingent de noblesse, conformément aux instructions données par l'autorité royale (2).

Elle prit part aussi aux plaintes et doléances présentées à Louis-le-Hutin, dans le cours de l'année 1315, au nom de la noblesse du Midi; et dans le but de satisfaire autant que possible à ses justes réclamations, Louis rendit l'ordonnance du 1er janvier 1316, qui complétait celle de 1315. La noblesse était autorisée à donner, en pure aumône, aux églises et aux roturiers, ses alœux et ses fiefs, en récompense de services rendus, à faire le retrait des fiefs et arrière-fiefs aliénés, à concéder des terres à cens ou à emphytéose, moyennant certaines redevances ; à se dispenser d'*aller en France* prêter serment de fidélité, pour cause d'infirmités ou de pauvreté, etc. (3).

---

(1) Rec. des ord. des R. de Fr. t. i, p. 553.
(2) Hist. gén. de Lang. t. iv, pr. col. 131.
(3) Ibid., ibid. col. 134.

Périgueux. — Louis X avait l'intention de se remettre en campagne contre les Flamands, en 1316. Nous avons les lettres par lesquelles il donna rendez-vous aux consuls de Périgueux, avec leur contingent, à Arras, à la quinzaine de la Pentecôte (1).

Des lettres au comte de Périgord, pour le même objet, sont du 15 juin 1315 et se rapportent par conséquent à la première expédition (2).

Le comte de Périgord, mineur, quoique âgé de plus de quatorze ans, était sous la tutelle de Brunissende de Foix. Brunissende était alors dans toute la force de l'âge, dans tout l'éclat de sa beauté (3). Villani dont il faut toujours se défier un peu, dit d'elle : « Au mois
» d'avril 1314, mourut le pape Clément V, pendant qu'il se rendait
» à Bordeaux.... Ce pape aima beaucoup l'argent. Il était simo-
» niaque...... et luxurieux. On disait *publiquement* qu'il avait pour
» *amie* la comtesse de Périgord, très belle dame, fille du comte de
» Foix (4) ».

Brunissende était une femme de valeur, et administrait sagement les domaines de son fils. En 1315, il s'éleva une contestation, ou plutôt il fut question de régler une contestation survenue entre Archambaud IV et Boson, son oncle; au moment où mourut Hélie VII, Boson, frère d'Hélie VII, avait reçu en don de son père, 100 livres périgourdines de rente, à prendre sur le comté de Périgord ; Hélie VII lui avait donné la terre d'Estissac, en compensation de ces 100 livres ; mais, disait Boson, jamais ces 100 livres n'avaient été bien assises, et il ne les avait pas touchées depuis la mort de son père. Il affirmait en outre n'avoir jamais rien touché d'Estissac. Il demandait, en conséquence, que le comte et sa mère fussent condamnés à voir les cent livres bien assises, à lui rendre Estissac et à le désintéresser de toutes les pertes par lui subies. Un compromis, après de longs débats, décida qu'Archambaud, abbé de St-Astier, etc., frère de Boson et oncle du comte, aurait la mission expresse de terminer

---

(1) Hist. gén. de Lang. t. IV, pr. col. 146.
(2) Arch. de Pau ; 3ᵉ inv. prep. P. et L. l. 197, nᵒ 37.
(3) Elle pouvait avoir alors de 34 à 36 ans.
(4) Clément V (Bertrand de Goth) d'abord archevêque de Bordeaux, visita le diocèse de Périgueux en 1304. Ce fut peut-être alors qu'il connut Brunissende.

le différend, ce qu'il fit de la manière suivante : « Le comte et sa
» mère, pour les cent livres de petits tournois de rente et en com-
» pensation d'Estissac, assigneront à Boson 200 livres de rente sur
» Verlhac et Angerville, diocèse de Toulouse, avec les droits, re-
» venus, juridiction, justice et domaine desdits lieux, plus tout le
» droit et devoir qu'ils ont sur St-Michel-de-Villadeix, qu'il tiendra
» du comte en foi et hommage, moyennant un faucon lanier mué,
» avec la close qu'on complètera la somme ailleurs, si ces lieux ne
» suffisent pas. De plus, ils lui donneront 1,000 livres pour les ar-
» rérages, et autres 1,000 livres qu'il placera en rentes et qu'il
» tiendra aussi du comte. Il est convenu d'ailleurs que, si Boson ou
» ses descendants meurent sans enfants, ces biens feront retour au
» comte (1).

Malgré le rôle de tutrice que jouait Brunissende, dans cet accord, on ne tarda pas à reconnaître que ses pouvoirs n'étaient pas suffisamment établis, et, l'année suivante, en décembre, la mère et le fils se présentèrent devant le lieutenant du sénéchal, déclarant que le jeune comte n'avait pas de curateur et demandant que sa mère fût revêtue de ces fonctions, ce qui fut fait (2).

Bannis. — Un chevalier du nom d'Arnaud de Codenac, et son père Arnaud de Franc-Morich, damoisel, avaient été bannis du royaume comme accusés d'avoir pris part à l'assassinat d'Amblard, doyen d'Issigeac ; leur innocence avait été reconnue et ils avaient été absous. Cependant, comme leur bannissement avait duré plus d'un an, on avait confisqué sur leurs biens, situés dans les paroisses de Boisse et d'Eymet, douze livres de rente, d'une part, et cent sols également de rente d'autre part. En 1315, Louis X leur fit remise de cette confiscation (3).

Réformations du pays. — J'ai dit que le Périgord, comme toutes les autres parties du royaume, avait été profondément troublé pendant le règne agité de Philippe-le-Bel et son successeur. Robert, évêque d'Amiens, fut chargé de se rendre en Périgord et en Quercy.

---

(1) Hist. florenti di Giovani Villani, etc., cap. 58 : Della morte di papa Clemente.

(2) Bibl. nat. col. Doat, Reg. 243, Périgord, t. i, page 515.

(3) Baluze : hist. des papes d'Avignon, t. ii, col. 207.

Ce prélat partit de Paris, le 18 janvier 1316, et rentra le 5 août suivant ; mais il ne consacra au Périgord que le temps compris entre le 18 janvier et le 6 mai (1). Louis X mourut pendant que l'évêque d'Amiens s'occupait de la réformation du Quercy.

Croisade. — La passion de se croiser n'était pas encore complètement éteinte. Dans le cours de 1306, il y eut une grande réunion, à Paris, dans laquelle plusieurs grands seigneurs prirent la croix ; là figuraient quelques périgourdins, mais de petite noblesse (2).

Hommages. — Nous avons des hommages rendus au roi de France, en 1316 et années suivantes. Il est évident que ces hommages s'adressaient à Philippe V, dit le Long. Voici les noms de ceux qui s'acquittèrent de ce devoir :

1° Renaud de Born, damoiseau, pour le château et la châtellenie d'Autefort et tout ce qu'il tient du roi ;

2° Renaud de Pons, pour la vicomté de Turenne et ses domaines de Saintonge et du Périgord ;

3° Jean Guillaume, chevalier, pour ses domaines du Périgord et du Quercy ;

4° Hugues de Castelnaud et de Caumont, damoiseau, pour ses domaines de Périgord, Quercy et Rouergue ;

5° Gilbert de Malemort, seigneur de Salviac, pour son château de Salviac, en Périgord ;

6° Hélie de Creyssac, chevalier, pour son fief dans le château et la châtellenie de Bourdeilles ;

7° Burgondie de Grignols, qui renouvela l'hommage après la mort d'Hélie de Creyssac, son mari (3).

Ce document nous fait connaître un membre de la famille de Bertrand de Born, famille dont il n'avait plus été question depuis le fils du guerrier troubadour ; il nous parle d'un Renaud de Pons, qui n'est autre que Renaud de Pons IV, seigneur de Ribeyrac, lequel, évidemment, ne rendit hommage qu'en 1317, ce qui prouve qu'on a eu raison de constater que ces hommages furent rendus

---

(1) Arch. nat. Re., du tr. des ch., côté 52, pièce m.
(2) Bibl. nat. fonds Gaignières, tit. scellés, évêques, t. II,
(3) Arch. nat. J. 447.

en 1316 et *successivement* ; enfin, il nous révèle l'existence d'un membre de la famille de Grignol inconnu jusqu'à présent.

BASTILLES ANGLAISES. — Les Anglais avaient construit bien des bastilles en Périgord. Ces bastilles furent dotées de larges privilèges. Cependant, au moment de la confiscation de la Guienne par Philippe-le-Bel, pas une ne fit le moindre effort en faveur de ses fondateurs. Edouard II, roi-duc, crut sans doute qu'en se les attachant de plus près, elles lui montreraient plus de dévouement. En conséquence, au mois de juin 1316, il donna des lettres fortement motivées, par lesquelles il unissait à tout jamais à la couronne, *Beaumont, La Linde, Molières, Montpasier* et *Villefranche-de-Périgord*, aujourd'hui de Belvès (1). Il est bon de rappeler cependant que cette dernière n'était pas d'origine anglaise.

PHILIPPE V. — Philippe V, dit le Long, avait succédé à Louis X, le 25 novembre 1316 ; son avènement fut le prétexte de plusieurs grandes assemblées, auxquelles le Périgord prit naturellement part.

Le 27 janvier 1317, Philippe écrivit à Périgueux d'envoyer des mandataires à Bourges, à Pâques fleuries, jour où il devait se trouver dans cette ville, pour y traiter la question des monnaies et *plusieurs autres besognes intéressant le royaume et le commun avantage des villes* (2). Ces lettres et la réunion avaient surtout pour but de concilier au roi les bonnes villes en général, et plus particulièrement celles qui pouvaient hésiter à se déclarer pour lui. Le 8 mars suivant, il écrivit aux baillis et sénéchaux du royaume d'avoir à sonder les esprits, et convoqua les prélats, abbés et autres personnes d'église, les barons et seigneurs, à Paris, un mois après Pâques (3), dans le double but apparent de s'occuper de la croisade et de la réformation du royaume ; mais en réalité pour se concilier l'affection de la partie influente de la nation et se rendre à la fois, le peuple favorable. Nous avons deux lettres qui répondent à la démarche faite par le nouveau roi : l'une de Raimond, évêque de Périgueux, l'autre de Geoffroi de Pons, seigneur de Ribeyrac. Celle de l'évêque, adressée

---

(1) Arch. nat. J. 623, n° 102.

(2) Arch. nat. Reg. du tr. des ch. côté 54, fol. 2 recto.

(3) On appelait mois de Pâques la quinzaine comprise entre le dimanche des Rameaux et le jour de Quasimodo.

directement au roi, lui annonce que le prélat, ne pouvant se rendre lui-même à Paris, au temps indiqué, a désigné, pour le représenter, cinq personnes dont il lui donne les noms (1). Je crois devoir traduire celle du seigneur de Ribeyrac, dans la partie qui a trait aux affaires du pays : « Geoffroi de Pons, chevalier, seigneur de Ribey-
» rac, etc., à discret homme, son très cher et très affectionné maître
» Hugues Fabrefort, salut, avec un attachement sincère ; comme
» illustre prince, le seigneur roi de France, nous a fait citer à com-
» paraître devant lui, dans le mois de Pâques, à Paris, pour l'*affaire*
» *de l'acquisition de la Terre-Sainte d'outre-mer*, et pour entendre
» certains règlements par lui proposés pour la réformation du
» royaume, et, comme nous ne pouvons, d'aucune façon, entrepren-
» dre le voyage de Paris, sans la perte certaine de notre personne,
» retenu que nous sommes par une très grande et très grave mala-
» die et certainement très dangereuse, de quoi nous sommes très
» affligés, et pour la guérison de laquelle nous nous sommes confiés
» aux soins des médecins et avons consenti à prendre les remèdes
» propres à nous débarrasser de ce funeste mal, nous vous requé-
» rons et prions, avec toute l'instance que nous pouvons y mettre,
» que vous veuillez bien nous excuser auprès dudit seigneur roi. »
Le reste de la lettre est d'un intérêt tout personnel (2).

La réunion de Bourges eut lieu, et le roi promit aux bourgeois du royaume et spécialement aux bonnes villes du Midi, de les maintenir en paix et de leur conserver leurs anciennes coutumes et leurs privilèges (3) ; mais la question des monnaies n'y fut évidemment pas traitée.

Quant à la réunion convoquée pour un mois après Pâques, ou pour être tenue dans le mois de Pâques, je n'ai rien trouvé qui établisse d'une manière certaine qu'elle produisit quelque résultat (4).

HOMMAGES. — Philippe, du reste, n'avait pas uniquement pour but de se concilier l'affection des populations, il voulait encore se

---

(1) Arch. nat. J. 443.
(2) Arch. nat. J. 414, n° 25.
(3) Ibid. Reg. du tr. des ch. reg. côté 53, pièces 149 et 153.
(4) Les auteurs de l'Hist. de Lang. considèrent cette assemblée comme une véritable réunion des Etats généraux, et je partage volontiers leur opinion à cet égard.

les attacher par les liens féodaux. C'est ainsi que les lettres de Geoffroi de Pons se terminent par une recommandation à Fabrefort de dire au roi de vouloir bien attendre qu'il soit guéri pour qu'il puisse aller en personne lui rendre l'hommage qu'il lui doit (1) ; c'est ainsi que, par des lettres du 17 avril 1317, le roi lui-même constate que Périgueux lui a prêté serment (2), comme je l'ai dit ailleurs.

SARLAT ÉRIGÉ EN ÉVÊCHÉ. — 1317 est mémorable pour le Périgord. Le 9 janvier de cette année, Jean XXII, pape depuis le mois d'août précédent, érigea Sarlat en évêché et plaça, dans la circonscription de son diocèse, toute la partie de la sénéchaussée située au-delà de la Vézère et de la Dordogne, en prenant pour point de départ *Larche* et en suivant le cours de ces deux rivières jusqu'au *Fleix* (3).

En apprenant cette érection, les consuls de Sarlat s'empressèrent d'écrire au pape pour lui exprimer leur gratitude. Leur lettre, qui porte la date du 15 mars suivant, commence ainsi : « Très révérend » et très saint père en Jésus-Christ, notre seigneur. — Prosternés » aux pieds de votre sainteté, en les embrassant avec effusion de » cœur, nous vous supplions d'agréer nos actions de grâce pour le » grand bienfait et la haute illustration que votre volonté suprême » a accordé à notre cité. — Que votre nom soit béni dans la perpé- » tuité des siècles par les enfants de nos enfants »(4).

L'année suivante, Jean XXII donna pour premier évêque, au nouvel évêché, Raimond de Roquecorn, d'une bonne famille de l'Agenais, alors abbé de Gaillac, et par bulle du 10 juillet de la même année, il informa de cette nomination Philippe V (5). Dans l'intervalle compris entre le mois de janvier et celui de juillet, Audoin, archiprêtre de Capdrot, étant mort, ce même pape, le 23 mai, érigea cet archiprêtré en collégiale et y unit Montpazier, Marsalès et Gaujac (6).

---

(1) Et de fait, il mourut sans l'avoir fait, comme le prouve l'hommage de son fils, rapporté plus haut.

(2) Rec. de titr. etc., pour la ville de Périgueux, p. 168, et Rec. somm. etc. de 177, p. 32.

(3) Arch. nat. J. 705 n° 213.

(4) Calendrier de la Dordogne de 1837, p. 201. *Précis historique sur la ville de Sarlat*, par M. l'abbé Audierne.

(5) Ibid., ibid., n° 203.

(6 Tarde : *Antiquités du Périgord et du Sarladais*. C'est là le point de départ du transfert de cette collégiale de Capdrot à Montpazier, que nous verrons s'opérer plus tard, par suite du développement de cette bastille.

Saint-Astier. — Un chanoine de Saint-Astier avait été assassiné ; des dénonciations avaient été faites à l'occasion de cet assassinat, et plusieurs individus avaient été faussement accusés. On finit par débrouiller cette complication de méfaits et des lettres de rémission, de 1317, ayant absous les accusés, ils furent mis en liberté (1).

La bastille de Saint-Louis et Sourzac. — Par suite du pariage de la plaine du Chambon et de la Croix et de la construction de la bastille de Saint-Louis, les revenus de cette bastille devaient être inaliénables et partagés entre le roi de France et l'abbaye de Charroux, qui nommaient en commun les officiers ayant l'administration de cette bastille. Plus tard, un nouvel arrangement dont on ne donne pas la date précise, mais antérieur à 1318 de plus de cinq ans, avait attribué 100 livres de rentes à l'abbaye, en compensation de ses droits sur le pariage, lesquelles 100 livres de rente, quoiqu'elles dussent être assises à Charroux même, n'avaient jamais été payées. Dans cet état de choses, un arrêt du Parlement de 1318, rétablit l'abbaye dans son ancien droit, jusqu'à ce qu'on eût assis la rente de cent livres, en ayant soin toutefois de détacher des revenus communs, les produits des lieux annexés au ressort de la bastille qui devaient en être distraits ou y rester réunis, selon que l'intérêt du roi le commanderait (2). Dans le cours de 1317, le roi y avait nommé bailli Jean Calvet et greffier Arnaud Blanquet (3).

Prisons. — Le roi n'avait pas de prison à Périgueux. Le lieutenant du sénéchal reconnait formellement en 1317, comme il l'a fait en 1314, que celle de la ville lui avait été prêtée bénévolement par la municipalité (4).

Cette même année, le sénéchal de Périgord avait employé, comme sergents, des sergents fugitifs pour cause de crimes, au lieu de les punir comme coupables, et ces fugitifs, s'étant livrés à de nouveaux excès, le roi fut obligé d'ordonner de les poursuivre (5).

Monnaies, impots. — La question des monnaies se reproduisit à la

---

(1) Arch. nat. Reg. du tr. des chart. côté 51, fol. 49, v°
(2) Olim. t. II, p. 672.
(3) Arch. nat. Reg. du tr. des ch., côté 51. fol. 51, v°
(4) Rec. de titr. etc., p. 231.
(5) Arch. nat., sect. jud., 3e reg. du crim., fol. 1.

fin de l'année dans toute son énergie, et, par lettres du mois de décembre, Philippe-le-Long enjoignit à chaque bonne ville de lui envoyer à Paris trois ou quatre bons députés, experts dans la matière. Nous n'avons pas les noms des députés de Périgueux : mais, en sa qualité de bonne ville, il n'est pas douteux qu'il fît comme les autres. La réunion devait avoir lieu le dimanche des brandons (le premier dimanche de Carême), 1318. Il paraît cependant que les populations éprouvaient de la répugnance à se rendre à l'appel du roi, et que, le 2 février suivant (1318), il écrivit aux sénéchaux pour les charger de différer la date de la convocation et de prévenir les bonnes villes qu'un autre jour leur serait assigné (1).

Une circonstance prouve du reste combien l'administration était en désarroi. Des commissaires, sur le fait des tailles et autres subsides, avaient été nommés par Philippe-le-Bel et maintenus par Louis-le-Hutin, sans que jamais ils eussent rendu compte de leur mission d'une manière satisfaisante. Philippe-le-Long lui-même n'avait pas encore pu, en 1318, les faire venir à Paris, soumettre leurs opérations à la chambre des comptes. Pour en finir avec ces récalcitrants, il les révoqua tous, par lettres du 8 août, et leur fit signifier de se trouver à Paris, à jour fixé. Le sénéchal du Périgord est au nombre des sénéchaux et baillis à qui furent adressées ces lettres (2).

La Cité. — J'ai réuni, dans un appendice, tous les détails relatifs à la lutte entre la ville et la Cité, à propos du maire. Sous le règne de Philippe-le-Long, et très probablement lors du différent qui s'éleva entre la Cité et la ville, d'une part, le maire et les consuls de l'autre, les habitants de la Cité s'avisèrent de produire un état de leurs libertés et franchises, ayant évidemment pour but d'établir, en principe, ce qui avait toujours été contesté. Pour en finir avec ces querelles qui ne profitaient qu'au comte, je crois devoir faire un rapprochement entre ce document et le traité de 1240. De la sorte, le lecteur achèvera de s'édifier sur la position respective des deux parties.

En tête de la pièce qui nous occupe, figure le droit consacré par le troisième article du traité, avec la réserve qu'à partir de ce traité,

---

(1) Rec. des ordr. des R. de fr., t. I, p. 754 et 755.
(2) Ibid., p. 756 et 757.

c'est au consulat que doivent se juger les crimes et délits et se traiter les affaires (1).

Le second ne fit jamais question, et par conséquent il était admis d'un commun consentement, que les habitants de la Cité étaient exempts du commun de la paix.

Dans le troisième, on parle des collectes et impôts, pour les nécessités des deux cantons de population ou de l'un d'eux, et quand il s'agit de la Cité, on y insinue qu'elle seule a la faculté de s'imposer, sans que le maire et les consuls du Puy-Saint-Front aient le droit de s'en mêler. Il y est même dit que le *maire* et les consuls de la Cité sont dans l'usage d'imposer seuls. Il y a cinq ou six décisions aussi officielles que possibles qui rejettent cette prétention. Quant au mot de *maire*, il est inséré dans l'article, ou par supercherie, ou par inadvertance, puisque non seulement il ne se trouve nulle part ailleurs, mais qu'encore dans le cours de l'acte on a soin de ne parler que des consuls.

Le quatrième porte que la Cité avait des mesures à elle, et que le maire et les consuls n'avaient rien à y voir ; mais le treizième article du traité dit exactement tout le contraire. Donc cet article 4 avait été subrepticement introduit.

Les cinquième, sixième et septième étaient consacrés, d'un commun accord, et n'avaient rien de contraire au traité, qui reconnaissait aux habitants de la cité le droit d'aller plaider au consulat, deux fois par semaine ; aux consuls de la cité d'assister aux affaires entre les habitants de la Cité et ceux du Puy-Saint-Front, ainsi qu'aux procès criminels, de quelque nature qu'ils fussent.

L'article 8 attribuait à ces mêmes consuls les produits des défauts de nantissement d'appels, d'amendes et autres condamnations encourus par ceux de la cité.

L'article 9 est relatif aux exécutions pour ces mêmes défauts, etc.

L'article 10, qui aurait donné à ces mêmes consuls le droit de créer des sergents, tombait sous le coup de l'article 21 du traité. Il y a de plus un jugement de 1284 qui règle les questions se rattachant à ces articles. Le sixième n'avait jamais fait question. Il a trait aux cours du viguier et du cellerier qui n'étaient pas dans les attributions du maire et des consuls, et

---

(1) Rec. de titr. etc., p. 92.

auxquelles la cité n'était pas et ne pouvait pas être assujettie. L'article 21 du traité ne permettait pas d'admettre l'art. 12 de l'*état* relatif aux hommes et aux femmes adultères, que personne n'aurait eu le droit d'arrêter dans la cité, et que le consulat n'aurait pas eu la faculté de faire fustiger dans les rues. Les faits nombreux qui nous restent, prouvent que le consulat faisait arrêter, fustiger, et payer une amende de 48 sols. Le quatorzième article concerne la prison du consulat dont les consuls de la cité auraient dû avoir une clef tenue par une personne de confiance. Le jugement déjà cité constate que les consuls de la cité, non seulement n'avaient pas une clef de la prison du consulat, mais qu'encore ils ne possédaient, à la cité, qu'une fosse dont ils n'avaient la clef que par tolérance des consuls qui pouvaient la leur retirer à volonté. Les quatorzième et quinzième articles relatifs aux prisonniers et à leurs procès, étaient de droit, communs aux deux centres de population (1).

PARIAGE ENTRE LE COMTE ET LE CHAPITRE. — Comme on le voit, ces libertés et franchises se produisaient au moment où une rupture avec la municipalité semblait imminente. Au milieu de ces tiraillements, un rapprochement eut lieu entre le comte de Périgord et le chapitre de Saint-Front qui préparait à la municipalité une surprise bien autrement désagréable.

Ce rapprochement fut très probablement la conséquence de la paix conclue, en 1316, entre le comte et l'évêque, à la suite de quelque querelle sans gravité, puisqu'en 1316, le comte avait à peine dix-neuf ans (2). En sa qualité d'abbé, l'évêque avait dû reconnaître les inconvénients se rattachant à l'isolement du chapitre, dans un temps aussi agité que celui où il vivait. De là à l'idée d'un pariage entre le chapitre et le comte, il n'y avait qu'un pas à faire. Ce pas fait, dans un moment opportun, le pariage fut décidé en principe, et définitivement réglé, le 12 avril 1317, par un acte préparé sans doute par l'évêque et Brunissende. En voici le résumé :

« Le comte et la comtesse avaient de vives contestations, souvent

---

(1) Ibid., p. 88, 92, 170 et suivantes.
(2) Arch. de Pau, 3ᵉ inv. prep. P. et L., I. 511, nº 14. Tous les actes qui nous restent établissent qu'il ne put être majeur de 25 ans, avant 1321 ou 1322.

» réitérées, avec le chapitre, au sujet des hommes et des terres
» possédés par les uns et les autres, dans les diverses paroisses des
» environs de Périgueux. Pour couper court à leurs divisions, d'un
» commun accord, ils forment un pariage et société de leurs dites
» terres et juridictions, comme il suit : Le chapitre apporte à la
» communauté tout ce qui dépend de lui dans le château et la
» châtellenie de *Périgueux*, de *Sanillac* et de *Vergn*, et spécialement
» dans les bourgs et paroisses de *Saint-Laurent-de-Pradoux*,
» (aujourd'hui *Saint-Laurent-des-Batons*), de *Breuil*, d'*Atur*, de
» *Marsaneix*, de *Sainte-Marie-de-Chignac*, de *Salon*, de *Notre-*
» *Dame-de-Sanillac*, de *Chalagnac*, de *Grun*, d'*Eglise-Neuve*, de
» *Pissot*, de *Mortemar*, de *Château-Missier*, de *La Douze*, de *Saint-*
» *Meyme*, de *Creyssensac*, de *Saint-Paul-de-Serre* et de la *Cha-*
» *pelle-Agonnaguet*. De leur côté, le comte et sa mère apportent
» tout ce qu'ils ont dans le château, la châtellenie et les paroisses
» susdites, moins *Saint-Amand-de-Vergn*, *Salon*, *Château-Missier*
» et *Veyrines*, desquels ils ne livrent et ne reçoivent du chapitre
» que les hommes dont seulement il sera fait justice en commun.

» Tous les ans, le jour de la fête de Saint-Jean-Baptiste, à Péri-
» gueux, il sera créé, en commun, un juge, un greffier, des sergents
» et autres employés nécessaires à administrer la juridiction. Le
» comte et le chapitre désigneront le lieu où se tiendront les assises
» et où seront placées la prison et les fourches patibulaires. Dans
» toute l'étendue du pariage, la justice sera rendue conformément
» aux règles établies par le présent acte. Le pariage ne donnera
» aucun droit nouveau sur les hommes ni sur les choses, aux parties
» contractantes ; si le pariage venait à se dissoudre, tout rentrerait
» dans l'état primitif.

» Les cens, rentes, redevances, etc., déjà existants, seront perçus
» par les parties contractantes respectivement, comme par le passé ;
» on rendra la justice, comme par le passé, dans les affaires affé-
» rentes au domaine direct. Viennent ensuite une foule de disposi-
» tions réglées d'avance, dans tous les cas prévus où pourraient se
» produire des difficultés pour l'exécution du traité. » Cet arrangement fut approuvé par le roi au mois de juillet 1318 (1).

---

(1) Arch. nat. Reg. du tr. des ch. côté 56, p. 462.

LUTTES INTESTINES AU PUY-SAINT-FRONT ET A LA CITÉ. — Il est bien difficile de coordonner les événements accomplis à la suite de l'arrêt du Parlement de 1309. Les abus de ceux qui avaient envahi le consulat, et qui l'avaient exploité à leur profit, se continuent. Un nouveau conflit s'élève, même avant la publication des lettres de rémission de 1317. A la suite de l'arrêt, le sénéchal s'était immiscé, plus que de droit, dans les affaires de la municipalité, et le maire et les consuls avaient réclamé contre cet excès de pouvoir, et le roi l'avait réprimé par lettres de 1310 (1). Peut-être faut-il attribuer les nouvelles vexations, commises par le maire et les consuls, à la confiance que leur inspirèrent ces lettres, quoiqu'elles n'eussent pas ressorti leur plein et entier effet, puisqu'en réalité l'affaire fit retour au Parlement qui, comme on l'a vu, rejeta leurs réclamations, quelque temps avant les lettres de rémission ; mais on pourrait cependant croire que les diverses décisions, signalées à propos du troisième article des prétendues franchises et libertés de la Cité, n'étaient pas étrangères à l'attitude qu'ils avaient prise, dans la manière d'établir et de percevoir les impôts, car, à travers l'obscurité qui règne sur la dissension survenue à l'époque qui nous occupe, tout porte à croire que le mécontentement des populations provenait de ce que la municipalité, excédant ses droits, procédait trop brutalement à l'égard des contribuables d'une certaine condition. Voici ce que nous apprennent les documents qui nous ont été conservés :

Des lettres de Philippe-le-Long, du 26 juin 1318, adressées à Raoul de Jayac, à Itier de Fan, clercs, et à Bertrand de Roquenégade, chevalier, s'expriment ainsi : « Nous vous envoyons ci-inclus, sous notre
» contre-sceau, les articles remis à notre cour par Lambert Laporte,
» bourgeois de Périgueux, et ses co-plaignants, Pierre de Lacropte,
» damoiseau, Pierre de Montbrier, clerc et consul fondé de procura-
» tion des habitants de la Cité, et Raimond Brun, clerc, pour lui et
» les autres clercs de la Cité et du Puy-St-Front, vivant cléricale-
» ment, et nous vous mandons de vous rendre tous les trois ou du
» moins deux d'entre vous, à Périgueux, sans le moindre
» retard, pour informer aussi diligemment que faire se pourra,
» sur ces articles et sur tous ceux qu'on voudra vous remettre, au

---

(1) Rec. de titr. etc., p. 154.

» sujet des commotions et plaintes des habitants de la Cité et du
» Puy-Saint-Front contre le maire et les consuls, depuis deux ans,
» au sujet des caisses où est déposé l'argent, à l'usage de la munici-
» palité, afin de savoir comment elles ont été instituées, et si la
» municipalité avait le droit de les instituer, de quel avantage ou
» de quel inconvénient elles sont et peuvent être pour nous et pour
» le public ; au sujet de l'état et condition de la Cité et de la ville,
» et au sujet de la manière dont se conduisent et gouvernent les
» administrateurs. Pendant que vous vous occuperez de cette
» enquête, vous saisirez les caisses et la juridiction du consulat et
» vous les ferez administrer par des personnes capables, jusqu'à
» nouvel ordre. Vous ferez restituer, sous cautions, les biens des
» clercs et des laïques de la Cité et de la ville pris, dit-on, injuste-
» ment par lesdits administrateurs, et contre lesquels de graves
» plaintes ont été déposées..... Nous voulons, du reste, que l'arrêt
» déjà rendu par notre cour, ressorte son plein et entier effet....
» Vous ferez en sorte, cependant, de rétablir la paix et la concorde,
» si cela vous est possible, en prenant pour point de départ
» la décision rendue autrefois, par notre bisaïeul le roi Saint
» Louis. » (1)

Ces lettres furent suivies de trois autres. La première du 8 juillet, engage les commissaires sus-nommés à faire immédiatement exécuter un arrêt du Parlement entre Hélie Brun, Etienne Sudor, Raimond Manent, Pierre de la Chapelle et Guillaume le Décimeur, clercs, d'une part, et le maire et les consuls du Puy-Saint-Front de l'autre. La deuxième, du 20 septembre, recommande à Bertrand de Roquenégade, puisque Raoul de Jayac et Itier de Fan ne peuvent assister aux affaires à régler, de s'adjoindre le sénéchal ou tout autre, et de faire, à eux deux, ce que ses collègues ne peuvent pas accomplir avec lui. La troisième, du 10 novembre, autorise Bertrand de Roquenégade à s'adjoindre un homme capable et lui enjoint de ne pas différer plus longtemps de traiter ces affaires ; sur quoi, ce commissaire, conjointement avec Philippe de Grialou, juge-mage du Périgord et du Quercy, saisit la juridiction du consulat, le consulat lui-même et ses caisses, en confie l'administration à Pierre Des Monts, clerc du roi, et lui

---

(1) Arch. nat., J. 292. n° 13.

enjoint de faire restituer, sous cautions, tous les biens confisqués ou saisis sur des clercs.

Cependant, de leur côté, le maire et les consuls avaient aussi formulé des plaintes contre Hélie Urdimala, bailli-fermier (1), et son lieutenant, qu'ils accusaient de surprises et d'extorsions, et auxquels ils reprochaient en outre d'avoir voulu usurper leur juridiction et avaient réclamé du roi le redressement des torts qu'ils leur avaient causés, ce que le roi avait ordonné de faire, par lettres du 7 mars 1319 (2).

C'est dans cette situation que Pierre Des Monts se trouvait chargé de gérer les revenus de la municipalité de Périgueux. Il nous reste un compte des recettes et des dépenses, depuis le vendredi après la Saint-Martin (17 novembre 1318), jusqu'au dimanche après la Saint-André (2 décembre 1319). Il constate que les recettes s'élevèrent, durant cette période, à 1,091 livres 13 sols 1 denier tournois, et les dépenses à 992 livres 4 sols 1 denier tournois (3).

Durant la gestion de Pierre Des Monts, la municipalité, comme on va le voir, n'avait pas perdu son temps ; elle avait même si bien intrigué, qu'elle avait détruit toutes les préventions qu'on avait pu faire concevoir au roi contre elle, et était parvenue à lui faire accepter l'idée d'un pariage entre eux. En effet, quatre jours après que ce compte eût été clos (le 6 décembre), Raimond, abbé de Charronx, diocèse de Poitiers, et Pierre d'Agie, archidiacre de Buzançais, diocèse de Bourges, se rendirent à Périgueux, en qualité de commissaires royaux, convoquèrent les habitants des deux centres de population, dans une grande place, dépendant du couvent des frères prêcheurs, où se trouvèrent réunies environ quatre mille personnes auxquelles ils dirent qu'ils venaient, au nom du roi, dans le but de corriger les abus, de réparer les torts, de faire cesser les violences, de calmer les haines, etc., de rétablir la

---

(1) Les baillis-fermiers étaient des baillis inférieurs qui affermaient, pour un temps fixe, certaines attributions. Il semble qu'Urdimala, que nous avons vu jouer un rôle à Issigeac, remplissait alors les fonctions de receveur des finances.

(2) Rec. de tit., etc. p., 169.

(3) Ibid. p. 170. Ce compte fut rendu le 13 décembre suivant, jour de Ste Luce.

paix et la concorde, en formulant de bonnes règles d'administration, et en déterminant exactement les droits de chacun ; et afin d'établir une société ou pariage entre le roi et la communauté ou université, pour le plus grand avantage de tous. Sur quoi les consuls, conjointement avec Lambert Laporte, Jean Chatuel, bailli du grand fief, et deux prudhommes par quartier, comme il suit : du quartier de l'Arsaut, Hélie de Born et Hélie Foncher ; du quartier du Plantier, Hélie de Chaumaye et Gerard de Mourany ; du quartier de la Limogeanne, Gerard du Cros et Jean de Caumont ; du quartier de l'Aiguillerie et Saint-Martin, Hélie de Rambert et Pierre de Barraud ; du quartier de Taillefer, Guillaume Jaumar et Guillaume de Renne ; du quartier des Farges, Etienne de Garlaudier et Raimond Dagulier ; du quartier de l'Aubergerie, Jean des Barris et Hélie de Galet fils ; du quartier Saint-Hilaire, Laurent Lacoste et Hélie de Vernhal ; du quartier de la Rue-Neuve, Foulien de Terne et Pierre Moreau ; du quartier des Boucheries et des Pageries, Gerard de Tornier et Etienne de Seguin ; du quartier du Pont de Tournepiche (le Pont-Vieux), Hélie Talhon le Vieux et Pierre du Javen ; de la Cité, Pierre de Montbreu et Pierre de Favre, se réunirent, sur-le-champ, aux dits commissaires, demandèrent de nouveau, aux assistants, s'ils leur concédaient plein pouvoir et s'ils accédaient à ce qu'ils traitassent toutes les questions dont ils venaient de leur parler. A la suite d'une réponse affirmative, ils se retirèrent et allèrent se mettre à l'œuvre (1). Nous n'avons pas leur travail ; mais l'entente qui régna depuis entre les deux centres et la municipalité, prouve que l'accord fut rétabli.

Quant au pariage, comme ces sortes d'affaires n'allaient jamais vite, il n'y a rien de surprenant qu'on n'en parlât plus pour le moment, mais il n'est pas douteux non plus qu'on s'en occupait toujours ; ce qui le prouve, c'est que le comte finit par s'alarmer et nous le verrons, trois ans plus tard, faire des démarches suivies d'un plein succès contre ce projet.

PRIVILÉGES ACCORDÉS A LA NOBLESSE DE PÉRIGORD. — Pendant qu'on préparait cet accommodement, le pays fut tout à coup affranchi d'une partie de ses charges. On avait accordé au roi le quinzième

---

(1) Rec. de titr., etc., p. 187.

du revenu pour la guerre de Flandre ; mais ce subside était un peu lourd : d'où des réclamations qui eurent pour conséquence des lettres du 8 septembre (1) par lesquelles il fut réduit de moitié, quoiqu'au mois de juillet précédent, afin de remercier la noblesse du pays, qui avait mis le plus grand empressement à concéder ce quinzième, Philippe eût renouvelé les priviléges anciens et en eût donné de nouveaux dans une ordonnance en trente-six articles (2).

LE FLEIX. — Alexandre de la Pebrée, second mari de Marguerite de Turenne, dite de Bergerac, avait eu, de cette dame, une fille du nom d'Isabelle. Elle se maria avec Anissant de Caumont, seigneur de Saint-Bazeille, deuxième du nom. De ce mariage naquit Alexandre ou Anissant, IIIe, qui eut des contestations avec Hélie Rudel II, seigneur de Bergerac. Par acte de 1314, les deux adversaires s'en rapportèrent à ce que déciderait Amanieu, sire d'Albret (3). On serait tenté de croire cependant que le fils d'Isabelle prétendait à quelque domaine dans la plaine de Bergerac, ou plutôt à l'hommage de la seigneurie de Gurson que jouissait le père de sa femme. En effet, il dirigea une expédition, à main armée, contre le Fleix, quelques années plus tard. En 1318, le roi de France écrit, à ce sujet, au sénéchal de Périgord, que des hommes *possédés du malin esprit*, se sont rendus au Fleix, lieu placé sous sa sauvegarde, y ont pénétré en armes, après avoir brisé les clôtures ; y ont brûlé trente maisons, tué douze personnes, blessé beaucoup d'autres et se sont approprié par le pillage, de grandes richesses. Il lui enjoint, en conséquence, sur les plaintes des consuls (4), des habitants du lieu et même de ceux de Gurson, de rechercher les coupables et de les punir (5). D'autres lettres de Philippe-le-Long, du 7 décembre 1320, renouvellent les mêmes ordres au sénéchal, portent le nombre des

---

(1) Arch. nat, Reg. du tr. des ch., côté 58, p. 35.
(2) Rec. des ord. des R. de Fr. t. 1, p. 694.
(3) Hist. gén., chron. de la maison Roy. de Fr. par le père Anselme, t. IV.
(4) Jusqu'ici il n'avait été question du Fleix qu'à propos du tombeau de l'évêque Saffaire et du don à Jean de Grailly. Ce lieu possède des consuls au commencement du XIVe siècle, ce qui signifie ou qu'il y avait eu un mouvement communal ou qu'on avait voulu en faire une bastille. Il est à croire que sa prise et son pillage le ruinèrent ; voilà sans doute pourquoi il ne sera plus désormais question de son consulat.
(5) Arch. nat., 3me reg. du criminel, fol. 8, v^o.

maisons brûlées à trente-six, celui des hommes morts à dix-huit et constatent expressément qu'Alexandre de Caumont avait déclaré que c'était par son ordre et sous sa direction que l'expédition avait été entreprise. Elles se plaignent, en outre, qu'on n'a encore rien fait pour atteindre les coupables, dont le chef ostensible s'appelait Roglon, dit Petit, frère naturel d'Alexandre, et pressent le sénéchal de ne pas laisser cette affaire plus longtemps en suspens (1). En 1321, elle avait fait un pas dans le sens de l'impunité. Des lettres du 10 mai nous font connaître les noms des principaux acteurs de ce coup de main, et nous apprennent que le roi, surpris dans sa bonne foi, leur avait fait remise du bannissement encouru par la plupart d'entr'eux ; sur quoi les consuls, ayant redoublé leurs démarches, le sénéchal reçut l'ordre d'ajourner au parlement tous ceux compris dans ces lettres qui avaient le temps de se constituer prisonniers à Périgueux, avec la recommandation expresse de les envoyer à Paris, sous bonne garde, et de transmettre avec eux les lettres de grâce, afin qu'on leur en donnât connaissance en même temps que des plaintes des consuls et habitants contre eux. A partir de ce moment, les renseignements manquent, et bientôt Le Fleix va devenir la propriété d'une famille essentiellement dévouée aux Anglais. Il est probable que ce changement assura l'impunité des coupables.

Archambaud de Périgord, abbé de Saint-Astier. — L'affaire engagée en 1305, entre Boson et Archambaud de Périgord, d'une part, le maire et les consuls du Puy-Saint-Front, de l'autre, n'avait pas été abandonnée. En 1318 et 1319, Archambaud continua seul les poursuites, sans doute parce que Boson était mort. Les actes qui se rapportent à ces deux années ne sont pas très clairs ; mais on voit qu'il s'agit toujours des mêmes réclamations et que les maire et consuls ont demandé, comme garant, le comte assigné pour s'expliquer à ce sujet (2). Le procès durait encore en 1329, et fut maintenu en état en 1330 (3), par suite de la mort d'Archambaud, avec cette observation que Roger Bernard, frère d'Archambaud IV, et héritier du défunt, serait cité en temps utile ; ce qui n'empêcha pas le maire

---

(1) Archives nationales, 3e reg. du criminel, fol. 22 et 23.
(2) Rec. de titr., etc., p. 184.
(3) Arch. nat., parlement, 2e reg. des accords, fol. 55, recto.

et les consuls d'obtenir défaut contre lui un mois plus tard (1), et la cour de les autoriser à se retirer en 1333. D'où il résulte, ou que la poursuite fut abandonnée par Roger Bernard, ou que les parties furent mises hors de cour et de procès.

C'est évidemment ce procès qui a donné le change aux généalogistes, et qui leur a fait croire que le comte avait obtenu, contre la ville, un jugement dont il ne reste pas la moindre trace, par la double raison que le comte n'avait pas d'affaire avec la ville, à cette époque, et que celui qui était en procès avec elle, était Roger Bernard, alors simple héritier d'Archambaud, abbé de Saint-Astier.

Roger Bernard. — Nous avons vu que Roger Bernard était le second des fils d'Hélie VII, de son second mariage. Il pouvait tout au plus être dans ses dix-neuf ans, en 1318. Nous avons pourtant un bref du pape Jean XXII, daté du 23 février 1318, lui conférant un canonicat et une prébende dans l'église de Saint-Front (2). Ainsi ce fils d'Hélie VII, était destiné d'abord à l'état ecclésiastique, et à 19 ans, il était nommé chanoine dans la collégiale de Saint-Front. Peu d'années après, il était primicier dans l'église de Meaux, et abbé de Saint-Flour-de-Brioude. En 1332, il fut fait archidiacre d'Urgellet et de la vallée d'Andorre (3).

Aremberge, fille d'Hélie VII. — Parmi les enfants du second mariage d'Hélie VII, la plus jeune était Aremberge. En 1319, elle pouvait avoir de 10 à 11 ans, et pourtant on crut devoir la marier avec Jacques de Lavie, neveu du pape Jean XXII. Il nous reste l'acte dans lequel sont énoncées les convocations et conditions de ce mariage (4).

Puyguilhem. — Le château et la châtellenie de Puyguilhem furent donnés à Alexandre de la Pébrée le 5 mai 1290 (5). En novembre 1307, le greffe de la baillie de ce château et des bastilles environnantes fut concédé, à titre de récompense, sa vie durant, à Raimond, fauconnier du roi d'Angleterre (6). Le 5 octobre 1308, des

---

(1) Ibid., idid., fol. 204.
(2) Bibl. nat., papier Lespine (tiré des arch. du Vatican).
(3) Ibid., ibid., ibid.
(4) Ibid., coll. Doat, reg. 242, Périgord, t. I, p. 673.
(5) Cat. des r. g. n et folio, t. I, p. 28.
(6) Bibl. nat., coll. Brequigny. t xviii, Guienne, t. ix.

lettres du roi-duc autorisèrent Sanche Garse Ferrand, à garder la baillie dudit lieu aussi longtemps qu'il lui plairait, au prix que tout autre voudrait en donner (1). Le roi-duc, en 1313 ou 1314, fit don du château de Puyguilhem et de la bastille de Montségur, à Bertrand de Got, seigneur de Duras, en compensation de 1500 livres qu'il lui avait primitivement concédées (2).

Ce même roi-duc fit don à Arnaud Garcia de Got, dit Gastul, seigneur de Puyguilhem et sans doute fils de Bertrand, de la prévôté de Born et autres domaines (3).

Le sénéchal de Périgord. — Jean d'Arrablay, le jeune, sénéchal du Périgord, etc., avait négligé de faire rentrer les produits de sa sénéchaussée. En juillet 1319, le roi lui adressa un blâme sévère, en lui recommandant de prendre ses mesures pour que cela ne recommençât pas (4).

Nouvelles réclamations des Anglais. — Nous avons déjà vu plusieurs fois les Anglais soulever des difficultés basées sur le traité de 1259. Quoique depuis le mariage d'Edouard II avec Isabelle, fille de Philippe-le-Bel (1308), le roi de France et le roi-duc parussent vivre en bon accord, les deux administrations, qui se trouvaient en présence dans la Guienne, usaient de violence l'une envers l'autre. En 1310, le juge du roi-duc ayant réclamé, une réunion de commissaires régla, dit-on, le différend à la satisfaction commune.

Il y eut de nouvelles réclamations en 1314 ou à peu près, car la date n'est pas bien certaine. Il est vrai qu'il ne s'agissait plus alors de surprises ou d'empiètements, et qu'on réclamait en vertu d'une remise ou pardon, accordé par Philippe-le-Bel, pour tous les excès commis avant le mariage de sa fille avec le roi-duc. Ces réclamations assez longues, portent les unes sur la manière dont procédait le Parlement, les autres sur des faits particuliers. En ce qui concerne la justice, le sénéchal de Gascogne, auteur du travail, semble dire qu'on avait le tort de faire traîner les affaires et de manquer de bon vouloir envers le roi-duc, qu'il désigne sous le nom de *votre fils*.

---

(1) Ibid., ibid., t. xvii, Guienne, t. viii.
(2) Ibid., ibid., t. xix, Guienne, t. x.
(3) Bibl. nat., coll. Dont, Navarre, t. 22, fol. 272.
(4) Arch. nat. Reg. du tr. des ch. côté 58, fol. 42, r°.

Dans les faits énoncés s'en trouvent deux : l'un relatif à *Limeuil*, l'autre à *Cendrieux*; selon le sénéchal, Limeuil était occupé, au moins depuis deux ans, par les Anglais, lorsque, sur la réclamation du roi de France, il lui fut restitué. La bonne foi des agents anglais, dit le factum, et leur empressement à rendre ce château méritent qu'il leur soit remis, puisqu'il ne s'agit ni de la propriété ni du fief, mais simplement de l'arrière-fief, et que les droits du roi de France seront identiques, que ce château soit entre les mains du roi-duc ou de tout autre. Il demande qu'il en soit de même pour Cendrieux (1). Nous n'avons pas la réponse à ce mémoire ; mais nous en avons un autre plus long au sujet des *excès*, *rébellions* et *désobéissances* du même sénéchal de Gascogne et de ses officiers, en 1320 et 1321, au *mépris* et *irrévérence* du roi de France.

Le prévôt de Paunat avait fait appel au roi de France, de qui il relevait et avait toujours relevé. Le sénéchal de Périgord avait envoyé un sergent signifier cet appel au juge et autres agents du roi-duc. En pleines assises, le juge fit arrêter ce sergent, le fit battre de plombées (cordes garnies de plomb), mettre en prison, emmener la nuit, le chaperon sur la figure, et le garda prisonnier quinze jours. Pareillement, il fit battre le notaire qui accompagnait le sergent, et lui fit asséner sur la tête un coup de massue.

Les seigneurs de Clarens avaient appelé au roi de France des agents du roi-duc. On avait signifié l'appel, mis les appelants sous la sauvegarde du roi, et placé les pannonceaux sur les bâtiments. Sans tenir compte de tout cela, le sénéchal du roi-duc s'était installé au château, y avait rendu la justice, avait fait enlever les pannonceaux, les avait remplacés par l'écu du roi-duc, avait fait insulter les Français, fermer une porte par laquelle ils passaient pour aller à l'église, mis en état d'arrestation plusieurs appelants, etc., et comme un sergent lui défendait d'agir de la sorte, il l'arrêta lui-même, le traîna dans la boue, le maltraita et intimida si bien les appelants que plusieurs renoncèrent à leur appel.

Vers ce temps-là, le sénéchal du roi-duc alla à Siorac, vit les pannonceaux royaux sur l'église du lieu et demanda qui les y avait placés. On lui répondit que c'était le curé. Sans plus d'explications, le sénéchal prit une lance, les abattit et les traîna dans la boue.

---

(1) Arch. nat. J. 655, n° 26.

Ayant ensuite fait venir le curé, il le saisit à la gorge, le déclara prisonnier, le conduisit à Clarens et le retint sous les verroux jusqu'à ce qu'il eût juré de ne plus se mettre sous la sauvegarde du roi (1).

Les sires de Mussidan. — Le haut moyen-âge nous a fourni quelques personnages remarquables originaires de Mussidan, et dans le bas moyen-âge, les Montaut, sires de Mussidan, de la première lignée, jouirent parfois d'une considération méritée. Augier, en 1115, concourut à la fondation de Cadouin ; Raimond fut appelé à figurer comme témoin dans les trêves de 1243 ; un autre Raimond vécut honoré, et fut père d'une fille, mariée avant 1280, avec Guillaume Amanieu de Castillon. Cette fille, appelée Mathe de Montaut, donna deux enfants à Guillaume Amanieu : le premier, Raimond de Castillon de Montaut, premier du nom ; le deuxième, Guillaume Amanieu de Castillon-Mussidan, dont nous aurons à nous occuper plus d'une fois.

Nous avons vu Raimond de Castillon de Montaut 1er rendre hommage à Archambaud IV, en 1312, au moment où ce comte venait de succéder à son père Hélie VII, et pourtant ses domaines furent saisis, en 1319, par ordre de Brunissende, pour cause d'excès nombreux (2). Voici, à mon avis, ce qui dut se passer :

Raimond de Castillon, dit Montaut 1er, quitta son nom de famille pour celui de *Montaut*, en vertu d'une substitution en sa faveur consignée dans le testament de son aïeul maternel. Il est vrai qu'il rendit hommage à Archambaud IV, à son avènement au comté ; mais, en dehors d'une tradition consacrée parmi les généalogistes, sans avoir rien d'affirmatif, aucun acte ne nous explique s'il était bien réellement le vassal direct de ce comte. Je serais donc tenté de croire que de 1312 à 1319, Raimond de Montaut se ravisa et que, voyant les membres de sa famille paternelle rendre directement hommage au roi-duc qui les tenait en estime, n'ayant pas d'ailleurs la preuve bien établie que la famille de sa femme devait relever directement des comtes de Périgord, il négligea ses rapports avec Archambaud et affecta plus ou moins des tendances anglaises, au

---

(1) Arch. nat. J. 655, nos 25 et 25 bis.
(2) Arch. de Pau, 3me inv. prép. P. et L., l. 520 — 4 nos 4 et 6.

moment où le comte, tout Français, prenait part aux réclamations faites en opposition à celles des Anglais, en 1314.

Quoi qu'il en soit, il est constant que les domaines de Raimond de Montaut furent saisis, en 1319 ; qu'après d'assez longs débats et seulement en 1326 (1), il y eut un arrangement entre le comte et Raimond, suivi d'une seconde rupture en 1330 (2); que le procureur du comte déclara, devant le sénéchal de Périgord, que la seigneurie de Mussidan relevait du comté et que c'était mal à propos que le sire de Mussidan cherchait à faire croire le contraire (3); ce qui n'empêcha pas qu'à partir de ce moment, les sires de Mussidan restèrent attachés au parti anglais.

SERGENTS DU COMTE DE PÉRIGORD. — En 1330, le comte de Périgord se plaignit au roi de France que les consuls de Périgueux prétendaient avoir le droit d'imposer ses sergents, comme le reste de la population, pour les besoins de la municipalité, tandis que, de temps immémorial, à l'en croire, ses prédécesseurs et lui avaient créé des sergents exempts de *queste* et de *taille*, au Puy-Saint-Front. Sur cette plainte, le roi ordonna au sénéchal de Périgord d'enquérir, de savoir ce qui en était, et de faire droit en raison de ce qu'il aurait appris (4). Nous n'avons pas la fin de l'affaire, mais les droits de la ville étaient consacrés par les actes les plus authentiques.

ÉVÊQUE D'ISSIGEAC. — Le successeur d'Amblard, à Issigeac, s'appelait Bertrand du Poujet, originaire du Quercy. Il avait été promu au cardinalat en 1317, et jouait un certain rôle en Italie,

---

(1) Ibid. n° 33. — Voici le résumé de la pièce relative à cette affaire, qu'on trouve transcrite dans la coll. Doat. Périg. vol. 2, fol. 61 (Bibl. nat.). « Le » comte de Périgord suspectait le sire de Mussidan d'être son vassal, et préten» dait que ce seigneur s'était retiré de lui et avait fait signifier à Mathe d'Albret, » dame de Bergerac, son éloignement, lorsque lui, comte, voulut aller en » armes, en Agenais, contre ses ennemis ; que Raimond avait prêté secours » au sire d'Albret, son ennemi mortel, et s'était allié avec lui. En consé» quence, il l'avait condamné à lui payer 2,000 l. t. ; mais que, par suite de » sa soumission et de sa promesse de ne reconnaître d'autre seigneur que lui, » il lui avait fait la remise de ces 2,000 l. t. »

(2) Arch. de Pau; 3me inv. prép. P. et L., lt 460, n° 4.

(3) Ibid.

(4) Arch. de Pau, 3e inv., prép. P. et L., l. 501, n° 18. Je n'ai rien trouvé qui fît suite à cette affaire.

lorsqu'une bulle du pape Jean XXII, son protecteur, décida que le doyenné d'Issigeac serait attaché à la mense de l'évêque de Sarlat, à la mort du titulaire. Cette mort arriva huit ou neuf ans après (1), et, à partir de ce moment, le doyenné resta toujours attaché à la mense de l'évêque.

Pendant qu'il possédait Issigeac, Bertrand du Poujet eut des démêlés assez graves avec Hélie Rudel, pour qu'une action fût intentée au Parlement (2) ; mais la cause et la fin de cette affaire ne sont pas connues (3).

AMORTISSEMENTS, FRANCS-FIEFS ET NOUVEAUX ACQUETS. — Une ordonnance de 1321, en 10 articles (4), régla la position des églises et des roturiers du midi vis-à-vis de l'État, en ce qui concernait les acquisitions faites par eux, depuis soixante ans, pour lesquelles ils n'avaient encore payé aucun droit. C'était une bonne manière de se procurer de l'argent. Deux autres ordonnances sur la même matière suivirent de près celle de 1321 (5).

La famille de Périgord avait si bien gagné les bonnes grâces du Saint-Siège, que cette même année Jean XXII écrivait à Philippe V pour lui recommander Archambaud IV, et le priait de faire expédier ses affaires le plus promptement possible (6).

LES SEIGNEURS DE GRIGNOLS. — Nous avons vu le château de Grignols restitué au roi d'Angleterre, en 1303, sans qu'il fût aucunement question de la seconde branche de la famille de Périgord. Cependant, selon les généalogistes de cette branche, son chef, qui s'appelait Hélie Talleyrand II, s'était fait ou était resté Anglais tout le temps de la guerre et avait servi avec distinction, ainsi qu'il résulte d'un mandement d'Édouard II, du 14 mai 1314 (7), par lequel ce monarque ordonne à son comptable de Bordeaux de payer, à ce seigneur, 150 livres 6 sols 1 obole sterling, qui lui avaient été alloués, par Édouard Ier, pour ses gages et *restaur* (réacquisition) de

---

(1) Arch. nat. Parlement, 1er reg. des accords et 2e reg., fol. 55.
(2) Bibl. nat., coll. Doat, reg. 242, Périgord t. i, p. 180.
(3) Reg. des accords déjà cité, même fol.
(4) Rec. des ord. des r. de Fr. t. i, p. 745.
(5) Ibid., ibid., 786 et 797.
(6) Arch. nat. L. 300, n° 34.
(7) Saint-Allais, Préc. hist. sur les comtes de Périgord, p. 56.

chevaux. Je n'ai pas vu cette pièce que Saint-Allais dit se trouver dans la collection Brequigny, volume 40 (lisez 14), et même dans les rôles gascons ; mais en voici une que j'ai copiée, et que Saint-Allais donne dans ses pièces justificatives. Cette pièce explique suffisamment ce qui s'était passé : « A nostre seigneur le roi et à
» son conseil, prie et supplie Elys Talyran, seigneur de Grainols,
» que, comme messire Edward, jadis roi d'Engleterre, vostre père,
» à qui Dieux face verréi marcis, lui faust tenus en clx l. vi d.
» obole de sterlings, par deux lettres patentes, séalés de son grant
» séal, par réson de ses gages, de lui et de sa compaignie, du temps
» que il faust en son service, en temps de la guerre de Gascoigne
» prochain passé, et pour restor de chevaux perdus en meymes cel
» service, en temps de ladite guerre, dont la une lettre contient
» mixxxi l. 6 d. et obole d'esterlings, et l'autre lettre contient
» lxix l. d'esterlings ; les queux deniers ledit nostre seigneur le
» roi, vostre père, maunda et assigna de estre paiés audit Elys, sur
» les issus de la baillie de Sainte-Foy, si com en lesdites lettres
» réals plus plainement est contenu, et de ce ledit Elys ne ait pris
» encore fort que xxviii l. et iiii s., issint que de les dites dons
» lettres demoirent encore à paier (cxxxi l. xvi s. vi d. et obole d'es-
» terlings que il vous plése sire, par Dieu à maunder au conestable
» de Burdeaux qui ores est et que par le temps sera, que il fau
» ladite somme qui est due, paier et assigner audit Elys sur les
» issus de ladite baillie, selon la forme de les avant dites lettres de
» notre seigneur le roi vostre père. » (1).

Cette pièce, que je crois être à peu près de la date de celle qu'on va lire tout à l'heure, ne parle pas du mandat de 1315 ; mais, avec les détails qu'elle contient, il demeure constaté qu'Edouard I*er* avait pris deux engagements avec Hélie Taleyrand ; que le total de la somme due devait être payé sur les revenus de Sainte-Foy ; qu'Hélie n'avait encore reçu que 28 l. 4 s., et qu'il demandait que le comptable de Bordeaux lui donnât le restant sur lesdits revenus. Quant à la qualité d'Hélie Taleyrand, elle est parfaitement énoncée. Il se dit *seigneur de Grignols*. Mais voici d'autres lettres qui semblent bien moins explicites : « A tous les fidèles du Christ, à qui

---

(1) Bibl. nat. coll. Brequigny, reg. 14, Guienne, t. v.

« ces lettres parviendront, Hélie Taleyrand, seigneur de Grignols,
« salut éternel dans le seigneur, sachez que j'ai reçu de discret
« homme, maître Guillaume de Lude, trésorier, garde robes de
« l'illustre roi d'Angleterre, au nom dudit roi, 20 l. de noirs
« tournois, pour partie de l'acquittement de la dette que ledit
« seigneur roi a contractée envers moi, en raison de l'hommage par
« moi à lui rendu, par lequel j'ai reconnu tenir de lui le château,
« la terre et autres domaines que j'ai eu, à Grignols, avec toutes
« les dépendances, ainsi qu'il est pleinement contenu dans les
« lettres rédigées entre lui et moi, etc. » (1).

Ces lettres, datées du mois de juin 1322, portent également la qualification de seigneur de Grignols ; mais elles disent aussi que l'hommage a été rendu pour le château, terres, etc., *que j'ai eu à Grignols* ; expression qui peut s'entendre de deux manières :

1° Le château et terres que j'ai eu *autrefois et que je n'ai plus* à Grignols ; 2° Le château et terres que j'ai eu, *par héritage ou par don et que j'ai encore* à Grignols. Dans ce dernier cas, cependant, il semble que le texte devrait porter que *j'ai eu et que j'ai*. De toute manière, du reste, l'hommage acheté prouverait qu'Édouard Ier avait payé Hélie Taleyrand pour qu'il se fit anglais.

Retour au projet de pariage entre Périgueux et le roi. — Au commencement du xive siècle, comme on l'a vu, les pariages étaient à l'ordre du jour. En 1318, il s'en était formé entre le roi, le chapitre de Saint-Front, l'abbaye de Sarlat, celle de Saint-Astier et celle de Sourzac ; entre le comte de Périgord et le chapitre de Saint-Front. Celui qu'il avait été question d'établir entre la ville de Périgueux et le roi, en 1319, avait, comme je l'ai dit, traîné en longueur ; très probablement parce que le comte, effrayé des conséquences de ce pariage, s'était employé de tout son crédit à faire échouer le projet. Repris en 1322, il fut un peu modifié, et des négociations s'engagèrent dans le but de mener à bonne fin un accord entre le roi, la ville et le chapitre de Saint-Front, à la grande surprise du comte, qui s'en plaignit au roi (2), et trouva

---

(1) Col. Brequigny, id.
(2) Arch. de Pau, 3e inv., prép., P. et L., l. 474, no 12.

le moyen d'en empêcher la réussite, sous le prétexte que la ville tenait sa juridiction de lui, moyennant 40 l. de rentes.

Réorganisation municipale de Bergerac. — Jusqu'à l'avènement d'Hélie Rudel II, il n'avait plus été question de Bergerac, en tant que ville de commune. Mais, à peine Renaud de Pons IV avait-il cessé de vivre, que les Bergeracois s'occupèrent de rétablir leur consulat et de rentrer dans leurs privilèges et franchises. Le nouveau seigneur de Bergerac, encore presque enfant, n'était pas en état de s'opposer à leur réorganisation, d'autant que déjà, peut-être, laissait-il entrevoir son inaptitude aux affaires. Nous trouvons dès 1309 (1), un document contenant leurs privilèges. Il est vrai qu'à partir de ce moment, jusqu'en 1322, il n'est plus question de rien et qu'il faut avoir recours aux lettres de Charles IV, du 22 juin de cette année, pour se faire une idée approximative des difficultés qu'ils eurent à surmonter. Voici ce qu'elles contiennent en substance : « Les syndics de Bergerac disaient que d'ancienneté les
» habitants de la ville avaient eu un consulat, une université, un
» corps de ville, un sceau, une maison et une caisse commune, avec
» une juridiction, concédés soit par les prédécesseurs d'Hélie Rudel,
» soit par tout autre seigneur. Hélie Rudel soutenait le contraire,
» et prétendait qu'à lui seul appartenait la ville et sa juridiction. La
» contestation remontait à une époque antérieure à celle où Ber-
» gerac était passée aux mains d'Hélie Rudel, et, pour tenir les
» parties en respect, les prédécesseurs de Charles IV avaient été
» obligés d'établir des gardes à Bergerac qui y étaient toujours
» restés depuis lors. La paix étant faite, et les débats et discorde
» terminés, d'un commun accord, les parties contractantes avaient
» demandé au roi de retirer les gardes et de consacrer, par son
» autorité, le traité de paix conclu entre elles » (2). Ces lettres se terminent par la reconnaissance et la confirmation de ces privilèges et franchises, rétablis par suite de l'accord entre les habitants de Bergerac et Hélie Rudel.

Cette concession, du reste, ne fut pas la seule que fit, à cette époque, le seigneur de Bergerac. Des lettres de ce seigneur, datées

---

(1) Arch. de Pau, 2ᵉ inv., pr., B. et M., l. 96, nº 12.
(1) Arch. nat., reg. du tr. des ch., côté 6., p. 487.

de la même année, leur accordèrent la faculté d'avoir une romanne spéciale pour marquer les vins partant de la ville et de son territoire. Elles furent renouvelées, en 1323, et confirmées par le roi, en 1326 (1).

Ses franchises, libertés et privilèges ; ses statuts, règlements et coutumes. — L'ensemble des concessions faites à Bergerac, dont le point de départ, comme on l'a vu, remonte à une époque antérieure à l'avènement d'Hélie Rudel II, et qui se compléta, en 1337, a été publié plusieurs fois, tantôt sous le titre de : *Les statuts et coutumes de la ville de Bergerac*, tantôt sous celui de : *Coutumes et privilèges de Bergerac*. Ni l'un ni l'autre de ces titres n'est assez explicite, quoique le dernier se rapproche plus de la vérité que le premier (2). Ce document se compose de deux parties parfaitement distinctes : l'une comprenant les *franchises, libertés et privilèges* ; l'autre les *statuts, règlements et coutumes* de cette ville. Les franchises, libertés et privilèges furent octroyés ou reconnus par Hélie Rudel et consacrés par les lettres de Charles le Bel, signalées plus haut. Ils sont rédigés en 29 articles, qui s'appliquent au rétablissement de la commune, à l'organisation du consulat, à la composition du sceau (3),

---

(1) Ibid., reg., côté 61, p. 138.

(2) Par malheur, il ne s'applique qu'aux *Statuts, règlements et coutumes*.

(3) J'ai eu occasion d'engager une polémique sur ce sceau (journal de Bergerac, 13 février et 12 mars 1864). La question se trouvait posée entre le texte des franchises, etc., consigné dans des lettres de Charles IV (juin 1322), confirmatives de ces franchises ainsi conçu : *Quod in dicto sigillo arma seu signeur dicti domini (de Brageriaco), ex parti una, et arma dicta ville ex altera, videlicet quidam draco, insculptentur*. Que dans ledit sceau soient sculptées, d'une part, les armes ou marque dudit seigneur (de Bergerac), et de l'autre, celles de la ville, c'est à savoir un certain dragon ; et celui des livres de la jurade, écrits en 1375-1381, où on lit : *Item des sagels in contrasegels so et member lo sogel ancea en que son tan solumen las armas ancianas de consolat, so es member un grio*. Item, deux sceaux et un contre-sceau, c'est à savoir le sceau ancien dans lequel sont seulement les armes anciennes du consulat, c'est à savoir un griffon, etc. Je soutenais que le livre de jurade est le texte essentiellement authentique, par la raison qu'il était rédigé sous les yeux du consulat. On me disait que les lettres de Charles IV devaient avoir plus d'authenticité. Je répondais que les lettres de Charles IV n'étaient qu'une traduction de chancellerie, sans importance pour la question du sceau. On invoquait alors une *chronique* et le *Recueil des coutumes* qui ne sont que la reproduction des lettres de Charles IV. Je suis loin d'avoir été convaincu ; je persiste donc à dire que les armes primitives de Bergerac étaient un *griffon*

à sa conservation et à son emploi, aux droits et aux devoirs des consuls, à la maison commune, aux poids publics, aux sergents établis dans la ville, à une redevance appelée *col* ou *gardiage*, prélevée sur toute la juridiction de la ville, aux criminels prisonniers, aux clefs de la ville et à leur garde, au droit de rendre la justice, à quelques dispositions transitoires, aux obligations des habitants envers les seigneurs et aux droits des particuliers.

Les statuts, règlements et coutumes, l'œuvre de Jeanne, sœur d'Hélie Rudel, femme d'Archambaud IV, comte de Périgord, furent donnés par elle, en 1334, avec l'autorisation de son mari, et approuvés par Philippe de Valois, en 1337. Nous reviendrons sur ces statuts.

Les Pastoureaux. — L'année 1320 fut une époque de grande agitation pour toute la France, agitation qui eut pour cause un soulèvement général des populations rurales présentant tellement d'analogie avec celui de 1251, dont la captivité de Louis IX fut le prétexte, qu'on lui donna le même nom. Mais il y a cependant cette différence, entre les *Pastoureaux* de 1320 et ceux de 1251, que, pendant qu'on est parfaitement d'accord sur le point de départ du *tumulte* de 1251 et sur le but que s'étaient d'abord proposé ceux qui y prirent part, on ne sait rien de positif, ni sur la pensée qui dirigeait le mouvement de 1320, ni sur la manière dont s'opéra ce soulèvement, ni sur les véritables desseins de ceux qui commandaient cette populace désordonnée. Cette commotion populaire eut un tel retentissement dans le Périgord, que je crois devoir entrer dans quelques détails généraux avant d'aborder les événements qui s'y accomplirent.

Il nous reste un manuscrit sur les événements du Midi. Ce manuscrit porte le nom de *Cartulaire de Montpellier*. On y lit : « En l'an » 1320, il y eut grande agitation vers le mois de mai. On appelait » pastoureaux ceux qui y prirent part. Ces pastoureaux disaient

---

et non pas un dragon, et qu'au lieu des armes de fantaisie qu'on a données à cette ville, on aurait dû les composer comme il suit : *D'azur semé de fleurs de lys d'or, parti aussi d'or à un griffon d'or, lampassé de gueules et posé en pal*. On remarquera que les lettres de Charles IV portent *quidam draco un certain ...gon*, comme qui dirait quelque chose comme un dragon. — Cette juridiction s'étendait à tout le pays compris entre l'Ille et la Dordogne, La Linde et Le Fleix, comme je l'ai dit ailleurs.

» qu'ils voulaient passer la mer pour conquérir la Terre-Sainte. En
» attendant, ils massacraient les Juifs dans le Bordelais, dans l'Age-
» nais, dans le Toulousain, et généralement partout où ils en trou-
» vaient, de telle sorte que le roi de France se vit contraint à les
» faire poursuivre, etc. (1). »

Comme les annalistes, les documents qui subsistent aux Archives nationales (2) placent les mauvais prêtres parmi les chefs de ces bandes et en signalent d'autres que ceux dont parle le continuateur de Guillaume de Naugis.

Nous ne savons pas, exactement, à quelle époque les pastoureaux commencèrent à s'agiter en Périgord; mais il est à croire qu'il y avait un mot d'ordre pour toute la France, et, comme l'idée de la délivrance de la Terre-Sainte avait sinon inspiré, du moins dirigé les meneurs, j'admets sans peine que la dernière tentative de Philippe-le-Long pour organiser une croisade fut suivie de près des premières dispositions prises par ces meneurs. Ce mouvement commença, en Périgord, au mois de mai, comme dans les autres provinces du Midi.

Rien de précis sur l'ensemble; mais les détails qui nous ont été conservés, sur quelques épisodes de ce drame sanglant, permettent de se rendre compte de ce qui dut se passer dans la province.

A peine attroupés, les pastoureaux des environs de Bergerac, comme ceux des autres parties de la France, se prirent à traquer les juifs, les arrêtèrent ensuite et finirent par les égorger sans pitié. La raison apparente de cette haine mortelle était la religion, compliquée du souvenir que les juifs avaient crucifié le Christ; mais le motif réel était leurs richesses : « Dans le temps que les Juifs *furent pris*
» par les pastoureaux et *postérieurement mis à mort*, le juif appelé
» Salomon, et plusieurs autres, avaient caché dans une maison
» située sur le marché de Bergerac, divers objets pour une valeur
» de 3,500 l. t. » (3). Ce même document contient l'interrogatoire d'un agent royal dans le pays, accusé de toutes sortes d'infamies, et qui fut définitivement acquitté. On lit ailleurs : « A l'époque où on
» renouvelait les consuls d'Eymet, il se produisit une accusation

---

(1) Arch. municip. de Montpellier.
(2) Reg. du tr. des ch., côté 61, p. 341, Reg. côté 65, p. 261.
(3) Arch. nat. Reg du tr. des char. côté 65 *primo*, p. 261.

» contre beaucoup d'habitants de *Montguyard*, de *Saint-Sulpice*,
» de *Rouquette*, et d'autres paroisses à qui on reprochait d'avoir
» mis à mort les Juifs. » Nous trouvons dans un autre document de
1321 (1) les noms de trois chefs donnés dans les circonstances suivantes. Le roi de France se plaignait au roi-duc de la désobéissance de ses gens et de leur manque d'égards envers lui. Parmi les griefs articulés se trouve celui-ci : « Comme ledit (nommé) Airevele,
» Guillaume de Latour et Raimond Godoant, qui furent *pastoral*
» *maistres et banneriaux desdits pastouriaux*, et à la mort des
» juifs de la sénéchaussée de Pierregort et à la roberie de leurs
» biens et aux assaus des chastiaus le roi, soient prins à La Réole...
» et le sénéchal de Pierregort les ait souvent requis, par ses lettres,
» au sénéchal de Gascoingne ; le sénéchal de Gascoingne les li
» dévée (refusé) à rendre, et encore les tient. » Enfin on lit dans un *Journal du trésor* (2) de 1322 : « Mercredi 10 février, saisie des biens des Pastoureaux dans la sénéchaussée de Périgort, » et dans un *compte des recettes et dépenses, pendant le règne de Philippe-le-Long* (3) à la même date : « 273 l. 10 s. 8 d., pour certaines compo-
» sitions faites et certains biens provenant des pastouriaux, dans la
» sénéchaucié de Pierregort, recueillis par maistre Regnaut de
» Moulins, receveur desdis biens et compositions. »

De tout cela il résulte que les pastoureaux de Périgord étaient organisés, que leurs premiers exploits furent de tuer les Juifs, qu'ils assiégèrent ensuite les châteaux royaux et ne s'occupèrent plus de la Terre-Sainte : que les gens de la campagne seuls prirent part au mouvement ; mais que des paroisses presqu'entières se soulevèrent ; qu'au lieu de ne rien posséder, comme on le croyait, ils avaient des biens qu'on dut saisir et dont on tira parti, qu'enfin on fit de rudes exemples (4) et que tout n'était pas encore rentré dans l'ordre, en 1322.

LE COMTE DE PÉRIGORD. — En 1324, des lettres de Charles-le-Bel au sénéchal de Périgord lui enjoignaient de faire jouir le comte de

---

(1) Ibid., J. 525, n°s 25 et 25 bis.
(2) Arch. nat. K. 218.
(3) Ibid., Ibid.
(4) Voir les annales agricoles de la Dordogne, année 1862 : art : *Les pastoureaux*.

Périgord des droits et privilèges accordés à son père par Philippe-le-Bel (1).

LIVRE V.
CHAPITRE II.
Guerre de cent ans.

Rupture avec les Anglais. — En 1317, l'abbé et le couvent de Sarlat avaient construit, dans l'Agenais, près de Clairac, une bastille sous le nom de Saint-Sardos ; ils avaient demandé qu'elle fût dotée des mêmes privilèges que les autres bastilles et qu'elle restât sous la protection immédiate du roi. On fit dresser une enquête pour bien se rendre compte des avantages et des inconvénients de cette création (2). L'abbé et son couvent jouissaient sans conteste de Saint-Sardos, sous la protection du roi de France. Vers 1324, le seigneur de Montpézat prétendit que cette bastille avait été construite dans les domaines du roi-duc et, malgré un arrêt du Parlement l'attribuant au roi de France, il s'en empara, et fit passer par les armes la garnison française. Le roi de France demanda réparation ; le roi-duc se mit en état de défense. Charles IV n'hésita pas et prit des mesures énergiques. Il avait du reste un autre grief contre Edouard. Auparavant, le roi-duc avait été sommé par Charles, de venir lui rendre hommage et prêter serment de fidélité, pour le duché de Guienne, ce qu'il n'avait pas fait. Aussi, prenant acte de cette insoumission, au lieu d'arguer des violences du seigneur de Montpezat, Charles déclara-t-il, dans les lettres qu'il écrivit au comte de Valois, son oncle, qu'il lui donnait commission de se transporter dans ce duché et de s'en saisir pour punir le roi-duc et ses adhérents de leur rébellion et de leur désobéissance (août 1324) (3) ; le comte de Valois se rendit devant La Réole, avec son armée, et enjoignit à divers personnages de signifier aux gens du roi-duc de ne pas oppo-

---

(1) Arch. nat. L. 504, 3° paquet n° 1.
(2) Olim., t. III, part. 2me, p. 1299.
(3) Arch. nat. J. 164, n° 51.

ser de résistance aux ordres du roi de France (1) (septembre 1324).

Les historiens ne nous disent pas ce qui se passa depuis lors jusqu'au mois de décembre de la même année, et encore moins ce qui s'accomplit en 1325. Il nous reste cependant des lettres de Charles IV, à ce même oncle (18 décembre 1324), ainsi conçues : « Comme nous, en nostre propre personne, entendons estre en Gas- » coigne à (avec) gens d'armes, le 1ᵉʳ jour dau moys de may, de cest » prochain esté, pour plusieurs désobéissances, rébellions (2) et au- » tres justes et raisonnables causes, touchant nous et nostre réaume, » nous vous requerons et néantmoins vous mandons que le jour » dessusdit, vous soiez à *Brégerac* avec 400 hommes d'armes et 1,000 » arbalestriers bons et suffisants (3). » Il nous reste, en outre, à la date du 21 février, des lettres d'Eymery Du Cros, sénéchal de Périgord, aux maire et consuls de Périgueux, par lesquelles il leur mande, toute affaire cessante, d'envoyer, à Lansarte (Quercy), cent sergents d'armes bien équipés et bien armés, pour le service du roi ; ce qu'ils avaient fait non pas sans beaucoup de peine (4) ; et, c'est à la suite de cet envoi de troupes, qu'eurent lieu des trèves pour laisser au roi-duc le temps de venir rendre hommage et prêter serment. Cependant, comme les choses trainaient en longueur, il fut de nouveau signifié aux maire et consuls de Périgueux d'envoyer 60 autres sergents bien équipés (5), de prendre des mesures de sûreté pour leur ville, ce qu'ils firent, en 1326 (6). La paix ne fut définitivement conclue qu'en 1327.

Francs-fiefs et nouveaux acquets. — Les francs-fiefs et nouveaux acquets avaient été soumis à des droits par Philippe-le-Bel.

La municipalité de Périgueux prétendait en avoir toujours été exempte. En 1324, le besoin d'argent pour la guerre fit reporter l'attention du gouvernement sur cette source de revenus publics, et,

---

(1) Arch. nat. Ibid.

(2) Nous trouvons qu'en novembre 1324 (cat. de R. gascons) le roi-duc ordonne d'arrêter les marchands d'Agenais, de Périgord et autres lieux, trouvés en Gascogne.

(3) Arch. nat. J. 164, nº 50.

(4) Recueil de tit., etc., p. 191.

(5) Ibid., p. 213.

(6) Ibid., p. 210.

par lettres datées de Dome, le 7 janvier, le sénéchal de Périgord donna ordre de mettre sous la main du roi les biens acquis par la municipalité de Périgueux et pour lesquels, selon lui, elle devait payer les droits de franc-fief. Elle fit opposition aux prétentions du sénéchal, et rien ne permet de supposer que cette opposition n'aboutit pas (1). A la même époque, les réformateurs du pays recherchaient, au nom du roi, les gens d'église qui avaient fait des acquisitions pour lesquelles ils devaient des droits (2), et ils traitèrent avec l'abbé et le couvent de Peyrouse, à Saint-Saud, canton de Saint-Pardoux-la-Rivière, pour les droits dus par eux (3).

Frais de justice. Impots. Anoblissement. — L'année 1324 ne nous laisse en plus que des souvenirs d'une importance secondaire pour le Périgord : Une ordonnance de Charles IV relative aux frais de justice (4) ; des lettres du même roi, reconnaissant, comme ses prédécesseurs, que la municipalité de Périgueux avait le droit d'établir des impôts pour les besoins de la ville (5) ; enfin des lettres d'anoblissement, pour un certain Guillaume Bar, bourgeois de Sarlat (6).

Excès et Violences. — En 1325, quelques individus de Saint-Astier s'étaient portés à des excès contre la personne, la famille et la propriété d'un habitant de la localité, placé sous la sauvegarde du roi. Poursuivis par des commissaires royaux, ces malfaiteurs avaient été condamnés à 1,200 l. de p. t. d'amende envers le roi. Ils firent appel au parlement, et le principal accusé récusa les juges, disant qu'il était clerc et réclamait un tribunal ecclésiastique. Une enquête ayant établi que cet accusé était seul solvable, les gens du roi acceptèrent une amiable composition, et il fut convenu que l'amende serait réduite à 500 l. t., sauf à la partie civile à poursuivre les coupables en dommages-intérêts (7).

---

(1) Recueil des titres, p. 191.
(2) Arch. nat. Reg. du tr. des ch., côté 64, p. 9.
(3) Arch. nat. Reg. du tr. des chart. côté 72, p. 60.
(4) Ibid., Reg. côté 62, p. 82.
(5) Rec de tit, etc., p. 86.
(6) Arch. nat. reg. du tr. des ch. côté 62, p. 321.
(7) Ibid. même Reg. p. 495.

L'évêque de Périgueux et le sénéchal du Périgord ; conflit de juridiction. — Guillaume de Durfort devint évêque en 1314. Il n'avait fait parler de lui, avant 1325 ou 1326, qu'à propos de la contestation avec le comte de Périgord. A cette époque, la mésintelligence se glissa entre l'évêque et le procureur du roi de la sénéchaussée. Voici le résumé des plaintes portées contre ce prélat :

« 1° Les gens du roi avaient arrêté à Périgueux Hugues de Coq, clerc, accusé de fausse monnaie et de plusieurs autres méfaits. Comme on le conduisait à Cahors, il s'échappa et se réfugia dans l'église de Rouffignac. Lorsque les gens du roi voulurent le reprendre des mains du procureur de l'évêque qui l'avait retiré de l'église, il leur fut refusé, conduit à Périgueux et mis dans la prison de l'évêque, d'où on le laissa bientôt s'échapper, malgré les instantes injonctions de bien le garder, faites par les gens du roi, à ceux de l'évêque.

» 2° Le comte avait fait faire des fossés près du château de La Rolfie. Sans tenir compte de la sauvegarde du roi, l'évêque les avait fait immédiatement combler de sa propre autorité ;

» 3° Il avait donné asile à des bannis, expulsés au nom du roi ;

» 4° Malgré les stipulations du dernier traité de paix, il avait barré les chemins royaux et publics qui sont autour de Château-l'Evêque ; barricadé et fortifié ledit château ;

» 5° Sans tenir compte de la sauvegarde royale, il avait fait arrêter et violenter l'abbé de Brantôme, pendant qu'il traversait Château-l'Evêque ;

» 6° Il avait fait arrêter un homme accusé d'un vol ou de tout autre délit, à Bassillac, l'avait fait conduire à Agonac, et l'avait fait pendre, malgré son appel au sénéchal et la protection du roi, sous la sauvegarde duquel il était ;

» 7° Malgré leur appel au roi ou à son sénéchal, il avait contraint fournir caution l'abbé et le couvent de Chancelade, la prieure de Merlande, les chapelains de Lisle, d'Alamans, de Saint-Orse et autres, et avait fait briser les portes de leurs églises et de leurs habitations injustement, et au préjudice de l'appel et de la sauvegarde royale ;

» 8° Il y avait à Bassillac des lépreux emprisonnés et enchaînés par Etienne de Laroche, qui disait posséder la juridiction du lieu.

» Les gens de l'évêque s'étant transportés à Bassillac, brisèrent les
» fers de ces lépreux, les emmenèrent et en firent ce qu'ils voulu-
» rent, ne tenant aucun compte de la main mise du roi ;

» 9° Bertrande Ramnulfe, ses filles et tout ce qu'elles avaient,
» étaient sous la protection immédiate du roi ; sans être arrêté par
» cette protection, l'évêque perçut le décime sur leurs biens et
» commit, ou laissa commettre, plusieurs excès ;

» 10° Usurpant les droits et le pouvoir temporel du roi et de ses
» agents, l'official de Périgueux bannit du diocèse de Périgueux
» Guillaume des Cazaux, gardien laïque de la prison des clercs de
» l'évêque ;

» 11° Un certain Jean le Fauconnier, et ses complices, faisant
» tous partie de la maison de l'évêque, et poursuivis par le bailli de
» Saint-Louis, s'étaient réfugiés dans l'église d'Issac ; le bailli allait
» les y prendre, lorsque le chapelain de cette église intervint et
» promit de les présenter à jour fixe audit lieu de Saint-Louis. Ce
» chapelain n'ayant pas tenu parole, le procureur du roi proposait
» de le condamner aux lieu et place des accusés. La raison du procu-
» reur était fondée sur ce que ce Jean le Fauconnier et ses com-
» plices, contrairement aux statuts et règlements, et malgré la
» sauvegarde royale et des inhibitions et défenses à eux faites,
» avaient parcouru ladite paroisse d'Issac, en armes prohibées, pillé,
» volé et violemment spolié Bertrande Ramnulfe et ses filles, dont il
» a été question plus haut ;

» 12° Un enfant avait été trouvé noyé dans la Beauronne, près de
» Beauronne de Chancelade, dont la juridiction était sous la main
» du roi. Les gens du roi l'avaient déposé près de l'église. Les
» gens de l'évêque s'y rendirent, en armes, déplacèrent le noyé,
» sans égard pour la sauvegarde royale ;

» 13° Des lépreux de Sorges étaient sous la sauvegarde du roi ;
» malgré cette sauvegarde et un appel à l'autorité royale, ces
» lépreux furent brûlés par les gens de l'évêque ;

» 14° Quoique la juridiction de l'évêque eût été saisie et placée
» sous la main du roi, ce prélat n'en avait pas moins exercé cette
» juridiction comme si de rien n'était ;

» 15° Plusieurs fois il avait chassé dans les forêts du roi, sans en
» avoir la permission. »

Pour tous ces délits, le procureur du roi demandait que le prélat fût condamné à une forte amende.

Raimond de Durfort, faute de bonnes raisons, payait d'audace. Les réformateurs du pays, qui avaient des instructions conciliatrices, finirent par l'amener à composer : il s'engagea à payer une amende de 800 l. t., en deux pactes égaux, les droits des parties civiles réservés. Cet arrangement fut approuvé par le roi, le 1er février 1326 (1).

Je serais tenté de croire que ce fut à la suite de cette condamnation que Raimond de Durfort sollicita et obtint du roi des lettres de sauvegarde, pour lui, son doyen, son chapitre et tout ce qui de près ou de loin tenait à la corporation, ayant pour objet de les protéger contre les violences et les injures des laïques (2).

Dans l'esprit de cet évêque qui, du reste, n'était pas toujours facile à vivre, ces lettres de sauvegarde étaient évidemment destinées à l'aider à s'affranchir, lui et son clergé, de l'obligation de concourir aux charges de la municipalité.

Cette participation à la vie si agitée de la municipalité de Périgueux, répugnait au clergé, surtout depuis la conjuration de 1309. A l'avènement de Raimond de Durfort, il voulut s'y soustraire systématiquement, et ne consentit plus à contribuer aux charges publiques. En 1324, il avait fallu recourir à l'autorité royale, afin de l'y contraindre, malgré les termes formels du traité de 1240. On dut y avoir recours, de nouveau, en 1326 (3), et encore, vers la fin de l'année, le lieutenant du roi en Languedoc, qui campait alors, avec une armée, devant Puyguilhem, fut-il obligé d'interposer son autorité pour faire opérer la rentrée des fonds (4). Plus tard, le roi Philippe de Valois dut intervenir aussi.

Quelque nette que semblât la situation, quelque forte que fût la municipalité de ces ordres mêmes, ce clergé ne se soumettait pas, sans tenter un dernier effort, en dehors des lettres de sauvegarde signalées plus haut. Bonnes en effet pour échapper aux exigences de l'administration royale, elles n'étaient certainement pas suffi-

---

(1) Arch. nat., reg. du tr. des ch. côté 65, recto, p. 322.
(2) Id., cote 61, p. 220 et 416.
(3) Rec. de tit. etc., p. 86.
(4) Ibid, p. 213.

santes dans la lutte à engager avec une municipalité. Il n'essaya donc pas de s'en servir, d'autant que jusqu'alors les charges de la ville municipale n'avaient guère varié. Mais, quant à la suite de la paix de 1327, la situation s'embrouilla, quand les charges augmentèrent, il crut sans doute que le moment d'échapper à la condition commune s'éloignait de plus en plus, et qu'il n'y aurait bientôt pas moyen de revenir sur la question du privilège, par lui déjà invoquée, s'il n'enlevait pas ce privilège de vive force ; et dès lors il prit la résolution d'attaquer la municipalité dans son existence même. Sans donc tenir compte de ce qui s'était passé, en 1247, en 1290 et même en 1318, une requête fut présentée par lui, à Philippe de Valois (1328 ou 1329), par laquelle il lui exposait que les droits dont jouissait la municipalité étaient usurpés et qu'elle seule se les était appropriés, sans aucune concession de la part des rois ses prédécesseurs (1).

Le roi ordonna une enquête des plus sévères. Cette nouvelle phase de la querelle commence au mois de mai 1330. Il nous reste des lettres de Philippe de Valois au sénéchal de Périgord, portant cette date et ainsi conçues : « Nous avons appris que les habitants » de Périgueux font usage du consulat et de certaines juridictions » qui ne leur appartiennent pas et dont nos prédécesseurs ne leur » ont pas donné le droit de se servir ; c'est pour cela que nous vous » enjoignons de leur signifier d'avoir à produire les lettres et ins- » truments qu'ils peuvent posséder, à ce sujet, dont vous nous » enverrez des copies en forme, pour que la chambre des comptes » puisse s'assurer quelle est la foi qu'il faut ajouter à ces titres. » L'affaire, cependant, traîna en longueur, et ce ne fut que le 31 mars 1332 que Jordan de Lubert, alors sénéchal de Périgord, voyant qu'il ne pouvait pas s'en occuper lui-même, chargea Philippe de Grialou de le remplacer. Celui-ci, au mois de septembre suivant, appela devant lui le maire et les consuls. Loin de reculer devant la citation, ils se rendirent avec empressement et fournirent des explications tellement catégoriques, et des documents en si grande abondance que ce commissaire royal, renonçant à les analyser, se borna à en prendre note et à constater que la communauté jouissait

---

(1) Reg. de tit., p. 216.

de son consulat au moins depuis 1188, c'est-à-dire depuis 144 ans, sans la moindre interruption (1).

Cependant l'évêque et son clergé avaient essayé de créer à la municipalité d'autres embarras. En 1331, une des portes de la Cité, la porte de la *Boucherie*, avait besoin de réparations, et ils avaient saisi cette circonstance pour élever des prétentions en tout point contraires au traité de 1240. Voici le résumé de la protestation du maire et des consuls contre ces prétentions, qui ne tendaient à rien moins qu'à déposséder la municipalité d'un de ses droits les plus importants : « Les maire et consuls de Périgueux ont toujours exercé » la haute, moyenne et basse juridiction dans la Cité, de sorte que » les murs, les portes, les clôtures, les tours et les barbacanes les » regardent seuls ; qu'ils ont seuls le droit de disposer des clefs et » de faire les réparations et que, si parfois ils ont pu confier une » clef à quelqu'un, c'est qu'ils l'ont bien voulu. Cependant la porte » appelée de *la Boucherie*, s'étant trouvée avoir besoin d'une barre, » au moment où cette barre allait être rétablie, l'official de Péri- » gueux, au nom de l'évêque, est intervenu et a ordonné aux » ouvriers de cesser de travailler ; a excommunié les consuls, et » usé de tous les moyens d'intimidation, ce qui, loin de les » effrayer, encourage ces magistrats municipaux à demander » justice, résolus qu'ils sont, s'il le faut, à s'adresser à l'archevêque » de Bordeaux et même au pape (2).

Nous n'avons pas la suite de l'affaire ; nous apprenons seulement par le père Dupuy, que les officiers firent mettre une *serrure à la porte* ; c'est-à-dire firent rétablir la barre signalée plus haut ; ce qui devait naturellement avoir lieu, puisqu'ils étaient dans leur droit, quoique le père Dupuy ne voie dans leur action que la violation d'un compromis qui n'exista jamais que dans son imagination (3).

---

(1) Ibid., p. 216 et 217.

(2) Supp. au rec. de titr., etc., p. 80. La barre qui subsiste encore dans quelques campagnes était le moyen de clôture le plus usité alors. Ce moyen consistait à pratiquer un trou dans chaque montant de la porte et y introduire une barre en travers.

(3) *Etat de l'Eglise du Périgord*, t. II, p. 108. Le père Dupuy essaie bien de jeter les torts sur la position de Philippe de Valois, pressé du besoin d'argent. Il parle même d'excommunications lancées par l'évêque sur la ville ; mais tout cela ne pouvait pas faire que le traité de 1240 n'existât pas, et ce traité suffit pour justifier la conduite de la municipalité.

En présence de ce double échec subi dans l'espace d'un an et malgré un arrêt du parlement, de 1333, par lequel la communauté, les droits et immunités des citoyens et la seigneurie de la municipalité furent reconnus et confirmés, le clergé comprit-il qu'il n'y avait pas à s'obstiner plus longtemps? On serait vraiment tenté de croire que non, à la vue des lettres de Philippe de Valois signalées plus haut et portant la date de 1334 (1). Cependant, tout donne à penser qu'il ne tarda pas à se résigner, parce qu'à partir de 1336, (24 juillet), époque où fut faite la main-levée de la saisie des revenus de la seigneurie de Périgueux (2), il n'est absolument plus question de rien.

État du Périgord. — Pendant cette lutte, le Périgord, sauf la ville de Bergerac, était tranquille. On s'y occupait toujours des amortissements, des francs-fiefs et nouveaux acquêts; et, à la suite de quelques modifications introduites dans l'ordonnance de Charles-le-Bel (1326), par Philippe de Valois (1328), au sujet des amortissements et d'une ordonnance de ce dernier roi (1328) relative aux francs-fiefs et nouveaux acquêts, nous trouvons des lettres royales adressées au commissaire de la couronne, en Périgord, lui indiquant la manière de procéder dans les diverses circonstances qui se présenteront (3). Quoiqu'il fût toujours loisible à la couronne d'annuler ces marchés, elle avait fait beaucoup de concessions et il suffisait d'un prétexte plausible pour que les acquéreurs de biens nobles, quoique roturiers, fussent affranchis, tantôt de tous les droits imposés, tantôt d'une partie de ces droits; ou purement et simplement autorisés à jouir légalement et à transmettre ces biens à leurs héritiers; c'est ainsi qu'en 1326, nous trouvons Etienne et Ramond de Diode, très probablement de Carlux, dont l'un, par suite des services rendus par tous deux à la couronne, est autorisé à acheter 60 livres de rente, sur des biens nobles, sans payer finance (4); c'est ainsi que nous voyons Pierre Itier, tuteur des

---

(1) Rec. de tit., etc., p. 214 et 81.

(2) Ibid. p. 239. Nous avons bien des lettres de Philippe de Valois accordant des gardiens spéciaux aux chanoines et chapitre de Saint-Front en 1334 (Arch. nat. reg. du tr. des ch., côté 66, p. 1485); mais cette pièce n'a rien de commun avec la lutte entre le clergé de la Cité et la municipalité.

(3) Rec. des ordon. des R. de Fr. t. 2, p. 16.

(4) Arch. nat. reg du tr. des ch. côté 64, p. 116.

enfants de Pierre Bourgès de Brantôme, réglant, à un prix convenu, la finance due par ces mineurs, pour des acquisitions faites par leur défunt père dans une foule de domaines seigneuriaux (1) ; c'est ainsi que Gerard Seguin, de Bergerac, après avoir payé la finance obligée, est autorisé, avec approbation du roi, à jouir et à transmettre à ses héritiers les biens nobles par lui acquis (2).

Gurçon et Le Fleix. — Depuis le traité de paix entre le roi-duc et Charles-le-Bel, par lequel ce roi de France conservait, pour la gouverner en son nom, toute la partie de la Guienne saisie par son ordre, la châtellenie de Gurçon et le domaine du Fleix, appartenant à Catherine de Grailly, étaient l'objet de contestations incessantes. Le sénéchal de Périgord disait que ces deux terres dépendaient de la sénéchaussée ; Catherine prétendait au contraire qu'elles faisaient partie de la sénéchaussée d'Agen. Un jugement de 1329, approuvé par le roi de France en 1330, l'attribua à la sénéchaussée d'Agen (3) ; mais cette décision dura à peine trois ans. Après la mort de Catherine (1333), son héritier, Pierre II de Grailly, seigneur de Benangues, obtint que ces deux domaines ressortiraient à la sénéchaussée de Périgord (4).

Les Magnac. — Il y avait, dans le Nontronnais, une famille de Magnac, originaire de Nontron même, qui s'était fait une grande position, dès le milieu du XIII° siècle, et qui avait toujours grandi depuis lors en richesses et en influence. Nous la voyons tour à tour en relations d'affaires avec le vicomte de Limoges et les établissements religieux du pays. En 1322, deux de ses membres s'étaient rendus coupables de plusieurs excès qui leur avaient été pardonnés ; mais loin de se corriger, ils s'étaient livrés de plus belle à toute sorte de désordres. De ces deux parents, l'un était chevalier et s'appelait Itier, l'autre était chanoine et portait le nom de Guillaume. Ils étaient accusés d'avoir maltraité jusqu'au sang des ecclésiastiques et autres personnes ; d'avoir commis, en armes, des crimes nombreux ; d'avoir pris part à des jeux illicites ; d'avoir fréquenté les tavernes et vécu avec des excommuniés ; on leur repro-

---

(1) Arch. nat. Reg. du tr. des ch. c. 65 2°, p. 323.
(2) Ibid., reg. c. 65 1°, pièce 27.
(3) Ibid., reg. c. 66, p. 371.
(4) Ibid., Ibid., p. 1218.

chait encore de se livrer à la fornication et à l'adultère et de ne jamais payer leurs dettes. La mesure se trouvant comble, en 1326, ils s'adressèrent au pénitencier du pape, qui leur accorda pleine et entière absolution, et ce qu'il y a de plus curieux, c'est qu'ils se rendirent eux-mêmes à Avignon pour la recevoir des mains du pénitencier (1).

PIERRE DE GONTAUT II, SEIGNEUR DE BIRON. — Pierre de Gontaut II, seigneur de Biron, fils de celui qui avait traité pour la construction de la bastille de Montpazier, savait évidemment que tout ce qui regardait l'existence de cette bastille avait été officiellement réglé et qu'elle avait été mise sous la sauvegarde du roi de France, ainsi que Capdrot et quelques autres lieux circonvoisins; cependant, avec une troupe d'hommes armés, il avait envahi la bastille, Capdrot et les autres localités, s'était emparé du blé, du vin et de toutes les autres denrées, et y avait commis des violences de toutes sortes. En 1327, le maréchal Bertrand de Briquebec, lieutenant du roi en Languedoc, lui accorda des lettres de rémission, en récompense de ses bons services, durant la dernière guerre (1325), et ces lettres furent approuvées par le roi, au mois de décembre de la même année (2).

RAIMOND D'ESTRÉES. — En parlant des pastoureaux, j'ai signalé un document relatif aux environs de Bergerac ; c'est une sentence d'absolution rendue en faveur de Raimond d'Estrées, agent du roi à Bergerac, accusé d'une foule de méfaits de natures les plus diverses, qu'il niait avec indignation. Mais la prévention était tellement accablante, qu'il lui aurait été difficile d'échapper au péril qui le menaçait si, à cette époque, il n'eût toujours été facile de s'entendre avec la justice, moyennant finances. Il offrit donc, pour sortir d'embarras, une somme d'argent qui fut tout naturellement acceptée, au nom du roi, en échange d'un acquittement officiellement approuvé par lui (3).

HÉLIE FARGAUDY D'ESTISSAC. — Hélie Fargaudy d'Estissac, dit-*Gautonnet*, était accusé d'avoir réuni une troupe de gens armés, de s'être rendu avec eux au lieu appelé le *Pech*, paroisse de *Sainte-*

---

(1) Bibl. nat., coll. Doat, reg. 213, Périgord, t. 2, fol. 32.
(2) Arch. nat. Reg du tr. des ch. c. 61, p. 699.
(3) Arch. nat. reg du tr. des ch., c. 65, p. 261.

Marie-d'Eyraud (1), chez Bertrande d'Estissac, veuve de Pierre de Veyssière, et de l'avoir assassinée, ainsi qu'un de ses fils appelé Pierre. Hélie s'était énergiquement défendu de ce crime, avait invoqué un alibi accepté par le bailli de Maurens, devant lequel l'affaire s'était débattue, en première instance, et avait été acquitté par sentence de 1331, approuvée par le roi, en 1332 (2). L'affaire ayant été portée devant le sénéchal de Périgord et débattue pendant quelque temps, Gantonnet perdit de son assurance et trouva plus prudent de payer une amende que de courir les chances d'une condamnation. Il offrit donc 1,000 l. et son absolution fut approuvée par le roi (3).

Jean du Puy ou du Solier. — Jean Dupuy, dit aussi du Solier, du Bugue, en 1333, était accusé d'avoir tué, d'un coup d'épée, Thomas Lebarbier, également du Bugue, et poursuivi devant le juge de la juridiction de Limeuil. Après un examen attentif de la cause et des incidences qui s'y rattachaient, l'innocence de Jean Dupuy ayant paru évidente, il fut acquitté et son acquittement approuvé d'abord par le sénéchal et ensuite par le roi (4).

Fortanier de Saint-Astier. — Nous avons vu Raimond de Montancés, Hélie de Saint-Astier et Talleyrand son oncle, faire abandon au roi de tous leurs droits sur la juridiction de Lisle (1309). En 1331, Fortanier de Saint-Astier, parent d'Hélie (on ne dit pas à quel degré), prétendait à la moitié de la ville et de la paroisse jusqu'à la Dozèle. Un jugement le débouta de cette prétention (5).

Foires et marchés de Saint-Amand. — Au milieu de ces désordres, le commerce avait encore une certaine activité dont les seigneurs ne manquaient pas de faire leur profit chaque fois que l'occasion le leur permettait. En 1328, Guillaume de Saint-Amand, damoisel, obtint de François Ier la création de deux foires et d'un marché audit lieu de Saint-Amand. Le marché devait se tenir tous les same-

---

(1) Cette paroisse n'existe plus; ce pourrait être le lieu qu'on appelle aujourd'hui *La Veyssière*, près de Saint-Jean-d'Eyraud, canton de Villamblard.

(2) Arch. nat. Reg du tr. des chart. c. 66, p. 1002.

(3) Arch. nat. Reg. du tr. des ch. c. 170, p. 63.

(4) Ibid. Reg. c. 66, p. 1331.

(5) Bibl. nat. coll. Doat., Reg. 242, Périgord, t. 1, p. 98.

dis et les foires, l'une à la St-Martin d'hiver, l'autre le jour de Saint-Loup (1).

MONNAIE PÉRIGOURDINE. — Pour se conformer aux ordonnances, le sénéchal de Périgord avait fait crier que les payements de toute nature ne se feraient plus qu'en monnaie royale, ce qui jetait une véritable perturbation dans le pays. Le comte de Périgord réclama, et, en décembre 1330, obtint des lettres de Philippe de Valois qui autorisaient les paiements en monnaie périgourdine, comme par le passé (2).

GUERRES PRIVÉES. — Les guerres privées avaient été défendues en Guienne. En 1330, sur la demande de Bernard Eysie, sire d'Albret, et d'autres barons, elles furent rétablies, par lettres patentes de Philippe de Valois, sous le prétexte qu'elles existaient pendant que la Guienne était sous l'autorité anglaise (3). Nous verrons bientôt l'usage qu'en firent le sire d'Albret et le comte de Périgord.

LES DROITS DE LA MUNICIPALITÉ. — Les sénéchaux de Périgord avaient reconnu, à plusieurs reprises, que la prison du Puy-St-Front était la propriété exclusive de la municipalité. En 1329, Jordan de Lubert ayant voulu disposer, à son gré, de la maison du Consulat, se vit dans la nécessité de faire une déclaration en forme constatant que cette municipalité lui avait prêté cette maison pour tenir ses assises, et les fourches patibulaires de Corne-de-Bœuf pour les exécutions, reconnaissant ainsi officiellement l'existence légale de la commune, au moment où elle était contestée par le clergé de la cité (4)

BASTILLE DE SAINT-LOUIS. — En 1325, Charles le Bel confirma les privilèges et franchises de la bastille de Saint-Louis (5), et, en 1326,

---

(1) Arch. nat. Reg. du tr. des ch. c. 62 2º, p. 327. Il y a trois Saint-Amand en Périgord : 1º St-Amand-de-Coly, qui était une abbaye, où des foires ne pouvaient s'établir qu'au nom de l'abbé ; 2º Saint-Amand-de-Belvès; 3º Saint-Amand de Vergn. Les foires et le marché furent concédés à l'une de ces deux localités.

(2) Arch. de Pau, 3me invent. prop., P. et S. 501, nº 53.

(3) Rec. des ord. des R. de Fr. t. II, p. 61.

(4) Rec. de tit. etc., p. 232.

(5) Rec. des ord. des r. de Fr., t. XII, p. 496

il la prit sous sa sauvegarde spéciale, avec recommandation aux sénéchaux de Saintonge, de la Marche, du Limousin et du Périgord de veiller à la conservation et au repos de ses habitants (1).

Pierre de Galard. — Pierre de Galard, maître des arbalétriers de France, dont je parlerai plus particulièrement ailleurs, avait été appelé à Limeuil, par Bernard de Bouville, chanoine de Périgueux, son oncle, seigneur du lieu, et y agissait déjà, depuis quelque temps, comme futur héritier du chanoine. En 1326, lorsque le traité de paix conclu avec l'Angleterre eut définitivement assuré à la France la possession de la portion de la Guienne tombée entre les mains du roi, ce maître des arbalétriers voulut, autant que possible, conserver à la seigneurie de Limeuil tous les droits et tous les revenus dont elle jouissait. Le produit, appelé *le droit du commun*, perçu à *Limeuil, Paunat* et *Saint-Alvère*, était une des parties importantes de ces revenus. Il avait été donné à Bertrand de Bouville, frère de Bernard, et alors seigneur de Limeuil, par le roi-duc, Henri III d'Angleterre, et confirmé en 1289 à Bernard, successeur de Bertrand, par le roi-duc Edouard Ier (2). Bernard de Bouville n'étant plus de ce monde, en 1326, Pierre de Galard commença par faire approuver, par Charles IV, les lettres d'Edouard, et immédiatement après se fit donner, par ce même prince, ce droit du commun (3). Quelques mois après il fit plus, et lui donna le château et la châtellenie de Clarens (4), avec cette réserve qu'il les rendrait au roi-duc, dans le cas où le roi de France lui restituerait la partie de la Guienne occupée par lui ; ce que Pierre de Galard s'engagea à faire par acte authentique, portant la même date (5). L'année d'après, il acheta d'un certain Arnaud Rabiol, marchand de Castillon, tout le droit qu'il avait sur le passage de la Vézère, à Limeuil (6).

(1 Arch. nat., Reg. du tr. des ch., côté 61, p. 163.

(2) Arch. nat., Reg. du tr. des ch., côté 61. p. 311. Les lettres portaient que la donation était faite *à Bertrand et à ses successeurs*.

(3) Ibid., ibid., p. 203.

(4) Ibid., ibid., p. 230.

(5) Ibid. J. 426, n° 17.

(6) Bibl. nat., pap. Leydet, 2e rec., 1re part.

Cette même année, d'accord avec le prévôt de Paunat, il obtint que le marché qui se tenait audit Paunat, le dimanche, et qui leur était commun, fût porté au lundi (1).

Les Poitevins. — Au commencement du xiv⁰ siècle, il y avait à Siorac (2) une famille qui acquérait chaque jour de l'importance, par la valeur personnelle de ses membres et par les services rendus. En 1327, Charles IV anoblit du même coup, par lettres patentes, Géraud Poitevin, Guillaume et Pierre Poitevin, ses neveux (3).

Renaud de Pons VI, seigneur de Ribeyrac. — Geoffroi de Pons V, seigneur de Ribeyrac, etc., étant mort, eut pour successeur son fils Renaud de Pons VI, dont il sera question ailleurs, et qui rendit hommage au roi, pour Ribeyrac, en 1334 (4).

Les seigneurs de Castelnaud. — On n'a pas oublié qu'au moment où le comte de Périgord traita avec les seigneurs de Castelnaud, de Beynac, et se fit accepter par eux comme suzerain immédiat, la famille se composait de quatre frères : Gaillard, Guillaume, Raimond et Bertrand ; que, pendant les négociations, Bertrand mourut, laissant deux fils, Bertrand et Raoul (1271-1273). Tout porte à croire que, de toute cette famille, ils ne survécut que Raoul, que nous avons vu rendre seul hommage au comte, en 1308. Ce Raoul ne laissa, en mourant, qu'une sœur, Isabelle, et deux filles appelées Marguerite et Magna, et un fils, Guillaume, qui sans doute mourut jeune, puisqu'il n'est question de lui que dans un acte de 1330, dont il sera parlé plus tard, et qui signale une querelle entre lui et ses sœurs ; querelle qui fut sans doute cause que le comte de Périgord saisit la terre de Castelnaud et ses dépendances. Cette saisie n'ayant pas paru convenable, un commissaire du sénéchal, sans en prévenir le comte, mit Castelnaud sous la main du roi. Le comte s'en plaignit, et la main du roi fut retirée, à la suite d'une délibération du sénéchal. Quelque temps après, le même commissaire, envoyé par le lieutenant du sénéchal, reprit possession du château, et, en brisant les portes, il en expulsa les gens d'Ar-

---

(1) Arch. nat., reg. du tr. des ch., côté 64, p. 217.
(2) Aujourd'hui commune du canton de Ribeyrac.
(3) Arch. nat., reg. du tr. des ch., côté 64, p. 619.
(4) Ibid., J. 1026.

chambaud IV. Toutefois, ce lieutenant ayant reconnu plus tard les droits de ce seigneur, décida que ses gens devaient être réintégrés dans l'occupation de ce domaine, tout en le maintenant sous la main du roi. Cette décision fut attaquée par le comte, qui en appela de nouveau au roi ; ce qui n'empêcha pas le lieutenant du sénéchal de poser en fait que la terre appartenait à Isabelle, Marguerite et Magna, sur quoi il les envoya en possession, et leva la saisie. Cette complication de procédure, les agissements du sénéchal et de son lieutenant, et les appels réitérés du comte, émurent Philippe, qui nomma un commissaire spécial, chargé de régler définitivement cette affaire. Après avoir rempli toutes les formalités requises, et s'être entouré d'hommes compétents, ce commissaire décida que le comte avait agi selon ses droits, et que la saisie devait être retirée (1).

Le roi d'Angleterre. — Rien de ce qui précède ne donne à penser que Philippe de Valois, depuis son avénement au trône, songeât à de nouvelles conquêtes, dans la Guienne. Soupçonnait-il seulement des intentions hostiles au nouveau roi-duc ? Edouard III, de son côté, procédait-il sans arrière-pensée ?

Il y avait environ un mois qu'il était monté sur le trône d'Angleterre, lorsqu'il écrivit à Fargaudy d'Estissac, à Taleyrand de Grignols et à Mathe d'Albret, des lettres dont voici le résumé : « Nous
» savons, et votre conduite le prouve assez, que vous avez toujours
» été fidèles et dévoués envers nos ancêtres et envers nous ; nous
» vous prions donc de vous conduire toujours de même envers nous
» et nos agents, dans le duché de Guienne, et de ne diminuer en
» rien votre louable affection à notre égard. Du reste, nous avons
» chargé Bernard d'Albret, Jean de Westons, notre comptable à
» Bordeaux, Edmond Arnaud, Bernard Geingux, et Pierre de
» Scorte, des affaires qui ont trait à la Guienne, et de vous faire
» connaître toute notre pensée, etc. » (février 1327) (2).

Le 28 mars 1328, il écrivait aux villes de Périgueux, de Bergerac et du Mont-de-Dôme : « Nous connaissons toute l'affection que vous
» portez à notre mère et à nous, et toute celle que vous aviez pour
» ses ancêtres. Conservez-la lui, ainsi qu'à nous, et faites en sorte

---

(1) Bibl. nat., coll. Doat. Reg. 243, Périgord, vol. 2, fol. 56 et 77.
(2) Fædera, litteræ et acta publica (nouv. éd. de Rimer), vol. 2, part. 2, p. 686.

» que, dans les affaires qui pourraient nous toucher dans vos
» quartiers, nous reconnaissions que vous n'avez pas changé, ni à
» l'égard de notre mère, ni à l'égard de nous. Raimond Durant, du
» reste, vous fera connaitre nos intentions » (1).

Le comte de Périgord, de son côté, reçut, en 1329, des lettres ainsi conçues : « A tous les baillis, *salut*. Sachez qu'Archambaud,
» comte de Périgord, est autorisé, par nous, à venir en Angleterre
» et que, pour lui prouver combien nous voulons lui être agréable,
» nous l'avons pris sous notre protection spéciale. » Et afin qu'on ne pût pas douter du but qu'il se proposait, il envoya en même temps des lettres pareilles à Gaston, comte de Foix, à Amaury, vicomte de Lautrec, à Jean de Levis, maréchal de Mirepoix, à Anissant des Pins, seigneur de Mont, à Anissant de Caumont, seigneur de Montreil, et à Bernard Eizy, seigneur d'Albret (2).

Il écrivit de nouveau, en 1330, à Taleyrand de Grignols, à Mathe d'Albret et à Guillaume Amanieu, de Castillon, seigneur de Blaignac, frère de Raimond de Montaud Ier, seigneur de Mussidan, dans des termes encore plus pressants, et en ayant toujours soin de leur rappeler leur attachement à sa mère ; leur fidélité et leur zèle envers ses ancêtres et lui ; l'embarras des affaires, en Guienne, ses démarches auprès de la cour de France pour arriver à un arrangement à l'amiable, et l'envoi qu'il leur faisait de deux de ses fidèles serviteurs, connaissant sa pensée intime, chargés spécialement de leur parler, et aux paroles desquels ils pouvaient, par conséquent, ajouter pleine et entière confiance (3).

Quelques jours à peine après ces lettres, récompensant par anticipation les services qu'il attendait de Bernard d'Albret, frère de Mathe, il lui donna, sa vie durant, la garde de Puynormand et de Villefranche-de-Lonpchac, avec leurs dépendances, qu'il lui avait déjà donné à temps, à la condition qu'il serait prélevé, sur ces châtellenies, cent livres sterling par an, et deux cent livres de monnaie courante, comme par le passé (4).

Enfin, en 1333, après avoir constaté que les lettres qui précédent

---

(1) Ibid., ibid., p. 737.
(2) *Fœdera, litteræ et acta publica*, ou nouv. éd. de Rimer, t. II. part. 2, p. 767.
(3) Ibid., ibid , p. 783.
(4) *Fœdera, litteræ et acta publica*, ou nouv. éd. de Rimer, t II, part. 2, p. 790.

avaient été perdues et que Bernard lui avait rendu, lui rendait et lui rendrait encore de bons services, il rappelait, dans de nouvelles lettres, la donation à lui faite, la lui confirmait en supprimant tout prélèvement, et prenait le titre de roi de France, première année de son règne (1). L'histoire a raconté les prétentions et les efforts de ce prince pour arriver au trône de France. Il me suffit donc d'avoir constaté que ses démarches en Périgord révélaient son ambition, même avant la nomination de Philippe de Valois à la régence du royaume, sans autrement entrer dans cette première période de la lutte.

Hélie Rudel II, ses déportements, sa succession. — Je me suis déjà occupé du seigneur de Bergerac ; mais pour bien se rendre compte des compétitions et des complications qu'enfanta sa succession, et du dénouement de cette grande affaire, il importe de remonter au mariage de ce seigneur.

On a vu qu'Hélie Rudel avait de 10 à 11 ans, à la mort de son père, et, comme il se maria peu de temps après sa sœur, (1314), il en avait environ de 16 à 17, au moment où il épousa Mathe d'Albret, veuve après quatre ans de mariage, et qui pouvait être à peu près de son âge, si, selon l'usage du temps, elle avait de dix à douze ans lorsqu'elle prit, en premières noces, le vicomte de Tartas. A part des quittances qu'il donna pour la dot de sa femme, nous n'avons rien de lui jusqu'en 1317, époque où on lui nomma un curateur. A partir de ce moment, les assignations, les donations, les testaments, les emprunts, les promesses, les querelles se multiplient et se croisent dans tous les sens. Cette même année 1317, il donne à Mathe le château et la châtellenie de Pons, avec leurs dépendances (2). Il reçoit, en 1318, 30,000 l. d'augmentation de dot et il lui assigne d'abord Bergerac et autres lieux en garantie de payement (3), puis il lui donne la châtellenie dudit Bergerac (4) ; puis il reconnaît avoir reçu d'elle la somme de 60,000 livres (5). Le montant de la dot, ainsi déterminé, par acte de 1320, il s'engage

---

(1) Arch. de Pau, 2e inv. prep., P. et L., l. 69, p. 9.
(2) Arch. de Pau, 2me inv. prep. B. et M. L. 98, n° 3.
(3) Ibid., Ibid., l. 78, n° 4.
(4) Ibid., Ibid., Ibid., n° 11.
(5) Ibid., Ibid., Ibid., n° 15, les trois dernières pièces sont du 10 et 17 juin.

à la restituer, le cas échéant (1). C'est à la suite de ces tergiversations qu'il fit don à sa femme, en 1322, de 17,000 l. comme compensation de sa dot et de ses joyaux de noce (2), et que, quelque temps après, il obtint des lettres de Charles IV, par lesquelles il est établi qu'en se mariant il avait reçu 15,000 l. de dot et 2,000 l. de joyaux, et qu'il voulait que, s'il mourait sans enfants, en outre de ces 17,000 l., Mathe reçût 15,000 l. comme supplément de dot, et jouît des seigneuries de Pons et de Bergerac jusqu'à ce qu'elle aurait été payée de ces 32,000 livres (3). Il semble qu'il devait en avoir fini avec cette dot et les arrangements qui y avaient trait; point du tout. En 1328, il se ravisa et au lieu de donner simplement en jouissance à Mathe la seigneurie de Bergerac, il lui en fit une donation formelle (4); et pour couronner son œuvre, des lettres de sauvegarde furent sollicitées et obtenues de Philippe de Valois, en 1330, pour ladite dame (5).

Cependant, les deux époux n'étaient pas d'accord sur cette dot, et la preuve c'est qu'en 1331, Mathe s'assura du concours d'un homme de loi pour la diriger dans les poursuites qu'elle allait exercer contre son mari (6); et qu'en 1333, le procès fut porté aux assises de Cahors, d'où il fut renvoyé à celles de Lauserte pour le prononcé du jugement (7). Rudel fut condamné à lui donner les 60,000 liv. d'abord promises, plus autres 20,000 l., en tout 80,000 l., (1333), qu'il reconnut devoir payer comme il suit : 77,000 l. pour la dot et 3,000 l. pour les frais (8) pour le paiement desquelles il fit abandon des terres de Montignac et de Montcucq, en Périgord, et de celle de Pujol, en Agenais, estimées 60,000 l., restant ainsi son débiteur de 20,000 l. qu'il lui assigna sur Bergerac (9); ceci se passait du 19

---

(1) Arch. de Pau, l. 97, n° 17.
(2) Ibid., Ibid., l. 93, n°s 2 et 14.
(3) Ibid., Ibid., l. 94, n° 2, et Arch. nat. Reg. du tr. des ch. côté 61, p. 114 et 333.
(4) Ibid., Ibid., Ibid., n° 5.
(5) Ibid., Ibid., l. 94, n° 22.
(6) Ibid., Ibid., l. 96, n° 22.
(7) Ibid., Ibid., l. 97, n° 8 et l. 96, n° 9.
(8) Ibid., Ibid., l. 96, n° 1, 97 n° 2 et 96 n° 10.
(9) Ibid., Ibid., l. 99, n° 8, Ibid. Ibid., l. 93, n° 5 et l. 94, n° 5.

au 20 juin, et par conséquent bien peu de temps avant sa mort, puisqu'il n'était plus de ce monde le 22 du même mois.

En apprenant le résultat de ce procès, mais évidemment après la mort d'Hélie Rudel, le comte de Périgord, au nom de sa femme, fit appel de ce jugement, se basant sur les droits qu'elle avait à la succession de son frère (1) ; droits qui reposaient sur un testament, fait en 1318, par lequel Hélie Rudel la faisait son héritière, tout en confirmant à sa femme les revenus de Pons et de Bergerac, sa vie durant (2) ; sur une donation de 1322, reproduction exacte des dispositions du testament (3) ; sur une assignation de 500 l. de rente pour dot, lors de son mariage, mal payées, ne reposant sur rien, pour lesquelles Hélie Rudel avait voulu donner des sûretés, en 1323 (4), mais qu'il avait fallu faire garantir par une sentence du sénéchal de Périgord, rendue en 1324 (5), et assignant les paroisses d'*Auriac*, de *Fanlac*, du *Cheylard* et de *Brenac*, dans la châtellenie de Montignac comme nantissement de la somme (6) ; enfin sur des lettres de Philippe de Valois, de 1329, confirmant la donation que lui avait faite son frère.

Cependant, à travers cette complication d'affaires de famille, il semble résulter des documents parvenus jusqu'à nous, qu'entraîné par ses penchants désordonnés, Hélie Rudel, sans besoin réel, à une époque qui n'est pas indiquée, aurait vendu, à Bérard d'Albret, les châteaux de Gensac, de Maurens et de Miraumont, que Bérard les aurait ensuite donnés à sa sœur Mathe ; que ces châteaux, peut-être d'abord saisis, faute d'hommage, par ordre du roi d'Angleterre, auraient été rendus à Mathe, en 1325 (7), et qu'à la suite de cette

---

(1) Arch. de Pau, 1. 97, n° 11.
(2) Ibid., Ibid., Ibid., n° 9.
(3) Ibid., Ibid., l. 96, n° 19.
(4) Ibid., Ibid., 3me inv. prép. P. et L. l. 520, n° 4, et 2me inv. prép. B. et M., l. 95, n° 8.
(5) Ibid., 3me inv. prép. P. et L. l. 506 n° 26, et l. 501, n°s 44 et 45. Il paraît cependant qu'elle avait reçu un à-compte sur cette dot, comme le dit expressément une pièce de 1323.
(6) Bibl. nat. coll. Doat, t. 2, fol. 21.
(7) Bibl. nat., coll. Doat, t. 19, fol. 43.

restitution, en 1326, Hélie Rudel aurait autorisé sa femme à en faire hommage au roi-duc (1).

Indépendamment de ces deux principaux compétiteurs, il s'en présentait encore plusieurs autres qui prétendaient avoir aussi des droits à cette succession. L'un des principaux était Renaud de Pons IV, seigneur de Ribeyrac, descendant d'Hélie Rudel II, auquel cependant, par acte de 1322, il avait donné le château de Pons et ses dépendances, sauf l'usufruit, s'il mourait sans enfants (2) ; et, dix ans plus tard (1332), il avait fait donation entre vifs de tous ses biens, sauf toujours l'usufruit, s'il mourait sans enfants (3) ; ajoutez à cela certains arrangements allégués par Renaud de Pons IV. Venaient ensuite Robert de Mastas ou Mathas, Jean de Thoars, Jeanne de Mastas, sa femme, et François de Lévis, qui s'étaient joints au comte de Périgord pour l'appel contre le jugement rendu à Lauserte, comme alliés ou descendants de la maison de Lésignan, dont avait hérité Hélie Rudel.

Hélie Rudel était marié depuis trois ans, lorsque sa famille lui donna le curateur dont j'ai parlé (4) ; précaution que justifiait sa conduite.

En 1318, il avait sur les bras les deux querelles dont j'ai parlé plus haut : l'une avec Anissant ou Alexandre de Caumont, l'autre avec Bertrand du Poujet, doyen d'Issigeac ; et, la même année, il se reconnut débiteur de 400 l. envers le sire d'Albret, qui très probablement les lui avait prêtées (5). En 1319, sous le prétexte qu'il avait rendu de grands services à sa famille, mais aussi parce qu'il lui avait fourni de l'argent, un certain Guillaume Foulquier de Bergerac, en obtint pour lui et ses descendants, le privilège d'être exempt de taille et des droits de mesurage et de péage, dans toute l'étendue de la seigneurie (6) ; et en 1324, après un règlement de compte, il lui donna le revenu des foires de la Saint-Martin et des

---

(1) Arch. de Pau, fol. 72.
(2) Courcelles ; Hist. généal. et héral. des pairs de Fr. Arch. Pons, p. 30
(3) Ibid., Ibid.
(4) Arch. de Pau, 2me inv. pr. B. et M. l. 97, no 15.
(5) Ibid., Ibid. l. 91, no 19.
(6) Arch. nat. Reg. du tr. des ch., côté 71, p. 117.

Rameaux, avec celui du passage de la Dordogne (1). En 1323, il fit don à un certain Ricard Raimond et à Hélie de Saint-Astier, de 50 l. de rente à chacun, à prendre sur les châtellenies de Bergerac et de Montignac, avec confirmation du roi (2). Et pour achever de constater le désordre de sa conduite, nous lisons dans un plaidoyer de 1335 : « Renaud, seigneur de Bergerac, le dernier mort, postérieu-
» rement à son mariage, ayant commencé à dissiper sa fortune,
» Mathe l'attaqua en garantie devant le sénéchal de Périgord (3). »
Telle était donc la situation au moment de la mort d'Hélie Rudel, survenue du 20 au 31 juin : d'une part, sa veuve, à qui, par suite de ses mauvaises affaires, il avait été forcé de reconnaître 80,000 l., de l'autre, une sœur qu'il avait fait son héritière et qui s'était vue constamment atteinte dans ses droits reconnus par actes authentiques, grâce à l'inconduite de son frère ; en troisième lieu, un parent éloigné auquel il venait de donner un domaine important dont il avait déjà disposé ; en quatrième lieu, divers parents par alliance qui affichaient des prétentions plus ou moins fondées et dont l'un même, Jean de Thoars, au nom de sa femme Jeanne de Mastas, avait obtenu, en 1325, d'être mis en possession de Montignac et de Montcucq, et serait parvenu à s'y installer, sans une protestation de Mathe d'Albret, déjà maîtresse de ces domaines (4) ; et enfin le défunt, criblé de dettes en son vivant, et mort laissant sa succession obérée.

PROCÈS ENTRE MATHE ET LE COMTE DE PÉRIGORD, AGISSANT POUR SA FEMME. — Nous n'avons pas toutes les pièces du procès engagé entre la veuve d'Hélie Rudel et Jeanne de Pons ; mais, à travers les données qui nous restent, nous voyons que Jeanne et son mari, tout en poussant vigoureusement l'appel, ne voulurent pas s'en tenir aux formalités judiciaires, et procédèrent, par eux mêmes, et en armes, à l'occupation de Bergerac. En effet, en rapprochant les dates des données qui nous restent, nous trouvons que, le 22 juin, c'est-à-dire un ou deux jours après la mort d'Hélie Rudel, et pendant qu'il sollicitait que cette seigneurie fût mise sous séquestre, le

---

(1) Arch. de Pau, 2me inv. prép. P. et M. l. 98 n° 7.
(2) Arch. nat. Reg. du tr. des ch., côté 61, p. 201.
(3) Arch. de Pau, 2me inv. prép. B. et M. l. 91, n° 5.
(4) Arch. de Pau, 2me inv. prép. B. et M. l. 99., n° 10.

comte se rendit à Bergerac avec sa femme, s'en empara, et, tout en faisant d'un autre côté des démarches dans le but d'arriver à rendre hommage et prêter serment de fidélité au roi, pour ce domaine, d'accord avec les consuls de la ville, qu'il avait évidemment gagnés par ses promesses ; il y préparait les coutumes dont il a été parlé plus haut (1), qui, cependant, ne furent publiées ni par lui, ni par Jeanne, comme nous le verrons bientôt. Il est donc certain que lorsque, le 15 juillet suivant, malgré les instances d'Archambaud, Mathe fut maintenue en possession des châteaux, terres et seigneuries de *Montcucq*, *Montignac* et *Bergerac* (2), le comte et la comtesse étaient toujours à Bergerac, et qu'elle n'en resta pas moins dépossédée de cette ville, puisque nous la voyons, le 22 du même mois, envoyer des fondés de pouvoir (3) aux assises de Cahors, dans le but de réclamer du sénéchal de Périgord et de Quercy, qui les y tenait, de la remettre en possession (4) ; démarche qui n'aboutit pas, malgré la promesse formelle de ce magistrat de la réintégrer, parce que, sans doute, entraîné par les séductions dont on avait pris soin de l'entourer, il poussa la partialité jusqu'à négliger d'exécuter les ordres qu'il avait reçus. Cet oubli du devoir, de la part d'un si haut fonctionnaire, indigna Mathe, qui obtint d'abord un ordre du roi aux sénéchaux de Périgord et d'Agenais, de la remettre sous sa garde et protection ; ordre réitéré le 12 août, parce qu'elle était toujours violentée par le comte (5). Cet ordre fut suivi, le 19 du même mois, de lettres au sénéchal d'Agenais, par lesquelles le roi renvoyait devant ce sénéchal toutes les affaires que cette dame avait ou pouvait avoir avec Archambaud et Jeanne (6) ; par suite de quoi celui du Périgord ne dut plus désormais s'entremêler de ses querelles avec le comte et sa femme (7).

---

(1) Rec. des ord. des R. de F., t. xii. Tous ces détails se trouvent consignés dans les préliminaires de ces coutumes.

(2) Arch. de Pau, 2e inv., prép., B. et M., l. 96, n° 4.

(3) Ibid., ibid., l. 97, n° 19.

(4) Ibid., ibid., l. 90, n° 16.

(5) Ibid., ibid., l. 93 n° 8.

(6) Ibid., ibid., n° 2.

(7) Ibid., ibid., t. 93, n° 2.

Cependant le comte et la comtesse étaient toujours maîtres de Bergerac, et la situation de Mathe vis-à-vis d'eux n'avait pas changé, lorsque Jeanne, malade, fi son testament en faveur de son mari, et mourut peu de temps après (1). Que se passa-t-il jusqu'au décès du comte, qui ne lui survécut que très peu de jours ? Nous savons seulement qu'Archambaud mourut de mort violente, dans une rencontre avec les frères de Mathe qui avaient pris fait et cause pour elle. Voici mes conjectures à cet égard :

En sa qualité d'héritier, le comte voulut s'assurer la possession des domaines à lui légués, par des voies qu'il croyait plus sûres que celles des moyens judiciaires. Le temps, du reste, était parfaitement opportun. Nous étions au moment où le roi-duc s'apprêtait à affirmer, par les armes, ses droits à la couronne de France. Pendant que les actes extra-judiciaires se croisaient, et que Mathe faisait appel, le 26 septembre, dans l'affaire de récusation du sénéchal de Périgord (2) ; qu'elle protestait contre une saisie (3) ; qu'elle exhibait des lettres du sénéchal et du juge-mage d'Agenais, contenant des lettres du roi, au sujet de la saisie de Bergerac (4), et que, d'un autre côté, on l'ajournait pour répondre à des articles produits par Mathe (5), le comte assemblait des troupes pour réduire à l'impuissance les frères de cette dame, qui armaient de leur côté, et s'apprêtaient à la guerre, en vertu de l'autorisation que leur en avait donné Philippe de Valois. Où et comment la lutte s'engagea-t-elle, c'est ce que nous ne savons pas ; mais il est certain qu'il fut tué dans une rencontre. Il était mort le 17 novembre, car il est formellement dit, dans le préambule des coutumes déjà citées, que Roger Bernard, son frère et successeur, se rendit ce jour-là à Bergerac, dont il prit possession comme son héritier (6), et que le plaidoyer de 1333 porte expressément que *le comte de Périgord mourut* VIOLEMMENT ET PAR LES ARMES (7).

---

(1) Arch. de Pau, 3e inv., prep., P. et L., l. 477, no 13.
(2) Ibid., 2e inv., preq., B. et M., l. 98, no 20.
(3) Ibid., ibid., ibid., no 23.
(4) Ibid., ibid., ibid, no 7.
(5) Ibid., ibid., l. 95, no 14.
(6) Rec. des ord. des R. de Fr., t. xii, p. 528.
(7) Arch. de P., 2e inv. prép. B, et M. l. 91, no 5.

La mort de Jeanne et d'Archambaud ne modifia donc en rien la situation, puisqu'il est positif que Roger Bernard procéda avec au moins autant de violence que son frère et qu'il se maintint à Bergerac par les armes. Nous en trouvons la preuve dans des lettres de Philippe de Valois, du 7 janvier 1335, enjoignant aux sénéchaux de Périgord, Carcassonne et Saintes, de faire remettre immédiatement, entre les mains des exécuteurs testamentaires de Renaud de Pons (Hélie Rudel), tous les biens qu'il possédait au moment de sa mort (1). Dans un arrêt du Parlement, rendu le 13 juillet suivant, portant que, après avoir entendu les réclamations de Mathe et Roger Bernard, dans son dire contre ces réclamations, la cour décida que la ville et le château de Bergerac et dépendances, seraient mises sous le séquestre, durant le procès ; qu'on entendrait de nouveau les parties ; qu'on ferait une enquête, et qu'en attendant, il y aurait un garde spécial du séquestre (2).

A partir de ce moment, mémoires, lettres royales, factums, se succédèrent et tinrent l'affaire en suspens. Cependant, Robert de Maslas, ayant appris la mort de la comtesse, s'était insinué dans les bonnes grâces du roi et lui avait prêté serment pour la seigneurie de Bergerac, qu'il disait lui venir de ladite comtesse, et le roi, par lettres du 15 septembre 1334, avait ordonné au sénéchal de Périgord de le mettre en possession de cette seigneurie et de renvoyer les parties devant lui, s'il se présentait des opposants (3). Les opposants furent Mathe et Roger Bernard, le nouveau comte de Périgord, comme le prouve une citation de 1335 (4), par la veuve d'Hélie Rudel, et un arbitrage entre le comte et Robert de 1336 (5). Par malheur nous n'avons pas de détails sur les suites de l'affaire.

De son côté, le sire de Thoas fit aussi des démarches sur lesquelles nous n'avons d'autres renseignements que des lettres de Philippe de Valois au sénéchal de Poitiers, portant qu'il sera sursis à toutes

---

(1) Arch. de Pau, 2e inv. prép. B et M, l. 91, no 8.
(2) Rec. des ord. des R. de Fr., t. II, p. 542.
(3) Plaidoyer déjà cité plusieurs fois.
(4) Arch. de Pau, 2e inv. pr., B. et M., l. 97, no 6.
(5) Ibid. 3e inv., pr. P. et L., l. 514, no 53, ro, 2e inv., ibid., ibid. l. 507, no 50.

citations contre le comte, de la part de Jean de Thouars, qui avait subrepticement obtenu des lettres pour presser cette affaire. Nous n'avons pas non plus de détails sur celles de François de Lévis ; reste seulement une pièce de 1336 (1), par laquelle il proteste contre toutes les réclamations des divers prétendants, se réservant de poursuivre plus tard sa demande contre le comte de Périgord. Nous sommes mieux renseignés à l'égard de Renaud de Pons, seigneur de Ribeyrac. Il avait d'abord intenté une action au comte de Périgord ; à la suite du débat, les domaines en litige furent mis sous le séquestre (2). Nous avons de plus des lettres de 1339, par lesquelles, après avoir expliqué qu'il tient ses droits de Marguerite de Bergerac, sa grand'mère, et d'Hélie Rudel luimême, il cède purement et simplement à Philippe de Valois.

Ces incidents n'avaient cependant pas arrêté les démarches du comte de Périgord qui, en mars 1336, obtint des lettres de rémission pour les excès commis par lui, son défunt frère et sa défunte belle-sœur, contre les habitants de Bergerac, au préjudice de la sauvegarde royale dont cette ville jouissait (3), et, au mois de juin suivant, d'autres lettres dans lesquelles le roi de France le traitait de seigneur de Bergerac : « A la supplication de Roger Bernard, comte
» de Périgord et *seigneur de Bergerac*, disant que....., par nos
» lettres... aux sénéchaux de Périgord et de Poitou, avions *mises*
» *en estat* (4) toutes ses causes mues et à mouvoir..... jusqu'au
» mardi après Quasimodo de l'an passé, excepté... les causes qu'il
» avait contre Renault de Pons et contre Robert, seigneur de
» Mathas..... nos dits sénéchaux, au pourchas (sur l'instance) de
» Mathe d'Albret, de Jehan de Thouars et de sa femme, ont fait
» contre lui aucuns procès..... et sont lesdits procès renvoyez
» devant nous, nous vous mandons (aux gens du parlement) que
» tous iceux procès.... vous mettrez du tout au néant, et nous les y
» mettons dès maintenant » (5). L'année suivante, Roger Bernard

---

(1) Bibl. nat. coll. Doat, reg. 212, Périgord, t. VIII, p. 21.
(2) Arch. nat., reg. des ta. des ch., coté 290, p. 97.
(3) Arch. de Pau, 3ᵉ inv., prép., P. et L., l. 501, nº 31.
(4) Remises.
(5) Bibl. nat., coll. Doat, t, II, p. 74. Ces lettres sont du 9 juin. Il y en a d'autres du 28 du même mois qui rappellent la même affaire, arch. de Pau 3ᵉ inv. prép. P. et L., l. 499, nº 37.

publia les coutumes de Bergerac, approuvées par le roi (1). Le seigneur de Bergerac, maître de la position, allait la perdre en 1338. Mathe, comprenant sans doute que le roi de France et son Parlement regardaient les droits du comte de Périgord comme plus fondés que les siens, fit un arrangement avec le roi-duc, et lui donna Bergerac avec sa seigneurie, Maurens, Montcucq, Montignac en Périgord, et divers domaines hors de la province, en échange d'autres terres et seigneuries désignées dans l'acte (2) ; ce qui fut accepté, et créa, par conséquent, au comte un danger imminent. Roger Bernard, du reste, ne se fit pas illusion de prime-abord ; il prit si bien ses mesures pour parer le coup, qu'en 1339, il traitait avec Philippe de Valois et lui cédait ses droits sur Bergerac et ses dépendances, moyennant une rente annuelle et perpétuelle de 1,600 l. t., assises sur les juridictions de Montignac, de Mouleydier et de Montcucq, sur partie desquelles avait déjà été placée la dot de Jeanne, lors de son mariage (3). Voilà comment la seigneurie de Montignac, détachée des domaines comtaux, par le mariage de la fille de Guillaume Taleyrand, avec un membre de la maison de Pons (4), retourna à la maison de Périgord.

L'acte de cession dit que le roi traiterait avec les autres prétendants à la succession d'Hélie Rudel, comme il venait de le faire avec Renaud de Pons, seigneur de Ribeyrac. Il fallut longtemps encore pour en finir avec tous les réclamants ; mais, à partir du traité de 1339, Philippe de Valois prit possession de Bergerac et de sa seigneurie, qui restèrent définitivement annexés à la couronne.

Le sénéchal de Périgord. — Comme preuve de l'importance du rôle du sénéchal du Périgord, je crois devoir consigner ici le fait suivant :

Divers seigneurs étaient retenus prisonniers par le sénéchal de Gascogne (1332) ; ils donnèrent leur procuration à Pierre Brunet, chanoine du Puy-Saint-Front, pour qu'il eût à représenter au roi

---

(1) Rec. des ord. des R. de Fr., t. xii, p. 528.
(2) Arch. de Pau, 2e inv. pr. B. et M. l. 95, no 9.
(3) Arch. de Pau, 2e inv. prép. B. et M., l. 95, no 5.
(4) Ibid., 3e inv. prep. P. et L., l. 507, no 1, et 514, no 55.

et au sénéchal de Périgord, et à tous autres juges, qu'ils étaient injustement détenus (1).

Préludes de la guerre de cent ans en Périgord. — Pendant que s'agitait le grand procès de Bergerac, la ville de Périgueux se remettait des querelles du clergé de la Cité, reprenait dans la hiérarchie féodale, sa position complétée : 1° par une ordonnance du roi (1336), portant que les fonctions des sergents royaux seraient exercées, dans l'étendue de la juridiction de Périgueux, de la même manière que dans les juridictions des autres vassaux de la couronne (2); 2° par d'autres lettres contenant défense aux sénéchaux d'obliger les citoyens de Périgueux à plaider hors de leur territoire (3). Le roi-duc, se posant en roi de France, cherchait à se faire de nouveaux partisans dans la Guienne, tout en se ménageant des alliances dans le nord de l'Europe. Ces prétentions suscitaient la guerre de cent ans, qui eut un très grand retentissement en Périgord. Elle y fut la cause de luttes incessantes pendant tout le reste du xiv° siècle et la moitié du xv° ; et je dois, en historien fidèle, faire connaître toutes les péripéties de la partie de ce drame qui s'accomplit dans notre province.

Irrité de l'affectation avec laquelle Edouard accueillait Robert d'Artois, banni, Philippe de Valois, en 1336, somma ce roi-duc, son vassal, de lui remettre le banni. La sommation étant restée sans réponse, il fit signifier au sénéchal de Gascogne de faire connaître sa volonté à son maître (juin 1338). Dès le mois de mai précédent, il avait enjoint au sénéchal de Périgord de mettre sous le séquestre le duché de Guienne tout entier, ce qui semblait impliquer une contradiction dans sa conduite ; mais cette apparence de duplicité disparait devant les faits, et voici comment : A la suite de la sommation, les Anglais ou leurs partisans (1337) s'étaient emparés de *Parcoul* par trahison (4) ; ce qui, naturellement, avait indigné Philippe qui,

---

(1) Bibl. nat., coll. Doat ; Navarre, etc., t. xxi, fol. 113. Ce sénéchal était évidemment Guillaume de La Balme ou de La Baume.

(2) Rec. de titr. pour la ville de Périgueux, p. 233.

(3) Ibid. p. 235 et 236.

(4) Premier continuateur de Guillaume de Naugis ; éd. de Garaud, t. ii, p. 157. Chron. de St-Denis, ed. P. Paris, t. v, p. 368. Le traître fut supplicié au Marché des Pourceaux, à Paris. Parcoul est aujourd'hui du canton de Ste-Aulaye.

sans se désister de la réclamation qu'il avait faite, et voyant d'ailleurs les intrigues et les violences d'Edouard, crut devoir non pas ordonner une confiscation, comme on l'a souvent dit, mais une simple saisie.

Les courses se multiplièrent en Guienne, au point qu'on pouvait se croire en pleine guerre. C'est dans le camp, devant Puyguilhem (1339), que Jean du Pons, damoiseau, et Hélie de Laroche, chevalier, font un échange approuvé par le comte Roger Bernard (1), et d'autres lettres qui donnent certains revenus à deux frères du nom de Pelagos, en compensation des pertes par eux faites *durant la guerre contre les Anglais* (2). Cette même année, Edouard prit des arrangements avec Bérard d'Albret, héritier de Mathe, sa sœur (3), et le fit envoyer en possession de son héritage l'année suivante, par le sénéchal de Gascogne (4), pendant que ses partisans, commandés par Raimond de Montaut, sire de Mussidan, s'emparaient de Saint-Astier (5). Deux ans plus tard, le roi-duc chargeait Guillaume Longuespée et Hugues de Vivonne d'aller en Périgord recevoir la foi de ceux qui voudront se donner à lui. Les choses se continuèrent ainsi jusqu'en 1345, où le roi-duc se mit sérieusement en campagne dans la Guienne. Mais avant d'aborder ce grave sujet, retournons encore sur nos pas et voyons ce qui se passait dans le Périgord français.

DE L'ADMINISTRATION EN GÉNÉRAL. — Les habitants du Périgord et de presque tout le Midi s'étaient plaints des charges que leur imposaient les gens de guerre ; par une ordonnance du mois de juin 1338 (6), Philippe de Valois régla la solde des troupes, en même temps qu'il établissait des règles nettement formulées pour l'exercice de la justice. En outre, ce monarque confirma l'ordonnance de Philippe-le-Bel (1302) pour le bien et la réformation du royaume (7) et la sienne propre (juin et juillet 1338).

---

(1) Arch. nat., reg. du tr. des ch., coté 73, p. 201.
(2) Ibid., reg. du tr. des ch. coté 72, p. 483.
(3) Arch. de Pau, 2e inv., pr. B. et M., t. 95, n° 9.
(4) Bibl. nat. Pap. Lespine, cart. C. de P., dossier R. B.
(5) Ibid. Coll. Brequigny, tome 10, Guienne, t. 1.
(6) Rec, des ord. des R. de Fr. t. II, p. 120.
(7) Ibid. t. XII, p. 551 et t. II, p. 159.

PÉRIGUEUX. — En 1336, les consuls de Périgueux, à leur entrée en fonctions, avaient, selon lu'sage, prêté serment entre les mains de l'un des consuls sortants, représentant les autres (1). C'était la conséquence de leur rentrée en possession des droits qu'on leur avait si fortement contestés. Depuis lors jusqu'en 1340, il n'est plus question de cette ville ; mais l'extrait d'une ordonnance de cette année nous apprend que sa fidélité au roi de France ne s'était pas démentie et qu'elle lui avait montré son dévouement : « Nous savons » que quoique Périgueux fasse partie du duché de Guienne, nos » ennemis et rebelles détestent cette ville, parce qu'elle nous est » fidèle et qu'elle leur a résisté et leur résiste toujours..... » durant la présente guerre, se gardant elle-même à ses propres » frais..... par suite de quoi nous ordonnons de ne lui porter » aucun préjudice, ni d'inquiéter en aucune façon ses maire et con- » suls (2). »

Brunissende de Foix, mère d'Archambaud IV et de Roger Bernard, était morte vers 1339. S'étant trouvée veuve de très-bonne heure, elle dut, comme tutrice, s'occuper des affaires de son fils, ainsi que je l'expliquerai plus tard. Elle fut fort âpre dans la lutte engagée depuis si longtemps avec la ville. Il n'est pas douteux que sa conduite dut mécontenter les habitants de Périgueux. Comment les gens du comte se conduisirent-ils, au moment de son enterrement ? On l'ignore ; mais une rixe survint, et à la suite Roger-Bernard intenta des poursuites devant le parlement et demanda que la municipalité fût condamnée à une amende, *pour avoir porté atteinte à la sauvegarde royale sous laquelle était placée d'ancienneté* la maison de Périgord. Ces poursuites n'aboutirent qu'à un acquittement (décembre 1340), avec un éclatant éloge de la ville et de la municipalité pour son zèle pour la défense du pays et son dévouement à la couronne (3). Périgueux obtint un autre acquittement, la même année, le même mois et peut-être le même jour, dans une affaire que leur avait suscité le chapitre de Saint-Front, d'accord avec le procureur du roi, en les accusant d'avoir usurpé les droits inhérents au pariage (4). C'est encore sous l'influence des services rendus

---

(1) Rec. de tit., etc., pour la ville de Périgueux, p. 251.
(2) Rec. som. de tit. etc. (1770), p. 39.
(3) Arch. nat. Reg. du tr. des ch., c. 73. p. 231.
(4) Ibid., Ibid., p. 235.

qu'en 1341, Jean, évêque de Beauvais, lieutenant du roi en Languedoc et en Saintonge, confirma leurs priviléges, en reconnaissant que les biens des bannis, originaires de la ville, ne pouvaient pas tomber en commise ni être acquis à la couronne et que Philippe approuva ces lettres (1). Mais la situation ne tarda pas à se modifier.

HÉLIE TALEYRAND, CARDINAL DE PÉRIGORD. — On a vu que Roger Bernard et Hélie Taleyrand, frères d'Archambaud IV, étaient entrés dans les ordres et que Roger-Bernard avait renoncé à l'état ecclésiastique pour succéder à son frère. Hélie Taleyrand poursuivit sa carrière, acquit une très grande renommée de savoir. Promu au cardinalat, dans sa trente-unième année (1331), il jouissait d'une grande autorité à la mort de sa mère. A partir de sa mort, ce fut le cardinal qui prit soin de seconder Roger-Bernard dans tous ses desseins.

Depuis les démarches de Boson et Archambaud (1305), la tactique de la maison de Périgord, à l'égard de la ville de Périgueux, s'était complètement modifiée. Ce n'était plus des droits qu'elle réclamait, c'étaient des concessions qu'elle sollicitait. Nous avons vu l'établissement du pariage (1317-1318) ; les lettres de Jean XXII à Philippe V (1321), et les lettres de Charles-le-Bel de 1324. A partir de ce moment, d'autres soins attirèrent l'attention du comte. Ni la promotion d'Hélie Taleyrand, ni la mort du comte Archambaud, son frère, ni l'avènement de Roger Bernard ne ramenèrent l'attention de cette famille sur sa vieille querelle avec les bourgeois du Puy-St-Front ; mais il n'en fut pas de même à la mort de Brunissende. Les excès commis de part et d'autre ranimèrent les vieilles inimitiés et la plainte du comte contre la municipalité, fut le début d'une série de démarches tendant toutes à la courber sous le joug de ce seigneur. C'était le moment où les bourgeois rendaient de véritables services à la couronne ; il semblait donc que Roger Bernard choisissait mal son temps ; cependant, si, dès le début, ses espérances parurent déçues, nous verrons qu'avec la patience, il put croire qu'il touchait au but, et sans des circonstances imprévues, la ville, à bout de ressources, n'aurait plus qu'à se soumettre.

---

(1) Sup. au rec. des tit., etc., pour la ville de Périgueux, p. 85.

Roger Bernard. — Roger Bernard s'était marié au plus tard en 1338 (et non pas en 1340) (1). Nous avons une reconnaissance de Bouchard, comte de Vendome, de 20,000 l. t., montant de la dot d'Eléonore, sa fille, à Roger Bernard, mari de ladite Eléonore, portant la date du 3 février 1339 (2).

L'assignation de rentes à prendre sur Montignac, Mouleydier, etc., était loin de compléter les 1,600 livres promises par le roi, en échange de la seigneurie de Bergerac. Il fallait donc s'occuper de compléter ces 1,600 l. En 1340, Philippe donna au comte la terre et la châtellenie de Bourdeille en compensation d'une autre partie de ces 1,600 l. t. (3), avec ordre à des commissaires d'en faire l'estimation estimation qui n'était pas encore terminée au mois de mai de l'année suivante (4).

Ce n'était pas seulement par la négligence des commissaires que cet échange de Bergerac traînait en longueur ; il y avait aussi les récriminations, les sollicitations tendant à obtenir du roi une augmentation de la rente promise, et c'est par ce procédé que le cardinal de Périgord aborda la question des privilèges et des concessions. Nous en avons la preuve dans des lettres du 28 juin de la même année, par lesquelles Philippe de Valois donne au comte 200 l., en augmentation de la rente perpétuelle promise, et deux autres cent livres sa vie durant : « De la part du comte Roger et de notre *très cher et*
» *feal ami, Taleyrand de Périgord, cardinal, son frère*, il nous a été
» instamment demandé de prendre en considération que le comte
» nous ayant cédé une grande et noble seigneurie, sans faire la
» déduction expresse des quatre cents livres de rente représentant
» le revenu de la dot de Jeanne, femme d'Archambaud IV, nous vou-
» lussions bien lui assigner les seize cents livres promises, sans y com-
» prendre les quatre cents représentant cette dot ; sur quoi, nous
» ayant plus particulièrement égard aux grands et utiles services
» que nous a rendus et nous rend chaque jour plus spécialement
» le cardinal, ainsi qu'au dévouement et à la fidélité de son frère...

---

(1) Précis hist., etc., p. 36.
(2) Bibl. nat. Coll. Doat, reg. 243. Périgord, t. ii, p. 81.
(3) Arch. nat. Reg. du tr. des ch. côté 68, p. 53.
(4) Bibl. nat., coll. Doat, Reg. 243. Périgord, vol. ii. fol. 95.

» nous donnons, etc., (1). » L'influence du cardinal, désormais bien constatée, continuons notre récit.

L'estimation de Bourdeille avait été finie en juillet (2) ; mais il fallait encore mettre le comte en possession, ce qui prit plus de six mois.

Cependant le comte demandait toujours qu'on achevât de lui assigner ce qui lui était encore à revenir. Déjà même on s'en était occupé, en 1341, et des lettres du 10 novembre nous apprennent que Jean, évêque de Beauvais, lieutenant du roi en Languedoc et Saintonge, avait été chargé de ce travail, et que ne pouvant pas le faire, il en avait confié le soin, une première fois, à Pierre des Combes, juge royal de Bergerac, qui n'en ayant pas non plus eu le temps, recevait une seconde injonction de ne pas différer davantage : « Le procureur du comte nous a fait connaître en détail le
» revenu de la juridiction appartenant au roi, en vertu du pariage
» (1245) existant entre lui et le chapitre de Saint-Front, le revenu
» des rentes et du sceau qu'ils possèdent également par indevis, le
» revenu du *droit du commun de la paix*, que le roi est dans l'usage
» de percevoir à Périgueux, le revenu de ce même droit qu'on lève
» annuellement sur les bourgs et paroisses de *Trélissat, Celles,*
» *Burée, Felèche* (3), *Verteillac, Bertric, Léguillac, St-Paul-de-Bou-*
» *teilles, St-Martial-de-Viveyrols, L'Epine, Alamans* et *Lisle,*
» avec les juridictions et appartenances que le roi possède dans ces
» localités et aussi la juridiction qui lui appartient sur les lieux de
» *Champagnac* et de *St-Pancrace,* toutes lesquelles choses ledit
» procureur demande qu'elles soient assignées au dit comte (4). »
Ce qui eut lieu, du moins en partie ; car de ces différents revenus, le produit du sceau, de la cire du sceau et du *droit du commun de la paix* lui furent attribués sans différer.

C'était donc sur la demande du comte que l'attribution était faite.

---

(1) Arch. nat. Reg. du tr. des ch. c. 72. p. 200.
(2) Ibid. Reg. du tr. des ch. c. 68, p. 53.
(3) Cette localité et l'Epine ne sont pas connues comme anciennes paroisses ; c'est sans doute une altération de nom.
(4) Bibl. nat., pap. Lespine, cart. des comtes de Périgord.

Cette décision mécontenta les habitants de Périgueux et de Lisle, qui comprirent les graves conséquences qu'elle aurait pour eux; aussi n'hésitèrent-ils pas à tenter d'en empêcher l'exécution. Leurs démarches furent si bien dirigées qu'en janvier 1342, Philippe de Valois leur accorda des lettres confirmatives de leur union à la couronne de France : « Non obstant que pour le reste de l'assignation
» que nous devons faire à nostre cher et féal comte de Périgord, en
» compensation de la terre de Bregerac qu'il nous a cédée, nostre
» cher et féal évêque de Beauvais...... ait ordonné à certains com-
» missaires d'assigner audit comte..... le patrimoine à nous apparte-
» nant sur le pariage de Saint-Front..... et le droit du commun que
» nous sommes dans l'usage de prélever tous les ans dans la ville et
» ses dépendances, lesquelles lettres, relativement aux choses sus-
» dites et tout ce qui a pu s'en suivre et pourrait en résulter par la
» suite, nous voulons être de nulle valeur (1). » Quoique important, ce résultat était insuffisant pour que le succès fût complet; il fallait non-seulement que ces lettres fussent approuvées et expédiées par la chambre des comptes, mais encore qu'une décision officielle mit à néant celles de l'évêque de Beauvais. Elles portaient une trop rude atteinte aux desseins et aux intérêts du comte pour qu'il ne fît pas tous ses efforts afin d'en paralyser les effets.

Dans le but de bien faire ressortir toute l'importance de leur opposition et appel au roi, les habitants de Périgueux avaient allégué leur voisinage du pays ennemi, en même temps qu'ils s'étaient retranchés derrière leurs priviléges et leurs droits. De son côté, Roger Bernard prétendait que les démarches de la municipalité et des bourgeois avaient été faites subrepticement et sans qu'il eût été informé de rien. De là un temps d'arrêt survenu dans les bonnes dispositions du roi pour les habitants de Périgueux; les intrigues et les sollicitations aidant, les dispositions du roi devinrent favorables au comte. Deux mois environ après, (18 mars 1342), des lettres de Philippe de Valois à Pierre des Combes, lui enjoignent de citer les maire, consuls et opposants aux requêtes de l'hôtel, pour la

---

(1) Arch. nat. Reg. du tr. des ch, c. 72, p. 318, et Rec. de tit., etc., p. 2 et 243.

quinzaine de Pâques (1). Les lettres du roi semblaient donner la victoire au comte ; mais, deux jours après leurs expéditions, le roi se ravisa et adressa au chancelier un mandement ainsi conçu :
« De par le roy, chancelier, savoir vous faisons que nostre entente
» n'est pas de bailler, au comte de Pierregort ou à autres, aucune
» de nos rentes, profits et émoluments à nous appartenant en la
» ville de Pierregort : si vous mandons que aux consuls d'icelle
» ville vous faites délivrer nos lettres à eux octroyées, lesquelles
» sont en la chambre des comptes. Donné à Saint-Christophe en
» Halate le 20ᵐᵉ jour de mars 1342 (2). » Malgré cet ordre formel, la citation eut son effet, et trois jours après l'expiration de la quinzaine de Pâques (11 avril), lorsque très probablement on ignorait encore en Périgord ce qui s'était passé aux requêtes de l'hôtel, où le maire et les consuls s'étaient présentés, Pierre des Combes, étant à Périgueux, dans le couvent des Frères Mineurs, n'hésita pas à prendre une décision par laquelle, sans avoir égard à l'appel au roi, la ville était condamnée à payer à l'avenir au comte le droit du commun de la paix et à lui obéir comme elle obéissait auparavant au roi, etc (3).

Cette décision hardie passa inaperçue, grâce à la tournure que les requêtes de l'hôtel donnèrent à l'affaire. Conformément à la citation reçue, le maire, les consuls et autres opposants se présentèrent au temps indiqué avec les *lettres et priviléges dont ils voulaient s'aider contre le comte* (4) ; mais au lieu de reconnaître les droits que leur attribuaient ces lettres, les gens des requêtes renvoyèrent les parties devant l'évêque de Beauvais qui, involontairement ou à dessein, laissa tout en suspens jusqu'au mois d'août. Encouragé sans doute par ces retards et peut-être aussi assuré des bonnes dispositions du lieutenant du roi et du roi lui-même, Roger Bernard se

---

(1) Bibl. nat., papiers Lespine ; cart. des comtes de Périgord ; dossier Roger-Bernard. Cette citation effraya sans doute les habitants de Lisle, car nous avons leur serment de fidélité prêté à Roger-Bernard, avant le dimanche des Rameaux. Bibl. nat. pap. Lespine, cart. des villes closes.

(2) Arch. nat. Reg. du tr. des ch. c. 73, p. 318.

(3) Bibl. nat. Papiers Lespine, cart. des comtes de Périgord ; dossier de Roger Bernard.

(4) Rec. des titr., etc., p. 247.

rendit alors plus pressant, et le 6 de ce mois obtint des lettres annihilant tout ce qui avait été accordé antérieurement à ses adversaires. Ces lettres, adressées à l'évêque de Beauvais, portaient : « Et ainsi
» est encore et a esté par les illicites oppositions et frivoles desdits
» consuls et habitants de Lisle..... retardée ladite assignation estre
» faite audit comte, en son grand grief et dommage, si comme il
» dit, pourquoi nous vous mandons... que les dites parties appe-
» lées par devant vous..... sur toutes les choses dessus dites et les
» dépendances d'icelles et sur le fait et teneur des dits privilèges et
» de toutes les circonstances des débats et discors des susdits, souve-
» rainement et de plein et sans figure de jugement, par l'inspection
» desdits privilèges, ou autrement ainsi comme bon vous semblera
» à faire, vous informés bien et diligemment et sans délai et ce que
» vous en trouverez avec votre avis, nous reserviez féablement,
» soubs vostre séel..... afin que sur ce, nous y puissions pourvoir
» de tel et convenable remède comme bon nous semblera, etc. (1) »

La meilleure preuve que Roger Bernard avait fait de grands progrès dans les bonnes grâces du roi, ce sont des lettres de ce monarque au Parlement de Paris, par lesquelles il ordonna de laisser en suspens toutes les affaires de ce comte, jusques à un mois après son retour du voyage qu'il a entrepris avec le prince Jean, qui se rend à Avignon, et doit visiter ensuite certaines parties du royaume (9 juin 1342) (2).

Le résultat de l'enquête fut en tout point favorable au comte. Cependant, soit qu'il craignît une contre-enquête, soit qu'il redoutât qu'en le réintégrant dans l'assignation, le roi y mit des restrictions ou lui imposât des obligations, au lieu de s'adresser directement à lui, ce seigneur préféra recourir à Jean, duc de Normandie, alors lieutenant de son père en Languedoc ; et, par le fait, il n'eut qu'à se féliciter de sa détermination ; car, par des lettres données à Montpellier, le 4 juillet 1344, ce prince lui adjugea purement et simplement les trois sources de revenu, objet de sa convoitise, et comme si cette décision devait être définitive, ces lettres furent sanctionnées par Philippe, en janvier 1345 (3). Il y eut cependant

---

(1) Rec. des titr., etc. p. 217.
(2) Arch. de Pau, 3e inv. prep. P. et L., l. 495, n° 38.
(3) Arch. nat. reg. des tr., ch. coté 72, p. 332.

encore un revirement et, en février 1346, le roi de France, par de nouvelles lettres dans lesquelles il résumait ce qui s'était passé depuis 1341, et prétendait que la confirmation, accordée en janvier 1345, avait été subrepticement obtenue, révoqua l'assignation faite au comte, gardant pour lui tous les revenus adjugés et déclarant qu'ils ne seraient jamais aliénés de la couronne (1).

Néanmoins, Roger Bernard persista dans son dessein, et il eut de nouveau recours à Jean qui, chose à peine croyable, lui accorda, au mois d'août suivant, d'autres lettres annulant celles de son père, et remettant le comte en possession de tout ce dont il avait été déjà dépossédé deux fois ; lettres que Philippe n'hésita pas à confirmer au mois de novembre suivant (2), et qu'il révoqua six mois plus tard (11 mai 1347), pour récompenser, est-il dit, la belle conduite des habitants de Périgueux, à l'encontre des Anglais (3). Je reviendrai sur cette affaire, dont il n'est plus question jusqu'en 1351.

La famille du comte. — Les généalogistes sont avares de détails historiques sur le comte Roger Bernard. Il est vrai qu'en échange de la vérité, ils ont brodé un roman sur sa vie. Ils le présentent comme un homme respectable et respecté, tout dévoué à la France et rempli de nobles qualités.

Nous avons déjà dit qu'il était surtout remarquable par sa violence, sa haine pour les bourgeois de Périgueux, et la persistance avec laquelle il s'appliqua à établir, par l'adresse et les intrigues, de prétendus droits sur le Puy-Saint-Front que nous le verrons bientôt essayer de conquérir aussi par la force.

Éléonore de Vendôme, sa femme, le rendit père de six enfants ; 1° Archambaud V, son successeur ; 2° Taleyrand, que nous verrons jouer un rôle assez important et dont la conduite fut des plus honorables ; 3° Jeanne de Périgord, mariée avec Jean II, comte d'Armagnac ; 4° Hélène, dont on ne dit rien ; 5° Éléonore, qui épousa Gaillard de Durfort, seigneur de Duras ; 6° Marguerite, femme de Renaud VI, sire de Pons. Éléonore fit son testament en 1341.

---

(1) Ibid., ibid., p. 444.
(2) Arch. nat. reg. du tr. des ch., coté 68, p. 197.
(3) Ibid., reg. du tr. des ch., coté 72, pièce 441.

Pendant que la municipalité de Périgueux, quoique traquée par le comte, s'occupait à réparer les chemins, passages, etc., dans l'intérêt de la défense du pays (1342) (1), le comte disposait de Bourdeille en faveur de son frère, le cardinal (2), et obtenait du duc de Normandie, toujours en compensation de la cession de Bergerac, l'autorisation d'établir un juge d'appel dans son comté (3), autorisation confirmée par le roi en 1344 (4) et en troisième lieu, trouvait le moyen de se faire donner la terre de Maurens, par Pierre de Pommiers (5). En outre, l'année suivante (1343), le roi lui assignait Montcuc-q, à la place de certaines rentes (6), et, en 1344, le duc de Normandie lui faisait don de la seigneurie de Montancés (7).

C'était, du reste, le moment des faveurs et des dons. La guerre allait se substituer aux surprises, aux coups de main des bandes indisciplinées qui, depuis dix ans, exploitaient la Guienne, au nom du roi de France, ou du roi-duc. Il était donc de l'intérêt de Philippe de se concilier l'affection des populations.

Privilèges concédés a Bergerac. — La ville de Bergerac avait souffert des luttes survenues entre les héritiers d'Hélie Rudel ; en se faisant anglaise, et surtout excédant ses droits sur cette ville au roi d'Angleterre, Mathe d'Albret en avait encore aggravé la position. Le roi-duc avait essayé de s'en emparer, et elle n'avait échappé à l'invasion que grâce à une concentration de troupes françaises et à la présence, sur les lieux, de l'évêque de Beauvais, qui s'était empressé de s'y rendre et s'y trouvait encore en décembre 1341 (8). En novembre, ce lieutenant de Philippe créa une foire de huitaine, à partir du jour de l'Ascension (9), et en décembre, pour les récompenser de leur fidélité, de leur dévouement et des pertes

---

(1) Rec. som. de tit., etc. (1770), p. 41.
(2) Bibl. nat. col. Doat, r. 243, P., t. ii, fol. 111.
(3) Arch. de Pau. 3e inv. prép. P. et L., I. 591. n° 21.
(4) Ibid.
(5) Bibl., Nat., c. Doat, r. 243, P. t. ii, fol. 125.
(6) Ibid., fol. 150 et 151.
(7) Arch. nat., reg. du tr. des ch. ii.
(8) Ces faits résultent implicitement des détails consignés dans les actes qui nous restent.
(9) Arch. nat., reg. du tr. des ch., coté 73, p. 299.

qu'ils avaient éprouvées, il accorda aux habitants : 1° le sixième des amendes encourues par les marchands de mauvais comestibles ; 2° l'argent nécessaire pour réparer le grand pont, à percevoir sur le revenu du château et de la châtellenie ; 3° le quart des amendes prélevées sur ceux qui ne nettoyaient pas les cloaques ; 4° la réduction des amendes civiles de 60 à 5 sols (1). Cette foire et ces concessions furent approuvées par le roi, qui se montra encore généreux envers eux, en 1343, à l'occasion de la réformation de la monnaie. On avait établi un impôt de quatre deniers par livre ; afin de se libérer, les bergeracois offrirent 250 l. de p. t., une fois payée. Quoique reconnue minime, cette somme fut acceptée, en souvenir des pertes et des sacrifices que la ville, placée sur les frontières du pays ennemi, avait eu à supporter (2).

Castelnaud et Berbiguières. — Castelnaud relevait du comte de Périgord ; mais Berbiguières, qui appartenait primitivement à la même famille, n'en relevait pas. Nous trouvons qu'en 1338 Gérard de Castelnaud était baron de Berbiguières et en fit hommage au comte de Périgord, ainsi que de ses autres domaines (3). Il est évident que ce Gérard était d'une autre branche, puisque nous avons vu que le dernier seigneur de Castelnaud n'avait laissé que deux filles et un fils du nom de Guillaume. Le château de Berbiguières, qui n'existe plus qu'en partie, occupait près de la Dordogne un point stratégique très important. Il était tout naturel qu'on s'assurât de l'attachement de Gérard. Cette même année 1338, Jean, roi de Bohême, lieutenant du roi en Languedoc, par des lettres confirmées par Philippe en 1339, lui assigna le commun de la paix de la baronnie (4).

Biron. — Le château de Biron fit toujours partie du Périgord ; mais Gontaut et Lauzun furent toujours en plein Agenais. Pierre de Gontaut, seigneur de ces lieux, suivait alors le parti de la France ; pour se l'attacher davantage, sur sa demande, Philippe déclara que ces trois localités dépendraient de la sénéchaussée du Périgord (5).

---

(1) Arch. nat., reg. du tr. des ch., coté 73, p. 300.
(2) Ibid., reg. 73, p. 347.
(3) Arch. de Pau ; 3me inv. prep., P. et L., 1. 480, n° 35.
(4) Arch. nat. Reg. du tr. des ch., c. 72, p. 62.
(5) Ibid. Ibid., p. 429.

Limeuil. — Le château de Limeuil était une belle et puissante forteresse, au confluent de la Dordogne et de la Vézère, dont les Anglais s'étaient plusieurs fois emparés, et au moyen de laquelle ils avaient dominé la région. Pierre de Galard, son dernier propriétaire, était mort, et la possession de ce domaine était passée aux mains de Jean de Galard, son fils. En mourant, Pierre de Galard avait laissé des comptes à régler avec la couronne, soit en sa qualité de Maître des arbalétriers, soit comme propriétaire de Limeuil et de ses dépendances. De son côté, Jean avait aussi un arriéré à liquider. Tout cela aurait demandé beaucoup de temps et d'ennui ; Philippe saisit l'occasion, se montra large, se contenta de vingt mille livres, payables à longs termes, et fit de Jean de Galard un de ses obligés (1).

Le cardinal de Périgord. — Le cardinal de Périgord, en 1343, fit un arrangement avec sa sœur Agnès, duchesse de Durazzo, par lequel elle lui cédait tous ses droits sur les biens de leur père Archambaud IV, moyennant 22,000 florins d'or (2). En 1344, Jean, duc de Normandie, agissant évidemment d'après les instructions de son père, lui rendit Fouguerolles et Coudeyran, ayant appartenu à Jeanne de Périgord, sa tante, qui l'avait fait son héritier, mais qui s'était faite anglaise et qui était morte depuis que ses biens, reconquis par les Français, avaient été réunis à la couronne de France (3).

Renaud de Pons IV, seigneur de Ribeyrac. — Renaud de Pons IV, seigneur de Ribeyrac, avait dû n'être pas satisfait de la tournure qu'avait prise l'affaire de Bergerac. Pour le calmer, on lui donna, cette même année (1344), tous les biens des rebelles de la châtellenie de Blaye (4).

Seguin de Badefol de La Linde. — Seguin de Badefol de La Linde (qu'il ne faut pas confondre avec Seguin de Badefol d'Ans, l'un des plus célèbres chefs de ces bandes appelées *grandes compagnies*) avait déjà rendu des services à la France, pour lesquels Philippe de Valois lui avait fait don de la pêcherie de La Linde, en 1339 (5);

---

(1) Arch. nat. Reg. du tr. des ch., c. 71. p. 318.
(2) Bibl. nat. Coll. Doat. Reg. 213, Périgord, t. III, fol. 131.
(3) Arch. nat. Reg. du tr. des ch., c. 75, p. 319.
(4) Ibid. R. 74., p. 415.
(5) Courcelles : hist. gén. et hérald. des pairs de Fr. t. II, art. Gontaut.

plus tard, il s'était fait Anglais, et avait servi le roi-duc, jusqu'en 1342. Revenu à la France ; à cette époque, le roi s'empressa de lui restituer ses domaines, d'une étendue considérable, comme je l'expliquerai ailleurs (2).

Fortanier de Saint-Astier. — Fortanier de Saint-Astier avait soulevé un procès au sujet de la moitié de la juridiction de Lisle, qu'il disait lui appartenir et que lui contestait le procureur du roi. L'affaire traînait depuis longtemps, ce qui n'avait pas empêché Fortanier de donner constamment des preuves de son dévouement à la couronne, à son grand préjudice, car durant la guerre de surprise et de pillage qui se faisait depuis bien des années, il avait beaucoup dépensé pour fortifier le château de Saint-Astier, qui lui appartenait en commun avec l'abbé, et beaucoup perdu. Cette affaire, du reste, avait été débattue, dans le principe, avec le roi d'Angleterre, qui lui aussi contestait cette moitié de juridiction. Comme Fortanier désirait terminer ce différend avec le roi de France, il avait prié ce monarque, si la question ne lui paraissait pas claire, de le recevoir à composition. Philippe ordonne à deux commissaires, après examen, de recevoir Fortanier en pariage avec lui, pour cette juridiction (3).

Pierre Laporte, Bernard et Guillaume Bruschart. — Pierre Laporte, Bernard et Guillaume Bruschart étaient les seigneurs de Jumillac, de Chalusset, etc. ; mais ils relevaient de l'abbaye de Saint-Yrieix. Une contestation s'était élevée entre eux et l'abbaye avant qu'elle eût établi un pariage entre elle et le roi de France. Depuis, les deux parties avaient nommé des experts qui avaient rendu une sentence. Prié d'approuver cette sentence, le roi confirma l'accord, en 1339 (4).

Rémissions. — Indépendamment de ceux qui, par leur bonne conduite, devaient attirer l'attention du roi, et lui inspirer le désir de se les attacher, il avait aussi besoin de ne pas s'aliéner ces hommes turbulents qui étaient constamment du parti qui les traitait le

---

(1) Courcelles : hist. gén. et hérald. des pairs de Fr. t. II, art. Gontaut.
(2) Arch. nat. Papiers Bouillon, cart. 19.
(3) Arch. nat. Reg. du tr. des chart., c. 73, p. 334.
(4) Ibid., Reg. 72, p. 557.

mieux. A l'époque qui nous occupe, deux descendants de Bernard de Casnac, deux frères, Raimond et Ebles de Casnac, avaient été accusés, conjointement avec Hugues Seguin, leur cousin, et Guillet de Saint-Julien, d'avoir tué, en face de l'église de Sarlat, un moine de l'abbaye de cette ville, appelé Amalvin de Nariés, accusé lui-même d'avoir fait périr, à Cahors, Raimond Satière, oncle des Casnac, seigneur en partie de Saint-Geniés. En 1335, le roi leur accorda des lettres de rémission, sous le prétexte que ce moine était de mauvaise vie, et que ceux qui l'avaient tué avaient rendu service à la société (1).

RAOUL LAFIÈRE. — Raimond Lafière avait un frère du nom de Raoul, qui partageait avec lui la seigneurie de Saint-Geniés. En 1342, avec Raimond de Casnac, son neveu, Guillaume de Saint-Julien, Raoul de Commarque, Arnaud Lafière, enfant naturel, Amalvin d'Asnier, alors bailli de Sarlat et d'autres, pénétra dans Sarlat en plein jour, y attaqua Pierre de Calés et ses amis, en criant avec les siens : *Qu'ils meurent ! qu'ils meurent !* et, dans la bagarre, il y eut deux morts. Ces hommes si violents avaient constamment fait preuve d'un grand dévouement à la couronne, depuis que la lutte était engagée avec le roi-duc ; ils prétendaient de plus s'être trouvés dans le cas de légitime défense ; aussi, lorsqu'on voulut les retenir prisonniers à Sarlat, ils s'en échappèrent en faisant une brèche au mur de la ville, parce que, dirent-ils, ils ne relevaient que du roi. C'était un acte de violence bien coupable, mais il fallait les ménager. Raoul et ses complices furent donc absous, et on mit à néant toutes les procédures achevées ou non achevées, etc. (2).

GUI ET HÉLIE FLAMENC. — Nous avons déjà vu les Flamenc jouer un rôle assez important, dans le Périgord. Au XIVe siècle, leur position était encore bonne, seulement elle se ressentait naturellement des mœurs du temps. De son vivant, Gui Flamenc, seigneur du château de Bruzac, avait eu des démêlés avec l'évêque de Périgueux, au sujet de *Champeaux*, près de ce château, et cette localité avait été mise sous la main du roi. Ce séquestre n'avait pas empêché Gui d'y agir en maître ; d'y construire des fourches pati-

---

(1) Arch. nat. Reg. du tr. des ch., c. 75, p. 355.
(2) Ibid., reg. 74, p. 185.

bulaires, et d'y commettre divers excès, au préjudice de l'évêque, et son fils Hélie se trouvait exposé à payer les fautes de son père; mais depuis la guerre, il avait rendu et rendait d'importants services à la couronne, et il était à craindre que les dépenses que lui occasionneraient les suites de ce procès ne fussent, en définitive, préjudiciables aux intérêts de 'Etat. Dans cette situation, en 1338, Jean, lieutenant de son père en Languedoc, crut prudent de jeter un voile sur ce qui s'était passé, et Philippe approuva les lettres de rémission en 1339 (1).

Augier de Montaut. — Depuis leur brouille avec le comte de Périgord, les sires de Mussidan et leur famille avaient toujours suivi le parti anglais ; cependant il y avait un de leurs parents du nom d'Augier de Montaut, sire de Saint-Front-de-Pradoux, qui était resté français, comme un grand nombre de seigneurs de son temps. Augier s'était livré à des violences. La mesure lui parut comble en 1343, et il sollicita une absolution générale. On se garda bien de la lui refuser. Les détails contenus dans les lettres qu'on lui accorda, donnent une idée très nette de l'état de la société : « Par la teneur de ces lettres, remettons, quit-
« tons et pardonnons...... toute peine criminelle et civile et toutes
» autres choses, quelles qu'elles soient, en quoy icelui Augier
» pourroit ou puet estre encouru envers nous, tant pour cause de
» receptement (recélement), de bannis et de malfaiteurs et de nos
» ennemis, estans en son chastel de Saint-Front ou en celui de
» Frestels, comme pour quelconques mefay et maléfices que lesdits
» malfaiteurs aient fait, euls estruz esdits chastels et lieux ou par
» avant, ou en estant hors d'iceuls chastels et lieux et en retournant
» en yceuls, soient meurtres, roberies, rapts et déflorements de
» femmes, brisement de chemins ou de noz sauves gardes, ou qu'il
» aient esté noz ennemis ou aient esté à la roberie ou meurtre qui
» fu fait en la ville de Nontron (2), ou en quelque autre malé-
» fico (3). »

---

(1) Arch. nat., reg. du tr. des ch., coté 72, p. 487.
(2) Je n'ai retrouvé rien de précis sur cette surprise de *Nontron* qui constate, une fois de plus, que la lutte, en Guienne, ne fut longtemps qu'une guerre de partisans et d'attaques imprévues par des bandes indisciplinées.
(3) Arch. nat., reg. du tr. des ch., coté 74, p. 482.

Mainfroi de Saint-Astier. — Après avoir longtemps suivi le parti anglais, Mainfroi, l'un d'eux, se ravise, en 1344, et demande sa grâce au roi de France. Il s'adresse pour cela à Jean, duc de Normandie, qui lui accorde des lettres de rémission, confirmées bientôt après par Philippe, sur sa promesse de ne plus quitter le parti de la France (1).

Bertrand de la Roche. — En 1339, le sénéchal du comte de Périgord s'appelait Bertrand de la Roche. Il fit l'acquisition d'un moulin sur le *Caudau*, près de Bergerac, à Adhémar Brunet, bourgeois de Bergerac, dont il sera question plus bas. Pour plaire à ce comte, à qui cette acquisition était fort agréable, et se faire un partisan de La Roche, Philippe approuva et confirma le marché (2).

L'abbaye de Peyrouse. — L'abbaye de Peyrouse avait fait diverses acquisitions et voulait les amortir, en payant une somme raisonnable. Le roi qui, dans ces temps de trouble et de guerre tenait à ce qu'on priât pour lui, s'empressa d'adhérer à la demande des religieux (lettres de janvier 1340), et par lettres du mois de mai, il les mit sous sa garde spéciale, eux, leurs biens et leurs hommes, et tout ce qu'ils possédaient dans les paroisses de *Saint-Médard-de-Dronne*, de *Saint-Pardoux-la-Rivière*, de *Celles*, de *Saint-Georges-de-Chalais*, de *Chalais*, de *Romain*, de *Vaunac*, de *Saint-Pantaléon* et de *Nanthiat* (3).

Anoblissements. — Depuis le commencement du siècle, les anoblissements s'étaient multipliés. Dans la situation où se trouvait Philippe de Valois, il était tout naturel qu'il tirât partie de ce moyen. Les anoblissements avaient lieu surtout dans deux cas : pour services rendus et pour des mérites personnels, sur la recommandation de personnages haut placés.

Arnaud Saunier ; Pierre et Bernard Lassudrie. — Il anoblit, en 1342, trois bourgeois périgourdins qui s'étaient résolûment mêlés à la lutte de Philippe et d'Edouard et avaient servi avec distinction la couronne de France. Le premier s'appelait Arnaud Saunier, et était bourgeois de Brantôme ; les deux autres, de Bergerac, étaient frères, Pierre et Bernard Lassudrie. Les lettres de noblesse furent

---

(1) Arch. nat., reg. du tr. des ch., coté 75, p. 63.
(2) Ibid., reg. 72, p. 496.
(3) Ibid., ibid., p. 503.

données à Saunier à la suite d'une enquête et d'un rapport ; celles des Lassudrie, émanant de l'évêque de Beauvais, furent confirmées par le roi en 1343 (1).

ADHÉMAR ET PIERRE BRUNET, GUILLAUME GARDELLE DE SAINT-AMAND. — Trois autres durent leur anoblissement à leur mérite, et reçurent leurs lettres, en 1338, 1340 et 1342. Adhémar Brunet était né à Bergerac, Pierre Brunet était de Périgueux ; le troisième se nommait Guillaume Gardelle de Saint-Amand. Adhémar Brunet fut anobli sur les pressantes sollicitations du cardinal de Périgord, de la maison duquel il faisait partie (2). Le maire et les consuls de Périgueux, par leurs pressantes démarches, obtinrent l'anoblissement de Pierre Brunet (3). Guillaume Gardelle de Saint-Amand dut le sien à des amis qui ne sont pas nommés (4). Il sollicita de plus et obtint, en 1344, l'autorisation d'acquérir vingt livres de rente pour des fondations pieuses (5).

Tels étaient les moyens employés par Philippe de Valois pour se conserver l'affection des Périgourdins et les disposer à la lutte qui s'apprêtait. Mais ce n'est pas tout, les populations de la partie du duché replacée sous l'autorité du roi de France, par le traité de 1327, et de celle que Philippe avait conquis, avant la trève de 1340, réclamaient un chef devant lequel elles pussent porter directement toutes les questions judiciaires et administratives. Pour les contenter, Philippe, par lettres du mois de mars 1344, nomma duc de Guienne, son fils Jean, déjà duc de Normandie, et déclara que d'ores en avant, les fils aînés des rois de France seraient, de droit, successivement ducs de cette province (6).

CONDUITE DU ROI D'ANGLETERRE. — Nous ne connaissons pas toutes les menées d'Edouard. Nous savons cependant qu'en janvier 1340, il avait donné un commandement à Bérard d'Albret et à Hugues de Vivonne (7), qui avait engagé le clergé, la noblesse et tous ses

---

(1) Arch. nat. Reg. du tr. des ch., côté 74, p. 630 et 481.
(2) Ibid. Reg. 71, p. 122.
(3) Ibid. Reg. 73, p. 317.
(4) Ibid. Reg. 68, p. 419.
(5) Arch. nat. Reg. du tr. des ch., c. 72, p. 334.
(6) Ibid. Reg. 68, p. 100.
(7) Nouv. éd. de Rimer, t. II, part. 2, p. 105.

fidèles à s'entendre avec eux ; que quelques mois avant la première trêve (septembre 1340), il avait défié Philippe, et, qu'un mois environ avant son défi, il promettait par lettres aux populations de la Guienne que la conquête du trône, qui lui appartenait *comme légitime héritier*, ne changerait rien à ses dispositions pour elle, et qu'il leur garantissait d'avance le maintien de tous leurs privilèges. (1). Durant les trêves renouvelées et toujours mal observées, il écrivit aux populations du Périgord des lettres ainsi conçues : « Sachez que nous avons donné pouvoir à Guillaume Longuespée et » à Hugues de Vivonne de traiter, en notre nom, avec tous ceux de » Périgord qui possèdent des villes ou des châteaux et qui voudront » nous les livrer et avec tous ceux dont nous pouvons avoir besoin. » Nous approuverons les traités et les conventions qu'ils auront fait » avec tous ceux qui se mettront à notre service. Bordeaux, 24 sep- » tembre 1342 » (2).

AFFAIRES COURANTES. — Les affaires courantes du Périgord allaient comme par le passé. En 1342, Lisle, qui désormais relevait du comte de Périgord, pour *le droit du commun*, fit hommage à ce comte (3). En 1343, Arnaud ou Izarn de Lautrec, mari de la dame de Castelnaud de Beynac (sans doute Magna), fit hommage à ce même comte du château de Castelnaud et de sa châtellenie qui relevaient de ce seigneur, depuis la seconde moitié du XIIIe siècle (4) (1273). Jean de Galard, seigneur de Limeuil, et Corboran, co-seigneur de Jean de Galard, transigèrent cette même année, et Corboran céda audit seigneur de Galard tout ce qu'il pouvait avoir dans la juridiction dudit Limeuil en cens, rentes, péages, dixmes, hommages, et le seigneur de Galard lui donna, en échange, tout ce qu'il pouvait avoir dans le bourg de Sainte-Alvère, sauf les hommages qui lui étaient dus par les hommes nobles du bourg (5).

A propos d'Arnaud de Lautrec, il est indispensable de revenir sur la saisie de Castelnaud, pour en finir avec cette question.

---

(1) Nouv. éd. de Rimer, t. II, part 2, p. 1127.
(2) Bibl. nat., coll. Brequigny, t. x ; Guienne, t. 1.
(3) Arch. de Pau, 3me inv. prep. P. et L., l. 520, 1er paquet, n° 3.
(4) Bibl. nat., coll. Doat.. reg. 242-243, Périgord, t. I, fol. 357, t. II, fol. 140.
(5) Arch. de Pau, 3e inv., prép. P. et L., l. 480, n° 3.

Des documents qui nous restent, il semble résulter qu'on contestait au comte de Périgord sa supériorité sur la seigneurie de Castelnaud et, par suite, qu'on ne lui reconnaissait pas le droit de prendre la dixme sur les paroisses de cette seigneurie. Elle lui fut cependant adjugée, par une sentence rendue aux assises de Périgueux, en 1312 (arch. de Pau, 3e inv., prép. P. et L., l. 506, no 19). Nous avons vu, d'un autre côté, que le sénéchal de Périgord avait mis sous la main du roi la seigneurie que le comte avait saisie, et qui, par ordre du roi, avait été rendue au comte. Il paraît que cet ordre du roi ne fut donné qu'en 1330, et ne fut exécuté qu'en 1333 (ibid., ibid., l. 493, no 37). Voici ce qui se passa. En 1330, le comte fournit, par procureur, un mémoire établissant son droit de supériorité (ibid., ibid., l. 480, no 10) ; en 1332 un commissaire royal décida que la main mise du roi devait être levée (ibid., ibid., l. 506, no 32), et l'ordre de 1333 suivit cette décision. Il y eut, en outre, en 1363 un acte qui établit définitivement le droit du comte (Ibid., Ibid., l. 493, no 69 (1).

D'un autre côté, les procès survenus à l'occasion de la succession d'Hélie Rudel, seigneur de Bergerac, avaient suivi leur cours, et en 1341, un arrêt du parlement débouta Robert de Mastas de ses prétentions sur cet héritage (2).

Enfin, nous trouvons qu'en 1340, les maîtres de monnaie du serment de France devaient fournir au roi un certain nombre de fournaises pour la fabrication, et nous voyons figurer parmi ces maîtres, Guillaume de Lescarpe, fondé de procuration des ouvriers de la monnaie de Dome, qui concourut à la fourniture comme les autres (3) ; d'où la certitude d'une part, que la monnaie de Dome était du serment de France et, de l'autre, que, malgré l'agitation du pays, cette monnaie travaillait comme les autres monnaies de France.

---

(1) Bibl. nat., Papiers Leydet (fonds Prunis), 2me recueil ; 1re partie.
(2) Bibl. nat, coll. Doat, vol. 242, Périgord, t. I.
(3) Arch. nat. J. 459, no 32.

LIVRE V.

CHAPITRE III.

La guerre de Cent ans en Périgord.

Ni la saisie du duché (1338), ni la présence de Jean, roi de Bohême, lieutenant du roi en Languedoc, qui se trouvait à Cadouin, en 1339, (1) ne donnèrent plus d'activité à la guerre en Guienne. Ce furent, comme avant, des surprises et des coups de main. Edouard, occupé dans le nord avec ses alliés, ne pouvait pas les délaisser au moment de la lutte. La première trêve conclue (1340), il encouragea ses partisans dans le pays saisi ; mais son influence était pour ainsi dire nulle, en Périgord. De son côté, Philippe, trop confiant dans son droit, ou trop occupé dans le nord, ne porta pas assez son attention sur ce qui se passait en Guienne. Il est bien vrai qu'en 1341, il appela dans le duché les milices du midi, et notamment le ban et l'arrière-ban du Rouergue, qui fut conduit devant Bergerac (2). Mais l'organisation militaire d'alors ne lui permettait de prendre des mesures contre l'éventualité d'une invasion à l'improviste que pour une campagne de courte durée, et, comme ces précautions ne se renouvelèrent pas, tout porte à croire qu'à la fin de 1344, les châteaux étaient dégarnis de troupes et les villes dépourvues de capitaines. Aussi, lorsqu'au mois d'avril 1345, il lui fut bien démontré que les trêves étaient rompues par la volonté d'Edouard, ce qu'il eut de plus pressé, ce fut d'envoyer des commissaires dans le midi, pour lever des subsides. En dehors de ce qui se fit à Bergerac, nous n'avons pas de détails sur la manière dont se prépara la résistance en Périgord ; mais la concentration de troupes dans Bergerac, à peu près improvisée, ne donna pas le temps de choisir les hommes appelés à le défendre, ce qui prouve suffisamment qu'on dût procéder partout, sinon avec une grande négligence, du moins avec trop de précipitation.

Cependant, le roi-duc, comprenant qu'il devenait indispensable de relever le courage de ses amis en Guienne, par un envoi de

---

(1) Arch. nat., reg. du tr. des ch., côté 72, p. 462.
(2) Bibl. nat. coll. Doat ; Navarre, etc., t. XXIII., fol. 203.

troupes, ne crut pas devoir différer plus longtemps une expédition déjà préméditée. Elle fut organisée dans le courant du mois de mai, et placée sous les ordres d'Henri de Lancastre, comte de Derby, proche parent d'Edouard. Elle s'embarqua au commencement du mois de juin, arriva à Bayonne, et de là se rendit à Bordeaux.

En apprenant le débarquement des Anglais, Bertrand de l'Isle-Jourdain, appelé dès lors comte de l'Isle, capitaine pour le roi de France, *es parties de Pierregort, Saintonge et Limosin*, alla s'enfermer dans Bergerac, avec sept cents hommes de troupes et une compagnie d'archers génois. Mathe d'Albret avait donné cette ville au roi-duc, et il avait essayé déjà de s'en emparer. Il y avait donc tout lieu de croire que le comte de Derby attaquerait immédiatement Bergerac. En le voyant s'enfermer dans cette place, avec un petit corps de troupes, on serait tenté de croire que le comte de l'Isle avait deviné le projet du comte de Derby ; mais, d'un autre côté, on s'étonne du peu de soin qu'il mit à y organiser une vigoureuse résistance, et de la facilité avec laquelle les Anglais s'en rendirent maîtres. Cependant, les chroniqueurs contemporains attribuaient l'occupation de Bergerac, par les Anglais, à une cause indépendante des mauvaises mesures prises.

A l'entrée en campagne du général anglais qui, de Bordeaux s'était porté sur Saint-Macaire, et de Saint-Macaire sur Langon, le comte de l'Isle réunit les comtes de Comminges, de Périgord et de Valentinois, les vicomtes de Carming, de Villemur et beaucoup d'autres de sa suite, ou occupant des postes dans les environs, et tint conseil avec eux. On convint d'établir un corps de garde à Montcuq, château à quelque distance de la ville, en aval et sur la rive gauche de la Dordogne. Ce corps de garde, ou poste avancé, avait pour mission de s'informer de la direction prise par l'ennemi, au besoin de s'opposer à sa marche et, s'il était possible, de donner assez à temps l'alarme à la ville, pour éviter une surprise. Mais le comte de Derby se porta avec une telle vitesse vers Bergerac, répandit autour de lui une telle terreur par la masse de ses troupes, et attaqua si brusquement la garnison de Montcuq, qu'elle dut quitter ce château en toute hâte, et battre précipitamment en retraite sur la ville.

Deux jours après, enhardis par ce premier succès, les Anglais et leurs alliés attaquèrent le faubourg de la Madeleine, qu'un pont sur la Dordogne unissait à la ville, comme aujourd'hui, et s'en emparèrent après une courte mais très vive résistance, durant laquelle il y eut un certain nombre de morts, des blessés en assez grande quantité et surtout beaucoup de prisonniers. Parmi les morts, figurait le fils de Jean de Lévis II, seigneur de Mirepoix. On ne signale pas de blessé de distinction, mais on trouve parmi les prisonniers le seigneur de Castelnaud, le seigneur de Castillon, Jean de Galard, seigneur de Limeuil (1), etc. Forcés de rentrer dans les murs, les Français s'y retranchèrent et prirent toutes leurs précautions contre un assaut auquel ils s'attendaient du côté du pont ; mais ils ne se donnèrent pas la peine de s'occuper de l'état des fortifications dans les autres parties de la ville ; les bords de la Dordogne surtout furent complétement négligés, et pourtant il n'y avait, pour défendre la rive droite, qu'une simple palissade. Cette négligence servit merveilleusement les Anglais. Ayant bien vite reconnu toutes les difficultés que présentait le pont, le comte de Derby renonça à s'y aventurer, et porta son attention ailleurs. Il ne tarda pas à s'apercevoir de l'imperfection de la palissade, si toutefois il n'en fut pas prévenu par quelque traître. Cette découverte lui fournit le moyen de changer tout son plan d'attaque, et dès lors, il résolut d'assaillir la ville du côté de l'eau. En conséquence, il donna l'ordre de faire venir soixante bateaux de Bordeaux. En les attendant, les assiégeants, loin de perdre leur temps, trouvèrent le moyen de se ménager des intelligences dans la place, et de compléter ainsi les renseignements dont ils avaient besoin.

La troupe chargée de la défense de la palissade était toute composée de bourgeois. Lorsque tout fut prêt, montés sur leurs soixante bateaux, les Anglais s'avancèrent rapidement sur la rivière, jusqu'à la hauteur de la palissade, et, pendant que de nombreux archers lançaient incessamment une nuée de flèches sur les assiégés, ils firent mine d'aborder. Les chefs des bourgeois, parmi lesquels se trouvaient sans doute les traîtres, ne demandaient pas mieux que d'avoir un prétexte pour ne pas trop s'aventurer. Au lieu de se

---

(1) Arch. nat., reg. du tr. des ch., côté 78, p. 69.

conduire avec énergie et donner l'exemple de la résistance, après un semblant de défense. Ils débutèrent systématiquement, affectèrent d'être découragés et commencèrent à parler de capitulation. Ceux qui n'étaient pas dans le secret des projets des traîtres parlaient bien sans doute de soutenir la lutte, afin de donner aux renforts le temps de venir ; mais bientôt il ne fut plus question parmi tous les assistants, que de rendre la ville, afin de la sauver d'une destruction complète. Une députation se transporta auprès du comte de l'Isle et de son conseil, devant qui elle s'exprima en ces termes : « Nous courons à une perte certaine si la ville est prise d'assaut, » car nous perdrons non-seulement tout ce que nous possédons, » mais encore nos vies seront gravement compromises. Il vaudrait » donc mieux la rendre au comte de Derby que de nous opposer à » tant de dommages. » Le comte de l'Isle, qui ne s'attendait pas à cette démarche, leur répondit : « Allons voir si le danger est aussi » imminent que vous le dites ; car nous ne pouvons pas nous rendre » ainsi ; » et il se dirigea vers la rivière avec sa troupe. Arrivé sur les lieux, il engagea le combat résolûment ; mais malgré la compagnie d'excellents archers qu'il avait avec lui, malgré son courage, comme on n'avait pris aucune précaution contre les flèches des archers anglais et qu'il n'y avait pas le moindre abri pour protéger les combattants, après des efforts inouïs, il se vit contraint de lâcher pied et de se retirer devant l'ennemi, qui bientôt rompit la palissade, menaçant de débarquer et de se rendre maître du rivage. En présence de cette situation, une suspension d'armes fut demandée par les bourgeois, afin d'avoir le temps de délibérer sur ce qu'ils avaient à faire. Cette suspension fut accordée, à condition que toute chose resterait en état. Une nouvelle députation se rendit alors auprès du comte de l'Isle, avec mission de lui exposer ce qui se passait. La délibération du commandant et de son conseil ne fut pas longue. Ils comprirent tout d'abord la situation qui leur était faite, et ils prirent sagement le parti de quitter Bergerac dans la nuit, le plus secrètement possible ; et, vers minuit, ils sortirent, se séparèrent sans bruit, quand ils furent hors des murs, et, pendant que le comte de Périgord et les siens gagnaient Périgueux, le comte de l'Isle et les autres seigneurs se dirigeaient sur La Réole. Dès que le jour parut, les Anglais se mirent en mesure de continuer leur entreprise ; mais, en s'approchant de la palissade rompue, ils aperçurent une grande partie de la population réunie derrière le retranchement, qui, en les voyant avancer, leur cria : merci ! et les pria d'obtenir du comte de Derby la vie sauve des habitants; ce qui leur ayant été concédé, le comte entra dans la ville accompagné de ses troupes, se rendit à l'église Saint-James (Saint-Jacques), y reçut le serment des bourgeois et fit reconnaître l'autorité du roi-duc (1).

Bergerac se rendit le 24 août (2) et le comte de Derby y était encore le 10 septembre suivant. Par lettres de ce jour, il charge Bernard d'Eyzie et Bernard d'Albret, seigneur de Vayres, de la garde de cette ville qu'il quitte (3).

A peine arrivés à La Réole, le comte de l'Isle et les seigneurs qui l'avaient suivi, tinrent conseil et décidèrent de faire occuper les châteaux militairement. Le comte de Villemur eut le commandement d'Auberoche ; Philippe de Dyon occupa Montagrier; le sire de Montbrandon, Masduran ; Arnoult de Dyon, La Monzie-Montastruc, et ainsi de suite ; seulement, Froissart qui, seul, parle de cette dis-

---

(1) J'ai suivi plus particulièrement le récit de Froissart ; mais pour justifier ce que j'ai dit, je vais faire les rapprochements nécessaires. Quatre ouvrages parlent de la prise de Bergerac : 1° *Froissart*; 2° *Les grandes chroniques de Saint-Denis*; 3° *La chronique de Bernard de la Mote, évêque de Bazas*; 4° *La collection manuscrite de Dupuy à la Bibliothèque nationale, vol. 219 et 220*. Dupuy dit que les défenseurs de Bergerac étaient au nombre de sept cents, et que le siège se fit en 1345 et non en 1344, comme le dit Froissart. Bernard de la Mote prétend que la ville fut pillée, tandis que Froissart dit qu'elle fut reçue à merci. Il est plus probable que la ville fut reçue à merci et qu'il n'y eut de pillé que les partisans les plus connus du roi de France. Ce qui me fait parler de la sorte et m'a conduit à dire que des traîtres livrèrent Bergerac, c'est que le récit de Froissart le donne constamment à penser et que les grandes chroniques s'expriment ainsi en parlant de la prise de Bergerac et de la prise de La Réole, qui eut lieu un peu plus tard : « Et disoient plusieurs que ces deux villes avoient esté prises du con- » sentement de ceux du pays. » Il n'est pas douteux que les habitants de Bergerac n'avaient pas oublié qu'ils devaient aux Anglais leur première organisation municipale, et qu'on dut leur faire beaucoup de promesses. Il ne faut donc pas s'étonner de les voir se livrer si facilement, surtout lorsqu'on sait qu'ils avaient été tellement négligés, que le duc de Normandie lui avait reçu ordre de son père d'aller combattre les Anglais, ne put pas se mettre en campagne assez à temps pour arriver avant la prise de la ville. (Grande chronique de Saint-Denis). Je n'ai pas à revenir sur l'époque de la prise, parce qu'il a été établi d'une manière irréfragable que Bergerac fut pris en 1345.

(2) Bibl. nat., coll. Dupuy, vol. 220, fol. 32.

(3) Arch. de Pau ; 2me inv. prép. B. et M., l. 95, n° 16.

position, ne donne que les quatre noms que je viens de transcrire.

Après quelques excursions en dehors du Périgord, le comte de Derby, revenant sur ses pas, prit d'assaut Masduran, y laissa garnison et se porta sur La Monzie qu'il prit également d'assaut, sur Paunat dont il se rendit aussi maitre, et de Paunat sur le château de La Rue (1), où il séjourna trois jours pour rafraichir ses troupes. Après ce repos, il sortit encore du Périgord et y revint quelques jours après, gagna la vallée de la Dronne, se présenta devant Bourdeille, qu'il n'essaya pas d'attaquer, poussa jusqu'à Périgueux qu'il eut un moment l'intention d'assaillir, mais dont il s'éloigna sans coup férir, prenant la direction de Pellegrue, dans le Bordelais. Durant la nuit, deux cents lances sortirent de Périgueux, coururent sus aux Anglais, pénétrèrent dans leurs campements, tuèrent ou blessèrent beaucoup de monde, firent prisonniers le comte de Straffort et trois chevaliers de sa maison, se retirèrent en bon ordre, jusqu'à Périgueux, quoique vivement poursuivis; et après y avoir mis leur prise en lieu de sûreté, rejoignirent les Anglais qu'ils repoussèrent sans perdre un seul homme. A la suite de ce combat, il y eut un échange de prisonniers, parmi lesquels se trouvaient les seigneurs de Castelnaud et de Castillon, capturés à Bergerac. Les conditions de cet échange furent que les prisonniers rendus auraient bien le droit de porter les armes; mais que pendant trois ans, ils ne feraient point la guerre en Périgord et qu'ils ne pourraient ni y faire des prises, ni y brûler, ni s'y livrer au pillage. Après cet échange, les Anglais allèrent faire le siège du château de Pellegrue d'où ils rentrèrent en Périgord et se portèrent sur Auberoche. Quel chemin prirent-ils pour s'y rendre? C'est ce que je ne saurais dire; mais, ce qu'il y a de certain, c'est qu'ils s'y trouvaient dans le courant d'octobre, qu'ils s'emparèrent du château et s'y établirent comme s'ils devaient y tenir longtemps garnison. Le comte de Derby et sa troupe prirent ensuite le chemin de Bordeaux; mais avant d'aller s'y reposer, ils firent, en passant, le siège de Libourne, dont ils s'emparèrent. De Libourne, le comte de Derby envoya le comte de Penbroch à Bergerac.

---

(1) Froissart donne à ce château le nom de *La Lieue*; mais il n'y a pas de château de ce nom en Périgord; tandis qu'on voit encore les ruines du château de La Rue à Drayaux, commune de Mauzac, canton de La Linde.

Aussitôt que Bertrand de l'Isle-Jourdain eut appris que les Anglais étaient à Bordeaux, de la Réole, où il se trouvait, il écrivit au comte de Périgord, au comte de Carmaing, au comte de Comminges, au comte de Bruniquel et à beaucoup d'autres, d'assembler des troupes et de se rendre devant Auberoche pour en faire le siège. Les ordres de Bertrand furent exécutés avec la plus grande promptitude ; aussi la garnison du château ne se rendit bien compte de ce qui se passait autour d'elle, que lorsqu'elle se trouva tellement bloquée qu'elle ne pouvait plus avoir de communication avec l'extérieur. La situation devint même d'autant plus embarrassante que quatre grands engins, qui battaient incessamment les tours du château, forçaient ceux du dedans à se tenir dans les salles voûtées, et qu'en six jours ces tours furent désemparées.

Se voyant réduit aux dernières extrémités, les chefs anglais firent appel à un homme de bonne volonté pour porter au comte de Derby un message lui faisant connaître leur position. Il s'en présenta un à qui on remit une lettre scellée des sceaux de ces chefs, qu'il cousut dans la doublure de son vêtement. Cet homme, qui parlait bien l'idiome roman méridional, s'était mis aussitôt en route, s'avança résolûment à travers les lignes ennemies, et trouva le moyen d'échapper à un premier danger, grâce à la facilité avec laquelle il répondit aux questions qui lui furent faites ; mais, bientôt, arrêté de nouveau, il fut fouillé et on découvrit la missive. Cette découverte décida de son sort. Il avait été pris pendant la nuit ; au point du jour, il fut placé dans un des engins qui battaient le château, avec la missive au cou et alla tomber mort au milieu des assiégés. Non content de cet acte de sauvagerie, le comte de Périgord et autres s'approchèrent des remparts et, en passant au galop, adressèrent aux assiégés des railleries.

Cependant, les Français ne s'étaient pas aperçus qu'il y avait parmi eux des espions ou des traîtres, et ils n'avaient pas remarqué non plus que l'un d'eux, ayant assisté à ce qui venait de se passer, était parti pour aller en donner connaissance au comte de Derby (1)

---

(1) Voici le résumé d'un document qui tournerait à lui seul le doute en certitude. Au mois d'octobre 1345, c'est-à-dire au moment même où le comte de Derby battait les Français, Jean, duc de Normandie donnait à Hélie Suder, clerc, les *biens, rentes, héritages, droits et devoirs, etc.,* que Hugues d'Apunzac

qui, sans perdre de temps, assigna rendez-vous au comte de Penbroch, et se mit immédiatement en route, passant par Libourne et la vallée de l'Ille. Ce général avait pris ses précautions et le secret de sa marche avait été si bien gardé que ses adversaires ne se doutèrent de rien et qu'il parvint à deux lieues d'Auberoche, avec tout son monde, moins le comte de Penbroch, qui ne l'avait pas rejoint, sans que personne soupçonnât même qu'il était parti de Bordeaux. C'était pendant la nuit qu'il était arrivé à cette faible distance du château. Pour continuer à dérober ses mouvements à l'ennemi, il se tint sous bois toute la matinée ; mais, craignant d'être découvert, et, dans l'état d'infériorité (1) où il se trouvait, aimant mieux prendre l'offensive qu'être attaqué, il se décida à tomber brusquement sur les Français. Cette vigoureuse résolution eut un plein succès. Assaillis au moment où ils s'y attendaient le moins, les Français désarmés, qui songeaient à prendre leur repas, furent saisis d'étonnement et demeurèrent un certain temps sans pouvoir se rendre compte de ce qui leur arrivait. A la fin, cependant, ils essayèrent de se rallier et d'organiser la résistance ; mais, à mesure qu'ils cherchaient à se mettre en ordre, les assaillants les abordaient, blessaient les uns, tuaient les autres, et faisaient de nombreux prisonniers ; aussi la déroute fut-elle bientôt complète parmi eux. Mais deux corps de troupes prenaient part au siège et celui qui n'était pas attaqué s'arma aussitôt, se mit en bataille et voulut battre en retraite ; il était trop tard. Ceux du château, qui avaient reconnu le secours, s'étaient empressés d'ouvrir les portes et de courir se mêler à leurs compatriotes. L'entrée en ligne de la garnison redoubla l'ardeur des Anglais qui fondirent sur eux, les dispersèrent comme les

---

chevalier, avait en la châtellenie d'Auberoche, comme forfaits, parce que ce chevalier s'était fait Anglais (Arch. nat. Reg. du tr. des ch., côté 63, p. 157, et mourut Anglais (Arch. nat. Reg. du tr. des ch., côté 80, p. 699). En présence de ce document, n'est-il pas en outre permis de supposer que ce fut cet Apunzac qui servit de guide aux Anglais, d'autant que la fin des lettres du prince Jean semble dire qu'il s'était retiré à La Monzie-Montastruc. Mais le nombre des traîtres fut considérable, comme je le dirai plus bas.

(1) S'il faut en croire Froissart, t. I, ch. 108, les Anglais n'étaient que 1,000 combattants, tandis que les Français étaient 10,000.

autres, tuant ou blessant tout ce qui résistait et faisant au moins autant de prisonniers que la première fois (1).

---

(1) Le château d'Auberoche, dont il ne reste que quelques ruines, était construit sur un mamelon angulaire, dominant d'une part, l'étroite vallée de l'Auvézère, et de l'autre, un ravin assez abrupte qui s'élève brusquement dans la direction du nord jusqu'à l'arête du coteau auquel tient le mamelon, dans cette même direction. Ce mamelon, fortement accidenté dans l'espace compris entre le ravin et la vallée, forme en avant, et exposé au midi, un petit plateau jadis occupé par les constructions du château. Ce point stratégique, aujourd'hui cotoyé par la route de Périgueux à Autefort, qui passe au pied des ruines du château, était d'une véritable importance, avant la découverte de l'artillerie. Il domine, au sud-ouest, et même en remontant vers le sud-est, un espace de terrain assez régulier et d'une certaine étendue, disposé en amphithéâtre, couronné par des bois qui s'étendent sur toute l'arête du coteau à une assez longue distance. Il a à ses pieds, dans la direction du midi, le bourg ou village du Grand-Change. Ce terrain se déroulant en pente légère vers le cours d'eau, est assez vaste pour permettre à une troupe de cinq à six mille hommes d'y exécuter les manœuvres auxquelles on était habitué au moyen-âge. Je suis donc porté à croire que le corps de troupe, le premier défait par le comte de Derby, campait sur ce terrain jusqu'à l'eau-de-Vézère, adossé au bourg du Grand-Change, et que le comte de Derby les chargea en sortant des bois de l'arête du coteau qu'il avait gagné en se tenant entre l'Ille et l'eau-de-Vézère, depuis l'embouchure de ce dernier cours d'eau dans l'autre. Ce qui prouve une fois de plus qu'alors, comme aujourd'hui, les Français ne savaient prendre aucune précaution, tandis que leurs ennemis avaient d'excellents espions et d'excellents guides. La déroute, du reste, fut complète et devait l'être, car la disposition du terrain est telle qu'indépendamment de la suprise, tous les avantages étaient pour les Anglais.

L'autre corps devait camper sur le terrain compris entre l'Auvézère et le ravin, au nord du château, de telle sorte qu'il lui était impossible d'apercevoir l'esplanade et par conséquent d'avoir avis de ce qui se passait, autrement que par les fuyards ou par un message spécial. La négligence du premier corps nous explique la négligence du second. Dans leur sécurité, les troupes du second corps ne songèrent sérieusement à s'armer que lorsque la garnison du château fit sa sortie ; mais à ce moment, il était trop tard : le premier corps était défait ; les troupes du comte Derby pouvaient seconder la garnison. Ce second corps fut aussi complètement battu que le premier. Les auteurs qui parlent de ce combat (Baluze: Hist. des papes d'Avignon, t. 1, coll. 304 et 915 ; — Duchêne: Hist. des cardinaux, t. II, p. 292 ; — Froissart, t. 1, ch. 108, etc.) s'accordent à dire que le succès du comte Derby fut complet.

Ils sont également d'accord au sujet du résultat immédiat : beaucoup de morts, beaucoup de blessés, beaucoup de prisonniers. Parmi les prisonniers, Bertrand de l'Isle-Jourdain lui-même, qui fut aussi blessé, le comte de Périgord, le comte de Valentinois, et six autres comtes et vicomtes, dont on ne donne pas le nom. Quant aux barons, chevaliers, etc., le nombre en était si considérable que chaque homme d'armes anglais en avait deux ou trois. Parmi les morts, presque aussi nombreux que les prisonniers, Froissart ne désigne

S'il fallait s'en rapporter à Froissart, cette manière chevaleresque de faire la guerre aurait eu de grands inconvénients : d'abord, l'impossibilité de savoir si les conquêtes faites la veille appartiendraient encore le lendemain au vainqueur ; mais tout nous prouve que les Anglais ne s'en tinrent pas aux exploits du comte de Derby, racontés par Froissart, et qu'ils procédèrent avec beaucoup plus de méthode, dans les trois campagnes qu'il firent en Périgord, pendant 1345, 1346 et 1347. Je vais essayer de coordonner les événements accomplis dans cette province, durant ces trois années.

En dehors des localités, villes ou châteaux dont parle Froissart, comme ayant été occupés par eux dans le cours de 1345, et que j'ai signalés plus haut, les Anglais prirent et garnirent de troupes *Le Fleix, Montravel* (1), *Beauregard* (2), *Biron* (3) et *Eymet* (4) ; la bastille de Saint-Louis qu'ils détruisirent presque en entier (5), Mareuil et le Vieux-Mareuil (6) ; mais il y a tout lieu de croire aussi qu'ils s'emparèrent de Villamblard, de Sainte-Alvère, de Limeuil

---

que le comte de Poitiers et le sire de Duras ; les autres auteurs ne sont pas plus explicites. Le comte de Derby et les siens tirèrent un très grand bénéfice de cette victoire, car il était admis alors qu'on se rachetait en donnant de l'argent à celui qui vous avait pris ; or, tous avaient des prisonniers. Quant à l'avantage qu'elle procura au roi-duc, il fut relativement médiocre dans le Périgord, puisqu'à partir de ce moment les Anglais n'y firent plus que des conquêtes qu'ils ne conservèrent pas plus qu'Auberoche, que nous verrons bientôt rentrer sous l'autorité de la France. Ce combat eut lieu le 23 octobre, comme l'ont parfaitement établi les auteurs de l'histoire de Languedoc (t. iv, p. 56), dont je partage complètement la manière de voir.

Il semble qu'après un succès aussi éclatant, le comte de Derby aurait dû parcourir le Périgord et le soumettre à l'autorité anglaise, d'autant que le comte de Penbroch, arrivé juste au moment de la déroute des Français lui amenait un renfort important. Point du tout, après avoir affecté la plus grande courtoisie envers les prisonniers de distinction et leur avoir, le soir même, offert un repas splendide dans le château, il les relâcha sur parole et partit le lendemain pour Bordeaux, suivi de sa troupe, emmenant avec lui les autres prisonniers. Il eut soin, toutefois, de laisser dans Auberoche une forte garnison bien approvisionnée.

(1) Arch. nat. J. 625, nos 84 et 84 bis.
(2) Ibid. Reg. du tr. des ch.. côté 67, p. 77. Beauregard fut à moitié brûlé.
(3) Arch. nat. Reg. du tr. des ch., c. 81, p. 53.
(4) Bibl. nat. coll. Brequigny, t. 29., Guienne, vol. 20.
(5) Arch. nat. J. 181, n° 85.
(6) Arch. nat. Reg. du tr. des ch., c. 81., p. 303.

et de divers autres châteaux qui leur étaient utiles pour protéger leurs marches et contre-marches.

La campagne de 1346 s'ouvrit par un rassemblement de troupes anglaises à Bergerac, où le comte de Derby alla rejoindre le comte de Penbroch. Après trois jours de repos, il partirent pour l'Agenais et, à la suite d'assez nombreux succès sur les bords de la Garonne, ils rentrèrent en Périgord par la vallée de la Lémance, prirent d'assaut Villefranche-de-Belvès y commirent bien des dégâts et détruisirent ses archives (1) ; ils retournèrent ensuite dans la vallée de la Garonne, en suivant la direction de Bordeaux.

Pendant ce temps, le duc de Normandie s'était rendu à Toulouse, et y avait tenu les états de la Langue d'Oc, auxquels avaient assisté les députés du Périgord. De là, il était allé faire le siège d'Aiguillon. Avant ou pendant ce siège, une partie des troupes commandées par ce prince, se porta sur Villefranche, la reprit et se retira sans y laisser de garnison (2). Profitant de cette négligence, le comte de Derby la fit occuper de nouveau, peu de temps après, et y établit un corps de troupes suffisant pour la défendre (3). Nous n'avons d'ailleurs rien de positif sur les autres points occupés dans les environs de cette ville, parmi lesquels je crois qu'il faut placer Belvès. Il est très probable qu'Excideuil (4), le château de Saint-Rabier (5), près d'Excideuil, Nontron, le château d'Ans (6), et divers domaines du sire de Mareuil (7), que nous savons avoir été pris, tombèrent alors également au pouvoir des insurgés, vers l'époque où ils s'emparèrent d'Angoulême.

La descente d'Edouard en Normandie, avec une grande armée, la funeste bataille de Crécy et les événements généraux absorbaient

---

(1) Froissart, t. I, ch. 13.
(2) Rec. des ord. des R. de Fr, t. III, p. 201 et suivantes. Il pourrait se faire cependant que cette reprise n'eût été faite qu'en octobre, lorsque le sénéchal de Toulouse reçut ordre de se rendre à Limoges (Hist. de Lang. t. IV, p. 261).
(3) Froissart, t. I, ch. 119.
(4) Arch. nat, Reg. du tr. des ch., c. 81, p. 307.
(5) Ibid., Reg. c. 81, p. 65.
(6) Ibid., Reg. c. 78, p. 148. Bib. nat., coll. Doat., Reg. 243, Périgord, t. II. fol. 210.
(7) Ibid., Cabinet des titres, dossier Mareuil.

tellement l'attention que les affaires de Guienne restaient inaperçues. Aussi sommes-nous mal renseignés sur ce qui se passa, en Périgord, en 1346 et 1347. Nous savons seulement, d'une manière précise que, parmi les excursions, une eut pour conséquence la prise de Dome et la destruction de ses archives (1). Sans doute aussi, les insulaires firent alors sans succès une tentative sur Sarlat. Tel est l'ensemble des renseignement parvenus jusqu'à nous, sur cette expédition qui débuta avec fracas, et fit croire un moment à un triomphe complet des Anglais. Une réaction se produisit dans le duché ; en Périgord, elle fut telle, qu'à part la portion toujours restée anglaise et la ville de Bergerac, tout le pays envahi rentra successivement sous l'autorité du roi de France, avant la bataille de Poitiers.

A mesure qu'on s'était familiarisé avec la situation, l'émotion s'était calmée, et les populations s'étaient convaincues que l'occupation étrangère n'était qu'une question de temps. Il avait suffi pour cela de se compter. Sans doute, les traitres, les espions, les transfuges qui s'étaient mis à l'œuvre avec ardeur, avaient d'abord si bien secondé l'ennemi qu'on avait pu croire un moment que le mal était très grand ; mais quand on eut reconnu que le nombre des intéressés à la guerre était relativement fort médiocre, la résistance, organisée patiemment et sans bruit, prit tout à coup l'offensive et gagna du terrain avec plus de rapidité.

Le plus grand des échecs avait été la perte de la bataille d'Auberoche, funeste à toute la noblesse méridionale, et qui avait empêché la reprise du château et le dégagement de la contrée. On s'occupa avant tout de réparer ces revers. L'histoire se tait sur le moyen employé, mais le château était rentré sous la domination du roi de France en 1346 (2). Ce succès fut suivi de bien d'autres. La même année, la bastille de Beauregard, à moitié brûlée, fut reprise (3). Dome fut délivré en 1348 (4) ; Limeuil, en 1349 (5) ; Nontron et Ans

---

(1) Lascoux, documents hist. sur la ville de Dome, p. 13 et suivantes. On lit cependant à la p. 23 un extrait d'une ordonnance du roi Jean, du 23 octobre 1357, que le château ne fut pas pris.
(2) Arch. nat., Reg. du tr. des ch., c. 68., p. 191, et 76, p. 396.
(3) Ibid., Reg. c. 77, p. 60.
(4) Ibid., p. 236, 237 et 238.
(5) Ibid. Reg. 78. p. 69.

en 1350 (1), Saint-Rabier, Saint-Astier, Montravel, Le Fleix, Montagrier, Saint-Louis, Biron en 1351 (2), Excideuil, Mareuil et le Vieux-Mareuil avant 1355 (3). Nous n'avons pas de données positives sur la date de la reprise de Villefranche, de Paunat, du château de Larue, etc.; mais rien n'autorise à douter que ces localités ne fussent redevenues françaises avant cette même époque.

Tout incomplets qu'ils sont, ces détails nous permettent d'apprécier ce retour offensif. Ce n'est pas que le roi-duc et ses agents ne fissent tous leurs efforts pour se maintenir dans le pays et s'y faire de nouveaux amis; mais il est certain que les Anglais ne trouvèrent jamais de véritable sympathie parmi les populations périgourdines.

Devenu seigneur de Bergerac, le comte de Derby, en sa qualité de gouverneur de Guienne, avait sous son autorité tout le duché. En 1349, environ un an avant la reprise de Saint-Astier par les Français, Derby donna à Raimond de Pellegrue, seigneur du Bordelais, ce château, sa terre et sa seigneurie, pour services par lui rendus au roi d'Angleterre (4). En 1350, repris ou non, le haut domaine de Beauregard fut donné à Guillaume Darington, anglais d'origine, en place de celui de Clermont qui lui avait été auparavant attribué par le roi-duc (5). En 1351, ce même roi-duc fit don à l'anglais Thomas Cok, sa vie durant, du château de La Linde, avec haute et basse justice, etc., et du petit commun de Clerens; et il confirma à Gilbert de Pellegrue la donation d'Eymet, à lui faite, sa vie durant, par le comte de Derby. De ces quatre personnages, pas un n'était périgourdin et deux étaient Anglais. Le comte de Derby avait sans doute porté son attention sur Bergerac et La Linde. Des lettres (1354) du roi-duc enjoignirent au sénéchal de Gascogne et au comptable de Bordeaux de n'exiger de leurs habi-

---

(1) Bibl. nat., col. Doat, Reg. 213. Périgord. t. II, fol. 210.
(2) Arch. nat. Reg. du tr. des ch., c. 81, p. 65. 88, p. 418, 81, p. 43 et 575; J. 181, n° 85, Reg, 81, p. 53; J. 625, n°s 81 et 81 bis.
(3) Ibid. Reg. du tr. des ch. c. 81, p. 303 et 307.
(4) Bibl. nat. coll. Brequigny, t. 31, Guienne, vol. 22.
(5) Bibl. nat. Col. Brequigny, t. 29. Guienne, vol. 20. J'ai dit repris ou non parce que, comme je l'ai rapporté plus haut, les Français y étaient rentrés en 1346 et l'avaient donné à Rudel de Mouleydier, seigneur de Montclar. (Arch. nat. Reg. du tr. des ch., c. 77. p. 60.)

tants pour les vins chargés ou déchargés ou conduits à Libourne que les péages qu'ils avaient l'habitude de payer (1) ; mais, cette faveur apparente ne devait pas contribuer à développer chez ces populations un grand attachement pour leur seigneur.

Cependant l serait inexact de dire que les Anglais n'avaient pas trouvé la moindre sympathie parmi les périgourdins. Il nous reste au contraire la preuve qu'un petit nombre d'hommes, plus ou moins importants, avaient pris leur parti et le suivaient encore en 1353. Ce sont des lettres de rémission du roi-duc en faveur d'Auger, sire de Mussidan, d'Amanieu du Pommier, de Soudic de Pressac, de Seguin de Mussidan, de Gauthier de Longa, d'Etienne de Laporte, de Guillaume de Brouillac, de Raimond de Laborde, de Guassion Doine, de Guillaume de Sentor et de Pierre Chambrier de Seguin de Mussidan, au sujet de la mort de Guillaume Aramont de Madaillan, qui nous les font connaître ; mais à l'inspection de ces lettres, on s'aperçoit qu'Auger et Seguin de Mussidan avaient ces hommes à leur service, et nous savons déjà que les sires de Mussidan se firent Anglais, en haine des comtes de Périgord. Ce n'est pas à dire non plus pour cela que les seigneurs de la province eussent renoncé à leur vieille habitude de se faire tour à tour Anglais ou Français, selon leurs intérêts : mais on est vraiment porté à croire, que dans cette lutte, où la couronne de France était en jeu, l'immense majorité de la population périgourdine tint à honneur de se montrer toute dévouée à la monarchie française ; il semble même qu'à partir de ce moment, les seigneurs se montrèrent moins versatiles. Sans doute, la conduite de tous ne fut pas complétement désintéressée ; mais s'il y en eut de largement récompensés, d'autres servirent le trône avec désintéressement. Bertrand de Born, seigneur d'Autefort, Guillaume de Dome, seigneur de Vitrac, Pierre de Gontaut, seigneur de Biron, s'étaient mis en campagne dès le début de l'invasion et se battaient résolûment, sans prétendre à rien. Tout le bénéfice qu'ils en tirèrent, ce fut que, par lettres de mai 1346, Philippe de Valois ordonna que, pendant toute la durée de la guerre et un mois après, les procès qu'on leur avait intentés ou qu'on leur intenterait resteraient en état. Ber-

---

(1) Bibl. nat., col. Bréquigny, etc.

nard de Grésignac (1) avait fait aussi la guerre dans l'intérêt de la France et, comme les précédents, avait largement contribué de sa personne à repousser les Anglais. Il avait, de plus, fait beaucoup de dépenses ; le roi, en 1347, lui fit don de deux cents livres de rente à prendre sur les biens des rebelles. Un bourgeois de Sarlat, du nom de Guillaume Lebestourac, se conduisit si bien qu'il fut autorisé, en 1347, à acquérir, dans les fiefs nobles, cent livres de rente annuelle (2). Cette même année, Hélie Audebert avait aidé à arrêter des rebelles. Il fut anobli pour cela (3). Guillaume, seigneur de Mareuil, tout dévoué au service du roi, avait été cruellement victime de son dévouement ; les Anglais l'avaient spolié d'une partie de ses domaines, avaient pris tout ce qu'ils avaient pu prendre et lui avaient causé des pertes considérables ; pour réparer, autant que possible, tous les dommages par lui éprouvés, racheter ses fils prisonniers et le récompenser des services rendus, on lui accorda deux mille livres tournois (4). Les châteaux de Nontron et d'Ans relevaient directement de la vicomtesse de Limoges. Pour les recouvrer, le sénéchal de la vicomtesse avait emprunté de l'argent à Gui et à Jean de Lestrade. Afin de les récompenser, la vicomtesse, en 1350, leur donna en jouissance 80 livres de rente, qu'autrefois leur père percevait à Limoges (5). Cette même année, on paya diverses sommes à Hélie de Bourdeille, pour services rendus durant les guerres de Gascogne. L'année suivante, Hélie Foschier fut gratifié des biens de Hugues d'Apunzac. En 1353, plusieurs domaines situés à Sarlat furent donnés à Renaud Dieudonné, pour avoir contribué à la délivrance du château de Biron (6). Une somme de 1,000 livres tournois fut allouée, en 1352, à Arnaud de Cervoles, dit l'Archiprêtre, en compensation de ce qui lui était dû, pour lui et sa compagnie (7),

---

(1) Arch. nat. Reg. du tr. des accords, coté 2, fol. 227, 238 et 242. et coté 76. p. 398.

(2) Ibid., ibid. p. 399 et 67.

(3) Bibl. nat., cabinet des titres, dossier Mareuil.

(4) Arch. nat. K. 226, reg. intitulé : *Journal du trésor*.

(5) Coll. Doat, reg. 213, Périgord, t. II, fol. 218.

(6) Arch. nat., reg. du tr. des ch. côté 81, p. 53.

(7) Bibl. nat., titres scellés, vol. 25.

et, en 1353, le roi lui fit don des château et seigneurie de Châteauneuf-sur-Charente, pour ses services signalés, et notamment pour la reprise de Montravel et du Fleix (1), et pour avoir contribué à dégager Bergerac. Rigon de Mauriac recevait, en 1354, du trésorier des guerres, pour ses gages pendant *les guerres de Périgord*, 78 livres 15 sols tournois (2). 120 livres de rente étaient assignées, en 1355, à Guillaume Grégoire, en compensation des pertes par lui éprouvées, à la reprise d'Excideuil (3). Cette même année, le roi assura définitivement la possession de la châtellenie de Villebois (Lavalette), à Raimond de Mareuil, à qui il n'en avait donné que la jouissance, en attendant que la châtellenie de Rochefort, qui lui appartenait, fût recouvrée. Dans les lettres relatives à cette concession, se trouvent des détails sur la situation que la guerre avait faite à ce seigneur, et sur un premier arrangement pris avec lui, dont voici le résumé : Raimond de Mareuil avait rendu de grands services et fait de grandes dépenses pour reprendre Mareuil, le Vieux-Mareuil et diverses localités du comté d'Angoulême. Il les remit à la France, à la condition de conserver en état de défense différentes forteresses qu'il occupait contre les ennemis et racheta des prisonniers, sans autre secours du roi qu'une somme de quatre cents francs à l'écu. Jean lui avait donné le château et la châtellenie de Rochefort avec toutes leurs dépendances, ainsi que des revenus, droits et possession des paroisses de Grésignac et de St-Martial (de Valette) ; mais comme le château et la châtellenie de Rochefort se trouvaient entre les mains des ennemis, en attendant leur reprise, il lui avait attribué les droits et revenus du château et de la châtellenie de Villebois, en même temps qu'il accordait rémission pleine et entière, à lui et à tous les siens, de tous les délits, crimes et méfaits dont ils pouvaient s'être rendus coupables, sans qu'il pût réclamer rien de plus, tandis qu'à ces conditions, il était tenu de rendre à la couronne *Bouteille, Lusignac, Cherval, Grésignac, les Graulges, Vendoire, Gouts, St-Paul (Lisonne), Champagne* et diverses autres localités du comté d'Angoulême. Ces dispositions sont renouvelées avec la donation défini-

---

(1) Arch. nat. J. 625, n°° 81 et 81 bis.
(2) Ibid, K. 47.
(3) Ibid. Reg. du tr. des ch., côté 85, p. 307.

tive (1). Trente livres de rente avaient aussi été accordées à Fortanier de Périgord ; en 1355, il en reçut cinquante de plus pour les pertes faites et le zèle qu'il avait montré à la reprise de Saint-Astier Par lettres de 1355, Jean et Bernard de Montestève, pour services rendus à la couronne et à la ville de Sarlat, furent autorisés à acquérir 50 livres de rente perpétuelle, dans les fiefs et arrière-fiefs nobles.

De tous ces personnages, pas un n'était étranger et tous étaient périgourdins. Il ressort de là que la population périgourdine s'était attachée à la couronne de France et lui était restée fidèle. Il y eut bien des défaillances, comme celle de Jean de Galard, seigneur de Limeuil (2), mais elles furent très rares. Il y eut aussi quelques amis par souvenir, qui périrent dans la lutte ; mais le plus grand nombre se repentit, rentra en grâce et obtint sa réhabilitation. Quant aux espions et aux traitres, on en fit bonne justice. On continua d'ailleurs à user de beaucoup d'indulgence pour ceux dont la conduite était loin d'être sans reproche. Nous avons des lettres de rémission en faveur de Gaillard de Castelnaud, de Guillaume Constant (3), de Raimond Porte (4), de Pierre de Mauvoir (5), de Raoul de Saint-Pardoux (6), de Fortanier de Périgueux et d'Archambaud, son fils (7).

(1) Arch. nat. Reg. du tr. des ch., côté 81, p. 283.

(2) Ibid., reg. coté 78, p. 09 et 82, p. 601. Le seigneur de Limeuil est le seul seigneur du Périgord, d'un certain pariage qui fit défaut à la couronne de France, dans cette grande lutte. Le sires de Pons, seigneur de Ribeyrac, etc., quoique placés dans de mauvaises conditions, prirent parti pour Philippe de Valois (Arch. nat., n° 47). Nous avons vu à l'œuvre les seigneurs d'Autefort, de Vitrac, de Biron, de Grésignac, de Mareuil, etc. Le comte de Périgord, lui-même, tout en jouant un double jeu, dicté par une ambition excessive, n'hésita pas un instant. L'opinion publique s'était si fortement prononcée, que Jean de Galard, nonobstant sa supplique au roi de France, rassuré dans les lettres de rémission qui lui furent accordées, fut obligé de déclarer solennellement qu'il n'avait jamais voulu suivre le parti anglais, mais qu'au contraire, il avait toujours été l'homme du roi de France (Arch. nat. J. 190, n° 68).

(3) Arch. nat., reg. du tr. des ch., coté 68, p. 387.

(4) Ibid., reg. 100, p. 195.

(5) Ibid., reg. 80, p. 777.

(6) Ibid., reg. 81, p. 62.

(7) Ibid., reg. 84, p. 272. Toutes ces lettres contiennent des motifs de rémission plus ou moins plausibles ; mais elles avaient surtout été inspirées par l'idée de rattacher ces coupables à la couronne dans les moments difficiles où on se trouvait. Quelques-unes pourtant parlent des services rendus par les graciés.

Mais les villes, surtout et d'abord Périgueux, se montrèrent dévouées. En 1345, deux cents lances sortirent de cette ville pour donner la chasse aux Anglais. Il n'est pas douteux que c'était la municipalité qui avait ordonné et dirigé cette expédition. Indépendamment de ce que la fierté du maire et des consuls n'aurait pas permis à tout autre de donner des ordres dans la ville, la population tout entière était trop irritée contre le comte pour lui reconnaître la moindre autorité, d'autant que c'était au moment le plus ardent de la guerre et que le comte insistait encore pour que le roi lui fît don du commun de la paix levé à Périgueux.

En avril 1347, en considération de leur constante fidélité et comme dédommagement, Philippe de Valois accorda aux habitants de Périgueux le privilège de ne pouvoir jamais être cités ni ajournés, pour quelques affaires que ce pût être, qu'au sénéchal de Périgueux. Et comme si cette faveur ne devait pas paraître suffisamment rémunératrice de leur dévouement et de leur persévérance. Cette même année, sans tenir compte des insistances du comte, et pour prouver d'une manière plus évidente encore l'estime qu'il faisait d'eux, il leur accorda deux mille livres à prendre sur le *gros commun* du Périgord et sur le *petit commun de Périgueux* : « Attendus et considérez les grands travauls et
» scandles (pertes), que nos amez et feaulz les mère, conseuls et
» commune de la ville de Pierregort, ont eus et soutenus longue-
» ment, durant nos guerres, en résistant à nos ennemis et gardant
» et deffendant la dite ville à l'onneur et proffit de nous et de nostre
» royaume, contre nos diz ennemis qui, par trois fois sont venus à
» grans chevauchées, par devant ladite ville, faisant leur pouvoir de
» l'acquérir ou détruire par force, etc. » (1).

Nous n'avons pas les mêmes renseignements sur Sarlat ; mais nous savons qu'il résista vaillamment et qu'il ne tomba pas entre les mains des Anglais, grâce au courage de ses habitants, comme le constatent suffisamment les lettres relatives à Lebestournac et à Bernard de Montastève.

Dome. — Les détails sur Dome sont un peu plus précis. Cette bastille se défendit vigoureusement, mais elle fut prise par trahison.

---

(1) Rec. de titr., etc., p. 251.

Dans les lettres d'anoblissement de Pierre et Raoul Le Roch frères, de Sarlat (1342), pour services rendus à la couronne, nous lisons qu'ils se montrèrent surtout dévoués à la France, dans le recouvrement de la ville du Mont-de-Dôme, traitreusement occupée par les ennemis (1). D'où il résulte que les populations circonvoisines, et notamment la ville de Sarlat, contribuèrent puissamment à cette délivrance. Des lettres de la même année relatives au rétablissement du consulat dans cette bastille, portent d'un autre côté :

« A la demande de nos chers et fidèles bourgeois et habitants de
» notre ville du Mont-de-Dôme qui, mus par leur inébranlable
» constance et leur entière et parfaite fidélité, ont exposé simple-
» ment et libéralement pour nous et la couronne de France, leurs
» corps et leurs biens, durant la guerre, nous ont loyalement servi
» jusqu'à ce jour et désirent ardemment nous servir encore, et sur
» leur assertion formelle que leurs chartes et privilèges relatifs au
» consulat, depuis longtemps à eux concédé, ont été perdues, l'an
» dernier, dans la prise de ladite ville, dont nos ennemis se rendi-
» rent maîtres par la trahison, nous leur avons concédé et
» concédons etc. » (2).

Des lettres de sauvegarde spéciale, concédées presqu'en même temps, confirment leur dévouement ; et d'autres lettres de 1330, par lesquelles Arnaud d'Espagne, sire de Montespan, sénéchal de Périgord et de Quercy, donne des ordres pour que la dépense faite par des traitres et espions, emprisonnés à Dôme et pendus dans le voisinage, sont aussi explicites : « Cette année, vers la fête de
» sainte Madeleine, divers traitres et escaladeurs furent arrêtés par
» nos hommes d'armes. Parmi ces misérables, quelques-uns avaient
» aidé les ennemis à escalader Dôme. Ils ont été conduits dans cette
» ville, et, au bout de quinze jours de prison, pendus dans le bois
» appelé *Des Dames* (3). »

Rien de bien certain sur Villefranche ; mais la destruction des archives de la ville par les Anglais (4) prouve suffisamment que cette bastille résista avec la plus grande énergie, car il est impos-

---

(1) Arch. nat., reg. du tr. des ch., côté 77, p. 236 et 237.
(2) Ibid., ibid., p. 239.
(3) Lascoux : Documents hist. sur la ville de Dôme, p. 23.
(4) Arch. nat., reg. 80, p. 28 et rec. des ord. des R. de Fr., t. 3, p. 202.

sible de ne pas admettre que cette destruction fût la conséquence de l'irritation du vainqueur.

On n'est pas mieux renseigné sur les bastilles de Saint-Louis, de Beauregard, et en général sur les centres de population, en dehors des bastilles anglaises, sans en excepter Bergerac, tout livré qu'il avait été par la trahison.

Au plus fort de la lutte, la sénéchaussée n'avait pas cessé de députer aux états généraux de la Langue d'Oc, et elle avait deux fois consenti les subsides comme les autres ; Périgueux avait de même renouvelé régulièrement son consulat (1348) (1). Quelques transactions se continuaient. L'arrentement d'une terre, dans la paroisse d'Audrix, par Arnaud de Veyrines, damoisel de Limeuil, à la date de 1347, en est la preuve certaine (2). L'avènement de Jean fut le point de départ d'une activité inaccoutumée.

Le comte de Périgord. — On n'a pas oublié que le comte de Périgord et son frère le cardinal, faisaient d'actives démarches contre Périgueux ; ils avaient compris que les sollicitations et les instances pourraient bien ne pas les mener aussi bien à leur but que les prévenances et, au début de la guerre entre la France et l'Angleterre, ils s'appliquèrent à se rendre utiles, et firent en sorte de mériter la confiance du roi et de son fils, surtout du fils, qui manifestait un penchant pour la noblesse. Avant l'expédition du comte de Derby, ce seigneur avait fait de grands progrès dans l'esprit du jeune prince, comme le prouvent les lettres de juillet 1344 ratifiées en janvier 1345, par lesquelles il lui donne la seigneurie de Montencès : « Gaillard de Montencès, durant la
» guerre, par sa négligence ou autrement, avait laissé occuper la
» seigneurie de Montencès par les ennemis et rebelles du roi. Par
» son admirable activité, le comte de Périgord, avec ses troupes,
» réunies à celles de notre père, les en chassa et la rétablit sous
» l'autorité de notre dit père, sous laquelle elle est toujours restée
» depuis lors, en punition de la conduite de Gaillard. Avant l'occu-
» pation, cette seigneurie relevait directement du comte de Périgord
» et en relève encore selon la loi féodale. Dans cet état de choses, ce
» seigneur nous a prié, avec instance, de placer audit Montencès un

---

(1) Reg. de tit., etc., p. 256.
(2) Bibl. nat., papiers Leydet (fond Prunis), 2º rec., 1ʳᵉ part.

» vassal capable et digne de confiance, ou de l'en mettre lui-même
» en possession, sur quoi, après une délibération, attendu la sincère
» affection qu'il nous a toujours portée, le zèle dont il a fait preuve
» en toute occasion, les dépenses auxquelles il a été induit pour
» notre service et le dévouement de ses ancêtres envers les rois de
» France, nous lui avons donné et donnons ledit lieu de Montancès
» avec toutes ses dépendances, tous ses droits et la faculté d'y faire
» construire un château et tous autres édifices qu'il lui plaira, en
» remplacement des constructions qui y étaient auparavant et qui
» ont été détruites par les ennemis » (1).

Ces dispositions du prince Jean eurent les suites les plus heureuses pour Roger Bernard. En novembre 1345 (2), il obtint de ce prince les domaines d'Auger de Montaut, seigneur de Mussidan, qui avait suivi le parti des Anglais, et par sa rebellion au roi de France, avait mérité que ces biens fussent confisqués (3).

Cette même année, et peut-être le même jour, ce même comte fit, avec ce prince, un traité :

« Il s'engagea à garder les châteaux et les forteresses qu'il pos-
» sédait, sur les frontières ennemies, avec deux cents hommes
» d'armes et quatre cents sergents, depuis la Saint-Martin d'hiver
» déjà passée, jusqu'à Pâques, moyennant douze mille livres tour-
» nois, pour l'acquittement desquelles le prince lui donna, pour dix
» mille livres, à valoir sur les douze, le *commun* dû au roi dans la
» châtellenie de Bourdeille, le commun et la juridiction de *Celles*,

---

(1) Arch. nat., reg. du tr. des ch., coté 75, p. 346.

(2) On se rappelle qu'il avait été fait prisonnier au combat d'Auberoche.

(3) Arch. de Pau, 3e inv., prép. P. et L., I. 407, n° 23. On n'a pas perdu de vue la lutte qui s'était engagée entre Raimond de Montaut 1er et Archambaud IV, et le parti qu'avait pris Raimond de se faire Anglais. Son successeur, Auger, avait suivi son exemple, sans que l'autorité du roi de France intervînt, même lorsque les hostilités furent commencées. Si donc le prince Jean fut conduit à prendre une décision sur cette affaire, ce ne peut être que parce que son attention y fut appelée incidemment par l'entremise du comte ou du cardinal, son frère. Sans doute l'échec d'Auberoche servit de prétexte ; mais certainement le but n'était pas seulement de réparer autant que possible cet échec, il y avait aussi une autre pensée à laquelle était vivement intéressé le comte de Périgord. Il s'agissait de rendre à ce comte la suzeraineté de Mussidan ; on donnait donc cette seigneurie à Roger Bernard, sauf plus tard à s'en emparer ou forcer le sire de Mussidan à se reconnaître son vassal.

» de *Bertric*, de *Verteilluc*, de *Cassagnes*, de *Saint-Privat*, de
» *Puycorbier*, et les ventes communes au roi et au chapitre de Saint-
» Front, dans les paroisses du pariage de *Montanceix*, de *Breuil*,
» *d'Eglise-neuve*, de *Notre-Dame-de-Sanilhac*, de *St-Pierre-ès-Liens*,
» de *Coursac*, de *Coulouniex*, de *Marsac* et de *Roussignac*, avec cette
» clause que si à la Sainte-Madeleine prochaine (22 juillet) les recet-
» tes avaient couvert les dix mille livres, ce commun, cette juridic-
» tion et ces ventes retourneraient au roi, et que si, au contraire, ces
» dix mille livres n'étaient pas couvertes, ce commun, cette juridic-
» tion et ces ventes appartiendraient à perpétuité au comte et à sa
» famille (1). » Cet arrangement se rattache trop bien au système
adopté par la famille, pour qu'on puisse y voir autre chose qu'une
affaire préparée aussi d'avance et acceptée par le fils aîné du roi qui
fit approuver le traité par son père.

Dans tout ce qui précède, il est beaucoup parlé des services
rendus par le comte, mais sans précision. Nous savons qu'il était à
Bergerac, lors de la prise de cette ville, et qu'il en partit d'une
manière peu glorieuse ; il était aussi à Auberoche où il se
laissa faire prisonnier ; il avait repris Montanceix *à l'aide des
troupes royales*, et s'était chargé de garder ses châteaux et forteresses frontières, moyennant douze mille livres tournoises. Il
n'y a là ni valeur militaire, ni désintéressement ; mais il était
bien en cour, et les faveurs lui arrivaient.

A la mort de Philippe de Valois, la position devint encore
meilleure. Jean le prit en véritable affection, et lui accorda tout ce
qu'il lui demandait. Il est vrai que, de son côté, il s'appliqua à se
montrer toujours empressé auprès du nouveau monarque.

A peine un mois après son avènement, le comte lui avait rendu
hommage et prêté serment de fidélité (2) ; peu de temps après
(janvier 1351), pour le récompenser de ce zèle, Jean lui fit une
gracieuseté qui n'aboutit pas comme l'avait sans doute espéré ce
seigneur.

JEAN DE GALARD. — J'ai parlé de Jean de Galard, des lettres de
rémission qui lui furent accordées, en 1354, et de la déclaration qui

---

(1) Arch. nat. reg. du tr. des ch., coté 68, p. 135.
(2) Arch. de Pau, 3ᵉ inv., prep., P, et L., l. 93, nº 53.

les suivit. En voici l'origine : fait prisonnier par les Anglais, Jean de Galard avait prétendu que sa rançon, fixée à un prix trop élevé, et d'autres circonstances moins précises, l'avaient obligé à conserver des relations avec les ennemis de la France. Tant que Philippe de Valois vécut, cette affaire ne fut pas poussée plus loin ; mais, à sa mort, le nouveau roi ou son conseil voulurent vérifier le dire du seigneur de Limeuil, et l'examen des faits lui fut si défavorable, que ses biens furent confisqués et que, par lettres de janvier 1351, signalées plus haut, le roi Jean les donna au comte de Périgord (1). De là les démarches de Galard, qui lui valurent la rémission suivie de sa déclaration, suivie elle-même du règlement de compte entre lui et le comte d'Armagnac, représentant le roi de France, et d'une déclaration portant que la seigneurie de Limeuil et lui se sont naturellement donné quittance (2). Ce fut sans doute une déception pour le comte, mais il ne s'en montra pas affecté.

Après la cession de Bergerac à Philippe de Valois, ce seigneur conservait encore de grands domaines dans l'étendue de cette seigneurie. Ses liaisons avec le prince Jean le poussèrent à lui demander l'autorisation d'établir un juge d'appel, autorisation qui lui fut accordée en ces termes : « En considération des bons et
» agréables services, depuis longtemps rendus à nous et au roi,
» notre père, par notre cher et fidèle comte de Périgord et les siens,
» nous lui avons concédé et concédons à lui et à ses successeurs la
» faculté d'instituer un juge d'appel dans ses domaines du
» Quercy (3) et dans ceux qui lui reviennent ou qui lui reviendront
» par suite du traité conclu entre lui et le roi, notre père, à l'occa-
» sion de la cession de Bergerac. Ce juge connaîtra des appels, tant

---

(1) Arch. nat., reg. du tr. des ch., coté 80, p. 771 et reg 82, p. 662.

(2) Arch. nat. Reg. du tr. des ch., coté 82, p. 66.

(3) Il y a deux exemplaires de ces lettres, l'un tiré du reg. du tr. des ch., coté 74, où il fut inséré (p. 143) avec l'approbation du roi, du mois d'octobre 1343 ; l'autre, conservé aux arch. de Pau, 3e inv., pr. P. et L., l. 501. no 21. Dans ce dernier exemplaire, il n'est pas question des domaines du Quercy, ce qui est une omission peut-être volontaire. Quoi qu'il en soit, il n'y a pas à balancer entre les registres du tr. des chartes, qui sont les registres officiels de l'ancienne chancellerie, et une transcription sur parchemin, déposée dans les anciennes archives des comtes, qui n'est même pas revêtue de l'approbation du roi.

« au civil qu'au criminel, interjetés par ses sujets, des sentences
« des juges de ces dits domaines, etc. » Malgré la différence qui
existe entre les deux exemplaires de ces lettres, il n'est pas douteux
que cette concession n'avait pour but que de faciliter l'expédition
des affaires, tant dans le Quercy que dans le Bergeracois, sans
donner au comte une plus grande autorité dans la sénéchaussée.
Mais cette concession, aidée des évènements qui vont suivre, en
prépara une autre, décisive pour l'asservissement de la ville de
Périgueux et de tout le Périgord, sans les circonstances imprévues
qui se produisirent tout à propos, pour jeter le désarroi dans
les calculs de Roger Bernard.

REPRISE DE LA LUTTE ENTRE LA VILLE ET LE COMTE. — A partir des
trèves de septembre 1347, renouvelées en 1348 et 1350, le pays
avait été à peu près débarrassé, du moins ostensiblement, des
Anglais. Ces trèves n'étaient pas scrupuleusement observées ; mais
ceux qui les violaient étaient désavoués et traités en pillards. Il
était permis de leur courir sus.

Les seigneurs du pays, et en particulier le comte du Périgord,
quoiqu'ils ne fussent plus obligés de se tenir constamment en
armes, se trouvaient dans la nécessité de veiller à la sécurité
publique, et par conséquent d'avoir sur pied des troupes. Il n'était
pas difficile, pour Roger Bernard, de donner aux soldats une autre
destination que celle qui leur était assignée, sans que d'ailleurs ni
le roi de France, ni le roi-duc intervinssent. Aussi, dès 1351 au
plus tard, crut-il que le moment était venu d'en finir avec la ville
et la municipalité de Périgueux.

L'avènement de Jean ranima son espoir. En février 1352, il
obtint de ce monarque des lettres qui remirent en vigueur celles
de 1348 (1). Mais la situation faite aux bourgeois par les lettres
de 1347, n'en était pas moins très embarrassante, car dans ces
temps de trouble et de surprises, il n'était pas facile de les déposséder de ce droit du commun consacré à des travaux d'utilité
publique. Aussi, au lieu d'essayer d'entrer immédiatement en
possession, il rusa et laissa la ville dans une sorte de sécurité trompeuse
pendant plus d'un an. Le maire et les consuls cessèrent de se tenir

---

(1) Arch. nat., reg. du tr. des ch., coté 81, pièce 173.

sur leurs gardes. Le comte saisit ce moment. Son entreprise fut conduite avec tant de bonheur et de discrétion, que les bourgeois n'en eurent connaissance qu'au moment où toutes ses mesures étaient prises pour qu'ils ne pussent pas même essayer de résister.

Le maire et les consuls furent avertis, le 21 juin, « par quelques
» amis de la ville..... désireux.... de prendre soin de son honneur
» et ses intérêts....., ces amis leur avaient appris que.... le comte
» de Périgord, a. .c toutes ses forces.... *de l'obéissance des deux*
» *seigneurs, le roi de France et le roi d'Angleterre* voulait... à tort
» ou à raison, faire la guerre à feu et à sang au Puy-Saint-Front, et
» avait l'intention de détruire, ruiner et arracher.... tous les bleds
» et toutes les vignes des bourgeois, remplir de soldats et de
» pillards toutes les églises et autres lieux des environs, et ne rien
» négliger de ce qui pourrait les accabler. Ils avaient ajouté qu'on
» pouvait se faire une idée de ses desseins par le soin qu'il avait eu
» de garnir et d'occuper les églises de *Champsarinel* et de
» *Treillissac* et que même il les avait fortifiées, ce qui suffisait pour
» causer des dommages irréparables » On touchait à l'époque de la moisson, et c'était le moment de travailler les vignes ; de plus, la ville n'était pas en mesure de tenir tête au comte. Ce qu'il y avait donc de plus sage à faire, c'était de traiter avec lui le mieux possible ; ce qui finit par être convenu d'un commun accord. (1).

Immédiatement après avoir reçu les pouvoirs nécessaires, le maire et les consuls entrent en pourparlers avec le comte, pour se débarrasser de son armée. Cinq jours après (le mercredi suivant 26 juin), les bases d'un traité étaient posées et acceptées de part et d'autre, avec la promesse du maire et des consuls d'obtenir l'approbation des trente prud'hommes du conseil. Cette approbation fut donnée le dimanche 30 juin, ainsi que celle d'un certain nombre de bourgeois influents (2). Ces formalités accomplies, sans perdre de temps, le dimanche d'après (7 juillet), fut choisi et accepté pour donner à ce traité toute la solennité voulue et le revêtir de toutes les formalités. Cet acte est d'une telle importance et sa nature est si complexe qu'il est indispensable de n'en pas donner ici une analyse détaillée.

---

(1) Rec. des titr., etc., p. 261.
(2) Ibid., p. 282 et 286.

« Après avoir exposé et affirmé qu'il possède la moitié de la
» juridiction de la cour du célérier, commune entre lui, l'abbé et
» le chapitre de Saint-Front, dans la paroisse de ce nom, et avoir
» rappelé à quelle occasion et pourquoi le droit du commun lui
» avait été donné et confirmé par le roi Jean, le comte déclara
» hardiment qu'il est et a été depuis longtemps en paisible pos-
» session ou à peu près de ce droit, au vu et au su de tout le monde,
» sans débat, ni contradiction de la part de qui que ce soit, qu'il
» ne s'en est jamais dessaisi et qu'il n'a jamais fait aucun acte qui
» pût casser ou annuler celui qui va suivre, dont le but est de
» former une confédération avec le maire, les consuls et la com-
» munauté de Périgueux et de leur *être largement agréable*. Pour
» cela il leur cède à perpétuité cette moitié de juridiction et ce
» droit du commun, pour en jouir et user en toute liberté, moyen-
» nant une rente annuelle de cinquante livres de monnaie péri-
» gourdine, payable vingt-cinq livres à la Saint-Jean et les vingt-
» cinq autres à Noël, et un florin d'or d'acapte, à chaque avène-
» ment d'un nouveau comte de Périgord, auquel ils déclareront en
» même temps qu'ils tiennent cette moitié de juridiction et tout ce
» commun de lui comme du seigneur direct, sans autre obligation,
» ni devoir envers lui ou ses successeurs, *sauf et réservée en tout et
» pour tout la volonté, le consentement et la permission du roi, dont
» il promet d'obtenir la ratification, la confirmation et l'appro-
» bation par des lettres scellées du sceau royal, voire même celles du
» pape, si c'est nécessaire.*

» De leur côté, le maire et les consuls, du consentement exprès
» des trente prud'hommes, reconnaissent la vérité des assertions du
» comte, et acceptent l'acensement aux conditions imposées, mais
» également sous la réserve de la volonté et du consentement du
» roi, ajoutant que désormais quand il se faira des proclamations
» dans la ville, dans la cité ou dans les faubourgs, à son de trompe
» ou par le crieur public, à part celles qui regardent la couronne,
» elles se feront toutes au nom du comte, du maire et des consuls et
» avec des panonceaux aux armes du comte de la ville et du maire,
» sauf l'expresse restriction que, de cette manière de faire les pro-
» clamations, pas plus que de l'apposition de ses armes sur les pa-
» nonceaux, il ne résultera pour le comte aucune juridiction haute,

» moyenne ou basse, ni aucune sorte de droit, et si, par hasard, il
» s'avisait jamais d'avoir quelque prétention ou de porter quelque
» entrave à l'action du maire et des consuls, que toute proclamation
» faite durant la collision sera nulle et que ses armes seront effacées
» sur les panonceaux, sans toutefois que les autres closes du traité
» cessent d'être obligatoires.

» De plus, il est convenu entre le comte, le maire et les consuls
» que tout premier appel, soit de la cour du consulat de la ville,
» soit de la cour commune, du célérier, pour quelque cause que ce
» puisse être, lors même qu'on appellerait au roi ou à son sénéchal,
» sera porté, sans contrainte, à lui comte ou au juge des premières
» appellations qu'il doit établir dans la ville (1), lequel juge connai-
» tra des causes civiles et criminelles et devra être originaire de la
» ville ou y habitant, *sans que jamais les causes puissent être por-*
» *tées ni jugées ailleurs.* Il est bien entendu que, quoi qu'il puisse
» arriver, ni cette moitié de juridiction, ni ce droit de commun ne
» pourront tomber en commise, être saisis ou mis sous la main des
» comtes. Il est convenu en outre que les contestations qui pour-
» raient survenir, seront soumises à des amis communs. On s'engage
» de part et d'autre à tenir ce traité très religieusement, surtout,
» répètent le maire et les consuls, parce que tout ce qu'il contient
» *a pour but l'utilité et l'avantage du comte, du maire, des consuls*
» *et de la communauté.* Quant aux habitants de la cité, tout en y in-
» tervenant, ils ont soin de faire leurs réserves pour leurs droits,
» leurs immunités et leurs franchises, avec la condition qu'ils ne
» seront pas obligés de contribuer à la rente de cinquante livres, ni
» au florin d'acapte, ce qu'on leur accorde, sauf les cas d'appel et
» les proclamations avec les panonceaux aux triples armes, etc. (2).

Après que le comte eut obtenu ce qu'il convoitait, il se retira
avec son armée, d'autant que désormais ce qui lui importait avant
tout, c'était de s'assurer des dispositions du roi. Or, il avait un
moyen de les connaître très promptement, c'était de solliciter l'au-

---

(1) Dans la délibération du 21 juin, il est dit que ce juge sera établi et que les appels auront lieu, *pourvu toutefois que le comte puisse les obtenir du roi de France.* (Dum tamen ipsas predictas appellationes a domino nostro Franciæ rege dictus domine comes obtinere seu impetrare posset.)

(2) Rec. de titres, etc., p. 265.

torisation d'établir à Périgueux le juge d'appel mentionné au traité. Sans perdre de temps, il fit des démarches nécessaires à ce sujet, et à l'empressement avec lequel elles furent accueillies, il n'eut pas de peine à comprendre que Jean était resté le même envers lui. Le droit de constituer son juge d'appel, lui fut concédé en janvier 1354 (1) ; mais par le fait, il en fut de cette concession comme du traité. Elle n'eut pas de suites.

Tout allait donc au mieux pour le comte, lorsque la guerre se ranima plus ardente entre la France et l'Angleterre ; alors les habitants de Périgueux, naguère dédaigneusement abandonnés à la convoitise de Roger Bernard, devinrent l'objet de la sollicitude et des prévenances de la couronne, qui dès lors ne s'occupa plus des affaires du comte. Plusieurs tentatives avaient été faites, de la part des ennemis, dans le but de s'emparer de la ville et de la cité. Le 14 mars le sénéchal écrivit au maire et aux consuls pour leur recommander de prendre les mesures de sûreté, de faire contribuer aux dépenses tous ceux qui y étaient obligés, de réparer les fortifications, de garder exactement leurs portes, d'avoir soin que le guet fût rigoureusement fait.

Cette lettre fut le signal d'une sorte de réaction en faveur de la ville, qui, par suite des malheurs déchaînés successivement sur la France, finit par se tirer de la position désastreuse que les intrigues et l'audace du comte lui avaient faite. L'année suivante, les Anglais, maîtres de presque tout le pays, inquiétaient trop vivement le roi pour qu'il négligeât aucun des moyens qui pouvaient contribuer à la conservation de ses états. Périgueux avait toujours montré la plus grande répulsion pour les adversaires de la France et n'était jamais tombé entre des mains étrangères. Ce monarque lui fournit généreusement les moyens de résistance (26 avril 1355) (2).

A l'avènement de Jean, au moment où se préparait la bataille de Poitiers, Roger Bernard était à Avignon (fin de 1348). Nous l'apprendrons par une obligation de 90 francs, empruntés par lui à

---

(1) Rec. des ordr. des r. de Fr. t, iv, p. 276.
(2) Rec. des titres etc., p. 258 et 292.

un marchand de Florence, portant la date du 3 novembre, et dans laquelle ce marchand prend toutes sortes de précautions contre lui (1). Y était-il allé à l'occasion des douze chapellenies, que le cardinal son frère s'était engagé à fonder en l'église de Saint-Front, par acte du 28 juin 1347, approuvé par bulle du pape Clément VI, du 4 novembre même année (2), ou bien pour tout autre motif ? C'est ce que je ne saurais dire. Je le retrouve, en 1350, à Paris, où, après avoir rendu hommage au nouveau roi, il sollicite et obtient de lui l'amortissement de vingt livres de rente pour en disposer à son gré en faveur d'établissements religieux (3). Cette même année, son fils Archambaud, qui fut le cinquième comte du nom, fut autorisé par Clément VI à se marier avec une parente au 4° et même au 3° degré (4).

En janvier 1351, Roger Bernard fut fondé de procuration, par son frère le cardinal, pour recevoir les hommages d'Auberoche (5).

Le vicomté de Turenne avait passé, par les femmes, dans la maison de Comminges, de cette maison dans celle des Beaufort. Guillaume de Beaufort, vicomte en 1350, se plaignait que Mathe de l'Isle, femme de Bernard de Comminges et mère d'Eléonor, sa femme, par qui il était devenu vicomte de Turenne, pendant qu'elle administrait ce vicomté, avait aliéné des domaines, sans en avoir le droit. Par lettres d'octobre, le roi Jean autorisa Guillaume à rentrer dans ses domaines en remboursant les acquéreurs (6).

Pour services rendus à la couronne, le roi Jean, en 1350, avait donné à Guillaume de Beaufort mille livres de rente à percevoir sur le trésor à Paris, jusqu'à ce que ces 1,000 l. seraient assises sur un domaine convenable, avec juridiction et justice haute, moyenne et basse (7). Au mois de février suivant, ces 1,000 l. furent assignées sur le château et la châtellenie de Carlux (8), et le même

---

(1) Bibl. nat., coll. Doat, reg. 243, Périgord, t. II, fol. 201.
(2) Ibid., ibid., fol. 189.
(3) Arch. nat., reg. du tr. des ch., coté 80, p. 74.
(4) Arch. du Vatican, reg. 42°, de Clément VI, fol. 472, n° 686.
(5) Bibl. nat., coll. Doat, reg. 243, Périgord, t. II, fol. 207.
(6) Arch. nat. k. 47, n° 3.
(7) Ibid., k. 1211.
(8) Ibid., sect. Doat, papiers Noailles, cart. 26.

jour, Guillaume de Beaufort rendit hommage au roi, pour ce château et sa châtellenie (1).

Carlux était doté d'une municipalité depuis une époque dont je n'ai pas pu retrouver la date. En apprenant la manière dont on avait disposé de leur ville, les consuls firent des démarches pour empêcher l'effet de la donation, se fondant sur des lettres de Philippe le Bel qui portaient qu'elle ne pourrait être aliénée de la couronne de France (2) ; mais ce fut en vain, par lettres du 18 mai 1351, Jean décida que ses lettres du mois de février précédent seraient exécutées sans retard (3). En conséquence, le 27 juin suivant il ordonna de faire l'évaluation du château et de ses dépendances ; et le 18 septembre il reconnut que Roger de Beaufort, fils de Guillaume, lui avait fait hommage de cette seigneurie.

Cependant la résistance des consuls n'avait pas cessé, et elle paraissait si bien fondée, que le procureur du roi les soutenait devant le parlement ; ce que voyant, le roi disjoignit la cause, le 20 juillet suivant, imposa un éternel silence aux consuls et renvoya le procureur seul devant la cour. Cette résistance, sans arrêter l'effet de la donation, eut un résultat de quelque importance, puisque le 10 août, le roi se décida à retenir les affaires concernant les consuls et le vicomte de Turenne, au lieu de les laisser entre les mains du prieur de Saint-Martin-des-Champs, réformateur en Languedoc, qui avait souvent vexé lesdits consuls. Ils ne purent cependant obtenir de Jean qu'il les garantît contre les innovations que pourrait tenter le vicomte, 10 août ; et le lendemain il fut décidé qu'il serait prêté foi et hommage à ce seigneur par les nobles et autres habitants du lieu. Néanmoins le roi s'adoucit encore et consentit, le 27 du même mois, à ce que les habitants de Carlux et le vicomte fissent un arrangement à l'amiable qui lui serait soumis. Il consentit même (21 septembre), à ce que il ne fût rien innové dans la nomination des quatre consuls, durant le procès avec le vicomte, et le même jour il évoqua l'affaire à lui, avec ordre au réformateur général du Languedoc et au sénéchal de Périgord de protéger les habitants, en raison de la

---

(1) Arch. nat. sect, dom., papiers de Noailles, cart. 26.
(2) Rec. des ord. des r. de Fr., t. v, p. 285.
(3) Arch. nat., sect. Dom., papiers de Noailles, cart. 26.

soumission d'un bon nombre d'entre eux, et de leur remettre les amendes qu'ils pourraient avoir encourues. Le juge du vicomte voulait néanmoins nommer les consuls, ce qu'il fit, après quoi il leur fit signifier les lettres du roi du 27 août précédent, sans que l'affaire fût terminée (1).

Le roi Jean avait pour notaire un Jean de Mareuil, appartenant probablement à cette famille de Mareuil si dévouée à la couronne. Le 16 janvier 1351, il fit don à ce notaire de la somme de trente-deux florins d'or qui lui furent comptés trois jours après (2).

A cette époque, Sainte-Alvère appartenait à Diode de Limeuil; Gasparde de La Pépie, nièce et tutrice de Diode, donna à ferme la baillie de cette localité au nom de son fils (3).

La guerre contre l'Anglais allait mettre fin aux guerres privées. En 1354, les barons de Beynac, de Commarque et de Thémines, fatigués de leurs longs démêlés, concluaient une trève avec le seigneur de Castelnaud, leur adversaire. Cette même année, le roi de France rendait une ordonnance par laquelle il était interdit de sortir du royaume, sous peine de confiscation des chevaux et du matériel de route, parce que chacun devait rester à son poste en ces temps difficiles (4). Afin de se faire des partisans, ce monarque donnait Bergerac, occupé par les Anglais, à Robert de Mastas, sous le prétexte que ledit Robert était le plus proche héritier de Jeanne de Pons IV (5), retenait devers lui, comme roi de France, l'hommage de Pierre de La Tour et de sa femme, qu'ils lui rendaient en sa qualité de comte d'Angoulême, pour leur partie de la terre de La Tourblanche, et il restituait ladite terre à la sénéchaussée de Périgord, dont elle avait été détachée, pour être réunie à celle d'Angoulême (6).

De son côté, le sénéchal de Périgord, par suite du revirement de son maître, en faveur des habitants de Périgueux, écrivait à la municipalité du Puy-Saint-Front (14 mars 1344), et lui recom-

---

(1) Bibl. nat., cabinet des titres, dossier Mareuil.
(2) Ibid., ibid.
(3) Ibid., pap. Leydet, fonds Prunis, 2ᵉ rec., 1ʳᵉ part.
(4) Rec. des ord., des r. de F. t. iv, p. 153.
(5) Arch. nat., reg. du tr. des ch., coté 84, p. 16.
(6) Ibid., reg. 82, p. 83, 643 et 644.

mendait de prendre ses mesures contre les ennemis, qui plusieurs fois avaient essayé de s'emparer de la Cité, l'engageait à faire contribuer aux dépenses tous ceux qui devaient y contribuer, à faire faire rigoureusement le guet, et à ne rien négliger de ce qui pouvait conserver au roi ses fidèles sujets (1); tandis que les Anglais ou leurs amis, violant les trêves, entretenaient l'agitation et le trouble parmi les populations.

Les trêves étant expirées en 1355, et la paix n'ayant pu se conclure à Avignon, malgré l'entremise du pape, la guerre recommença. Au moment où les hostilités reprenaient, Jean, sollicité par les habitants de Périgueux, voyant l'importance que cette ville dévouée avait pour lui, se montra encore mieux disposé en sa faveur, et se décida à lui venir en aide (fin d'avril 1355.) Quatorze châteaux des environs étaient occupés par les ennemis qui faisaient des courses jusqu'aux portes de la ville et de la cité, qu'ils ne tardèrent pas à prendre. La ville était épuisée et tous redoutaient de se voir à chaque instant enlever leurs bestiaux et leurs récoltes. Les lettres du roi sont adressées à Jean de Clermont, seigneur de Chantilly, maréchal de France, commandant entre Loire et Dordogne. Par ces lettres le roi accorde à la municipalité les hommes d'armes, cavaliers et fantassins nécessaires pour la défendre, avec un bon capitaine pour y commander, le tout aux frais de l'Etat.

La date de la prise de la cité n'est pas exactement connue; mais il est constant que cette partie de Périgueux, en plaine et mal défendue, ne tarda pas à tomber entre les mains des ennemis qui en étaient maîtres au mois de mai 1356 (2).

Le roi Jean n'avait pas perdu son temps; dès juin 1355, il avait demandé une aide aux habitants du Limousin et des pays circonvoisins, qui s'étaient empressées de la lui accorder; et en mars 1356, il avait obtenu des états généraux de larges subsides (3). Telle était la situation vers la fin du mois de mars.

Depuis l'expédition du comte de Derby, les détails sur la partie du Périgord restée entre les mains des Anglais sont très rares.

---

(1) Rec. des tit., etc., p. 258.
(2) Rec des titr. etc., p. 292 et 291.
(3) Rec des ord. des r de Fr., t. III, p. 684 et t. IV, p. 171.

Nous savons seulement que le prince de Galles, à une époque qui n'est pas bien fixée, donna Beaumont en garantie d'un don de deux mille écus, et que Henri de Lancastre (le comte de Derby) data de Bergerac des lettres relatives à l'entretien des fortifications de Libourne (1).

ARCHIDIACONÉ DE MARQUAY. — Le 11 janvier 1321, il unit à l'office de célérier l'archidiaconé de Marquay et les prieurés de Valajoux, de Marquay et de Carsac (2). La même année, ayant reconnu que son église cathédrale était en mauvais état, que les bâtiments avaient besoin de réparations ; qu'il manquait d'ornements pour la célébration des fêtes, d'accord avec son chapitre, il décida que le revenu des bénéfices de son diocèse restés vacants, pendant cinq ans, seraient employés à ces réparations et à l'achat d'ornements, sauf le traitement des vicaires qui feraient le service dans ces bénéfices, pendant ces cinq années. De plus, comme il n'y avait pas de salle pour tenir les synodes et assemblées diocésaines, il fit construire la salle épiscopale. Il répara le château de Teyniac et y construisit une église avec une chapelle souterraine qu'il dédia à la Vierge. Il fit aussi participer à ses libéralités l'hôpital ou maladrerie, fondé par l'abbé Robert de St-Michel (1274-1286). Enfin, après avoir gouverné le diocèse de Sarlat 6 ans 4 mois et 19 jours, il fut transféré à St-Pons-de-Tanières, où il mourut, en 1346.

C'est sous Raimond de Rocquecorn (1324) que fut commencé le couvent des Jacobins de Belvès. Il fut construit avec une grande rapidité, et aux frais des habitants de la ville et de la noblesse des environs (3).

BERTRAND BÉRENGER. — Il eut pour successeur Bertrand Bérenger, Provençal d'origine et abbé de St-Tibery, au diocèse d'Agde. Bertrand Bérenger fut pourvu, en novembre 1324, et n'en continua pas moins d'habiter Avignon. Il mourut à Nimes, en 1327, sans jamais avoir visité son diocèse, qu'il faisait administrer par un de ses pa-

---

(1) *Fœdera, litteræ et acta publica*, ou nouv. édition de Rimer, t. III, 1re partie, p. 400 et 302.

(2) Tardes : *Antiquités du Périgord et du Sarladais*.

(3) Ibid. et *Calendrier de la Dordogne*, année 1837, p. 200 et 201. Précis historique sur la ville de Sarlat, par l'abbé Audierne.

rents, appelé Bernard Bérenger, dont il avait fait son vicaire général (1).

Arnaud Romiard ou Royard. — Ce savant religieux, de l'ordre des frères mineurs, succéda à Raimond Bérenger. Il était originaire du Périgord (2), et occupait le siège archipresbitéral de Salière, lorsqu'il fut pourvu de cet évêché. Nous n'avons de lui que sa transaction avec la ville de Sarlat, dont je parlerai à son article biographique. Il mourut à Sarlat, à la fin de novembre 1334, après avoir gouverné l'évêché 4 ans et 5 mois.

Guillaume de Cendrieux. — Son successeur s'appelait Guillaume de Cendrieux. Il naquit, selon Tardes, à Puydarège, commune de Pezul. Le chapitre, usant de ses droits, le proclama après que Romiard eut cessé de vivre, et Jean XXII confirma cette nomination. Au moment de son élection, il appartenait à l'ordre de Saint-Benoît et était prieur de St-Léon-sur-Vézère, selon Tardes; de Calviac, selon l'abbé Audierne. Rien de remarquable sous son épiscopat; tout ce que nous en savons, c'est qu'il unit le prieuré de Proissans à l'office de prévôt. Il occupa le siège de Sarlat quatre ans environ, et mourut en novembre 1338.

Pierre Bérenger, appelé aussi de Romans et surnommé le Bourguignon. — Le cinquième évêque de Sarlat portait le nom de Pierre Bérenger, selon les uns, de Pierre de Romans selon les autres. Il fut appelé à ce siège en novembre 1338. Il était alors trésorier de l'église de Laon et aspirait à être trésorier de celle de Rouen, au moment où il fut appelé au siège de Sarlat. Il mourut en 1341.

Pierre Itier. — Ici s'est produite une véritable confusion. Selon Tardes, Pierre Itier aurait succédé à Bérenger; selon l'abbé Audierne, Itier de Malayoles serait le successeur direct de Bérenger et aurait été remplacé lui-même par Pierre Itier. C'est l'opinion de Tardes qui est la bonne; ce même Pierre Itier serait mort en 1346 (3); tandis que, selon Audierne, il aurait vécu jusqu'en 1365; en quoi l'abbé Audierne est dans le vrai.

---

(1) De Lisle, selon M. l'abbé Audierne.
(2) Tardes : *Antiquités*, etc. Hugues du Temps : *Le clergé de France*, t. II, p. 617. *Calendrier de la Dordogne*, année 1837, p. 202. Précis histor. sur la ville de Sarlat, par l'abbé Audierne.
(3) Le *Gallia christiana* a aussi adopté cette opinion.

Pierre Itier occupa deux siéges épiscopaux de 1341 jusqu'en 1359, époque où il fut transféré à l'évêché d'Acqs (aujourd'hui Dax). Il était originaire du Périgord, cela n'est pas douteux ; mais, au lieu d'être d'une famille des environs d'Issigeac, dont une branche serait allée se fixer à Grignols, il pourrait bien se faire qu'il fût né à Brantôme ou dans les environs. Ce qui me fait émettre cette opinion, c'est que je trouve un Pierre Itier tuteur des enfants de Pierre Bourgès de Brantôme, en 1326 (1).

Entré très probablement de bonne heure dans l'ordre des frères mineurs, il y devint un savant jurisconsulte et un profond théologien. M. l'abbé Audierne nous apprend, en outre, qu'il fut professeur attaché à l'université de Toulouse, doyen de l'église de Saint-Paul-de-Fenouillère, diocèse d'Aleth, et chapelain apostolique. C'est lui qui commença la chapelle Notre-Dame, joignant le cloitre, pour y tenir le chapitre de la cathédrale, chapelle qui fut achevée par Austance-de-Sainte-Colombe, dont il sera bientôt question 1361-1370 (2). En 1343, il acheta d'Hélie de Cendrieux prieur de Vardoucix, diocèse de Mende, une crosse d'argent dorée et une mitre frangée d'or, 250 l. de petits tournois payables à Sarlat (3). Le marché fut fait à Avignon, dans la bibliothèque du cardinal de Périgord.

Sous son épiscopat, Hélie Lacroix, bourgeois de Sarlat, fonda un hôpital dans le faubourg de la Bouquerie, sous le nom de *Notre-Dame-de-Bon-Rencontre*, dont le souvenir est perdu, quoiqu'une chapelle, toujours debout, soit demeurée là comme

---

(1) Arch. nat., reg. du tr. des ch., coté 65 r., p. 323.
(2) *Gallia Christiana*, t. II, col. 1515.
(3) Il n'est pas admissible qu'il y ait eu deux Itier, évêques, juste à la même époque, savants tous deux et vivant tous les deux dans l'intimité du cardinal de Périgord. Donc il faut absolument reconnaitre qu'Itier, évêque de Sarlat, en 1343, était bien le même que Pierre Itier, qui visita son diocèse en 1358, avec un sauf-conduit anglais et comme faisant partie de la suite de ce cardinal. Il y a bien une difficulté à concilier cette opinion avec le fait d'un testament d'Itier, évêque de Sarlat, portant la date de 1345 et la mort de cet évêque en 1346 ; mais ces deux faits ne sont pas tellement avérés qu'on ne puisse bien admettre que cet évêque, malade, fit son testament en nommant exécuteur testamentaire le cardinal de Périgord ; mais qu'il se rétablit, et que plus tard le cardinal lui témoigna une confiance pareille à celle qu'il avait eue en lui.

une preuve matérielle de l'existence de cet établissement, créé dans les moments les plus difficiles de la lutte avec les Anglais (1348).

Pierre Itier résidait habituellement à Avignon, où il vivait dans une grande intimité avec le cardinal de Périgord, qui le fit son exécuteur testamentaire. Avant la bataille de Poitiers, il vint pourtant visiter une dernière fois son diocèse et y resta quelque temps ; mais nous ne connaissons rien de particulier sur son voyage qu'il fit avec le cardinal, ni sur son séjour en Périgord. Nous savons seulement qu'il voyageait avec un sauf-conduit.

GUILLAUME AUDEBERT. — Par les raisons que j'ai exposées au sujet de la durée de l'épiscopat de Raimond de Durfort, je ne saurais admettre la présence à Périgueux, comme évêque, de Gérard ou Giroud, qu'Hugues du Temps fait transporter d'Apt à Périgueux peu de temps après sa nomination (1333) (1). Je n'admets pas davantage un Pierre qui aurait été évêque, vers 1333, que le père Dupuy et Hugues du Temps mettent en lutte avec la ville et à qui ils attribuent toutes les violences de Raimond de Durfort ; mais j'accepte comme le successeur de ce dernier, Guillaume Audebert, originaire de Chartres, de l'ordre des Frères Mineurs, également versé dans le droit civil et dans le droit canon, chapelain du pape, prévôt de Saint-Pierre-d'Aixe, diocèse de Thérouane, nommé à l'évêché d'Apt en 1340, et transféré à Périgueux en 1341, par le pape Benoît XII. C'est sous l'épiscopat de Guillaume Audebert, que le cardinal de Périgord construisit, au chevet de l'église de Saint-Front, la chapelle de Saint-Antoine, dans laquelle il fonda douze chapellenies ; mais sa démarche auprès du pape, pour régulariser cette fondation, et la bulle de régularisation, ne sont que de 1347, lorsque Guillaume avait cessé de vivre et qu'Adhémar de Neuville n'était encore qu'élu (2). Cet évêque maladif, de la famille d'Audouin de Neuville, quelques mois après mourut aux environs d'Avignon, où il s'était retiré pour soigner sa santé, sans avoir pris possession de son évêché (3). Il eut pour successeur Armand, que

---

(1) t. i, p. 37. Tout ce que disait Hugues du Temps et le père Dupuy, en parlant de Pierre qui suit, est plus ou moins exagéré, mais a trait aux querelles de Raimond de Durfort et de la ville de Périgueux, qui ne finit comme je l'ai dit qu'en 1333.

(2) Bibl. nat., coll. Doat, reg. 243, Périgord. t. II, fol. 189.

(3) Calendrier déjà cité.

d'autres appellent Pons de Villemer (1), nommé par bulle de Clément VI, du 15 octobre 1347, et transféré à Parnisol, le 13 février 1348, sans probablement avoir pris possession de l'évêché de Périgueux. Il fut fait cardinal en 1351, et mourut, à Avignon, en 1355. Son successeur à l'évêché de Périgueux s'appelait Guillaume de la Garde, chancelier de l'église de Beauvais et notaire apostolique. Il fut nommé le jour même où Pons de Villemer fut transféré à Pamiers, occupa ce siège jusqu'en juillet 1349, qu'il fut transféré à Brague, en Portugal, et plus tard à Arles, en Provence, où il mourut, en 1378.

Après une vacance de plus d'un an, Pierre Tison, qu'on a mal à propos confondu avec Pierre Pin ou Du Pin (2) qui ne fut jamais évêque de Périgueux, fut appelé à occuper ce siège par bulle du 27 juillet 1349. Tison était originaire de l'Angoumois et fut nommé à Vitarbe et à Véronne, avant d'être transféré à Périgueux.

LIVRE V

CHAPITRE IV

Mouvement religieux.

RAIMOND DE DURFORT. — Audoin de Neuville eut pour successeur Raimond de Durfort, issu, dit-on, de la maison de Duras-Durfort, ce qui est plus que douteux, attendu que les généalogistes n'en font aucune mention et qu'il y avait d'autres familles du nom de Durfort. Il fut nommé par bulle de Clément V, du 28 janvier 1314. Il

---

(1) On voit par ce qui précède que le désordre s'était glissé dans l'évêché de Périgueux, comme dans celui de Sarlat, et que la multiplicité des évêques et leur rapide succession à ce siège, avait fini par jeter la confusion dans leur ordre chronologique, dans leurs noms et qualités. A travers ce dédale, j'ai suivi la nomenclature donnée par l'abbé Audierne. J'attribue surtout cette perturbation à l'état du pays où la guerre, toujours ou à peu près toujours en permanence, entretenait une agitation incessante dans tous les rangs de la Société qui exerçait la plus fatale influence sur les hommes et sur les choses.

(2) Pierre Tison est nommé, en toutes lettres, dans la prestation de serment de Pierre de Durfort, rec. de titre, etc., p. 401.

était chanoine et archidiacre de l'église d'Aurillac, archidiacre de l'église de Périgueux (1) et prieur de Lafaye. Il prit possession de son évêché quelques jours après. Nous n'avons rien de bien positif sur les travaux de cet évêque, qui se fit remarquer par la violence de son caractère. Sa contestation avec le comte de Périgord lui valut des poursuites, en 1325-1328, et le sénéchal du Périgord le réduisit à composer avec la justice. Il sollicita, avec hauteur, et obtint des lettres de sauvegarde pour lui et son clergé, dénonça la ville de Périgueux et persista à vouloir disposer d'une porte de la cité. Sans doute la création du diocèse de Sarlat l'occupa tellement qu'il dut renoncer à se rendre à Paris, sur l'invitation de Philippe le Long, pour s'y occuper du passage d'outre-mer et des affaires du royaume. On lit dans ses lettres au roi pour s'excuser et lui annoncer ses fondés de pouvoir : « Nous sommes engagés dans de » grandes et rudes affaires intéressant absolument notre évêché,

---

(1) Comme c'est sous cet évêque que fut créé l'évêché de Sarlat, j'indiquerai l'état de l'église de Périgord au moment de ce démembrement ; on comprendra mieux les changements qu'elle subit. Je donne cet état d'après le père Dupuy, avec les rectifications indispensables.

Au commencement du xive siècle, il y avait en Périgord sept archidiaconés :
1° Le grand archidiaconé de la cathédrale, ou de Périgueux ou de la Quinte ;
2° L'archidiaconé de Bergerac ou d'au-delà de la Dordogne ;
3° L'archidiaconé de La Double ou de Neuvic ;
4° L'archidiaconé de Pradoux ;
5° L'archidiaconé d'Audrix ;
6° L'archidiaconé de Marquay ;
7° L'archidiaconé de Sarlat.

Le premier et grand archidiacre avait sous sa direction cinq archiprêtrés : La *Quinte* (Périgueux), *Saint-Médard* (Excideuil), *Thiviers, Champagnac* et *Valeuilh* ; le second, trois : *Villamblard, Saint-Marcel* et *Vélines* ; le troisième, trois aussi : Le *Vieux-Mareuil, Peyrat* et *Pilhac* ; le quatrième, trois pareillement : *Gouts, Chanteyrac* et *Avanxens* ; le cinquième, deux : *Le Bugue* et *Audrix* ; le sixième, trois : *Saint-André, Daglan* et *Paleyrac* ; le septième, trois également : *Capdrot, Bonniagues* et *Flaugeac*. Je dois faire observer cependant que dans cette répartition, j'ai procédé un peu au hasard, par la raison que le père Dupuy a donné une classification et des noms impossibles. Je ne parle pas d'Excideuil pour Saint-Médard, de Neuvic pour Villamblard, de Villades pour Saint-Marcel, de La Double pour Avanxens, de Limeuil pour Le Bugue, de Castelnaud pour Audrix, de Sarlat pour Saint-André, de Beauregard, de BEL*lum* vi*Dere*, pour Belvès, au lieu de Daglan ; mais, je me suis vainement demandé où il avait trouvé Montreuil, Gaillardon, Caprassiron et Perdurix.

» qui ne nous permettent pas de nous rendre à votre appel (1). »
Nous ne connaissons ni ses travaux, ni la date même de sa mort.
Selon le père Dupuy, il serait décédé en 1328, selon Hugues du
Temps, en 1331, et selon l'abbé Audierne en 1341. Du reste,
à partir de cet évêque, la confusion est si grande que, de tous ceux
qui se sont occupés de la classification des évêques de Périgueux,
pas deux ne sont d'accord. Je crois que l'abbé Audierne est plus
dans le vrai pour Raimond de Durfort, parce que ses querelles
avec Périgueux se prolongèrent bien longtemps après 1331, et qu'il
est à croire que, s'il eût cessé de vivre en 1331, le clergé lui-même
se serait moins obstiné à poursuivre cette mauvaise affaire.

S'il mourut en 1341, c'est sous lui que Pierre Brunet,
chanoine, fonda, au Puy-Saint-Front, la première maison-
Dieu qu'ait possédé cette ville, sous le nom de *Sainte-Marthe*.
Le chapitre de Saint-Front capitulairement assemblé reconnut
qu'il avait une *aumônerie* (2), pourvue de certains revenus consacrés à la nourriture de cinq pauvres et à quelques autres œuvres
pies ; mais qu'il n'avait pas de maison pour loger ces pauvres ; sur
quoi Pierre Brunet déclara avoir acheté une maison dans le but de
les loger avec huit autres ; qu'à cet effet, il avait disposé de rentes
suffisantes et avait fait construire une chapelle attenante à cette
maison. Elle s'appelait maison de Saint-Amans, et s'agrandit, dans
la suite, par l'adjonction de cinq hôpitaux du voisinage et par les
libéralités particulières.

ARCHIPRÊTRÉ DE CAPDROT.. — L'évêché de Sarlat était depuis
peu créé, lorsque mourut Audoin Beccade, archiprêtre de
Capdrot. Jean XXII saisit cette occasion pour ériger cette archiprêtré en collégiale, en y adjoignant les paroisses de *Montpazier*, *Marsalès* et *Gaujac*. La bulle, qui contenait une organisation complète de cette collégiale, fait connaître les devoirs et les
droits qui lui sont attribués, détermine la manière dont elle se
recrutera et donne les noms des divers dignitaires qui y fonction-
neront (Voir Tardes).

RAIMOND DE ROQUECORN. — L'année suivante et le 2 juillet, Raimond de Roquecorn, appelé aussi d'Aspremont, fut désigné pour

---

(1) Arch. nat. J. 413.
(2) Ce que nous appellerions aujourd'hui un bureau de bienfaisance.

occuper le siège de Sarlat, et quelques jours après, donna avis de sa nomination, à Philippe de Valois (1). Le premier soin de Raimond de Roquecorn fut de diviser l'évêché en sept archiprêtrés, ou plutôt de maintenir les sept archiprêtrés qui le composaient (2), et de s'assurer de l'état de ses revenus. Or s'étant aperçu, à première vue, que les ressources dont pouvait disposer ce diocèse n'étaient pas proportionnées à ses charges, il sollicita du pape Jean XXII l'union à sa mense épiscopale du doyenné d'Issigeac avec tous ses revenus ; ce qui lui fut accordé, par bulle du 7 août suivant, avec la restriction dont j'ai parlé à l'occasion du cardinal Bertrand du Pouget.

Pressé par la noblesse du pays de recevoir de nouveaux religieux, alors moyen commode de se débarrasser des cadets de famille, il s'y refusa, voyant que les revenus de l'abbaye ne pourraient pas suffire à leur nourriture, et, d'accord avec son chapitre, il statua, en 1319, qu'aucun nouveau religieux ne serait reçu que lorsque le nombre en aurait été réduit à cinquante (3).

LIVRE V

CHAPITRE V

De l'administration en Périgord.

Il ne nous reste rien de positif sur cette administration, d'antérieur à la création des sénéchaux. Cette création elle-même est entourée d'une certaine obscurité.

J'ai discuté tout ce qui s'y rapporte, dans ma brochure sur l'*Administration du Périgord du* XIIIe *au* XVIIIe *siècle*. On trouvera là

---

(1) Arch. nat. J. 705, n° 203.

(2) Ces archiprêtrés étaient Audrix, Saint-André, Daglan, Capdrot, Paleyrac, Bouniagues et Flaugeac.

(3) Tardes : *Antiquités du Périgord et du Sarladais*. Auparavant ajoute ce chroniqueur, ils étaient plus de cent et jouissaient de tous les bénéfices désignés dans la bulle d'Eugène (1253).

également la liste des sénéchaux du Périgord, sur lesquels je ne donne pas ici de détails particuliers.

Il n'est pas douteux que, de très bonne heure, le sénéchal de Périgord représenta le roi dans la circonscription territoriale qui lui était confiée. Il s'occupait par conséquent de tout ce qui intéressait le pays, comme l'agent direct de la couronne.

Une ordonnance de 1254 (1) établit que tous les fonctionnaires des sénéchaussées relevaient des sénéchaux. Il ne pouvait donc pas en être autrement, en Périgord. Ces fonctionnaires étaient les petits baillis, les viguiers, les forestiers, les prévôts, les sergents, etc. Dès l'origine, le sénéchal eut un lieutenant en titre, par la raison que ce fonctionnaire avait ses jours au parlement, où il devait comparaître, en personne, et que pendant ce temps il devait être représenté.

Il faisait les enquêtes, recevait les appels, était chargé de l'exécution des arrêts du parlement, en un mot de tout ce qui regardait la justice (2). Son tribunal portait le nom de cour de Périgord (3). Il y avait, dans cette cour, un juge des premières appellations, un juge des secondes appellations et un juge mage ou supérieur; il tenait ses assises en différents lieux.

Il s'occupait des chemins, des subsistances, de la police; il inspectait les garnisons, donnait des ordres aux troupes qui y résidaient, comme à celles qui tenaient la campagne, etc., etc.; mais les détails nous manquent, et ce n'est qu'au xive siècle que nous trouverons ses attributions parfaitement définies, en même temps que nous pourrons constater que les seigneurs terriens avaient déjà perdu leur puissance.

Voici un état des revenus donnés à Alphonse de Poitiers, dans le Périgord, par son frère Louis IX, qui permet de se faire une idée de la manière dont le pays était administré et exploité (1285) :

1° Le vinage des vignes des bannis ainsi que leurs autres biens ;

2° Les exploits de la sénéchaussée ;

3° La baillie de la bastille de Dome ;

---

(1) Rec. des ord. des r. de Fr., t. i, p. 65.
(2) Voir les Olim, t. ii, passim.
(3) Ibid., t. iii, p. 83.

4° Le sceau de cette même bastille ;
5° Le sceau de Villefranche de Périgord ;
6° Les droits de défense et de petits appels ;
7° Le signe distinctif des Juifs ;
8° La sergenterie ou baillie de Périgord ;
9° La sergenterie ou baillie de Sarlat ;
10° Le greffe des assises de la sénéchaussée ;
11° Le greffe des jugements ordinaires ;
12° La baillie de Prats (de Belvès) et de Latrape ;
13° Le greffe de la baillie de Sarlat ;
14° Le greffe de la baillie de Dome ;
15° Le greffe du sceau de Montfaucon ;
16° Le greffe des assises de la sénéchaussée tenues à Périgueux ;
17° Le greffe de la cour de l'exécution du sceau royal du Mont de Dôme ;
18° La châtellenie et l'exécution du sceau du Mont-de-Dôme ;
19° L'exécution du sceau de Périgueux ;
20° Le greffe de la baillie de Lisle ;
21° La baillie de Limeuil ;
22° Les rentes que devait le comte de Périgord sur la dime de ce même comté, acquise par le roi ;
23° La baillie de Lisle, séparée de celle de Périgueux ;
24° La baillie de Cendrieux ;
25° La terre d'Hélie de Saint-Didier et de plusieurs autres bannis.

Mais l'autorité du roi-duc s'amoindrit et son administration perdit de son importance, à mesure que son suzerain donna de l'extension à son pouvoir et affirma ses droits, ce qui fit donner au sénéchal du Périgord une importance toute spéciale qui dura tout le temps que les Anglais possédèrent quelque chose dans la Guienne Mais occupons-nous du xiv° siècle.

Jean d'Arablay, deuxième du nom, fut le premier sénéchal du Périgord, pour le roi de France, au xiv° siècle. Il remplissait ces fonctions dès 1301 (1), et les occupait encore en 1313, sinon plus tard. En 1301, c'est à lui que furent adressées les lettres de Philippe le Bel, relatives à l'enquête réclamée par les membres de la

---

(1) Arch. nat. J. 307.

maison des comtes et qui se fit en 1305 ; c'est lui qui, cette même année 1301, ou l'année suivante, régla les garnisons du Périgord, s'occupa de l'échange entre le roi Philippe le Bel et le comte, et qui le mena à bonne fin. Il assista en 1307, à Cahors, à l'interrogatoire de sept templiers, et fut mêlé à toutes les affaires de Guienne, durant le cours de son administration. Il eut pour successeur son fils Pierre d'Arablay, depuis chancelier de France et cardinal. Au sujet de Pierre, je dois pourtant faire observer qu'il règne une certaine confusion dans les documents du temps. Les uns, en effet, parlent de Pierre, tandis que les autres font intervenir Jean. Quoi qu'il en soit, il est certain que, jusqu'en 1317, nous trouvons des d'Arablay exerçant les fonctions de sénéchal en Périgord.

Ils eurent pour successeur Jean Bertrand, qui occupait l'emploi, en 1318. Il ne nous reste que de fort vagues données sur Jean Bertrand. Je suis porté à croire qu'il était frère de Robert Bertrand, baron de Briquebech, maréchal de France, en 1327. Jean Bertrand ne prit part à aucun événement important. Il fut remplacé par Eymeri du Cros, chevalier du roi. Eymeri était en fonctions dès 1322. Il est assez souvent question de lui dans les actes du temps ; mais je n'ai rien pu trouver sur sa famille.

Jordan de Lubert, chevalier du roi, lui avait succédé en 1325. D'où était ce Jordan de Lubert ? Quelle était sa famille ? je n'ai pu le découvrir. Sénéchal en 1339, comme cela est établi par un document relatif à la ville de Périgueux (1). Je dois faire observer aussi que, dans une pièce de 1325, où il figure en qualité d'enquêteur pour le roi de France, il est question d'un Foulques d'Archiac, sénéchal à une époque antérieure indéterminée, dont je n'ai pas trouvé trace ailleurs, et qui pourrait être un sénéchal du roi d'Angleterre, parce qu'il s'agit de Saint-Astier qui, avant Jordan de Lubert, appartenait d'ordinaire au roi d'Angleterre (2).

L'abbé Lespine donne aussi pour prédécesseur de Jordan (1320), un Jean de Lubert, également inconnu.

---

(1) Rec. de titr. etc., p. 217.

(2) Arch. nat., reg. du tr. des ch., coté 62, p. 495. L'abbé Lespine le donne comme sénéchal du roi de France et le place en 1320, je ne sais sur quelles données, et il l'appelle Foucaud d'Archiac. Il place aussi entre lui et Aimeric du Cros, un Guillaume de Mornay qu'il fait sénéchal en 1321. Je n'ai rien trouvé sur lui.

Le successeur de Jordan de Lubert était Guillaume de La Balme ou de La Baume. Il n'est, il est vrai, question de lui qu'une fois ; mais c'est dans des lettres de Philippe de Valois qui le chargeaient, en 1333, de faire exécuter une sentence relative au comte de Périgord. On ne dit pas du reste quelle était sa famille ; mais il est assez probable qu'il appartenait à cette famille de La Baume Forsat qui brilla longtemps à Bergerac.

Pierre de Marmande, aussi sans doute originaire de cette ville, fut le successeur de Guillaume de La Balme. Il entra en fonctions en 1334. Nous trouvons qu'il était encore sénéchal en 1342 (1). Il est à croire cependant qu'il ne tarda pas à ne plus fonctionner, car on lit, dans un compte de 1343 à 1350 (2), que Guillaume de Barrière, chevalier, son successeur, fut fait maître des requêtes de l'hôtel du roi, peu de temps après sa nomination, et fut remplacé par Henri de Montigny, qui occupa l'emploi, de la Saint-Jean-Baptiste 1343 à la Saint-Jean-Baptiste 1344. D'où il résulte que Guillaume de Barrière, qu'on appelle aussi Guillaume de Badière, fut tout au plus sénéchal pendant quelques mois, et que Henri de Montigny qui le remplaça, ne garda pas la place beaucoup plus d'un an, attendu qu'il n'est plus question de lui après 1344, quoiqu'on ne trouve son successeur en fonctions qu'en 1346. Ce successeur de Montfaucon, seigneur de Verderac, prenait le titre (1346) de sénéchal et capitaine général en Périgord. Il figure encore en cette qualité dans un journal du trésor, à la date du 22 septembre 1349 (3), si bien qu'il est fort difficile de s'expliquer comment Geoffroi de Relaye, qu'on dit avoir été nommé vers cette époque, aurait pu lui succéder avant 1350. Ce Geoffroi de Relaye, sur lequel je n'ai pu recueillir aucun renseignement, serait du reste demeuré sénéchal à peine une année, puisqu'en 1357 nous trouvons Armand d'Espagne, seigneur de Montespan, revêtu de la dignité de capitaine, sénéchal de Périgord pour le roi de France, dignité qu'il n'aurait gardée qu'une année, pour la céder à Gui, dit de Mortemar, qui ne figure pas dans la généa-

---

(1) Suppl. au rec de titr., etc., p. 47.
(2) Arch. nat., k. 502.
(3) Arch. nat , k. 226.

logie des seigneurs de ce nom, la reprendre l'année suivante et l'occuper jusqu'à la bataille de Poitiers. On voit, par ces détails, que l'avènement du roi Jean (1350), fut le point de départ d'une sorte de perturbation intérieure, qui servit de prélude à la catastrophe de 1356.

Cette série des sénéchaux de Périgord pour le roi de France, laisse à désirer. Les d'Arablay surtout, comme je l'ai fait observer, présentent entre eux une certaine confusion qu'il n'est pas facile de dissiper. Tout ce qu'on peut dire, c'est qu'il y en eut trois qu se succédèrent, depuis le commencement du siècle jusqu'en 1317 ou 1318. Une autre difficulté que je crois devoir signaler, c'est celle qui regarde un sénéchal du nom de Bertrand de Roquenégade, dont il est question dans une pièce de 1339, sans qu'on y dise l'époque où il fonctionna. Nous trouvons Bertrand de Roquenégade, chevalier du roi, occupé des affaires du Périgord en 1318. Il est donc probable qu'il fut sénéchal de 1319 à 1338. Il peut l'avoir été, mais peu de temps, entre Jean Bertrand et Eymeri du Cros ; ou entre Eymeri du Cros et Jordan de Lubert, ou enfin entre Jordan de Lubert et Pierre de Marmande ; mais rien de certain à cet égard.

L'ordonnance de 1302, *pour le bien, l'utilité et la réformation du Royaume*, nous apprend que les baillis et sénéchaux, ainsi que les autres officiers royaux, devaient être choisis par le grand conseil du roi. Donc dès le commencement du xive siècle, le sénéchal du Périgord était nommé conformément à une règle déterminée par la loi. Il est dit dans cette même ordonnance que ni les baillis ni les sénéchaux ne pouvaient être du conseil du roi tout le temps que duraient leurs fonctions, qu'ils devaient exercer en personne. Qu'indépendamment des obligations journalières qui leur étaient imposées, ils étaient obligés de tenir leurs assises au moins de deux mois en deux mois, dans l'étendue de leur circonscription administrative ; qu'ils ne pouvaient prendre pour prévôts, lieutenants ou juges, des membres de leur famille ; qu'ils ne pouvaient instituer des notaires ; qu'en fait de présents, ils n'étaient autorisés à recevoir que de légers cadeaux ; qu'ils devaient rendre la justice également à tous, riches comme pauvres, grands comme petits, etc., etc. (1).

---

(1) Rec. des ord. des r. de Fr. t. i, p. 354. Il faut lire toute la pièce pour bien apprécier toutes les obligations des sénéchaux.

Nous avons vu qu'ils avaient les finances dans leurs attributions ; elles leur furent retirées par Philippe le Long, qui créa des receveurs en titre d'office (1320) (1) ; mais elles leur furent rendues trois ans après, et ils allèrent compter à la cour des Comptes trois fois par an, comme par le passé.

Durant la première moitié du xiv° siècle, l'autorité des sénéchaux ne fit que s'accroître, quoique cependant ils fussent surveillés de plus près qu'avant. Le sénéchal de Périgord en particulier, par suite des traités de 1259, de la deuxième confiscation de la Guienne, de la paix et de la guerre avec les Anglais, se trouva jouer un rôle bien autrement important que la plupart de ses collègues. C'est à lui qu'aboutissaient les premières appellations de tous les domaines du roi-duc dans la Guienne.

Les fonctionnaires placés sous ses ordres étaient à peu près les mêmes qu'au xiii° siècle. Nous savons, en outre, que le juge-mage était ordinairement son lieutenant. Nous trouvons de plus que dès 1308, au plus tard, il y avait des surintendants des finances (2) ; dès 1309, des surintendants des affaires des Juifs (3) ; un maître des eaux et forêts pour les sénéchaussées de Beaucaire, Carcassonne, Toulouse, Périgueux, Saintes et Poitiers (4) ; un procureur de la sénéchaussée, au plus tard en 1307 (5). Les questions industrielles relevaient de lui (6). Il est à remarquer, d'ailleurs, qu'en Périgord les mêmes juges connaissaient des affaires civiles et des affaires criminelles, et que l'exécution des meubles s'y faisait sur les lieux mêmes ou au marché le plus voisin (7).

Durant les premières guerres du xiv° siècle, en Guienne, le Périgord était placé sous l'autorité immédiate du lieutenant du roi en Languedoc (8). Charles, duc de Valois, oncle du roi Charles IV, y commandait en 1324 (9). Alfonse d'Espagne, seigneur de Lunel, y

---

(1) Rec. des ord. des r. de Fr. t. 1, p. 697 et 778.
(2) Olim., t. iii, p. 304. Il en est pourtant question dès 1307, ibid., p. 194.
(3) Ibid., t. ii, p. 501.
(4) Reg. du tr. des ch., coté 42, p. 26.
(5) Olim, t. iii, p. 232.
(6) Rec. des ord. des r. de Fr., t. ii, p. 479.
(7) Ibid. t. i, p. 697.
(8) Rec. de titr., etc., p. 213.
(9) Arch. nat.. J. 164, n° 50.

exerçait le même commandement en 1326 (1). Robert Bertrand, seigneur de Briquebec, maréchal de France, lui succéda, en 1327. Sa commission porte qu'il était capitaine et lieutenant du roi, en la guerre de Gascogne, avec ordre aux sénéchaux de Toulouse, Périgord, Agenais et Rouergue, etc., de lui obéir (2).

Lorsque la guerre recommença (1336), Philippe de Valois, après avoir pris toutes ses mesures, envoya, en 1337, Raoul de Brienne, comte d'Eu et de Guines (3), et peu de temps après, nomma des capitaines et généraux spéciaux qui se succédèrent rapidement et n'eurent pour ainsi dire pas le temps de s'occuper du Périgord jusqu'à Jean, roi de Bohême, lieutenant du roi en Languedoc (1338-1339). Vint ensuite Jean, évêque de Beauvais, lieutenant du roi en 1340 (4), conjointement avec le comte de Valentinois, placé l'année suivante, sous l'autorité de Jean, duc de Normandie, depuis roi, sous le nom de Jean II, nommé lieutenant général par son père Philippe de Valois. Postérieurement il y eut des commandements spéciaux. Bertrand de Lisle Jourdain, que nous avons vu s'opposer à l'invasion des Anglais sous le duc de Derby, eut un de ces commandements, dans lequel étaient compris le Périgord, le Limousin et la Saintonge, tout en obéissant toujours au duc de Normandie, qui eut encore quelques autres lieutenants sous ses ordres. Après l'avènement de ce prince à la couronne, Gui de Nesle, seigneur de Mello et de Guinemicourt, maréchal de France, fut lieutenant du roi es parties de *Saintonge, Limousin et Périgord* 1349-1351 (5). Charles d'Espagne, comte d'Angoulême, connétable de France, lieutenant du roi *dans le pays entre Loire et Dordogne* (1351-1352) (6) et Jean Clément de Chantilly, également maréchal de France, fut après lui lieutenant du roi *es parties du Périgord et des pays entre Loire et Dordogne* et l'était encore en 1355 (7).

De son côté, le roi d'Angleterre, en sa qualité de duc de Guienne, entretenait toujours un sénéchal dans la province, avec tous les

---

(1) Rec. de tit., etc., p. 245.
(2) Hist. de Lang., t. IV, p. 203.
(3) Ibid., ibid., p. 223.
(4) Hist. de Lang., t. IV, p. 234.
(5) Arch. nat., reg. du tr. des ch., coté 81, p. 62 et 194.
(6) Arch. nat., reg. du tr. des ch., coté 81, p. 575.
(7) Rec. de tit., etc., p. 292.

employés que comportait une sénéchaussée. Ce sénéchal cependant variait dans ses attributions territoriales, en raison de l'étendue des possessions que les circonstances laissaient à ce prince. Lorsque, par suite de la guerre, ces possessions se trouvaient fortement réduites, plus ou moins compromises ou menacées dans leurs diverses parties, il n'y avait qu'un sénéchal pour trois de ces provinces, comme en 1305, que le Périgord, le Limousin et le Quercy furent placés sous l'autorité d'Armand de..... (1), où toute la Guienne obéissait au même sénéchal, qui prenait alors le nom de sénéchal de Guienne et de Gascogne, comme en 1307, 1308 et 1309. Il ne faut pas perdre de vue que pour le revenu du commun de la paix du duché on ne peut pas indiquer la portion afférente en Périgord.

Cet état donne un aperçu d'autant plus important, que nous sommes moins fixés sur les détails de l'administration anglaise, et que la liste des sénéchaux présente de plus larges lacunes. Nous n'avons, en effet, rien de certain, depuis 1315 jusqu'en 1325, que Foulque d'Archiac qui pourrait, comme je l'ai dit, être un sénéchal de Périgord pour le roi d'Angleterre (2). En 1327, Guillaume Thel, bien réellement sénéchal pour le roi-duc (3), et en 1328, Guillaume de Toulouse, qui reprend ces fonctions pour le compte de ce prince. De 1328, il faut se porter à 1351, où Hélie du Pommier administre, au nom de ce même monarque (4). Est-ce à dire pour cela que, durant ces longues interruptions, les fonctions de sénéchal fussent interrompues? Evidemment non; mais l'état de guerre presque continuel, durant ce long espace de temps, faisait que l'autorité militaire primait l'autorité civile, ce qui n'empêche pas que nous n'ayons sur l'autorité militaire anglaise, dans le Périgord, que des données fort vagues, jusqu'à l'expédition du comte de Derbi, qui commanda en Guienne, pendant plusieurs années, et eut pour successeur le prince Noir.

---

(1) Bibl. nat., coll. Brequigny, t. xvii, Guienne, t. viii. Peut-être Armand de Caupenne, dont il va être question.
(2) Arch. nat., reg. du tr. des ch., coté 62, p. 495.
(3) Hist. gén. du P. Anselme ; éd. du P. Simplicien, t. vii, p. 317.
(4) *Fœdera conv. et acta publica* ou nouv. éd. de Rimer, t. iii, part. 1. p. 278

LIVRE VI.

CHAPITRE PREMIER

État du Périgord a l'avènement du roi Jean. — A l'avènement du roi Jean, les Anglais avaient perdu une grande partie des avantages obtenus par eux, en Périgord, pendant les campagnes de 1345, 1346, 1347 et 1348, avant la bataille de Poitiers.

La facilité avec laquelle on s'était débarrassé des insulaires prouve suffisamment qu'ils n'avaient pas la sympathie des populations périgourdines.

Le dévouement des Périgourdins à la couronne de France fut toujours à la hauteur des plus cruels événements. L'état moral du Périgord était donc excellent et l'état matériel très mauvais.

Nous avons vu tout ce que le comte de Périgord avait impunément exercé de violences contre Périgueux ; son audacieux procédé n'était que le prélude d'une perturbation générale.

J'ai fait connaître l'étendue du domaine comtal dans la province et montré la différence entre la réalité et les assertions des généalogistes. Ce que disent les généalogistes, les comtes l'avaient rêvé.

Nous savons aussi combien de déceptions ils eurent à subir sans se décourager. Un de leurs premiers succès fut l'échange avec le roi Philippe-le-Bel. Cependant ce succès n'était que relatif. Il n'en fut pas de même de l'occupation et de l'échange de Bergerac et du traité de 1353. Par ce traité, la ville de Périgueux était si bien asservie qu'elle n'avait plus qu'à se soumettre, si le roi le confirmait et autorisait l'établissement du juge dont il était parlé. L'établissement du juge ayant été demandé et concédé sans objection, quoique cet établissement n'entraînât pas obligatoirement la confirmation du traité, le comte dut cependant croire qu'il pouvait désormais tout tenter impunément.

Dans la partie du Périgord qui ne reconnaissait pas l'autorité du comte, existaient des domaines importants, de conditions très différentes. Se faire attribuer ces domaines, c'était donner au comté une étendue nouvelle. Roger Bernard sollicita et obtint (1356), un don pur et simple de la plus importante partie de ces domaines, avec l'hommage des seigneurs, et le droit d'avoir un juge des premières appellations (1). Voici ces domaines : La bastille de *Dôme*, qui appartenait à la couronne ; *La Tourblanche*, qui relevait du comte d'Angoulême ; les terres de l'archevêque de Bordeaux (2) ; celles de l'évêque de Périgueux et de l'évêque de Sarlat ; celles des seigneurs de Ribeyrac et de Montfort, de Beynac et de Commarque ; celles des abbés de Saint-Amand, de Terrasson, de *Châtres* et de Brantôme ; les châteaux d'*Autefort*, de *Thenon*, de *Bourdeille*, de *Montagrier*, de *Saint-Astier*, de *Montancès*, de *Mareuil*, les terres de *Sourzac*, d'*Aubeterre* et de *Sainte-Eulalie*, près d'Aubeterre. Il est certain que les seigneurs qu'on lui soumettait furent très mécontents de ne plus relever directement du roi ou du duc de Guienne, et que cet abaissement d'un degré dans la hiérarchie féodale jeta l'inquiétude partout.

Les guerres privées étaient pour ainsi dire passées en force d'habitude. Parmi les plus acharnés, je citerai les seigneurs de Beynac, de Themines et de Commarque, d'une part, et le seigneur de Castelnaud de Beynac, d'autre part (1354). Les premiers avaient rallié à leur cause les seigneurs de Montfort, de Castelnaud de Bretenous, de Donzenac, Gilbert de Dome, Ebrard de La Roque et son fils, Pierre de Cugnac et ses frères, les seigneurs de Salignac, Raimond de St-Rabier, Bertrand de Casnac et Bernard de Casenac de Puycalvet, le seigneur de Théobon, Seguin de Gontaud, Raoul Lafière, Guiot Flamenc, Mondon et Ebles de Souillac, Gautier de Rouffignac et quelques autres de moindre importance ; de son côté, le seigneur de Castelnaud avait pour partisans les seigneurs de Montclar, de Grignols, de Comborn, d'Autefort, un autre Seguin de Gontaud, Bernard, Gauthier et Guillaume de Maumont, P. de Belalbre, P. et

---

(1) Bibl. nat. colle Doat. Req. 253, t. 2, fol. 232. Arch. de Pau, 3ᵐᵉ inv. per. P. et S. t. 1, p. 14 et 20 ; archiv. nat. Reg. du très. des ch. côté 68, p. 134.

(2) Les terres et juridictions de Delvès, Bigaroque, St-Cyprien et Lamothe-Montravel.

Aimard de Chabans, Guillaume de Bordas, Guillaume et Bertrand de Lacropte, le seigneur de Blanquefort d'Agenais, le seigneur de Montferrand de Périgord, Bonafous de Biron, Lambert Duval, Fortanier de Périgueux, Hélie Laroche, ses fils et ses amis, le seigneur de Siorac, autre Gilbert de Dome, le seigneur de Pujols d'Agenais, Jean de Cugnac, Guillaume La Roque de St-Pompon, Aimeri de Solminiac, Bernard et Bertrand de Ségur, Gaillard et Gilbert de Signac, Jean de Vieilcastel et quelques autres moins connus (1). On conçoit sans peine que cette guerre devait être une source incessante de troubles, d'agitations et d'excès de toute nature. Les traitres et les espions, dont l'activité forçait tout le monde à se tenir sur le qui-vive et par conséquent troublait incessamment le pays, ne lui laissant aucune sécurité.

RENOUVELLEMENT DES HOSTILITÉS. — Les trèves souvent renouvelées venaient à peine d'expirer quand Édouard, prince de Galles, arrivait investi du duché de Guienne. Il débarqua dans son duché, à peu près en même temps que son père descendait à Calais avec une nombreuse armée, porta partout le fer et la flamme, dans le Languedoc, à l'aide d'un corps de troupes moitié anglaises moitié gasconnes, dans lequel figurait le sire de Mussidan (2).

A cette nouvelle, le roi Jean avait pris toutes ses dispositions et, avec un admirable élan, le pays lui avait accordé tous les fonds nécessaires. Après diverses expéditions, cette situation, parfaitement nette, avait permis au roi de France d'avancer contre le prince de Galles, à la tête de 80,000 hommes (3). Dans son armée, se trouvait un certain nombre de Périgourdins.

LES PÉRIGOURDINS DE L'ARMÉE DU ROI DE FRANCE. — Le comte de Périgord, à qui Jean fit le don signalé plus haut, au camp devant Breteuil, dans le courant du mois d'août, Taleyrand de Périgueux, qui avait eu son frère tué devant Bergerac (4); Gui de La Roche, qui,

---

(1) Arch. du château de Beynac; copie appartenant à M. de Toucheboeuf.
(2) Froissard, t. 1er ch. 157.
(3) On n'est pas d'accord sur le chiffre. Les Bénédictins, *De l'Art de vérifier les dates*, disent 40,000; Gaillard : *Hist. de la Querelle*, dit 60,000; le président Hainault, 80,000.
(4) Arch. nat. Reg. du tr. des ch. coté 86, p. 560.

au même camp, dans le même mois, et peut-être le même jour, reçut en don le *communs de la paix de Terrasson, de Condat, de Lacassagne, de Ladornac, de Charagnac, de Crézes, de Pazayac et de Lafeuillade* (1), et probablement aussi Raimond de Mareuil, que nous voyons à Paris, dans le courant du même mois d'août, pour régulariser un échange qu'il venait de faire avec le roi (2), mais qui, d'ailleurs, n'avait pas cessé de servir la couronne de France ; Armand de Cervole qui, le 9 juin, avait donné quittance de 916 livres de chanvre pour les cordages des machines d'Evreux (3), et qui marchait sous la bannière du duc d'Alençon ; le sire d'Autefort, Pierre de La Tour, Grimon de Fayole, Gilbert de Dome, le sire de Commarque et Bertrand de Casnac, chargés, en 1357, de faire observer la trève conclue à Bordeaux, le 23 mars.

Les Périgourdins du parti anglais. — Par malheur, tous les Périgourdins n'étaient pas animés des mêmes sentiments. Je ne parle pas des sires de Mussidan qui, depuis longtemps, suivaient le parti anglais : Jean de Galard, seigneur de Limeuil, qui fit tant de démarches pour justifier de son dévouement à la France, au mois de mai 1836, traita avec le duc de Guienne et se fit payer à prix d'argent son retour, ainsi que celui de ses adhérents, à l'obéissance anglaise, et qui eut l'audace, en 1357, d'accepter d'être gardien de la trève pour ces éternels ennemis de la France (4) ; le sire de Grignols, si proche parent du comte de Périgord, s'il fallait en croire tout ce qu'on a dit de nos jours (5) ; Pierre de Gontaud et d'autres restés inconnus (6).

---

(1) Ibid. Reg. 104, page 72.

(2) Ibid. J 173, n° 11.

Le roi lui avait donné la terre de Villebois (La Vallette), en échange du château de Rochefont.

(3) Bibl. nat., titres et scellés, vol. 26.

(4) *Fœdera, littera et acta publica*, ou nouvelle édit. de Rimer, t. 3, part. 1re, p. 133.

(5) *Fœdera, littera et acta publica*, ou nouv. Rimer, t. 3, part. 1re, p. 133.

Il était même stipulé dans l'acte que si Marguerite, fille de Jean de Galard, se mariait avec un des fils du sire d'Albret, elle aurait deux des quatre mille francs stipulés.

(6) Voir les généalogistes. *Fœdera, litt.*, etc, t. 3, part. 1re, p. 133.

Périgueux. — Ces défections, pas plus que les mauvaises dispositions du roi de France, ne découragèrent la municipalité ni la ville de Périgueux. Au premier signal de la guerre, elles se mirent résolûment en défense, et firent si bonne contenance que les représentants de la couronne appelèrent l'attention du roi sur cette noble conduite, que des lettres du sénéchal de Périgord, du 14 mars 1354 (1) donnent assez à connaître : « Les ennemis et rebelles
» contre le roi ont plusieurs fois tendu des embûches et en tendent
» encore tous les jours à la ville et à la cité de Périgueux, ainsi
» qu'aux habitants fidèles et soumis à la couronne, dans le but de
» s'en emparer et de s'y établir ; ce qui serait un grand dommage
» pour le trône et pour le pays. Pourtant, quelques habitants de
» cette ville, insubordonnés et peu soucieux d'exécuter les ordres
» donnés pour la garde des portes et les rondes à faire, dans le but
» de protéger et défendre la place, évitent de verser leur cote-part
» de la grosse *rivade*, pour les réparations de l'enceinte, auxquelles
» tout le monde est intéressé, puisque c'est à l'abri de cette en-
» ceinte que chacun conserve son corps et ses biens, et qu'à l'aide
» d'appels frivoles ils espèrent se soustraire aux obligations qui
» leur sont imposées. Pour remédier à ce mal et confondre cette
» malveillance, comme les circonstances le commandent, nous vous
» enjoignons, au nom du roi et au nôtre, de faire sévèrement gar-
» der toutes les portes, à toute heure de jour et de nuit, par de bons
» et fidèles défenseurs, et de faire faire les rondes, et surtout les
» rondes de nuit, par les consuls eux-mêmes, afin qu'il ne puisse
» vous mésarriver, par suite de négligence ou d'oubli ; nous vous
» ordonnons aussi de faire réparer les fortifications de la ville et de
» la cité sans aucun retard, et d'exiger que tous les habitants, sans
» distinction, s'y emploient, pour leur plus grande utilité et avan-
» tage ; nous vous donnons, en outre, le droit d'y contraindre les
» récalcitrants, par prise de corps et saisie de biens, qu'au besoin
» il vous sera permis de vendre ; vous pouvez même user de tout
» autre moyen qui vous paraîtra plus efficace, nonobstant lettres
» ou ordres à ce contraire, » etc.

Ces lettres avaient été dictées par la certitude qu'il importait de

---

(1) Rec. de tit., etc., p. 258.

conserver cette ville. On pourrait donc dire que c'était moins un sentiment réel d'affection que l'effet d'un intérêt tout spécial qui les avaient inspirées. Quoi qu'il en soit, elles furent le signal d'une véritable réaction en faveur de Périgueux, qui, grâce aux malheurs déchaînés sur la France humiliée, finit par se tirer de la position désastreuse où l'avaient placée les intrigues et l'audace de Roger Bernard (1)

Prise de la Cité. — Maître de presque tout le pays, et notamment de quatorze lieux fortifiés ou châteaux, aux environs de Périgueux, l'année suivante, les Anglais menaçaient plus que jamais cette ville. En présence du péril, Jean (26 avril 1355), avec une générosité calculée, fournit à cette ville le moyen de résister à une attaque. Cependant, moins parce qu'elle était située dans la plaine et mal défendue, que parce que la trahison s'en mêla, la cité fut prise bientôt après, et, à l'aide de cette position, les Anglais cherchèrent à s'emparer du Puy-St-Front. Le roi (mai 1356) s'empressa de reconnaître les droits et l'autorité des consuls, et s'engagea à leur rendre la cité aussitôt qu'elle aurait été reprise (2).

Excideuil. — Vers le commencement de l'année 1355, Excideuil avait été surpris de nouveau, et la garnison ennemie qui l'occupait faisait beaucoup de mal aux populations circonvoisines. Pour la contenir, le maréchal Jean Clermont de Chantilly avait obtenu une aide des gens de trois États du Limousin et pays circonvoisins, dans le but de construire une bastille en face du château où se tenait la garnison anglaise, bastille destinée à empêcher cette garnison de causer du dommage à la fois et à la combattre, voire même à reprendre ce château (3). Et, à ce propos, je rappellerai le dévouement d'un Périgourdin, Guillaume Grégoire, simple licencié en droit, qui dépensa tout ce qu'il possédait pour résister aux Anglais, fut toujours dévoué à la France, et reçut du roi différents dons (4).

---

(1) Nous avons la preuve que le roi fit mieux encore et qu'il leur remit les arrérages des aides. — Arch. nat. Table des mémoriaux de la chambre des comptes ; t. 1, mém. A bis, p. 7 et 8.
(2) Rec. de titres, etc., p. 292 et 294.
(3) Rec. des ord. des R. de Fr., t. 3. p. 67 et 685.
(4) Arch. nat. Reg. du tr. des ch. coté 81, n° 307.

Sarlat. — La table des mémoriaux de la Chambre des Comptes citée plus haut nous apprend que Sarlat eut remise de 260 livres.

La bataille de Poitiers et ses suites en Périgord. — Comme on le voit, au moment de la bataille de Poitiers, nous ne connaissons que très imparfaitement les évènements accomplis dans le pays. Cependant, tels qu'ils sont, ils nous permettent de constater que les traitres ne manquaient pas sans doute, mais que les transfuges, de même que les traitres, devenaient de plus en plus rares.

Je n'ai pas à décrire la bataille de Poitiers ; mais le cardinal de Périgord joue alors un rôle très important (1). Cette bataille, livrée le 29 septembre 1356, fut une faute énorme. Il y avait un an et plus que le roi Jean faisait des préparatifs pour la guerre, devenue imminente depuis que les plénipotentiaires de la France et de l'Angleterre, assemblés à Avignon (février 1355), devant le pape, n'avaient pu convenir de la paix. Dès qu'il s'était vu à la tête des troupes considérables que le patriotisme des états généraux lui avaient fournies, il sembla n'avoir plus qu'une pensée de revanche et vouloir avant tout réparer la honte de Crécy. Avec ses 80,000 hommes et un peu moins d'impatience il pouvait facilement avoir raison des 12,000 hommes du prince Noir. Deux jours de temporisation et ce prince mettait bas les armes. La perte de la bataille de Poitiers fut le coup le plus terrible qu'eut reçu la France depuis Louis le Débonnaire.

La Cité et le cardinal de Périgord. — Nous avons vu que la Cité tomba entre les mains des Anglais, vers la fin de 1355, ou au plus tard au commencement de 1356. Cette prise fut une rude atteinte à la sécurité du Puy-Saint-Front ; le roi para ce coup du mieux qu'il put ; mais, après la bataille de Poitiers, et grâce au désordre qui régnait partout, ce ne fut plus seulement les Anglais que le Puy-Saint-Front eut à redouter, il dut se préoccuper encore des intrigues de la maison de Périgord et de l'audace que ce désordre lui permettrait de montrer. Tout ce qui s'était passé jusqu'alors avait trop de signification pour que la municipalité et les habitants de cette ville pussent douter du danger qu'ils

---

(1) Le cardinal de Périgord avait été envoyé par le pape, avec un autre de ses collègues, pour tâcher d'amener les deux princes à traiter, il fit des efforts inutiles et se vit contraint à renoncer à ses desseins. Il commit l'imprudence de permettre à sa suite de prendre fait et cause pour les Français.

couraient. Le cardinal de Périgord se chargea de mener à bonne fin ce dessein prémédité et servant de complément au traité de 1353 : chasser les Anglais de la Cité, l'occuper et se la faire donner par le roi.

Ce prince de l'Eglise, dans ses relations avec la France et l'Angleterre, avait toujours su se ménager l'affection des deux compétiteurs, quoiqu'il ne se montrât constamment soucieux que de ses intérêts et de ceux de sa famille. Il n'avait jamais manqué d'intervenir officiellement ou officieusement dans toutes les affaires que son frère Roger Rennaud avait eu à traiter avec la France ou l'Angleterre, et lui avait toujours été fort utile. Il y a tout lieu de croire qu'il ne vit pas sans peine les événements, survenus depuis 1353, être cause que l'approbation du traité du 7 juillet de cette année n'avait pas encore été signée, et que, par suite, les retards causés par ces événements pourraient lui être funestes, surtout quand il sut que le monarque (août 1356) avait fait encore de nombreux dons sans parler de ce traité. Il dut dès lors songer au moyen d'éviter un échec.

La nécessité de résister à la grande armée du roi Jean avait obligé les Anglais de dégarnir les places occupées par eux. La Cité dégarnie devenait tout naturellement l'objet de la convoitise du cardinal, car il savait que, maître de ce point, il pourrait plus facilement obtenir la sanction royale pour le traité de 1353. Se fit-il une juste idée des difficultés de son entreprise ? Comprit-il bien qu'il avait, d'une part, à ménager la susceptibilité anglaise et, de l'autre, à briser les droits et privilèges de l'antique municipe et de la municipalité moderne ? C'est ce que je n'oserais pas affirmer ; mais ce qu'il y a de certain, c'est qu'il céda à la tentation, que le succès de son entreprise fut complet, et qu'en janvier 1357 (1), il obtint des lettres de Charles (depuis Charles V), lieutenant du roi prisonnier, par lesquelles ce prince lui faisait don de la place conquise. La joie du comte et du cardinal ne fut cependant pas de longue durée. La municipalité de Périgueux en appela au Parlement, et, le 12 août suivant, par un arrêt, les agents du cardinal (car le prélat ne s'était pas mis en avant) étaient déboutés de leurs

---

(1) Arch. de Pau, 1er inv. prép., P. et L., l. I, p. 10.

prétentions (1). Cependant, malgré cet arrêt et divers autres actes destinés à le faire strictement observer (2), la Cité ne fut pas réintégrée dans la communauté, et les agents du cardinal, qui avaient refusé de s'en dessaisir, continuèrent à y commander, la question restant ainsi pendante.

ETAT DE LA PROVINCE DEPUIS LA BATAILLE DE POITIERS JUSQU'AU TRAITÉ DE BRETIGNY. — A la suite de la requête de la municipalité au lieutenant général du sénéchal, nous lisons : Le juge répondit qu'il était prêt à exécuter le jugement du 12 août ; mais, parmi les raisons qu'il donna pour ajourner le voyage qu'il aurait eu à faire à Périgueux (la requête lui était présentée à Brives), s'il avait fallu l'exécuter immédiatement, il dit que Brives était éloignée de Périgueux de dix lieues (il y en a au moins vingt d'une ville à l'autre), et qu'il y aurait péril pour son corps à faire ce voyage, attendu que *les ennemis du royaume étaient partout sur les chemins, arrêtant les voyageurs de jour et de nuit et les dévalisant sans merci...*, qu'ils occupaient et ne cessaient d'envahir les lieux et forteresses de la contrée ; qu'ils faisaient des prisonniers tant qu'ils pouvaient, enfreignaient les trèves, etc., etc. (3). Ce tableau n'a pas besoin de commentaires.

Un autre fait, non moins significatif, a trait à des pillards arrêtés à Périgueux et exécutés par ordre de la municipalité. Sur la route de Périgueux, ils s'étaient emparés d'un domaine, l'avaient pillé, en violant les trèves, puis s'étaient rendus à Périgueux, où ils étaient dans l'intention de commettre de nouveaux méfaits lorsqu'ils avaient été arrêtés et jetés à la rivière (1358) (4).

PIERRE DE MOLTÉOU. — — Des lettres de rémission furent données à Pierre de Moltéou, seigneur de Bars. Moltéou, avec des complices, à une époque antérieure à la bataille de Poitiers, avait envahi

---

(1) Rec. de tit., etc., p. 296.
(2) Ibid. p. 299. Requête de la municipalité (3 septembre 1357), demandant que le lieutenant général du sénéchal se transporte à Périgueux pour y faire exécuter l'arrêt du Parlement. — P. 306. Lettres de Charles (1359), régent, par lesquelles il maintient les citoyens de Périgueux dans leurs droits de seigneurie sur la ville et la Cité, avec facilité d'assigner au Parlement ceux qui voudraient les troubler.
(3) Rec. de titr., etc., p. 300.
(4) Ibid., p. 306. On les mit dans un sac, et on les jeta dans l'Isle

le presbytère de Bar dans l'intention de tuer le curé qui lui avait échappé par la fuite. Moltéou, en se retirant, n'avait trouvé rien de mieux que d'emmener le cheval du curé, qu'il rendit pourtant bientôt après. Poursuivi pour ces faits et en même temps pour avoir enfreint la sauvegarde royale sous laquelle le curé était placé, ses complices et lui avaient été condamnés à des amendes, pour la remise desquelles ils avaient fait des démarches multipliées, toujours sans succès, jusqu'à la bataille de Poitiers. Après cette bataille et en août 1358, ils furent relevés de ces amendes (1).

Privilèges de Villefranche-de-Belvès. — Cependant Charles, en sa qualité de régent, avait pris les affaires en main, et pendant qu'à l'aide des Etats généraux du nord de la France, réunis à Paris (17 octobre 1356), il essayait inutilement de réorganiser un peu le pays qui avait fourni ces Etats, il tâchait de se conserver, dans la Guienne, l'affection des populations dévouées à la couronne. Nous avons vu qu'en Périgord, Villefranche-de-Belvès avait eu ses archives brûlées. En février 1357, Charles accorda à cette bastille de nouveaux privilèges qui n'étaient, certainement, comme du reste cela est spécifié dans les lettres de ce prince, que le renouvellement des anciens, brûlés par les Anglais, et dans le préambule desquels on lit : « Considérant la fidélité éprouvée des consuls et habitants
» de Villefranche de Périgord, diocèse de Sarlat, envers notre père,
» ses prédécesseurs et *très probablement envers nous*, au temps
» passé et surtout pendant les guerres ; considérant les dommages,
» les grandes dépenses et les pertes occasionnées par ces guerres,
» surtout lors de la prise de la ville, tombée par trahison entre les
» mains de nos ennemis, qui mirent inhumainement à mort plu-
» sieurs habitants ne voulant pas leur obéir, s'appropriérent les
» biens des fugitifs et brûlèrent les privilèges de la bastille... » Ces nouveaux privilèges, rédigés en quarante articles, sont à peu près ce qu'étaient tous les privilèges de bastille. Toutefois, dans le courant du même mois et peut-être le même jour, ce même régent concéda à cette bastille un complément de privilèges, en quatre arti-

---

(1) Arch. nat. Reg. du tr. du chap. coté 86, p. 303.
(1) Rec. des ord. des R. de Fr., t. 3, p. 201.

cles, portant que la ville ne serait séparée de la couronne que si la sénéchaussée en était détachée ; que les consuls, le bailly royal et les vingt-quatre prud'hommes pourraient faire des statuts pour juger les affaires ; que les consuls auraient le droit d'instituer un sergent, et que le sénéchal tiendrait ses assises à Villefranche, deux fois par an (1).

Saint-Amand-de-Coly. — L'inquiétude, le trouble, la terreur étaient partout. Pour s'en convaincre, il suffit de lire les lettres de sauvegarde accordées par le Régent (janvier 1339), à l'abbé de Saint-Amand-de-Coly et à son abbaye, placée déjà sous la sauvegarde du roi. Dans ces lettres sont minutieusement prises toutes les précautions possibles pour intimider les malfaiteurs, et pourtant, au mois de novembre précédent, ce même prince avait autorisé cet abbé et ce couvent à changer leurs fourches patibulaires et leurs piloris et à en exiger de nouveaux dans l'étendue de leur juridiction, comprenant *Saint-Amand, Coly, Marcillac, Archignac, Saint-Géniès, Saint-Quentin, Lachapelle-Aubareil* et *Condat* (2) ; ce qui voulait assez dire qu'il leur permettait d'employer les moyens les plus énergiques pour rester maîtres chez eux.

Progrès de l'influence anglaise. — Cependant l'influence française s'affaiblissait progressivement au profit de l'influence anglaise, qui chaque jour grandissait et s'étendait dans toute la contrée. Nous trouvons bien encore, en janvier 1358 (1359 n. s) (3), le comte de Périgord obtenant la confirmation des lettres par lesquelles, en 1356, le roi Jean lui avait donné le ressort et l'hommage d'un grand nombre de localités, dont on a vu les noms plus haut. Mais à partir de ce moment l'autorité du régent n'intervient plus en Périgord, où le roi d'Angleterre semble commander en maître absolu.

Jean de Galard. — Nous avons vu Jean de Galard se refaire Anglais, peu de temps avant la bataille de Poitiers. Au mois de mai

---

(1) Ibid., p. 210.
(2) Rec. des ord. des R. de Fr. t. 3, p. 318.
(3) Archiv. nat. reg. du tr. des ch, côté 86, p. 579.
(4) Rec. des ord des R. de Fr. t. 4, p. 351.
(5) Bibl. nat. coll. Brequigny, t. 29, Guienne vol. 20.

1357, pour le récompenser de son dévouement, Édouard III déclara que les devoirs et hommages de la seigneurie de Clérans lui seraient restitués ; que Seguin de Longa lui rendrait hommage pour Grand-Castang ; que Corboran, de Limeuil, ferait de même pour la paroisse de Sainte-Alvère, qui ne relevait pas du comté de Périgord, comme il l'avait cru ; et que ledit Jean de Galard maintenu dans toutes ses possessions, ressortirait, lui et ses gens, au baillage de Beaumont. Dans la crainte que ces décisions ne fussent pas suffisamment formelles, le 30 juillet suivant, ce même roi ordonna encore que les héritiers de Corboran rendraient hommage à Jean, pour la paroisse de Sainte-Alvère, et non pas au comte de Périgord ; que toutes les possessions de ce seigneur de Limeuil lui seraient garanties, qu'il ressortirait toujours au baillage de Beaumont ; que ses droits sur Clérans étaient consacrés ; qu'on ne pourrait construire de bastilles sur ses terres ; que tous les privilèges dont il jouissait, sous le roi de France, lui étaient maintenus, de même que la donation du château de Longa, avec ses dépendances ; que ses hommes seraient protégés envers et contre tous, et que rémission pleine et entière était accordée à lui et à tous ceux qui l'avaient suivi. Enfin, en septembre 1358, il fut ordonné que tous les biens des compagnons de Jean de Galard, de quelque nature qu'ils fussent, en quelque endroit qu'ils se trouvassent placés, leur seraient rendus (1).

BERGERAC. — L'attention d'Édouard n'était pas moins concentrée sur Bergerac. Nous le voyons, en 1357, s'occuper même des affaires civiles, et donner des ordres pour que la dot de Marquise, veuve de Gautier Amansle, de Bergerac, lui fût restituée par les héritiers de feu son mari (2).

Déjà, du reste, à cette époque, les grands donnaient l'exemple de rapprochements qui permettaient de constater que, s'ils suivaient des partis différents, c'était moins par esprit de patriotisme que par dévouement à leurs intérêts.

Nous trouvons, cette même année, le comte de Périgord partisan

---

(1) *Fœdera, litteræ et acta publica*, ou nouv. éd. de Rimer, t. 3, 1re part. p. 173.

(2) Bibl. nat. Pap. Lespine, *Villes closes* ; 1er carton.

de la France, échangeant avec Jean de Galard, partisan des Anglais, Plazac pour Manaurie (1).

Le 12 avril 1358, Édouard unissait à jamais à la couronne d'Angleterre le château, la ville, la châtellenie et baronnie de Bergerac. Le même jour, il enjoignait aux maires et jurats de Bordeaux de ne pas percevoir six deniers pour livre qu'ils avaient imposé sur les vins de Bergerac et autres lieux (2). Le 16 du même mois, il donnait ordre à Pierre de Montaut, sénéchal de Guienne, et au châtelain de Bergerac de réparer les violences commises sur divers personnages, par Amanieu de Bergerac et Nicolet Dannisereau, capitaine du château de Nadaillac (3). Le 18, sur les plaintes des marchands de Bergerac et autres lieux, fréquentant les rivières (4) de Dordogne et de l'Isle, il réglait le service des péages sur ces deux rivières.

BRANTÔME. — Depuis la déconfiture du roi Jean, l'abbé de Brantôme n'habitait pas son couvent et se tenait en France. Les amis du comte de Périgord chargèrent l'archidiacre d'outre-Dordogne de faire des démarches auprès d'Édouard pour obtenir la libre rentrée de l'abbé dans son couvent. Elle lui fut accordée le 24 août suivant, sous prétexte que son absence était préjudiciable au culte divin (5).

EYMET. — Nous savons que Gilbert de Pellegrue était seigneur d'Eymet ; par concession du roi d'Angleterre, ce même roi, le 4 juillet 1357, lui accorda un répit d'hommage (6).

PIERRE ITIER, ÉVÊQUE DE SARLAT. — Le cardinal de Périgord jouissait toujours de la plus grande considération parmi les Anglais et parmi les Français, et menait grand train de vie. En 1358, il obtint un sauf-conduit du roi d'Angleterre pour voyager en Périgord, avec une suite de cinquante personnes. Parmi elles figurait Pierre Itier, évêque de Sarlat. Nous avons deux laissez-passer

---

(1) Arch. de Pau, 3e inv. prix, P. et L., l. 493, p. 38.

(2) Coll. Brequigny, t. 29, Guienne, vol. 20.

(3) *Fœdera, litteræ et acta publica*, ou nouv. édit. de Rimer, t. 3, 1re part. p. 161.

(4) Bibl. nat., coll. Brequigny, t. 29, Guienne, vol. 20.

(5) *Fœdera, litteræ et acta publ.* ou nouv. éd. de Rimer, t. 3, part. 1re, p. 172.

(6) *Fœdera, litteræ et acta publica*, ou nouvelle édition de Rimer, t. 3. part. 1re, p. 169.

le concernant, l'un du mois d'août, l'autre du mois de septembre, par lesquels Edouard III lui donna toute la latitude possible pour aller, venir, séjourner et faire, dans son diocèse, tout ce qu'il lui plairait de faire. Ces laissez-passer prouvent que Pierre Itier ne résidait pas habituellement à Sarlat.

BERGERAC. — Bergerac avait été donné au comte de Derby, devenu duc de Lancastre. Cette ville devait appartenir à ses descendants ; mais ce seigneur n'ayant eu que des filles, Bergerac fit retour à la couronne, et par lettres du 6 avril 1361, Edouard III ordonna de le reprendre ainsi que ses dépendances et de le replacer sous l'autorité royale (1).

LE TRAITÉ DE BRÉTIGNY. (1360). — Très onéreux à la France, il suscita des antipathies, des résistances fort vives, dans toutes les provinces méridionales. En Périgord surtout, la répugnance à s'y soumettre fut si énergique, si unanime que Jean se vit contraint d'écrire, le 27 juillet 1361, directement à l'évêque et au clergé, au comte, aux vicomtes, barons et chevaliers, aux maires, jurés ou consuls *du chastel, cité et pays de toute la contrée de Périgord* (2), et spécialement au maire et aux consuls de *Pierreguis*, le 12 août suivant, pour les engager à se soumettre à la dure nécessité qui pesait sur la France. La province se résigna : la prise de possession par les Anglais eut lieu dans toutes les formes ; seulement les habitants de Périgueux se réservèrent que leurs privilèges seraient confirmés, et que la Cité dont le cardinal de Périgueux ou ses agents étaient toujours en possession, leur serait rendue aussitôt que possible (3). Cette demande, faite en présence des agents du cardinal, avait soulevé immédiatement une vive opposition de la part de ces agents, qui prétendaient que le prélat possédait la Cité, par don du prince de Galles (22 décembre), et, comme le débat s'était prolongé, Jean Chandos, lieutenant du roi d'Angleterre, chargé par ce monarque de prendre possession des provinces, après avoir reçu l'obéissance des habitants de la ville, avait ordonné que chacune des parties se

---

(1) Ibid., ibid., p. 173.
(2) Bibl. nat., coll. Brequigny, t. 30, Guienne, vol. 21.
(3) Rec. de tit., etc., p. 314 et 320.
(4) Ibid., p. 309, 311 et 326.

mettrait en mesure de justifier ses prétentions le premier lundi du prochain carême, jour où elles étaient assignées pour entendre juger le différend, en la ville de Périgueux, et jusque-là avait mis la Cité sous la main du roi d'Angleterre. Au jour désigné, Jean Chandos se rendit sur les lieux et fit appeler l'affaire. Le maire et les consuls se présentèrent seuls. Les formalités préalables remplies, et aucune opposition ne s'étant produite, le 23 mars 1362 (n. s.), ce lieutenant du roi d'Angleterre réintégra la municipalité dans ses droits sur la Cité, et le lendemain la fit remettre en possession de son *antique seigneurie*. L'année suivante, la sentence de Jean Chandos reçut une approbation publique et solennelle, par le prince de Galles qui, comme duc de Guienne, confirma tous les droits et privilèges de la ville et de la Cité (1).

Cette décision était d'autant plus péremptoire, en faveur de la ville, que quelques mois auparavant, ce même Jean Chandos s'était occupé du comte de Périgord et avait pris des mesures dans le but de satisfaire à des réclamations par lui faites et de replacer sous son autorité des vassaux rebelles, qui ne voulaient plus relever de lui. Nous avons, en effet, des lettres de Chandos, datées de Sarlat, le 2 janvier 1362 (n. s.), par lesquelles il enjoint au sénéchal de Gascogne, au comptable de Bordeaux ou à leurs lieutenants, de faire jouir ce comte des droits qu'il disait avoir sur Bergerac et sur Montcuq, en vertu d'un arrangement avec le roi de France, antérieur à la guerre et dont le traité de paix lui assurait l'exécution (2) : Nous avons également des lettres de ce lieutenant, du 8 janvier suivant, au sujet des sires de Mussidan, de Limeuil, près Mussidan, et de Castelnaud, qui refusaient de lui rendre hommage (3).

ARCHAMBAUD V. — Cependant Roger Bernard avait cessé de vivre, avant la fin de 1361 (4). Il est vrai qu'on ne peut pas fixer exactement la date de sa mort ; mais il est positif que son fils lui avait succédé, dès le commencement de 1362, et qu'au mois de février, ce

---

(1) Rec. de tit., etc., p. 335, 345 et 363.
(2) Bibl. nat., coll. Doat, vol. 213, Périgord, t. II, fol. 70 et Arch. de Pau, 3e inv. prép. P. et L., 1. 507, n° 44.
(3) Ibid., ibid., fol. 272 et Arch. de Pau, 3e inv. prép. P. et L., l. 490 n° 22.
(4) L'hommage rendu à Archambaud V, par les habitants de Montignac, est de 1361, et l'abbé Lespine a constaté qu'il n'était plus de ce monde le 2 janvier 1362. Bibl. nat. coll. Doat, vol. 213, Périgord, t. II, fol. 276.

fils, qui prit le nom d'Archambaud V, écrivait au roi d'Angleterre pour l'informer qu'il reconnaissait devoir être son bon et féal sujet (1). Archambaud pouvait avoir alors environ 22 ans, puisque son père s'était marié en février 1339. Du reste il était lui-même marié depuis février 1359, avec Louise de Mastas (2). En réponse à cette lettre, le 22 mars suivant, le roi d'Angleterre, à la recommandation du cardinal de Périgord, son TRÈS CHER AMI, écrivait au sénéchal de Gascogne et autres fonctionnaires du duché de Guienne, pour leur enjoindre de laisser jouir en paix Archambaud V de tous les domaines qu'il tenait de son père ou d'ailleurs, jusques à l'arrivée du prince de Galles.

Cette démarche du cardinal de Périgord en faveur de son neveu, prouve de quelle utilité il lui aurait été s'il avait vécu quelque temps. Mais il ne survécut à son frère que deux ans environ, et mourut le 17 janvier 1364. Pendant ces deux années, il n'eut, paraît-il, aucune occasion d'employer son crédit en faveur d'Archambaud V, qui, du reste, ne se montra pas très affecté de sa mort.

ARNAUD DE CERVOLES. — En 1362, Arnaud de Cervoles régla ses comptes avec le roi Jean, qui reconnut lui devoir 35,000 florins et lui donna, en jouissance, le château de Cuiseray, en Bourgogne, en attendant qu'il pût les lui payer (3).

JEAN DE MAREUIL. — Jean de Mareuil, que nous avons vu clerc du roi, était devenu secrétaire du duc de Normandie, et comme tel devait toucher 200 écus d'or qui lui furent payés en août 1363 (4).

LE COMTE DE PÉRIGORD. — La terre de Montravel avait été assignée à Roger Bernard, en compensation de 20,000 liv. que le roi Jean devait à ce comte. Ce monarque, le 28 janvier 1363, s'engagea à lui donner 10,000 florins, moyennant quoi cette terre fut rendue à l'archevêque de Bordeaux, à qui elle appartenait (5).

---

(1) *Fœdera, litteræ et acta publica* ou nouv. éd. de Rimer, t. III, 2e part. p. 637.
(2) Courcelles : Hist. généal. des pairs de Fr., t. v, art. Mathas ou Mastas.
(3) Arch. nat. J. 475. n° 71.
(4) Bibl. nat. cabinet des titres, dossier Mareuil, 2 pièces.
(5) Ibid. coll. Doat, vol 243, Périgord, t. 2, fol. 281.
(6) Arch. de Pau, 3me inv. prép. P. et L., l. 507. n° 68. Cette confirmation fut faite à Villeneuve-lès-Avignon.

Au mois de mai suivant, Jean lui confirma le don du Bourg et de la paroisse de Trélissac, qu'il lui avait donnés en 1334 (1).

Quant aux 10,000 florins, en 1361, ils furent assignés sur la sénéchaussée de Toulouse, Carcassonne et Beaucaire.

En septembre même année, les cordeliers de Bergerac déclarèrent, par acte public, que, désormais, Philippe de Lautrec, femme de Jean de Galard, seigneur de Limeuil et de Miremont, participerait à leurs prières, jeûnes, etc.

Le traité de Brétigny avait fait naître des doutes sur divers points, notamment sur certaines donations faites au comte de Périgord par les rois de France. On lui contestait la possession de Maurens, de Mouleydier et de La Tour Blanche. Le 1er octobre 1362, le prince de Galles écrivit à son sénéchal du Périgord que ces lieux, occupés pendant la guerre, devaient être restitués à ce seigneur, à la suite de la paix, sur une déclaration par lui faite portant que ces seigneuries lui appartenaient bien réellement (2). Il n'était cependant pas rentré en possession de toutes ses terres, en 1365, comme nous l'apprennent des lettres du 9 juillet de ce prince, ordonnant au sénéchal de Périgord de restituer au comte, après les formalités requises en pareil cas, les seigneuries de Maurens et de Mouleydier dont il avait été dépossédé par la guerre. Dans ces lettres, on lit en outre que ce comte avait l'inspection et la police des chemins et des ponts de son comté, le droit de fortifier les villes, de construire des châteaux et de réparer les fortifications où et quand bon lui semblait (3).

Durant le cours de cette année (1363), une grande mortalité régna à Périgueux et dans tout le Périgord. Le pape Urbain V en ayant été instruit, accorda, en novembre, de grandes indulgences à la ville et au diocèse (4).

Je dois signaler, en outre, deux faits d'une très haute importance. Le premier a trait à la Cour d'Appel que le roi d'Angleterre eut l'intention d'établir pour les affaires de Guienne, du moment que ce duché lui fut dévolu par le traité de Brétigny, et dont il sera

---

(1) Ibid, pap. Leydet (fond Prunis), 2e rec. 1re part.
(2) Ibid., ibid.,l. 501, 3e paquet, n° 6.
(3) Ibid., ibid., l. 197, n° 32.
(4) Ibid., pap. Lespine, cart. Périgueux.

question plus d'une fois. A la date du 26 novembre, nous trouvons des lettres du roi d'Angleterre au sénéchal de Périgord et de Quercy, au sujet du choix du lieu où serait établie cette cour (1).

Le second concerne les grandes compagnies, suite des Brabançons et Routiers, qui désolaient la France. En janvier 1363, sur la demande du roi de France, le roi d'Angleterre donna l'ordre de poursuivre les chefs de ces bandes de pillards (2).

Hommages et serments de fidélité prêtés au prince de Galles, comme lieutenant d'Édouard III, son père, et comme duc de Guienne. — C'est au milieu de cette espèce de léthargie de la province que le prince de Galles débarqua sur le continent, en qualité de lieutenant d'Édouard III et de prince d'Aquitaine (duc de Guienne). Il se trouvait à Bordeaux le 11 juillet 1363, et son premier soin fut de recevoir les hommages. L'opération commença le jour même, avec cette observation préalable de la part des commissaires qui accompagnaient le prince, que les vassaux rendraient d'abord hommage et prêteraient serment de fidélité au roi, dans la personne de son lieutenant, et qu'ensuite ils rendraient le même hommage et prêteraient le même serment au prince, comme duc de Guienne (3).

Le vainqueur du roi Jean consacra tout le reste du mois à recevoir les hommages et les serments de la Gascogne. Il était à Bergerac le 4 août, et du 4 au 10 il y reçut les hommages et les serments de Bergerac et des environs. Il se rendit à Périgueux le 10, et ce jour-là même il continua les réceptions dans l'église de Saint-Front. Il parcourut ainsi tout le duché, et il est à remarquer que partout où il s'arrêta il reçut des hommages et des serments de vassaux résidant sur tous les points de la circonscription du duché ; c'est ainsi que nous trouvons Gaston, comte de Foix, prêtant serment et rendant hommage à Agen.

Raimond de Montaut II, sire de Mussidan. — Parmi les personnages qui rendirent hommage et prêtèrent serment de fidélité au roi et à son fils, comme duc de Guienne, dans l'église de Saint-

---

(1) *Fœdera, litteræ et acta publica* ou nouv. éd. de Rimer, t. 3. 2e part. p. 662.
(2) Arch. nat. J. 641, n° 15.
(3) Jules Delpit, coll. générale des documents français qui se trouvent en Angleterre, t. 1, p. 86.

Front, en 1363, figure, en tête, le comte de Périgord, et à côté de lui Raimond de Montaut II, sire de Mussidan, qui, en 1360, refusa de rendre hommage au comte de Périgord. Raimond comparut, sans opposition de la part du comte, ce qui semblerait impliquer que ce seigneur n'était pas certain de son droit, à moins qu'on ne préfère supposer que d'avance le prince avait tranché la difficulté.

Périgueux. — Dans la nomenclature des hommages et serments de fidélité rendus au prince de Galles par les vassaux du Périgord, ne figurent ni les villes, ni les bastilles, ni les châteaux, ce qui prouve qu'on procédait pour les cantons de population différemment que pour les simples particuliers. Nous en avons du reste une preuve bien évidente dans ce qui se passa pour la ville de Périgueux. Lorsque Jean Chandos prit possession de cette ville, pour le compte du roi d'Angleterre, la municipalité et les habitants se réservèrent très expressément la confirmation de tous leurs droits et privilèges (1361), ce qui leur fut très formellement accordé par le lieutenant d'Edouard III ; cependant, en août 1363, pendant que le prince était à Périgueux, il ne fut question de rien, et ce ne fut qu'en septembre, et durant son séjour à Poitiers, où il resta longtemps, qu'il accorda des lettres de confirmation rapportées plus haut. Cette confirmation fut complétée, l'année suivante, par d'autres lettres approuvant celles de Philippe de Valois de 1347, qui reconnaissaient aux habitants de Périgueux le droit de ne plaider qu'au sénéchal de Périgord ou au Parlement de Paris (1). Le prince se réservait cependant que, lorsque le Parlement de Guienne serait établi, ils iraient plaider à ce Parlement.

Quand bien même nous n'aurions pas une ordonnance du roi Jean (décembre 1360) révoquant *toutes nobléces et seigneuries, rentes et revenus qui estoient du domaine royal et propre héritage du royaume et de la couronne de France ou qui avaient et devoient avoir aucune nature ou condicion de domaine royal* depuis le règne de Philippe le Bel (2), et par conséquent mettant à néant tous les dons faits antérieurement à cette époque ; il suffirait de la confir-

---

(1) Rec. de titr., etc., p. 361.
(2) Rec. des ord. des R. de F., t. 3, p. 412.

mation des lettres de 1347, par le prince de Galles, pour constater que Périgueux se trouvait désormais en possession de la plénitude de ses droits, quoique la moitié de la juridiction du célérier et le commun de la paix restassent au comte, qui les possédait par échange, et non en vertu d'une donation.

Maurens, Mouleydier et La Tour Blanche. — Cette même année, et pendant qu'il était à Poitiers, le prince de Galles écrivit au Sénéchal anglais du Périgord pour lui dire que le comte affirmait que Maurens, Mouleydier et La Tour Blanche lui appartenaient et qu'il fallait les lui restituer, en vertu de la paix, et faire évacuer la troupe qui les occupait militairement (1).

Nous n'avons pas de grands détails pour l'année 1364, et à part quelques hommages rendus, en janvier, au prince de Galles, qui se trouvait alors à Agen (2), il ne nous reste que la ratification, par ce prince, de l'échange de la seigneurie de Bergerac entre le comte de Périgord et Philippe de Valois (3), et des lettres de Jean duc de Berry, donnant à Arnaud de Cervole le château de Concressant, parce qu'il s'était fait son homme lige (4). Le fait important c'est que Archambaud dut liquider la succession du cardinal, surchargée d'une quantité prodigieuse de legs.

En 1365, nous avons des lettres du prince de Galles par lesquelles il mande à son sénéchal de Périgord et de Quercy que le comte de Périgord réclame toujours la restitution des châteaux de Maurens et de Mouleydier, dont il a été dépossédé par la guerre; qu'il maintient pareillement qu'il a toujours eu l'inspection et la police des chemins et des ponts; qu'il a toujours eu le droit de fortifier ses villes, de construire des châteaux et de réparer ses fortifications quand bon lui semble, et que cependant on s'est efforcé et on s'efforce de l'empêcher de jouir de ces privilèges; qu'en conséquence il ordonne que son procureur et les consuls de Bergerac appelés et entendus, ainsi que tous ceux qui peuvent y avoir intérêt, s'il est reconnu que les réclamations du comte sont justes, il le réintègre

---

(1) Arch. de Pau, 3ᵉ inv. prép., P. et L., 504, 3ᵐᵉ paquet, n° 6.
(2) Notamment par Gaston de Foix, Gilbert de Pellegrue et Nicolas de Beaufort.
(3) Bibl. nat. P. Lespine, cart. des c. de Pér., dossier Archambaud V.
(4) Arch. nat. J. 66, n° 32.

dans tous ses droits (1). Nous avons en même temps des lettres de ce prince qui portent que le fouage que lui a accordé la ville de Périgueux, pour l'année 1366, ne saurait préjudicier aux priviléges de cette ville (2). Grâce à ces lettres et à d'autres de 1365, par lesquelles il réclame du comte de Périgord la délivrance des deniers levés sur ses sujets pour le fouage à lui octroyé (3), nous savons qu'un fouage, octroyé en 1365, avait été établi et perçu sur toute la province, en 1366.

GASTON DE FOIX. — Pour des motifs inexpliqués, le prince de Galles avait envoyé un sauf conduit à Gaston, comte de Foix, d'une durée de six semaines, pour lui et deux cents cavaliers. En août 1365, Gaston répondit au duc que *sa jambe serait bientôt guérie* et qu'il le rejoindrait, en septembre, à Angoulême ou à Périgueux (4).

GRANDS JOURS DE BORDEAUX. — Le mouvement semble s'accentuer en 1366. Le prince de Galles, qui avait séjourné assez longtemps à Périgueux, en 1365, y était revenu, en avril 1366. Nous trouvons, en effet, que, le 18 de ce mois, il y fut décidé que les procès entre le chapitre, le comte, le maire et les consuls seraient renvoyés à Bordeaux pour y être jugés par lui et son conseil, aux premiers grands jours qu'on y tiendrait.

LE COMTE DE PÉRIGORD ET LE SIRE DE MUSSIDAN. — La mésintelligence régnait toujours entre le comte de Périgord et le sire de Mussidan, dont l'influence et la fortune grandissaient. Il revendiquait la justice de St-Julien-de-Cremps et de Douville. Cette même année, pendant qu'il rendait hommage au prince pour des biens situés sur la rive droite de la Dordogne, achetés par lui à Gaston de Gontaut, ce seigneur, aidé d'un grand nombre de ses amis, s'était mis en possession, à main armée, de ces deux paroisses. Le comte n'y fit d'abord aucune résistance, se réservant de punir l'insolence de son adversaire en un temps plus opportun.

COURS D'APPEL. — La question de la cour d'appel était toujours

---

(1) Arch. de Pau, 3e inv. prép. P. et L., I. 497, n° 32.
(2) Bibl. nat. p. Lespine. Levé des arch. de la m. de ville de Périgueux.
(3) Bibl. nat. coll. Doat, vol. 244, Périgord, t. 3, fol. 4, et Arch. de Pau, 3e inv. prép. P. et L. 497, n° 31.
(4) Ibid., P. Lespine. cant. Périgueux.

pendante et soulevait des difficultés d'autant plus ardues à résoudre qu'elles se compliquaient des prétentions des grands vassaux qui voulaient rendre la justice en dernier ressort. Il avait fallu, pour un temps du moins, renoncer à la régler définitivement, et on avait pris le parti de porter provisoirement les appels à la cour souveraine de Londres. Cette décision, prise en 1365, était accompagnée d'un correctif important. Il était dit que la cour du prince de Galles, appelée *Grands jours de Guienne*, déciderait en dernier ressort, sauf les cas extraordinaires, tels que déni de justice, lésions de droits, etc., etc. Cependant, dans le cours de 1366, plusieurs affaires furent portées devant la cour du roi à Londres, notamment une contestation du sire de Mussidan avec le seigneur de Montpezat, au sujet de Blaignac (1), tandis que le procès entre la ville, le comte et le chapitre de Saint-Front, dont il sera question ailleurs, fut renvoyé devant les Grands jours de Bordeaux (2).

VILLEFRANCHE-DE-LONPCHAC. — Les sires d'Albret, d'abord très attachés à l'Angleterre, avaient fini par se rapprocher de la France ; et Arnaud-Auranien, qui vivait encore en 1366, avait définitivement pris parti pour elle, dès le temps de Philippe de Valois. Son frère, Berard d'Albret servait, au contraire, la cause anglaise avec dévouement, jusqu'à cette même époque et, depuis plusieurs années, jouissait de la terre et seigneurie de Villefranche-de-Lonpchac et de celle de Puynormand, qu'avait administrées auparavant son oncle, lorsque tout à coup il devint suspect et fut dépossédé par lettres du prince de Galles (1366), sous le prétexte que ses domaines devaient toujours rester annexés à la couronne d'Angleterre (3).

---

(1) *Fœdera, litteræ et acta publica*, ou nouv. éd. de Rimer, t. 3, 2º part., p. 791.
(2) Bibl. nat., Papier Lespine, cart. Périgueux.
(3) *Fœdera, litteræ et acta publica* ou nouv. éd. de Rimer, t. III, 2º part., p. 789. Froissard assigne une autre cause à la désaffection du sire d'Albret et des siens. Le prince aurait demandé à Arnaud-Auranien combien il pouvait lui fournir de lances pour la campagne d'Espagne ; Arnaud-Auranien aurait répondu : 1,000, ce qui aurait fait dire par le prince, à un de ses lieutenants : *Par ma foi on doit bien aimer la terre où l'on a un tel baron qui peut servir son seigneur avec 1,000 lances*, et il aurait retenu tous les hommes d'Arnaud-Auranien. Il aurait pourtant changé d'avis plus tard et n'en aurait plus voulu que 200, ce qui aurait offensé Arnaud-Auranien, qui lui aurait écrit une lettre des plus irrévérencieuses, d'où la rupture. (Liv. 1er, ch. 233).

TALEYRAND, FRÈRE D'ARCHAMBAUD V. — Archambaud V et son frère Taleyrand, fort peu d'accord sur leurs droits respectifs, firent un arrangement, sans doute provisoire, par lequel le comte reconnait devoir à son frère trente-trois marcs et demi d'or.

POLICE MUNICIPALE. — Le pesage des farines était dans les attributions de la municipalité de Périgueux. Elle l'affermait et Bernard Pinazel et Hélie Davios, dit Nualho, *citoyens de Périgueux*, sont condamnés à l'amende, au gré des consuls, pour avoir perçu un droit trop élevé sur les boulangers, en pesant leurs farines (1).

EXPÉDITION D'ESPAGNE. — En 1366, Pierre le Cruel, roi de Castille et de Léon, avait été battu et chassé par son frère naturel, Henri de Transtamare. Celui-ci s'adressa au prince de Galles, (avec lequel il avait déjà lié des relations diplomatiques, comme nous l'apprenons par des lettres du 7 février 1363 (2), où nous voyons figurer l'évêque de Sarlat, comme l'un des plénipotentiaires du roi d'Angleterre), persuadé que ce prince, en haine des Français qui, sous Du Guesclin, avaient aidé Henri, ne manquerait pas de prendre fait et cause pour lui. Le fils d'Edouard III, après avoir réuni une armée où les barons de la Guienne figuraient au nombre de dix mille chevaux, partit pour l'Espagne, alla battre Du Guesclin à Navarret, et rétablit Pierre sur le trône de Castille (avril 1367). Archambaud V, en vassal dévoué, s'associa à cette expédition et aux désordres qui s'y produisirent (3), sans que nous sachions ni le temps qu'il passa en Espagne, ni la part qu'il prit aux exploits de l'armée anglaise.

LE COMTE DE PÉRIGORD ARME CONTRE LE SIRE DE MUSSIDAN. — A son retour d'Espagne, le comte voulut se venger du sire de Mussidan, en le frappant d'une manière éclatante. Il fit avancer ses troupes contre son adversaire ; démarche qui lui fut fatale. Il fut arrêté par le sénéchal de Périgord pour le prince de Galles, comme violateur des ordonnances, défendant de porter les armes

---

(1) Bibl. nat. P. Lespine, cart. des comtes de Périgord, dossier d'Archambaud V. — Arch. de Périgueux liv. noir, fol. 12., v°.

(2) Rec. de tit., etc., 5.

(3) *Fœd. litteræ et acta publica* ou nouvelle éd. de Rimer, t. III, 2ᵉ part., p. 688, Froissard, liv. 1ᵉʳ, ch. 237.

durant la paix ; et, sans la bienveillante entremise du maire et des consuls de Périgueux (1368), il allait être poursuivi, condamné (1).

Archambaud V et son frère. — En 1367, par acte public, en faveur de son frère Taleyrand, le comte renonça aux donations de plusieurs sommes que ce frère lui avait faites.

Le droit du commun. — Le sénéchal de Périgord et le receveur des finances de la sénéchaussée avaient soulevé des difficultés au comte, au sujet du droit du commun qu'il percevait, en vertu de l'échange de 1341, et ces difficultés n'avaient pas été levées par une première injonction de la part du prince de Galles de passer outre. En avril 1368 (2), ce prince écrivit de nouveau à ces fonctionnaires de faire cesser tous les empêchements qu'ils continuaient, malgré ses ordres, à susciter à ce seigneur.

Collège de Périgord a Toulouse. — Au temps où il vivait dans l'éclat de sa renommée, le cardinal de Périgord avait acquis, à Toulouse, dans la paroisse de Saint-Cernin, du nommé Mauran, une maison destinée par lui à l'établissement d'un collège, sous la protection de Saint-Front, et qui devait porter le nom de *collège de Périgord*. Cet établissement avait pour but de fournir, à un certain nombre de jeunes gens pauvres, le moyen de s'instruire dans le droit civil et le droit canon. Le cardinal ayant cessé de vivre avant d'avoir mené son projet à bonne fin, il y eut un temps d'arrêt, et ce ne fut qu'en janvier 1368, qu'il fut de nouveau question de cette fondation, pour l'accomplissement de laquelle les fondés de pouvoir du défunt obtinrent de Louis d'Anjou, lieutenant du roi à Toulouse, des lettres approuvées par Charles V, au mois d'août suivant, qui levaient toutes les difficultés suscitées jusqu'alors à ce projet. Cependant il s'en produisit encore d'autres qui nécessitèrent, à deux reprises, l'intervention de Charles V; la première, au mois de septembre de la même année, pour autoriser ces fondés de pouvoir à acheter des rentes destinées à l'entretien de l'établissement ; la seconde, en mars 1370, au sujet de l'amortissement de nouvelles rentes pour son agrandis-

---

(1) Livre noir de la maison de ville de Périgueux, fol. 46.
(2) Arch. de Pau, 3ᵉ inv., prep., P. et L., l. 501, nᵒ 52, et bibl. nat., col. Doat, vol. 244, p, t. III, fol. 5.

sement (1). Il ne restait qu'une formalité à remplir, c'était d'obtenir des bulles du pape attribuant à ce collège les conditions essentielles d'institution universitaire. Elles furent données à Avignon, le 5 octobre 1376, par Grégoire XI, et portaient qu'il y aurait à perpétuité, à Toulouse, un collège appelé de *Périgord*, dans lequel seraient nourris, entretenus et instruits vingt élèves pauvres, clercs de bonne vie et mœurs, dont dix étudieraient le droit civil et dix le droit canon ; que ces écoliers, pour être admis dans ce collège, devraient bien connaître la grammaire et être versés dans les autres arts libéraux ; que dix d'entre eux seraient pris dans le diocèse de Périgueux, et les autres dix dans ce même diocèse ou ailleurs ; que, lorsqu'il y aurait une vacance, ce serait le comte de Périgord qui nommerait à cette vacance, dans les trois mois, sur la présentation des fondés de pouvoir, tant qu'ils vivraient, et, après leur mort, sur la présentation du chancelier de l'église de Toulouse, assisté des deux plus anciens élèves, avec cette restriction que les autres élèves, si le candidat n'était pas reconnu capable, pourraient le refuser, sur quoi le comte serait tenu d'en présenter un autre, au bout d'un mois ; que les études seraient réglées de manière que tous les ans il y eut des promotions au baccalauréat, après examen ; que si, après un certain temps, un élève ne pouvait pas acquérir son grade, il serait exclu ; qu'il y aurait des licenciés après une seconde épreuve, subie au bout d'une autre année de travail, et que ces licenciés pourraient encore rester deux ans au collège ; ceux qui avaient étudié le droit canon pour apprendre le droit civil, et réciproquement, après quoi ils pourraient être reçus docteurs. Il devait y avoir de plus quatre prêtres également nourris et entretenus aux frais du collège, et nommés par les élèves, au moins à la majorité des deux tiers des voix ; lesquels prêtres célébreraient les offices dans la chapelle dédiée à saint Front. Enfin, sept domestiques, destinés au service des écoliers, devaient aussi y être logés, nourris et entretenus.

Cette bulle prescrivait en outre un règlement qui fut rédigé immédiatement après par deux cardinaux et transcrit à la suite (2). A

---

(1) Arch. nat., reg. du tr. des ch., côté 99, p. 446 et 250, et reg. 102, p. 8.
(2) Arch. de Pau, 2e inv. prép. P. et L. I. 85, n° 19.

partir de ce moment ce collége fonctionna, et nous le trouverons plus tard en plein exercice.

Rupture du traité de Bretigny. — L'année 1368 fut mémorable. Pendant les sept années qui suivirent le traité de Bretigny, les Anglais avaient traité la France en pays conquis. Les fouages étaient venus périodiquement faire échec aux priviléges des populations, à qui on donnait pour consolation des déclarations comme quoi les fouages ne porteraient pas atteinte aux priviléges ; et de plus, oubliant qu'on n'avait pas rempli les formalités imposées par le traité, sans l'exécution desquelles la souveraineté de la Guienne n'était pas acquise au vainqueur (1), ou dédaignant de descendre jusque-là, on avait systématiquement entrepris d'organiser une cour d'appel à laquelle ressortiraient toutes les affaires de Guienne, dans l'espoir que ce procédé débarrasserait de cette suzeraineté du roi de France que les populations aimaient. En 1368, pendant que le prince de Galles essayait d'établir un fouage plus lourd que les précédents, dans le but de se procurer les ressources nécessaires pour payer son armée, l'autorité anglaise insistait plus que jamais sur la création de la cour d'appel. Cette double atteinte aux droits et aux habitudes des peuples de Guienne et de Gascogne souleva une indignation générale et une résistance énergique.

Le prince de Galles convoqua tour à tour les grands de la province à Niort, à Angoulême, à Poitiers, à Bordeaux et même à Bergerac (2) ; il résulta de toutes ces lenteurs calculées une

---

(1) Le roi Jean, dans ses lettres portant nomination des commissaires chargés de faire la remise des provinces cédées au roi d'Angleterre, en vertu du traité de Bretigny (12 août 1361), disait : *Sauf et réservé à nous la souveraineté et le dernier ressort, jusques à tant que certaines renonciations que nostre dit frère doit faire, seront faites, si comme il est plus à plain contenu ès lettre sur ce faites.* Rec. de tit., etc., p. 312. Ces réserves étaient basées sur des lettres d'Edouard, du 24 octobre 1360, dans lesquelles il est dit que, lorsque la remise des pays cédés sera faite, il se rendra à Bourges avec son fils, on y enverra des représentants ; que le roi de France et son fils feront de même et que là son fils et lui renonceront à leur prétention à la couronne de France, aussitôt que le roi de France et son fils auront renoncé à leur souveraineté sur les provinces remises (Chron. de St-Denis, éd. de P. Paris, t. vi, p. 260). Or il arriva que le roi de France et son fils envoyèrent leurs messages à Bourges, mais que le roi d'Angleterre et son fils négligèrent ou dédaignèrent de le faire.

(2) Froissart, liv. 1er, chap. 246.

démarche auprès de Charles V, de la part de ces seigneurs, pour le prier de recevoir leur appel. Cette démarche, du mois d'avril 1368, eut pour principal agent le comte d'Armagnac (1). Il alla à Paris et pressa vivement Charles V de se rendre aux instances communes. Le roi ne voulut rien faire sans avoir l'avis de son conseil, ce qui occasionna un délai de près de trois mois. Durant cet intervalle, arrivèrent à Paris plusieurs autres appelants, parmi lesquels le sire

---

(1) Je crois devoir placer ici une anecdote racontée par un chroniqueur comme s'étant passée à Angoulême. « Et gueres ne demoura que le prince
» s'efforça de faire ressortir au Parlement d'Angleterre, à Londres, toutes les
» causes du duchié de Guienne, dont les contes d'Armaignac, de Périgort
» ne peuvent estre d'accord, et au prince en desplait fort et dist parolles
» villaines au comte de Périgort qui arguer ne le voult à icelle heure ; mais
» fort furent en doubte ceulx du conseil que, pour ceste injure, se tournas-
» sent les seigneurs contre le prince qui, pour ledit conte apaiser, lui en-
» voya M. J. Chandos, lequel venu, feignant non venir de par le prince, lui
» ouvri les parolles de la response dudit prince, disant qu'il en desplaisait
» à son conseil ; auquel respondi le conte que des parolles du prince ne lui
» avoit en riens despleu, fors qu'il doubtoit que ses parolles eust prins en
» desplaisance, et que riens ne désiroit fors avoir sa bonne grace, dont fut
» joyeux ledit Chandos, et lui requist qu'il lui donnast à soupper, et cepen-
» dant il appaiseroit le prince, dont fut le conte d'accord, et grand appareil
» fist faire pour le soupper. Si vinct Chandos de vers le prince lui rapporter
» la response et comment, au soir, il devait soupper de vers le conte et
» autres seigneurs, dont fut bien joyeux le prince qui, pour complaire au
» conte dist que, sans mander, yrait avec les seigneurs soupper. Mais le soir,
» avant soupper sans congié prendre du prince, s'en partirent les contes de
» Périgort et d'Armaignac de la cité d'Angoulesme, et, sans repaistre ni sé-
» journer, s'en allèrent à Montignac-le-Conte, en Périgort, et par héraulx,
» firent lendemain savoir au prince que tout par eulx comme par leurs sub-
» jiez, ils entendoient leurs causes par appel ressortir au Parlement de France,
» dont l'ommage, par souveraineté du duchié de Guienne, en partie appartient
» au roy de France, qui n'a d'autre court les faire ressortir, et tantost se
» mirent sus lesdits seigneurs que le prince prindrent à guerroier, lequel
» se retray à Bourdeaulx, et tantost repassa la mer en Angleterre, où maladie
» le print d'enflure. (SECOUSSE : *Mémoires de Charles II, roi de Navarre*, t. II,
» p. 611). » On lit en outre dans Froissart (t. I, ch. 246) : « Toujours mainte-
» noient.... que ja n'en payeroient ne ja en leur terre souffrir ne le pourroient
» et mettoient en avant qu'ils *avoient ressort en la chambre du roy de France. De ce
» ressort estoient durement le prince couroucé*... Respondoient les Gascons et di-
» soient *qu'il n'estoient mise en l'ordonnance et puissance du roy de France, n'onques
» ne fut qu'il les peust acquitter du ressort sans le consentement des prélats, des barons,
» des cités et des bonnes villes de Gascogne qui ne l'eussent jamais souffert ni sou-
» friroient si estoit à faire.* » Ces paroles de Froissart autorisent à croire à l'authenticité du passage rapporté plus haut, quoiqu'il semble n'être pas d'ac-
cord avec les faits connus, ce qui tient à ce que l'auteur de l'anecdote précipite trop les événements.

d'Albret, que Charles V était en train de marier avec Marguerite de Bourbon, sa belle-sœur. Les appels furent enfin reçus le 30 juin (1). En apprenant que la démarche des barons avait réussi, Edouard III se hâta d'entrer en négociations avec Charles, mais sans succès. Le roi de France, ne voulut rien précipiter ; ce ne fut qu'après que son conseil, réuni pour la seconde fois (28 décembre), eut déclaré à l'unanimité, qu'il était bien en droit d'user de ses *souveraineté et ressort*, qu'il repoussa les réclamations d'Edouard et cita, le 24 juin, le prince de Galles à comparaître au Parlement qui répondit qu'il y viendrait le *bacinet en tête*.

Cette réponse aurait dû exciter l'indignation (2) de Charles. Il n'en fut rien, et il attendit trois mois, au bout desquels il se rendit au Parlement (9 mai 1369), où, en présence d'une assemblée nombreuse et pendant trois jours de suite (3), il raconta ce qui s'était passé, fit connaître les requêtes du roi d'Angleterre, les réponses qu'il lui avait faites, et demanda aux assistants s'ils approuvaient sa conduite. Sur leur réponse affirmative, il déclara la guerre à l'Angleterre. Comme la lutte prit de grandes proportions en Périgord, il est nécessaire de raconter les faits et d'examiner quelles furent la conduite du comte de Périgord, des habitants de Périgueux et des périgourdins en général.

CONDUITE DU COMTE DE PÉRIGORD. — Les annalistes et les chroniqueurs font figurer le comte de Périgord parmi les premiers seigneurs qui s'adressèrent au roi de France. L'un d'eux même prétend qu'il se rendit à Paris, pour y traiter avec Charles V. Les faits repoussent cette assertion. On lit cependant en tête de l'acte du 30 juin, dont j'ai parlé plus haut : « Ce sont les choses pourpar-
» lées (minute), traitées (original), entre nous Charles, par la grâce
» de Dieu, roi de France, d'une part, et les comtes d'Armagnac, de
» *Pierregort* et le sire de Lebret (d'Albret), d'autre ». Je dois dire aussi que les treize premiers articles de la minute et les dix premiers de l'original concordent avec ce titre ; mais il est certain

---

(1) Arch. nat. J. 654, n° 3.
(2) Les députés des villes se trouvaient à la troisième réunion, ce qui a fait dire que c'était une assemblée des Etats.
(3) Grandes chron. de St-Denis, éd. de P. Paris, t. VI, p. 273.

que les autres ne parlent pas du comte de Périgord (1), par la bonne raison qu'il n'était pas à Paris à cette époque et qu'il n'avait pas même fait appel. Nous savons, en effet, que les premières démarches furent l'œuvre de son frère (2) ; qu'il n'avait pas encore pris de résolution, au mois de novembre suivant, et qu'en quittant le Périgord, au lieu de se diriger sur Paris, il se rendit en Quercy.

Ce ne fut que le 13 avril 1369 qu'il se décida et donna son adhésion à l'appel. Il était alors à Caussade, en Quercy (3), où il fit choix de quatre fondés de pouvoir, chargés de le représenter à l'assemblée réunie dans la grande salle du Parlement, les 9, 10 et 11 mai suivants. Il hésita si bien, qu'au moment de la nomination de ces quatre fondés de pouvoir, où (deux jours après) le prince de Galles confirmait les priviléges de son comté, dans la persuasion sans doute qu'il suffirait de cette attention pour le retenir (4) ; mais le comte se déclara contre lui, dans le cours du mois de mai, en se rendant à Toulouse, auprès du duc d'Anjou (5). Il procéda même dans cette démarche avec d'autant plus de résolution qu'évidemment elle avait été précédée de promesses formelles, comme le prouvent assez des lettres de Charles V, données à Vincennes, le 28 décembre 1368, portant : « Charles, etc..., savoir vous faisons que, comme nous aions octroyé
» et accordé à nostre très chiers et féal cousin le comte de
» Pierregort, lequel, si comme nous avons entendu, a eu propos de
» appeler, à nous et à nostre court souveraine de parlement, de
» plusieurs griefs que nostre très chier et très amé neveu le prince
» de Galles, duc de Guienne, lui a fait et s'efforce de faire, par lui et
» ses officiers, que en cas qu'il appellera de nostre dit neveu à
» nous....., nous lui ferons baillier et délivrer quarante mille francs
» d'or....., chacun an, aux quatre quantiens de l'an, etc. » La pièce porte encore que le roi donne mille francs d'or à Bernard de Grésignac, sergent d'armes, et que Taleyrand de Périgord, frère du comte, s'oblige pour lui et promet de se rendre prisonnier à

---

(1) Arch. nat. J. 655 n° 39 et 293 n° 16.
(2) *Saint-Allais* : Préc. hist. sur les comtes du Périgord, p. 38. La pièce est du 28 novembre.
(3) Bibl. nat. coll. Doat, reg. 242, Périgord, t. 1, fol. 661.
(4) Ibid. ibid. Reg. 244, Périgord, t. 3, fol. 19.
(5) Arch. de la ville de Périgueux, livre noir, etc., fol. 46.

Avignon s'il ne fait pas appel ; mais s'il fait appel et si la guerre se déclare, il promet aussi de faire déduire 10,000 fr. d'or sur les trois derniers quantiens dus au comte, à cause des frais (1), comme le disent encore d'autres lettres du même roi, données à St-Germain-en-Laye, et portant la date de ce même mois de mai 1369, par lesquelles ce monarque confirmait les donations de plusieurs villes, châteaux, châtellenies, etc., à lui faites, ainsi qu'à ses prédécesseurs, par le roi Jean et ses prédécesseurs, avant la paix de Bretigny (2).

La nouvelle de la défection d'Archambaud parvint au prince, quand il recevait en Guienne des renforts anglais, sous la conduite des comtes de Cambridge et de Pembrock. Edouard ordonna à ces troupes de marcher sur le Périgord. Tranquilles sur les dispositions de Périgueux, resté calme, les Anglais pénétrèrent hardiment dans la province, allèrent attaquer Bourdeille (3), dont ils ne purent se rendre maîtres qu'après trois mois de siège, pendant lesquels ils firent de nombreuses excursions et commirent beaucoup de dégâts dans les domaines du comte ; s'emparèrent de Roussille (4), château en partie démantelé, et tentèrent de surprendre Auberoche et Montignac, qu'ils menaçaient encore au moment où Périgueux se prononça. Cette évolution de la part de la capitale du Périgord n'était pas faite pour rassurer les Anglais ; aussi jugèrent-ils prudent de quitter les terres du comte, et, après avoir confié la garde de Bourdeille au sire de Mussidan, ils se retirèrent auprès du prince de Galles, à Angoulême.

Ce prince ne s'en était cependant pas tenu aux ordres donnés aux comtes de Cambridge et de Pembrock, il avait en outre confisqué le comté ; et, le 26 juin, il en avait fait don à Renaud de Pons, parent par alliance d'Archambaud VI, vicomte de Turenne et de Carlat, seigneur de Ribeyrac, de Montfort, d'Aillac, de Carlux, pour le dédommager de la perte du vicomté de Carlat, tombé entre les

---

(1) Bibl. nat., fonds Gaignières, portefeuille 611.
(2) Arch. nat., reg. du tr. des ch., coté 100, p. 431.
(3) C. de Brantôme, arr. de Périgueux. Voir Froissart (t. 1, ch. 161) sur les beaux faits d'armes des assiégés et sur la manière dont les Anglais les trompèrent pour s'emparer du château.
(4) C. de Villamblard, arr. de Bergerac.

mains des Français. Quoique inexécutée, cette donation eut cela d'avantageux pour la cause de la France qu'elle fit sortir Archambaud de son indécision, que ni les faveurs dont le comblait le roi de France, depuis bientôt un an, ni l'expédition des comtes de Cambridge et de Pembrock n'avaient pu complètement dissiper (1).

Taleyrand de Périgord. — Cependant, Taleyrand de Périgord, frère du comte, et alors âgé de 25 à 26 ans, s'était rendu à Paris, vers le même temps que le comte d'Armagnac, sinon à la même époque (2), dans le but de négocier un arrangement pour son frère et pour lui. Conduites avec adresse, ses démarches avaient fini par réussir, si bien qu'un mois avant la seconde réunion du Conseil du roi, il avait obtenu pour lui, sous le nom de prêt, 12,000 francs d'or, et les 40,000 francs de subvention annuelle pour son frère, dont j'ai parlé plus haut, payables par trimestre, si ce comte faisait appel à partir du moment où ce prince lui aurait déclaré la guerre; lesquels 40,000 francs avaient commencé à courir dès le mois de mai, époque où les Anglais avaient envahi ses domaines.

Taleyrand a Toulouse. — Une fois bien d'accord avec le roi, Taleyrand avait quitté Paris et était revenu en Périgord, d'où il était allé rejoindre le duc d'Anjou à Toulouse, car nous l'y trouvons plus d'un mois avant que son frère s'y rendit. En effet, nous avons : 1° des lettres de ce prince données en cette ville et datées de mars 1369, par lesquelles il assigne à Taleyrand, à cause des services rendus au roi, dans les affaires de Guienne, trois mille livres de rente à prendre sur les conquêtes en Périgord et en

---

(1) Courcelles, Hist. généal. des pairs de France, t. 4, famille de Pons, p. 36. Ce qu'il y a de piquant, c'est que Courcelles, comme les autres, a adopté l'idée que Roger Bernard vécut jusqu'en 1369, de sorte que c'est sur Roger Bernard qu'il fait confisquer le comté de Périgord par le prince de Galles.

Je reconnais, avec Froissart, que le comte avait pris les armes avant la confiscation de son comté; car c'est avec raison que ce chroniqueur historien place l'expédition des Français contre Thomas Valkafava, alors sénéchal de Rouergue, dont faisait partie Archambaud, dans le cours du mois de mai; toutefois, il est bien certain aussi qu'il ne fit la guerre d'une manière soutenue que postérieurement au mois de juin, c'est-à-dire après la confiscation de son comté.

(2) Il y était au mois de novembre. Précis hist. sur les comtes de Périgord, p. 57.

Quercy (1) ; 2° d'autres lettres, données dans la même ville, et portant la date du même mois, adressées à Bernard de Grésignac, au sujet des 3,000 l. de rente données à Taleyrand, qui doit appeler du prince de Galles au roi de France, pour son frère Archambaud (2). J'ignore l'époque de l'adhésion de Taleyrand ; il est probable que les deux frères adhérèrent en même temps (3), avec cette différence que le comte resta à Toulouse et que Taleyrand se rendit en Périgord, en qualité de lieutenant du duc d'Anjou, et y seconda le mouvement qu'il avait contribué à faire éclater (4). Par ses conseils, les villes et les barons sortirent de leur indifférence et firent leur adhésion.

PÉRIGUEUX. — La querelle, dont le fouage fut le prétexte, ne s'était primitivement engagée qu'entre les seigneurs et le prince de Galles. Exempte de ces sortes d'impôts, la capitale du Périgord ne prit d'abord aucune part à ces démêlés. En 1368, elle demeura dans une complète inaction, quoique son évêque, partisan dévoué des Anglais, leur cherchât des alliances, comme l'apprennent des lettres du 12 janvier 1369, où il figure en qualité de plénipotentiaire en Aragon, envoyé par le roi d'Angleterre pour former une alliance (5). A la suite de l'assemblée des 9, 10 et 11 mai, le duc d'Anjou, le 8 juin, signifia aux maire, consuls et habitants les lettres par lesquelles le roi, le 21 de mai, avait ordonné au comte et à ses adhérents de faire la guerre aux Anglais, sous peine de forfaiture (6); alors il ne fut pas permis à Périgueux de se retirer d'une lutte générale. Mais avant de prendre une résolution et sans se préoccuper des injonctions du duc d'Anjou, la ville voulut examiner la question. Malgré la présence de Taleyrand, elle hésita deux mois entiers sans adhérer à l'appel. Enfin, elle se prononça, à la grande satisfaction du roi et pour l'avantage du comte (7). Elle prêta

---

(1) Bibl. nat., coll. Doat, reg. 241. Périgord, t. 3, fol. 9.
(2) Bibl. nat. Papiers Lespine, cart. des comtes de Périgord.
(3) Nous avons vu que le comte n'adhéra définitivement qu'en mai.
(4) Nous allons voir que ce fut à son instigation que Périgueux, le sire de Badefol et autres se prononcèrent. C'est dans le traité avec le sire de Badefol qu'il est qualifié de lieutenant du duc d'Anjou.
(5) *Fœd. litt. et acta publica*, ou nouv. éd. de Rimer, t. 3, 2e part. p. 855.
(6) Rec. de titr., etc., p. 374.
(7) Arch. de Périgueux, *Livre noir*, fol. 46.

son concours à Taleyrand, l'aida à faire rentrer son frère dans ses domaines occupés par les Anglais, qui quittèrent le pays. Les châteaux de Roussille, d'Auberoche et de Montignac furent repris (1).

Démêlés de Taleyrand avec son frère le comte Archambaud V. — Depuis la mort du cardinal de Périgord, Taleyrand et Archambaud avaient eu des difficultés au sujet de leurs intérêts respectifs, et n'étaient pas parvenus à se mettre d'accord, en 1369. Pendant la guerre, loin de s'entendre, ils s'étaient aigris, si bien que Taleyrand s'était emparé des châteaux d'Auberoche et de Montignac, et les occupait lorsque son frère revint en Périgord (2).

Le différend des deux frères tenait-il uniquement aux droits respectifs qu'ils pouvaient avoir sur la succession de leur père ? Non. Nous avons des lettres de Charles V, sans date certaine il est vrai, mais qui évidemment se rapportent à cette époque, par lesquelles il est signifié au comte de Périgord que, par suite de ce que Taleyrand a toute la charge de la guerre en Périgord, il devra, pour la garde des forteresses et les frais de cette guerre, toucher 28,000 francs sur les 40,000 francs d'or alloués audit comte, lequel ne gardera que les autres 12,000 pour en disposer à son gré (3). Il est évident que les lettres ne durent pas contribuer à un rapprochement, et ce qui le prouve c'est que, comme on va le voir, les deux frères ne traitèrent pour ces 40,000 francs d'or qu'après avoir été mis d'accord sur leurs droits et leurs intérêts de famille. Ce fut par l'entremise et les soins des *gens de bien* de Périgueux qu'ils se reconcilièrent, que le comte rentra en possession de ses châteaux (4). Il y eut entre eux une transaction, au sujet des prétentions de Taleyrand sur la succession paternelle, et un appointement relatif aux quarante mille francs d'or que le roi avait assignés au comte (5).

Périgueux et ses privilèges. — Tout en rendant service au

---

(1) Le château de Bourdeilles resta seul au pouvoir des Anglais.
(2) Arch. de Périgueux, *Livre noir*, fol. 46. Il y est même dit qu'il s'était emparé d'autres points importants.
(3) Bibl. nat., coll Doat, vol. 211, Périgord, t. 4, fol. 18.
(4) Ibid., ibid. Hélie Seguin, alors maire de Périgueux, assista même à leur arrangement.
(5) Ibid., ibid. Bibl. nat. coll. Doat, Reg. 244, Périgord, t. 3, fol. 39.

comte, le maire et les consuls ne négligèrent jamais de veiller aux intérêts de la ville. Par leurs soins, non seulement les droits et les immunités de la communauté furent maintenus intacts, mais encore de nouveaux privilèges leur furent concédés, pendant qu'ils prenaient les plus sages mesures pour se mettre en garde contre les éventualités d'une surprise.

Dans le mois d'octobre, ils obtinrent : 1° la confirmation, par le duc d'Anjou, agissant au nom du roi, de tous les privilèges, libertés, franchises et coutumes, usités dans l'étendue de la juridiction de la communauté, avec la garantie expresse que, même si le duché de Guienne passait en d'autres mains que celles du roi, ils ne cesseraient pour cela de relever directement de la couronne que de leur propre et exprès consentement ; 2° la promesse d'un dédommagement pour la non jouissance des domaines et rentes dont la communauté était privée, par suite de l'occupation, et qu'une partie des terres conquises sur les ennemis serait distribuée aux maire et consuls et à chaque habitant, au prorata des pertes (1) ; 3° la faculté de circuler librement eux et leurs marchandises, par tout le royaume, exempts de toute sorte de redevance (2) ; 4° une déclaration portant que nul des membres de la communauté ne pouvait encourir la confiscation pour quelque motif que ce fût, excepté les cas de lèse-majesté et d'hérésie (3) ; 5° la faculté de recevoir, durant la guerre, et de faire circuler dans la ville et la cité, toute monnaie d'or et d'argent (4) ; 6° la promesse que, si on faisait la guerre à la communauté, ou si on la menaçait d'une attaque ou d'un siège, des troupes de secours lui seraient fournies aux frais du roi.

Indépendamment de ces garanties et faveurs, le duc, dans le cours du même mois, déclara que les villes de Bordeaux, Bayonne, etc., ressortiraient, comme autrefois, aux assises de Périgueux (5).

---

(1) Rec. de titr. etc., p. 369.
(2) Sup. au Rec. des titr., etc., p. 50 et *Rec. som*, p. 48.
(3) *Rec. som.*, p. 56, Bibl. nat. P. Lespine, cart. Périgueux.
(4) Bibl. nat. P. Lespine, carton Périgueux.
(5) Rec. de Titr., etc., p. 366, 372 et 380.

Tant d'avantages ne permettaient pas aux Périgourdins de montrer désormais la moindre hésitation ; aussi entrèrent-ils dans la lutte, sans plus de retard. Le 30 novembre 1369, Charles V avait formellement déclaré que tout le territoire, dévolu au roi d'Angleterre par le traité de Brétigny, avait fait retour à la couronne, et ordonné aux appelants, qui se croyaient toujours obligés d'obéir à l'autorité anglaise, de cesser de la reconnaitre. Cet ordre était mal exécuté. Le 8 janvier 1370, le duc d'Anjou adressa au maire et aux consuls les lettres du roi, avec injonction de les faire publier (1). Ce fut fait sur la Clautre, le 28 février suivant (2), avec grande solennité (3). Peu de temps après, au début d'avril, on s'aperçut que les murs de la Cité avaient besoin d'être réparés, et qu'il suffisait d'un coup de main pour enlever la place. Le maire et les consuls réunirent les habitants, leur recommandèrent d'éviter la moindre négligence dans les travaux, et déclarèrent qu'il avaient demandé des secours aux chanoines et aux autres ecclésiastiques, qui s'y étaient refusés ; mais qu'en vertu des pouvoirs dont ils étaient investis, ils les y contraindraient et les obligeraient même à faire le guet (4).

MOUVEMENT GÉNÉRAL DU PÉRIGORD. — Les quelques détails qui nous restent nous donnent une idée des dispositions et de l'esprit qui guidait la population. Sarlat s'était montré hostile aux Anglais, à l'époque de l'expédition du comte de Derby ; il dut adhérer à l'appel avec le plus grand empressement. Nous en trouvons d'ailleurs la preuve, dans le préambule des lettres de confirmation de ses privilèges par le duc d'Anjou (juillet 1370) : « Attendu que
» les consuls de Sarlat, en vrais et fidèles sujets, vinrent à
» nous et reconnurent notre seigneur le roi comme leur
» véritable seigneur, etc. (5) » Il en fut de même de Dome, de

---

(1) Rec. de titr. etc., p. 366, 379 et 380.

(2) Il est évident que c'est l'ancien cloître de Saint-Front qui a donné son nom à la place.

(3) Rec. de titr. etc., p. 383. Un notaire de la ville assistait à cette proclamation et traduisait, en langue vulgaire, les lettres qui étaient en latin, et les transmettait, phrase par phrase, au crieur public, qui les répétait devant les spectateurs, à haute et intelligible voix.

(4) Rec. de titr. etc., p. 436 et arch. de Périgueux. Livre noir, fol. 14.

(5) Rec. des ord. des rois de Fr., t. 5, p. 343.

Carlux et de Montagrier, dont les priviléges furent confirmés, en 1369 et 1370, pour avoir fait appel et avoir reconnu l'autorité du roi de France. Cette même année 1370, Dome reçut un don de 5,000 francs d'or (1), en dédommagement des pertes que lui fit éprouver Jean Chandos, qui, en apprenant son adhésion aux appels, alla l'assiéger, et dont l'expédition est racontée comme il suit par Froissart : « Quand ils veyrent (Chandos et les siens), que rien
» ne faisoient...... Si s'advisèrent qu'ils se desIogeroient et
» se retireroient par devant la ville et le chastel de Domme..........
» ainsi qu'ils firent. Or estoit sire et gouverneur de ladite ville et
» dudit chastel, messire Guibert, de Domme..... et avecque luy
» avoit un sien cousin, chevalier qui s'appeloit..... Pierre
» Sanglier. Si avoient par avant ces deux chevaliers les vivres du
» plat pays de la environ tous retraits là dedans. Quand les Anglois
» et les Gascons, qui bien estoient 1,500 hommes d'armes, et 2,000
» que archers, que brigands (pillards), furent là venus, si s'ordonnè-
» rent et mirent en arroi le siège et commencèrent à assaillir la
» forteresse de grand volonté. Si y levèrent plusieurs grans engins
» (et fairent) assaux et écarmouches, où il y eut faites, durant le
» siège, grandes appertises d'armes. Quand ils eurent esté au siège
» quinze jours, et ils eurent veu que rien n'y faisoient, ni rien n'y
» conquestoient, et qu'ils y gisoient en grand peine et grand travail,
» si advisèrent et consoillèrent, les uns par les autres, qu'ils signi-
» fieraient leur estat et leur affaire au prince de Galles. » (2). Ce qu'ils firent et, pendant que leur messager était avec le prince, à Angoulême, ils levèrent le siège et allèrent courir dans le Quercy.

Un document, malheureusement trop succinct et défectueux (3) signale encore, comme étant revenus à l'obéissance du roi, par suite de leur adhésion à l'appel : *Belvès*, *Villefranche*, *Montpazier*, *Saint-Cyprien*.

Les propriétaires terriens et les établissements religieux ne restèrent point en arrière. Le même document nous donne les noms des seigneurs de *Campagnac*, de *Cugnac*, des *Lèches*, de *Montfer-*

---

(1) Lascoux, *Documents sur Dome*, p. 25. Rec. des ord. des rois de Fr., t. 5, p. 285 et 353.
(2) Tome 1er, chap. 162 et 163.
(3) Arch. nat. J. 655, n° 19.

raud, de *Montaut*, de *Biron*, de *Puybeton*, de *Castelnaud*, de *Belcaïre*, de *Barrière*, de *Montravel* et de divers autres lieux dont les noms sont mal écrits. Il nous apprend aussi que les abbayes de *Fongaufier* et de *Saint-Avit-Seigneur*, etc., firent comme ces seigneurs. Mais parmi les hauts barons les plus empressés à se séparer des Anglais, il faut placer, en première ligne, Hélie Flament, seigneur de Bruzac, qui avait adhéré, dès le commencement, et qui, le 6 octobre 1369, reçut en don de Charles V la terre de Mirabel, en Quercy, comme dédommagement des pertes qu'il avait faites (1).

Nicolas de Beaufort, seigneur de Limeuil, qu'il ne faut pas confondre avec Jean de Galard, son beau-père, ardent partisan des Anglais, Nicolas fit appel à Paris, pour sa femme et pour lui, le 26 mai 1369 ; Raimond, seigneur de Mareuil, qui adhéra, le 29 juin suivant ; Mondon d'Escouraille, qui fit de même, le 8 octobre (2) ; Bertrand de Casnac, seigneur de Vitrac, qui, en 1369, reçut du duc d'Anjou quatre-vingt francs d'or pour acheter un cheval (3) ; Thonet de Badefol qui, avec l'autorisation de son père, et sous l'influence de Taleyrand, dont le zèle pour la France était infatigable, adhéra, le 6 janvier 1370 (4) ; Renaud de Pons VI, sire de Pons, vicomte de Turenne et de Carlat, seigneur de Ribeyrac, de Montfort, d'Aillac, de Carlux, etc., à qui le prince de Galles avait donné le comté de Périgord, et qui finit cependant par suivre le mouvement général, vers la fin de 1369 ou au commencement de 1370 (5), reçut en juin, un don de 60 livres de rentes sur Mur en Barrès, dans le Rouergue, et en décembre 1371, plusieurs domaines confisqués sur des seigneurs rebelles (6).

---

(1) Arch. nat. Reg. du tr. des ch., côté 100, p. 122.
(2) Ibid. J. 642., n° 16/2. A la suite de l'appel, l'affaire de Nicolas de Beaufort se compliqua de négociations par suite de la défection de son beau-père, avant la bataille de Poitiers. Il y eut d'abord un concordat entre le duc d'Anjou et lui, le 6 août 1370. Ce concordat fut confirmé par Charles V, en juillet 1371, après quoi, ce seigneur fit hommage au roi. (Bibl. nat. P. Leydet. fonds Prunis, 2e rec.2e part. Arch. nat. Reg. du tr. des ch., côté 102, p. 319).
(3) Bibl. nat, Fonds Gaignières, n° 641.
(4) Arch. de Pau, 3e inv. prep. P. et J., l. 493, n° 62. Thonet de Badefol a donné lieu à une discussion qui n'est pas encore vidée. Voir biographie de Seguin de Badefol ; *Annales agricoles*, Dord. 1843.
(5) Ce fut après le siège de Montpaon, dont il sera bientôt question, qu'il adhéra aux appels : pièce conservée aux Arch. nat. J. 642, Renaud.
(6) Ibid. Reg. du tr. des Ch., côté 102, p. 19 et p. 177.

CHARLES V DÉCLARE LA GUERRE AUX ANGLAIS. — A la fin de mai 1370, Charles V se décida à déclarer la guerre aux Anglais. Aussitôt les Français se mirent en campagne avec le plus grand entrain. Dès ce moment, le Périgord tout entier devint le théâtre d'une lutte sanglante et acharnée. Deux expéditions en règle, ayant pour objet cette province, furent en même temps dirigées contre les insulaires. L'une, commandée par le duc d'Anjou, partit de Toulouse, traversa une partie du Quercy et tout l'Agenais sans rencontrer de résistance sérieuse, et alla mettre le siège devant le château de Puyguillem, qui fut investi, le 8 septembre, comme nous l'apprend le livre des jurades de Bergerac (1), où on lit : « *Die mercurii, in festo nati- vitatis beate Maria*, le jour de mercredi, dans la fête (avant la « fête) de la nativité de sainte Marie (le 4 septembre), fut lue une lettre de Monseigneur d'Anjou, reçue la veille, vers l'heure de rele- (après midi), contenant en substance qu'aujourd'hui, (8 septembre), ledit seigneur, avec l'aide de Dieu, voulait mettre le siège devant le lieu de Puyguillem, et qu'il « mandait et com- « mandait que, sans retard, toutes les subsistances et tous » les vivres fussent portés par delà (près de Puyguillem), où « il les ferait prendre et conduire au siège, promettant de payer ce « qui serait demandé. » L'autre armée, sous les ordres du duc de Berry, pénétra en Périgord et assiégea Lalinde (2). Cette ville, commandée par Thonet de Badefol, qui s'était fait Français, le 6 janvier précédent, et qui, cependant, semblait toujours attaché au parti anglais, au nom duquel il exerçait son commandement, allait être livrée par lui aux assiégeants, lorsque le captal de Buch et Tho- mas Felton, qui se trouvaient à Bergerac, au moment où venait d'y arriver le comte de Cambridge, avec 200 lances, furent informés de sa trahison et partirent sur le champ pour Lalinde, y arrivèrent au point du jour, surprirent Thonet ouvrant une porte pour intro- duire les Français, le tuèrent et forcèrent à s'éloigner les Français effrayés de leur apparition (3).

---

(1) Arch. de la ville de Bergerac. Ce qu'il y a de singulier, c'est qu'alors Bergerac était au pouvoir des Anglais et que pourtant la municipalité, non-seulement reçut ces lettres, mais encore fit crier à son de trompe d'apporter les vivres demandés (Ibid).

(2) Froissart, l. 1er, ch. 283.

(3) Froissart est le seul qui parle de ce siège et de l'incident qui le fit lever;

A part ces renseignements, nous n'avons rien de précis, ni sur les

mais comme les généalogistes font jouer à Thonet un rôle tout différent de celui que lui assigne Froissard, je crois nécessaire de faire un rapprochement entre les deux variantes :

Selon l'abbé Lespine (Dictionn. généalogique et hérald. des P. de Fr. etc., publié par Courcelles, t. 2. Art. Goutaud, p. 66), « Thonet entra en l'hommage du roi de France, pour son château de Badefol, le 6 janvier 1369, et
» promit de servir S. M. de toutes ses forces et en bon et fidèle vassal. En
» effet, au mois de juin de l'année suivante, il s'empara de la ville de La
» Linde qu'il soumit au roi ; mais il fut tué, à l'assaut de cette place, par le
» captal de Buch. »

Froissart, de son côté, s'exprime ainsi : « En estoit capitaine (de La Linde)
» un moult vaillant chevalier de Gascogne, qui s'appeloit Thonius (Thonins)
» de Badefol. Or viendrent par là-devant le duc d'Anjou (de Berry), le comte
» d'Armagnac, etc..... Si meirent tantôt le siège devant..... Les hommes
» de la ville estoient si enclins à eux tourner François que merveille estoit
» t entendirent aux traités et promesses que le duc d'Anjou leur faisoit
» faire.... et tant fut pressé ledit capitaine messire Tonnius qu'il s'y accorda
» aussi, parmi une somme d'argent.... Si fut le tout ordonné tellement que
» sur une matinée, il devait mettre les François en la ville... De ces nou-
» velles furent monseigneur le captal et messire Thomas de Felleton trop
» esmerveillez, disant qu'ils seraient au livrer de la ville de Linde..... et
» vindrent au poinct du jour et firent ouvrir une porte et chevauchèrent
» outre..... jusques à une autre porte, par où lesdits François devaient
» entrer..... et les mettoit ledit messire Thonius dedans ; dont se tira avant
» le captal de Buch, l'espée au poing..... et dit..... Messire Thonius, mau-
» vais traistre, tu y mourras tout premièrement, » et il le tua sur le champ.
(Vol. 1er, ch. 283.)

Il n'y a pas à s'arrêter au récit de l'abbé Lespine, qui ne repose sur rien, mais il n'est pas impossible d'expliquer celui de Froissart. Constatons d'abord que, le 6 janvier 1370 et non pas 1369, Thonet adhéra à l'appel, et reportons-nous à son acte d'adhésion et d'hommage où nous voyons qu'il stipule, avec autorisation de son père, pour le château de Badefol, que son père habitait sans doute ; et demandons-nous pourquoi le père aurait donné cette autorisation, en contradiction avec les mœurs féodales, s'il n'y avait pas eu un autre motif que celui de rendre hommage, pour des biens dont il ne jouissait pas encore. Certes, la réponse ne saurait être douteuse et il est incontestable que cette manière de procéder avait un but caché, dans le cas où l'adhésion serait dévoilée. Or, quel pouvait être ce but, sinon de ne pas donner l'éveil aux Anglais, avec lesquels Thonet restait engagé, comme nous avons vu que le faisaient la plupart des barons qui ne se croyaient pas obligés de rompre pour avoir fait appel. Ceci admis, et rien ne s'y oppose, quelle difficulté y a-t-il à dire que Thonet avait promis de livrer La Linde, et que ce fut pour cela que le duc de Berry alla y mettre le siège ? Aucune évidemment, et dès lors le reste du récit de Froissart s'explique tout naturellement, comme conséquence d'une indiscrétion ou d'une trahison calculée, de la part d'un homme de la garnison de La Linde, resté sous le commandement de Thonet, depuis son adhésion, et qui ne partageait pas les dispositions de la grande majorité des habitants de la ville.

suites du siége de **Puyguillem**, ni sur celles de celui de **La Linde**. Nous sommes même loin de savoir exactement ce qui se passait, depuis la déclaration de guerre, dans toute la partie du Périgord qui constitue aujourd'hui l'arrondissement de Bergerac. Quelques documents cependant donneraient à penser que, même avant la prise d'armes, cette région, sur laquelle les Anglais semblaient exercer une plus haute influence que partout ailleurs, était aussi désireuse de se faire française que le reste de la province. La lettre du duc d'Anjou aux habitants de Bergerac, et la manière dont elle fut accueillie, en sont la preuve incontestable. On serait même tenté de croire qu'il y avait eu des pourparlers entre l'administration municipale et le duc d'Anjou, et qu'il en était résulté des projets d'arrangement. Comment expliquer autrement le passage suivant du livre des jurades de Bergerac : « Le » samedi après la fête de la nativité de la vierge (14 septem» bre 1370)...., environ minuit, des écuyers de Castillon, étant » venus aux portes de la ville, et ayant rapporté que des hommes » d'armes et des archers anglais étaient arrivés, en grand nombre, à » Libourne, pour aller assiéger et prendre d'assaut Castillon ; le » lieutenant de notre capitaine était parti, avec les gens d'armes de » service, pour s'y rendre, sur quoi il fut décidé que les consuls » écriraient, sans retard, au duc d'Anjou, au gouverneur et à Perret, » qui sont avec le duc, de parler avec ce seigneur, pour qu'il envoye » des gendarmes, payés de leurs gages, pour la garde et défense de » la ville et du pays, et que, dans la lettre à lui adressée, il soit fait » mention des quatre mille francs promis à la ville, avec prière » d'envoyer toute ou partie de cette somme, pour l'employer à » fortifier la ville. » (1). Je sais bien que cet envoi de soldats et d'argent n'eut pas lieu ; je crois même que c'est à la suite de ces menées, plus ou moins éventées, que le comte de Cambridge vint à Bergerac avec des troupes, et que le captal de Buch et Thomas Felton s'y établirent ; mais il demeure établi que Bergerac était disposé à se faire français, et que des démarches avaient été entreprises dans ce but.

ETATS DE PÉRIGORD. — Un autre fait, consigné dans le livre des

---

(1) Arch. de la ville de Bergerac.

jurades, montre combien on avait foi dans les bonnes dispositions de Bergerac, en même temps qu'il nous apprend que les Etats de Périgord fonctionnaient dès cette époque : « Le 6 septembre,
» même année, on lut (au consulat) une lettre de l'évêque de Péri-
» gueux, transmise aux consuls, contenant en substance qu'à l'octave
» de Notre-Dame de Septembre, lui et toute la gent d'église, la
» noblesse et le commun (le Tiers-État), devaient s'assembler, afin
» de prendre des mesures pour la garde du pays, et qu'ils étaient
» priés d'y venir ou d'y envoyer des fondés de pouvoir (1).

Montréal, près Mussidan. — Ce qui prouve cependant que Bergerac procédait secrètement à toutes ces intrigues, c'est que, le 10 août précédent, le sire de Mussidan, voulant assiéger Montréal, château sur la Crempse (2), se rendit à Bergerac, demanda du secours à la ville et son concours aux dépenses. Il est vrai qu'il leur donnait pour raison qu'il s'était entendu avec ceux de Périgueux et des lieux circonvoisins, et qu'il annonçait, en même temps, que, si le roi de France lui accordait une indemnité, il dédommagerait la ville ; ce qui fut cause peut-être que, pour se débarrasser de lui, on lui accorda 100 francs, 5 tonneaux de vin et 40 ouvriers.

Au milieu des intrigues qui s'agitaient partout, des alertes incessantes (3) et des séductions que chaque parti mettait en œuvre, Bergerac avait si bien su ménager ses dispositions, qu'on serait tenté de croire qu'Anglais et Français se croyaient également sûrs de son dévouement et pensaient pouvoir en disposer à leur gré. En 1370, le roi de France (1er juin), donna à Taleyrand la seigneurie de cette ville, en compensation de 3,000 l. de rente (4), et trois mois et demi après (18 octobre), disposa de la ville elle-même, en faveur

---

(1) Sans doute, faute de pouvoir se réunir aux États généraux de la Langue d'Oc, ceux qui représentaient le Périgord à ces États, eurent l'idée de se réunir entre eux dans ces conjonctures difficiles. Le firent-ils ? C'est ce que je ne saurais dire ; mais il ne serait pas impossible que ce fût là le point de départ de l'organisation particulière des *états de Périgord*.

(2) Reg. des jurades. Situé dans la commune d'Issac (canton de Villamblard, et appartenant à la famille de Saint-Astier), ce château, qui avait un traité avec Bergerac, ne fut pas assiégé. Son seigneur traita avec le sire de Mussidan, et plus tard fit un nouvel arrangement avec la ville de Bergerac.

(3) Les Français avaient gasté tout le pays d'environ Bergerack et la ville de Linde.

(4) Arch. nat., reg. du tr. des ch., coté 102, p. 20.

de Bertrant d'Albret, à qui il fit don, en même temps, de La Linde, de Beaumont, de Villefranche (de Belvès) et de Roquepine (1) ; tandis que le prince de Galles, le 8 du même mois, avait disposé de la terre et seigneurie de cette même ville de Bergerac, en faveur de son frère Jean, duc de Lancastre (2) ; et, comme les Anglais étaient bien réellement maîtres de Bergerac ; ce duc, le 15 janvier suivant, confia la garde du château de la ville à Heliat Buade (3).

BEAUREGARD. — La bastille de Beauregard (4) n'avait pas une très grande importance, mais durant cette lutte, elle en acquit par sa position. En 1369, pour récompenser les services d'un certain Lambert Boniface, le duc d'Anjou lui fit don de la baillie de cette bastille (5), dont il ne put pas prendre possession, et que les ennemis occupaient encore, en 1377 et peut-être en 1378 ; c'est du moins ce qu'il faut induire des lettres du duc d'Anjou (du 13 janvier de cette année), par lesquelles il enjoint au sénéchal de Périgord de faire délivrer Beauregard à Pierre d'Aranton, damoisel de Bergerac, qui devait être un parent de Boniface (6).

Dans le cours de 1370, le duc (lettre du 27 août), donna à la communauté et aux religieux de la ville de Périgueux, 2,500 francs d'or pour les pertes que leur avait causées l'armée royale, cantonnée dans la ville et ses environs (7). Il s'occupa aussi de Sarlat ; il confirma, en août, des lettres de Philippe-le-Bel relatives aux sergents de cette ville, et déclara que les Sarladais qui auraient laissé prendre défaut contre eux, dans la sénéchaussée de Périgord ou dans le duché de Guienne, ne payeraient que la moitié des amendes encourues par les défaillants en général (8).

Tant qu'il vécut, Taleyrand resta à la tête des affaires et fut, en quelque sorte, la terreur des Anglais, le protecteur des populations

---

(1) Arch. de Pau, Froissart, v. 1er. ch. 285, 2e inv., prep. B. et M.,l. 90, page 8.
(2) Bibl. nat., coll. Brequigny, t. xxx, Guienne, vol. 21.
(3) Delpit, col. générale., des docum. fr., etc., t. I, p. 177.
(4) Canton de Villamblard.
(5) Arch. de Pau, 3e inv., prep., P. et L., l. 507, p. 62-67 et 521.
(6) Arch. de Pau, 3e inv., prop. P. et L., l. 97, no 27.
(7) Bibl. nat., P. Lespine, cart. Périgueux. — Cette pièce prouve que l'armée française n'avait pas été licenciée, comme le dit Froissart.
(8) Arch. nat., Reg. du traité de ch. coté 100, l. 906.

périgourdines et l'agent spécial du roi de France. Nous en avons la preuve dans des lettres de rémission accordées à la ville de Périgueux, en 1372 (1), dans lesquelles on lit : « De la part de l'univer-
» sité de Périgueux, il nous a été exposé qu'elle a été tellement dé-
» vastée et ruinée, que c'est à peine si on peut y vivre, et que,
» depuis la mort de notre très cher cousin le seigneur Taleyrand de
» Périgord, les ennemis du royaume se sont rendus si puissants,
» que non-seulement les exposants ne peuvent pas se transporter
» sûrement de la ville à la cité, mais encore il y a eu des prisonniers
» et même des morts parmi eux, si bien que, reconnaissant qu'il
» leur était impossible de rester dans une pareille situation, ils ont
» traité avec lesdits ennemis, pour le rachat de certains habitants de
» la Cité. »

A quelle époque mourut Taleyrand ? Ces lettres de rémission, datées du mois de mai, et une quittance de 5,000 francs, de ce même Taleyrand à son frère, portant la date du 17 de ce mois (2), prouvent qu'il cessa de vivre, entre le 17 et le 31 mai. Nous n'avons d'ailleurs aucun renseignement sur sa mort, mais tout porte à croire qu'elle fut violente et qu'il périt dans quelque rencontre oubliée.

Le pape avait donné à Charles V la faculté d'absoudre ceux des grandes compagnies qui le demanderaient. Par des lettres de 1370, ce roi, après avoir déclaré qu'il a toute confiance dans la loyauté du comte de Périgord, l'investit de la puissance d'absoudre ceux qu'il désignera, à la condition qu'ils promettront de ne plus faire la guerre et surtout de ne plus tenir le parti des Anglais (3).

LIVRE VI.

CHAPITRE II.

La guerre en Périgord. — Depuis l'acceptation des appels, par Charles V, jusqu'à la rupture définitive du traité de Brétigny, la

---

(1) Bibl. nat., P. Lespine, cart. Périgueux, dossier de la Cité.
(2) Bibl. nat., coll. Doat, vol. 244, Périgord, t. 3, fol. 70, 507, n° 52. On trouve dans le même reg., fol. 20, des lettres du 31 mai, par lesquelles Charles V ratifie le don de 5,000 l. fait à Taleyrand par Louis, duc d'Anjou, lieutenant du roi en Languedoc, ce qui semblerait dire qu'il n'était pas mort au 31 mai. L'original de cette pièce est aux arch. de Pau, 3e inv., prop. P. et L.
(3) Arch. de Pau, 3e inv., prép., P. et L., l. 501, n° 65.

lutte ne s_ait pas engagée franchement. Il y avait cependant une expédition presque en règle contre le comte de Périgord. En dehors de là, les courses et les tentatives s'étaient multipliées. Après la rupture du traité, les Français se mirent en campagne, et deux armées attaquèrent les Anglais et convergèrent vers le Périgord. Quant aux Anglais, selon la chronique de Bertrand du Guesclin, ils parcouraient le pays et s'étaient fortement établis sur les points les plus avantageux à leur système d'attaque et de défense.

Voici ce que dit la chronique, au moment où Bertrand, de retour d'Espagne, quitta le duc, et de Toulouse se rendit à Périgueux :

« En se séparant du duc d'Anjou, Bertrand était accompagné du
« maréchal d'Andreham et menait avec lui quinze cents hommes.
» Peu de jours après, il arriva à Périgueux, ville bien fortifiée, où le
« comte le reçut avec distinction et lui fit les honneurs de son châ-
» teau ; non pas le vrai comte, qui n'y était pas, mais son frère,
» qui le représentait. Après le diner, chacun voulut se recréer. Pour
« mieux se divertir, Bertrand monta sur le donjon avec le frère du
« comte et le maréchal d'Andreham. A première vue, il aperçut une
« abbaye garnie d'une forteresse et une bannière ornée d'un léopard,
» flottant au clocher. *Bon Dieu ! dit Bertrand, que vois-je là-bas !*
« *Auriez-vous pour voisins les Anglais ? — Oui,* répondit Taley-
» rand ; *maudit soit celui qui les y attira ! Il y aura bientôt un
» an qu'ils y sont, et je ne puis les en chasser. Je crains même qu'on
» ne puisse jamais reprendre l'abbaye, car il y a abondance de
» vivres et la place est forte ; de plus la garnison est des plus réso-
» lues.* Ces détails affligèrent beaucoup Bertrand; cependant, il jura,
» par St-Yves, qu'il ne partirait pas avant d'avoir repris l'abbaye. Il
» alla même jusqu'à affirmer qu'il y souperait et y réintégrerait
» l'abbé et ses moines. Cela dit, il descendit, fit appeler son héraut
» et lui ordonna de parcourir les environs de la ville : *partout,*
» ajouta-t-il, *où tu trouveras de mes gens, dis-leur que nous allons
» assaillir l'abbaye pour en chasser les Anglais et y rétablir le cou-
» vent.* En même temps il fit sonner sa trompette et tout le monde
» courut aux armes. On prit à Périgueux cent échelles ou béliers à
» enfoncer portes et fenêtres et on partit, sans plus de retard. En
» voyant les dispositions prises par Bertrand, le frère du comte et
» les siens se mirent à sa suite, en bon ordre, conduisant avec eux

» trois engins dont ils croyaient qu'on aurait besoin ; mais Bertrand
» leur dit : *Nous n'en voulons pas. Avant qu'ils fussent dressés nous
» boirons largement du vin de nos ennemis.* En arrivant, Bertrand
» crut devoir parlementer. Il s'approcha des barrières et dit au ca-
» pitaine : *Apprenez mon dessein. L'abbé et ses moines sont à Péri-
» gueux, affligés et souffrants ; je veux les rétablir dans l'abbaye.
» Rendez-nous la sans retard, car vous êtes dans le péché, et sous
» le poids d'une excommunication.* Le capitaine répondit : *Cela ne
» nous occupe pas ; nous saurons bien nous faire absoudre....* — *Ca-
» pitaine,* répartit Bertrand, *rendez-nous l'abbaye.* — *Vous ne la tenez
» pas encore,* reprit le capitaine ; *et à qui dirais-je donc que je l'au-
» rais rendue ?* — *Au roi de St-Denis,* répartit le fier Bertrand,
» *car ma troupe et moi nous lui appartenons, et je m'appelle Ber-
» trand du Guesclin.* — *Que Dieu vous maudisse ainsi que ceux qui
» vous ont envoyé ici ! Vous avez plus de renommée qu'homme qui
» vive ; mais pourtant vous n'aurez pas l'abbaye. Si vous nous
» assaillez, vous perdrez beaucoup de votre noblesse, et vous n'y
» conquerrez la valeur d'une ortie.* — *Capitaine, par les saints de
» Paris ! si je vous prends par force, vous perdrez la vie.* Sur ce,
» Bertrand fit sonner la trompette et l'assaut commença. Pendant
» que les uns lancent des traits, les autres comblent les fossés de
» terre et de branchages. Bientôt les échelles sont dressées et chacun
» armé d'un bouclier, monte à l'escalade. Les projectiles pleuvent sur
» les assiégeants et les assiégés crient et braillent à qui mieux mieux ;
» *en avant !* dit Bertrand, *je vous donne tout ce que renferme
» l'abbaye, chevaux, or, argent, étoffes, coupes, tasses, joyaux et
» vin ; mais j'exige que vous mettiez à mort toute cette soldatesque ;
» sus à ces ribauds, c'en est fait de leur domination. Je le promets
» à Dieu, ces goujats perdront tous la vie.* En voyant Bertrand
» monter résolument à l'échelle, Taleyrand, saisi d'admiration, dit
» au maréchal d'Andreham : *Quel homme que voilà ! Par la Vierge
» Marie ! il n'y a pas son pareil au monde ! Si un roi de sa trempe
» commandait en Syrie, à Jérusalem et dans le pays d'Angora, il
» soumettrait toute la gent payenne à la loi de Jésus-Christ. Qu'il
» vive longtemps, car sa mort serait fatale à la France....* Taleyrand
» se tenait à côté de Bertrand et criait : *Périgord ! Seigneur Dieu
» aidez-nous aujourd'hui, afin que nous puissions dénicher ces
» mauvais voisins qui nous ont volé et souillent le pays.*

« Les Français montent toujours en poussant des cris. Les Anglais
» lancent sur eux des barres de fer rouge, de la chaux vive, des
» poutres, des tonneaux pleins. Jamais on ne vit un tel assaut !
» Mais tous leurs efforts restent sans effet, et Bertrand pénètre dans
» l'intérieur avec sa troupe...., aborde le capitaine et lui fend la
» tête d'un coup de hache. Cette mort atterre les Anglais, qui se
» rendent. Aussitôt l'abbaye est envahie dans tous les sens et cha-
» cun fait sa part de butin.... L'abbé et le couvent sont rétablis...,
» comme l'avait annoncé Bertrand, les vainqueurs soupent dans
» l'abbaye et puis se retirent à Périgueux, où ils passent la nuit.
» Ils s'y reposèrent quelques jours (1). » Il s'agit de Chancelado,
qu'on apercevait du haut des tours du château de Rolphie. L'occupation de l'abbaye de Chancelade par les Anglais prouve que, si les
troupes régulières qui, au début, avaient sillonné la contrée,
s'étaient retirées vers le prince de Galles, dès le mois d'août 1369,
les bandes indisciplinées n'en avaient pas moins continué à occuper
les points fortifiés dont elles s'étaient emparées.

Montpaon. — Du reste, la guerre de surprise et de coup de
main était toujours pratiquée partout. Une des expéditions les plus
remarquables fut celle des quatre chevaliers bretons, au
service de la France, sur le château de Montpaon. Toute la
partie du Périgord qui touchait au Bordelais, à la Saintonge
et à l'Angoumois était demeurée beaucoup plus soumise aux
Anglais que le reste du pays. Ils occupaient sans conteste tous
les points importants de la contrée. Le prince de Galles, d'a-
près Froissart (2), fort malade, avait été frappé dans ses plus
chères affections. Son fils aîné était mort. Les médecins ordonnèrent à ce prince de passer en Angleterre, ce qu'il fit, après avoir
donné le commandement de la province à son frère le duc de Lancastre. Jugeant la nouvelle situation faite au pays excellente pour
tenter un coup de main, quatre chevaliers bretons, appelés Guillaume de Longueval, Alain de la Houssaye, Louis de Mailly et le
sire d'Arcy, qui tenaient garnison à Périgueux, et qui avaient sous
leurs ordres environ deux cents bonnes lances, partirent de la

---

(1) Édition E. Charrière, t. 2, p. 139.
(2) Tom. 1, chap. 293 et 294.

capitale du Périgord, vers la fin de 1370, ou dans les premiers jours de 1371, se dirigèrent sur Montpaon, bloquèrent résolument le château et intimidèrent si bien un chevalier du nom de Guillaume de Montpaon, qui en avait la garde, qu'ils le décidèrent à se faire Français et, par suite, à les recevoir dans la place. A cette nouvelle, le duc de Lancastre prit ses mesures pour aller reprendre la place. Guillaume, qui probablement en avait été le châtelain pendant qu'elle était en la possession du comte de Périgord et qui sans doute n'en avait conservé la garde qu'en se montrant tout dévoué aux Anglais, s'effraya d'autant plus de la résolution prise par le duc, que les Bretons, de leur côté, n'hésitèrent pas à déclarer qu'ils défendraient leur conquête envers et contre tous..... Sans donc perdre de temps, Guillaume s'éloigna et se retira à Périgueux, bien persuadé qu'il serait mis à mort, s'il restait et était fait prisonnier.

Le duc de Lancastre arrive devant Montpaon, accompagné de toute la noblesse du pays restée fidèle aux Anglais, dans les rangs de laquelle figurait encore le sire de Pons, seigneur de Ribeyrac, à qui le prince de Galles avait donné le comté de Périgord, et le château fut immédiatement investi. Pendant que les paysans du voisinage, chargés de combler les fossés, procédaient à cette besogne, les deux parties adverses se livraient tous les jours des combats. Excités par les reproches du duc de Lancastre, les Anglais et les Gascons se portaient vaillamment à la rencontre des Bretons, ne donnaient jamais aucune prise à leurs adversaires, souvent même leur faisaient payer cher leur audace.

Le bruit de leur brillante conduite arriva jusques à d'autres Bretons commandés par Jean de Malestroit et Souvestre Rudes, établis en un lieu voisin appelé St-Macaire par Froissart (1). Ces deux chevaliers, ne pouvant pas abandonner tous les deux le poste qu'ils occupaient, tirèrent au sort pour savoir lequel des deux irait s'enfermer à Montpaon. Souvestre Rudes, désigné, prit avec lui douze compagnons et pénétra dans la ville, le soir même de son départ (2).

Le siège dura douze semaines. Au bout de ce temps, les assié-

---

(1) Mais qui devait être St-Méard-de-Gurçon ou St-Méard-de-Mussidan ; parce que le plus proche lieu du nom de St-Macaire est sur la route de Bordeaux à Toulouse.

(2) Ce qui prouve qu'ils ne venaient pas de bien loin.

geants étant parvenus à renverser un pan de muraille, les assiégés comprirent qu'une plus longue résistance était impossible et envoyèrent au duc un parlementaire qui sortit par la brèche, remplit sa mission avec intelligence et obtint une entrevue entre le prince et son représentant et ceux du château. Prévenus par leur envoyé du résultat de sa mission, les quatre chevaliers s'avancèrent immédiatement sur le fossé et demandèrent à Guichard de Langle, représentant du prince, quelles étaient ses conditions. Il demanda qu'on lui livrât Guillaume, pour le punir comme traitre et que, quant aux assiégés, il fallait qu'ils se rendissent sans condition. Les quatre Bretons ayant déclaré que Guillaume était parti avant le commencement du siège, furent crus sur parole ; mais comme ils ajoutaient qu'ils mourraient et feraient longtemps parler d'eux plutôt que de n'être pas reçus à composition, Richard alla rendre compte au duc de leur résolution ; le prince concéda ce qui lui était demandé ; et le château de Montpaon rentra sous la domination anglaise.

1372. — Nous avons peu de renseignements sur l'année 1372 ; cependant les lettres de rémission en faveur de Périgueux prouvent que la lutte était toujours très vive. D'autres lettres par lesquelles Bernard de Grésignac fut nommé gouverneur et réformateur en Périgord, Sarladais et Limousin, conjointement avec Guy de Lasteyrie (6 février 1373), sont encore plus explicites : le duc d'Anjou leur donna cette charge, « parce que le pays de
» Pierregort, de Sarladais et de Limousin, sont de present sans gou-
» vernement, et *mal grevés par les ennemis* et aussi ait (parce que il
» y a) esdits pays plusieurs gens d'armes subjets et aux gages du
» roy et de lui, sans capitaine et gouverneur de par lui, par quoy
» estait nécessaire d'y pourvoir et y mettre personne capable pour
» réparer les maux de ces provinces (1). » Nous avons en outre, de cette année, une quittance du comte de Périgord des 3,000 l. à lui assignées sur les sénéchaussées de Toulouse, Carcassonne et Beaucaire (2).

BELVÈS. — En novembre 1373. Louis, duc d'Anjou, se trouvant à

---

(1) Bibl. nat. P. Lespine, cart. Périgueux.
(2) Bibl. nat., Papiers Lespine, 1er carton des villes closes.

Cahors, donna des privilèges aux habitants de Belvès, pour les récompenser de leur bonne conduite, durant la lutte avec les Anglais, après la rupture du traité de Brétigny (1).

Siège de Condat. — Peu de temps après sa nomination, Bernard de Grésignac entreprit d'assiéger Condat-sur-Vézère (2). Il avait certainement investi la place avant Pâques, puisque nous avons de lui des lettres du mardi, après la fête de Pâques, par lesquelles il s'engage à restituer à la municipalité de Périgueux, avec le premier argent qui lui rentrera, deux mille francs d'or que, par dévouement à la couronne de France, elle lui avait prêtés, pour payer les troupes royales qui faisaient le siège de Condat (3). Ce siège dura du cinq avril au neuf juin. Le jour même de la prise de Condat, cinquante-trois personnes, dont la plupart, sinon toutes, avaient figuré parmi les assiégés, — reconnurent l'autorité du roi de France et firent le serment d'être bons et loyaux Français, — entre les mains de L. Ortic, consul de Périgueux, et B. Saunier de Brantôme. La présence au siège d'un consul de Périgueux, prouve que cette ville y prit une bonne part.

Maurens. — Maurens avait fini par être rendu au seigneur de Limeuil, dont les droits sur ce château étaient incontestables. Le retour de ce seigneur à la France avait tout naturellement irrité contre lui le prince de Galles, qui fit occuper Maurens de nouveau. Devenu gouverneur de Guienne et seigneur de Bergerac, pour récompenser de son dévouement Héliot Buada, que nous avons vu chargé de la garde du château de Bergerac, le duc de Lancastre lui donna, le 15 décembre 1373, ce château avec ses dépendances (4).

---

(1) Arch. de Pau, 3ᵉ inv., prép. P. et L., l. 507, n° 12.

(2) Il y a deux Condat en Périgord : *Condat* tout court, canton de Champagnac-de-Belair, et *Condat-sur-Vézère*, canton de Terrasson. Je dis que c'est ce dernier qui fut assiégé en 1373 : 1° Parce que du Guesclin assiégea l'autre en 1377 ; 2° parce que parmi les personnes qui adhérèrent aux appels, à la suite de la prise de la place, on trouve un Jean des *Forges*, qui me paraît être l'altération de *des Forges*, localité du voisinage, et Jean et G. de *Chapbanc* aujourd'hui *Chaban*, lieu tout près de Condat.

(3) Bibl. nat., P. Lespine, cart. Périgueux. Selon le livre noir des arch. de Périgueux, fol. 3, le siège de Condat commença le mardi 5 avril, et les lettres de Bernard de Gresignac sont du mardi, 17 du même mois.

(4) Bibl. nat., col. Brequigny, t. xxx, Guienne, vol. 21.

Louis, duc d'Anjou, a Limeuil. — Dans le courant du mois d'août, le duc d'Anjou, appelé dans le nord de la France, par ordre de son frère, Charles V, traversa le Périgord, en venant de l'Agenais. Il était à Limeuil, le 30 de ce mois (1).

Le comte de Périgord. — Nous avons perdu de vue le comte Archambaud, qui ne prenait qu'une part très minime aux événements du Périgord. Il n'était pas dans la province, en 1373. En 1374, il faisait partie de l'expédition du duc d'Anjou dans la haute Gascogne (2). Cependant il n'avait rien perdu des bonnes dispositions que le roi Charles V lui avait témoignées, lors de son adhésion aux appels. En effet, par des lettres du 20 février 1374, le roi ordonna de lui faire délivrer, pour l'entretien de ses forteresses, les arrérages des 40,000 francs d'or qu'il était dans l'usage de percevoir sur les sénéchaussées de Toulouse, de Carcassonne et de Beaucaire (3).

Périgueux. — La population de Périgueux était tenue en alerte par les courses incessantes des ennemis, et la municipalité ne pouvait assez veiller à lui épargner les alarmes. Pourtant quelques-uns des membres négligeaient leurs devoirs. Pour parer à ce grave inconvénient, il fut décidé que : « Aussitôt que la cloche sonnerait,
» le maire et les consuls se rendraient au conseil, et que ceux qui
» négligeraient de se rendre exactement perdraient quatre sols
» de monnaie courante de leurs enrôlements (4).

» Il fut également décidé que, la seconde fois que la cloche son-
» nerait, les prud'hommes se rendraient sans retard à ce même con-
» seil, et ne se retireraient qu'avec la permission du maire (5). »

Sous la même préoccupation, la ville et la municipalité se décidèrent à envoyer des députés au roi. On croit que ces députés se nommaient Hélie Blanquet et Guillaume de Botas, que nous verrons tour à tour occuper les fonctions de maire avec distinction.

Limeuil (1374). — Les habitants de Limeuil se plaignirent que

---

(1) Hist. de Lang., par D. Vaissetta et son confrère, t. iv, p. 356.
(2) Froissart, t. i, chap. 318.
(3) Arch. de Pau, 3ᵉ inv., P. et L., l. 501, n° 64.
(4) Ce qui prouve que le maire et les consuls étaient rétribués.
(5) Arch. de Périgueux, Livre noir, fol. 7, v°.

leurs priviléges n'étaient pas respectés par les officiers de leurs seigneurs, sous le prétexte que la guerre ne le permettait pas. Leurs plaintes portaient sur le sel, dont ces officiers gênaient le transport et la vente, sur le commerce du vin qui n'était pas libre, sur la perte des papiers des notaires qui avaient été pillés, sur les mariages, pour lesquels on les contraignait illégalement de financer, etc. (1). On ne trouve pas que Nicolas de Beaufort, alors seigneur de la localité, ait fait aucune réponse à cette époque, et nous verrons que ces priviléges furent argués de faux.

Voyage du duc de Bretagne. — Il faut placer ici un fait, unique dans son genre, et qui constate jusqu'à quel point l'esprit aventureux avait pénétré dans les mœurs du temps.

Les longues et sanglantes querelles de Charles de Blois et de Jean de Montfort, au sujet du duché de Bretagne, avaient pris fin avec la mort de Charles de Blois. Jean IV, fils de Jean de Montfort, était entré en possession du duché (1364), et en aurait joui paisiblement sans son caractère inquiet, turbulent, et qui lui aliéna les Bretons par son manque de loyauté, les Anglais par sa versatilité, et les Français par sa conduite pleine de duplicité.

En 1374, ou au commencement de 1375, après avoir essayé de porter la guerre et la dévastation dans le nord de la France, il se trouva tout à coup délaissé. Au lieu de se laisser abattre, il conçut le projet de traverser la France, de gagner la Guienne et Bordeaux, afin de rentrer en Bretagne, par mer, avec le secours des Anglais. Il partit, lui soixantième, des environs de Calais, traversa la Picardie, la Champagne, le Bourbonnais, le Limousin et arriva aux portes de Sarlat à l'entrée de la nuit. Là, afin de n'être dérangé par personne, il établit son petit camp dans une vigne, dormit en paix avec sa suite, et partit le lendemain, sans le moindre incident, quoiqu'il y eût à Sarlat une garnison qu'il redoutait. Le jour venu, il se dirigea sur Limeuil, dont les habitants lui laissèrent le champ libre pour traverser la Dordogne, ce qu'il fit immédiatement. Il prit le chemin de Bergerac, en passant par La Linde. A La Linde, sa troupe et lui, aiguillonnés par la faim, demandent aux habitants de leur céder des vivres, en les payant.

---

(1) Bibl. nat. Papiers Leydet. 2e Recueil. 1re partie.

Les Lindois refusent avec la plus grande brutalité. Le duc, exaspéré, propose à ses hommes de prendre par force ce qu'on ne veut pas leur donner de bonne grâce. Avec eux, il assaille la bastille, et s'en empare. Il prend trois jours de repos et part pour Bergerac, où il est accueilli. Après avoir bien séjourné quelque temps à Bergerac, il prend le chemin de Bordeaux, et, de là, rentre en Bretagne (1).

C'est à ne pas croire à un tel voyage, dans de pareilles conditions, par un ennemi de la France ; surtout quand on pense que le pays était en armes, et que Jean IV et sa petite suite ne pouvaient compter parcourir un aussi long chemin, sans se heurter à des corps de troupes qui pouvaient les anéantir.

Trêve. — En 1375, trêve d'un an (27 juin 1375, 30 juin 1376), entre la France et l'Angleterre. A la suite de cette trêve, le sire de Mussidan fit un accord avec la municipalité de Périgueux, par lequel il s'engageait à laisser en paix les laboureurs de la ville, ainsi que leurs familles et leurs biens, avec la faculté d'aller où bon leur semblerait, pendant un an (22 juillet 1376, 22 juillet 1377). Il s'engageait à faire observer cet accord par tous les siens et tous les sujets du roi d'Angleterre, et à payer le dommage commis, excepté dans le cas où ce roi entreprendrait une expédition (2).

La Cité. — Les consuls de la Cité, toujours assez mal disposés pour leurs collègues du Puy-St-Front, ne voulaient pas prendre leur part des charges imposées à la communauté, par les soins de la municipalité, en raison des circonstances. Nous avons vu plus haut ce que le consulat fut obligé de faire pour contraindre les chanoines de la Cité à contribuer à ces charges. En 1375, profitant du trouble et de l'envoi d'une députation au roi, ces consuls s'avisèrent de renouveler leurs prétentions et de faire revivre les prétendus droits inutilement réclamés jadis par leurs prédécesseurs. Rien ne prouve cependant que cette réclamation ait eu quelque suite.

Le comte de Périgord et les Anglais. — Le roi d'Angleterre avait été indigné de la conduite du comte de Périgord. Nous en trouvons la preuve dans des lettres du 6 août 1375 : il donne au sire de Mus-

---

(1) Bibl. nat. P. Lespine, cart. Périgueux.
(2) Bibl. nat. P. Lespine, cart. Périgueux.

sidan : 1° la terre et la châtellenie de Bourdeilles, pourvu qu'il pût en faire la conquête (1), parce que, par suite de la rebellion du comte de Périgord, cette terre et châtellenie, qui avaient appartenu à ce comte, avaient fait retour à la couronne d'Angleterre (2) ; 2° le domaine et baillage de Saint-Privat, pour les mêmes raisons.

Eymeri de Biron de Montferrand. — Il semble du reste qu'Edouard procédait d'ordinaire ainsi, car le 10 septembre suivant il donne Montpazier à Eymeri de Biron, seigneur de Montferrand, pour en jouir sa vie durant, s'il peuvent reconquérir cette bastille (3).

Bergerac. — Cette façon d'agir donne à penser que ce monarque était bien près de désespérer de ses affaires en Guienne ; mais le désordre qu'on trouve partout le prouve d'une manière incontestable. En 1375, les habitants de Bergerac écrivirent à un personnage, peut-être le commandant de Libourne, peut-être un chef plus important encore, car nous n'avons pas d'adresse. Ils s'exprimaient ainsi : « Plaise vous assavoir que une gabarre de celles qui
» vous portèrent les vins pour le payement de nostre *pati* (4), fu
» prinse soubs vostre sauf-conduit ; laquelle a esté trouvée à
» Libourne et arrestée et mise à vostre main ; laquelle vous prions
» et requerrons, par vertu de nostre pati, que nous (la) fassiez
» rendre, et en outre plaise vous assavoir que les gens de Puch-
» guillen ont pris le bien de Musdurant et desraubé les povres gens
» de tout (ce) qu'ils avoient, lesquels sont de vostre pati, et, entre
» tous les autres biens, leurs ont pris leurs buffs et autres bestailhes
» qui n'estoient point dedans le fort, mais sur les champs ; et plus,
» les gens de Montregal et ceux de Gayac et ceux de Montferrand
» nous ont pris des saumiers de nostre povre gent, et tous ces gens
» nous avons requerus (requis) que, par vertu de vostre pati,
» voucissent rendre et restituer ledit bestials, et nulh n'en veut rien
» rendre (5). »

Le reste de la lettre est sans importance.

---

(1) Cette châtellenie avait donc été reconquise sur les Anglais.
(2) Bibl. nat. Coll. Brétigny, t. 30, Guienne, vol. 21.
(3) Bibl. nat. Ceci prouve encore que Montpazier était resté français depuis son adhésion aux appels, sans que les Anglais eussent essayé de la reprendre.
(4) Accord onéreux.
(5) Bibl. nat. P. Lespine, 1er cart. des villes closes, 2e dossier de Bergerac.

Saint-Cyprien. — Ce qui se passait aux environs de Bergerac se passait partout. En voici une preuve remarquable : Les seigneurs de Fages, près Saint-Cyprien, avaient toujours été dévoués à la religion, mais turbulents. En 1375, le possesseur de ce château avait nom Hugues de Fages. Il demanda et obtint des lettres de rémission pour ses méfaits qui, tout atténués qu'ils sont dans le préambule, comme c'était l'usage, ne nous donnent pas moins une idée déplorable de ce temps d'agitation. En voici le résumé :

« Avant que Saint-Cyprien eut adhéré aux appels, le prieuré du
» lieu, pour se préserver autant que possible contre les dangers qui
» l'entouraient, s'était fortifié de son mieux ; cette précaution
» déplut à Hugues. Il l'assiégea, le prit, le pilla et appliqua à son
» usage tout ce qu'il y trouva. Plus tard, il parcourut le pays avec
» une bande à ses ordres, pénétra violemment dans des villes, des
» forteresses, etc., et s'appropria pain, vin, foin, avoine, bœufs,
» moutons, volailles, chevaux, mulets, ânes ; en un mot tout ce
» qui lui tombait sous la main. De plus, il alluma des incendies,
» enleva des femmes, etc. (1). » En lisant ces détails, on voit combien peu il était permis de compter sur le lendemain.

Périgueux se prépare a la reprise des hostilités. — Nous avons vu Périgueux députer au roi deux des membres de sa municipalité. Ces envoyés avaient obtenu de Charles V la promesse de venir en aide à la ville, dont le dévouement ne lui avait jamais fait défaut, et d'envoyer, en Périgord, le connétable du Guesclin avec 700 hommes d'armes et 300 arbalétriers (2). D'un autre côté, nous voyons, par des *montres* faites à Périgueux, dans le cours de cette même année, que les apprêts pour la reprise d'armes se faisaient avec activité (3).

Du Guesclin a Périgueux. — Ils se poursuivaient avec non moins de vigueur, au commencement de 1376. Nous n'avons pas sans doute des documents suffisants pour bien nous rendre compte des préparatifs, des précautions, de l'ardeur que l'on mettait à parer à

---

(1) Arch. nat. Reg. du tr. des Chart. coté 108, p. 19.
(2) Bibl. nat., P. Lespine cart. Périgueux. On croit que la lettre qui contient ces détails pourrait être de 1376 ; mais je la crois de 1375.
(3) Arch. nat. K 51, nos 5 et 13.

toute éventualité ; mais une pièce des plus importantes est parvenue jusqu'à nous. Par elle nous acquerons la certitude que rien n'était négligé, ni livré au hasard. Cette pièce est une obligation de du Guesclin aux maire et consuls de Périgueux, portant la date du 22 avril 1376, et ainsi conçue : « Nous Bertrand du Guesclin..., re-
» cognoissons et confessons devoir aux maire et consuls de la ville de
» Périgort la somme de 1,330 francs d'or, pour tous les despens que
» nous avons faicts et pouvons devoir en ladite ville et pays de Pier-
» regort, depuis le mois de janvier dernier passé, qu'il pleut au roy,
» nostre seigneur, nous y envoyer, pour la délivrance dudit païs,
» oultre tout le fouage que nous avons faicts lever au païs
» des susdits ; lesquels 1,330 francs d'or nous promettons, en
» bonne foy, payer, rendre ausdits maire et consuls, à leur
» volonté (1). » Cette pièce prouve évidemment que Charles V avait tenu sa promesse et que du Guesclin était en Périgord, en 1376, dès le mois de janvier. Seulement, comme il y avait une trève, il se borna sans doute à prendre des mesures, à donner des instructions, à préparer les voies et moyens d'une campagne décisive que nous le verrons bientôt entreprendre, conjointement avec le duc d'Anjou.

Un autre détail qui justifie mon opinion, c'est une quittance de Guillaume l. ¤ Neveu, écuyer, par laquelle il reconnaît avoir reçu 1801. t. de francs d'or pour ses gages, ceux de deux chevaliers bacheliers et de sept écuyers employés aux guerres de Périgord (1376) (2).

La guerre recommence. — La mort du prince de Galles, arrivée le 8 juin 1376 (22 jours seulement avant l'expiration de la trève),

---

(1) Je me suis trompé, dans un article de l'*Echo de Vésone* (15 et 16 mai 1860), en disant que la seconde visite officielle de Bertrand du Guesclin était du 23, lisez 22 avril 1377, et en ajoutant, dans une note : cette date du 23, lisez 22 avril 1376 est erronée, et l'erreur ne peut être que le fait du notaire, auteur d'un *vidimus* de ces lettres qui seul nous reste aujourd'hui (Bibl. nat., P. Lespine, cart. Périgueux, etc.) Pour justifier mon opinion, j'ai fait des rapprochements et des conjectures inadmissibles. Vers la fin de 1374, Périgueux envoie des députés au roi ; en 1375, ces députés rendent compte de leurs démarches à leurs commettants, et leur font connaître la promesse du roi. En 1376, Du Guesclin va à Périgueux, conformément à cette promesse, et y passe près de quatre mois pour y préparer, comme je viens de le dire, la campagne de l'année suivante.

(2) Arch. nat. K 51, n° 13.

ne permit sans doute pas aux Anglais de se remettre en campagne, immédiatement après le 30 juin. Ce n'est cependant pas qu'il faille en conclure que les hostilités restèrent suspendues ; mais il est certain que les chroniqueurs gardent un silence complet sur la période comprise entre le 30 juin et le mois de novembre ; ce qui est d'autant plus à regretter que, s'il est vrai que les Anglais ne se livrèrent à aucune entreprise durant les quatre mois qui suivirent l'expiration de la trêve, il est constant que leurs alliés commirent violences et désordres partout où ils purent. Nous en trouvons la preuve dans le *Livre noir* de Périgueux (1), où on lit que « le » seigneur de Grignols (2), Roger et Archambaud de Barrière, et » Boson de Jaure faisaient la guerre mortelle à la ville de Péri- » gueux.

» Saint-Astier. — Après s'être emparés du lieu de Saint-Astier, » le jour de la fête de ce saint (21 octobre), ils lui tuaient » ses laboureurs, pendant qu'ils étaient au travail. Le maire » Fortanier de Landric, et les consuls voyant cela, envoyè- » rent, aux dépens de la ville, des messagers chargés de prier » le maréchal de Sancerre, qui était en Limousin, de se rendre » en Périgord, pour arrêter ces désordres et soumettre le sei- » gneur de Grignols et ses gens. Le maréchal, ayant accueilli » leur demande, se mit en route, avec 400 hommes d'ar- » mes, arriva à Périgueux, le 8 novembre, et alla le lende- » main 9, mettre le siège devant Saint-Astier, où s'étaient » enfermés ces seigneurs avec leur troupe, composée de cent » hommes. La résistance ne fut pas longue. Du premier assaut, le » maréchal s'empara de Saint-Astier et de sa garnison, qui fut » envoyée à Périgueux, où elle fut reçue avec les plus grandes » démonstrations de joie de la voir prisonnière. Le seigneur de » Grignols marchait en tête, et comme il faisait nuit quand les » prisonniers arrivèrent, on alluma des torches dans toute la rue » Aiguillerie par où ils entrèrent. De ces prisonniers, il y en eut » successivement neuf de pendus. Huit jours après, le maréchal

---

(1) Fol. 3.
(2) Appelé Helie Taleyrand III. On voit l'accord de la branche cadette de la famille de Périgord avec la branche aînée. Pendant que le comte de Périgord et Taleyrand, son frère, travaillaient pour leur pays et aidaient à relever la France, leurs plus proches parents suivaient le parti anglais.

» s'empara de Grignols, de Jaure, de Frateaux (1) et de Chalais;
» par suite de quoi toute la terre du seigneur de Grignols se déclara
» française. »

Monpaon, Le Puy-de-Chalus et Montignac-le-Petit. — Poursuivant le procédé mis en usage l'année précédente, le 6 août, le roi d'Angleterre avait donné au sire de Mussidan les terres de Montpaon, de Puy-de-Chalus et de Montignac-le-Petit, *qui avaient fait retour à sa couronne, par suite de la rebellion du comte de Périgord*, pourvu que ledit sire pût en faire la conquête (2), et, le 6 octobre, suivant il avait encore disposé, en sa faveur, de divers châteaux et forteresses, en Périgord et Angoumois, aux mêmes conditions (3).

Bergerac. — Pendant que Périgueux agissait auprès du maréchal de Sancerre, le jour de son entrée à Périgueux, Edouard III faisait don à son fils Jean, duc de Lancastre, de la seigneurie et ville de Bergerac, à charge de retour à la couronne, à défaut de descendance mâle, avec le droit de battre monnaie (4).

De son côté, Charles V ne négligeait rien pour gagner des amis. Jean de Sinqueural, descendant sans doute des Sinqueurals que nous avons vu figurer dans les démarches faites au sujet des priviléges de Bergerac (1322), jouissait d'une rente sur les biens d'Aymard de Sylvestre, demeurant à Périgueux. Comme Jean avait pris le parti des Anglais et le suivait encore, en 1376, ce monarque fit don de cette rente à Jean Contier, qui avait rendu de grands services à la couronne, *pendant les guerres actuelles* (5).

Prise du chateau des Bernardiéres. — Dans le voisinage de Champeau (canton de Mareuil), un fort château, appelé *Les Bernardières*, était occupé par les Anglais. En 1377, le duc d'Anjou et le connétable s'étant mis en campagne, dans le but de rétablir la Guienne sous l'autorité de Charles V, entrèrent

---

(1) Château situé entre Valereuil et Douzillac.
(2) Bibl. nat., coll. Brequigny, t. 30, Guienne, vol. 21. Ceci prouve que Montpaon avait été repris par les Français.
(3) Arch. nat. Reg. du tr. des Chart. Coté 109, p. 294.
(4) Bibl. nat. coll. Brequigny, t. 30, Guienne. vol. 21 ; Delpit : Coll. général: des documents français, etc., t. 1, p. 195.
(5) Arch. nat. Reg, du tr. des Ch. Coté 109, page 105.

dans le Périgord, par le Limousin, et allèrent se loger à Nontron (1); de là ils se portèrent sur le château des Bernardières. Les Anglais, effrayés, mirent le feu au château, et brûlèrent impitoyablement leurs prisonniers (2).

Siége et prise de Condat. — Après s'être mis en possession de ces ruines, les Français marchèrent sur Condat (canton de Champagnac-de-Belair), que les Anglais tenaient, et l'investirent. Un samedi, pendant qu'ils étaient en train de monter à l'assaut, un orage épouvantable se déchaîna sur eux et les obligea à se retirer dans leur camp, après avoir perdu cent chevaux. Le lendemain, ils reprirent l'assaut et le poussèrent avec tant de vigueur, pendant quatre jours, que les assiégés finirent par se rendre, la vie sauve, et se retirèrent à Bergerac. Ce château avait été toujours habité par des seigneurs qui se plaisaient à piller et spolier leurs voisins ; de plus, tout récemment, ils avaient commis un acte de trahison. Le duc d'Anjou ne voulut pas qu'il restât debout. Il fut donc démoli (3).

Siége et prise de Bourdeille. — De Condat, l'armée se dirige sur Bourdeille, donné au sire de Mussidan, en 1375, et dont ce seigneur s'était emparé depuis lors. Elle s'établit devant ce château, le 10 août, et mit six jours à s'en rendre maîtresse. Celui qui avait le commandement du château s'appelait Etienne de Laporte. Les Français y firent leur entrée, le dimanche 17 du même mois (4).

Siége de Bergerac. — Le duc, le connétable, le maréchal de Sancerre et bien d'autres personnages avaient pris part au siége de Bourdeille. Pendant qu'ils étaient encore sur les lieux, Jean de Bueil, sénéchal de Beaucaire, resté jusqu'alors dans le midi, comme capitaine commandant au Rouergue, au Quercy, à l'Agenais, au Bigorre et au Bazadais, vint les rejoindre, avec cinq cents hommes d'armes et deux cents arbalétriers. L'armée quitte alors Bour-

---

(1) P. Paris, grand chron. de S.-Denis, t. 6, page 351. Le mss. porte Nontron, dit M. Paris, et j'ai lu Nontron. M. Paris a d'autant plus raison que Nontron s'est dit aussi Nautron et que le mss. pourrait bien porter Nautron au lieu de Nontron.
(2) Cruveillier : chron. de B. du Guesclin, t. 2, page 315.
(3) P. Paris, ubi supra.
(4) Ibid., ib. — Arch. de Périgueux. Liv. noir, fol. 3.

deille et arrive devant Bergerac, le samedi 22 août, en passant par Beauregard, où le prince se trouvait, le 20.

Mais comme on manquait de machines pour battre en brèche les remparts, il fut décidé que Jean de Bueil, avec un certain nombre d'hommes d'armes, se rendrait à la Réole, y prendrait des machines appelées *truies* (1) et autres engins. Cette décision fut bientôt connue de Thomas Felton, sénéchal de Guienne pour le roi d'Angleterre. C'était un homme de résolution. Accompagné des barons de Gascogne, restés fidèles, qu'il avait avec lui, et d'une troupe d'élite, il alla se poster en embuscade, près de la petite ville d'Eymet, où devait passer Jean de Bueil. Mais le duc d'Anjou veillait et avait aussi des hommes dévoués qui furent informés à temps de toutes les démarches de l'ennemi, et la résolution de Felton était à peine prise qu'elle était connue du prince. Celui-ci, sans perdre de temps, envoya au secours de Jean de Bueil, son frère Pierre de Bueil, ayant avec lui le maréchal des logis du prince, Le Besgue de Villaines, Yvain de Galles, Geoffroi Février, maréchal des logis du connétable, Pierre de Mornay, maréchal des logis du maréchal de France, Louis de Sancerre et plusieurs autres. Ils partirent de Bergerac, le 1er septembre, et, le même jour, leurs éclaireurs rencontrèrent ceux de Thomas. L'alerte ayant été donnée, chacun prit ses mesures du mieux qu'il put, et le combat s'engagea. La lutte fut acharnée; mais à la fin, les Anglais, qui avaient cru surprendre les Français, se trouvèrent complètement débordés et mis en déroute. Felton, les sires de Mussidan, de Duras, de Langoiran, de Rauzan furent faits prisonniers; nombre d'hommes se noyèrent dans le Drot, et ceux qui purent se sauver s'enfuirent dans la direction de Bordeaux. Ce combat fut livré à deux kilomètres d'Eymet (2). Il eut pour

---

(1) La truie était une sorte de bélier. Selon Froissart (vol. 2, chap. 2), la truie que Jean de Bueil était allé chercher *jettau des pierres de faix et se pouvoient bien cent hommes d'armes ordonner dedans et, en approchant, assaillir la ville.* Dans ce cas, c'était une tour ambulante fort en usage au moyen-âge.

(2) Il y a une autre version adoptée par Paul Hai du Chastelet, auteur de l'Histoire de Bertrand du Guesclin, et qui consiste à dire que Bertrand du Guesclin, ayant été informé que Thomas Felton tenait la campagne et surveillait de Bueil, avait envoyé divers capitaines avec des troupes pour suivre pas à pas Felton; que celui-ci, cependant, trouva le moyen de les dépister et

conséquence la reddition d'Eymet et celle de Bergerac, qui fut remis aux Français le lendemain (1).

Les sires de Langoiran, de Mussidan, de Duras et de Rausan. — Après avoir pris possession de Bergerac, le duc d'Anjou se porta sur Ste-Foy qui se rendit immédiatement, et, de là, sur Castillon qui supporta un siège de douze jours. Pendant que l'armée française assiégeait Castillon, les sires de Langoiran, de Mussidan, de Duras et de Rausan, pour obtenir leur liberté, se déclarèrent Français et prêtèrent serment au roi Charles ; mais peu de temps après ceux de Duras et de Rausan se parjurèrent (2).

La municipalité et l'évêque de Périgueux. — Pendant que le duc d'Anjou poursuivait ses conquêtes et soumettait, en Périgord, bien d'autres localités sur lesquelles l'histoire se tait ; peut-être même, avant l'expédition de ce prince en Guienne, et dès 1370, il s'était élevé des nuages entre la ville et l'évêque de Périgueux. Cette querelle, qui prit des proportions considérables, est attribuée, par le père Dupuy, à l'attachement que l'évêque aurait eu pour les Anglais ; mais cet attachement pourrait bien avoir eu pour cause la sévérité de la municipalité envers les chanoines de la Cité, en 1370 ; sévérité qui eut peut-être pour conséquence les réclamations des consuls de la Cité, en 1375. Quoi qu'il en soit, il est certain que les habitants de Périgueux, dans un moment d'exaspération contre l'évêque, se portèrent sur son hôtel de la Cité et le démolirent (3). A quelle époque eut lieu cette violence, c'est ce qu'il n'est pas facile de déterminer ; mais il est positif que Charles V fut obligé d'intervenir, et qu'en réglant le différend, il se chargea

---

alla s'embusquer près d'Eymet ; qu'avant que les Français fussent remis sur ses traces, il put attaquer le convoi et allait le disperser, lorsque les valets de l'armée française s'imaginèrent de crier : *Notre-Dame et Guesclin!* pour encourager la troupe de Bueil ; que cette diversion permit aux capitaines envoyés en observation de rejoindre assez à temps pour rétablir le combat et mettre en déroute les Anglais, etc.

(1) Grande chron. de St-Denis, éd. de P. Paris, t. 6, p. 351 ; — Chron. de B. du Guesclin, t. 2, p. 315.

(2) Grande Chron. de St-Denis, *ubi supra*.

(3) L'estat de l'Eglise du Périgord, t. 2, p. 119.

lui-même de désintéresser l'évêque (1), tout en se réservant de faire participer la municipalité à l'acquittement de la somme promise. Il voulait, en effet, qu'elle payât deux mille francs sur les trois promis, dont le premier mille, comme il est dit dans la note, fut payé comptant. De son côté, l'évêque s'engagea à faire homologuer cette décision, par son chapitre de Périgueux, à la St-Remy prochaine (1er octobre).

Il est bien possible que l'évêque eût montré quelque préférence pour les Anglais, dans un moment d'irritation contre le maire et les consuls ; mais rien ne prouve que ce prélat eût pris leur parti d'une manière ostensible. La position de l'évêque ne permet pas de croire qu'il eût jamais osé se montrer leur partisan, au point de se mettre en opposition avec la ville, comme l'avait fait Bernard Gaudassal, bourgeois de ce même Périgueux, lequel avait entretenu un commerce avec eux tellement compromettant qu'il fut obligé de solliciter des lettres de rémission pour ce fait, à lui octroyées, en février 1377 (2), à la suite desquelles il prêta serment de fidélité à la municipalité (3).

Le duc d'Anjou, dans des lettres datées de Beauregard, le 20 août, déclara qu'un impôt levé sur Périgueux, par concession de la ville, ne préjudicierait en rien à ses priviléges (4).

---

(1) Voici comment s'expriment les lettres qui contiennent l'arrangement fait par Charles V : « L'évêque accusait le maire, les consuls et les habitants de Périgueux d'avoir fait mettre le feu à son hôtel épiscopal de la Cité et, n'ayant pu le brûler, de l'avoir démoli et emporté les matériaux au Puy-Saint-Front pour s'en servir ; par suite de quoi il les avait excommuniés et interdit la ville. Le maire, les consuls et les habitants avaient appelé de la sentence d'excommunication et disaient qu'ils n'avaient démoli ni fait démolir, ni emporté les matériaux de cet hôtel, qu'au contraire, ils avaient fait tout ce qu'ils avaient pu pour en empêcher la démolition, mais que les gens du roi avaient opéré cette démolition dans l'intérêt de la défense de la ville. Pour mettre fin aux débats, le roi accorde 3,000 francs d'or payables en trois ans, qui seront pris sur ses revenus ; moyennant quoi l'évêque se tiendra pour satisfait ; sur lesquels trois mille francs, mille lui furent payés comptant.

(2) Arch. nat. Reg. du tr. des ch. coté 110, p. 339.

(3) Rec. de tit., etc., p. 415.

(4) Bibl. nat., Papier Lespine, cart. Périgueux.

BERGERAC. — Le 2 septembre, il confirme les priviléges de Bergerac et réunit la ville à la couronne (1); le 6, il donne la terre et seigneurie de Beauregard-de-Villamblard à Pierre de Harenton, pour services rendus à la couronne (2); et, le 27 octobre, il ordonne au sénéchal de Périgord de mettre en possession de la ballie de Beauregard les héritiers de Lambert Boniface qui n'en avait pas joui, sa vie durant, parce qu'elle avait été occupée par les Anglais (3). L'année 1378 fut calme.

PÉRIGUEUX. — On n'a pas oublié qu'en 1369, Archambaud V avait renoncé à percevoir, pendant neuf ans, le *droit du commun de la paix* sur ceux des habitants de Périgueux qui lui payaient cette redevance. A l'occasion de cette remise, on pourrait croire que ce comte n'avait agi que dans un intérêt tout personnel. Les détails que nous retrouvons sur ce droit constatent que ce seigneur avait été obligé de se soumettre à la force des circonstances. Voici ce qu'en dit le jugement rendu contre lui, en 1397 :

« Lorsque, au mois de décembre 1378, le maire et les consuls
» eurent appelé à nous et à notre cour de parlement, et qu'il eut
» été défendu au comte et à ses gens, sous peine de mille marcs
» d'argent, d'oser se permettre d'exiger des habitants de la ville
» une certaine redevance qui *nous appartenait et qu'on appelait*
» *le* COMMUN DE LA PAIX ; sans avoir égard à cet appel ni à cette
» inhibition, un certain Corneille, capitaine de La Rolphie, et
» Jean Le Maigne, chambrier du comte, avec quelques autres complices, levèrent et prirent par force, et malgré lesdits habitants,
» le commun de la paix (4). »

Cette violente manière de procéder, après ce qui s'était passé depuis neuf ans, et en présence des nombreux services que la municipalité lui avait rendus, fut le point de départ de longs et sanglants démêlés entre le seigneur et la ville.

---

(1) Bibl. nat. Papiers Lespine, 1er cart. des villes closes, et Rec. des ord. des R. de F., t. 14, p. 113.
(2) Arch. nat. Reg. du tr. des ch., coté 112, p. 172.
(3) Arch. de Pau, 3e inv. prép., P. et L., t. 521, n° 18.
(4) Périgueux et les deux derniers comtes de Périgord, etc. — Preuves, p. 14.

Du reste, l'arrêt de 1397, contre le comte et ses complices, signale un fait propre à faire disparaître tous les doutes.

Dans le cours de cette même année 1378, un agent spécial de l'autorité royale était chargé de signifier des lettres à Lisle; Hélie Ducaulx, sergent royal à Périgueux, l'accompagnait. Guillaume Jagut, capitaine de Bourdeille, irrité de les trouver ensemble, s'empara de ce sergent, le fit conduire à Bourdeille où il fut impitoyablement pendu.

DISTRIBUTION DE VIVRES. — Voici un fait caractéristique des mœurs et des usages de l'époque. Dès 1373, j'avais remarqué une simple annotation ainsi conçue : « Cette année, le mardi gras, la municipalité
» donna de la viande salée à 4,000 personnes, à raison de quatre
» deniers par personne; on donna en outre une forte part aux sœurs
» mineures. A la Pentecôte, toujours à raison de quatre deniers par
» individu, on donna du pain à 6,000 personnes, deux septiers de bled
» aux frères prêcheurs et deux aux frères mineurs, une émine aux
» sœurs mineures et quarante pains aux hôpitaux. En 1377, on
» donna, le mardi gras, à 3,300 personnes ; et de la chair salée,
» en 1378, à 3,800 (1). »

GOLFIER DE SAINT-ASTIER, SEIGNEUR DE MONTRÉAL. — Avant la Saint-Martin 1378, Golfier de Saint-Astier, seigneur de Montréal, se rendit à Périgueux, en l'église de Saint-Front, et là, sur l'autel, sur le corps de Jésus-Christ, sur la croix et en présence d'un grand nombre de chanoines et de chapelains de Saint-Front, du seigneur de Mussidan, d'Aimery des Chabannes et de beaucoup d'autres nobles hommes, d'Hélie de Barnabé, maire de la ville, de deux consuls et de beaucoup de bourgeois et de marchands, il jura à Guillaume Crillon, lieutenant du sénéchal, d'être bon et loyal sujet de Charles, roi de France, et de ses successeurs, et de maintenir en l'obéissance dudit seigneur roi, sa vie durant, le château et dépendances de Montréal. Il se parjura l'année d'après et se vendit aux Anglais, qu'il introduisit dans Montréal, moyennant finances.

ÉLECTION DU MAIRE ET DES CONSULS. — Le maire élu en 1378, à la place de Hélie de Barnabé, s'appelait Arnaud de Roussel ; on élut en même temps dix consuls pour la ville et la Cité (2).

---

(1) Arch. de la ville de Périgueux, Liv. noir, fol. 18, 21, 22 et 23.
(2) Ibid., fol. 150 et 21.

Bergerac harcelé par les garnisons voisines (1378). — Les garnisons des châteaux des environs de Bergerac, composées pour la plupart de bandes de pillards qui n'étaient soumises ni à la France ni à l'Angleterre, parcouraient incessamment les abords et le territoire de Bergerac. On signale celles de Montferrand et de Puyguilhem comme les plus acharnées (1).

1379. Aumônes. — L'année 1379 se passa sans évènements remarquables. Un des faits les plus curieux, c'est la distribution de vivres faite par la ville de Périgueux, le dimanche gras. En voici le détail : elle donna de la chair salée à 3,600 personnes, cinq deniers tournois par tête ; un quartier de lard aux divers ordres des frères mineurs, des prédicateurs et des sœurs mineures, à l'abbesse et au couvent de Ligueux, aux recluses de l'Arsault, de Sainte-Eulalie et de Puy-Roi (2) ; quatre pièces à chacun des hôpitaux de Saint-Sylain, de Brunet, de Chairols (3), à la prieure du Colon ; six pièces et des morceaux de viande à 150 personnes, tant femmes que veuves et autres pauvres gens (4).

P. Flamenc était maire. Il avait déjà été appelé à remplir ces fonctions, en 1374, et nous le retrouverons encore en 1383.

La situation de Bergerac empire en 1379. — L'impunité avait enhardi les pillards, et, de tous les points fortifiés, les garnisons hostiles s'abattaient sur toute l'étendue de la seigneurie de cette ville, et les seigneurs eux-mêmes la rançonnaient.

Vers la fin de l'année (23 septembre), les bois pour la reconstruction du pont étant arrivés à Badefol, le seigneur du lieu en retint une partie, et il fallut lui donner une jaquette, une cotte d'armes et une paire de chausses pour qu'il lâchât ce qu'il avait retenu (5).

1380. — Un silence complet règne sur cette année. Le livre noir de Périgueux (fol. 25), nous apprend cependant que la ville eut alors pour maire Jean Brun et onze consuls, dont deux pour la Cité.

---

(1) Arch. de Bergerac : *Lo libre de cida.*
(2) Ibid., fol. 23, v°.
(3) Je n'ai pas pu découvrir où étaient ces deux derniers hôpitaux.
(4) On voit par là de quelles grandes ressources disposait la commune.
(5) Arch. de Bergerac : *Lo libre de Vida.*

LIMEUIL ET MONTFERRANT. — Des lettres de cette année nous font connaître qu'il y avait alors guerre entre Eymery, seigneur de Montferrant, et Jean de Beaufort, seigneur de Limeuil, et que des trêves furent réglées entre eux, le 1ᵉʳ février.

1381. — La nomination d'Hélie Barnabé comme maire de Périgueux, avec douze consuls, dont deux pour la Cité (1), nous montre l'administration municipale constatant une fois de plus ses droits et ses privilèges, et contraignant légalement le sénéchal à les reconnaître (2). Mais ce qu'il y a de plus remarquable, c'est de voir le duc de Lancastre disposer de Bergerac comme de son bien, quoique depuis quatre ans cette ville fût rentrée sous la domination française et que ce prince se fût retiré en Angleterre. Quatre pièces confirment ce fait ; elles sont datées du château de Hertfort, le 6 mai. La première donne la garde et lieutenance du château de Bergerac à Bertrucat d'Albret, avec ses dépendances, *en cas qu'il puisse le recouvrer des mains des Français* ; la seconde est une injonction à Pierre et Héliot Buade, gouverneur dudit Bergerac, de livrer cette place à Bertrucat ; la troisième est un don de certains revenus à Mondou Ebrand, pour le dédommager de ses pertes pendant la guerre, près de Bergerac et ailleurs, à prendre, sa vie durant, sur un moulin dudit Bergerac ; la quatrième est un ordre au gouverneur, receveurs et autres officiers de Bergerac, de livrer lesdits revenus au susnommé (3).

SITUATION DIFFICILE DE LA VILLE DE BERGERAC. — La situation de la ville s'aggravait tous les jours ; ses ressources financières, qui seules pouvaient l'aider à se tirer d'affaire, diminuaient. Elle avait pactisé avec le sire de Mussidan et les capitaines de Puyguilhem et de Gaillac qui, moyennant un tribut annuel, la laissaient en paix.

Indépendamment de ce tribut, rigoureusement exigé, ces batteurs d'estrade la pressuraient. Cette année, le sire de Mussidan, pendant une trêve, à la Fête-Dieu, s'était rendu dans la ville, avec une nombreuse suite, était allé se loger chez les Carmes et les frères Mineurs, où sa suite et lui étaient restés plusieurs jours,

---

(1) Bibl. nat. Papiers Lespine, carton des villes closes.
(2) Supl. au Rec. de titres, etc., pour Périgueux, p. 86.
(3) J. DELPIT : *Coll. génér, de monuments français, etc.*, t. 1, p. 200 et 201.

pendant lesquels ils avaient commis de grands dommages. Après le renouvellement du consulat, la ville, voyant sa caisse totalement vide, avait envoyé un de ses nouveaux consuls vers ce seigneur, afin de lui demander de déduire du tribut le montant de ces dommages. Pour toute réponse, le sire de Mussidan avait déclaré qu'il voulait que dans huit jours on eût fini de le payer (1).

Ces tribulations et ces embarras, n'empêchèrent pas l'administration locale de s'occuper activement de police municipale, de maraudage, de commerce des grains, etc. (2).

1382. — GUERRE ENTRE PÉRIGUEUX ET LE COMTE. — La guerre entre Périgueux et le comte s'envenima en 1382. Nous n'avons pas de détails précis sur la manière dont elle éclata, mais l'état respectif des parties, alors, prouve que le moment était bien choisi pour porter un coup décisif à la ville et à la Cité, épuisées par les subsides, les pertes et les épidémies.

Archambaud croyait qu'avec ses forces il lui serait facile de les soumettre. Composées d'aventuriers, pour la plupart recrutés dans les grandes compagnies, ces forces étaient cantonnées dans sept châteaux, d'où elles pouvaient tenter des coups de main, ou se réunir en masse, afin d'attaquer la communauté. Ces sept châteaux étaient *La Rolphie*, aux portes de Périgueux ; *Auberoche*, à 16 kilomètres, à l'est ; *Limeyrac*, à quelque distance, au midi d'Auberoche et à 22 kil. ; *Fossemagne*, au midi de Limeyrac, et à 25 kil. ; *Bourdeille*, au nord-ouest, et à 26 kil. ; *Roussille* (3), à 30 kil. environ, au sud-ouest ; *Montignac*, à 47 kil., au sud-est. Ajoutez à cela que le comte était tout puissant dans le *pariage* ; c'est-à-dire dans presque tout le pays qui entourait Périgueux, à plusieurs lieues à la ronde, et que, par conséquent, ses troupes pouvaient y manœuvrer librement, s'y recruter, y puiser des subsides, y trouver des refuges.

---

(1) Arch. de Bergerac, 4ᵉ reg. des Jurades, fol. 19.
(2) Ibid., fol. 22 et 23.
(3) Aujourd'hui commune de Douville, canton de Villamblard.

La ville municipale, désemparée, ruinée, dépeuplée même, n'avait que son bon droit, ses privilèges, le généreux élan que sa longue et glorieuse indépendance excitait dans les cœurs de ses habitants ; ses murailles renversées et la protection d'une royauté à peu près sans force. Elle ne recula cependant point, et, grâce à la fermeté de ses maires et de son consulat, à l'intrépidité de sa population, à des sacrifices de tout genre, elle finit par triompher de son ennemi.

La première attaque ouverte que le comte ou les siens dirigèrent contre Périgueux, remonte à cette époque et se combine par hasard, avec une expédition du sire de Mussidan, contre le château de La Rolphie, expédition qui contribua à rendre la position des deux centres de population plus perplexe qu'elle ne l'avait été jusqu'alors. On lit dans les motifs du jugement de 1307 : « En 1382, ou environ, Raimond Du Perier, et un » grand nombre de ses complices, de la garnison du château de » La Rolphie, se portèrent en armes sur le lieu de *Roquette*, » appartenant à la ville, l'attaquèrent impétueusement, s'en emparèrent, y mirent le feu, frappèrent et blessèrent cruellement la » plupart des habitants, ravagèrent, pillèrent et s'approprièrent » tout ce qu'ils y trouvèrent (1) ».

De plus, le mercredi, veille de la Fête-Dieu, le sire de Mussidan s'empara de La Rolphie et la tint en sa possession, l'espace de vingt jours, au bout desquels la commune de Périgueux traita avec lui et lui fit évacuer ce château, moyennant 2,000 francs d'or (2). 'a ité de la municipalité, avec le sire de Mussidan, porte la date du jeudi, après la fête de saint Jean-Baptiste (26 juin) (3).

De ce rapprochement, on peut conjecturer que l'incendie avec pillage de Roquette et la prise de La Rolphie, furent deux événements simultanés, ce qui n'a rien de surprenant dans ces guerres de surprises. Le sire de Mussidan, ami des Anglais,

---

(1) Arch. nat., sect. Jud. accords. et reg. du crim., coté 14, fol. 171.
(2) Arch. de Périgueux, liv. noir, fol. 27.
(3) Rec. de tit., etc., p. 411. Il e*t à remarquer qu'on prétend que le jour même de la prise de La Rolphi ⋅ n), le sire de Mussidan avait accordé une trève d'un an, à partir du 2. ⋅ t; ce qui prouve que les habitants de Périgueux traitèrent autant dans l'intérêt du comte que dans le leur.

ennemi du comte, de la ville et de a Cité, profitant de l'excursion de Raimon Du Perier, sur Roquette, pénétra par surprise dans La Rolphie. Mais le maire et les consuls, ayant reconnu que le voisinage des Anglais ou de leurs amis était plus dangereux que celui du comte de Périgord, composèrent avec le sire de Mussidan qui, en échange des 2,000 francs d'or, leur remit directement le château qu'ils n'eurent pas le bon esprit de garder (1). Le comte en fut remis immédiatement en possession, puisqu'en 1383, la garnison se montra plus hostile que jamais à la ville et à la Cité.

La municipalité, ayant appris (1383) que les ennemis préparaient une tentative sur La Rolphie, en donna avis à celui qui y commandait. Celui-ci, au lieu d'en savoir gré à la ville, accueillit mal son envoyé et se répandit en injures contre le maire. L'envoyé s'étant plaint, un nommé Hélie Forestier prit la parole et dit : « Par le sang » que Dieu versa, certainement il a bien dit, attendu que le maire et » tous les autres de la ville se mettent trop en avant. Oui, par le » ventre de Dieu! le maire est trop rigoureux et tous sont faux et » méchants envers mon seigneur le comte, et lui prennent ce qui » lui appartient ; mais pour sûr il les fera tous pendre par la gorge, » les uns du moin. (2) ».

Sortie inspirée par la haine et le mécontentement de ce que le roi montrait les meilleures dispositions en faveur de la ville. Par lettres du 25 avril, il lui avait accordé : 1° La faculté de faire justice des malfaiteurs (3) ; 2° L'autorisation de lever une aide, pendant trois ans, pour ses fortifications (4) ; 3° La confirmation de ses priviléges (5) ; 4° Par lettres du 14 mai, 2,000 l., en dédommagement des pertes éprouvées pendant les guerres, et des dégâts causés par *plusieurs châteaux et forteresses des environs de la ville, occupés par ses ennemis* (6). Les deux dernières concessions surtout irritaient le comte et ses amis, car elles fournissaient au consulat le moyen de réparer les murailles et de mettre la ville et la Cité à

---

(1) Rec. de titres, etc., p.444.
(2) Arch. de Périgueux, liv. noir, fol. 31.
(3) Rec. sommaire, etc., p. 64.
(4) Rec. des ordon. des R. de Fr., t. VII, p. 2.
(5) Arch. nat., reg. du tr. des ch., coté 122, p. 251.
(6) Rec. sommaire, etc., p. 57.

l'abri d'un coup de main. Les injures ne furent que le prélude des violences Vers le mois de novembre, une partie de la garnison de Montignac, où résidait alors le comte, sous la conduite d'un certain Mondon Dartensec, envahit le bourg de Saint-Laurent-du-Manoire, dans la juridiction de Périgueux, le parcourut en tout sens, s'empara de ce qu'elle y trouva et brûla une maison avec sa chapelle (1).

ÉTAT DU PÉRIGORD. — Jusque-là, la conduite du comte pourrait cependant trouver une excuse dans les habitudes du temps et les troubles dus à la présence des Anglais. Ce n'est pas cependant que le Périgord fût profondément troublé. Sans doute les Anglais y occupaient quelques points, et des désordres y étaient commis sur d'autres ; mais en général le pays fut calme, pendant les deux années 1382 et 1383. Pourtant des châteaux de Jumillac et de Chalucet, les ennemis couraient sur le pays et inquiétaient les populations (2); à Bruzac, Aymery de Laroche, seigneur en partie de ce bourg, tua Jean de Neuville, accusé d'avoir des accointances avec les Anglais (3) ; la ville de Sarlat demanda et obtint des lettres de rémission, dans la crainte que les rapports forcés qu'elle avait eus avec les Anglais ne lui fussent imputés à crime (4) ; enfin Raimond de Mareuil recevait 300 l., en déduction de ce qui lui était dû pour services rendus (5) pendant les troubles.

DOME-VIEILLE ET LE MONT-DE-DOME. — Je ne dois pas oublier un fait important, relatif au Mont-de-Dôme. Le pénultième d'avril 1383, le château de Dôme-Vieille, qui appartenait à Gilbert de Dôme, fut pris par les Anglais, dont l'intention était de s'emparer aussi de la bastille du Mont-de-Dôme. La nouvelle étant publiée, plusieurs Anglais accourent au château et plusieurs français se rendent à la ville, parmi eux, le seigneur de Beynac, avec des forces prises de sa taxe, et les habitants de Sarlat et de Montignac y envoient hommes, armes et vivres. Les Anglais, perdant espérance de gagner la ville, se retirent dans le château, où ils sont assiégés.

---

(1) Arch. nat., sect. jud. accords, et reg. du tr., coté 14, fol. 171.
(2) Rec. des ord. des R. de Fr., t. XII, p. 126.
(3) Arch. nat., reg. du tr. des ch., coté 121, p. 116 et 228.
(4) Ibid., r. 222, p. 175.
(5) Bibl. nat., cabinet des titres, dossier Mareuil.

A Dôme, il y avait une bride qu'on fit jouer contre le château. Bientôt réduits aux abois, ils quittent la place moyennant une somme d'argent, sur laquelle Sarlat paya 400 livres (1).

Ce fait qui n'est pas et ne pouvait pas être consigné dans l'arrêt contre Archambaud, pourrait bien être le point de départ des deux expéditions de ses bandes sur Dôme, dont il va être question.

1384. MONNAIES. — DETTE DE DU GUESCLIN. — Des lettres fixent le prix des monnaies, et remettent en vigueur les anciennes ordonnances sur la matière (2). — Olivier du Guesclin fut condamné à payer les 1,330 francs d'or, dûs par son frère Bertrand, à la ville de Périgueux (3). Raimond Du Perier, ayant sous ses ordres une partie de la garnison de Montignac, se dirigea sur le *Grand-Change*, envahit l'église placée sous la sauvegarde du roi, la pilla, la brûla et emporta tout ce dont il avait pu s'emparer (4) ; tandis que d'autres bandes de malfaiteurs, sorties des divers châteaux appartenant au comte, sous le titre mensonger de *gendarmes du roi*, pénétraient au Mont-de-Dôme (Dôme-Haute), où se fabriquait la monnaie royale, et emportaient l'argent et le billon qu'elles y trouvaient, tant celui de la couronne que celui des industriels, et blessaient les gardiens et les ouvriers. Ce fut également à cette même époque que, n'écoutant que son orgueil, Archambaud, sans l'autorisation du roi, établit et fit lever à Montignac même, au détriment du trésor public, un *droit de travers* (5), ou péage sur les marchandises, les denrées et les personnes qui passaient par cette ville (6).

En rapprochant ces faits des tentatives de 1383, il est impossible de ne pas admettre que ces insultes à la couronne de France ne fussent la conséquence d'un rapprochement du comte avec les Anglais, sinon d'un traité en formes. Il n'eût pas osé s'attaquer

---

(1) Rec. des ord. des R. de Fr., t. VII, p. 83 et 84.
(2) Lascoux : *Documents historiques sur la ville de Dôme*, p. 30. M. Lascoux dit avoir emprunté ce récit au chanoine Tarde. *Antiquités du Périgord et du Sarladais*.
(3) Arch. de Périgueux et bibl. nat., papiers Lespine.
(4) Arch. nat., sect. jud., *accords*, et reg. du cr., coté 14, fol. 171.
(5) C'est ce qu'on appelle aujourd'hui : *Droit de transit*.
(6) Arch. nat., sect. jud., *accords* et reg. du c., coté 14, fol. 171.

ouvertement au roi de France, s'il n'avait eu un appui capable de lui résister.

Mais ce n'est pas tout : au mois d'août, Olivier du Caslar, commandant de La Rolphie, à la tête d'une partie de la garnison, marcha sur Saint-Laurent-du-Manoire, et mit le siège devant l'église fortifiée, dans laquelle les habitants avaient cherché refuge et se défendaient. Cette résistance imprévue irrita le chef et les assiégeants, leur fit prendre la résolution de ne pas faire de quartier, et jurer solennellement de ne se retirer qu'après avoir tué jusqu'au dernier les hommes, les femmes et les enfants réfugiés dans cette église. Ils se mirent à parcourir les paroisses et les localités circonvoisines, pillant et coupant à la hauteur des hanches, les vêtements de toutes les femmes qu'ils rencontraient (1). Cependant l'église résistait vaillamment ; sans autrement se soucier de leurs serments, ils consentirent à traiter, et se firent livrer 30 charges de froment, 30 charges d'avoine, 15 barriques de vin, 15 charretées de foin, etc. (2).

C'était dur pour des paysans, et pourtant à peine les pillards de La Rolphie s'étaient-ils retirés, que Jean Cotet, dit d'Auvergne, capitaine de Limeyrac, fondit à son tour sur cette paroisse avec une bande nombreuse, la ravagea dans tous les sens, s'appropria tout ce qu'il trouva, tua une femme et ramena plusieurs prisonniers, dont il tira de bonnes sommes d'argent par la torture.

Abus a Périgueux. — Que se passait-il cependant à Périgueux, où la municipalité réparait les murs de la ville ? Les prud'hommes et les consuls, car il n'y eut pas de maire cette année-là, reconnaissaient que le maire et le juge de la communauté, quoi qu'on leur eût assigné un traitement raisonnable, se faisaient donner, depuis quelques années, de gros appointements qui s'élevaient, pour le maire, à 100 francs d'or, par an, et à 40 pour le juge, et s'empressaient de couper court à ce déplorable abus, en décidant que le maire ne toucherait que 50 fr. et le juge que 25.

---

(1) Ibid., ibid.
(2) Arch. de Périgueux, liv. noir..
(3) Arch. nat., sect. jud. *accords*, et reg. du cr. coté 14, fol. 11.

1385. — Avant d'aller plus loin, il importe de faire observer que les documents, sur cette longue querelle du comte et de la ville municipale, se réduisent à quelques détails très concis, consignés dans le livre noir des archives de Périgueux et à l'arrêt du Parlement de 1397 rendu contre Archambaud. C'est encore cet arrêt qui nous apprend qu'en 1385, le comte continuait ses entreprises contre l'autorité royale et ses violences contre Périgueux.

DOMME ATTAQUÉ. — La facilité avec laquelle ses bandes avaient pu piller la monnaie de Domme, lui inspira sans doute l'audace de s'emparer de cette bastille et de son château. Une troupe nombreuse en entreprit le siège ; mais une bonne garnison se trouvait là. La résistance fut énergique et les troupes royales accueillirent les bandes avec un tel ensemble que bientôt elles se retirèrent honteusement (1).

COURSES AUTOUR DE PÉRIGUEUX. — Olivier du Caslar, parti de La Rolphie au mois d'avril, eut plus de chance. Après avoir rôdé quelque temps autour de Périgueux, il surprit et arrêta un chanoine, le fit prisonnier, le dépouilla de tout ce qu'il avait et eut un moment l'idée de le tuer. Au mois de juillet il se présenta aux portes de la ville, défia le maire, les consuls et les habitants au nom et par ordre du comte, et leur notifia que, nonobstant la main mise du roi sur ses revenus, ce seigneur les ferait prélever comme par le passé, sans plus se préoccuper de ce qu'on avait fait que d'un *excrément d'un chien pourri*.

Cette saisie, dont nous ne connaissons pas la date précise, l'audace avec laquelle Archambaud procédait tant avec la couronne de France qu'avec Périgueux, ses rapports continuels avec les bandes d'aventuriers qui déjà battaient le pays, tout prouve que ce seigneur avait changé de drapeau ; mais si l'on pourrait avoir encore des doutes à cet égard, le fait suivant achèverait de les dissiper.

A cette époque, la France et le Périgord étaient couverts de châteaux. Presque tous étaient devenus des forteresses occupées par des étrangers turbulents et pillards, se vendant à celui qui payait le mieux. Toutes ces bandes indisciplinées se disaient anglaises, et de fait, étaient plus ou moins à la solde et aux ordres de l'Angle-

---

(1) Lascoux, *Documents historiques sur la ville de Domme*, p. 29.

terre. Sans parler de ce qui se passait, depuis 1378, les relations du comte de Périgord avec ces pillards se trouvent pleinement justifiées par la conduite de Jean Girou, capitaine de Bourdeille. En 1383, il accueillit dans le château des bandes anglaises avec le produit de leurs courses sur le territoire français et plusieurs fois leur donna à manger et à boire. Nous verrons plus tard que la conduite du comte ne fit que confirmer ce que j'avance ici.

Il se brouille avec le chapitre de Saint-Front. — Ce seigneur, du reste, soit qu'il comptât sur ses nouvelles alliances, soit qu'il fût entraîné par son caractère irascible et impétueux, ne sut plus, dès cette époque, garder aucun ménagement. Le pariage établi en 1317, par les soins de Brunissende de Foix, entre le comte son fils et le chapitre de Saint-Front, avait fait que depuis lors les comtes et le chapitre étaient toujours restés en bonne intelligence ; mais en 1385, Archambaud ayant eu l'incroyable prétention de s'approprier la juridiction de la cour du Célérier, de jouir des droits et des revenus du pariage et de faire rendre la justice, en son nom, une rupture fut la conséquence de ses prétentions, et il se fit du chapitre un ennemi irréconciliable.

Hélie Sergent, évêque de Périgueux. — Cette même année, Hélie Sergent, élu évêque l'année précédente, se présenta aux portes de la ville pour y faire son entrée. Il y fut reçu par la municipalité, à laquelle il prêta le serment accoutumé, comme on le verra plus bas.

Don a Dome-Haute par Gilberd, seigneur de Dome-Basse. — Gilbert, seigneur de Dome-Vieille, avait des droits sur la Dordogne, sur le Mont-de-Dome, etc. Par acte de 1385, il fit don à la municipalité de Dome-Haute de tous ses droits et possessions.

1386. — En 1386, l'audace du comte parut s'accroître, en raison de celle des pillards étrangers, à qui l'éloignement du duc de Berry et du comte d'Armagnac, son lieutenant, obligés de *se rendre en France* (1), dans le but de seconder une descente en Angleterre, permettait de courir tout le Midi.

---

(1) Jadis la Guienne et le Languedoc ne se regardaient pas comme français. De là cette expression *aller en France*.

Siège du château de Caussade. — Pendant qu'une partie de ses hommes se portait sur le château de Caussade, dans le voisinage de Périgueux, l'assiégeait, pillait les environs, rançonnait les prisonniers, un certain Mérigat d'Aire, ayant sous ses ordres quelques mercenaires et bon nombre d'Anglais, harcelait Périgueux, pillait la banlieue, et emmenait pour 100 francs d'or de bétail pris aux habitants (1).

Pourtant la municipalité de Périgueux ne se mit pas en campagne. Elle avait deux excellentes raisons : d'abord la réparation des murailles et la mise en défense de la ville et de la Cité avaient épuisé ses ressources ; ensuite la population valide fortement réduite, manquait de confiance en elle-même et redoutait de franchir l'enceinte. Mais elle ne restait pas insensible aux maux qu'elle endurait. Un fait de 1386 prouve que si le maire et les consuls n'avaient pas l'audace du comte et de ses partisans, ils ne manquaient pas d'énergie quand les circonstances le commandaient.

Le juge de la cour du Célérier. — Enhardi par la conduite d'Archambaud et de ses partisans, le juge de la cour du Célérier, cour que le comte prétendait appartenir à lui seul, s'était avisé de défendre, sous peine de 50 livres d'amende, à tous les habitants de la paroisse de Saint-Front, de faire ajourner qui que ce fût ailleurs que devant lui, sous le prétexte qu'agir autrement, c'était porter atteinte aux prérogatives de cette cour. Le maire et les consuls, instruits de cette prétention, la combattirent, et exigèrent que ce juge reconnût publiquement qu'il avait outrepassé ses droits, à leur préjudice et au détriment de la communauté, en violant leur juridiction et en affectant une autorité qu'il n'avait pas.

Ce contre-temps n'empêcha pas ces projets d'empiétement de se renouveler l'année suivante ; mais un sergent qui avait ajourné un bourgeois de la paroisse de Saint-Silain, ayant été contraint de payer l'amende à la municipalité, en déclarant qu'il avait illégalement procédé, le juge ne poussa pas plus loin cette tentative (2).

1387. — En 1387, les stipendiaires du comte se livrèrent aux plus déplorables désordres. Dès le mois de janvier, Jean d'Auver-

---

(1) Arch. nat., sect. jud. Accords et reg. du cr. coté 14, fol. 171.
(2) Suppl. au rec. des titr. etc., p. 90 et 92.

gne, toujours capitaine de Limeyrac, se mit en course avec ses pillards, tua deux hommes de Limenil et s'appropria trente bêtes de somme chargées de sel qu'ils conduisaient (1), fit prisonnier Marot d'Abzac, bourgeois de Périgueux (2), le fit conduire devant le comte à Montignac, où après avoir été en butte aux plus mauvais traitements, il fut condamné a payer à ce seigneur 600 francs d'or, pour sa rançon et autres 600 francs d'or, pour les dépenses censées faites par lui, qu'il dut acquitter avant sa délivrance, sans compter l'obligation de rendre à Archambaud Beauregard, provenant du domaine royal et que sa femme possédait en vertu d'une donation du roi.

Le 27 juillet, ce même juge de la cour du Célérier, si ardent à donner de l'extension à ses prérogatives, s'adressa au maire et lui exposa qu'*à cause des guerres entre la France et les Anglais et des courses continuelles des ennemis, il n'avait pu tenir sa cour aux lieux ordinaires de ses séances, et lui demanda l'autorisation de l'établir, dans l'étendue de la juridiction de la communauté, pour un temps déterminé.* Le maire accorda sans difficulté ; mais pour une fois seule, sans préjudice pour les droits de la ville et de la Cité (3).

La minorité du roi et les tiraillements de la régence, causaient des troubles en grande partie. On attendait donc la majorité de ce prince avec impatience. C'était en 1388 que Charles VI entrait dans sa vingt-unième année. Pendant qu'à la cour on préparait des fêtes, les surprises, les meurtres, le pillage désolaient le Périgord et surtout la banlieue de Périgueux. En septembre, Archambaud, après avoir fait saisir les cens et les redevances du chapitre de Saint-Front, dans son comté, avec défense d'en rien donner aux chanoines, ordonnait de les percevoir pour son compte, tandis que Geoffroi Barry, capitaine de La Rolphie, se portait sur Saint-Laurent, avec des hommes dévoués,

---

(1) Arch. nat., sect. jud. Accords et reg. du tr. coté 14, fol. 171.
(2) Ibid. ibid. Marot ou Adhémar d'Abzac, Damoisel, était seigneur de La Douze, de Montastruc, de Lacropte, de Bellegarde, de Beauregard, de Siorac et d'une maison noble à Périgueux, ce qui lui valait le droit de bourgeoisie.
(3) Arch. de Périgueux, livre noir, fol. 39 et 41.

assiégeait l'église, sans pouvoir s'en rendre maître, et que Mérigot d'Aire, avec une autre bande, rôdait autour de la ville, s'emparait de quatre bœufs, faisait quatre prisonniers qu'il envoyait au comte, à Montignac, qui les obligeait à lui payer 10 francs d'or de rançon, somme énorme pour eux et qu'ils ne purent compléter avant que l'un des quatre eût cessé de vivre. En novembre, la garnison d'Auberoche fit une sortie de son côté, essaya de s'emparer de l'église de Sainte-Marie-de-Chignac, et spolia un grand nombre de personnes venant de Périgueux.

Lisle. — Lisle fut assiégé, en 1387, par Guillaume de Naillac, à qui la ville de Périgueux fournit une caisse de viretons.

1388. — Quelques mois plus tard, Charles VI prit le gouvernement, et, peu de temps après, conçut le projet de visiter le midi de la France. Il ne se rendit pas en Guienne où les troubles du Périgord semblaient l'appeler ; aussi le comte et ses bandes, loin de rien diminuer de leur audace, se livrèrent à des excès inouïs. Au mois d'octobre, un sergent royal, ayant voulu mettre à exécution un ordre du roi, en faveur du chapitre de Saint-Front, contre deux sujets d'Archambaud, il lui fut enjoint au nom de ce seigneur, de s'en abstenir sous peine d'être noyé. En novembre, la garnison d'Auberoche se mit de nouveau en campagne, se dirigea sur Périgueux et, dans le chemin public, appartenant au roi, fit prisonniers deux marchands de la ville, leur prit seize bœufs, les incarcéra à Auberoche et dirigea les bœufs sur Montignac, où ils furent vendus au profit du comte.

Fausse monnaie. — L'année 1388 est à signaler d'une manière spéciale. La France regorgeait de fausse monnaie. Les efforts, pour en arrêter la circulation, n'aboutissaient pas. Cette année, il fut reconnu que les faux monnayeurs se tenaient dans les environs de Dôme. Par un mandement du 14 octobre, Charles VI enjoignit au sénéchal de Saintonge, gouverneur de Larochelle, et au bailli du grand fief d'Aunis, d'informer secrètement, contre les porteurs de cette monnaie, et de les punir selon la rigueur des lois.

Châteaux occupés par les gens de guerre ennemis. — Une ordonnance de la même année nous apprend aussi que beaucoup de châteaux du Périgord étaient toujours occupés par les *gens de guerre ennemis*, c'est-à-dire par des pillards de toute provenance.

ARCHAMBAUD PRÉTEND COMMANDER EN MAITRE EN PÉRIGORD. — Incapable de dissimuler plus longtemps les projets qu'il avait conçus, le comte prétendit à une souveraineté pleine et entière sur le Périgord. Sans se préoccuper des dispositions de Charles VI à son égard, il déclara qu'il ne permettrait plus aux habitants de la sénéchaussée d'appeler de lui ou de ses officiers au roi, ni à son parlement, proclamant partout qu'il était le seul roi et souverain seigneur du pays, affectant de ne plus reconnaitre la suzeraineté du roi de France, auquel il avait pourtant prêté serment, à la rupture du traité de Brétigny; et, pour qu'on ne se méprit pas sur son but, à l'imitation de son père, il institua un juge d'appel qui devait juger, souverainement et en dernier ressort, toutes les affaires. Cette prétention tyrannique, aussi insolente qu'insolite, semblait devoir indigner les populations ; cependant, telle était la terreur qu'il inspirait, qu'on n'osa pas s'y opposer et en appeler au roi, par la crainte des tortures et de la mort dont on était menacé (1). L'effroi était si général, que le sergent royal, dont il a été question plus haut, s'étant transporté à Vergn, pour y exercer son ministère et y citer quelques personnes aux assises, Jean Bœuf-Cornut, procureur du comte, le maltraita et l'empêcha d'exécuter ses ordres. D'un autre côté, la municipalité de Périgueux, ayant essayé de réclamer, au sujet des violences et des mauvais traitements éprouvés par divers membres de la communauté, Archambaud ne daigna même pas répondre.

Tel était encore l'état des choses, au commencement du mois de novembre, c'est-à-dire à l'époque du renouvellement de la municipalité, dont le rôle devenait d'autant plus important et plus difficile, que le danger que courait la ville était plus imminent. On verra bientôt que les bourgeois et le consulat avaient parfaitement apprécié les évènements et leurs suites. Loin de s'en effrayer, les membres de la communauté fixèrent résolument leur choix sur des hommes dignes de la confiance qu'ils mettaient en eux, par la fermeté de leur caractère, l'étendue de leurs connaissances et la vigueur avec laquelle ils s'employèrent à conjurer les périls.

---

(1) Arch. nat., sect. jud., accords et reg. du cr., coté 14, fol. 171.

Rémission pour Sarlat. — Au mois de mai (1389), les habitants de Sarlat obtinrent des lettres de rémission pour s'être servis, pendant la guerre, de monnaies n'ayant pas cours, sans en avoir préalablement obtenu l'autorisation (1). Ce fait paraît se lier à celui de la fausse monnaie fabriquée aux environs de Dôme.

Fortification de Périgueux. — Au mois de décembre suivant, les murailles de Périgueux n'étaient pas encore réparées, comme le constatent des lettres de Charles VI, au sénéchal de Périgord, lui ordonnant de contraindre ceux qui s'y refusent, à payer certaine taille, imposée dans ce but par le maire et les consuls (2).

L'évêque Pierre de Durfort prête serment avant de faire son entrée. — Dans le courant du même mois, Pierre de Durfort, fait évêque de Périgueux en 1387, fit son entrée dans Périgueux ; mais, avant de pénétrer dans la ville, et pendant qu'il était sur la place des Arsits (3), il prêta au maire et aux consuls, un serment pareil à celui d'Hélie Sergent, en 1385 (4).

Trèves. — Des trèves avec les Anglais, conclues en juin et renouvelées plusieurs fois, avaient alors pour conservateurs, du côté des Anglais, le sire de Mussidan et celui de Montferrant en Périgord (5).

---

(1) Arch. nat., reg. du tr. des ch., coté 133, p. 293.
(2) Bibl. nat., papiers Lespine, cart. Périgueux, tiré des arch. de la maison de ville.
(3) La place des Arsits, située à l'entrée de la ville, du côté de la porte Limogeanne, touchait au chemin qui allait à Sorges.
(4) Rec. de tit., etc., p. 402.
(5) Arch. nat. J. 642, n° 23.

LIVRE VI

CHAPITRE III

Elections municipales (1389). — La ville de Périgueux renouvelait sa municipalité, tous les ans, le dimanche après la Saint-Martin. Ce jour là, 14 novembre, furent élus Bernard de Petit, licencié en droit, qui déjà avait été consul ; Hélie Blanquet, Raimond Sergent, Bernard de Casserou, Guillaume Galabert, Fourtou de Verteville, Jean de Souillac, Fourtou de la Veyssière, Arnaud de Castenet et Hélie Jarden. Le premier fut proclamé maire, et les neuf autres consuls (1). Doué d'une grande énergie, le nouveau maire s'occupa du mur d'enceinte non encore fini, et les circonstances que je signalerai tout à l'heure l'ayant conduit à Toulouse, en décembre, auprès de Charles VI, il en obtint les lettres par lesquelles ce prince enjoignait au sénéchal de contraindre certains habitants de Périgueux à payer leur cote-part de l'impôt établi pour la réparation de ce mur. En août 1790, il fait un échange avec les Jacobins, et reçoit d'eux une maison entre la tour St-Silain et la tour Eguillerie, remplie de matériaux nécessaires à l'achèvement des fortifications, en place d'un chemin qui longeait leur jardin (2).

Nouvelles courses. — Nouveaux excès. — Vers l'époque où fut élu Bernard de Petit, le connétable d'Auberoche et Jean Lefrançois, accompagnés de dix-sept cavaliers, prirent la direction d'Agonac. Près du *Caillou de Sept-Fonts*, à l'instigation d'un certain Chalneyron, laboureur, leur guide, ils firent prisonniers deux marchands de Périgueux, Michel Lachèse et Mondain Lambert, leur prirent 25 bœufs gras qu'ils conduisirent à Montignac, où ils furent vendus, au profit d'Archam-

---

(1) Arch. de Périgueux, Livre noir, fol. 43. Un acte du 8 septembre, même année (Rec. de tit., etc., p. 417), parle d'un autre consul appelé Aymery Juge, ce qui n'a rien d'extraordinaire, le nombre des consuls n'ayant été réglé que postérieurement.

(2) Bibl. nat. Coll. Lespine, cart. Périgueux. Extrait des arch. de la M. de ville.

baud. Ils firent ensuite courir le bruit qu'ils en avaient ainsi agi pour punir Périgueux d'avoir rompu le péage, ce qui n'était pas vrai (1). Quant aux marchands, par ordre du comte, ils furent dirigés sur Roussille, pour y être détenus jusqu'à ce qu'ils eussent suffisamment financé. C'est ce méfait et plusieurs autres griefs contre le sénéchal qui décidèrent le maire Bernard de Petit et Bernard Favier, simple bourgeois, à se rendre à Toulouse, près du roi (2), afin d'en obtenir la déposition de ce fonctionnaire qui n'était autre que Pierre de Mornay, en place duquel, en effet, fut nommé Donaval de Picardie (3), dont le premier soin, en arrivant en Périgord, fut de signifier au comte et à ses partisans de délivrer les marchands et de restituer le prix du bétail, sans que toutefois Archambaud fit cas de cette injonction (4).

Quoique ces détails ne rappellent pas la saisie de 1385, il n'est pas douteux qu'ils y font allusion et qu'ils sont la preuve du blâme jeté sur la conduite sans énergie de Pierre de Mornay, qui n'avait pas essayé de s'opposer aux violences du comte et des siens (5).

Cet acte de vigueur de Bernard de Petit porta son fruit. Si le comte ne rendit ni marchands, ni argent, du moins l'année 1390 ne vit pas se reproduire les ruines des années précédentes.

1390. — LES ANGLAIS MENACENT PÉRIGUEUX. — Dans le cours de 1390, un événement qui pouvait avoir pour Périgueux les plus graves conséquences se produisit.

Les Anglais ou leurs partisans n'avaient jamais cessé d'occuper un certain nombre de places dans les provinces mêmes où les troupes françaises avaient eu le plus de succès. Ils s'étaient surtout

---

(1) *Frag. des pap. du Consulat* conservés par Leydet : Bibl. nat., coll. Prunis.

(2) Un extrait assez informe d'un acte du 21 novembre 1389, fait par Lespine (Bibl. nat., cart. des comtes de Périgord), ferait croire qu'avant le départ de Bernard de Petit, la municipalité avait adressé des réclamations au comte.

(3) Ce nom est altéré.

(4) Frag. des papiers du consulat, conservés par Leydet, cart. Prunis.

(5) Pierre de Mornay fut sénéchal de Périgord de 1381 à 1390 (Le P. Ancelme : Hist. généal., etc., t. 6, p. 280.)

maintenus dans l'Auvergne, le Velay, le Gévaudan, le Quercy, le Rouergue, etc. Dès 1387, pourtant, le comte d'Auvergne avait essayé de traiter avec eux, mais sans succès. Dans le cours de 1390, les négociations furent reprises, et il fut définitivement convenu, en juillet, qu'ils se retireraient tous, moyennant certaines sommes d'argent. Quelque solennels que fussent les engagements pris par ces bandes, leurs mœurs autorisaient à penser qu'elles avaient des desseins cachés de nature à jeter l'inquiétude parmi les populations. Au milieu du croisement des récits, le maire et les consuls, qui savaient parfaitement à quoi s'en tenir, auraient manqué de prévoyance s'ils ne se fussent prémunis contre les surprises. Le 8 septembre, ils convoquèrent les prud'hommes et les habitants notables pour leur exposer leur conduite, les informer de ce qui se passait, leur demander leur avis sur les mesures prises, et les prier de donner leur conseil sur celles qui restaient à prendre. Le maire commença par dire que, de plusieurs côtés, ils avaient appris que les Anglais, qui longtemps avaient séjourné en Auvergne et en Quercy, après avoir évacué les places qu'ils y occupaient, se proposaient de pénétrer en Périgord et avaient le dessein de causer à Périgueux le plus de dommages possibles, voire même de tenter de s'en emparer par escalade, du côté de l'eau, par le passage existant entre la tour de la Boucherie et le moulin de Saint-Front, où les murs et les palissades étaient en très mauvais état et ne pouvaient présenter qu'une faible résistance, à moins qu'on les réparât. Il leur expliqua ensuite ce qu'ils avaient fait pour parer aux inconvénients du mauvais état des finances de la ville et les pria de prendre une bonne et prompte décision, au sujet de la restauration des murs, palissades et enceinte.

La conduite du maire et des consuls concilia à la municipalité les suffrages de tous. Après une courte délibération, l'assemblée fut d'avis de commencer à faire bonne garde et décida qu'on s'appliquerait à compléter toutes les réparations nécessaires; que pour cela chaque père de famille fournirait, tous les jours, jusqu'à l'achèvement des travaux, un homme et plus s'il le fallait. Quant à la conduite du maire et des consuls elle fut approuvée.

Les détails qui précèdent, rapprochés de la conduite du comte, permettent de supposer que ce seigneur et les bandes ennemies étaient d'accord, en cette occurrence.

FAMILLE DE BEYNAC. — Cette même année, 1390, Charles VI légitima Philippe, fille de Pons de Beynac, Pons et Eymery, frères de Philippe ; tous les trois enfants adultérins dudit Pons, marié, et d'Almodie de Verneuil (1).

1391. — Quel que fût le mécontentement de Périgueux, quelque nombreux que fussent les outrages dont le comte l'avait abreuvé, il n'était cependant pas impossible d'opérer un rapprochement entre les deux adversaires. Les événements accomplis en 1391 ne laissèrent plus aucune chance probable de paix entre eux.

GUILLAUME DE BOTAS, MAIRE. — Bernard de Petit eut pour successeur Guillaume de Botas, déjà maire en 1382 et 1386, et dont la fermeté et le patriotisme étaient à la hauteur de la situation (2).

Au mois de mai, Geoffroi le Breton, originaire de Bretagne, plus connu sous le sobriquet de *Le Bretonnet*, et l'un des aventuriers alors en garnison à Auberoche, avait été fait prisonnier. C'était un misérable, depuis longtemps familiarisé avec tous les crimes, qui, avant de passer au service du comte, avait fait partie de la bande d'Amanieu de Mussidan, l'ennemi constant de la France, s'était plusieurs fois fait Français et Anglais, et n'avait mené qu'une vie de bandit. Pour donner plus d'éclat à son châtiment, les officiers royaux le firent pendre, le jour de la foire de Saint-Mémoire, à un orme, appelé *l'Orme des Vieilles*. L'exécution, connue à Auberoche quelques heures après, y fut accueillie avec indignation, et il n'y eut qu'une voix pour accuser le maire et les consuls d'avoir été les instigateurs de ce supplice. La garnison prit les armes et se dirigea vers Périgueux, s'approcha des portes de la ville, du côté de l'Arsaut, et essaya d'exercer quelque cruelle représaille. Cette tentative demeura sans succès ; tout se réduisit à un homme blessé, devant l'hôpital où il cherchait à se réfugier.

---

(1) Arch. nat., reg. du tr. des ch., coté 139, p. 266, 267, 268.

(2) Arch. de Périgueux, liv. noir. Nous verrons plus tard Guillaume de Botas exercer des poursuites, en son nom personnel, contre Archambaud V, conjointement avec la ville de Périgueux. C'est sa fille, si réellement il en eut une, qui figure dans l'histoire romanesque du Périgord, par Lagrange-Chancel, comme ayant été, de la part d'Archambaud VI, l'objet d'un amour frénétique. Voyez mon livre : *Périgueux et les deux derniers comtes de Périgord*.

Le comte était-il à Auberoche ce jour-là? C'est ce que nous ne savons pas; mais ce qu'il y a de certain, c'est que, dans sa colère, il ordonna qu'on ne laissât ni fin ni repos aux habitants de Périgueux, et qu'il enjoignit à Jean d'Auvergne, capitaine d'Auberoche, d'aller détacher le corps du supplicié; que son injonction fut exécutée, à grands renforts d'homicides, de blessures, d'incendies et de pillage aux abords de Périgueux; que le pendu fut emporté et inhumé; et qu'à partir de ce moment, les courses des troupes du comte se multiplièrent tellement qu'on prit le parti de lui demander l'explication de cette recrudescence d'hostilités. Deux membres de la communauté se rendirent à Montignac; pour toute réponse, Archambaud leur déclara qu'il voulait se venger de ce qu'on avait souffert l'exécution du Bretonnet. Ce fut en vain qu'ils essayèrent de le dissuader; ils durent se retirer comme ils étaient venus.

PÉRIGUEUX ET LE COMTE RECEVANT DES RENFORTS. — Il n'y avait donc plus qu'à repousser la force par la force. Pendant que Guillaume de Botas, secondé par Aymery des Chabannes, lieutenant du sénéchal absent, prenait bien ses mesures pour éviter les surprises et résister aux coups de main; on prit le parti de s'adresser au roi et au parlement, tout en expédiant un exprès à Saint-Jean-d'Angely, où se trouvait Robert de Béthune, vicomte de Meaux, lieutenant du sire de Coucy, capitaine général entre Loire et Dordogne, pour lui faire connaître la position de la ville et demander des troupes; ce qu'il fit avec empressement. Le jour de la Saint-Jean, on vit arriver 30 bassinets et 10 arbalétriers, sous les ordres de Cautule ou Cauteler (1). Tout faible qu'il était, ce secours ranima leur courage. De son côté, Archambaud avait reçu du Quercy 50 hommes, commandés par Jean de La Tour et ses frères, qui allèrent s'installer à Auberoche (2). Ces renforts donnèrent à la lutte un redoublement d'activité. C'était tous les jours quelque nouvelle tentative de la part des partisans du comte. Du 15 juillet au 28 septembre, ils ne cessèrent de harceler la ville et la Cité. Tantôt ils avançaient jusqu'au *pré des pauvres* (3) et blessaient

---

(1) *Fragments*, etc.
(2) Arch. de Périgueux, liv. noir, fol. 45.
(3) Attenant sans doute au cimetière des pauvres, à l'est du chemin actuel des Barris.

un homme, tantôt ils dressaient une embuscade à la borie de Guillaume du Tor (1) et envoyaient des coureurs jusqu'aux portes de la ville ; dans une autre circonstance, ils tuèrent un homme. Une autre fois encore, ils se jetèrent sur la paroisse de Coursac, firent plusieurs prisonniers, emmenèrent des bestiaux et rançonnèrent le pays. Plus tard, Geoffroi Barry pilla et dévasta la banlieue (2) ; plus tard encore, les garnisons de La Rolphie et d'Auberoche chevauchèrent autour de Périgueux, enlevèrent des bestiaux et firent cinq prisonniers. Quelques jours après, elles firent trois autres prisonniers et battirent beaucoup de personnes.

Les violences redoublent. — Durant les vendanges on s'escarmouchait, entre les frères prêcheurs et la barbacanne de Taillefer. Un jour, la garnison de Roussille surprit 28 femmes chargées de raisins et les conduisit à La Rolphie. Mais quand les récoltes furent retirées, le pillage moins productif, les surprises plus rares, le comte conçut le projet de s'emparer de la Cité. L'expédition, entreprise le 20 octobre, était forte de 160 à 170 hommes, pris dans la bande de Jean de La Tour et dans les garnisons d'Auberoche, de Bourdeille, de Roussille et de La Rolphie. Elle était dirigée par Aimery de Virazel, dit Migasse, sénéchal du comte. Elle commença par arracher les vignes et les arbres, renversa des moulins et pilla les habitations. L'attaque eut lieu à minuit. Elle se fit sur la barbacanne de Taillefer et dura jusqu'à la neuvième heure, sans autre résultat que la rupture, en plusieurs endroits, du mur de clôture du couvent des Jacobins, et l'occupation momentanée de leur église. Obligés de se retirer, les gens du comte, au lieu de rentrer dans leurs cantonnements, s'installèrent à La Rolphie et mirent la cité en état de siège (3). Les habitants de Périgueux construisirent deux tours, placèrent des corps de garde sur divers points et fermèrent l'espace compris entre le jardin de Roussel et les Jacobins (4). Au milieu des collisions journalières, cinq des combattants, envoyés par le vicomte de Meaux, furent faits prisonniers. Cette perte fit mieux

---

(1) Je n'ai pu savoir où était située cette *borie* ou métairie.
(2) Arch. de Périgueux, liv. noir. fol. 43.
(3) Arch. de Périgueux, liv. noir., etc., fol. 43.
(4) C'est aujourd'hui le couvent des Ursulines.

comprendre à la municipalité qu'elle ne sortirait d'embarras que par l'entremise de l'autorité royale; en conséquence, une députation fut envoyée à Paris.

Succès des démarches de Périgueux auprès du roi. — Elle avait pour mission de faire connaître la situation de la ville et de la cité. Pendant que le procureur général, au nom de la couronne, de la ville, de la cité et des chapitres de Saint-Etienne et de Saint-Front, et de Guillaume de Botas, obtenait des lettres d'ajournement contre Archambaud et ses complices (15 juillet), Charles VI donna ordre de diriger des troupes sur le Périgord (1). Toutefois, soit négligence, soit toute autre cause, ces troupes n'arrivèrent à Périgueux que le 6 novembre suivant, conduites par le vicomte de Meaux, accompagné d'Aymery de Rochechouard, sénéchal de Périgord, qui, pour la première fois, apparaissait dans sa sénéchaussée.

Ce petit corps se composait de 200 hommes d'armes et de 120 arbalétriers, sans compter les valets et goujats (2).

Dès son arrivée, le sénéchal somma le château de La Rolphie de se rendre (3) et envoya un exprès à Montignac, pour signifier au comte les ordres du roi. La garnison de La Rolphie répondit qu'elle ne se rendrait pas, et le comte ne daigna pas répondre.

La double démarche du sénéchal avait été faite le jour même de l'entrée des troupes dans Périgueux. Le soir on délibéra, et le siège du château fut résolu pour le lendemain. Au point du jour, on se mit à l'œuvre (4), et on poussa les travaux avec tant d'ardeur, que tous les préparatifs furent terminés dans les vingt-quatre heures. Le mercredi 8 novembre, les machines battirent le fort toute la journée (5) avec tant de succès, que l'assaut fut décidé pour le lendemain; et, afin que l'attaque se fît avec toute la vigueur et tout l'ensemble désirable, on fit crier dans la ville et la cité, que tous hommes et femmes apportassent des fagots ou fascines pour combler les fossés, des échelles pour escalader les murs, et des pics pour les

---

(1) Les travaux d'enceinte n'étaient pas fixés sur ce point.
(2) Bibl. nat., fonds Lespine. Il est vrai que la date n'est pas précisée mais elle ne peut être postérieure à cette époque.
(3) C'est ce que semblent dire le livre noir et les fragments.
(4) Arch. de Périgueux, liv. noir, fol. 46, fragments, etc.
(5) Voyez *Périgueux et les deux derniers comtes de Périgord* etc., pour les détails.

déblais. On recommandait, en outre, à ceux qui le pourraient, de venir en armes prendre part au combat. Ces ordres furent exécutés, et chacun fut exact au rendez-vous donné pour l'heure de prime. S'y trouvèrent à cheval le vicomte de Meaux, le sénéchal, Cauteleu, Arnaud de Barnabé, élu maire quelques jours plus tard, Hélie Seguin, plusieurs fois maire et consul, et Bernard Favier, que nous avons déjà vu en députation à Toulouse.

Quoique vigoureusement poussé dès le début, l'assaut n'en dura pas moins tout le jour, sans beaucoup de progrès ; les assiégés se défendaient avec énergie. Excités par cette résistance, les assiégeants, bourgeois et soldats, rivalisaient d'ardeur. Les femmes elles-mêmes ne s'épargnaient pas et distribuaient nourriture et rafraîchissements. Cependant la nuit était arrivée, et la place résistait encore. On allait donc prendre des mesures plus énergiques pour le lendemain, lorsque Migasse offrit de la livrer. Avait-il été séduit par des promesses ou trahissait-il son maître, dans l'espoir de tirer un bon parti de sa démarche ? Les documents ne le disent pas ; mais ce qu'il y a de certain, c'est qu'il introduisit les assiégeants dans le château, durant *le premier sommeil* (1), qu'il leur fournit le moyen de surprendre la garnison et de la faire prisonnière, moins quatre ou cinq hommes, et qu'il eut la vie sauve avec un autre de ses complices, parce qu'il promit de délivrer ou faire délivrer le bâtard du Mans, l'un des cinq combattants faits prisonniers en octobre et détenus à Auberoche, et qu'en outre, son complice et lui, firent serment de ne plus combattre contre les Français (2).

On prit possession du château, dans la journée du 10, et le lendemain, jour de Saint-Martin, les principaux prisonniers Geoffroi Barry, Moudisson de la Bovine, Barbe d'or et Drouin furent décapités et écartelés sur la place du Coderc ; sept autres furent pendus.

Le lendemain, dimanche, on fit l'élection du maire et des consuls. Arnaud de Barnabé, que nous avons vu à la tête des bourgeois, pendant le siège, fut élu maire. On ne pouvait faire un meilleur

---

1) Fragments, etc. *Premier sommeil*, c'est-à-dire avant minuit.
2) Supplément au recueil, etc., p. 55, fragments, etc.

choix. Dès qu'il fut nommé, il tomba d'accord avec le vicomte de Meaux pour la démolition de La Rolphie, et le jeudi suivant, 16 novembre, le vicomte adressa au bailli du roi, à Périgueux, un ordre où, après le récit des événements accomplis depuis son arrivée, on lit : « Et pour ce que ledit fort est grandement démolis
» et affoulés, tant par les engins comme par diverses armes qui
» furent faites au combattement, et n'a nulle revenue de quoy il se
» peut garder ne réparer, sans grans mises et constages du roy, et
» que les ennemis du roy se pourroient bouter dedans, et seroit
» grand dommage au roy et au païs s'il demouroit en piés, pour
» tant nous, veu et considéré les choses susdites, du conseil et avis
» du sénéchal et du juge du roy et de ses autres officiers par deça,
» vous mandons estroitement et vous commettons se mestier est, de
» par le roy, sur tout quant que le pourriez meffaire, que, au plus
» tost que vous porrez, après la réception de ces lettres, ladite
» forteresse de la Rouffie, c'est assavoir tours, murs, houstels
» moles et fossés, vous fassiez abattre, démolir et du tout mettre à
» terre, pour telle manière que jamais dès hors en avant, dudit lieu
» en hors guerre, ne soit faite au roy, ni à ses subjects. » Cet ordre, daté de Périgueux, fut exécuté ; premier et important succès dour la ville.

Ordre de saisir les chateaux du comte. — Ce fut sans doute à la suite des démarches heureuses auprès de Charles VI, qu'il ordonna par lettres de prendre et mettre sous sa main les biens, châteaux, etc., du comte et de ses complices, pour punir leurs crimes et rebellions. En vertu de ces lettres, après la prise de La Rolphie, le vicomte de Meaux dirigea une partie de ses troupes sur Roussille, sous les ordres de Cartiel, accompagné d'Aimery des Chabannes, chargé de sommer la garnison de se rendre. Cette démonstration amena une soumission prompte et entière, et le seigneur de Grignols se constitua caution des engagements pris.

Probablement, le même jour, le vicomte et le sénéchal prirent le chemin de Montignac, où ils passèrent deux jours, pendant lesquels ils furent en pourparlers avec Archambaud, conclurent une trêve avec lui, en obtinrent un sauf-conduit pour les sujets du roi, avec la promesse d'envoyer quelqu'un à Paris et *d'ester en droit*, le 27 du courant (1), conformément aux lettres de citation obtenues de la cour du Parlement, le 15 juillet précédent. Nous verrons bientôt comment fut accomplie cette promesse.

1391. — Après l'inutile tentative sur la Cité, et les dommages causés aux Jacobins, les partisans du comte se répandirent dans la province, pillèrent les églises de *Bourdeille* et d'*Anriac de-Boursac*, assaillirent et prirent *Saint-Astier*, rançonnèrent *Bergerac*, s'emparèrent du couvent de *Ligneux*, et portèrent enfin leurs prises au château de Bourdeille. Charles VI accéda aux plaintes de Périgueux et donna ordre de nouveau de saisir et mettre sous sa main les biens et châteaux d'Archambaud.

Les désordres ne provenaient pas tous du fait du comte. Nous trouvons que, dans le cours de cette même année, les collecteurs royaux s'efforçaient de percevoir le droit du commun sur des gens qui ne le devaient pas, ce qui causait un tel trouble, que la municipalité fut obligée de s'en plaindre au roi, et que le roi enjoignit au sénéchal de faire cesser les poursuites (2).

Autefort. — Le sire de Pons était conservateur des trèves en Périgord, pour les Français. En 1391, des bandes du parti anglais, maîtresses d'Autefort, avaient fait des courses sur les terres du sire de Larochefoucault, aux environs de Terrasson; le roi, sur la plainte de ce seigneur, écrivit au sire de Pons de faire réparer le mal par ces pillards et de les punir conformément à ce que statuaient les trèves (3).

D'autres malfaiteurs troublaient le bas Limousin et le Quercy, et

---

(1) Les fragments disent qu'Archambaud promit d'ester en droit en la semaine sainte ; les faits prouvent le contraire. Le vicomte de Meaux arriva à Périgueux, le 6 novembre ; le siège de La Rolphie commença le 7 ; on prit possession de ce château le 10, le lendemain, les prisonniers faits à La Rolphie furent exécutés. Le 12 (dimanche), on fit les élections du maire et des consuls ; le vicomte de Meaux et le sénéchal allèrent à Montignac le 13, ils y restèrent deux jours et rentrèrent le 15 au soir ; le 16 fut donné l'ordre de démolir La Rolphie. Ce jour-là même, sinon le 15, les représentants de Périgueux partirent pour Paris et y furent au moins le 26, peut-être même le 25. Il put et dut y avoir une entrevue ce jour-là, et le lendemain 27, l'affaire fut appelée.

(2) Bibl. nat., papier Lespine, cart. des comtes du Périgord.

(3) Arch. nat. J. 865. et K, 54, n° 9.

avaient plusieurs fois occupé le château de Cazillac ; Enguerrand de Coucy, comte de Soissons, grand bouteiller de France, et capitaine général, pour le roi, entre Loire et Dordogne, écrivit aux habitants de Brive, de Martel, de *Sarlat*, de Turenne et de *Salignac*, d'envoyer des charpentiers, pour abattre cette forteresse

D'autres partisans des Anglais, moins heureux, avaient été faits prisonniers et conduits à Périgueux ; on les obligea à promettre, sur serment, en présence du maire et des gens du roi, de rester bons Français.

Le 15 septembre, Naudenet Durat, étant à Montignac, prêta serment de fidélité au comte de Périgord, pour le château de Bourdeille dont ce seigneur venait sans doute de lui donner la garde.

LE VICOMTE DE MEAUX QUITTE LE PÉRIGORD. — Lorsqu'ils purent croire que la paix était assurée, le vicomte et le sénéchal établirent les troupes dans leurs quartiers d'hiver et quittèrent la province. D'un autre côté, le nouveau maire, Arnaud de Barnabé, les consuls Guillaume de La Roche, Hélie Sergent, et les bourgeois Pierre Artois et Bernard Favier, pour la communauté, les chanoines Aimery de Laval et Pierre Chassarel, pour les chapitres, prirent tous ensemble le chemin de Paris, en compagnie d'Aimery des Chabannes, pour soutenir, devant le Parlement, les plaintes contre Archamband, de sorte que la province fut à peu près abandonnée à elle-même. Ils trouvèrent à Paris, Pierre Coges et Guillaume Jaubert, envoyés du comte ; mais sans être porteurs d'aucun pouvoir officiel de sa part. Ce qui fut cause qu'ils ne se présentèrent pas au Parlement, le 27, comme ils devaient le faire, et laissèrent constater un premier défaut contre le comte, suivi d'une demande, de la part de ses adversaires, et d'un réquisitoire, de la part du procureur général, qui se résume comme il suit : Le chapitre de la cathédrale (St-Etienne-de-la-Cité) demandait 40,000 l. p. de dommages-intérêts, celui de St-Front 60,000 l. p., la municipalité 100,000 l. p. et Guillaume de Bolas, la restitution de sa terre et de ses produits, depuis le moment où le comte se l'était appropriée ; de plus, et à titre de réparation, le chapitre de la cathédrale et celui de St-Front 20,000 l. p. chacun, la municipalité 40,000 l. p. Ils voulaient, en outre, que le comte fût condamné à construire, dans Périgueux, dix chapellenies libres, fournies de tous les ustensiles et ornements nécessaires au culte et dotées de 40 l. p. de rente chacune. Ils insistaient, en outre, d'accord en cela avec le procureur général, pour que tous les châteaux, maisons et bâtiments quelconques, appartenant au comte et à ses complices, fussent démolis et que les cens, rentes, péages et redevances qu'il percevait sur la ville, les habitants et les sujets des chapitres fussent à jamais abolis. De son côté, Guillaume de Botas, demandait 1,000 l. p. de dommages intérêts et 1,000 l. p. de réparation. Enfin ils disaient tous qu'il fallait que la cour s'en rapportât pleinement à eux, pour l'appréciation de leurs pertes et des ravages commis, et que la prévoté que le comte avait dans la ville et la justice du pariage appartinssent désormais à la municipalité et aux chapitres. Enfin le procureur général concluait à ce que le comte et ses complices fussent punis de telles peines corporelles qu'il plairait à la cour de leur infliger, et à ce que leurs biens fussent confisqués au profit de la couronne (1).

Le Parlement avait l'habitude de donner plusieurs défauts contre l'accusé avant de le condamner. Il procéda pour Archambaud et ses complices conformément à cet usage, et leur donna des lettres de répit avec ordre d'avoir à se présenter, le 20 février 1392. Je ne m'arrêterais pas autrement à ces lettres si elles ne contenaient des détails qui prouvent qu'Archambaud n'avait pas perdu son temps, et que, par lui ou par ses amis, il avait agi avec tant d'adresse, que les lettres qu'il avait obtenues semblaient vouloir faire croire que c'était lui qui poursuivait une réparation d'outrage, de violence et de méfait contre ceux qui avaient à se plaindre de lui. Voici ces lettres datées du 29 novembre 1391 : « Charles, etc..... aux vicomtes de
» Meaulx..... et aux séneschaulx de Pierregort, de Saintonge et
» d'Angoumois, etc..... Le comte de Pierregort nous a fait exposer
» que sans ce qu'il ait aucune chose meffait ou offensé envers nous,
» nos gens ou subgiets, vous vicomte et séneschal de Pierregort,
» accompagnés de plusieurs gens, ses hommes et subgiects estes
» allés, de fait appensé, en sa terre et en son pays, et, par force et
» violence, sans les appeler, ou procéder par voie de justice, avez
» pris et encore détenez un de ses lieux, et ses gens avez occis et
» justiciez rigoureusement contre raison et justice, et en son estrange

---

(1) Arch. nat., accords et sect. jud., registre du cr. coté 14, fol. 471.

» grief, préjudice et déshéritement, si comme il dit, requérant sur ce
» le reméde de nostre provision, pour ce est-il que nous, pour cer-
» taines choses et considérations qui à ce nous ont meu, voulons et
» vous ordonnons que toutes ces choses et chacune d'icelles, d'une
» partie et de l'autre, sursoient et demeurent en l'estat..... jusque
» au premier dimanche de caresme prochain..... et dedans le jour
» de la purification..... ledit comte vendra par devers nous, ou y
» envoyera de ses gens ayant pleine puissance de luy, pour nous
» pleinement informer du droit et de la justice qu'il se dit avoir es
» choses dessus dites. Si vous mandons, etc...., faisant intimer aux
» bourgeois et habitants de nostre ville de Pierregort, qu'on dit
» estre partie adverses dudit comte..... et autres à qui il appar-
» tiendra qu'ils soient audit jour..... par devers nous..... pour
» oyr ce que vouldra dire et proposer contre eux ledit comte » (1).

Ainsi, les rôles sont changés, et si le moyen-âge n'en fournissait pas des exemples continuels, on croirait que le roi s'était prononcé pour le comte.

1392. — Tout en subissant la loi du plus fort, Archambaud n'avait pas renoncé à ses projets. Nous en trouvons la preuve dans la conduite de Naudenet Durat appelé aussi Noudonat de Périgord (2), et dans celle de la garnison d'Auberoche.

» Le 4 mars 1391 (1392, n. s.), dit un document de l'époque,
» information contre le comte de Périgord, à cause de ravages
» et d'incendie, à Champagnac (de Bélair), par ses gens du château
» de Bourdeille, le vendredi après les Cendres dernièrement passé,
» sous la conduite de Noudonnet de Périgord, capitaine pour ledit
» comte, de ce château, ainsi que sur les excès commis par ses
» gens du château d'Auberoche, au pas de l'Angle (3), contre Jean
» Grimaud, exécuteur (des hautes œuvres) du roi à Périgueux, et
» Géraud Fayard, sergent royal (4). »

---

(1) Arch. de Pau, t. 3ᵐᵉ inv. prep., p. et l., I. 496. nº 32.

(2) On trouve aux arch. nat., reg. du t. du ch., p. 41, des lettres de remission, en faveur d'un certain Hugonin Lebeau qui rapportent qu'en décembre 1369, *le lundi de la semaine devant Noël*, passa dans les environs de Laferté-sur-Aube, une compagnie de Bretons, de Gascons et autres, dont le capitaine s'appelait Noudonnet de Périgord.

(3) Et non pas le pas de l'Anglais comme on le dit aujourd'hui.

(4) Bibl. nat., papiers Lespine, cart. des comtes du Périgord.

A la suite de son premier défaut, on l'avait ajourné au 20 février. Mais ni lui ni ses complices ne s'étant présentés, un second défaut avait été donné contre eux par la cour, qui avait poussé l'indulgence si loin qu'elle ne s'était occupée du second ajournement que le 18 juin suivant, jour où elle l'avait définitivement fixé au 12 août prochain venant, en ajoutant qu'à défaut de présentation ce jour-là, ils étaient renvoyés au 4 août 1393 (1). Alors le 6 juillet suivant, Charles VI écrivit aux sénéchaux de Périgord, Limousin, Saintonge, Angoumois, Quercy et Agenais, pour leur adjoindre de défendre au comte et à ses partisans de faire la guerre à Périgueux ; les autorisant, s'ils ne pouvaient sûrement se rendre auprès d'Archambaud et de ceux qui suivaient ses ordres, à faire crier cette défense dans Périgueux même. Ces lettres portaient, en outre, que si ledit comte et ses partisans n'obéissaient, les sénéchaux pourraient employer tous les moyens pour les contraindre.

Cependant le comte, se livrant à des intrigues et des démarches, connaissant la lenteur calculée du Parlement, fort des amis qu'il avait en cour, se préoccupait peu des préliminaires, se réservant d'agir au moment opportun. Aussi, lorsqu'il apprit les deux ajournements qu'on lui accordait à la fois, loin de suspendre les hostilités, il encouragea les excès qui nécessitèrent les lettres du 6 juillet.

La folie du roi ajoute à sa confiance et favorise les intrigues. Le comte ou ses amis se mettent en campagne, et, en septembre, le sénéchal de Périgord reçoit des lettres ainsi conçues : « Pour cer-
» taines causes... voulons et à nostre ami et feal cousin le comte de
» Pierregort, avons octroyé et octroyons.... par ces présentes, que
» les fruits, revenues, proffits et esmoluments de ses terres, qui
» ont esté mises en nostre main, pour cause du procès men en
» nostre cour de Parlement, entre ledit comte, d'une part, et le
» doyen et chapitre, maire et habitants de la ville de Pierregort,
» d'autre part, se livrent et applictent soubs nostre dicte main....
» par les gens et officiers dudit comte et à son proffit, jusques à la
» feste de Noël prouchain venant, pendant lequel temps nous avons
» ordonné que ledit procès restera pendant, et voulons que cha-
» cune des parties envoye dedans ledit temps, personnes fondées suf-

---

(1) Arch. nat., sec. jud. accords et reg. du cr., coté 14, fol. 171.

» fisamment à comparoir par devant nous et nos amis et feaulx les
» gens de nostre grand conseil, pour illec traiter sur leurs débats et
» les mettre à accord, se faire se peut, et ce non pour procéder, en
» nostre dicte court de Parlement ainsi que de raison sera, parmy
» toutes voyes que ledit comte, cependant ne procédera aucunement
» par voie de faict contre le doyen et chapitre, maire et habitants
» dessus diz (1). »

C'était bien un premier pas vers une ordonnance de non-lieu. Mais la guérison du roi modifia la situation, et, peu de temps après, Charles donnait à la ville de Périgueux 20 arbalétes et 400 livres, en récompense de son dévouement pour *l'aider à se défendre contre plusieurs châteaux et forteresses qui ne cessaient de l'incommoder* (2).

1393. — Troisième défaut contre le comte et ses complices. — Archambaud ni ses complices ne s'étaient présentés le 12 août ; les chapitres de St-Etienne et de St-Front, fatigués de tant de lenteur, ou redoutant les dépenses qu'entrainerait ce procès, s'étant désistés de leur plainte, le bénéfice du troisième défaut n'avait été poursuivi que par le procureur général, la ville et Guillaume de Botas, qui ne purent obtenir une décision de la cour que le 12 mai 1393 (3). Cette décision et la tournure que prit le procès après le rétablissement de la santé du roi, changèrent les dispositions du comte.

Désordres a Excideuil et dans les environs. — Malgré des tentatives pour amener la paix entre la France et l'Angleterre, la situation restait la même : les Anglais occupaient toujours leurs positions. Un mémoire de 1394 (4) nous donne un aperçu des désordres qu'entretenait dans le pays leur présence.

Hugues de Bruzac, capitaine d'Excideuil, pour la vicomtesse de Limoges, reconnu traitre, avait été arrêté et emprisonné à Excideuil. Hugues de Malet, son lieutenant, non encore soupçonné de

---

(1) Bibl. nat., coll. doat., reg. 244, Périgord. t. 3, fol 104.
(2) Bibl. nat., papiers Lespine, cart. Périgueux.
(3) Arch. nat., sect. jud. accords, et reg. du cr., coté 14, fol. 171.
(4) Ce mémoire transcrit sur un rôle en parchemin, est un long acte d'accusation contre Hugues de Malet. Il appartient à M. Malet de la Jaurie.

trahison, avait introduit à Excideuil, les Anglais, de Morascle (canton d'Excideuil), et fait délivrer par eux Hugues de Bruzac. Quoique sous la sauve-garde du roi, Pierre de Prémillac, blessé par un de ses ennemis, avait demandé aide et protection à ce même Hugues de Malet, comme lieutenant du capitaine d'Excideuil ; mais au lieu de le défendre, Hugues de Malet s'était embusqué et l'avait tué. Ce lieutenant était en outre accusé d'avoir pris violemment des sommes importantes, de s'être emparé de divers domaines à Excideuil, à Preyssac-d'Excideuil et à Clermont-d'Excideuil. On soutenait aussi qu'il avait voulu introduire à Excideuil, du temps qu'Eymery des Chabannes en était capitaine, les Anglais qui occupaient Saint-Jean-d'Escoles. Ce qui se passait à Excideuil, se passait un peu partout.

PRISE DE DOME PAR LES ANGLAIS. — Les Anglais couraient le midi, et s'emparaient par surprise de Dome, d'où ils étaient expulsés, quelques jours après, et les seigneurs de Limeuil et de Montferrant se faisaient toujours une guerre acharnée. Nous avons des lettres du 1er juillet par lesquelles Nicolas de Beaufort accorda une trêve à Renand de Montferrant (1).

QUATRIÈME DÉFAUT DONNÉ CONTRE ARCHAMBAUD ET SES COMPLICES. — Le 4 août venu, la cour n'avait pas entendu parler du comte ni de ses complices. Elle allait donc prononcer le quatrième défaut, lorsqu'Eimery de La Roche, co-possesseur du château de Bruzac, et ami du comte, se présenta inopinément, fit suspendre la décision et renvoyer l'audience au huit du même mois. Eimery portait une procuration d'Archambaud, déclarait sur la foi du serment, qu'il avait laissé ce seigneur dans son château de Montignac, *cassé, infirme, débile* et qu'il venait, par son commandement, devant la cour, aux ordres de laquelle il n'avait pu, ni osé se rendre lui-même à cause des périls auxquels étaient exposés les voyageurs. Il demandait en conséquence qu'elle voulût bien agréer les excuses du comte.

Le 8, la cour satisfaite de cette démarche, prononça le quatrième défaut ; et le jugement ne fut rendu qu'en 1307 (2).

NOUVELLES MESURES PRISES CONTRE LE COMTE DE PÉRIGORD. — Nous

---

(1) Bib. nat. papiers Lespine, cart. des villes closes.
(2) Arc. nat., sect. jud. accords et reg., du cr. coté 14, fol. 171.

ne savons pas ce qui se passa durant la seconde moitié de 1393 ; mais la rechute du roi et les intrigues tramées en Angleterre, au sujet du duc de Lancastre, à qui on avait donné la Guienne pour apanage, dès 1390, durent ranimer les espérances d'Archambaud. Il recommença ses violences, et, au commencement de 1394, les plaintes contre lui étaient devenues si pressantes que le vicomte de Meaux, accompagné de Jean de Harpedenne, nouveau sénéchal de Périgord, et de Guillaume de Tignonville, conservateur des trèves, dut se transporter à Montignac, et assiéger le château avec 200 hommes d'armes et 150 arbalétriers. Nous n'avons pas la date précise de la marche du vicomte, qui arbora, durant cette campagne, la bannière du duc d'Orléans, tuteur du roi, mais des lettres de ce vicomte aux maires et consuls de Périgueux (27 avril 1394), leur enjoignant d'envoyer prestement à Montignac tous les ouvriers qu'ils pourront se procurer (1), prouvent que le retour du roi à la santé avait été le signal de la reprise des poursuites contre Archambaud. D'ailleurs Aimery des Chabannes avait déjà conduit un renfort au vicomte, de la part de la ville. Le siège dura un mois, au bout duquel le comte demanda à composer. Nous avons des lettres de lui du 15 mai portant qu'avant l'Assomption, il fera sortir de ses forteresses d'Auberoche, de Bourdeille et de Roussille tous les malfaiteurs qui les occupent, au détriment du pays soumis à l'autorité du roi, et qu'il en confiera la garde à des hommes qui les maintiendront sous l'autorité royale loyalement, lesquels hommes, désignés d'avance, devront prêter serment entre les mains du sénéchal ou d'un huissier d'armes envoyé par Charles VI. Il s'engage, en outre, à ne plus causer de dommages aux sujets du roi, et donna 2,000 francs d'or pour les dépenses faites par les troupes royales. Le même jour, le vicomte de Meaux, le sénéchal et Guillaume de Tignonville s'engagèrent à vider Montignac et tout le comté, dès que les lettres mentionnées ci-dessus leur seraient livrées.

Ils promirent de ne rien négliger pour que des lettres de rémission fussent accordées aux hommes du comte les plus compromis et pour que lui-même rentrât dans les bonnes grâces du roi (2).

---

(1) Bib. nat., papiers Lespine, cart. des comtes de Périgord.
(2) Arch. de Pau, 3me invent. prép. pet. L. 3me. paq. n° 7.

J'ai parlé des intrigues de la cour d'Angleterre, il me paraît assez probable que les lettres que Richard II écrivit au comte de Périgord, au sujet de l'apanage du duc de Lancastre, et celles que le comte adressa au roi de France, en lui envoyant celles de Richard, doivent être du commencement de 1394. Ces lettres n'ont pas été retrouvées et ne nous sont connues que par la réponse de Charles VI au comte que je transcrirai, après avoir expliqué la situation.

Les lettres du 15 mai avaient été mal accueillies par le roi et le duc d'Orléans, qui avaient d'autant plus blâmé le vicomte de Meaux, le sénéchal de Périgord et Tignonville qu'au moment même où ils se retiraient, Bernard de Petit, maire de Périgueux, était en mesure de leur conduire des secours, sans compter que, dès qu'ils eurent quitté le pays, le comte, se faisant un jeu de ses engagements, n'en tint pas un seul. Il dut recevoir alors les lettres du roi d'Angleterre, ce qui lui donna l'espoir d'emporter de haute lutte l'anéantissement du procès qu'on lui avait intenté et de faire consacrer comme un droit tous les excès dont il s'était rendu coupable. La réponse de Charles VI constate qu'il en avait fait la demande formelle.

« Comte de Pierregort, nostre ami et féal cousin, nous avons
» reeçu vos lettres..... avecques les lettres que nostre adversaire
» d'Angleterre vous a escriptes..... ensemble la response que vous
» avez faicte et une supplication à nous baillée de vostre part.....
» Si sachiez que, en ce que les dictes lettres de nostre dict adversaire
» que vous avez envoyées et (à) nous (avez) fait savoir ce qu'il vous
» a fait signifier, nous avons prins très grande plesir ; et monstrez
» bien la bonne foy et la loyauté que vous avez envers nous, ainsi
» comme tous jours vous et vos progéniteurs avez eu..... et pour
» ce qu'en ladicte créance a (est) contenu que plusieurs autres ba-
» rons et nobles de nostre pays de Guienne ont escript à nostre
» dict adversaire qu'ils se veulent mettre en son obéissance, et aussi
» que ledict nostre adversaire a envoyé son dict message devers
» vous et plusieurs autres qui point ne lui ont escript. .... Quan
» est de vous..... nous tenons de certain que..... vous ensui-
» verez vos dicts prédécesseurs, en gardant vostre loyauté envers
» nous et quant aux autres, nous vous prions que secretement vous
» enqueriez qui sont ceulx qui ont escript à nostre dict adversaire

» et aussi ceulx à qui il a envoyé son dict message et d'iceulx.....
» nous veuilliez certifier le plus bref que vous pourrez ; et ceulx
» qui seront de vostre lignage ou auxquels vous aurez aucune af-
» finité, vous veuilliez exhorter et induire qu'ils veuillent garder
» leur loyauté envers nous, car à l'aide de nostre seigneur..... nous
» y resisterons tellement que vous et tous nos bons subgiez en seront
» reconfortez et resjoiz. Et, quant au dernier point de vostre re-
» questre, contenant que nostre main soit levée de vos terres, pour
» l'amour et affection que nous avons à vous, avons ordonné et
» voulons (que de) nostre main vous recevez tous les fruits et
» émoluments de vostre dicte terre, sans ce qu'aucun empesche-
» ment vous y soit mis, jusqu'à ce qu'autrement en soit par nous
» ordoné. Quant au second point que nous fassions cesser et anuller
» le procès en quoy vous estes en nostre cour de Parlement, comme
» vous savez, vous estes audict procès, à la poursuite de partie, pour
» quoy, sans le consentement de ladite partie, ne s'en peut selon rai-
» son et justice aucune, autrement faire. Et quant au tiers point, que
» nous vous donnions licence que vous vous puissiez desdomma-
» giers, à forte main, contre vos subgiez ; comme vous devez assez
» savoir, nous ne le pourrions faire sauve justice, et seroit chose de
» dur exemple ; mais toutes fois que, par devant nous ou en nostre
» cour, vous les vouldrez poursuir, nous vous ferons d'eulx, si bon
» et si bref droit que vous aurez cause d'en estre content, et autre
» response ne vous pouvons faire, sauve raison et justice esquelles
» nous sommes tenuz à tous nos subgiez.
« Donné à Paris le 26ᵉ jour de juing (1). »

Accueillie, cette triple demande, non-seulement réparait les échecs que le comte avait éprouvés, mais encore lui faisait une position au moins égale à celle de son père ; Charles VI ne voulut pas payer, par une double injustice, une révélation qui tout en ayant son importance, n'était pas le résultat d'un élan généreux. A la suite de ce refus, les hostilités eurent une véritable recrudescence qui motiva une lettre du maire et des consuls au duc d'Orléans, en date du 31 octobre, portant que, depuis que ce comte avait traité avec le vicomte de Meaux, lui et ses gens, en compagnie

---

(1) Arch. de Pau ; troisième inv. prép. P. et L. le 527 n° 77.

de *quelques Anglais*, ne cessent de les harceler, et commettent, chaque jour, de nouveaux excès. Ils demandent, en conséquence, qu'on les protège contre d'aussi redoutables malfaiteurs, et prient le duc d'insister auprès de la cour pour qu'elle ne diffère pas plus longtemps de rendre son arrêt.

1395. — Quelque bien disposé que fût, pour Périgueux, le duc d'Orléans, il ne put pas répondre au désir de sa municipalité, et l'année 1395 arriva sans qu'il y eût rien de terminé. Les hostilités cependant continuaient si bien que, le 20 février, le roi dut écrire au sénéchal de Périgord pour lui dire qu'ayant su que, depuis les conventions arrêtées par le vicomte de Meaux et lui avec le comte de Périgord, ce comte, au lieu de demeurer en paix, redoublait de violence, il lui enjoignait de lui faire commandement d'avoir à cesser les voies de fait et de l'y contraindre, s'il le fallait, par la force.

DÉNOMBREMENT DE LA POPULATION DE PÉRIGUEUX. — Pour mieux démontrer la réalité des maux dont Archambaud abreuvait la ville et la Cité, la municipalité avait demandé qu'on fît le recensement des feux que la guerre ou le comte avaient considérablement réduits. Cette demande fut accueillie par lettres du roi du 26 du même mois de février ; mais le résultat de cette opération ne nous a pas été conservé (1).

Cependant Archambaud, qui ne perdait aucune occasion de nuire à Périgueux, redoutant peut-être d'avoir recours à la violence, saisit ce moment pour réclamer, par sommation, les 20 livres que la ville lui payait annuellement à Noël. La ville refusa.

Cette même année, le sénéchal de Périgord contesta à la ville son droit de justice. Voici l'affaire, d'après des lettres de Charles VI, du 7 juillet, adressées aux sénéchaux de Limousin, d'Angoulême, au juge de Bergerac, ou à leurs lieutenants : « Les maires et consuls
» de la ville et cité de Périgueux nous.... ont exposé que, comme
» ils ont toute juridiction et justice haute moyenne et basse.....
» la connaissance de toute manière de cas, tant criminels que
» civils..... (leur appartient)..... sauf les privilégiés dont (nous
» avons) la connaissance..... (or)..... usant de leur droit (ils
» ont) n'aguère fait prendre et emprisonner..... un appelé Per-

---

(1) Rec. som. des tit., etc., p. 64. L'original est aux archives de Périgueux.

» nier, menuisier, pour certains larcins et crimes par lui com-
» mis..... mais depuis..... à la prière de Jean Harpedene.....
» sénéchal de Périgord..... (ayant sursis) à la punition dudit
» menuisier..... ledit sénéchal, sous ombre..... que ledit me-
» nuisier estoit..... valet d'un arbalestrier de sa retenue (troupe),
» prétend que la connaissance dudit menuisier lui appartient.....
» (par suite de quoi) le crime demeura impuni..... (ce) qui est
» fait très damnable..... si, par nous, n'estoit sur ce brièvement
» pourvu de bon..... remède.... Pourquoi..... voulant lesdits
» exposants estre maintenus..... dans leur droit..... vous man-
» dons..... que vous enjoigniez expressement, de par nous,
» audit sénéchal..... que tantost et sans délai osté tout empesche-
» ment mis..... en la personne dudit menuisier, etc. (1). »

C'est très probablement vers la même époque que commença la querelle de la municipalité avec Taleyrand de Périgueux, consul pour la cité, en 1394. Ce Taleyrand, qui, j'ai tout lieu de le croire, était attaché au comte par quelque lien de parenté, avait prétendu qu'il tenait de lui ce qu'il possédait, et partout lui avait prêté serment de fidélité, selon toute apparence dans le cours de 1395 ; de là, les démêlés dont il sera question plus tard.

Par suite de quelque méfait resté dans l'oubli, Jean Contet, dit d'Auvergne, avait sans doute attiré l'attention de la municipalité, qui fit des démarches à son sujet, auprès de G. Dupont, secrétaire du duc de Berry. Dupont lui répondit : « Vous plaise savoir que, par
» l'argent qu'il a gagné mauvaisement, il a de grands amis en
» France et dans ce pays (Auvergne) ; et ay entendu, que de nou-
» veau il a eu rémission du roy, et pour (ce) je croy qu'il ne mourra
» point (2). »

Pendant ce temps, Jean duc de Lancastre et de Guienne, qui se trouvait à Bordeaux, faisait don à perpétuité du château de Puiguilhem à deux frères du nom de Bertrand et Bascolat (3).

1396. — La maladie du comte était vraie ; en 1396, elle était incurable. Il n'arrêta point cependant les déprédations de ses ban-

---

(1) Rec. de titr., etc., p. 236.
(2) Bibl. nat., papiers Lespine, cart. Périgueux.
(3) Bibl. nat., col. Brequigny, Reg. 32 Guienne, vol 23.

des. L'année 1396 fut déplorablement mémorable par les ravages qu'elles commirent. Elles débutèrent par un audacieux coup de main.

Prise du château de Caussade. — Depuis le siège du château de Caussade par la garnison d'Auberoche, en 1386, il avait été mis sous la sauvegarde du roi. Vers l'Epiphanie 1395, cette même garnison se porta sur le château, en fit le siège, s'en empara quelques jours après, blessa et fit prisonnier le commandant, s'appropria tout ce qu'elle y trouva, conduisit à Auberoche le commandant, qui fut mis en prison, avec ses frères et ses cousins, lui fit subir la torture et le pendit ensuite ignominieusement, malgré son appel au roi (1). Des plaintes furent portées et, au mois de septembre suivant, le roi donna l'ordre d'arrêter les coupables partout où ils seraient rencontrés, excepté dans les lieux saints. Ce retard de l'ordre du roi me donnerait à croire que les excès commis par les garnisons de Montignac et autres châteaux qui coururent le pays toute l'année, ne furent pas étrangers à la détermination de Charles VI (2).

Les autres habitants de la contrée ne se faisaient pas faute de violenter leurs semblables et de mettre la force à la place du droit. Louis de Souilhac, seigneur d'Azerac, par sa femme (il avait 18 ou 20 ans) demandait et obtenait le 5 mai des lettres de rémission pour avoir blessé à mort un sergent royal, dans l'exercice de ses fonctions, à Azerac, sous le prétexte que ce sergent, dans le cimetière d'Aze-

---

(1) Bib. nat., papiers Lespine, cart. des comtes de Périgord. En rapprochant les détails qui nous restent, on serait tenté de croire que cette expédition était conduite par Archambaud, fils d'Archambaud V, et qui plus tard se fit appeler Archambaud VI.

(2) Ce crime et toutes les violences commises, durant cette année, ne sont énoncés ni dans l'arrêt de 1397, dont il va être question, ni dans celui de 1399 qui sera rapporté en son lieu ; mais les lettres du roi signalées plus haut et une procuration relative au commandant de Caussade, appelé Mosnier, ayant pour but de faire actionner Archambaud et de le contraindre à payer 39 l. (Arch. de Périgueux), prouve suffisamment qu'au lieu d'être négligé, cet acte odieux fut l'objet de poursuites toutes spéciales. Du reste, comme cet assassinat fut le signal des cruautés qui se commirent dans le courant de l'année, il était tout naturel que ce monarque prit en considération tant de méfaits et que le Parlement crût de son devoir d'en finir avec ce procès.

rac, lui avait dit des paroles insolentes et avait manqué à sa mère (1).

La dame de Frateau. — Huguette de Magmont, dame de Frateau, avait été demandée en mariage par Rogier Barrière, tenant le parti anglais, jadis mari de Perinette Magmont dont Huguette avait hérité. Comme veuf de Perinette, Rogier occupait le château de Frateau et ses dépendances, sans vouloir s'en dessaisir tant qu'il n'aurait pas épousé Huguette. Le sire de Commarque, tuteur de cette dernière, qui ne voulait pas de Rogier pour son mari, parce qu'il n'était pas du parti français, plus soucieux de ses intérêts matériels que de son devoir, força la jeune fille à épouser Rogier, à Fossemagne, et reçut de lui, pour cet acte de violence, 400 francs d'or. Rogier, pour calmer les scrupules d'Huguette, obtint des dispenses du pape, portant qu'il n'avait jamais eu d'attachement charnel avec Perinette, parce qu'elle était morte trop jeune. Le mariage ayant eu lieu, sans la permission du roi, afin de réparer cette omission par la raison que Rogier n'était pas français, Huguette, cette même année, demanda et obtint des lettres de rémission (2).

Limeuil. — C'est en 1396 que Nicolas de Beaufort fit les premières démarches pour son mariage avec Mathe de Montaut de Mussidan. Les dispenses accordées par le pape, pour cette union, sont du 4 juin (3), et le contrat de mariage du 5 février 1397 (4).

Belvès. — Les consuls et habitants de Belvès avaient eu de nombreuses relations avec les Anglais, durant les guerres et autrement, parce qu'ils étaient dans leur voisinage. Dans la crainte qu'il pût leur en mésarriver plus tard, ils demandèrent, à la même époque, et obtinrent pareillement des lettres de rémission (5).

1397. Arrêt contre Archambaud et ses complices. — Le siège de Caussade et les violences d'Archambaud émurent profondément Charles VI et le Parlement, et firent prendre la résolution d'en finir

---

(1) Arch. nat., reg. du tr. des ch., coté 149, p. 235.

(2) Arch. nat. Reg. du tr. des ch. coté 149, p. 296.

(3) Extrait des arch. du Vatican.

(4) Bibl. nat., fonds Baluze, 1re armoire, paquet 5, n° 3.

(5) Arch. nat, reg. des ch. coté 150. p. 181.

avec lui. Il est à présumer cependant que les démarches du duc
d'Orléans, dont on connaît déjà les bonnes dispositions pour Périgueux, ne furent pas étrangères à cette détermination. Dans tous
les cas, il est certain que, sur un ordre du roi, l'affaire restée en état
depuis plus de trois ans, attira de nouveau l'attention de la cour
et fut reprise à la fin de 1396, ou au commencement de 1397.

Le Parlement, réuni en audience solennelle, le 3 février 1397,
rendit son jugement de la manière suivante : « Sur les conclusions
» du procureur général, du maire, des consuls et de la communauté
» de Périgueux et de Guillaume de Botas, et par suite des quatre
» défauts prononcés contre eux, les accusés Archambaud, comte de
» Périgord et ses complices Pierre Coges, Pierre de Grâce, Guil-
» laume Jaubert, Pierre de Barath, Geoffroy Barry, capitaine de La
« Rolphie, Colin de Bouville, Jean Cotet dit d'Auvergne, capitaine
» d'Auberoche, Pierre Dupont, connétable de ce même château,
» Jean de La Tour, Jean François dit le moine, et moine en effet,
» Marigot d'Aine, Audoynet, capitaine de Fossemagne, Jean Girou,
» capitaine de Bourdeille, Alain du Marchez, capitaine de Roussille,
» Rigaut, connétable de ce même château, Guillou Laurion, Jean
» Bastide Cossaudo, Philipot, Le Bâtard de St-Pierre, Jean Beuf-
» Cornut, procureur du comte et Olivier Mercure, jugés par défaut.
» sont déclarés coupables de tous les crimes à eux imputés, avec la
» clause expresse qu'il ne leur sera jamais loisible de dire ou de
» faire, sous quelque prétexte que ce soit, rien qui leur permette
» de recommencer le procès. En conséquence, la cour les con-
» damne, chacun solidairement et pour le tout, à réintégrer la sauve-
» garde royale, avec restitution à Guillaume de Botas de ses héri-
» tages, ensemble et de leurs revenus, depuis leur occupation jusqu'à
» ce jour ; à fonder dans la ville ou dans la cité de Périgueux, deux
» chapelles ou chapellenies garnies de tout le matériel nécessaire
» pour l'exercice du culte, avec trente livres parisis de rente an-
» nuelle et perpétuelle chacune, dans lesquelles les offices divins
» seront célébrés pour le repos et le salut des âmes de ceux qui
» périrent, par leur fait ou par leur faute, et dont la collation ap-
» partiendra au roi et à ses successeurs, à perpétuité ; de plus, à
» payer aux maire, consuls et communauté et à Guillaume de Botas,
» tant pour leurs biens pris, pillés et dévastés que pour injures,

» dommages-intérêts et dépenses, la somme de trente mille livres
» tournois, et, s'ils peuvent être trouvés et appréhendés à rester
» en prison jusqu'à ce qu'ils aient pleinement satisfait à toutes ces
» choses. Elle ordonne en outre que, d'abord et avant toute confis-
» cation, il sera prélevé, sur les biens de tous les condamnés, de
» quoi fonder et doter les deux chapellenies et de quoi faire face aux
» autres condamnations sus-énoncées. En ce qui concerne la vin-
» dicte publique, et pour satisfaire à la requête du procureur
» général, à la cour, à l'exception de *le moine*, qu'elle ne rend soli-
» daire qu'en tant qu'il s'agit des condamnations civiles, bannit à
» perpétuité du royaume de France, Archambaud et ses complices,
» et déclare à jamais confisqués les biens qui leur resteront, après
» satisfaction faites aux peines civiles qui leur sont infligées (1). »

LA VÉRITÉ SUR ARCHAMBAUD V. — Ce jugement que les généalogistes et les historiens ont défiguré à plaisir, dont ils ont même
dénaturé la date et fait un double arrêt, ce qui les a conduits à attribuer à Archambaud près de deux ans de vie de plus qu'il n'a vécu
réellement, et à le faire mourir en Angleterre, donne une si mauvaise idée du caractère et de la loyauté de ce comte qu'on a essayé de
tirer partie des circonstances qui se rattachent à cette affaire, afin de
le réhabiliter. Mais, non-seulement la date de l'arrêt du 3 février
1397 ne saurait être mise en doute, en présence des registres ori-
ginaux du Parlement, mais nous avons encore un autre arrêt
contre ce même personnage, qui nous le présente sous des couleurs
plus sombres, et nous apprend que ses mœurs étaient aussi dissolues
que son caractère violent. Voici le résumé de cet arrêt significatif.

« Vers 1373, un de ses vassaux, appelé Jean de Lamothe, avait
» une fille unique du nom de Catherine, fiancée à Gui de Rouffignac.
» La fille, évidemment belle, avait attiré l'attention d'Archambaud,
» âgé de 34 ans environ, qui voulut empêcher cette union. Le jour
» du mariage, il se rendit sur les lieux, avec une nombreuse suite
» et, pendant deux fois vingt-quatre heures, il s'efforça de pénétrer
» dans l'église, où les deux jeunes fiancés étaient réunis, avec leurs
» parents, pour s'emparer de Catherine et l'emmener avec lui.
» Cette tentative ayant échoué, et le mariage étant consommé,

---

(1) Arc. nat., sect. jud., accords et reg. du crime. côté, 14, fol. 171.

» Archambaud se saisit des biens laissés à cette jeune fille,
» en pilla et détruisit, par le feu, la principale habitation, se
» rendit maître de la personne de Jean de Lamothe qui y faisait
» sa résidence, le tint prisonnier à Montignac, et perçut les
» revenus de tous les domaines provenant de l'oncle. Cité à com-
» paraître devant le Parlement, en décembre 1376, il fit deux fois
» défaut, en 1377 et 1378. Jean de Lamothe étant mort, dans le
» cours de cette dernière année, l'affaire resta en état et ne fut
» reprise qu'en 1391, par Gui de Rouffignac et sa femme, qui
» n'obtinrent pourtant deux autres défauts qu'en 1393 et 1394.
» L'arrêt définitif ne fut rendu que le 18 avril 1397 (1). Le comte

(1) Arc. nat., sect. jud., reg. du cr., coté 11, fol. 179. S'il fallait s'en rapporter à la date de cet arrêt, Archambaud V aurait encore été de ce monde
le 18 avril 1397 ; mais c'est une erreur.

Selon les généalogistes, après sa condamnation, Archambaud se retira en
Angleterre, au moyen des ressources pécuniaires que lui aurait fournies le
duc d'Orléans, qui depuis longtemps convoitait son comté. Archambaud V
n'alla pas et ne mourut pas en Angleterre, mais à Montignac, comme le dit
expressément le testament de son fils, et ne quitta pas cette ville depuis 1391
jusqu'à sa mort.

Il ressentait déjà le mal qui l'emporta, comme le dit Eymery Laroche au
Parlement ; presque aussitôt, il fut assiégé par le vicomte de Meaux, et
après le siège, il réside dans cette ville. Les *fragments* etc., le disent d'ailleurs formellement. « Et en l'an même le comte mourut soudainement, et
» Brunissent, sa fille, tenoit les clefs du trésor et avoit le gouvernement, car
» son frère Archambaud, lequel fut comte, estoit en (avec) sa mère en
» Saintonge. »

Croira-t-on que si Archambaud n'avait pas été infirme il aurait donné à
sa fille les clefs de son trésor et la direction des affaires ?

La date précise de sa mort n'est pas aussi facile à établir. Incontestable-
ment, au mois d'avril 1397 il était mort ; mais vivait-il encore lorsque l'arrêt
du 3 février fut rendu ? Je l'ai cru longtemps, parce que des lettres de
Charles VI, du 17 mars suivant, en parlent comme d'un homme vivant encore
à cette époque. C'est une erreur, voir : *Périgueux et les deux derniers comtes de
Périgord*, p. 219.

» Il y a tout lieu de croire qu'Archambaud n'était pas mort au commen-
» cement de février 1397 ; mais, si à la date du 15 mars, attendu que son fils
» absent du Périgord, au moment de son décès, n'y revint qu'environ deux
» mois après qu'il était en possession du comté, dès avant le 28 avril. » Le
doute exprimé dans ce passage, tenait à la manière dont sont formulés les
arrêts du 3 février et du 18 avril. Ils m'avaient donné à penser qu'Archambaud pouvait bien être encore vivant quand ils furent prononcés ;
mais je n'hésite pas aujourd'hui à reconnaître mon erreur.

L'erreur du jugement s'explique par la lenteur et les difficultés des com-
munications. Les derniers renseignements reçus à Paris étaient à ce moment

» fut condamné à reconstruire l'habitation incendiée, à restituer
» les revenus perçus ou leur valeur, et à payer deux mille cinq
» cents livres de dommages-intérêts à Gui de Rouffignac et à
» sa femme qui, ainsi que leurs sujets, cessèrent, dès ce moment,
» d'être ses vassaux. De plus, pour satisfaire à la vindicte publique,
» son comté était confisqué et lui banni à perpétuité (1). »

Procès. — 1397-1398. — Guillaume de Tignonville, conservateur

---

antérieurs à l'expédition sur Caussade, puisqu'il n'en est pas question dans l'arrêt du 3 février et que la poursuite des assassins du capitaine Mosnier n'eut lieu qu'en 1399. Il n'est donc pas étonnant que, dans les arrêts du 3 février et du 18 avril, Archambaud V fût toujours considéré comme vivant.

Les fragments disent aussi : « Archambaud, après deux mois qu'il sçut
» la mort de son père, s'en vint en Périgord, pour prendre la possession
» (laquelle print) de la comté, et sitôt qu'il fut Montignac, etc. » Si nous avions la date de l'arrivée d'Archambaud VI, à Montignac, nous aurions celle de la mort de son père ; ce que nous savons de plus positif, sur cette date, c'est que, le 18 avril, Charles VI avait ordonné d'informer contre ce prétendu comte et ses complices, d'où il résulte qu'Archambaud V ne devait plus être de ce monde le 18 février précédent ; mais, comme les accusations portées contre Archambaud VI et ses adhérents, supposent un délai de nature non-seulement à leur permettre de se livrer aux excès qu'on leur reprochait, mais encore à leur donner le temps nécessaire pour que les lettres du roi, qui ordonnaient l'information, fussent écrites, je dois faire ce délai au moins de trois semaines, sinon d'un mois. Archambaud V devait donc être mort au commencement de février. Mais, est-il bien sûr qu'Archambaud V ne mourut qu'à la fin de janvier ? Non, tout porte à croire au contraire qu'il était décédé depuis déjà bien des jours, au moment où fut rendu l'arrêt du 3 février. Voici mes conjectures à cet égard.

On lit dans les fragments, à la suite du passage rapporté plus haut : « Le
» tiers jours (de son arrivée à Montignac) à minuit, (il) fit prendre et lever
» du lit maistre Bertrand, et Gehnen et questionna quinze ou seize fois.....
» et après ledit Archambaud fit guerre et de Montignac et d'Auberoche. »

Ces trois jours passés à Montignac et le temps qu'il dut mettre à faire ses préparatifs pour la campagne qu'il allait entreprendre, donnent par conséquent à penser qu'il dut se passer plus d'une semaine avant qu'il pût commencer les hostilités. Admettons une douzaine de jours et nous trouverons alors, comme ce qu'il y a de plus probable, que son père avait cessé de vivre au plus tard vers le 15 janvier.

(1) On a vu que le comté avait été confisqué, par l'arrêt du 3 février. Il faut conclure de cette itérative confiscation que c'était une formule obligée adoptée par la cour du Parlement,

Ce procès, travesti par le père Dupuy (Testat de l'Eglise du Périgord, t. 2, p. 125), a fourni à Lagrange-Chancel, le sujet de son roman sur les amours d'Archambaud VI et de la fille du maire de Périgueux. (Voyez Périgueux et les deux derniers comtes de Périgord, appendice, p. 331).

des trèves avec les Anglais, avait la mission de recouvrer certains châteaux, parmi lesquels celui de *Bigaroque*, occupé par un chef de bande Berthaine d'Estrenne. En raison du préjudice qu'il causait au pays et des prisonniers qui s'y trouvaient renfermés, on avait traité, pour la remise de Bigaroque, sur le pied de 3,000 francs d'or que Guillaume de Tignonville devait remettre à Berthaine. Guillaume garda cette somme, et la garnison garda le château, les prisonniers et continua ses courses (1).

Raimond de la Porte, écuyer, dévoué aux Archambaud, sur une invitation d'Archambaud VI, s'était rendu auprès de lui et l'avait accompagné dans une expédition contre le château des Chabannes, appartenant à Aimery des Chabannes, dont il sera bientôt question. S'il fallait s'en rapporter à des lettres de rémission accordées, en novembre 1397, son empressement à se conformer au désir du soi-disant comte du Périgord n'avait rien d'hostile envers *Aimery des Chabannes*, auquel il aurait essayé de rendre tous les services possibles, ce qui n'aurait pas empêché le procureur du roi à Périgueux, et Aimery de le poursuivre, devant le sénéchal de Périgord, qui le menaça du bannissement; sur quoi il fit appel au Parlement. L'arrêt définitif n'était pas encore rendu en 1398.

Il y avait aussi un procès, au Parlement, entre l'évêque de Périgueux et Archambaud VI, conjointement avec les nommés Menot du Pont, Raimond François, Guillaume et Raoul de Villebois, Aimery de Grandval, Culgros, Lhospital, Gerard et Jean du Pujol, prêtre, Raimond du Pujol, Jean Guniel, Bernard du Pont, Pierre Rigaud, Philippot et Peyrougo. A cause des occupations de la cour, le procès fut ajourné au mois de janvier 1398, et l'ajournement fut signifié au soi-disant comte et à ses co-accusés, par les sénéchaux de Périgueux et de Limoges (2).

Dans un arrêt du Parlement, de 1390, donnant défaut contre Jean de Beaufort, seigneur de Limeuil, au procureur général, et à Renaud de Pons VI, vicomte de Turenne et conservateur des trèves en Guienne, on lit : « Jean de Beaufort, seigneur de

---

(1) Arch. nat , sect. jud., reg. du Parlement criminel-conseil.
(2) Arch. nat., sect. jud., Parlement; reg. du crim., côté 14, fol. 167.

» Limeuil, possédait, dans le royaume de France, tant en la séné-
» chaussée de Périgord qu'ailleurs, des châteaux, des châtellenies,
» des forteresses et autres domaines et localités. Comme féal du roi,
» il devait résister aux ennemis du royaume, par tous les moyens
» possibles, et faire en sorte qu'aucun dommage ne fut causé à la
» couronne, à ses domaines ni à ses sujets, sous peine d'en suppor-
» ter les conséquences. Cependant, par sa volonté désordonnée,
» ledit Jean avait livré le château de *Campagne* à Arnauden de
» Mussidan (1) et celui de *Leyrat* à Jean de Mausans, partisans
» déterminés des Anglais. Profitant de la position qui leur était faite
» pour nuire au roi et à son royaume, ces deux chefs et leurs bandes
» avaient fait une âpre guerre dans la contrée, aux environs des
» châteaux, pillant, violant, incendiant, capturant, rançonnant ou
» égorgeant les sujets du roi ». Nous trouvons, un peu plus loin,
que, « non content de cela, et quoique Renaud de Pons eut seul
» qualité pour nommer et déplacer les capitaines des châteaux
» confié à sa garde, Jean de Beaufort, de sa propre autorité,
» avait changé ceux de Limeuil et de Campagne ». Ces détails
expliquent les lettres suivantes de Charles VI à ce même Renaud
de Pons : « Nous vous mandons expressément que le châteaux
» de Limeuil, de Clérens et de Campagne, ensemble les autres
» forteresses appartenant au sire de Limeuil, vous teniez et gar-
» diez ou fassiez tenir et garder sûrement en nos obéissance et
» subjection, par les forme, manière et en l'estat que vous les avez
» et tenez à présent, sans les bailler, rendre ou délivrer à personne
» quelconque, jusques à tant que de nous aiez mandement au
» contraire (2). »

Je place ici des lettres du sire de Pons au captal de Buch, au sujet d'une marque prise par le sire de Mussidan, contre Périgueux (3). Ces lettres, sans date, sont adressées au captal de

---

(1) Frère de la seconde femme de son père, et son beau-frère plus tard. Ce rapprochement donne à penser que déjà Jean était brouillé avec son père et se préparait à se faire Anglais, ce qui fut cause, sans doute, qu'il épousa plus tard Marguerite de Montaut, sœur d'Amanieu.

(2) Arch. nat., J. 865.

(3) Bibl. nat., papiers Lespine, cart. Périgueux. Lettres de marque ou de représailles.

Buch, comme conservateur général des trêves, pour les Anglais. Renaud de Pons s'y plaint de ce qu'on n'a pas retiré cette marque, quoiqu'il l'ait plusieurs fois réclamé. Cette réclamation réitérée dut être faite au moment où le sire de Mussidan, courant le pays avec sa bande, faisait avec le seigneur de Limeuil l'arrangement dont il vient d'être question.

LIVRE VI

CHAPITRE IV

ARCHAMBAUD V ET SA FAMILLE. — Archambaud V mourut à cinquante-sept ans. Outre les douleurs d'une vieillesse prématurée, la conduite de son fils et de sa femme lui causèrent des tourments. L'absence de sa femme et de son fils, au moment de sa mort, ne nous disent-ils pas qu'il n'était pas d'accord avec eux (1)?

Archambaud V avait épousé Louise de Mastas (Mathas), le 11 février 1359. De ce mariage étaient nés :

1° Eléonore, mariée du vivant de son père avec Jean de Clermont, vicomte d'Aunay, seigneur de Mortagne ;

2° Archambaud, connu sous le nom d'*Archambaud l'impuissant*, qui prit le titre de comte après lui, mais qui ne fut jamais reconnu comme tel par le roi de France (2) ;

3° Brunissande qui, dans la suite, épousa Jean Larchevêque, seigneur de Parthenay ;

4° Un second fils, mort jeune, dont le nom n'est pas connu ;

---

(1) Voici deux faits qui semblent concourir à révéler cette mésintelligence. La collection Doat (Bibl. nat., Reg. 242, Périgord, t. 1., p. 159), contient l'extrait d'un arrêt du Parlement, rendu en 1398, par lequel Louise de Mastas, comtesse de Périgord, et son mari sont condamnés à payer 5,450 francs d'or à Louis Chauderier pour du sel à eux vendu, et l'extrait d'un autre arrêt, de la même année, par lequel la cour adjuge audit Chauderier le droit de faire vendre les terres de ladite Louise de Mastas, jusqu'à concurrence de la somme due.

(2) Périgueux et les deux derniers comtes de Périgord, etc, preuves, p. 136.

5° Et des filles, dont on ne dit pas le nombre, également mortes jeunes.

Archambaud V fut enterré à Montignac dans l'église du couvent des Cordeliers, à côté de son fils le plus jeune et de ses filles.

Archambaud vi. — La lenteur que le fils d'Archambaud V mit à rentrer en Périgord, prouve que la situation était difficile.

Comme on l'a vu, l'arrêt rendu contre Archambaud V et ses complices portait en substance qu'après le prélèvement de tous les frais, dépens, auxquels ils avaient été solidairement condamnés, ce qui resterait de leurs domaines séquestrés serait et demeurerait confisqué au profit de la couronne. Il en résultait que si la peine était légalement infligée, le comté était devenu propriété de l'État; que si, au contraire, la confiscation était illégale, le comté n'en restait pas moins sous le séquestre.

Ainsi, Archambaud VI ne pouvait prendre possession de l'héritage sans la levée de la main-mise royale.

Dès qu'il fut décidé de prendre le comté, il agit résolument. Il affecta donc de se croire tout naturellement appelé à cette succession et s'en empara, sans solliciter de s'acquitter, envers le roi, de l'hommage que sa qualité de vassal direct lui imposait.

Bertrand Dubois et Mondon Dartensec. — L'acte d'insubordination felone par lequel il débuta fut immédiatement suivi d'une exécution qui révéla son caractère intraitable.

Lorsque le vicomte de Meaux et le sénéchal occupaient Montignac et assiégeaient Archambaud V, ce comte, déjà malade, traita avec les représentants de l'autorité royale. Deux hommes d'une fidélité à toute épreuve, Bertrand Dubois et Mondon Dartensec, négocièrent ce traité. Depuis lors, ces deux hommes n'avaient cessé de jouir de la confiance du comte. Ce traité s'était-il conclu contrairement à la volonté du fils, ou bien Dubois et Dartensec avaient-ils trouvé le moyen de trop s'insinuer dans les bonnes grâces du père? Le fils leur avait voué une haine implacable. Trois jours après son arrivée à Montignac, sans formalité préalable, à minuit, il fit arrêter Dubois, le fit mettre quinze ou seize fois à la question, lui fit trancher la tête, malgré son appel au roi de France, et ordonna qu'elle fût placée au même endroit où, en 1391, avait été dressée la bannière du duc d'Orléans. En outre, il confisqua ses biens et chassa sa femme, sans lui permettre de rien emporter avec elle. Quant à Dartensec, dont il n'est pas question, il n'échappa évidemment au même sort que parce qu'il était absent de Montignac.

ARCHAMBAUD VI SE MET EN CAMPAGNE. — A peine Archambaud VI s'était-il défait de Dubois qu'il convoqua les vassaux du comté les plus dévoués, les réunit aux bandes d'aventuriers restées sous ses ordres et parvint de la sorte à mettre sur pied une petite armée plus que suffisante pour désoler le pays (1).

Ses amis cependant, parmi lesquels figurait en première ligne Hélie III, seigneur de Grignols, chambellan de Charles VI, s'étaient très probablement empressés de lui faire connaître la fâcheuse issue du long procès de son père et les mauvaises dispositions du roi et du Parlement ; mais, loin de chercher l'indulgence du roi, il reprit ses expéditions et harcela Périgueux. Raymond, sire de Mussidan, se disposait alors à marcher contre Archambaud.

LES MAIRES DE PÉRIGUEUX. — Bernard de Chaumont avait été nommé maire de Périgueux, le premier dimanche après la St-Martin, 1396. En juin suivant, on fit les démarches pour mettre à exécution l'arrêt contre Archambaud, dont il sera question plus bas. Bernard de Chaumont eut pour successeur Bernard de Petit, dont l'énergie et l'activité rendirent de grands services à Périgueux.

CORBORAUD DE LAURIÈRE, DIT CORBISSO. — Quelque fausse que fût la position d'Archambaud VI, il avait encore des vassaux dévoués comme Raimond de La Porte, qui s'empressaient de s'acquitter envers lui de leurs devoirs féodaux. Corboraud de Laurière, dit Corbisso, seigneur de Lammary, lui rendit hommage, le 25 décembre 1397, pour tout ce qu'il possédait dans la seigneurie d'Auberoche, en présence de Bernard de Montaut, seigneur de Saint-Front, près Mussidan, de Taleyrand de Périgueux, de Raimond de Salignac, d'Amalric de Barrière, et de Gui, abbé de Terrasson (2) ; ce qui prouve que ces personnages étaient plus

---

(1) Voir aussi les lettres de rémission de Raimond de Laporte. Arch. nat. reg. du traité des Chartes, coté 152, pièce 233 et *Livre noir*.

(2) Courcelles, *his. gen. et hérald. des pairs de France*, t. 4, art. Laurière. p. 12.

ou moins ses partisans.

Sarlat (1397). — Par lettres de Charles VI, la municipalité de Sarlat fut autorisée à percevoir un droit sur toutes les marchandises qui entreraient dans la ville. Il y eut, en outre, une information par les consuls, sur plusieurs dommages causés à cette même ville par le sénéchal Jean Arpedenne (1).

Déportements d'Archambaud VI. — Archambaud VI se mit en campagne vers la fin d'avril. Avant de quitter lui-même Montignac, pour se rendre à Auberoche, le 28 avril, il écrivit à Raimond de Laporte de venir le rejoindre en armes, et se mit ensuite en route pour ce château, d'où il se dirigea sur les Chabannes.

Siége et destruction du chateau des Chabannes. — Parti le lendemain, Laporte arriva le soir aux Chabannes et assista au siège du château, qui dura trois jours. Comme les détails les plus circonstanciés sur ce siège sont consignés dans les lettres de rémission de Raimond de Laporte dont j'ai déjà extrait divers renseignements, je transcris ces passages, en faisant observer que, dans les lettres de rémission en général, la vérité est toujours un peu atténuée au profit de celui à qui elles sont accordées, et en les rectifiant par l'acte d'accusation dirigé contre lui par le procureur général du Parlement et Aymery des Chabannes.

« Ledit Raimond se transporta (à l'ostel de Aymery des Cha-
» bannes), pour savoir que lui voulait ledit Archambaut, et y ar-
» riva environ heure de vespre (vers le soir), et le lendemain parla
» à ycelui Archambaut, pour savoir sa volenté : lequel Archam-
» baut tenoit et faisoit tenir siège devant l'ostel dudit Aymery
» des Chabannes, lequel Aymery estoit lors et est encores, si
» comme on dit, lieutenant de nostre sénéchal de Pierregort ; mais
» assez tost après ycelui Raymond estant avec ledit Archambaut,
» il vint à lui un escuier nommé Almaury de Fumel, qui dist, à
» ycelui Archambaut, qu'il avoit audit ostel dudit Aymery, trois
» hommes tenant le parti du roy d'Angleterre, auxquels il avoit
» parlé, et avoit tant fait avecques eulx que, se il les en vouloit

---

(1) Ces deux pièces, déposées dans les archives de Sarlat, ne s'y trouvent plus. Un inventaire seul en fait mention. Cet inventaire se trouve à la fin de certaines copies des antiquités du Périgord du chanoine Tardes.

» laissier aller leurs corps ou (et) leurs biens saufz, lui livreroient
» ledit hostel ; dont ledit Archambaut les assura, et pour ce, ils lui
» livrèrent présentement ledit hostel, et entrèrent dedans, ledit
» Archambaut et ses gens, et y entra ledit Raymond avec eulx, par
» le commandement d'ycelui, sans ce qu'il en meist oncques ba-
» cinet en teste ; lequel n'y fist mal ne desplaisir, ne y preist
» aucune chose ; mais eust volentiers gardé audit Eymery, le sien,
» s'il eust peu, dont il ne pot rien faire, fors un papier de rentes
» d'yeclui Aymery, lequel y fist rendre à un prestre, familier dudit
» Aymery, et se les gens de dedans ledit hostel ne l'eussent rendu
» audit Archambaut, et se feussent défendus contre lui, ledit Ray-
» mond n'avoit propos ne voulenté de mettre bacinet en teste contre
» eulx, et après ce que ledit hostel fut ainsi rendu, comme dit est,
» audit Archambaut, icelui Archambaut fist en commencier à
» miner y celui hostel et demeura trois jours y celui Raymond
» avec led. Archambaut, pour ce que l'en disoit que Amanieu de
» Mussidan, chevalier, tenant le parti des Anglais, assembloit gens
» d'armes pour venir combattre y celui Archambaut, parce que
» entre eulx deux, de très longtemps il avoit eu et à grant noise et
» discension, et fu ledit Raymond en la compagnie dudit Archam-
» baud jusques au premier jour de may ou environ qu'ils se trans-
» porta devant Périgueux pour parler aux *frères prêcheurs*, sur
» ce que yceulx frères faisaient faire une sépulture pour le sei-
» gneur de Pons, en une chappelle de leur église, laquelle chap-
» pelle les comtes de Périgord avoient fondée (1), en disant ausdits
» frères qu'ils avoient esté bien paiez de la fondation d'ycelle
» chappelle, et qu'ilz n'y devoient point faire d'autre sépulture ; et
» delà, sans faire aucune force, pillerie ou volerie, en allant de-
» mourant ou en retournant, s'en retourna ledit Archambaut audit
» hostel dudit Aymery des Chabannes, lequel hostel il trouva tout
» même, ainsi que fait faire l'avoit, et bouta le feu es pièces de

---

(1) Le sire de Pons avait épousé Marguerite de Périgord, sœur d'Archambaud V, dont il avait eu un fils du nom de Renaud de Pons qui accompa-
gna en Bulgarie Jean, comte de Nevers, et fut tué à la bataille de Nicopolis,
le 28 septembre 1396. C'était sans doute pour ce fils, à la prière de sa femme,
que ce seigneur faisait ériger ce tombeau dans la chapelle des frères
mineurs. On ne comprendrait pas autrement comment le sire de Pons aurait
eu l'idée de faire construire un tombeau dans cette chapelle.

» bois qui sontenoient les armes, lesquelles armes arses, ledit
» hostels cheut tout à terre, dont il fu et est démoli et destruit, et
» le lendemain se transporta ledit Archambaut audit Montignac,
» ledit Raymond estant toujours en sa compagnie, sans qu'il y
» feist aucune force ni autre mal, fors de compaigner ycelui Ar-
» chambaut ; et après ces choses, ledit Raymond, véant la manière
» de procéder dudit Archambaut, pour doupte de mesprendre con-
» tre nous et nos officieux, se desparti d'ycelui Archambaut et du
» païs de Pierregort (1) ».

Les *fragments* donnent quelques renseignements qui font ressortir l'exactitude du récit contenu dans ces lettres de rémission.

GABILLOU. — Selon les fragments, en quittant les Chabannes, Archambaud serait allé à Auberoche ; d'après les lettres de rémission, il va à Montignac, accompagné par Laporte ; puis il alla à Gabillou (2), appartenant à Moudisson Lachassaigne, le prit, le démolit et, avec quelques Anglais, parcourut le pays, se livrant au pillage.

EXÉCUTION DE L'ARRÊT DU 3 FÉVRIER. — Au lieu d'arrêter, en faveur du fils, la condamnation encourue par le père, comme on n'a pas craint de l'affirmer, on s'était occupé, à Paris, des mesures à prendre pour que le jugement du 3 février sortit son plein et entier effet. Comment, du reste, aurait-il pu en être autrement ? Les lois féodales violées, l'autorité royale méconnue, le Parlement atteint dans sa dignité, la ville de Périgueux, si dévouée à la couronne, harcelée, les populations périgourdines incessamment maltraitées, et des familles honorables persécutées et spoliées ; tout cela exigeait impérieusement qu'un grand exemple fût donné.

Le 15 mars suivant, la cour adressa des lettres aux sénéchaux de Périgord, Limousin, Saintonge, Angoumois, Quercy, Rouergue, Agenais et Bigorre, aux autres officiers et lieutenants du roi et à

---

(1) Arc. nat., reg. du tr. des ch. coté 132, p. 233. L'acte d'accusation rapporte qu'Aymery des Chabannes, comme lieutenant du sénéchal de Périgord, avait fait exécuter divers exploits ; ce qui avait excité la haine d'Archambaud qui avait fait détruire des moulins appartenant à Aymery, en raison de quoi Aymery avait poursuivi Archambaud, et que ce fut à la suite de ces poursuites qu'Archambaud prit les Chabannes. Il nous apprend aussi qu'avant le siège, le curé de *Savignac-les-Églises* fut tué par les soldats d'Archambaud ; et qu'après le siège, ces mêmes soldats assaillirent une église.

(2) Canton de Thenon.

tous huissiers et sergents, portant ordre de mettre son arrêt à exécution, de publier ou faire publier le bannissement, de se saisir des coupables partout, excepté dans les lieux saints, de les livrer au dernier supplice, comme rebelles, et de défendre, sous les peines les plus graves, de leur prêter aide, secours et protection (1). Le 18 juin suivant, Jean Arpedenne, sénéchal de Périgord et Guillaume Le Bouteiller, sénéchal de Limousin, se rendirent à Périgueux avec 100 hommes d'armes et 30 arbalétriers (2) ; ils allèrent d'abord à Bourdeille, dont le capitaine, Nondonnet Durat, ne voulut pas les entendre, et se mit en mesure de leur résister ; le lendemain, ils se dirigèrent sur Roussille. Le capitaine Marchés en avait le commandement et le connétable Regnaut était sous ses ordres. Après des pourparlers, il fut décidé qu'Archambaud serait averti par eux et qu'ils donneraient une réponse, le 26 juin. Ce jour-là les sénéchaux se présentèrent de nouveau devant le château, avec leur troupe, des machines et 300 hommes fournis par la municipalité de Périgueux.

De son côté, Archambaud avait envoyé Jean de Clerens (3), neuf ou dix gentilshommes, dont deux gendres de Jean, pour forcer la garnison à la résistance ; mais une énorme bride, avec tout l'appareil de guerre disposé autour de la place, les effraya, et, quoique les hostilités fussent commencées, et que dès d'abord le sénéchal de Limousin eût été blessé, ils laissèrent prendre possession du château, au nom du roi, et la garnison jura, sur les évangiles, de ne plus s'armer contre lui (4). Le lendemain, Jean Arpedenne attaqua le château de Razac, commandé par un Anglais, appelé Barbe-Blanche, venu de Courbafi, à la demande d'Archambaud.

On prit d'abord l'église et, le lendemain, la tour, avec un homme de la garnison. Le reste s'échappa. La tour fut rasée et le prisonnier pendu. Auberoche ne se montra pas mieux disposé. Ne voulant pas en faire le siège, en ce moment, le sénéchal

---

(1) Arch. nat., sect. jud., accords.
(2) Arch. de Périgueux, liv. noir, etc., fol. 46. Les fragments disent 120 hommes d'armes et 50 arbalétriers.
(3) Jean de Clerens était originaire de Saint-Léon-sur-Vézère. Nous le verrons faire hommage à Louis d'Orléans, comme comte de Périgord.
(4) Arch. de Périgueux, liv. noir, etc., fol. 46, et fragments, etc.

s'éloigna, prit le chemin de Montignac, et alla sommer Archambaud de se soumettre. Lui fit sortir cinq ou six arbalétriers, qui, pendant qu'on faisait les sommations légales, blessèrent un capitaine. En présence de ce mauvais vouloir, et faute d'argent, le sénéchal se retira à Périgueux, où Guillaume Le Bouteillier se trouva bientôt assez remis pour pouvoir prendre le chemin de Paris avec Arnaud de Barnabé, envoyé de la ville et de la Cité, dans le but d'en finir avec Archambaud. De son côté, Jean Arpedenne, ayant épuisé ses dernières ressources, congédia sa petite troupe et alla rejoindre Guillaume Le Bouteillier et Arnaud de Barnabé, laissant le champ libre à Archambaud et la communauté épuisée et sans forces pour la protéger.

Archambaud répara bien vite les échecs causés par les sénéchaux, fit rétracter son serment à la garnison de Roussille et reprit l'offensive contre Périgueux. Personne ne pouvait pénétrer jusqu'à eux et nul d'eux ne pouvait, sans périr, franchir les murailles de la ville. Bernard Le Roux, ancien consul, ayant voulu s'aventurer, fut fait prisonnier, conduit à Montignac, torturé et décapité. Telle était, du reste, l'exaspération d'Archambaud, qu'il s'en prenait à tous ceux qu'il croyait amis ou partisans de Périgueux. L'évêque Pierre de Durfort, dont il sera question ailleurs, fut le premier qu'il attaqua dans son château de Plazac (1), où il alla l'assiéger ; mais l'évêque se défendit vigoureusement et le contraignit à se retirer (2).

Cependant les envoyés de la communauté, avec le concours des sénéchaux de Périgord et de Limousin, demandaient que l'arrêt du 3 février fût enfin mis à exécution. Ils insistaient surtout sur l'acquittement des dommages-intérêts, parce que leur payement leur donnait gain de cause.

En 1398 ils l'obtinrent.

RAIMOND DE LAPORTE ET AYMERY DES CHABANNES (1398). — Aymery des Chabannes fit un procès à Raymond Laporte, en lui imputant le crime de lèse-majesté, pour avoir pris part à l'attaque et à la destruction du château des Chabannes, placé sous la protection du roi,

---

(1) Il fit plus encore, il alla commettre des hostilités dans le Limousin.
(2) Fragments, etc., Lagrange-Chancel a encore donné à cet événement une tournure romanesque.

sous les ordres d'un prétendu comte de Périgord. Ce procès ne se jugea pas en 1398 ; mais Raimond obtint alors la main-levée de ses biens précédemment saisis (1).

TALEYRAND DE PÉRIGUEUX. — Cette famille qui prit soin de faire rediger en 1361 les diverses chartes obtenues des comtes de Périgord, au sujet de ses privilèges, était alors représentée par Fortanier de Périgueux, dont les services lui avaient acquis les bonnes grâces du roi Jean. Ce Fortanier ayant eu des démêlés avec un chanoine de Saint-Étienne, dont les gens avaient assassiné son écuyer, devant la porte de Saint-Étienne, s'était violemment emparé de l'habitation du chanoine, qui avait pris la fuite, et, pendant qu'Archambaud, son fils, poursuivait cet ecclésiastique jusque dans l'église, il avait fait piller cette habitation par ses satellites, qui même avaient blessé un domestique du chanoine et commis d'autres excès (2).

Il n'est pas douteux que Taleyrand de Périgueux, membre de la municipalité de Périgueux, en 1393, en qualité de consul pour la Cité, et par conséquent ayant prêté serment à la commune, était le fils de Fortanier. Il est à croire que l'acceptation du consulat par ce personnage irrita Archambaud V. De là le revirement opéré dans l'esprit de Taleyrand et sa rupture avec la ville, suivie des prétentions qu'il affecta et de la part qu'il prit aux déportements d'Archambaud VI. Nous ne connaissons pas tous les détails de l'affaire que lui suscita sa conduite ; mais, en 1397, il fut poursuivi devant le Parlement par la municipalité, pour avoir violé le serment qu'il lui avait prêté comme citoyen, et avoir pris le parti du comte de Périgord ; par Aymery des Chabannes, pour avoir aidé à prendre et à brûler son château ; par le procureur général, pour s'être dit chambellan du comte, avoir tenu des sceaux, prélevé des droits, donné des saufs-conduits contre les sujets du roi, malgré la défense formelle qui en avait été faite, et avoir fait la guerre au roi lui-même. L'action intentée contre lui avait pour point de départ des

---

(1) Arch. nat., sect. judiciaire, Parlement, reg. du criminel, coté 13, fol. 370 coté 14, fol. 289.

(2) Arch. nat., reg. du tr. des ch., coté 81, p. 272. — Tous ces détails sont consignés dans cette pièce qui contient des lettres de rémission en faveur de Fortanier et d'Archambaud son fils, à l'occasion de ces violences.

lettres de rémission obtenues subrepticement, et dont il demandait l'enterinement. A la fin de janvier 1398, on avait trois défaut contre lui. Condamné aux dépens, en février, il fut ajourné à prouver ce qu'il avançait contre le dire de ses adversaires (1).

A la suite de cet arrêt, les envoyés de la municipalité, écrivirent au maire et aux consuls (lettre perdue) et les engagèrent, d'accord avec le procureur du roi, à abandonner ce procès, à la condition qu'il reconnaitrait ses torts et que cette concession ne nuirait en rien à leur procès avec Archambaud VI, dont ils demandaient instamment qu'on s'occupât. Taleyrand ne voulut rien entendre ; mais, voyant la tournure que prenait l'affaire, il parut en avoir du regret, cependant il ne consentit jamais à revenir sur ce qu'il avait fait et même, lorsqu'en novembre 1399, il fut requis, conformément à l'usage, de prêter serment au nouveau maire et aux nouveaux consuls, comme il l'avait fait déjà et comme le faisaient régulièrement tous les ans les habitants de la communauté, il s'y refusa (2).

MONTPASIER. — 1398. — Il fut accordé des lettres de rémission aux habitants de Montpasier pour les rapports qu'ils pouvaient avoir avec les Anglais qui, malgré les trèves, commettaient des désordres incessants dans les environs de cette bastille, s'y étaient plusieurs fois introduits violemment et avaient contraint la population à leur fournir des vivres, des munitions, etc., etc. (3).

SAISIE DES DOMAINES DU COMTE DE PÉRIGORD. — Le 12 février 1398, les représentants de Périgueux parvinrent enfin à faire expédier des lettres, au sénéchal de Périgord, destinées à mettre fin aux lenteurs qui jusqu'alors avaient empêché la municipalité de toucher les dommages-intérêts alloués par l'arrêt du 3 février 1397. Elles portaient que le maire et les consuls avaient naguère obtenu un arrêt condamnant Archambaud et ses complices à des amendes envers eux, que cet arrêt n'avait pas encore été mis à exécution, tant à cause de la révolte du fils du comte que faute de biens meubles saisissables ; qu'en l'absence de ces biens meubles, si la saisie, qui ne pouvait avoir lieu que sur des immeubles possédés par le comte,

---

(1) Arch. nat., Parlement, reg. du criminel, coté 13, fol. 402, 11 et 269.
(2) Sup. au rec. de titres, etc., pour la ville de Périgueux. p. 43 et p. 432.
(3) Arc. nat., reg. du tr. des ch., coté 153. p. 287.

dans la ville ou aux environs, n'avait pas encore été faite, cela tenait au danger qu'il y avait à la signifier à ce même fils d'Archambaud V, mais que, pour ne pas exposer les officiers chargés de cette opération, ils auraient la facilité de prendre les mesures qui leur permettraient de pouvoir, sans péril, faire crier, subhaster et livrer, au plus offrant et dernier enchérisseur, les cens, rentes, possessions, héritages, devoirs et autres droits et revenus ayant appartenu au comte, et dont le prix devait servir à payer des dommages-intérêts.

Ces lettres furent confiées à Guillaume Lespine, huissier du Parlement, qui, à son arrivée à Périgueux (mardi 26 février), reconnut que sa mission était des plus périlleuses. Durant les deux premiers jours, à trois ou quatre reprises, les partisans d'Archambaud s'avancèrent jusqu'aux portes de la ville et de la Cité, et firent des prisonniers. Il ne sortit donc pas de l'enceinte de Périgueux, dans laquelle il pouvait légalement instrumenter en pleine sécurité. Le 23, accompagné d'Aymery des Chabannes et d'un notaire royal, il se transporta au Mas-Saint-Georges (faubourg actuel), à la Cité, enfin à La Rolphie, et fit successivement crier, au nom du roi, qu'il était enjoint à *Archambaud fils et à tous les autres, à qui il pourroit toucher en général que, pour faire exécution, paiement et satisfaction aux dits maire, consuls et communauté, de la somme de trente mille livres tournois, entre les autres choses, comme dit est, ils lui baillassent biens meubles qu'il put vendre et exploiter jusqu'à pleine satisfaction* (1). Personne ne s'étant présenté, la saisie se fit et on mit sous le séquestre :

1° Une masure dans la ville ;

2° L'emplacement du château de La Rolphie, les matériaux de ce château et quinze journaux de terre attenants à cet emplacement ;

3° La prévôté du comte, à Périgueux, et la cour du prévôt, les péages, fours laides (2), et rentes qu'il possédait dans les paroisses de Saint-Silain et de Saint-Martin, à Puy-Abric et aux Clozaux, ainsi que tous autres rentes, servitudes, devoirs, émoluments, droits et revenus quelconques dépendant de cette prévôté et de cette cour ;

---

(1) Arch. nat., sect. jud., accords.

(2) Sortes de péages de la nature des octrois.

4° Quatre livres de rente monnaie périgourdine, valant soixante-quatre sols tournois, que le feu comte levait sur la laide de Jean et Pierre Maymien ;

5° Quarante livres de rente, même monnaie (32 l. t.) perçues chaque année, sur la communauté, savoir : vingt livres à Noël, vingt livres à la Saint-Jean, avec un marabotin d'or, dû par la communauté, à chaque mutation de comte ; lequel marabotin, estimé vingt sols tournois, n'avait pas été payé à la mort d'Archambaud V, ni la rente acquittée, depuis six ans environ ;

6° Le commun de la paix perçu sur différentes personnes de la ville ;

7° Les rentes et chapsouls (1) de la paroisse de Saint-Front, et les autres rentes et devoirs perçus dans la ville et sa banlieue ;

8° La moitié de la cour du Célérier (2), avec la juridiction, justice, plainte, faymidroit (3) et autres devoirs, à cause de cette moitié de cour ;

9° Les rentes, bouades (4), seigneurie et droits de la paroisse de Champcevinel ;

10° Les cens, rentes, bouades, seigneurie et droits de la paroisse de Trélissac ;

11° Et généralement tous autres justices, juridiction et devoirs dans la ville de Périgueux et sa banlieue (5).

Cette opération terminée, Lespine fit crier qu'il faisait savoir à Archambaud fils et à tous autres, que le lundi suivant, jour de marché, aux lieux où se faisaient les criées, et sur le marché même, publiquement, *à voix, cri et son de trompe*, il exposerait et mettrait aux enchères les héritages et possessions sus-énoncés, et qu'il procéderait de la sorte, pendant quatre lundis de suite, jusqu'à l'adjudication définitive ; que si Archambaud ou quelqu'un pour lui voulaient s'y opposer, ils n'auraient qu'à se présenter pour être reçus dans leurs oppositions, si elles étaient raisonnables.

---

(1) C'est ce qu'on appelle aujourd'hui *les lods et rentes*.

(2) Arch. nat., sect. jud., accords.

(3) C'était la basse justice foncière des seigneurs sur ceux qui leur devaient cens, rentes et autres devoirs. on disait aussi : semi-droit ; mais il me semble qu'on aurait dû plutôt dire *faymidreit*.

(4) Corvée avec les bœufs.

(5) Arch. nat., sect. jud., accords.

Dans le cas cependant où cette saisie n'aurait pas été considérée comme suffisante, le vendredi 1er mars, autre jour de marché, ces formalités furent réitérées, sur la place de la Clautre, où alors, comme aujourd'hui, se tenaient les marchés, en présence d'une partie de la population des campagnes circonvoisines.

Ainsi le lundi suivant, Lespine se rendit successivement sur la place de la Clautre, au carrefour des Salinières et sur la place des Gras (1), où il était d'usage de faire les criées publiques, et après avoir procédé pour la première fois à l'exposition et à la mise en vente des biens saisis, il fit annoncer de nouveau que ceux qui voudraient enchérir ou s'opposer aux enchères pouvaient approcher. Une seule personne se présenta. Ce fut Guillaume de Laroche, notaire, fondé de procuration du maire, des consuls et de la communauté, qui offrit de prendre ces biens pour neuf mille quatre cents livres tournois, à déduire sur les trente mille adjugées à la ville.

La deuxième subhastation eut lieu le lundi suivant, avec encore plus de solennité, sans qu'il y eût nouvelle enchère ; seulement Jean Mesmin se présenta, en son nom et au nom de son frère, pour déclarer qu'ils n'avaient jamais payé quatre livres de rente au comte. Sa réclamation reçue, l'enchère fut continuée au lundi suivant.

A la troisième enchère, sans y être obligé, Guillaume de Laroche annonça qu'il ajoutait deux cents livres au prix de La Rolphie qu'il voulait payer sept cents au lieu de cinq cents livres. Il y eut aussi une nouvelle protestation de la part du chapitre de Saint-Front, dont le représentant soutenait que les biens en vente étaient engagés aux chanoines, et placés sous la main du roi, en garantie de fortes sommes. Cette opposition fut reçue comme la première, et la suite de l'opération renvoyée au lundi suivant.

A la quatrième et dernière subhastation, au moment où Guillaume de Laroche ajoutait deux cents livres de plus, il se présenta quatre nouveaux opposants, parmi lesquels Guillaume de Botas. L'opération suivit son cours, et l'adjudication eut définitivement

---

(1) Naguère encore on l'appelait *place du Greffe*, par un effet de l'altération de la prononciation. Aujourd'hui place Daumesnil. *Place des Gras*, signifie place des degrés à cause des degrés qu'il fallait descendre pour y arriver.

lieu le vendredi suivant, pour neuf mille huit cents livres.

Restait une formalité essentielle à remplir, c'était l'homologation de la vente par le Parlement, c'est-à-dire l'envoi en possession, par un arrêt de la cour (1), sans quoi la communauté n'eût jamais possédé que précairement. Pour cela, Archambaud VI devait être officiellement instruit du jour où l'affaire serait appelée, afin qu'il pût se présenter. Or, le seul moyen de l'informer légalement c'était de la mettre en demeure de se rendre, par une citation en forme. Mais Lespine, qui savait le danger qu'il y avait à sortir de Périgueux, redoutait surtout de se transporter au domicile d'Archambaud; c'était prudent. Le jeudi 7 mars, le troisième jour après la première subhastation, plus de soixante cavaliers partis d'Auberoche, s'étaient approchés de Périgueux, à une portée d'arbalète. A leur apparition, cinquante vignerons occupés à tailler la vigne avaient pris la fuite et cherchaient à se cacher dans une grotte voisine.

Les soldats d'Archambaud les ayant aperçus, leur avaient couru sus, en avaient tué un, fait prisonniers vingt, et asphyxié les vingt-neuf autres dans la grotte, en brûlant du soufre à l'entrée (2).

Pour ne pas s'exposer à devenir la victime d'Archambaud ou des siens, Lespine prit le parti de faire, pour cette citation, comme pour la saisie et la mise en vente. En conséquence, ce même jour (29 mars), sur cette même place de la Clautre, et à la porte de la ville par où l'on passait pour aller à Montignac, il ajourna Archambaud à comparaître, le 20 avril suivant, avec commandement, de par le roi, à tous et à chacun d'informer ce seigneur de cet ajournement. En même temps, il fit savoir à ceux qui avaient fait des oppositions, qu'ils pourraient se présenter le même jour et exposer leurs raisons contre l'adjudication du décret; et pour que cet ajournement eût toute la publicité possible, il le transcrivit sur une feuille de parchemin, le scella de son sceau et l'afficha à la barrière.

Archambaud ne comparut ni n'envoya personne pour le représenter; mais il n'en fut pas de même des opposants : Le chapitre

---

(1) On appelait cela faire *l'adjudication du décret de la vente.*
(2) Arc. nat., sect. jud., accords.

de St-Front prétendit qu'Archambaud V lui avait nui, ainsi qu'à ses sujets, et s'était efforcé de porter atteinte à certains arrangements, contractés anciennement, par suite de quoi, les chanoines lui avaient intenté un procès et avaient fait mettre la terre sous la main du roi, avant que la ville et la municipalité eussent commencé leurs poursuites ; qu'ils avaient obtenu défaut contre lui et gagné le bénéfice de ce défaut, lorsque à la demande de la ville et de la municipalité, ils se désaisirent de ce défaut et du procès lui-même ; que la municipalité, gardant les pièces devers elle, avait ensuite procédé seule contre Archambaud ; que la juridiction de la paroisse de St-Front leur appartenait primitivement ; que, dans l'espoir de mieux en jouir, ils l'avaient mise en pariage avec un des prédécesseurs de Charles VI, à la condition que la moitié cédée resterait unie à la couronne, que cependant, elle avait fini par passer dans les mains du comte, d'où il résultait pour eux un double intérêt à empêcher l'adjudication : D'abord parce que, si la portion afférente au comte passait à la municipalité, leurs sujets deviendraient leurs coassociés et en second lieu, parce qu'en restant en pariage avec le roi, leurs droits seraient mieux sauvegardés qu'avec le consulat. En conséquence, ils demandaient à être reçus dans leur opposition, ou du moins que leurs droits fussent réservés, et la municipalité condamnée aux dépens.

Le procureur général s'opposait aussi à l'envoi en possession, parce qu'en vertu de la teneur de l'acte de pariage, il n'était pas possible que la couronne se dessaisit des droits que cet acte lui attribuait et que Roger Bernard n'avait pu jouir de la moitié de la cour du célérier qu'en qualité d'usufruitier et afin de se payer de dix mille florins qu'on devait lui fournir, durant la guerre avec les Anglais, pour la garde et l'entretien de ses châteaux. Il ajoutait, d'ailleurs, que toutes les aliénations de domaines, depuis Philippe-le-Bel, avaient été annulées (1) et que, par conséquent, la cession au comte de Périgord était de nulle valeur. Quant aux autres biens et revenus saisis, il s'en occupait à peine, et se bornait à dire qu'ils devaient rester unis au domaine royal.

Cette conclusion était sans importance, aussi les représentants de Périgueux ne s'occupèrent-ils que de la cour du célérier. Ils sou-

---

(1) Rec. des ord. des R. de Fr. t, 2, p. 412.

tinrent que les comtes avaient joui de la juridiction de cette cour pendant plus de quatre-vingts ans qu'elle leur avait été concédée en compensation des dommages causés par la guerre (1). Ils dirent en outre que si, en général, les aliénations avaient été révoquées, les révocations ne pouvaient porter sur celles dont l'utilité avait été reconnue par la chambre des comtes, etc. Quant à la prétention du chapitre sur les biens du comte, sous le prétexte qu'il avait commencé les poursuites avant la communauté, ils la repoussèrent comme fausse, et ajoutèrent qu'ils n'avaient pas les pièces parce qu'elles étaient restées à la cour.

Les répliques du procureur général et du chapitre entendues, et Archambaud ne comparaissant pas, après mûre délibération, et sans tenir compte d'une opposition de Renaud, sire de Pons (2), la cour du 19 juillet 1390 (3), réservant la cour du célérier, pour deux mille livres, prix auquel elle avait été adjugée, envoya la communauté de Périgueux en possession de tout le reste, pour sept mille huit cents livres, à déduire sur les trente mille qui lui revenaient, en vertu du jugement du 3 février (4).

LIVRE VI

CHAPITRE V

Nouveaux excès d'Archambaud VI. Boucicaut. Siège de Montignac. — Ne voulant rien rabattre de ses prétentions à la souveraineté

---

(1) Ni le procureur général ni les représentants de la communauté n'étaient dans le vrai. La moitié de la cour du célérier avait été donnée au roi de France en 1243 (Arch. nat., J. 295 et reg. du tr. des ch. coté 31, lettres des prélats pièce 109) et donnée par Philippe de Valois au comte Roger Bernard, en 1346 (Arch. nat., reg. du tr. des ch., coté 68, p. 197).

(2) Renaud VI réclamait sur le prix des biens vendus aux enchères sept mille florins d'Aquitaine qui lui étaient encore dus, sur la dot de sa femme Marguerite de Périgord, sœur d'Archambaud V. (Arch. nat., sect. jud. reg. du criminel. coté 14, fol 292).

(3) Ibid., ibid., reg. du Parlement (lettres, arrêts et jugés) coté 43, fol. 219. Le chapitre conserva cette cour jusqu'en 1491 qu'il la vendit à la ville de Périgueux 40 l. t. de rente, amorties plus tard moyennant 800 l. t. une fois payées (Livre janne) de la maison de ville, fol. 43 et 54.

(4) Arch. nat., sect jud., accords.

sur le Périgord, Archambaud VI ne s'opposa pas, par les voies légales, à l'aliénation des domaines saisis. Son premier mouvement fut de réunir un corps de troupe de cent vingt cavaliers et de quatre cents fantassins. Vers la fin de juin, il marcha sur Périgueux et alla s'établir aux Frères Prêcheurs, aux portes de la ville. Il y resta cinq jours, livra plusieurs combats, pilla les environs, ravagea les jardins, arracha les vignes et les arbres fruitiers, mit le feu aux blés.

Arnaud de Barnabé et les autres députés de la ville et de la cité, envoyés à Paris, en 1397, avec l'aide de Bernard de Petit, maire pour l'année 1398, homme de grande capacité, obtinrent des secours capables, non-seulement de paralyser les efforts d'Archambaud VI, mais de le frapper dans son existence de grand seigneur.

A ce moment, le maréchal Jean-le-Maingre, dit Boucicaut, après la campagne de Hongrie, rentrait en France. Il avait déjà fait deux campagnes en Guienne (1), sans s'être occupé du Périgord d'une manière spéciale.

Boucicaut arriva devant Montignac, le 5 août, avec environ 800 hommes d'armes et 200 arbalétriers (2) ; étaient avec lui les sénéchaux

---

(1) On a prétendu que Boucicaut avait fait deux fois le siège de Montignac, d'abord sur les Anglais, et ensuite sur le comte. Voici exactement son itinéraire depuis 1392 qu'il fit une expédition en Auvergne, jusqu'en 1398, qu'il assiégea Montignac : Premier voyage en Guienne (1393), de compagnie avec le connétable d'Eu ; second (1394), ayant pour but de s'entendre avec le duc de Lancastre, afin de faire rentrer dans le devoir les violateurs des trêves ; il n'eut à s'occuper du Périgord ni dans l'un ni dans l'autre cas. Chargé d'une mission diplomatique (1395). Campagne de Hongrie ; prisonnier des Turcs (1396-1397). En Périgord, en 1398.

(2) Arch. de Périgueux, liv. noir, fol. 46 et suiv. Les chiffres varient selon l'historien. *La vie de Boucicaut*, et la *vie de Charles VI* suivent le religieux de Saint-Denis sur ce point, « Le roi ayant résolu de mettre un terme aux entreprises du comte, d'après l'avis de son conseil, lui expédia le message dont voici la substance : *Un bruit étrange et des plaintes graves nous
» sont parvenus sur votre conduite, illustre comte, nous avons appris que vous exercez
» d'odieuses violences contre nos sujets. Il est notoire qu'en vous écartant ainsi des
» exemples de vos nobles ayeux, qui ont toujours montré une inviolable fidélité à la
» couronne de France, vous avez encouru notre colère et mérité notre vengeance. Tou-
» tefois avant de l'exercer, nous avons résolu d'user envers vous de clémence et de
» magnanimité, comme c'est notre royale coutume. Renoncez donc à vos entreprises, et
» enjoignez aux brigands qui vous suivent d'épargner nos sujets : faites cesser ces vio-
» lences, les déprédations, les incendies, et hâtez-vous de comparaître devant nous ; vous
» pouvez compter sur la faveur et la bienveillance avec lesquelles nous sommes disposé
« à vous recevoir. »

« Le comte lut cette lettre avec un vif déplaisir, et, sans égard pour les

de Périgord, de Limousin, de Rouergue et d'Auvergne, Robert de Melun, comme maréchal d'ost (maréchal de camp), et Guillaume d'Orgemont comme payeur (1). Des seigneurs s'étaient réunis à lui : Jean de Montagu, vidame de Laon, chevalier, conseiller, chambellan du roi et souverain maître de son hôtel ; Jean-Des-Bordes, aussi chambellan du roi, chatelain de Beauvais, fils de Guillaume-des-Bordes, en son vivant porte-oriflamme de France ; Charles de Soubise, le seigneur de Commarque en Périgord, plusieurs autres Périgourdins, vingt-cinq bourgeois de Périgueux et

» injonctions et pour les sages avis du roi, il menaça les habitants de maux
» encore plus grands. Il aurait mis à exécution ses cruels projets, si le roi
» ne s'y fût opposé par la force, et n'eût envoyé, pour châtier son orgueil,
» messire Jean-le-Maingre, dit Boucicaut, maréchal de France, et messire
» Guillaume Bouteiller, sénéchal d'Auvergne, avec 1200 hommes d'armes et
» 300 arbalétriers.

» Lorsque le comte fut instruit de leur arrivée, loin de songer à s'humilier,
» il se prépara à une vigoureuse résistance. Il s'enferma avec les siens dans
» le château de Montignac, situé à sept milles de Périgueux. Il comptait sur
» la force de cette place, qu'on regardait généralement comme imprenable.
» Cependant les Français l'investirent et la bloquèrent si étroitement que
» personne ne put y entrer soit comme marchand, soit comme auxiliaire, ni y
» introduire les choses nécessaires. Les assiégeants livrèrent plusieurs as-
» sauts ; mais malgré le courage et l'acharnement qu'ils montrèrent, ils
» avaient presque toujours le désavantage ; plusieurs d'entre eux étaient
» renversés du haut des murs et se brisaient la tête en tombant. Le siège
» trainait en longueur, et peut-être n'eut-il pas réussi, si le maréchal n'eût
» triomphé des obstacles par une nouvelle manœuvre. Il fit dresser six
» machines, appelées *pierriers*, qu'il établit aux endroits les plus favorables,
» afin de battre les murs à l'aide des énormes pierres et des quartiers de rocs
» qu'elles lançaient. Pendant dix semaines ces machines firent beaucoup de
» mal aux assiégés. A la fin le comte, craignant d'être réduit, par la prolon-
» gation de ces souffrances, à accepter les plus dures conditions, rabattit
» beaucoup de son orgueil, et offrit au maréchal de capituler.

» Dès lors on fit annoncer la suspension du siège à toute l'armée, par la
» voix d'un héraut. Après de longues et nombreuses conférences, le comte
» fit hommage de tous ses domaines au roi de France et promit de compa-
» raitre en la cour du Parlement, pour répondre aux griefs qui seraient allé-
» gués contre lui. Les Français entrèrent dans la place et plantèrent, en signe
» de leur victoire, l'étendard du roi sur la tour la plus élevée. Ayant ainsi
» humilié le comte, ils s'emparèrent de ses principaux châteaux, savoir :
» Bourdeilles, situé à trois milles de Périgueux, Auberoche et Soulac (a)
» places extrêmement fortes, et les soumirent à l'autorité du roi ».

Le reste comme partout. (t. 2, p. 617.)

(a) Juvenal des Ursins et la vie de Boucicaut, signalent aussi la prise de Soulac et non *Sarla*.

(1) Fils de Pierre d'Orgemont, chancelier de France sous Charles V.

quatre-vingts hommes du commerce (1), fournis par la municipalité. Le bagage de cette petite armée se composait de trois charrettes à quatre chevaux, servant au transport du matériel de campement, d'un sommier chargé d'or, de cinq chariots de Flandre à quatre roues et à huit chevaux, chargés d'artillerie, canons, épées, pavois, arbalètes et traits, et deux cents sommiers destinés au service journalier. Archambaud avait réuni environ cent hommes d'armes, tant Français qu'Anglais, bon nombre de ribauds, et de quatre-vingts à cent habitants de la ville (2).

Avant de commencer le siège, le maréchal fit des sommations au fils d'Archambaud V, lui donna connaissance des pouvoirs qu'il tenait du roi, et lui conseilla de se rendre à merci, en expiation de ses crimes. Ce seigneur, pour toute réponse, fit lancer quantité de traits contre les envoyés du maréchal ; plusieurs hommes en furent blessés, et quelques-uns tués.

Boucicaut, dès le lendemain, traça son camp, établit ses postes et prit toutes ses mesures pour un siège en règle. Perché sur d'âpres rochers, le château de Montignac, d'une construction excellente, dominait une assez vaste plaine, la commandait de trois côtés Nord, Est et Sud, et s'étendait, au moyen d'une enceinte allongée, flanquée de bonnes tours, jusqu'à la Vézère, qui lui fournissait de l'eau, et pouvait au besoin lui apporter des vivres. A l'ouest, les dispositions du terrain étaient moins favorables. Le sol s'élevait brusquement et formait un plateau faisant face à l'entrée principale du château. De ce plateau on pouvait attaquer le château. Pour parer à cet inconvénient, d'immenses et formidables travaux protégeaient les abords de la place. L'armée était arrivée par le plateau (3).

En conséquence, une double attaque fut résolue.

La saison était magnifique, et l'armée abondamment pourvue de vivres par les habitants du pays. Cependant, faute de bras, les travaux du siège menaçaient de traîner en longueur. Les ouvriers spé-

---

(1) Quatre-vingts fantassins propres à tout.

(2) Livre noir, fol 46 et *fragments*, etc. — Prise de possession de la comté de Périgord, au nom du duc d'Orléans (1400) ; inventaire de l'artillerie et autres choses pour la défense du chastel de Montignac. (Arch. nat. k. 1235.)

(3) Naguère encore il restait des traces de l'ancien chemin royal qui venait aboutir au château.

ciaux surtout, tels que charpentiers, maçons, carriers et manœuvres à servir les machines étaient rares. Le maréchal recruta cent cinquante carriers ou tailleurs de pierre, cent charpentiers, et cinq cents travailleurs pour les terrassements et le service du siège, six chariots et cinq charrettes, fit dresser sept machines, quatre brides et trois couillards (1), disposés en partie sur le plateau, en partie sur la rive gauche de la Vézère. De ces sept machines, Périgueux avait fourni la bride principale et un couillard. Remarquable par ses dimensions et par la justesse de son tir, cette bride lançait six cents livres pesant et pouvait être mise en jeu jusqu'à quatre-vingt-neuf fois dans les vingt-quatre heures ; avec cela des canons.

La grosse bride de Périgueux, dirigée contre la grosse tour, appelée *le Jacques*, la démolit, puis abattit une tour ronde et endommagea fortement les murs et les habitations. Le couillard fit aussi beaucoup de mal. Il démolit une tour, abattit des pans de mur, renversa des maisons (2).

Le siège dura environ deux mois. A la fin, en présence de ses murs ébranlés ou détruits, de ses tours écroulées, de Montignac en ruine, des soldats de la garnison tués, blessés ou épuisés, et de la population ruinée et découragée, Archambaud se résigna et fit des ouvertures. Quoique tardives, elles lui valurent du maréchal la promesse qu'il aurait la vie sauve et la permission pour ses partisans de s'éloigner eux, leurs chevaux et leurs armures. A ces conditions, il se rendit et mit à la disposition du roi son château de Montignac et tous ses autres domaines. Le maréchal en prit possession, au nom de Charles VI, donna le commandement de Montignac à un capitaine du nom de Piquet, avec une garnison suffisante.

Les partisans d'Archambaud, découragés, rendirent successivement au maréchal les châteaux qu'ils occupaient ; Boucicaut y mettait

---

(1) Le couillard était une sorte de baliste, de petite dimension, dont la forme paraît avoir donné naissance à la couleuvrine moderne. On lit dans l'*Histoire de Charles VI*, par Juvénal des Ursins (année 1403) : De fait y mirent le siège et y assortirent carnaux et *couillards*, et autres engins..... endommageaient fort ceux de dedans les couillards par où on jettait grosses pierres et pesantes.

(2) Pour se faire une idée des dégâts, lire la prise de possession du comté de Périgord, par le duc d'Orléans ; art. intitulé *Réparations à faire au château de Montignac*. (Arch. nat., k. 1235.)

des garnisons et des capitaines dévoués au roi ; à Auberoche, Chatard de Vieulet, à Bourdeille, P. Bochard (1).

Durant le siège, Archambaud avait avec lui sa jeune sœur Brunissande (2), qu'on a vu gouverner Montignac, du vivant de son père. Elle demeura prisonnière avec lui. Le maréchal les conduisit en Saintonge et les mit entre les mains de Renaud de Pons VI, vicomte de Turenne, etc., qui, le 1er février 1399, reçut mission expresse de les conduire à Paris et de les remettre au roi.

JEAN DE BEAUFORT, SEIGNEUR DE LIMEUIL ET DE CAMPAGNE. — Jean de Beaufort était fils de Nicolas de Beaufort, vicomte de Turenne et seigneur de Limeuil, Miremont, Clarens, etc., par sa femme Marguerite de Galard, fille de Jean de Galard, morte en 1370. A la mort de sa mère, Jean avait de douze à treize ans ; il en avait de dix-neuf à vingt lorsque Sicard, évêque de Béziers, oncle de Marguerite de Galard, sa mère, lui donna, par affection et avec l'autorisation du roi, tous les droits et prétentions qu'il pouvait avoir sur la vicomté de Lautrec et la baronnie d'Ambres, etc., à la condition et avec l'engagement, pris par lui, de payer les dettes de son grand oncle et de doter et marier Brunissande de Lautrec, fille d'Amalric, frère de Sicard (3). Il n'est pas dit exactement s'il prit le titre de seigneur

---

(1) *Les fragments*, etc., s'expriment ainsi : « Il se rendit lui et tous ses lieux
« à la mercy du roy de France, en ce qui lui fut promis que son corps
» ne mourroit point..... et toute la ribaudaille et meurtriers que ledit comte
» tenoit s'en allèrent leurs vies sauves, en (avec) leurs chevaux et armeures. »

On lit dans des lettres de rémission (mai 1402) en faveur de Jean de Chalmont, *qui avoit demeuré en compagnie d'Archambaut de Pierregort es chasteaux et forteresses de Montignac, Auberoche, Roussille et la Roussie* : « Attendu que quand la
» délivrance dudit lieu de Montignac fut faicte par nostre aimé et féal cham-
» bellan et mareschal Jéhan le Meingre dit Boucicaut, rémission fu par nous
» faiste audit Archambaut et à ses complices, etc., etc. » (Arch. nat., reg. du tr. des ch. coté 157. p. 47).

Les capitaines sont désignés par les *fragments*, etc ; nous avons des lettres de Piquet aux maires et consuls de Périgueux leur annonçant qu'il s'est mis à la poursuite de douze ribauds de la garnison d'Auberoche. (Bib. nat., Papier Lespine, carton COMTES DE PÉRIGORD).

Aussitôt que le comté eut été donné au duc d'Orléans, ils furent remplacés, Piquet par Philipot de Mesnil-Regnard, Chatar-de-Vieulet par Jehannot Helias, P. Bochard par Jehan de Chambrillac.

(2) Et non ses sœurs, comme le disent les *Mémoires de Boucicaut*.

(3) Justel : Hist. de la maison de Turenne, preuves, p. 142 et 145.

de Limeuil, à sa majorité, comme héritier de sa mère, ou s'il se l'attribua à la suite de démêlés avec son père (1), mais il est certain qu'il le portait, du vivant de Nicolas, sans que celui-ci s'y opposât. Jean se jeta de bonne heure dans les intrigues politiques et causa beaucoup de trouble dans la Guienne. Le procès dont il a déjà été question et qui se vida plus tard, fut une des premières conséquences de sa turbulence et de son caractère.

Saint-Astier. — Dès son avènement à la couronne d'Angleterre, Henri IV se livra à des largesses d'autant plus faciles qu'elles ne lui coûtaient que le parchemin sur lequel elles étaient écrites. Nous trouvons, pour le Périgord, la donation de St-Astier (14 décembre 1399) à Golfier de St-Astier et à Arnaud, son fils, leur vie durant, à la condition de le reprendre sur les Français (2).

Dome. — Les troubles continuels entretenaient le malaise partout. La bastille de Dome, fort pauvre dès son origine, était réduite à un tel point de misère, que Charles VI, par lettres patentes du 19 novembre, l'affranchit de tout subside, pour cause de pauvreté (3).

Périgueux. — Périgueux lui-même eut recours à l'autorité royale pour contraindre tous les habitants, sans exception, à contribuer aux charges de la ville (4).

Procès d'Archambaud. — Archambaud, devenu libre, après avoir obtenu des lettres de rémission, perdues aujourd'hui, quitta la Saintonge et Renaud de Pons, se rendit auprès de Bernard VII, comte d'Armagnac, son cousin, gendre de Jean, duc de Berry, oncle du roi, qui le prit sous sa protection. Il essaya de le tirer d'embarras, par l'influence que sa qualité d'allié de la famille royale lui donnait. C'est avec lui que, peu de temps après, il prit le chemin du Berry, se rendit à Bourges avec le duc Jean, pour les démarches à

---

(1) Nous ne connaissons pas la nature de ces démêlés ; mais, dans son testament portant la date de 1415, son père déclare qu'il le déshérite *pour cause d'ingratitude et pour avoir été injurié par lui grossement, insolemment et de la manière la plus atroce* (Justel ; Hist. de la maison de Turenne, preuves, p. 146). Voir également : Bibl. nat., papiers Leydet, 2ᵉ recueil.

(2) Bibl. nat., coll. Brecquigny, t. 31 ; Guienne, vol. 22.

(3) Arch. nat., reg. du tr. des chartes, coté 221, p. 121.

(4) Rec. sommaire de titr., etc., p. 69.

faire afin d'obtenir la grâce d'Archambaud et la restitution de ses domaines. D'accord avec le prince, et munis d'un sauf-conduit, les deux cousins, et divers complices d'Archambaud, gagnèrent Paris. Ils y arrivèrent un peu avant les représentants de Périgueux.

Le procès était déjà commencé depuis plus de dix-huit mois, et le but de ces envoyés était d'obtenir de la cour un arrêt définitif contre le fils de celui qui avait été condamné, en 1397 ; ils parvinrent à le faire, malgré le comte d'Armagnac et tous les amis d'Archambaud, dont ils nous apprennent les intrigues, dans une lettre au maire et aux consuls de Périgueux.

« Très chers, — vous plaise savoir que..... nous avons trouvé
» et voyons chaque jour Archambaud et le comte d'Armagnac qui
» s'en occupe autant qu'il pourrait s'occuper de ses propres intérêts.
» Et nous avons appris qu'Archambaud a obtenu sa grâce du roi ;
» quelques-uns de nous même l'ont lue ; elle aurait de plus été
» scellée sans notre arrivée ; tant il est bien vu et bien protégé par
» les plus grands seigneurs ; sa terre toutefois ne lui était point ren-
» due ni ne le sera jamais, comme le soutiennent quelques personn-
» nes d'ici ; il est probale d'ailleurs que nos démarches lui seront
» suffisamment nuisibles ; et à nos supplications Archambaud
» est souvent présent et nous voyons tous les jours plusieurs de ses
» amis et serviteurs et entre autre y est toujours le comte d'Arma-
» gnac, qui est fort grevé dans la *grande persé*..... Il nous a dit
» qu'il voulait que nous parlassions avec lui, et nous lui avons
» répondu que s'il lui plaisait de nous entendre, nous lui exposer-
» rions les griefs que nous avons contre Archambaud. Il nous a ré-
» pondu que non..... Nous avons vu le chancelier, qui nous a dit
» qu'il avait bien des affaires par rapport aux cardinaux et à l'union
» de l'Eglise...... Moyennant l'aide de Dieu, nous espérons que le
» décret interviendra..... M. le maréchal s'en va en Hongrie avec
» 1,000 hommes d'armes que lui donne le roi. Il s'en va avec les
» vénitiens, les florentins et les frères de Saint-Jean. Avec toutes
» diligences et requêtes que nous avons pu faire, nous n'avons pu
» obtenir qu'on fasse justice de Migasse, de Gironnet de Grandil et
» d'autres complices d'Archambaud qui vont et viennent dans Paris,
» comme nous, ce qui nous attriste et nous chagrine ; mais il n'y a
» rien à faire, car il a été défendu au prévôt de Paris, attendu

» qu'Archambaud et ses complices sont venus ici sous garantie, de
» les faire prendre et emprisonner, voire même de leur susciter des
» embarras.

» Quelques grands seigneurs nous ont dit en secret que pour sûr,
» Archambaud ne rentrera en possession de rien de ce qui lui a ap-
» partenu, jusqu'à ce qu'il ait satisfait et contenté tous ceux qui se
» plaignent de lui ; et cela a été dit pour riposter au comte
» d'Armagnac, qui lui a dit : cousin, cousin, quoi que vous disiez,
» avant que vous recouvriez rien, il conviendra que vous contentiez
» tous ceux qui se plaignent de vous ou autrement vous ne ferez
» rien de ce que vous avez à faire ; ce qui l'enhardit beaucoup.

» Du fait de l'église, les cardinaux et les prélats ont répondu
» qu'ils ont octroyé le décime, qu'on dit s'élever à 40,000 l., afin de
» poursuivre le projet d'union ; et on prétend que chacun des trois
» cardinaux doit s'en aller avec un duc, l'un en Angleterre, l'autre
» en Espagne, le troisième en Lombardie (1). »

PRÉLIMINAIRES DE L'ARRÊT DU PARLEMENT CONTRE ARCHAMBAUD ET SES COMPLICES. — Instruit de tout ce qui se passait en Périgord, malgré l'arrêt rendu deux mois et demi auparavant, le Parlement avait dû intervenir de nouveau, et poursuivre dans le fils les crimes déjà punis dans le père. En conséquence, par lettres du 18 avril 1397(2), il avait été enjoint aux sénéchaux de Périgord, de Limousin, de Saintonge et de Quercy, et autres officiers de ces quatre sénéchaussées, d'informer secrètement, même en remontant à une époque antérieure à l'arrêt du 3 février, sur les crimes et méfaits d'Archambaud et de soixante-cinq de ses principaux complices, appelés Arnaud Durat, capitaine de Bourdeille, Jean Cotet dit d'Auvergne, capitaine d'Auberoche, Bos de Chambrillac, Bertrand de la Gaudelie, Guillaume Jousbert, Bertrand du Pont, Raimond Guibaut, Olivier Mercure, Le Clerc de Muret, Cossandou Philipot Bastide, Jean le

---

(1) *Tiré de la maison de ville de Périgueux* (Bibl. nat., papiers Lespine. cart. des comt. de Périgord.) Cette lettre, écrite en langue vulgaire, est datée de Paris, le 22 mars 1399 (quoique l'année manque), et signée : ARNAUD DE BARNABÉ, BERNARD FAVIER, JEAN DE COMTE, ARNAUD DE CHATENET, GUILLAUME FAIDIT. Elle a pour adresse *A monseigneur le maire et les consuls de la ville et cité de Périgueux.*

(2) C'est ce jour-là même qu'un second arrêt condamnait une seconde fois Archambaud V, quoique mort, au bannissement perpétuel.

Normand, Bernard de Saint-Pierre, le Gendre de Bernard de Massault, Thomelin Delage, La Verdure, Tire Aiguillette, Jean Durat, Peyrot Marchès, Valadot Marchès, Alain Marchès, Colet, Mereau, Ramonet (1), Mondon d'Ale, Robinet-Le-Grasset, Bernarde de Massaut, Maron de Sarrazac, Guignadre, Gironnet, Mondon, valet du clerc de Muret, le Bâtard de Saint-Pierre, Jean, Barba de Bouc, Naudin, Laurent, Robert-Le-Clergon, Bernard de Mortier, Jean Damourettes, Guillaume Le Blond, Femel, Martin Lespagnol, Guillams, Jean Gumel, Jacques Balestrier, Guillemain, Perrot Escala, Hennequin-à-la-Poislaine, Guillot-corne-guerre, Gaillardet de Larcherie, Mondonnet du Pont, Guillaume et Rampnoul de Villebois, Mondon le Français, Jean Le Normand, Jean de La Bermondie, Le Camus, Jean Balestrier, Naudigot, Jean Morel, Jean de Ste-Foy, Denis, Perron Breton, Audoynot, capitaine de Foussemagne et Martial Balestrier (2). Les sénéchaux devaient arrêter, partout où ils les trouveraient, excepté dans les lieux saints, mettre à la disposition du Parlement tous ceux qu'ils pourraient atteindre et que l'instruction, la clameur publique ou de véhémentes présomptions autorisaient à croire coupables ; et, dans le cas où ils ne pourraient pas se saisir de leurs personnes, ils avaient ordre de les ajourner à la cour, devant laquelle ils auraient à répondre aux accusations articulées contre eux, par le procureur général, par le maire de Périgueux et par Aimery des Chabannes. A la suite des informations faites par ces sénéchaux, et faute d'avoir été appréhendés au corps, les accusés avaient été cités à comparaître, le 25 août suivant (3). Ce jour, comme on devait s'y attendre, personne ne s'étant présenté, sur la requête du procureur général, du maire, d'Aymery des Chabannes, de Hugnes de Montlézun et de Mondisson de La Chassagne,

---

(1) Serait-ce le même que Ramonet de Sor, chef de bande dont il sera question plus d'une fois ? Je l'avais cru, mais j'en doute actuellement.

(2) Voici sur quelques-uns de ces noms des détails tirés du livre noir. (Arch. de la ville de Périgueux), Caussandou, emprisonné ; Thomelin Delage, pendu ; Laverdure, idem ; Jean Barbe de Bouc, noyé ; Jean Gumel, mort ; Guillaume et Rampnoul de Villebois, idem ; Jean de La Bermondie, pendu ; Jean de Sainte-Foy, idem ; Boson de Chambrillac, rentré plus tard au pays, fit hommage au duc d'Orléans, comme comte de Périgord, d'une maison et de terres, dans la châtellenie de Bourdeilles.

(3) Arch. nat., sect. jud, reg. du crim. coté 14, fol. 292.

intervenant au procès, ils avaient tous été proclamés défaillants, le 29, et, par de nouvelles lettres, ajournés de nouveau pour le 15 décembre suivant, afin d'y voir procéder à l'adjudication du bénéfice de leur défaut, et y répondre civilement aux demandes des poursuivants. N'ayant point fait acte de présence, le 17, ils avaient été déclarés défaillants pour la seconde fois ; mais seulement à la requête du procureur général, du maire de Périgueux et d'Aimery des Chabannes, les autres s'étant retirés de la plainte.

A la suite de ces deux défauts, les demandeurs avaient présenté un mémoire dans lequel ils exposaient tous les crimes et méfaits dont s'étaient rendus coupables les accusés, tant avant l'arrêt rendu contre Archambaud V que depuis le prononcé de cet arrêt, et demandaient le *bénéfice de ces deux défauts* ; c'est-à-dire que les accusés fussent punis comme ils le méritaient. Malgré tout, cependant, la cour n'accéda pas à la demande, et, conformément à l'usage par elle consacré, décida qu'un nouveau sursis était accordé à Archambaud et ses complices. Un troisième défaut ayant été constaté le 26 mars 1398, on eut encore recours à l'indulgence et, pour la dernière fois, ils furent ajournés au 28 décembre suivant.

C'est dans l'intervalle qui s'écoula entre le 26 mars et le 28 décembre que fut résolue et accomplie l'expédition de Boucicaut en Périgord, et la prise de Montignac ; ils ne se représentèrent pas ; l'affaire resta en état jusqu'à nouvel ordre.

Peu de temps après, le comte d'Armagnac, Archambaud et ses complices, précédèrent dans la capitale les envoyés de Périgueux. Mais les envoyés de Périgueux regagnèrent vite le terrain perdu, et agirent si bien que, dès le mois de mai, la cause de la ville était gagnée et qu'Archambaud crut prudent de s'éloigner de Paris (1), quoique l'arrêt ne fût pas encore rendu et que la cour n'eût pris aucune résolution de nature à donner à comprendre comment serait formulée la sentence définitive, puisque ce ne fut en effet que le 19 juillet que cette sentence fut prononcée comme il suit :

---

(1) Fragments etc., recueillis par Leydet. Jusqu'aux intrigues du comte d'Armagnac, Périgueux n'avait envoyé à Paris qu'Arnaud de Barnabé remplacé par Bernard Favier et Jean de Comte. Il leur adjoignit alors trois autres, Arnaud de Barnabé, Arnaud de Chastenet et Guillaume Faidit.

« Les accusés déchus et complétement privés du droit de se dé-
» fendre et de se laver des crimes et méfaits. En conséquence, ils
» sont condamnés à payer, à titre de dommages-intérêts, quarante
» mille livres aux maire consuls et communauté de Périgueux et
» quinze mille livres à Aimery des Chabannes, et à la prison s'ils
» peuvent être arrêtés. Il est spécifié, en outre, que les sommes
» allouées aux plaignants seront prélevées sur les biens des cou-
» pables et acquittées, en commençant par les quinze mille livres
» attribuées à Aimery des Chabannes ; et que, des quarante mille
» qui reviennent à la communauté de Périgueux, les dix premiers
» seront consacrés à faire célébrer des messes et accomplir d'autres
» œuvres pies, pour le repos des âmes des victimes des crimes et
» méfaits des condamnés, l'entretien et la subsistance de leurs
» veuves et des orphelins. Enfin les coupables sont bannis à perpé-
» tuité du royaume, et ce qui restera de leurs biens, les frais et les
» amendes prélevés, confisqué au profit de la couronne (1). »

C'est donc simplement un bannissement à perpétuité avec confiscation de biens. La condamnation à mort, quoi qu'on en ait souvent
parlé comme d'une réalité, ne fut jamais en question, en vertu de
la promesse de Boucicaut à Archambaud qu'il aurait la vie sauve.

Telle fut la fin de cette lignée des comtes de Périgord qui, toujours en lutte avec la capitale de la province, pendant environ deux
cent cinquante années, succomba sous le poids même de ses violences, sans que cependant le dernier mâle de la race, comme nous
le verrons bientôt, acceptât la décision prise à son égard, tout indulgente qu'elle était.

LIVRE VI

CHAPITRE VI

Mouvement religieux.

PIERRE TISON. 1349-1384. — Pierre Tison, évêque de Périgueux
dès 1349, qui eut avec Périgueux la rude querelle que nous avons

---

(1) Arch. nat., sect. jud. reg. du cr. coté 14, fol. 292 et premier reg. des
amendes.

racontée (1), tint dans cette ville, en 1365, un concile dont les actes, formant un mss in 4°, faisaient autrefois partie de la bibliothèque de Baluse. (2) En 1375, deux habitants de Salignac fondèrent une chapellenie dans la localité, pour leur salut et le repos des âmes de leurs parents, moyennant un amortissement annuel de 12 liv. tournois de rente (3).

C'est sans doute à son instigation qu'en 1363 le pape Urbin V, durant la grande mortalité qui régna à Périgueux et dans la province, accorda aux Périgourdins la faculté d'avoir des confesseurs qui pouvaient les absoudre, sur une première confession bien sincère, à la condition cependant que, s'il y avait réparations à faire à autrui, ces mêmes confesseurs imposassent aux pénitents de les faire eux-mêmes, s'ils survivaient, et par leurs héritiers, s'il succombaient (4). Sous l'épiscopat de Tison, mourut le cardinal de Périgord qui, par son testament, créa soixante nouveaux chanoines, (réduits à cinquante par un codicile) à Chancelade, où il n'y en avait d'abord que vingt-deux ; donna dix mille écus d'or aux chartreux de Vauclaire, pour achever leur couvent, et fit du bien à une foule d'églises et de couvents de la province (5). En dehors de son concile et de sa querelle avec Périgueux, nous ne connaissons rien des travaux de Tison, qui vécut pendant les guerres et fut accusé, au moment du schisme d'Occident, d'avoir un certain attachement pour les Anglais. La mission qu'il accepta, en 1369, d'aller en Aragon de

(1) Voir le *Recueil sommaire des titres*, etc., p. 81, lettres de Charles VI (de 1377 et non 1145) mettant fin à la querelle de l'évêque et de la ville : « Charles » etc., Très chers et bien aimés, vos lettres..... le rapport..... de votre » maire et autres vos compagnons qui sont ici, nous ont appris l'état » de votre ville, les dommages que vous avez éprouvés et les dépenses que » vous êtes obligés de faire. Nous sommes heureux d'avoir mis fin aux » débats entre vous et votre évêque, moyennant 3,000 francs d'or dont il a » reçu 1,000 francs, et puisque vous ne pouvez payer les deux autres mille, » en récompense de votre bonne et loyale conduite, nous vous relevons de » cette dette, que nous acquitterons pour vous, ainsi que nous en donnons » avis à l'évêque, à qui nous recommandons de vous en donner quittance. »

(2) Ed. de l'*Estat de l'église du Périgord* du père Dupuy par l'abbé Audierne ; notes hist. etc., du 2e vol., p. XVI.

(3) Arch. nat., reg. du tr. des ch. coté 108, p. 63.

(4) Bibl. nat., papiers Lespine. Tiré des arch. du Vatican, c'est un bref.

(5) Voir mon art. biographique, sur le cardinal : Calendrier du département de 1844. p. 259.

la part du roi d'Angleterre, pour y ménager une alliance entre les deux monarques (1), fit naître cette pensée.

Il mourut à Château-l'Évêque, mais on ne dit pas où il fut enterré.

Hélie Sergent. — On n'est pas d'accord sur le successeur de Pierre Tison. Le père Dupuy désigne Gabriel qui, s'il fut évêque, ne le fut qu'au moins vingt ans après lui. Selon le chanoine Tarde, ce successeur, en 1384 ou 1385, fut Hélie Servient et mieux Sergent (2); mais au lieu d'avoir succédé à Pierre Tison, il aurait été le remplaçant d'un Bérenger, qui ne paraît pas avoir réellement existé. M. l'abbé Audierne (3) est de l'avis de Tarde, et comme lui l'appelle Servient. J'adopte l'opinion de Tarde et de M. Audierne, en appelant cet évêque Sergent, d'après l'acte du serment prêté à la ville, en y faisant son entrée (24 octobre 1385).

Le 24 octobre 1385, à la porte du Pont, révérend père Hélie, nouvel évêque de Périgueux, d'une part, et les consuls de Périgueux de l'autre, se trouvant en présence, l'un des consuls prit la parole et dit au nouvel évêque qui était à cheval : *Les évêques, à leur entrée dans Périgueux, et avant qu'ils pénétrent dans la ville, la main sur les saints évangiles, doivent promettre et jurer au maire et aux consuls et à la communauté qu'ils leur seront bons et loyaux et qu'ils respecteront et maintiendront leurs libertés et franchises.* Sur quoi Hélie Sergent, ayant dit qu'il était tout disposé à faire ce qu'avaient fait ses prédécesseurs, prêta le serment demandé.

Hélie Sergent était archidiacre de l'église de Périgueux lorsqu'il fut élu évêque. La présence d'un Raimond Sergent, clerc, à sa prestation de serment, celle de Raimond Sergent, consul, et celle d'un Hélie Sergent, clerc et notaire du diocèse, à la prestation de serment de son successeur, me donnent à penser que, s'il n'était pas de Périgueux, il était Périgourdin, et que Raimond clerc et consul était son frère et Hélie son neveu.

Pierre de Durfort. — Selon M. l'abbé Audierne, Hélie Sergent

---

(1) *Fœdera, litteræ et acta publica* ou nouv. ed. de Rimer, t. 3, 2ᵉ part. p. 855.

(2) Le mot latin *servient*, par lequel cet évêque est désigné, se traduit en français par Sergent.

(3) *Notice historique* sur les évêques de Périgueux, calendrier du département de la Dordogne (1836), p. 218.

avait fait son testament, le 10 mars 1387, et serait mort, deux jours après, à Plazac (canton de Montignac), domaine dépendant du temporel de l'évêché. Il résulterait de là, en admettant même que son successeur fût élu immédiatement après sa mort, que Périgueux serait resté sans évêque plus de trois ans et demi, si, comme le dit encore M. Audierne, ce successeur ne fit son entrée dans cette ville que le 26 décembre 1390. Je ne conteste ni la date du testament, ni celle de la mort d'Hélie, ni même celle de l'élection de Pierre de Durfort ; mais celle de l'entrée de cet évêque à Périgueux ayant eu lieu un an plus tôt, il pourrait bien se faire que l'élection de ce prélat ne remontât pas à celle qu'on lui assigne, et par suite que la date de la mort d'Hélie Sergent dût être retardée. Quoi qu'il en soit, voici la date exacte de l'entrée de Pierre de Durfort : « Le vendredi
» veille de La Noël (25 décembre 1389), à la porte du Pont, sur la
» place des *Arsits* (1), se trouva Pierre (de Durfort), nouvel évêque
» de Périgueux, voulant faire son entrée solennelle. » Sur quoi on lui demanda de prêter le serment accoutumé, ce qu'il fit avec certaines réserves sans importance.

Pierre de Durfort serait, dit-on, de la maison de Duras ; mais indépendamment de ce que les généalogies n'en font pas mention, il est bien probable que, si cet évêque avait appartenu à cette famille, Archambaud V aurait mieux agi avec lui, puisque il aurait été frère ou proche parent du mari de sa sœur Éléonore.

Cet évêque aurait d'abord été frère prêcheur, et, pendant qu'il faisait partie de cet ordre, il s'était adonné avec tant d'ardeur à l'étude de la théologie qu'il était devenu maître. Il détourna alors l'usage des annates à son profit.

Adhémar de Neuville fut le premier des évêques de Périgueux taxé, et mourut sans s'être acquitté de cette taxe. Arnaud de Villemur ne fut évêque que quelques mois ; Guillaume de la Garde passa en Portugal, avec sa même dignité, après avoir occupé le siège de Périgueux un peu plus d'un an.

Pierre Tison étant mort sans avoir payé les annates, la chambre apostolique réclama à Pierre de Durfort 2,500 florins, somme à laquelle était taxé son évêché.

---

(1) On n'est pas bien d'accord sur cette place qui aurait été près de la porte Limogeanne.

Nous l'avons vu assiégé dans Plazac, en 1397, par Archambaud V, qui ne s'attendait pas à une pareille résistance de sa part. Un procès s'ensuivit (1). Du reste rien de particulier ne nous est connu sur les événements religieux accomplis de son temps. Nous savons seulement qu'en 1403, il partit pour Avignon afin de solliciter des indulgences, à l'occasion de quelque solennité à St-Front ; qu'ayant appris que le pape se rendait à Marseille, il prit le chemin de cette dernière ville, et mourut. On croit, dit M. Audierne, qu'il fut rapporté à Périgueux et enterré à la Cité.

Vicaireries de la chapelle Saint-Antoine. — On place vers l'année 1390 des remontrances au comte de Périgord au sujet des usurpations faites sur les biens assignés aux vicaireries fondées par le cardinal de Périgord dans la chapelle Saint-Antoine de l'église de Saint-Front, et dont ce comte était le protecteur-né.

Pierre Itier, évêque de Sarlat jusqu'en 1359, eut pour successeur Hélie de Salignac, de la maison de Lamothe-Fénélon. Au bout de deux ans celui-ci devint archevêque de Bordeaux.

Hélie de Salignac. — Avant de faire son entrée dans Sarlat et de recevoir le serment des habitants de cette ville, l'évêque devait prêter serment de fidélité au roi. La captivité de Jean lui fit croire qu'il pouvait exiger le serment des Sarladais, avant d'avoir accompli cette formalité. La ville s'y refusa ; il l'excommunia. Les Sarladais alors poursuivirent l'affaire, et un arrêt du conseil de 1360 leur donna raison. Il eut pour successeur Austence de Ste-Colombe, qui prit possession de son siège en 1361 (2).

Austence de Sainte-Colombe. — C'était un savant frère mineur, docteur de théologie de Paris. Il transigea avec la chambre apostolique et s'engagea à lui payer les droits accoutumés, tant pour lui que pour son prédécesseur. Son épiscopat dura jusqu'en 1370. On s'occupa de se procurer les voies et moyens pour la reconstruction de l'église paroissiale de Sarlat ; mais d'après Tardes, il n'eut au-

---

(1) Arch. nat., sect, jud., parl. reg du crim. coté 14, fol. 167 verso.

(2) Tardes : *Antiquités* etc., Dutemps : Le clergé de France, t. 2, p. 618, Audierne, précis hist. sur la ville de Sarlat, calendrier de la Dordogne de 1837, p. 204.

cune part à l'entreprise ; l'évêque en effet, dès 1362 se mêle surtout d'intrigues et de négociations politiques (1) : « Cette même année
» (1365), dit Tardes, le 27 juillet, les habitants de Sarlat arrê-
» tèrent, dans le conseil, que leur église paroissiale, tombant en
» ruine, à cause de sa vieillesse, serait rasée et que, en sa place,
» on en feroit une neufve plus grande, et que, pour fournir aux
» frais nécessaires, les habitants payeraient une seconde dixme,
» laquelle fut levée deux ou trois années de suite, si bien qu'ayant
» ramassé les matériaux nécessaires, les premiers fondements
» furent jettés, le 23 avril 1368, et M⁰ Géraud Roussel, prêtre, posa
» la première pierre. Les guerres qui survinrent, retardèrent cet
» édifice, et furent cause que de longtemps il ne fust mis dans sa
» perfection. »

En 1368, l'évêque fut envoyé près du pape Urbain V, par le prince de Galles.

Mort de Pierre Thomas, né à Salles de Belvés, au commencement du XIV⁰ siècle qui fut patriarche à Constantinople.

JEAN DE RÉVEILLON. — Jean de Réveillon, originaire du Poitou et dixième évêque de Sarlat, fut appelé à succéder à Austence par une bulle d'Urbin V (Avignon 1370). Il était doyen de l'église de Poitiers et correcteur des lettres apostoliques, lorsqu'il fut appelé au siège de Sarlat. Il n'appartenait point à l'ordre de Saint-François, comme on l'a prétendu ; il était seulement licencié ès-lois.

Comme son prédécesseur, il s'occupa beaucoup plus des choses d'ici-bas que des affaires spirituelles. Tout ce que nous savons de la sollicitude pour ses ouailles qu'on lui prête, c'est qu'en 1387, il unit la paroisses de Grives au prieuré de Belvés, afin que ce prieuré pût mieux supporter les charges auxquelles il était obligé envers le chapitre de Sarlat, en ayant soin cependant de réserver une pension pour un vicaire perpétuel dans cette paroisse ; et qu'il fonda quelques chapellenies, pour multiplier les secours religieux.

Dès 1371, le pape Grégoire XI l'avait chargé de négocier la paix

---

(1) En 1362, (Fœdera, litteræ et acta publica, ou nouv. éd. de Rimer, t. 3, 1ʳᵉ part. p. 688). Il était un des plénipotentiaires du roi d'Agleterre, chargés de traiter avec le roi de Castille.

entre le duc d'Armagnac et le comte de Foy. En 1372, ce même pontife lui donna la mission de préparer un rapprochement entre Jeanne, reine de Sicile, et Frédéric, roi d'Aragon. Il se trouvait à Rome lors de l'élection d'Urbain VI (1378), et comme beaucoup d'autres il eut à subir les effets de la colère du peuple romain.

C'est sous l'épiscopat de Réveillon que le suaire de Cadouin fut porté à Toulouse. Ce prélat qui, à cause de sa grande vieillesse, avait obtenu, en 1389, un an et demi de délai, pour son hommage au roi, mourut, dit-on, à l'âge de cent sept ans.

GAILLARD OU GÉRARD DE PALEYRAC. — Réveillon eut pour successeur Gaillard ou Gérard de Paleyrac, qu'on croit issu d'une ancienne famille. Il était avant évêque de Spolette. Il occupa le siège de Sarlat environ une année, paya les droits accoutumés à la chambre apostolique, fonda deux anniversaires qu'on place au 1er et au 28 décembre, et mourut sans laisser d'autres souvenirs.

RAIMOND DE BRÉTENOUX. — Son successeur fut Raimond de Brétenoux (bulle du 1er octobre 1397), chanoine du Puy. On a dit avec raison que cet évêque ne pouvait pas appartenir à la famille Castelnaud de Brétenoux, dont le nom n'était pas Brétenoux. Mais je ne saurais admettre l'origine que lui donne M. l'abbé Audierne, qui le suppose né dans un château de la commune de Campagne dont l'existence est plus que problématique. Il est bien plus simple de dire qu'il y a tout lieu de croire qu'il était de Brétenoux, en Quercy.

Il administra le diocèse de Sarlat jusqu'en 1403, sans qu'il en soit resté le moindre souvenir, et passa ensuite à l'évêché de Périgueux où nous le retrouverons. Sous l'épiscopat de Pierre de Durfort, à Périgueux, et Jean de Réveillon, à Sarlat, le suaire conservé à Cadouin fut porté à Toulouse. Déjà, sur l'ordre du supérieur des moines de Citeau, on avait fait faire une châsse nouvelle (1398), « dans laquelle sera conservé le suaire de J.-C., sans qu'il puisse jamais être employé à d'autre usage, sortir sous aucun prétexte de la maison ni être *donné en nantissement* (1). »

Cependant, en danger d'être volé par les bandes anglaises, il fut envoyé à Toulouse, et de là à Paris, dans le but de guérir miraculeusement Charles VI. Le roi fit neuf jours de

---

(1) Dom Martenne, thesaurus, etc., t. IV, col. 1570.

dévotion et resta fou. Puis ce suaire si peu puissant fut déposé dans l'église Saint-Bernard pour être exposé à la vénération des fidèles « et, dit Juvenal des Ursins, y eust grande affluence de peuple, et en levèrent une bien grande finance d'argent ; et disait-on qu'il y eust de beaux miracles faits, combien qu'on n'en déclare aucun particulièrement. »

Le schisme d'Occident n'eut pas de retentissement en Périgord ; nous n'avons qu'un document sur cette époque, c'est une réponse de l'évêque de Périgueux, Durfort, à la question adressée par le gouvernement aux évêques, relativement à l'obéissance due à Benoît XII. Ces lettres, sans intérêt, sont de 1398 probablement (1).

LIVRE VII

CHAPITRE PREMIER

Suite du procès d'Archambaud. (1399-1400). — Au milieu des intrigues ayant pour but de soustraire Archambaud VI à l'action du Parlement, rien ne prouve qu'on eût songé à s'occuper de la transmission du comté, soit à la suite de la confiscation opérée sur Archambaud V, soit dans le cas d'une seconde confiscation sur le fils. Nous avons bien constaté que ce fils était parti de Paris ; mais il s'éloignait parce qu'il redoutait pour sa liberté. Cependant sur cet événement, le plus impossible des récits a été systématiquement propagé : « Les diverses oppositions qui furent faites à la confisca-
» tion du comté, dit Lagrange-Chancel, furent plus aisément et
» plus promptement terminées. Jean de Clermont, comme mari
» d'Eléonore, sœur aînée d'Archambaud, à qui elle était substituée,
» et François, seigneur de Montberon (Montbron), comme ayant
» épousé leur fille unique, prétendaient qu'en matière de biens
» substitués, la confiscation ne pouvait avoir lieu, au pré-
» judice de légitimes héritiers qui n'avaient point de part à la

---

(1) Arch. nat., J. 517, n° 2.

» félonie. Brunissende, autre sœur d'Archambaud, demandait, par
» la même raison, la distinction de ses droits légitimaires, assignés
» sur le même comté; François de Taleyrand, seigneur de Grignols,
» de Chalais, et de Fronsac *comme cessionnaire du même droit*
» et en qualité du plus proche des mâles, descendant de la branche
» collatérale, ne se croyait pas moins fondé dans ses demandes. Le
» comte d'Armagnac et le seigneur de Duras s'étaient mis pareil-
» lement sur les rangs ; de même que plusieurs autres personnes
» de distinction dont on peut voir les noms et les prétentions dans
» les registres du Parlement de Paris (1).

» Le roi crut ne pouvoir se débarrasser plus judicieusement
» de cette foule de prétendants sur le comté de Périgord, que par
» le don qu'il en fit au duc d'Orléans, son frère, pour lui tenir lieu
» de supplément d'apanage (2) ».

Lagrange-Chancel procède en romancier. L'argumentation du narrateur et ses attaques contre le duc d'Orléans, dont je n'ai pas parlé, mais qui se trouvent un peu plus haut, ont le caractère d'un plaidoyer pour une idée qui semble avait été le mobile du travail du poète historien. Ce plaidoyer a été consacré à affirmer des recherches généalogiques que, depuis lors, on a répandues le plus possible. Il est bon d'en finir avec ces erreurs.

A quel propos Jean de Clermont, mari d'Eléonore, sœur aînée d'Archambaud VI, aurait-il prétendu, entre juillet 1399 et janvier 1400, qu'en matière de biens substitués la confiscation ne pouvait avoir lieu, lorsque sa femme ne se trouve substituée à son frère, qu'en 1425. par le testament de ce dernier. Et François de Montberon, comment aurait-il pu s'opposer à cette confiscation, puisque non-seulement il n'était pas alors marié avec Louise, fille de Jean Clermont et d'Eléonore, mais qu'encore, en 1401, Jacques de Montberon, père de François, était en procès avec Eléonore, au sujet de ce mariage projeté, et auquel il s'opposait depuis la mort de son mari (3). Sous quel prétexte et comment Brunissende, autre

---

(1) J'ai parcouru les registres du Parlement et je n'y ai rien trouvé de tout cela.

(2) LAGRANGE-CHANCEL ; *Hist. manuscrite du Périgord*. déposé à la bibl. nat.

(3) Arch. nat., Parlement, reg. des jugés, coté 48, fol. 22. Ils ne se marièrent qu'en 1403. Nous verrons en effet qu'il y eut un procès, soutenu par François de Montberon, mais que ce procès s'engagea après la mort d'Archambaud VI.

sœur d'Archambaud VI, aurait-elle fait une opposition quelconque, lorsqu'elle était complice de son frère, avec lequel elle avait été faite prisonnière ? d'où il résulterait qu'elle *avait pris part à la félonie*. L'intervention de Taleyrand, seigneur de Grignols, *comme cessionnaire du même droit en qualité du plus proche des mâles*, pouvait encore moins avoir lieu, puisque Archambaud avait des sœurs et que le fait de parent le plus proche n'était pas démontré ; que d'ailleurs ce seigneur, au dire de notre historien, s'était entremis pour Archambaud avec trop de zèle, pour oser ensuite se poser en spoliateur de ce parent. Quant au comte d'Armagnac et au sire de Duras, comme parents par alliance, ils n'avaient rien à demander, tant qu'il y aurait des parents directs. Je ne parle pas du reste. Ces oppositions sont donc un pur effet de l'imagination de Lagrange-Chancel, et la supposition que le roi ne crut pouvoir se débarrasser plus judicieusement de cette foule de prétendants que par le don du comté à son frère, est absurde. Voici l'exposé des faits.

CONDUITE D'ARCHAMBAUD VI. — DONATION DU COMTÉ AU DUC D'ORLÉANS. — Nous avons vu Archambaud VI s'éloigner de Paris (mai 1392), disant qu'il allait outre-mer. Il se rendit à Bordeaux et s'embarqua pour l'Angleterre, au lieu de prendre le chemin de la Bretagne, comme il avait plus tard déclaré vouloir le faire. Son premier soin fut d'essayer de gagner les bonnes grâces de Richard II. Mais dès qu'il fut détrôné (septembre, 1399), Archambaud se tourna du côté d'Henri IV, et lui fit hommage, comme duc de Guienne, en qualité de comte de Périgord. C'est cette indigne conduite qui détermina Charles VI, déjà fort mécontent des Anglais, à donner le comté à son frère, comme supplément d'apanage (1). Et, qu'on le remarque bien, cette résolution eut uniquement pour mobile une juste sévérité. Un criminel, à qui on avait fait grâce de la vie, s'était sauvé en Angleterre et faisait hommage à un usurpateur de biens qui ne lui appartenaient plus. Pour le punir, autant qu'il était en lui, Charles VI disposait de ces biens. A la nouvelle de l'acte de félonie, il avait ordonné de démolir et raser les châteaux de *Montignac*, *d'Auberoche*, *de Bourdeille*, *de Roussille*, etc. (2).

---

(1) Arch. nat., Q. 171-172.
(2) Voici comment s'expriment les *Fragments* etc. : « Les nouvelles vinrent
» en France, comment on avait fait (en Angleterre), et fut donné mande-

La donation du comté au duc d'Orléans est du 23 janvier 1400 (1). La prise de possession commença le 26 juillet suivant et dura jusques vers la fin d'août. Cette opération délicate fut confiée à Renaud de Sens, bailli de Blois, dont les procès-verbaux sont des documents précieux où j'ai déjà puisé des détails qui ne se trouvent que là (2).

Cette prise de possession mit fin au projet suscité, je crois, par la ville de Périgueux, de démolir les châteaux.

Cependant les trèves entre la France et l'Angleterre avaient été renouvelées, et Archambaud, au lieu de profiter de ce répit, continua d'afficher sa félonie, et suivit son nouveau suzerain en Ecosse, où il allait faire la guerre.

Selon les *Fragments*, etc, Jean de Chambrillac, capitaine de Bourdeille, ayant été fait sénéchal de Périgord, en 1400, son gendre Arnaud de Bourdeille, qui n'était, comme on l'a vu, que son lieutenant, fut fait capitaine à sa place et commanda le château, au nom du duc d'Orléans, jusques à la fin de la prise de possession du

---

« ment exprès que l'on fondit (rasât) *Montignac, Auberoche, Bourdeille,* lequel
« (mandement) apporta M. Hélie Lascouts, estant maire de Périgueux
« Arnaud de Barnabé, et incontinent requirent les capitaines, avecques les
» gens du roy, et allèrent à Auberoche et à Bourdeille, lesquels le leur
» mirent par dilation, (temporisèrent) et allèrent à *Rousille* et achevèrent de
« (le) fondre ; et la terre estoit, par iceluy temps, en la main du maréchal,
» qui la tenoit pour le roy. »

Le 19 décembre 1399, Aymery des Chabannes, Guillaume de Merle, bachelier es-lois, juge mage et lieutenant du sénéchal de Périgord et Geraud de Chevrol, procureur du roi dans la dite sénéchaussée, se transportèrent à Bourdeille et rencontrèrent dans la grande cour Arnaud de Bourdeille, lieutenant de Jean de Chambrillac, capitaine du château, auquel ils firent la lecture des lettres du roi, dont la teneur suit : « Charles etc..... au capitaine de
» Bourdeille, etc., pour certaines causes, etc., avons ordonné et commis le
» sénéchal de Périgord, ou son lieutenant, à abattre et arraser la forteresse
» de Bourdeilhe, dont vous estes le capitaine, et par telle manière qu'elle
» ne soit défensable..... Si vous mandons etc..... vous incontinent baillés
» et délivriés, audit sénéchal ou à son lieutenant les clefs de ladite forte-
» resse etc. Donné à Rouan, le 14 novembre 1399 ». Cette lecture finie, Arnaud de Bourdeille sommé de rendre le château, dit qu'il voulait prendre conseil et qu'il répondrait plus tard. A l'heure indiquée pour la réponse, il fut sommé de nouveau, et alors il répondit que tout dévoué qu'il était et qu'il serait toujours au roi, il ne livrerait le château que sur un ordre exprès de Jean de Chambrillac. Supl. au rec de titr. etc., p. 57.

(1) Arch. nat., Q. 171 et 172.
(2) Ibid. K. 1235.

comté. A cette époque Mondot Panta remplaça Arnaud à Bourdeille, et Regnaud Servot Jeannot Helias à Auberoche (1). Ces capitaines causèrent des dommages à Périgueux et lui valurent des insultes.

1401. — Des maladies épidémiques ravagèrent le Limousin et pénétrèrent jusqu'en Périgord.

Laroche-Saint-Christophe. — Cette même année Jean de Beaufort se signala par de nouveaux excès.

Adhémar de Laroque, seigneur de Laroche-Saint-Christophe, homme de bien dévoué à la couronne de France, s'était attiré par cela même la haine du seigneur de Limeuil qui l'avait fait accuser, par un de ses familiers, du nom de Jean Ducos, d'avoir tenu et laissé tenir, en sa présence, des propos outrageants contre lui. Indigné, Adhémar avait défié Ducos et lui avait jeté son gage de bataille. Cette conduite loyale irrita Jean, qui se mit à le poursuivre juridiquement pour des dépenses considérables. Le sénéchal de Périgord, ou son lieutenant, par le motif que les duels ne regardaient que le roi et ses tribunaux, avait défendu à Adhémar, sous les peines les plus graves, de comparaître devant Jean ; ce seigneur, cependant, sans tenir compte des ordres du sénéchal, avait continué ses poursuites et donné défaut contre Adhémar. Il s'était même permis de le provoquer très souvent. Ces violences incessantes avaient obligé Adhémar de recourir au Parlement, et le Parlement ayant pris l'affaire en main avait donné défaut contre ce seigneur. L'arrêt du Parlement acheva d'exaspérer Jean, qui s'empressa de réunir des hommes dévoués, auxquels s'étaient joints des Anglais, et se porta en armes sur Laroche-St-Christophe. C'était le dimanche de la Passion. Il attaqua la place, s'en empara, pilla le château, y mit ensuite le feu et détruisit tout ce qui appartenait à Adhémar, fit pendre un certain nombre des partisans d'Adhémar (2).

Sadillac. — Cette même année le roi d'Angleterre, par lettres du 16 mars, donna à Gilbert d'Assarit et à son premier héritier, leur vie durant, le domaine de Sadillac, pour un revenu de quarante sols, à la condition de lui tenir compte du surplus, s'il produisait

---

(1) Arch. de Périgueux, Livre noir, fol. 89.

(2) Arch. nat., sect. jud, reg. du crim. coté 17, fol. 219. Depuis lors, il n'est plus question de Laroche-Saint-Christophe, comme place ou château.

davantage. Ce don fut fait en récompense de services rendus (1).

En 1400 ou 1401, Brunissende se maria avec le sire de Parthenai.

Retour d'Archambaud en Guienne. — Le comte Rutland, à la suite d'une conspiration où il avait joué un rôle odieux, ne pouvant plus vivre à la cour d'Angleterre, passa en Guienne. Il y fut accompagné par Archambaud qui, ayant eu le malheur de confier ses bagages à un navire espagnol, les perdit à Bordeaux ; il se trouva dépourvu de tout et réduit à faire triste figure.

1402. — Les lettres de rémission, dont il a été question plus haut, furent accordées à Jean Chalmont. Les maladies épidémiques continuèrent à sévir, et, dans les premiers jours de juin (le 8), un orage épouvantable causa les plus grands ravages. *Il tomba des grêlons gros comme le poing.*

1403. — Quoique débarrassé des Archambaud, Périgueux n'était pas beaucoup plus tranquille. En 1403, on lui contestait le privilège de ne pouvoir être cité que devant le Sénéchal et au Parlement. Le sénéchal Jean de Chambrillac le maintint dans son droit (2), et la municipalité, de son côté, autorisa, comme elle l'avait déjà fait, le juge du pariage à tenir ses assises dans la ville.

1404. — Siège et prise de Courbafy, sur les confins du Périgord et du Limousin, par Charles d'Albret, connétable de France. Il avait sous ses ordres 1,200 hommes d'armes et trois cents arbalétriers venant du Périgord, de la Saintonge, du Limousin, du Poitou et de l'Angoumois, et commandés par les sénéchaux de ces diverses provinces. La ville de Périgueux fournit des engins et de l'argent. Le siège dura douze semaines ; les assiégés, Anglais et pillards, furent reçus à composition et purent se retirer, vie et armes sauves (3).

Saint-Jean-d'Escole. — En quittant Courbafy, les troupes se divisèrent. Une partie se porta sur le Limousin, une autre parcourut le Périgord, où elle s'empara de *Saint-Jean-d'Escole* et démolit le château. Elles se rendirent ensuite à Périgueux, y séjournèrent quatre jours, et de là allèrent délivrer Montagrier, occupé par une

---

(1) Bibl. nat., coll. Bréquigny, reg. 32, Guienne vol. 23.

(2) Rec. sommaire de tit. etc., p. 70. Arch. de Périg. liv. noir. fol. 8 *bis.*

(3) Le religieux de St-Denis ; Règne de Charles VI. t.3, p. 201 et suivantes; *Fragments,* etc.

bande qui se retira, vie et bagages sauvés. Elles se dirigèrent ensuite sur Bergerac, et, dès lors, François, seigneur de Laforce, et son lieutenant, le seigneur de Montréal, se firent Français et s'engagèrent à vivre en paix, pensant avoir trêve avec Ramonet de Sors, par delà la Dordogne ; erreur qui leur fut fatale.

Les troupes revinrent à Périgueux, où elles séjournèrent neuf jours, et, comme elles étaient sans argent, elles firent des dégâts considérables, prenant sans payer et commettant des violences. Malgré toutes ces charges, la ville fit de grandes dépenses, récupéra les machines envoyées à Courbafy, fit des présents, entreprit des constructions, répara ses murailles, en bâtit de nouvelles et ne négligea rien de ce qui pouvait contribuer à sa sûreté. D'un autre côté, le soin de protéger le cours de la Dordogne fut confié au fils du duc de Bourbon, au comte de Castels et au fils du comte de Foix.

Périgueux. — Cette même année, Charles VI, pour témoigner son contentement à Périgueux, confirmait par lettres ses libertés, ses franchises, ses privilèges, la prenait sous sa protection et chacun des membres de la communauté et ordonnait à son sénéchal de la défendre envers et contre tous

Gui de Rouffignac et Catherine Lamothe. — Gui de Rouffignac et Catherine Lamothe avaient obtenu un arrêt du Parlement contre Archambaud V, par lequel il était dit que désormais ils ne relèveraient plus du comte. C'est en vertu de cet arrêt qu'en 1404, le 4 septembre, Gui fit ouvertement hommage au roi des biens de sa femme, situés dans la châtellenie de Vergn (1).

Jean de Beaufort. — Au commencement de février 1405, Jean de Beaufort, seigneur de Limeuil, se mit en rapport avec le sénéchal de Bordeaux et les Anglais, qui se tenaient sur la rive gauche de la Dordogne, les introduisit dans Limeuil, et se fit Anglais. Les Français, le mardi 10 de février, se portèrent sur Limeuil, l'attaquèrent deux heures avant jour et s'en rendirent maîtres. On donne pour chefs de cette expédition Nicolas (2), Mondissou de

---

(1) Arch. du Roy. Languedoc, p. 24.

(2) De Beaufort, père de Jean, qui finit par le déshériter en 1405.

Lachassagne (1), Hugonet de Moullen (2), le seigneur de Bourdeille, le capitaine de Montignac et Aimard de Commarque. Ils avaient avec eux 200 combattants. Le seigneur de Limeuil se retira, avec ceux de dedans, corps et biens sauvés. Ce fut encore ce même jour que le château de Campagne se rendit. De la sorte, tout le pays fut délivré et rétabli sous la main du roi et du duc d'Orléans. On y laissa comme capitaines le sire de Bourdeille, le capitaine de Montignac et Lachassagne.

Jean de Beaufort ayant voulu se retirer auprès de Nicolas, son père, celui-ci ne voulut pas le recevoir et il fut obligé de chercher un asile chez Raimond Roger, son oncle, vicomte de Turenne.

Prise de Castelnaud-de-Berbiguière. — Un peu plus tard, le comte de Clermont, fils du duc de Bourbon, après une expédition du côté de Montauban, étant revenu en Périgord, alla mettre le siège devant Castelnaud-de-Berbiguières, commandé par le sire de Lesparre pour les Anglais, et ayant sous ses ordres Bertrand et Archambeaud d'Abzac. Ce château lui ayant été vendu, moyennant une composition de six mille écus d'or, huit marcs d'argent et un remboursement de 662 l. 10 s. t. pour les dépenses des assiégés pendant le siège (3), le comte de Clermont continua sa marche sur la rive gauche de la Dordogne, se porta sur le château de Badefols de Lalinde, le démolit, au grand contentement des populations.

Vers le même temps, le seigneur de Limeuil recouvra son château par trahison. Moudissou de Lachassagne, qui en était le capitaine spécial, en fut chassé et quelques-uns des siens massacrés.

Sur ces entrefaites, le connétable, pour être agréable à Raimond de Montaut, son beau-frère, lui garantit la possession de Mussidan, à la condition qu'il ne ferait plus la guerre. Raimond tint son engagement jusqu'à la Saint-Martin ; mais le lendemain, il se porta sur Brantôme avec 400 combattants et s'en empara et tua l'abbé.

A peu près à la même époque, Archambaud d'Abzac, le fils d'Adhémar d'Abzac, et Berny du Moustier, à la tête de 80 Anglais

---

(1) Seigneur de Gabillou, canton de Thenon.
(2) Inconnu.
(3) Courcelle ; Hist. générale et hérald. des pairs de France, t. 7, art. d'Abzac.

et de quelques autres pillards, s'emparèrent de Carlux. Le seigneur de Limeuil se rendait à Bordeaux, en compagnie du sire de Mussidan, son beau-père, se faisait de nouveau Anglais, installait ces vieux ennemis de la France dans tous ses domaines, en habillait deux cents, leur donnait pour capitaine Peyret le Béarnais et allumait la guerre partout. Campredon et le sire de Bourdeille, sur la nouvelle que le sire de Mussidan s'était emparé de Brantôme, se rendaient maîtres de l'abbaye, au nom des Français et s'établissaient en face des Anglais. Cet exploit éveilla les instincts belliqueux des provinces voisines, et les Poitevins, les Limousins, avec les sires de Mareuil, d'Escars et autres, à la tête d'une troupe de 400 combattants, se portèrent à leur secours. Ce mouvement généreux produisit du bruit et fit du siège de Brantôme, entrepris par eux, un des grands évènements de l'année 1405.

1405. SIÈGE ET PRISE DE BRANTÔME. — Selon les données historiques admises, Pierre Foucault, alors abbé de Brantôme, de 1371 à 1404, dans le cours de son administration, fit construire des remparts autour de la ville.

Cette précaution fut rendue inutile par le sire de Mussidan et ses amis les Anglais. Maîtres de la place, pendant que Campredon et le sire de Bourdeille s'installaient dans l'abbaye, les vieux ennemis de la France construisirent une citadelle dans l'intérieur de la ville, ce qui ne leur fut pas très utile.

« Les Français, qui combattaient les Anglais en Guienne, leur
» avaient déjà enlevé soixante villes closes ou places fortes (1),
» lorsqu'ils apprirent que les ennemis sortaient souvent d'une ville
» du Périgord appelée Brantôme..., qu'ils infestaient le pays
» et l'accablaient de toutes sortes de maux. Sur la prière des habi-
» tants qui imploraient leur secours, ils résolurent de prendre cette
» place. Ils la sommèrent d'abord, au nom du roi de France, de se
» rendre à eux. Cette sommation ayant été repoussée avec mépris,
» ils en commencèrent le siège, dressèrent leurs machines autour
» des murs et lancèrent nuit et jour sans relâche, d'énormes pierres
» contre la ville. En même temps, ils s'emparèrent soigneusement
» de toutes les issues, pour intercepter les vivres aux assiégés.

---

(1) Par malheur le Religieux n'en désigne pas une seule.

» Pendant huit semaines, les Français mirent tant d'acharnement
» à faire pleuvoir sur Brantôme une grêle incessante de projectiles
» de toute espèce, que l'ennemi n'osait plus se montrer sur les
» remparts. Cependant, plus nos soldats déployaient de vigueur
» dans l'attaque, plus les assiégés montraient d'opiniâtreté dans la
» résistance, s'attachant à repousser la force par la force et la ruse
» par la ruse ; à la fin cependant, se voyant dans l'impossibilité de
» résister plus longtemps à de si rudes assauts, ils délibérèrent
» entre eux sur le parti qu'ils avaient à prendre pour sortir de la
» mauvaise position où ils se trouvaient, et firent aux assiégeants
» la proposition de leur rendre la ville et la citadelle, à la Pentecôte,
» si les Anglais ne leur envoyaient pas de secours avant ce temps.
» Les Français rejetèrent d'abord ces conditions, dans l'espoir d'en
» avoir bientôt fini avec ce siège ; mais, plus tard, ils acceptèrent,
» piqués qu'ils furent d'entendre les assiégés attribuer leur refus à
» la crainte de l'arrivée des Anglais. D'un commun accord, on fit
» choix du lieu où se livrerait la bataille, et douze otages, livrés
» par les assiégés répondirent sur leur tête de l'exécution du traité.

» C'était pendant une des crises de la maladie du roi ; ses oncles
» et son frère approuvèrent la convention, et comme le bruit se
» répandit bientôt que le fils du roi d'Angleterre devait arriver sur
» les lieux, au jour marqué, avec des troupes nombreuses, on
» envoya au secours des Français Le Bouteiller, chevalier d'un
» grand renom, et les comtes de Clermont et d'Alençon, parents
» du roi, jaloux de signaler leur valeur, le suivirent avec trois
» mille hommes armés de pied en cap.

» A la suite du traité, les assiégés adressèrent à leurs compa-
» triotes des lettres ainsi conçues : « *Très chers amis, apprenez que*
» *l'état de nos affaires est bien changé. De cruels revers nous ont*
» *réduits à une telle extrémité, que c'est à peine s'il nous reste*
» *encore quelque espoir et que nous craignons de succomber. Votre*
» *affection peut seule être notre ancre de salut. C'est au milieu des*
» *plus vives alarmes que nous vous exposons, d'une voix désolée, les*
» *malheurs qui nous menacent. Nous vous supplions, si vous avez*
» *quelque sentiment de pitié, d'accourir à notre aide et de nous secou-*
» *rir dans notre détresse. Quelle que soit votre résolution, veuillez*
» *nous la faire connaître par le messager que nous vous envoyons.*

» *Mais n'oubliez pas que si vous repoussez nos prières, nous serons*
» *réduits à la triste nécessité de nous rendre, et que vous compro-*
» *mettez ainsi vos propres intérêts.* »

» Cependant, les écuyers des comtes de Clermont et d'Alençon,
» pour la plupart de jeunes étourdis, allaient, pendant la trêve,
» visiter souvent le lieu désigné pour la bataille, situé à quatre
» milles de Brantôme. Instruit de cela, et sachant qu'ils s'y rendaient
» en désordre et sans précaution, les Gascons d'alentour résolurent
» de leur tomber dessus à l'improviste. Pour commettre cette
» trahison, ils choisirent pour chefs deux aventuriers, Archam-
» baud d'Abzac (1) et Pierre dit le Béarnais, qui les avaient souvent
» guidés dans de pareilles entreprises..... Ils se mirent en
» marche, et leur trahison aurait sans doute réussi, si deux sei-
» gneurs (venus tout nouvellement rejoindre la troupe) ne s'y
» fussent opposés. Informés par leurs espions que les Gascons, au
» nombre de trois cents, étaient arrivés à Saint-Pierre-d'Uzerche,
» en Limousin, et qu'ils commençaient à signaler leur présence
» par leurs brigandages accoutumés, ils saisirent avec empressement
» l'occasion de les combattre. Prenant avec eux trois cents hommes
» bien armés, ils se portèrent rapidement à leur rencontre et les
» chargèrent en criant d'une voix terrible : *A mort ! à mort !*.....
» Néanmoins les Gascons ne se laissèrent pas intimider et repoussè-
» rent les Français à coups d'épées et de poignards ; on se battit de
» part et d'autre avec un grand acharnement et, au dire des
» témoins de la mêlée, les Gascons auraient eu l'avantage, si Pierre
» le Béarnais eût montré autant de résolution que son compagnon ;
» mais lorsqu'il vit que les rangs des siens commençaient à s'éclair-
» cir, le souvenir de ses méfaits lui fit craindre d'être puni comme
» un traître, s'il était pris, et de payer de sa tête les crimes qu'il
» avait commis en Guienne. Il chercha son salut dans la fuite, et ses
» compagnons, effrayés de sa désertion, furent défaits sans résis-
» tance.

» Il y eut, dit-on, 180 morts, tant d'une part que de l'autre ;

---

(1) Et non pas de Ranzac, comme le dit le Religieux. Archambaud d'Abzac, 1er du nom, appartenait à cette famille d'Abzac qu'on croit originaire
d'Ajat, canton de Thenon, qui plus tard se multiplia tant en Périgord.
Archambaud d'Abzac était alors sans qualification.

» 160 Gascons furent obligés de se rendre avec Archambaud......
» On assembla à la hâte un conseil de guerre pour délibérer sur
» le sort de ce capitaine. Quelques-uns furent d'avis de le mettre
» à mort, pour avoir depuis peu surpris par trahison dans son pro-
» pre château, le sire de Commarque avec sa femme et ses enfants
» qu'il retenait prisonniers, sans aucun motif ; cependant on lui
» permit de se racheter à condition qu'il livrerait son château de
» Carlux et trois autres places dont il s'était rendu maître, et qu'il
» payerait une somme de vingt mille écus d'or (1).

» Un des fuyards était allé en toute hâte porter la nouvelle de
» cette défaite à ceux de Brantôme, qui en furent consternés, et se
» demandèrent avec effroi ce qu'ils devaient faire, tandis que les
» Français étaient ivres de joie. Ce succès leur semblait un gage
» assuré de la victoire, et augmentait l'impatience qu'ils avaient
» d'en venir aux mains. Ils partirent sans retard, marchèrent toute
» la nuit, et arrivèrent enseignes déployées sur le champ de bataille
» avant le lever du soleil (2). Quand l'ordre du combat eut été
» établi et que chacun fut à sa place, ils s'encourageaient au bruit
» des trompettes en se promettant d'attaquer vigoureusement les
» Anglais et les Gascons, qu'ils espéraient voir bientôt paraître. Mais

---

(1) Le Religieux et les *Fragments* diffèrent surtout pour l'affaire de Carlux et de Commarque. Voici ce qu'on lit dans les *Fragments* : « Le lendemain de » Saint-Georges (24 avril), Archambaud d'Abzac, capitaine de Carluy, print » Commarque de trahison, que le Bouteiller le mit dedans, et furent pris le » sieur et dame et leurs enfants et monsieur Aymar et Bos de Commarque ses » deux frères. » Ceci se passait en 1405. En 1406 : « fut le traité qu'on » délivrast Carluts et Commarque, pour une somme d'argent que le pays » payast », et quelques jours après : « Le connétable mit le fouage sur le pays de Périgord de dix mille francs (d'or), qui se montait deux francs par feu, pour la délivrance de Carluts et de Commarque », et un peu plus loin on lit : « Archambaud d'Abzac, qui tenoit Carluts, le laissa et se mit à Chas- » telneuf (sans doute Castelnaud) ». Selon l'abbé Lespine (Courcelles : *hist. général. et hérald. des pairs de fr.* t. 9. art. d'Abzac), il s'agirait de Castelnaud de Berbiguières. Il dit aussi que Pons de Beynac et sa famille donnèrent pour Commarque 5,200 fr. d'or. On voit que si Archambaud d'Abzac avait promis de livrer Carlux, Commarque et autres places, avec 20,000 écus d'or, il ne tint guère parole et qu'il fallut racheter ces châteaux.

(2) Il est évident qu'il y a ici confusion et que les 300 combattants qui s'étaient portés sur Uzerche, et dont un certain nombre périt, ne furent pas les seuls qui se rendirent sur le champ de bataille, mais qu'ils allèrent y rejoindre le gros de la troupe déjà informée de leur succès.

» ils attendirent vainement pendant quatre heures. Ennuyés d'une
» si longue attente, ils envoyèrent demander aux habitants de la
» place ce qu'ils prétendaient faire. Revenus promptement, leurs
» messagers les étonnèrent beaucoup, en leur apprenant que les
» choses n'allaient pas comme ils avaient espéré et qu'ils étaient
» frustrés dans leur attente ; et après avoir rappelé tout ce qui était
» dit plus haut, ils ajoutèrent : comme on n'a tenu aucun compte
» de leurs prières et qu'on les a lâchement abandonnés, ils se sou-
» mettent à la nécessité et se résignent à exécuter les conditions
» qu'ils ont proposées.

» Les Français pouvaient à peine croire à ce rapport ; ils se dis-
» posaient même à faire partir d'autres envoyés pour savoir à quoi
» s'en tenir, lorsqu'ils virent arrriver les députés de Brantôme,
» qui..... leur offrirent les clefs de la ville, demandant qu'on
» leur rendît leurs otages, conformément au traité, et qu'on les
» laissât sortir vie et bagages saufs, pour aller chercher ailleurs
» d'autres demeures. Les Français acquiescèrent à la demande ; ils
» étaient ravis d'avoir obtenu, en si peu de temps et sans effusion
» de sang, un succès qu'ils avaient cru plein de péril et de diffi-
» cultés » ; mais en entrant dans la place, ils n'y trouvèrent que des
vieillards et des infirmes, sans vivres ni butin ; furieux, les pillards
se jetèrent sur des objets sans valeur qu'ils brisèrent, et la masse
de la troupe rasa les murailles (1).

---

(1) T. 3. p. 367 et suivantes, et p. 407. et suivantes. Voici les variantes des *Fragments*, etc., au lieu d'être venus sur la demande des habitants, les Français auraient marché sur Brantôme pour secourir Campredon et Bourdeille : « Pour
» les secourir se assemblèrent le sire de Larochefoucault, le sire de Mareuil,
» le sire de Payruse, lieutenant du sénéchal de Limoges, le sire d'Escars,
» le sire de Monsé et le sire de Pierre Buffière qui estoient bien 400 bassinets
» et mirent le siège à Brantôme devers les Aiguilleries, et s'établirent à
» l'abbaye, et à la venue fut navré le siège de Bourdeille » — « Et huit jours
» après que le siège fut mis, le sénéchal de Saintonge, le sénéchal de Poitou et
» autres seigneurs, qui estoient bien 600 bassinets et 200 balestriers y tinrent le
» siège, jusqu'à la semaine sainte, qu'on composa avec les Anglais jusqu'à la
» Pentecoste » — « Et après le lendemain de la Pentecoste furent à la jour-
» née devant Brantôme, M. le connestable de France, et le comte de Cler-
» mont, et le comte d'Alençon, et le comte de la Marche, et le comte de
» Vendosme, et le Dauphin, et plusieurs autres seigneurs, sénéchaux et
» capitaines en tout, que furent bien 300 chevaliers et escuiers, et les
» Anglais ne vinrent point ». — Le récit des *Fragments* n'est pas aussi détaillé que celui du Religieux ; mais il est plus précis ; c'est évidemment l'œuvre d'un chroniqueur qui connaissait les hommes, les lieux et les circonstances du siège.

Cette expédition sur Brantôme n'eut aucune suite importante. Après qu'on eut renversé le mur d'enceinte et qu'on se fut bien convaincu qu'il n'y avait plus rien à faire, l'armée se débanda, et une partie se retira dans le Limousin, avec le connétable.

Selon le Religieux de St-Denis, les Français se tinrent quelque temps à Limoges, se livrant au plaisir, jusqu'à ce que 160 écuyers prirent avec eux 200 hommes de troupe et se mirent en campagne. Selon les *Fragments*, une partie des seigneurs qui avaient pris part au siège de Brantôme s'en alla à Paris ; mais le connétable resta à Limoges pour faire fonctionner des machines de guerre, et dès qu'elles furent faites, il se remit en campagne avec sa troupe (1).

1406. — Il est certain qu'on reprit les hostilités vers le milieu de 1406, et que les Français allèrent assiéger et prendre deux places dans le bas Limousin, d'où ils marchèrent sur Limeuil.

CARLUX ET COMMARQUE. — Selon les *Fragments*, on traita d'abord de la délivrance de Carlux et de Commarque, puis on marcha sur Limeuil. Selon le Religieux de Saint-Denis, avant de se porter sur Limeuil, les Français seraient allés assiéger et prendre un autre château sur les confins du Bas-Limousin et du Quercy.

LIMEUIL. — Dès qu'on fut arrivé devant Limeuil, disent les *Fragments* « le sire se fit Français et (ainsi que) toute sa terre,
» et (en) bailla la possession, et fit le serment d'être bon Fran-
» çais ».

« Enhardis par ces succès (la prise des trois châteaux), les Fran-
» çais se dirigèrent vers la ville de Limeuil qui renfermait une
» population belliqueuse (dit le Religieux), et qui était défendue
» par d'épaisses murailles et de hautes tours solidement construites.
» A cette nouvelle, les habitants ordonnèrent à 80 hommes d'aller
» se poster en embuscade sur leur chemin, pour les attaquer à
» l'improviste par derrière, quand ils seraient passés, et pour en
» tuer le plus qu'ils pourraient ; mais leur stratagème échoua. Les
» Français, avertis par les paysans du voisinage, prévinrent cette

---

(1) Les *Fragments* rendent mieux compte des mouvements et des distances dont le Religieux ne se doutait pas, et donnent d'une manière plus exacte les noms propres et les noms de lieux.

» embuscade par une marche rapide, et forcèrent la petite troupe à
» rentrer dans Limeuil, moins seize hommes qu'ils firent prison-
» niers et qu'ils pendirent, sous les yeux de leurs compagnons. Non
» contents d'avoir ainsi insulté les habitants, ils appelèrent à eux
» tous les partisans qu'ils avaient dans les environs, et commen-
» cèrent à faire pleuvoir, sur la ville, une grêle de flèches et de
» toutes sortes de projectiles. Les assiégés résistèrent vigoureu-
» sement et tinrent bon pendant trois jours : mais s'étant aperçus
» que les murs étaient minés et sapés en plusieurs endroits, ils
» demandèrent une suspension d'armes, et tinrent conseil pour
» aviser à ce qu'ils feraient. Comme ils désiraient depuis longtemps
» établir entre eux et les Français des relations commerciales dont
» ils espéraient tirer profit, ils résolurent d'ouvrir les portes de la
» ville aux assiégeants. Les vainqueurs y trouvèrent des provisions
» de toute espèce et des vivres en abondance pour eux et pour
» leurs chevaux. Ils séjournèrent pendant quelques jours à Limeuil,
» reçurent des anciens le serment d'être bons Français, et allèrent
» ensuite assiéger Moruscle (1) et Pénac (2), châteaux situés dans
» les environs, dont la réduction leur parut nécessaire, pour la
» sûreté des engagements pris de part et d'autre. Pris au dépourvu,
» l'ennemi se rendit à la première attaque (3).

» La soumission de ces places importantes, amena celles de
» Boursac, de Tremolat, et de Jegnac (4), et bientôt la terreur
» qu'inspirait en tous lieux le nom français fut telle, qu'avant un
» mois l'ennemi leur livra, sans combattre, *Laroche-Saint-Chris-*
» *tophe* (5), *Saint-Chamans* (6), *Autefort, Thenon, Montréal,*
» *Longuebrunet, Foissac* (7). On fut unanimement d'avis de
» raser quelques-unes de ces places, qu'il eût été impossible de

---

(1) Château en ruine dans la commune de Génis, canton d'Excideuil.

(2) Inconnu.

(3) On ne se rend pas compte des mouvements des Français qui se portaient du nord au midi, de l'est à l'ouest, comme au hasard.

(4) Boursac et Jegnac, inconnus.

(5) Sur la Vézère, en face du Moustier, commune de Plazac.

(6) Inconnu.

(7) Longuebrunet et Foissac, inconnus.

» conserver sans d'énormes dépenses ; les autres, au nom du roi,
» furent confiées à des capitaines fidèles.

» MUSSIDAN. — Pour terminer dignement une expédition si
» vaillamment conduite, les Français, qui avaient poussé leurs
» courses victorieuses jusques à Mussidan, ville fort importante,
» bien murée et défendue par un formidable château, résolurent de
» s'en emparer. La veuve du sire de Mussidan (1), qui possédait de
» vastes domaines dans la province et avait des terres jusque dans
» les environs de Bordeaux, y faisait sa résidence. Ils l'envoyèrent
» sommer de se rendre au nom du roi. Sur son refus, ils joignirent
» aux hommes d'armes qu'ils avaient tirés des places conquises et
» emmenés avec eux, les habitants du voisinage dévoués à la France,
» et commencèrent le siège de la ville. C'était une entreprise
» au-dessus de leurs forces ; néanmoins, comme la récolte avait
» manqué l'année précédente, ils pensèrent pouvoir réussir en
» détruisant les bleds encore sur pied ou entassés dans les champs,
» prêts à être rentrés dans les granges.... On décida aussi qu'on
» arracherait et qu'on brûlerait les vignes arrivées presque à leur
» maturité, afin de réduire les habitants au désespoir ; ce projet
» réussit complètement.

» Instruite de leurs intentions, la dame de Mussidan réunit ses
» familiers, délibère avec eux, et, sur leur avis, appelle auprès
» d'elle son gendre, le sire de Harpedene, et le charge de négocier,
» afin de l'arracher au sort qui la menace. Les conditions furent
» qu'elle livrerait la ville au roi de France. La dame résista long-
» temps, mais enfin elle se soumit, se réservant de sortir de la
» place avec soixante hommes armés, d'aller vivre sous l'autorité du
» roi d'Angleterre, et de percevoir, sa vie durant, les revenus de la
» châtellenie. Maîtres de la place, les Français y mirent une bonne
» garnison, et, afin de prévenir toute attaque, s'emparèrent des
» châteaux de Cendrieux et de Campagne (2) ». Cette expédition

---

(1) Le sire de Mussidan était mort quelque temps auparavant à Libourne.
(2) Le Religieux de Saint-Denis, règne de Charles VI (1380-1422), t. III, p.423. Dans son récit, le chroniqueur se montre toujours mal renseigné, au point de vue géographique. Ici encore il est dans l'erreur. Au point de vue stratégique, les châteaux de Cendrieux et de Campagne ne pouvaient être d'aucune importance pour l'attaque ou la défense de Mussidan. Cendrieux est environ à 40 kilomètres de Mussidan, et Campagne au moins à 55. On

terminée, les troupes royales retournèrent à Limoges.

Cependant, avant de s'y rendre, le connétable alla à Périgueux, y convoqua les états de la province qui lui accordèrent les dix mille livres fixées par la convention faite entre Archambaud d'Abzac et ses adhérents, d'une part, ledit connétable et son conseil, de l'autre, pour la délivrance des châteaux de Carlux et Commarque. Nous avons des lettres de ce seigneur, du 1er aout 1406, chargeant le sire de Salignac, Pierre de Fleury, Pierre de Salignac, et Bos de Lachapelle, d'établir le fouage qui devait produire cette somme (1).

1407. — LATOURBLANCHE. — En 1406, Charles VI donna 6,000 francs d'or à son frère Louis d'Orléans, comte d'Angoulême, etc., pour la garde des forteresses de son comté, pendant 1407. Parmi les villes et châteaux énumérés, figure Latourblanche qui, quoique en Périgord, était alors une enclave de l'Angoumois (2).

1407. — NONTRON. — Des lettres de Charles VII, relatives à Nontron, 1410, portent qu'en 1406 ou 1407, les Anglais s'étaient emparés de cette ville, l'avaient pillée et incendiée (3).

1407. — CASTELNAUD DE BERBIGUIÈRES. — Archambaud d'Abzac se porta sur Castelnaud de Berbiguières, le reprit, et en donna le commandement à Ramonet de Sors qui le garda jusqu'en 1407 ; alors sans doute après la délivrance de Carlux, Archambaud d'Abzac retira ce commandement à Ramonet, s'installa dans le château et y commanda lui-même.

Le 11 décembre, Adhémar d'Abzac dépêcha de la Douze, pendant la nuit, deux messagers à Périgueux, pour avertir le maire et les consuls de l'arrivée de 400 cavaliers anglais, afin que les habitants et ceux des alentours se tinssent sur leurs gardes (4).

1408. — RAIMOND DE SALIGNAC. — Nous avons de l'année 1408

---

comprendrait, à la rigueur qu'on se fût emparé de ces châteaux pour maintenir Limeuil, qui n'est guère qu'à 9 kil. de Campagne, et à 10 au plus de Cendrieux.

(1) Prunis. Rec. de pièces sur les États de Périgord, p. 11. Ces lettres sont datées de Périgueux.

(2) Arch. nat., K 67, n° 26.

(3) Arch. de Pau, 3e inv., prép. P. et L., l. 176, n° 50.

(4) Arch. de Périgueux ; *Petit livre noir*.

une quittance de Raimond de Salignac, d'une somme de 315 l. t. sur ses gages et ceux de deux chevaliers et quinze écuyers de sa compagnie servant en Guienne, par deçà la Dordogne (rive droite), sous les ordres du connétable (1).

Les expéditions militaires sont rares en 1408.

Périgueux et le Périgord. — Un des faits les plus curieux qui nous aient été conservés, c'est l'ordonnance de Charles VI (août), affirmant qu'en vertu d'un ancien privilège accordé par les papes aux rois de France, leurs domaines ne pouvaient être interdits par voie d'excommunication et que, dans le cas où un interdit était prononcé, la couronne avait toujours le droit de le faire lever, en faisant saisir le temporel de celui qui l'avait lancé, et comme, ajoutait le monarque, Périgueux et le Périgord font partie de notre domaine, cette province et sa capitale jouiront de ce privilège (2).

Geoffroy de Mareuil. — Rien d'important à signaler, sauf deux autres *montres* de Geoffroy de Mareuil et de neuf écuyers de sa compagnie, faites l'une à Blois, le 15 août, l'autre à Paris, le 1er septembre ; ce qui nous apprend qu'il était au service de la duchesse d'Orléans (3).

Lettres de rémission en faveur de Jean de Beaufort, seigneur de Limeuil. — En 1408, le roi Charles VI lui accorda des lettres de rémission qui prouvent combien l'autorité royale était obligée d'être indulgente pour cette noblesse de Guienne, toujours prête à changer de suzerain. Dans ces lettres, il est question des châteaux de Campagne, de Saint-Exupéry, de Carlux, de Leyrac et de Bigaroque, retombés entre les mains des Anglais, par la faute de Jean de Beaufort (4).

1409. — Nontron. — Le connétable Charles d'Albret, par suite d'une autorisation des Etats du Limousin, imposa une certaine somme sur l'archiprêtré, pour la délivrance des forteresses occupées par les Anglais (5).

---

(1) Arch. nat., k 60, n° 17e. Cette quittance est aussi datée de Périgueux
(2) Rec. des ord. des R. de Fr., t. ix, p. 268, et rec. sommaire, etc., p. 77
(3) Arch. nat., K n° 19.
(4) Ibid. k ... du tr. des ch. coté 163, p. 342.
(5) Arch. ... ?au, 2e inv., prép., P. et S., L. 497, n° 10.

ÉTATS DE PÉRIGORD. — Les Etats de Périgord s'étaient également réunis, en 1409, et le connétable y avait envoyé pour commissaires le seigneur de Bourdeille, le seigneur de Salignac et Jacques de Ris (1). Il s'agissait d'un fouage pour la délivrance des forteresses du Languedoc et de la Guienne.

PÉRIGUEUX. — Ce fouage ou aide était fort onéreux à la ville de Périgueux, déjà très éprouvée. Elle ne pouvait verser les 900 livres pour lesquelles elle était imposée ; le connétable, par lettres datées de Limeuil, le 31 décembre, réduisit la taxe de moitié (2).

RAIMONET DE SORS, LIMEUIL, LE ROC ET BIGAROQUE. — Les *Fragments*, etc., résument comme il suit les événements de 1409 : « Et
» cependant estoit venu à Limoges le sire d'Albret, connestable de
» France et lieutenant deçà la Dordogne, pour tenir le pays en
» sûreté, pour délivrer certaines places des Anglais et pour faire
» Ramonet de Sors français, lequel tenait prins (prisonnier) le
» sire de Grignols ; et establit le fouage en Périgord, Limousin,
» Saintonge, Angoumois et autres pays. (Dans cette entrefaite), il
» avait esté à Limeuil et (avait) mis le seigneur en subjection (il
» l'avait soumis), pris *le Roc* (3), pendu douze ribauds et composé
» avec ceux de Bigaroque, afin qu'ils se rendissent en certaine
» saison. Ce fait, il mena le seigneur de Limeuil à Paris ;
» demanda de nouveau de l'argent ; eut 30,000 escus, et délivra
» Bigaroque seulement (4). »

1410. — GEOFFROI DE MAREUIL. — Nous l'avons vu au service de la duchesse d'Orléans (1407). En 1410, il prit l'engagement, vis-à-vis du jeune duc d'Orléans, de le servir envers et contre tous (5). Dès 1409, Archambaud d'Abzac s'était fait français et s'était attaché au parti de ce même prince (6).

NONTRON. — Nous venons de voir qu'en 1409, Charles d'Albret, avec l'autorisation des Etats du Limousin, avait imposé un fouage

---

(1) Prunis, Rec. de pièces sur les Etats de Périgord, p. 14.
(2) Rec. de titres, etc., p. 457.
(3) Sur la rive droite de la Dordogne, commune de Trémolat.
(4) Bibl. nat. Papiers Leydet.
(5) Arch. nat., K 57, n° 9.
(6) Lespine, ouvrage déjà cité.

sur l'archiprêtré de Nontron. Il semble que, dès cette époque, l'archiprêtré comme la châtellenie de Nontron n'étaient pas tellement considérés comme faisant partie du Limousin qu'ils ne puissent pas en être détachés, puisque le 28 février suivant, le juge-mage du Périgord décida que la châtellenie ressortirait, pour les appels, à la sénéchaussée de Périgord. Le vicomte de Limoges fit appel par son procureur(1); mais le jugement du juge-mage attira l'attention du roi qui, le 10 juin 1410, donna des lettres portant que les habitants de cette ville ne seraient imposés que comme étant de la sénéchaussée de Périgord (2).

RAIMOND DE SALIGNAC. — Il fut fait sénéchal de Périgord par Louis, duc de Guienne, en remplacement de Jean de Chambrillac.

CASTELNAUD-ET-BERBIGUIÈRES. — Le connétable fit imposer sur les jugeries d'Albigeois et de Villelongue, en Rouergue, la somme de quatre mille écus, pour racheter Castelnaud-de-Berbiguières, occupé par les bandes du parti anglais, malgré la retraite d'Archambaud d'Abzac (3).

Le *Livre noir des Archives de Périgueux* relate le fait suivant qui donne une idée de l'étendue des pouvoirs de l'autorité municipale dans cette ville. Quelques habitants avaient été privés de leurs droits de *consulat* — (participer à la nomination des consuls et faire partie de la municipalité). — Le maire et les consuls ayant consulté les prud'hommes pour savoir s'il fallait continuer à les exclure, les prud'hommes, sur ce que le consulat était incomplet, furent d'avis de les relever de leur exclusion, à la condition qu'ils n'accepteraient plus d'emploi de l'évêque ni des chapitres. En conséquence, les exclus se présentèrent et jurèrent sur l'Évangile d'être bons concitoyens et de ne jamais agir contre la communauté. La seule cause de leur exclusion c'était d'avoir accepté des emplois de l'évêque et des chapitres Saint-Etienne et Saint-Front.

Les habitants de Périgueux conclurent une trêve de sept mois avec Archambaud d'Abzac. Cette trêve fut renouvelée l'année sui-

---

(1) Arch. de Pau, 2ᵉ inv. préparatoire, P. et L., l. 79, nº 13.
(2) Ibid., ibid., l. 476, nº 50. Arch. nat., K 57, nº 3.
(3) Rec. des ord. des R. de Fr., t. 10, p. 214.

vante, pour un an, moyennant 6,000 marcs d'argent, et renouvelée plus tard aux mêmes conditions.

1411. — On lit dans les *Fragments*, etc. : « En 1411 il y avait
» trève (1), et estoit séneschal de Périgord le sire de Bourdeille, et
» juge-mage, Guillaume de Merle ; lieutenant et maire de la ville,
» Arnaud de Chastenet, et juge de consulat Hélie Chabrol, et le
» septier de bled valoit vingt sols et la charge de vin deux francs. »

CONDAT. — Le roi d'Angleterre donna, pour vingt ans, à Thomas Swinburne, capitaine de Fronsac, moyennant une redevance annuelle, la terre de Condat (2).

SARLAT. — Les Anglais étaient un peu partout. Des divers points qu'ils occupaient aux environs de Sarlat, notamment de Carlux, Bigaroque, Commarque, Marzac et Pestillac, ils se mettaient souvent en relation avec les habitants de cette ville. Ceux-ci craignant que ces relations leurs fussent reprochées, obtinrent, en juillet, des lettres de rémission (3).

1412. — AUBEROCHE. — Pour récompenser de ses bons services Archambaud d'Abzac, le duc d'Orléans, comme comte de Périgord, lui avait donné, sa vie durant, le château et châtellenie d'Auberoche et trois cents livres de rente ; le 19 janvier, Archambaud fit hommage à ce prince de tout ce qu'il en avait reçu, se reconnut son homme lige et ordonna a ses héritiers de faire la remise du tout au prince ou à ses ayant-droits, immédiatement après sa mort.

ARRÊT RENDU CONTRE JEAN DE BEAUFORT. — Le seigneur de Limeuil cherchait toujours les moyens de perpétuer les troubles. A peine ses lettres de rémission obtenues, il avait encore attiré les Anglais à Limeuil. Nous venons de voir le connétable s'emparer de sa personne et le conduire à Paris. Comment trouva-t-il le moyen de sortir de la capitale, c'est ce que je n'ai pas pu découvrir ; il n'y était plus en 1412, lorsque fut rendu l'arrêt sollicité contre lui par Renaud de Pons et le procureur général qui le poursuivaient devant le Parlement, depuis 1399. Cet arrêt portait en substance que

---

(1) Les trèves avaient toujours été renouvelées depuis 1407.
(2) Ibid., coll. Brétigny, Reg. 32, Guienne, vol. 23.
(3) Arch. nat., Reg. du tr. des ch. coté 165, p. 214.

Jean de Beaufort était convaincu du crime de lèse-majesté, et pour cela, banni à perpétuité du royaume et ses biens confisqués, sauf préalablement à prendre sur ses domaines huit mille livres tournois accordées à Renaud de Pons, à titre de dommages-intérêts, six mille à titre d'amende, et quatre mille en réparation des pertes éprouvées par les sujets de Renaud de Pons. (1)

Ce jugement ne paraît pas avoir jamais été mis à exécution.

Dome. Les désastres incessants qui avaient assailli Dome y avaient engendré une telle misère que les habitants abandonnaient le pays.

« Le 4 février 1413, Raoul de *Bracclau* ? dit Vinelhe, curé de la
» ville et Bertrand de Cadro ou de Cayre, curé de *Caudon*, passent
» contrat par lequel Bertrand consent à ce que sa cure soit unie à
» celle de Dome par le pape. Cette union est fondée sur ce qu'il y
» avait anciennement à Dome plus de mille paroissiens et qu'à
» cause des guerres, il n'en était pas resté cent, et que, d'un autre
» côté, à la cure de Caudon, il ne restait pas un habitant.

» En l'année 1415, Guillaume de Marle, lieutenant du sénéchal
» de Périgord, fait crier, par plusieurs fois, en la place publique de
» Dome, qu'inhibition et défenses sont faites à tous les habitants
» de Dome, de quitter la ville avec intention d'aller habiter ailleurs,
» à peine de confiscation de leurs biens qu'ils avaient à Dome, et
» même défenses à toutes personnes d'acheter les biens, de ceux
» qui les voulaient vendre pour quitter la ville, sous peine de per-
» dre les biens en tel cas achetés. Les guerres avaient déjà rendu
» le pays si désolé que le peuple quittait tout et s'en allait en
» Espagne ou ailleurs (2).

Incendie a Périgueux. — 1412. — « Quinze jours avant la fête
» de St-Front, le feu prit dans la *rue de l'Aiguillerie*, au premier
» somme, où se brusla bien quarante maisons (3). »

Archambaud vi (1401 a 1413). — Archambaud était revenu sur le continent, en 1401, s'était établi à Bordeaux et vivait dans l'isolement, réduit à deux domestiques. Cela se prolongea jusqu'en

---

(1) Arch. nat., Parlement, Reg. du crim., coté 17, fol. 221.
(2) Lascoux ; documents hist. sur la ville de Dome, p. 31.
(3) Arch. nat., papiers Leydet, *Fragments*, etc.

1413, malgré les promesses de ses partisans, restés en Périgord, et des Anglais. Ce ne fut qu'à l'époque de la rupture de la France avec l'Angleterre, pendant qu'Henri V gagnait la bataille d'Azincourt, qu'il put croire à une éclatante revanche ; et pourtant, à ce moment même, en France, on le croyait mort, tant sa détresse l'avait fait tomber dans l'oubli (1).

Dès 1412, malgré les trèves conclues l'année précédente avec le comte de Dorset, commandant alors en Guienne, les amis d'Archambaud, encouragés par la venue du duc de Clarence, couraient le pays et menaçaient Périgueux. Ces Périgourdins transfuges, réunis aux Anglais, maîtres de Ribeyrac, de Villamblard, de Grignols, s'étaient retirés un jour sur Chancelade, y avaient passé la nuit, et le lendemain avaient pris le chemin de Château-l'Évêque.

1414. — Parmi ces bandes, la plus entreprenante était celle de Thomas Dubosc, de Léguillac, qui s'était emparée du château de Fayolle, et avait rançonné Razac, Coursac, Andrivaux, La Chapelle Agonnaguet, Tocane, et portait ses prises à Chanteyrac.

A cette époque, du reste, l'audace des malfaiteurs était telle qu'un bâtard d'Auberoche, ayant attaqué à main armée, dans la rue Taillefer, un habitant de Périgueux, on eut la plus grande peine à l'arrêter et à le conduire devant le maire qu'il insulta, et ce ne fut qu'en le mettant à la question qu'on put se rendre maître de lui.

1414. — Le nouveau roi d'Angleterre donna à vie à Hugues Berard de Guienne, la terre de Condat (2), avec ses appartenances, jusqu'à la valeur de dix livres sterling par an (3).

1415. — De véritables corps de troupes, sous les ordres de chefs officiels, se répandirent dans le Périgord et s'emparèrent de plusieurs places fortes. Archambaud se remit en campagne, et sa première expédition eut pour résultat la prise d'Auberoche ; il s'y établit et en fit son quartier général, tout le temps que dura cette lutte désespérée.

SITUATION DE PÉRIGUEUX. — A partir de ce moment, Périgueux eut beaucoup à souffrir ; mais, de 1390 à 1413, l'administration

---

(1) Arch. nat., reg. du tr. des ch., coté 169, p. 157.
(2) Sans doute Condat-sur-Tricou, canton de Champagnac-de-Belair.
(3) Bibl. nat., coll. Brequigny. Reg. 32, Guienne, vol. 23.

municipale avait réparé le mur d'enceinte, construit des tours, fortifié des portes, et plus particulièrement, en 1413, le sire de Bourdeille, sénéchal, et le maire, Hélie Chabrol, avaient refait le mur de *Coste-Valade*, curé les fossés et exécuté plusieurs autres grandes réparations à la tour de Barrel et au mur allant à Lamberterie (achevées seulement en 1414), à celui qui liait la Boucherie à Charreda ; en 1415, on avait fait le mur de Taillefer jusqu'à la tour la plus proche de celle de Blanquet (1).

Parmi ces courses, je citerai l'expédition conduite par des individus appelés les Grégoris qui assaillit, à Beauronne, des gens de la ville portant du blé et d'autres denrées de Laiguillac et de La Chapelle (Agonnaguet) ; l'arrestation, au *Pas-de-l'Angle*, d'un citoyen appelé Richard, qui fut blessé à mort, et à qui on prit une arbalète de la valeur de quatre écus.

1416. — Moruscle. — Une bande s'empara du château de Moruscle. Elle s'y établit et mit à contribution tout le pays environnant (2).

On construisit le mur joignant la tour de *Cernier* à la tour de *Creyssac*, qui me sont inconnues.

Brunissende. — Brunissende, sœur d'Archambaud VI, dame de Partenay, obtint des lettres par lesquelles, nonobstant la confiscation des biens de son frère, elle était autorisée à jouir et disposer des biens provenant de Louise de Mastas, sa mère (3).

1417 et 1418. — Il ne nous reste qu'une sommation du capitaine de Bourdeille, appelé Mondot Paule à un nommé Guillaume de Saint-Aubin, de lui rendre le château d'Auberoche, sans que nous sachions ni à quel propos ni dans quel but était faite cette sommation (4) ; et des lettres de Charles Dauphin, lieutenant du roi dans

---

(1) La porte Taillefer connue, on peut fixer à peu près le point où se trouvait la porte Blanquet. Détails fournis par les *Fragments*, etc.

(2) Rec. des ord. des R. de Fr., t. 10, p. 358 et 359. Le copiste a mal lu le nom et on a imprimé *Moruslie*, mais il est certain qu'il s'agit de *Moruscle*.

(3) Arch. nat. Reg. du tr. des ch., coté 169, p. 157.

(4) Arch. de Pau. 3me iav., prép. P. et L., l. 520, 5me paquet, n° 17. Archambaud d'Abzac était mort, au moins depuis deux ans, et, depuis sa mort, Archambaud et ses amis s'étaient emparés d'Auberoche, et il pourrait se faire que ce Guillaume St-Aubin eût reçu cette sommation en vertu de la clause de retour au duc d'Orléans du château d'Auberoche, après la mort d'Archambaud d'Abzac.

tout le royaume, portant établissement, à Poitiers, d'une cour souveraine pour tenir lieu de Parlement, devant laquelle le sénéchal de Périgord devait se présenter, chaque année, les 2, 3 et 4 janvier (1).

1419. — Le comte de Dorset avait sa résidence à Siorac-de-Ribeyrac ; il s'empara de *Saint-Martin-le-Peint*. Pour avoir arrêté et sans doute maltraité un moine, près du pont des Minorettes, à Périgueux, le prévôt de Paunat dut donner son capuchon en amende et une figure du moine en cire.

PARLEMENT DE TOULOUSE. — Charles VII, pour compléter autant que possible l'organisation provisoire de la cour de justice, établie l'année précédente à Poitiers, sous le nom de *Parlement* de Poitiers, créa un second Parlement à Toulouse, chargé de rendre la justice au Languedoc et à la partie de la Guienne placée sur la rive gauche de la Dordogne, et comprenant une grande partie des arrondissements de Sarlat et de Bergerac. La raison de cette nouvelle création, c'était que le Languedoc et la partie de la Guienne indiquée étaient trop éloignés de Poitiers, durant la guerre et les courses incessantes des bandes armées.

1420. — Richard de Gontaud, seigneur de St-Geniès et de Badefol-de-Cadouin (2), les seigneurs de Beynac et de Salignac et Bertrand de Lacropte, évêque de Sarlat, représenté sans doute par son frère Jean de Lacropte, capitaine de Laroque-de-Gageac (3),

---

(1) Rec des ord. des R. de Fr., t. 10, p. 477.

(2) Courcelles, hist. généal. et hérald. des pairs de Fr., t. 2, art. Gontaut, p. 69. — Les articles généalogiques des familles périgourdines qui figurent dans cet ouvrage, sont de notre compatriote l'abbé Lespine. Le 6 juin 1431, » Jean de Cugnac fit don à Richard de Gontaut de toutes les prétentions » qu'il pouvait avoir sur la châtellenie de Badefol, pour raison de la dot de sa » mère. Le silence que garde Jean de Cugnac sur une substitution du 2 mai » 1396, entre Pierre de Gontaut et Pierre de Cugnac, son père, est la recon» naissance la plus authentique de la légitimité de Richard de Gontaut, qui » n'eût pu, s'il eût été bâtard, et encore plus bâtard adultérin, succéder aux » biens de son père ». D'un autre côté, il donne pour femme à Pierre de Gontaut, Marie de Beynac, qu'il fait mère de Richard. C'est faute d'avoir connu des lettres de légitimation, pour Richard, portant la date du mois d'août 1445 (Arch. nat., reg. du tr. des ch., coté 177, p. 81), que l'abbé Lespine a commis cette erreur. Richard était fils naturel de Pierre et de Géralde de La Motte, mariée lorsqu'elle eut cet enfant. Donc Richard était adultérin et fils de Géralde de La Motte, et non de Marie de Beynac.

(3) Tardes. Antiquités du Périgord et du Sarladais.

formèrent une ligue offensive et défensive contre les Anglais et leurs partisans, attaquèrent le château de Marzac (1), commune de Tursac, qu'ils prirent d'assaut, et certains individus, partisans des Anglais, qui s'y étaient logés, furent pendus.

Câbles et poudre pour Périgueux. — Le maire et les consuls de Périgueux envoyèrent à Limoges acheter des câbles pour leurs machines et de la poudre pour leurs canons. Les câbles coûtaient 5 sols tournois la livre, et la livre de poudre, 15 s. t.

Dome prise par Richard de Gontaut. — Richard de Gontaut assiège et prend Dome, à la suite sans doute de l'alliance offensive et défensive signalée plus haut.

Geoffroi de Mareuil. — Geoffroy de Mareuil, que nous avons vu d'abord au service de la duchesse d'Orléans et de son fils, devient conseiller et chambellan du roi et sénéchal de Limousin, de 1419 à 1421, avec 500 l. t. de traitement (2).

1421. — Administration. Monnaie. — Le 20 janvier 1421 (n. s.), Hélie Dupuy, bourgeois, par ordre du maire et des consuls, partit de Périgueux pour se rendre auprès du Dauphin, lui donner des explications sur les affaires du pays et sur le fait de la monnaie. Il était de retour le 16 février suivant. Après lui, on envoya vers ce prince, pour le même motif, Merigo Bère, qui partit le 1er mars et revint le 3 avril. Hélie Dupuy succéda à Merigo, le 21 avril ; mais il n'est pas dit le temps qu'il y resta.

Reprise de Dome par les Anglais. — Bertrand d'Abzac, devenu seigneur de Montastruc, avait été nommé gouverneur de Dome. L'année suivante (1421), il livra cette ville aux Anglais. Au mois de novembre, les Français la reprirent ; mais sans le château. La ville tomba de nouveau aux mains des Anglais, au mois de février suivant (1422), et ils la gardèrent en leur pouvoir jusqu'en 1438 (3).

---

(1) Le Livre noir des archives de Périgueux dit : le roc de Marzac ; sans doute parce que ce château est construit sur un rocher qui domine la Vézère.

(2) Bib. nat., cabinet des titres, dossier Mareuil.

(3) Lacoux, documents hist. sur la ville de Dome, p. 30. Bertrand d'Abzac voulait acheter, en avril 1418, du seigneur de Beynac, pour la somme de 3,800 l. le château et la châtellenie de Dome-Vieille. C'est sans doute cette circonstance qui lui valut d'être nommé gouverneur du Mont-de-Dome pour le roi de France.

LE COMTE ET L'ÉVÊQUE. — Il s'éleva une contestation entre l'évêque et le comte de Périgord, au sujet des limites de leurs domaines respectifs. L'évêque, comme seigneur temporel de Plazac, le comte, comme seigneur de Montignac, voulurent une enquête. Elle eut lieu, et comme, à partir de cette époque, il n'est plus question du différend, il faut en conclure que ce fut fait à la satisfaction commune (1).

RAIMOND DE SALIGNAC. — Raimond de Salignac, que nous avons vu sénéchal de Périgord, en 1410, était sénéchal de Quercy, en 1421, et servait alors dans les guerres de Languedoc et Guienne. Il donna quittance, le 12 avril, de la somme de 300 l. t. pour sa solde et celle de douze écuyers sous ses ordres.

DE 1422 à 1424. — A part la nomination de Mainfroy de Salignac, seigneur de Saint-Geniès, par le duc d'Orléans, comme capitaine de Montignac, en remplacement de Jean de Lestranges (2), rien de remarquable n'a lieu en 1422. En 1423 (3), la lutte se ranime plus vive, plus ardente que jamais, et les courses se renouvellent dans tous les sens.

BADEFOL. — Jean de Cugnac, cousin de Richard de Gontaut, seigneur de Badefol de Cadouin, en haine de ce que Richard s'était fait Français, s'empara de Badefol, démoli, comme on se le rappelle, par le comte de Clermont, en 1405, le répara, le garda deux ans, et en fit ensuite don à une nièce (4).

LE COMBAT DES TRENTE-NEUF. — Au commencement de l'année 1424, les habitants de Périgueux accomplirent un fait d'armes.

Le 30 mars, le maire et les consuls ayant été informés que le capitaine d'Auberoche avait dirigé 23 cavaliers sur la paroisse de St-Laurent-du-Manoire, firent marcher contre cette bande trente-neuf de leurs concitoyens. La rencontre eût lieu à l'endroit appelé *la Baconie* et maintenant *Lieu-Dieu*. Le combat se prolongea une grande partie du jour, et eut pour résultat la mort d'un des

---

(1) Arch. de Pau, 3ᵉ inv., prép., P. et L., l, 520, 2ᵉ p. nº 18.
(2) Arch. de Pau, 3ᵉ inv., prép. P. et L., l, 496, nº 7.
(3) Arch. nat., K. 60, nº 17.
(4) Courcelles, *Hist. généal. et héral. des pairs de France*, t. 2. art. Gontaut.

hommes de la garnison d'Auberoche, appelé *le Bascol* (Le Bâtard) (1), des blessures pour la plupart des autres, et la déroute de la bande entière. Cette petite victoire, très honorable pour les habitants de Périgueux, fut comme le signe précurseur d'un grand succès que la communauté obtint, dans le cours de cette même année.

TROUBLES A PÉRIGUEUX ET DANS LA PROVINCE. — Du 29 mars 1423 (1424, n. s.), lettres de Charles VII. Il charge un commissaire de se rendre à Périgueux et partout où besoin sera, pour apaiser les graves troubles et dissensions que le Parlement de Poitiers avait appris s'être produits dans cette ville, et plus particulièrement entre le maire et quelques-uns des consuls et leurs amis, d'une part, et divers habitants de la ville, de l'autre, et dans différents autres lieux du Périgord ; troubles qui pouvaient être d'autant plus nuisibles au pays et d'autant plus funestes à la couronne que le Périgord était pays de frontière. Ces lettres ne nous apprennent rien de particulier sur ces troubles. Elle ne nous disent pas davantage comment ils furent apaisés (2).

UN TRAITRE VEUT LIVRER PÉRIGUEUX AUX ANGLAIS ; MAIS LA TRAHISON EST DÉCOUVERTE. — Charles VII, incertain de l'avenir, errait dans les provinces du centre de la France, tandis que tout puissants dans Paris, et maîtres de la plus grande partie de la Guienne et de la Gascogne, les Anglais dominaient le royaume. Leur liaison avec Archambaud, et les relations que celui-ci avait nécessairement conservées avec quelques bourgeois, les déterminèrent à attaquer Périgueux. Cette ville devait leur être livrée par trahison. Le complot avait été ourdi par trois hommes dont la position semblait assurer le succès, un marchand de drap du nom de Tendon du Torn, les deux autres, appelés Chenac et Leuvie, Anglais d'origine, étaient, le premier marié, le second fiancé avec deux Périgourdines. Les nombreux voyages que faisait Tendon à Bordeaux, pour son commerce, lui avaient fourni l'occasion de se mettre en rapport

---

(1) Peut-être ce bâtard d'Auberoche que nous avons vu attaquer un bourgeois dans la rue Taillefer. M. Charrière a fait de cet événement une nouvelle historique fort intéressante, qu'il a placée, par erreur, à l'année 1392.

(2) Arch. nat., Parlement de Poitiers, reg. 7, fol. 199 verso. J'avais cru d'abord qu'il s'agissait encore de la lutte entre la ville et la Cité, mais ces troubles étaient la conséquence de la présence d'Archambaud.

avec un sieur Lancelot de La Barde, qui, d'accord avec le seigneur de Leuvie, le présenta à Jean Badeliff, sénéchal pour le roi d'Angleterre. Tendon exposa au sénéchal son plan, qui consistait à lui livrer deux portes de la ville, au moment où il se présenterait avec des troupes. Il avait remarqué que deux portes de la ville, celle du *Plantier* et celle de *Larsaut*, étaient disposées de telle sorte que quatre hommes, dans chacune d'elles, pouvaient s'y maintenir contre toutes les forces de la ville, pendant le jour, lorsque tous ceux qui avaient affaire aux champs étaient sortis et que le maire et les consuls étaient au conseil. Il fut convenu que le sénéchal enverrait à Clermont (1), Chenac et de Leuvie, avec cinq hommes d'armes, sous le prétexte de se faire remettre et conduire à Périgueux cinq ou six bourgeois tombés dans une embuscade, pendant une suspension d'armes, prisonniers, depuis un mois, du capitaine de Limeuil (2) et de Beauchamp (3), et dont on avait réclamé l'élargissement au sénéchal, qui s'était engagé par écrit, à les délivrer. Par ce moyen, Chenac, de Leuvie et les cinq hommes d'armes pourraient entrer dans la ville, s'emparer de ces deux portes, et y attendre l'arrivée du sénéchal et de sa troupe. Le prix de la trahison ayant été fixé à 3,000 écus d'or, Tendon désigna le samedi matin, 30 décembre, pour le coup de main. Le maire et les consuls tenaient conseil; ils se réunissaient toujours le matin de très bonne heure. Chenac, de Leuvie et les cinq hommes d'armes se rendirent, le vendredi, à Clermont, se firent remettre les prisonniers et arrivèrent le soir avec eux à Périgueux, où ils furent accueillis avec joie.

Tout semblait donc aller pour le mieux aux yeux des conjurés; mais, dès le matin, le capitaine de Limeuil avait écrit qu'il rompait la trêve avec la ville jusqu'à ce qu'elle lui aurait envoyé une députation. Cette rupture fit craindre à la municipalité quelque danger imminent, et elle prit toutes les précautions possibles. Elle donna connaissance de la lettre à l'évêque et au chapitre de St-Etienne, les requérant de veiller à la sûreté des tours de la Cité, à laquelle ils avaient immédiatement pourvu, pendant que, de leur côté, le maire

---

(1) Clermont-de-Beauregard, canton de Villamblard.
(2) Près Mussidan.
(3) Je n'ai pas pu savoir quel était ce Beauchamp.

et les consuls faisaient annoncer, à son de trompe, que tous les hommes de la ville se trouvassent le lendemain au conseil, pour apprendre ce qui se passait et que chacun fît le guet de sa personne. D'autre part, à la nouvelle de la venue de Chénac et de Leuvie et des cinq Anglais, les *compagnons de la ville* (1) avaient été prévenus de s'armer, et de se tenir prêts à tout événement. Quand, en entrant dans Périgueux, le traître et les Anglais virent qu'on était en armes et apprirent les ordres donnés, ils se crurent découverts. Chenac et de Leuvie, sans perdre de temps, demandèrent qu'on leur ouvrît les portes, le lendemain de grand matin, parce que, dirent-ils, ils étaient obligés de se rendre à Auberoche et de rentrer le soir. C'était une manière d'échapper au péril qu'ils croyaient les menacer, quoique, par le fait, on ne sût rien de leur dessein. Le traître cependant voulait toujours tenter l'aventure ; mais les autres n'avaient qu'une seule pensée, celle de sortir de la ville. Les portes leur furent donc ouvertes et refermées sans défiance. Pendant qu'ils s'éloignaient et avant que ces mêmes portes fussent ouvertes, à l'heure réglementaire, Jean Radeliff arriva devant Périgueux, s'établit avec plus de quinze cents hommes aux frères Mineurs et aux frères Prêcheurs, et y attendit, jusqu'au lendemain vers midi, qu'il fût informé que le coup était manqué.

Cependant la municipalité qui ne se doutait encore de rien, et qui voyait les Anglais s'abstenir de tout acte d'hostilité, ne s'inquiéta point de la présence de cette troupe, et, bien que quelques citoyens eussent eu certains soupçons sur des signaux qu'ils avaient cru remarquer, elle resta dans l'attente, non-seulement jusqu'au moment où les Anglais se retirèrent mais jusqu'au mercredi, ignorant toujours ce qui avait été prémédité. Mais, ce jour-là, vers minuit, une personne ayant prévenu le maire que le traître ne sortait plus de chez lui, depuis le vendredi, ce fonctionnaire fit lever les consuls, et on fit arrêter Tendon. Le lendemain, interrogé, en présence de la population convoquée à cet effet, il nia tout de prime-abord ; mais, en présence des instruments de torture, il avoua et déclara qu'il n'avait d'autres

---

(1) C'était sans doute une sorte de *garde urbaine* qui, quand elle était sur pied, recevait une solde de la municipalité.

complices que Chenac et de Leuvie ; que, cependant, il s'était adressé au captal de Buch (1) ; mais que ce seigneur n'avait voulu se mêler de rien, que tout autant que la ville serait pour lui. Cette première déclaration n'ayant pas paru suffisante, on insista, et, comme il se taisait, on le mit à la gêne, sans pouvoir en tirer autre chose ce jour-là.

Huit jours après, on le retira du fond de la tour du Consulat pour le remettre à la question, mais il ne fit pas d'autre aveu.

1425. — Le lundi 15 janvier 1425, il fut conduit derrière la barbacane de Taillefer, et décapité. Son corps fut mis en quatre quartiers ; on plaça la tête sur la barbacane même de Taillefer, au bout d'un pal, et un quartier à chacune des quatre portes principales de la ville (2).

GEOFFROY DE MAREUIL. — Geoffroi de Mareuil, sénéchal de Saintonge, en 1245, reçoit 250 l. t. pour le terme de l'Ascension de ses gages de sénéchal (3).

TESTAMENT ET MORT D'ARCHAMBAUD VI. — L'échec des Anglais à Périgueux, et l'attitude de la ville, avaient découragé Archambaud. Déjà vieux, craignant sans doute la mort au milieu de sa mauvaise fortune et moins résigné que jamais à son sort, il fit son testament à Auberoche, le 22 septembre 1425.

« Sain de corps et d'esprit, etc., et après avoir fait le signe de la
» croix, nous ordonnons et disposons de notre personne et de nos
» biens, nous faisons notre testament, et déclarons notre dernière
» volonté ainsi qu'il suit :

» 1° Nous donnons et recommandons notre âme à Dieu, à sa mère
» et à la cour céleste, et voulons être enterré dans le tombeau que
» notre père fit construire dans le couvent des Frères-Mineurs de
» Montignac, et dans lequel il repose avec notre frère et nos sœurs;

» 2° Dans le cas où nous mourrions sans enfants, nous instituons
» héritière de tous nos biens, notre bien-aimée sœur Eléonore de
» Périgord, et, après elle, Louise de Clermont, vicomtesse de Mial,

---

(1) Gaston de Foix, 1er du nom, captal de Buch, comte de Bénauges et de Longueville, seigneur de Gurson, de Grailly, etc.

(2) Arch. de Périgueux, Livre noir, fol. 96.

(3) Bibl. nat., cabinet des titres ; dossier Mareuil.

» sa fille, et à son défaut, son fils aîné, et, à défaut de son fils aîné,
» le plus proche parent à qui la succession devrait revenir de droit,
» et, dans le cas où celui qui se trouvera hériter, au moment de
» notre mort, ne reconnaîtrait pas le roi d'Angleterre et de France,
» duc de Guienne, pour son souverain, nous déclarons expres-
» sément que nous ne voulons qu'il possède aucune partie de nos
» biens, avant qu'au préalable il se soit soumis à lui et lui ait prêté
» serment de fidélité (1). »

Il nomma exécuteur testamentaire Audy Jamard, damoisel, qu'il fait capitaine d'Auberoche, après sa mort, et administrateur de tous ses biens, avec expresse recommandation de ne les livrer à ses héritiers qu'après l'accomplissement rigoureux de la condition posée dans le deuxième paragraphe. Il recommande d'en surveiller l'exécution à sept personnes, toutes étrangères au pays, à l'exception d'une qui était de la châtellenie d'Auberoche.

Malgré vingt-six ans de déception, il préférait vivre dépossédé sous l'autorité anglaise, que de faire des soumissions au nouveau roi de France. Il voulait même que ceux qui lui succèderaient fussent Anglais, sous peine d'exhérédation.

Il est certain qu'Archambaud vécut encore quelques années, et qu'il ne mourut guère que vers 1430. Mais, à partir de 1425, il n'est plus question de lui.

DE 1426 à 1428. — Depuis le coup de main tenté sur Périgueux, le pays fut calme et resta en dehors de la lutte. On se battait partout, excepté en Périgord, où quelques bandes sans importance font des mouvements sans résultat. Mais des Périgourdins renommés contribuent à d'importants succès. En janvier 1426, Geoffroi de Mareuil, sénéchal de Saintonge, donne quittance de 500 l. t. au receveur de l'aide octroyée au roi par les états de la langue d'Oïl, à lui attribuer en dédommagement d'une somme d'argent par lui fournie, et d'autres dépenses par lui faites, pour le recouvrement de la ville de Niort, sur les Anglais (2). Le seigneur de Commarque, sénéchal de Périgord, prisonnier, reçoit du comte

---

(1) Bibl. nat., coll. Doat, reg. 241 ; Périgord, t. III, fol. 225.
(2) Bibl. nat., cabinet des titres, dossier Mareuil.

d'Armagnac, lieutenant général du roi, 200 francs pour contribuer à sa rançon (1).

En 1428, les jurats de Dax et d'Aire écrivirent, aux maire et consuls de Périgueux, la lettre dont j'ai parlé au premier volume, à l'occasion de l'erreur commise par M. Wlgrin de Tailleſer, en traitant de ces lettres qu'il regardait comme la preuve matérielle de l'influence et de l'ancienne importance de Vésone.

PUYNORMAND. — Lorsqu'en 1328 ou environ, Pierre Bouchard d'Aubeterre voulut fortifier Puynormand, occupé par les Français, la ville de Périgueux, lui prêta 10 l. 3 quarts de poudre à canon (2).

Je n'ai pas pu découvrir comment s'était rendu suspect au comte le juge du comté ; mais nous trouvons qu'en 1429 il fut suspendu par lettre de ce seigneur, portant la date du 20 octobre (3).

Nous trouvons aussi qu'à cette même époque, ce même seigneur autorisa les habitants de Montignac à percevoir un droit pour le péage du pont ; ce pont venait donc d'être restauré.

1429. — Des partisans des Anglais rentrent dans le devoir et prêtent serment à Périgueux de ne plus lui causer de dommage.

1430. — DÉMOLITION DU CHATEAU D'AUBEROCHE. — La ville de Périgueux avait demandé et obtenu de Jean de Blois, seigneur de Laigle, comte de Panthièvre, vicomte de Limoges, seigneur d'Auberoche, moyennant une somme convenue de seize écus, l'autorisation de démolir le château d'Auberoche, où se tenaient des pillards toujours en guerre avec elle. Cette autorisation lui fut apportée par un écuyer de ce comte, vers la Saint-Martin. Le 16 novembre 1430, la municipalité y envoya 160 ouvriers, comme cela était convenu, dans la persuasion où elle était qu'on lui transmettrait des renforts de Montignac, du vicomté et de tous les environs, ainsi qu'il avait été dit au nom du roi et du vicomte de Limoges ; mais personne n'étant venu les aider, ces braves gens, au péril de leur vie, et en prenant beaucoup de peine, durent y rester cinq jours, aux dépens de la commune qui fut obligée de leur envoyer des vivres, tous les jours et dut entretenir des espions chargés de surveiller les Anglais,

---

(1) Arch. nat., J 654, n° 316.
(2) Arch. de Périgueux, Livre noir, fol. 109, verso.
(3) Arc. de Pau, 3e inv., prép., P et L., l. 520, 3e p. n° 34.

et leurs partisans, dans la crainte qu'ils formassent quelques rassemblements pour courir sus aux ouvriers.

La besogne était finie depuis quelque temps, et il ne restait plus qu'un pignon et un angle de tour, lorsqu'on apprit que ces vieux ennemis de la France avaient rassemblé une grande quantité de pieux et voulaient rétablir la place. A cette nouvelle (février 1431), la municipalité réunit secrètement de cent à cent quarante hommes, les dirigea sur Auberoche avec des vivres, et munis de l'ordre de renverser le pignon, l'angle de la tour et les restes de murailles, de manière à ce qu'on ne pût penser à une restauration ; c'est ce qui eut lieu (1).

Destruction du château de Montréal. — Dans la première semaine du Carême, le seigneur de Grignols se rendit à Périgueux, et s'engagea, moyennant quarante-cinq écus d'or, à livrer à la municipalité le château de Montréal. Le marché fut conclu comme il suit : Le seigneur de Grignols se chargea de détruire le château, et la ville s'engagea à lui donner les quarante-cinq écus quinze jours après la besogne accomplie. Chacun tint strictement sa parole.

Donation du comte de Périgord a Jean bâtard d'Orléans. — Cette même année, le duc d'Orléans, toujours prisonnier des Anglais, fit don du comté de Périgord à Jean bâtard d'Orléans, son frère naturel, connu plus tard sous le nom de comte de Dunois (14 septembre 1430). Cette donation lui fut faite, sur sa demande, en échange du comté de Porcien que lui avait d'abord donné le duc.

1431. — Faux-monnayeurs a Nontron. — La fabrication de la fausse monnaie était devenue une industrie d'autant plus répandue qu'elle était plus sûre de l'impunité. En mars 1431, Charles VII rendit une ordonnance dans laquelle Nontron est signalé comme l'une des villes où cette industrie s'exerçait en pleine liberté, et enjoignit de faire fermer cet atelier, comme tous les autres (2).

1431-1432. — Périgueux et le chapitre de Saint-Front. — Il y avait, à cette époque, procès entre la ville et le chapitre de Saint-Front, au sujet de la justice de la cour du Célérier qui, comme on

---

(1) Arch. de Périgueux, livre noir, 111.
(2) Rec. des ord. des R. de Fr., t. xiii, p. 104. Le nom de Nontron y est estropié, mais il se lit dans la pièce originale. Arch. nat., J. 430, n° 36.

ne l'a pas oublié, avait été distraite de l'adjudication de 1408. Le différend provenait de ce que la municipalité avait imposé un denier par livre de viande vendue par les bouchers. Le chapitre avait obtenu du roi, sur cette affaire, un mandement auquel les maire et consuls s'étaient opposés, d'où ajournement au Parlement pour le samedi après la Saint-Hilaire (14 janvier 1432). Du consentement des parties, il y eut un délai de quatre ans, à la condition de se soumettre à l'ordonnance sommaire de la cour.

Périgueux. — Vers la même époque (la veille de Noël 1431), la municipalité envoya devers le roi, deux messagers, qui rapportèrent, le jour de la Chandeleur : 1° La confirmation des privilèges de la ville, datée de Chinon, le 8 janvier 1432 ; 2° Des lettres de rémission du 11 janvier, en faveur du maire et des consuls, pour avoir levé, pendant sept ans, sans l'autorisation du roi, un impôt de 6 deniers par livre de toute marchandise vendue dans Périgueux, par les marchands forains ; 3° L'autorisation de percevoir ce même impôt, pendant cinq ans encore ; 4° La permission de vendre la viande à la livre, avec la faculté de percevoir, pendant cinq ans, un denier par livre *carnassière* (1) ; 5° Commission au sénéchal et à Arnaud (Michel), d'examiner les témoins sur le débat entre la ville et le chapitre Saint-Front ; 6° Des lettres closes du roi prescrivant aux maire et consuls de ne laisser entrer dans la ville, aucune troupe, qui fût assez forte pour s'en rendre maîtresse malgré eux, avec recommandation de lui en donner avis, si le cas se présentait ; 7° Don de 400 l. t. sur la première aide établie à Limoges ; mais elles ne furent jamais versées.

Badefol. — Cette même année, 1431, Jean de Cugnac renonça à toutes ses prétentions sur Badefol et sa châtellenie, et, comme cette terre avait été confisquée au profit de la couronne, Richard de Gontaut obtint de Charles VII des lettres de restitution (2).

Précautions prises contre les Anglais par Périgueux. — Nous trouvons, dans le *Livre noir*, des renseignements précis sur les mesures adoptées, en 1431, par la communauté de Périgueux, contre

---

(1) La livre carnassière était de trois livres de seize onces.

(2) Courcelles ; *Hist. génèal. et hérald. des pairs de France*, t. IX, art. Gontaut, p. 60.

une surprise dont elle était menacée : « Le maire et les consuls,
» ayant été informés que les Anglais voulaient surprendre la cité, à
» la sûreté de laquelle ils ne pouvaient veiller, à cause des soins
» que leur imposait la garde de la ville, le 3 mai, du consentement
» de la communauté, choisirent pour leur lieutenant, Front de
» Saint-Astier, qu'ils nommèrent capitaine de ladite cité, et auquel
» ils en donnèrent expressément la garde et le gouvernement. En
» prenant possession de son commandement, Front promit et jura,
» sur l'évangile, de garder et maintenir ladite cité au pouvoir de la
» communauté, d'y résider continuellement et de n'y laisser entrer
» aucun étranger, sans le consentement de la municipalité, jusqu'au
» mois de septembre prochain. »

1432. — Le conseil de la communauté décide que la ville se munira de coulevrines ; le maire et les consuls en font venir trois de Limoges, avec de la poudre et du plomb.

On restaura le pilori de la Clautre et on acheta du chapitre de Saint-Front les droits qu'il avait sur un hôtel appelé de Belet.

1433. — Richard de Gontaut prit et démolit le château de Campagne et celui de Bigaroque.

Un traître voulut livrer Périgueux aux Anglais. Découvert, il fut arrêté, interrogé, fit des aveux et fut écartelé.

1434. — Quittance de 30 l. t. donnée par François de Mareuil, pour avoir concouru à faire rentrer une aide perçue en Saintonge (1).

Compromis entre le procureur de la municipalité et le procureur du chapitre de St-Front, au sujet du procès survenu entre eux relativement à un impôt d'un denier par livre de viande mis par la ville sur les bouchers.

1435. — PÉRIGUEUX ET LE CHAPITRE DE SAINT-FRONT. — Le 3 janvier 1435, il y eut un arrangement entre la municipalité et le chapitre de Saint-Front, par lequel il fut convenu qu'on ne s'occuperait plus du procès que le chapitre avait suscité à la municipalité, au sujet de l'impôt d'un denier par livre de viande vendue.

PÉRIGUEUX ET SES PRIVILÈGES. — Périgueux, malgré des contestations fréquentes, avait gardé ses privilèges. En 1435, le procureur du roi, sous un prétexte inconnu, arrêta lui-même un clerc, sans en

---

(1) Bibl. nat., cabinet des titres, dossier Mareuil.

prévenir la municipalité, le conduisit au consulat, s'adressa au geôlier, à un sergent du consulat et à un sergent royal, leur dit de le mettre en cachot, leur déclarant qu'il en avait l'autorisation ; ce qu'ils firent, bien persuadés que cette autorisation avait été donnée. Quand le maire, les consuls, le juge et le procureur de la commune l'apprirent, ils convoquèrent le conseil, et il fut décidé que le procureur du roi ramènerait le clerc où il l'avait pris, et, là, lui rendrait la liberté ou que la municipalité elle-même le relâcherait.

GANTONNET D'ABJAC ET BADEFOL. — Richard de Gontaut avait obtenu des lettres de restitution de la terre de Badefol ; mais le château était toujours entre les mains des Anglais. Nous trouvons, en effet, que la nièce de Jean de Cugnac, à qui ce seigneur avait donné ce château, s'était mariée avec Tristan d'Abjac qui, par suite de ce mariage, avait occupé le château, environ quatre ou cinq ans. Tristan l'avait ensuite donné en garde à un écuyer de Belvès qui, quelques mois plus tard, par ordre de Tristan, le livra à un partisan des Anglais lequel, peu de temps après, le mit aux mains de Gantonnet d'Abjac, frère de Tristan, et gouverneur de ses enfants. Gantonnet occupait encore cette place en 1435. Cette année-là, Richard de Gontaut l'assiégea et fit la garnison prisonnière.

DOME. — Dome, retombée entre les mains des Anglais, gênait toujours beaucoup les mouvements des amis de la France.

En 1435, les Etats du Bas-Limousin avaient accordé au roi cinq mille l. t. *pour subvenir à ses affaires ;* Charles VII ayant appris que ces Etats s'étaient occupés de la délivrance de la ville et du château de Domme, voulut répondre à leur désir.

1436. — Il ordonna, le 8 janvier 1436, que de ces 5,000 l. t., 3,650 seraient consacrées à recouvrer cette place, et confia au sire d'Estissac, le soin d'en opérer la réduction (1) ; mais elle ne put avoir lieu que dans le cours de 1438.

LE COMTÉ DE PÉRIGORD. — Charles duc d'Orléans, pris à Azincourt (1413), n'était point délivré en 1436.

François de Montberon et Louise de Clermont, sa femme, fille d'Aliénor de Périgord, sœur d'Archambaud VI, héritière naturelle du comté, si le testament de son oncle avait été valable, firent

---

(1) Arch. nat., K. 64.

de pressantes démarches, auprès de Charles VII, au sujet de ce testament, et parvinrent à obtenir de ce monarque des lettres adressées au Parlement par lesquelles ils étaient autorisés à exercer des poursuites contre le détenteur de ce comté. Ces lettres contrarièrent beaucoup Jean, bâtard d'Orléans, frère naturel de Charles d'Orléans, à qui ce prince avait fait don de ce domaine. Charles d'Orléans le reprit, et, dans le but de se procurer le montant de la rançon exigée pour lui et pour son frère Jean, comte d'Angoulême, presque immédiatement après la reprise, fonda de procuration ce même bâtard d'Orléans pour en faire la vente.

1437. — Cette procuration est datée de Londres, le 13 mai 1436. Le comté fut vendu, le 4 mars suivant, à Jean de Bretagne, seigneur de Laigle, comte de Penthièvre, vicomte de Limoges, moyennant la somme de 16,000 réaux d'or et de 10,000 florins dus par feu Louis d'Orléans à Olivier de Clisson, dont Jean de Bretagne avait été héritier. Toutefois, avant de s'en rendre définitivement acquéreur, le comte de Penthièvre, qui redoutait sans doute de se trouver engagé dans quelque procès, voulut avoir l'avis des hommes de loi et les consulter sur cette acquisition (1).

RÉCLAMATION DES NOBLES DU VICOMTÉ DE LIMOGES. — Richard de Gontaut, qui commandait à Montignac pour le bâtard d'Orléans, ne voulait pas se dessaisir de la ville ; il fallut l'intervention du duc d'Orléans, comte de Périgord, lui-même pour lui en faire faire la remise (2).

Les 16,000 réaux d'or furent payés pour ainsi dire comptant, comme le prouve une quittance du 12 mars 1438, suivie d'une quittance finale du 25 du même mois (3). Ce fut à la suite de cette vente et le 4 mars 1438, que les nobles de la vicomté de Limoges exposèrent à ce seigneur que le comté de Périgord, dernièrement acheté par lui, était, pour la majeure partie, épuisé et en ruine, et qu'ils le priaient de ne pas y recevoir leurs hommes, s'il ne voulait pas que la vicomté fût dépeuplée ; à quoi Jean de Bretagne répondit qu'ils pouvaient poursuivre leurs serfs et les réintégrer à domicile, que, par conséquent, il ne les recevrait point. Il leur donna du

---

(1) Bibl. nat. coll. Doat., reg. 144, Périgord, t. 3, fol. 277.
(2) Ibid., t. 520, n°s 38 et 40.
(3) S. 511, n°s 8, 12 et 13

reste la permission de les rechercher et de les reprendre partout où ils les retrouveraient (1).

Mareuil. — Cette même année (1437), Geoffroy de Mareuil, sénéchal de Saintonge, reçut 500 l. t. du receveur de l'aide du haut pays de Limousin, pour recouvrer son château de Mareuil occupé par les Anglais (2).

1438. — Dome prise. — « A cette époque, les Français, conduits
» par Jean de Carbonnières, seigneur de Jayac, prirent le château
» de Dome et firent prisonnier Bertrand d'Abzac, sa femme et
» Archambaud d'Abzac, son frère. Deux des fils de Bertrand, qui
» s'étaient renfermés dans la ville, opposèrent aux assiégeants une
» vigoureuse résistance ; cependant, Jean d'Armagnac, lieutenant
» du roi en Guienne, et le sieur de Castelnau de Brétenoux, arri-
» vèrent devant Dome avec de nouvelles troupes et forcèrent les
» assiégés à capituler. » La capitulation fut conclue à Gourdon, le 15 septembre, entre Jean d'Armagnac et Gantonnet, stipulant au nom de Bertrand d'Abzac et de Jean d'Abzac, fils de Bertrand (3).

A partir de ce moment, Dome se trouva débarrassée pour toujours des Anglais et s'occupa de réparer ses désastres. Charles VII en donna le gouvernement et la capitainerie à Jean de Blois qui tenait la campagne au nom du roi de France (4), et qui en confia la garde, quelque temps après, à un capitaine spécial.

Sourzac. — Sourzac avait attiré l'attention des Anglais. Voici ce qu'on lit dans le *livre noir* des archives de Périgueux : « Le 16
» juin (1438), Hélie Cumenier, de Mussidan, promit de nous rendre
» une poulie en métal portée devant Sourzac avec l'engin qu'on y
» mena lorsqu'on y mit la bastille (5) ; et, comme quelques habitants
» de Mussidan l'avaient jetée dans l'eau, dans la crainte de la
» perdre, quand les Anglais avaient enlevé cette bastille, Cumenier
» se chargea de la faire chercher. »

---

(1) Bibl. nat., Dom. col. arch. du Limousin, 1er vol., cartulaires n° 135, p. 475.
(2) Bibl. nat., cabinet des titres, dossier Mareuil.
(3) Documents historiques sur la ville de Dome, p. 31.
(4) Arch. de Pau. Je n'ai pas retrouvé l'indication de la liasse.
(5) La bastille était tout simplement une sorte de camp retranché.

1439. — LIMEUIL ET SES HABITANTS. — Le versatile et malfaisant Jean de Beaufort avait été assassiné, en 1420, par des habitants de Limeuil qui avaient livré aux Anglais la ville et le château. Depuis lors, cette place était aux mains des Anglais, commandés par Tando de Peyonaut. Vainement, Pierre de Beaufort, frère et héritier de Jean, avait essayé de la reprendre. Fatigués de la domination anglaise ou gagnés par les promesses et les bons procédés de Pierre, les meurtriers de Jean obtinrent de ce seigneur des lettres de rémission (10 janvier 1439), disant expressément que tous ceux qui prirent part au crime sont absous parce que, indépendamment de ce qu'en dehors de cette coupable action ils furent toujours honnêtes, loyaux et bons sujets, ils feront tout ce qui dépendra d'eux pour faire rentrer Pierre dans Limeuil et rétablir cette ville sous l'autorité française (1). Huit jours après Pierre renouvela et confirma les priviléges des habitants de Limeuil et de sa juridiction (2), ce qui signifie évidemment que les Anglais avaient été chassés.

DOME. — Conjointement avec le vicomte de Turenne, Jean de Blois traita avec deux commissaires du roi et régla les conditions auxquelles le capitaine commanderait à Dome. (3)

La garde en fut confiée au bâtard de Pellevesy, comme le portent des lettres de Jacques de Chabannes (11 mars 1439), sénéchal de Toulouse à qui le roi avait ordonné de remettre cette place. En la lui livrant on lui remit : 1° un scellé de ce bâtard par lequel il promettait de garder loyalement et de rendre au roi ou à son commandement cette bastille et son château ; 2° un autre scellé de Jean de Blois ; 3° et un troisième scellé du seigneur de Pellevézy, père du bâtard, ces deux dernières promettant que ledit bâtard remplirait sa mission aussi bien que possible (4). Une quittance de

---

(1) Arch. nat., J. 400, n° 75. Ces précautions étaient prises contre ce bâtard parce que jusqu'alors il avait suivi le parti des Anglais, comme le prouve une capitulation pour lui, conclue à Ségur, le 24 janvier 1438, entre l'évêque de Mallezais, le comte d'Escars et le sieur de Saint Marc, d'une part, le comte de Périgord, vicomte de Limoges et le vicomte de Turenne, de l'autre. (Arch. de Pau, 3ᵐᵉ inv. prépar., P. et L., livre 514, n° 19.)

(2) Arch. nat. K., 64.

(3) Bibl. nat., Papiers Leydet, 2° recueil (fol. 2 et 3 de ma copie).

(4) Bibl. nat., coll. Doat. Reg. 245. Périgord, t. 4, fol. 5.

deux marchands de Montignac, constate que le comte de Penthièvre fit distribuer 200 royaux d'or aux troupes qui assistèrent à la prise de cette place (1).

PRIVILÈGES DE PÉRIGUEUX. — L'affaire de Périgueux avec le procureur du roi, en 1435, fut cause que la ville, en 1439, se fit confirmer le droit, pour les habitants : 1° De ne pas aller plaider hors de la ville en première instance : 2° de n'être sujet à aucune peine, pour un délit quelconque ni pour rente non payée ; 3° de n'être jamais dépossédés de leurs biens pour un crime quelconque, sauf celui d'hérésie et celui de lèse-majesté (livre noir).

PIERRE DE BEAUFORT. — Le 3 juin, Charles VII, par lettres patentes, donna à Pierre de Beaufort, vicomte de Turenne, seigneur de Limeuil, etc., plein et entier pouvoir de faire la guerre aux Anglais en Limousin, Périgord et Quercy ; il défendit, en même temps, aux évêques de Périgueux et de Sarlat, d'exécuter les ordres de l'archevêque de Bordeaux, en ce qui pouvait concerner la guerre (2).

1440. — LANQUAIS. — Presque toute cette partie du Périgord, correspondant à l'arrondissement de Bergerac, était sous la domination anglaise. Un fait relatif à Lanquais prouve combien ils y étaient puissants, en 1440. Les seigneurs de Lanquais avaient eu autrefois le droit de percevoir certain péage et tribut sur les marchandises apportées à Lanquais et dans l'étendue de la seigneurie ; mais sans doute sous la domination française, le roi leur avait supprimé ce droit. Pour encourager Jean de Lacropte, alors possesseur de Lanquais, à continuer ses services au roi d'Angleterre, Jean de Huntington, gouverneur du duché de Guienne, rétablit ce péage, sur le pied où il était autrefois, au profit dudit Jean de Lacropte (3).

MONTCUQ. — A cette même époque, ce même lieutenant-général approuva un échange entre Gaston de Foix, seigneur de Longueville, et Louis Despoy, chevalier, dans lequel figura la terre de Montcuq possédée jadis par Ramonet de Sors (4).

---

(1) Bibl. nat., coll. Doat., reg. 245, Périgord, t. IV., fol. 18.
(2) Arch. nat., K. 65, n° 3.
(3) Arch. nat., K. 66, n° 18.
(4) Bibl. nat., coll. Brequigny, reg. 33, Guienne, vol. XXIV.

Mussidan. — On place vers ce temps-là les courses et déprédations, commises jusqu'aux environs de Périgueux, par le bâtard Jean de Peyrusse, capitaine de Mussidan pour les Anglais, pendant que Jean de La Roche, seigneur de Barbezieux et de *Mussidan*, promettait au roi de France d'être son bon et loyal sujet, de le servir envers et contre tous et de réparer les maux qu'il avait faits (1).

Badefols-d'Ans et Millac-d'Auberoche. — Le seigneur d'Autefort relevait du comte de Périgord, tandis que Badefols-d'Ans et Millac-d'Auberoche, appartenaient à la seigneurie d'Auberoche, qui relevait du vicomte de Limoges. Le seigneur d'Autefort avait des droits sur ces paroisses. Quoique le vicomte de Limoges fût devenu comte de Périgord, depuis plusieurs années, ce seigneur, en 1440, prétendit que le vicomte n'y jouissait pas de la justice directe (2).

Beynac et Commarque. — Pons, seigneur de Beynac et de Commarque, sénéchal de Périgord, avait contracté alliance avec la maison du comte de Penthièvre et de Périgord, et ce comte lui avait assigné une pension de cent soixante réaux, de 64 au marc, sa vie durant, et lui avait fait don d'un cheval de cent cens (300 fr.) une fois payés. Le 3 mars 1441, il fit hommage au comte de cette pension et se déclara son homme.

Périgueux. — Un individu de la garnison de Ribeyrac était allé accomplir un pèlerinage à Saint-Front. On l'accusait de plusieurs crimes. Le juge royal de Périgueux l'ayant surpris dans la ville voulait l'arrêter ; le procureur de la municipalité s'y opposait, disant que le maire et les consuls avaient seuls le droit de le faire arrêter. Après quelques débats, le juge reconnut les droits de la ville et l'individu fut relâché, sous la promesse d'un tiers qu'il serait livré le lendemain à la municipalité.

1441. — Comte de Périgord. — En 1441, après sa délivrance de prison, Charles d'Orléans ratifia la vente du comté de Périgord.

Geoffroy de Marueil. — Geoffroy de Marueil, fidèle à la France,

---

(1) Arch. nat., J. 873.
(2) Arch. de Pau, 3ᵉ inv. prép., P. et L., l. 524, nº 14 et P. et L., l. 480, nº 29.

rendait incessamment de nouveaux services. Le 17 décembre 1441, le roi lui donna 200 l. t., à prendre sur l'aide de Saintonge (1).

1442. — MOLIÈRES. — La fameuse journée de Tartas (2) où le roi Charles VII se trouva en personne, donna à la guerre, en Guienne et Languedoc, une activité inaccoutumée.

Dès le 28 mai, ce monarque avait renouvelé les pouvoirs du vicomte de Turenne et lui avait adjoint Jean de Blois, comte de Périgord, etc., et le vicomte de Ventadour (3). Ces trois seigneurs devaient opérer, comme ses lieutenants, en Périgord, Limousin et Quercy. Plusieurs places de ces deux provinces rentrèrent sous la domination française. Le roi, qui avait mis le siège devant La Réole (vers octobre), se trouvait à Marmande le 14, et donnait à Pierre de Beaufort, vicomte de Turenne et seigneur de Limeuil, le château et la seigneurie de Molières, dans les termes que voici :

« Charles, etc., savoir faisons etc., que nous voulons recongnois-
» tre à nostre cher et féal cousin Pierre de Beaufort, vicomte de
» Turenne, aux grans services qu'il nous a faiz en nos guerres et
» aucunement lui récompenser plusieurs grans despenses que l'an
» présent il a eues à soutenir, à cause desd. services, en l'exercice
» de la guerre, où il a continuellement esté, au recouvrement de
» plusieurs places qui naguères estoient occupées des Anglais nos
» adversaires, au païs de Pierregort et environ, et encore est
» pour recouvrer autres que encore y détiennent ; nous audit de
» Beaufort avons donné, cédé, transporté et délaissé, donnons,
» cédons, transportons et délaissons, de grace spéciale, par ces
» présentes, la terre, chastel et seigneurie de Moyllières, en la
» seneschaussée dudit Perigord, avec ses appartenances et appen-

---

(1) Bibl. nat., cabinet des titres, dossier Marueil.

(2) Voir Histoire du Languedoc, t. IV, p. 496.

(3) Arch. de Pau, 3e inv. prép., L. et P., l. 497, n° 24. Bibl. nat., coll. Doat, t. III, fol. 220. La nomination de Jean de Blois et de ses deux collègues coïncide, à quelques jours près, avec la mort de Richard de Bretagne, comte d'Étampes et des Vertus, capitaine-général pour le roi entre Loire et Dordogne, et cette coïncidence donnerait à penser que, Richard se trouvant malade, on profita de cette circonstance pour le remplacer, en Périgord, Limousin et Quercy, par les trois vicomtes. (Richard mourut le 4 juin 1438.)

» dances, n'aguères recouvrée sur nosd. adversaires, par le moyen
» d'icelui de Beaufort, etc. (1). »

Le même jour, il donne au même, sa vie durant, les terre, château
et seigneurie de Beaumont, pareillement recouvrés par les soins de
ce seigneur. On voit, par ces détails, que Charles VII avait bien
placé sa confiance, en 1439.

Belvès. — La reddition de Belvès eut lieu cette même année. La
ville fut prise par Jean de Bretagne, comte de Périgord. L'acte qui
le constate fut rédigé devant Belvès même, le 16 septembre (2).

Privilèges de Dome. — Pendant la campagne de 1442, Charles VII
confirma les privilèges de Dome. Les lettres de confirmation sont
datées de Villefranche-de-Rouergue (3).

Montaut. — Il donna à Arnaud de Gontaud, dit Arnaudon, seigneur de Montaut, la somme de 1,375 l. t., pour qu'il rentrât sous
son obéissance et qu'il fit la guerre aux Anglais (4).

François de Marueil. — François de Marueil, sénéchal de Saintonge, reçut 700 l. t. en déduction de plus forte somme à lui due, à
cause d'une retenue de gens d'armes pour la garde de la Saintonge
et du Poitou (5).

Jacques de Pons. — La vie du XVe siècle avait, dès avant 1442,
mis Jacques de Pons, vicomte de Turenne, seigneur de Ribeyrac,
de Montfort, etc., dans un embarras qui ne lui permettait plus de
tenir le rang de ses aïeux. Il prit donc le parti d'aliéner un de ses
domaines, sous un prétexte qu'on ne dit pas. Le roi l'avait dépossédé
des îles d'Oléron, de Marennes, d'Arvert et du Brouage, principales
sources de ses revenus. C'est à la suite de cette disgrâce (1442)
qu'il vendit au comte de Périgord la terre, seigneurie et châtellenie de Larche, *des deniers de laquelle il se mit sus lui et ses
gens, en bien grand nombre, et, ce fait, s'en alla, avec sesdictes*

---

(1) Arch. nat., K. 67, n° 17, et reg. du tr. des ch., coté 176, p. 176.
(2) Bibl. nat., papiers Lespine, cart. des villes closes.
(3) Ibid., reg. 76, n° 205.
(4) Courcelles : Hist. généal. et t. II, art. Gontaut, p. 18, n° 17.
(5) Bibl. nat., cabinet des titres, dossier Marueil.

gens au pays de Pierregort, où il demeura, en la compagnie dudit comte de Pierregort, pour la garde et deffense dudict pays et illec (là), par son aide et moyen, furent prinses, recouvertes et réduites en l'obéissance de nostre dict feu seigneur et père, plusieurs places et grosses forteresses jusques au nombre de vingt et plus qui estoient détenues et occupées par les Anglais (1).

1443. — Les états du Limousin votèrent 11,672 l. t. pour continuer la guerre et mettre sur pied une armée destinée à recouvrer les places occupées par les Anglais, en Quercy et Périgord (2).

1444. — Des trêves établies, en 1444, furent dénoncées avec une certaine solennité, comme nous l'apprend une lettre d'un bourgeois de Sarlat, qui se trouvait alors à Paris. Elles ne devaient durer qu'un an et demi, mais elles furent prorogées plusieurs fois ; Jean de Bonnabaut devait aller les publier en Périgord, avec un certain appareil militaire, pour en imposer aux Anglais (3), ce qui ne les empêcha pas d'entreprendre une expédition contre Biron sur laquelle il nous reste quelques renseignements assez précis.

Biron. — On lit dans Courcelles que Gaston de Gontaud, seigneur de Biron, etc., s'étant fait Français, le château fut assailli et pris par Amalric de Bidéran, dit Malrigon, gouverneur de Bergerac pour le roi d'Angleterre ; qu'Amalric garda cette place pendant quelque temps ; mais qu'ayant appris que Gaston s'avançait, il feignit de vouloir la livrer aux flammes, et extorqua ainsi 100 réaux d'or aux habitants, puis il s'éloigna. Les Anglais la reprirent en 1447.

Voici les lettres du roi d'Angleterre (20 juin 1444) : « Le roi à
» tous....., salut, sachez qu'en considération des services rendus
» par Guadiffer Schartoize, nous lui avons concédé de notre grâce
» spéciale, à lui et à ses héritiers, le château et le domaine de Biron
» avec leurs dépendances, possédés par Gaston et Arnaud de Biron,

---

(1) Arch. de Pau, 2ᵉ inv. prép., P. et L., 1. 82, n° 17. Jacques de Pons, pour dissiper quelques doutes survenus sur l'étendue des juridictions des châtellenies de Larche et de Terrasson, déclara, par un acte spécial, que plusieurs paroisses, et notamment la commanderie de Condat, en faisaient partie. (Arch. nat., sect. Doat, pap. de Noailles, cart. 10.)

(2) Arch. nat., K 67, n°ˢ 23 et 34.

(3) Arch. départ. Papiers déposés par la ville de Sarlat.

» avant leur rébellion et qui sont rentrés sous nostre obéissance,
» par les soins dudit Guadiffer, pour les posséder et en jouir tout
» le temps que durera cette rébellion (1). »

Périgueux. — On découvrit encore un complot, ayant pour but de livrer la ville ?? Périgueux aux Anglais ; et comme nous savons qu'une partie de la garnison d'Aubeterre s'aventura jusqu'à Périgueux, fit prisonnier un homme nommé Etienne Queyrel, et fut poursuivie, dans sa retraite jusqu'à Saint-Martin-le-Peint, par les habitants de la ville, qui lui firent rendre le prisonnier, je serais tenté de croire que le complot et la course étaient liés l'un à l'autre.

1445. — Il se produisit à Périgueux, en 1445, un fait un peu de la nature de celui que j'ai rapporté au sujet d'Aire et de Dax. Un individu d'Eymet avait un procès avec une femme de Lausun. Cet individu avait fait appel devant le juge royal de Périgueux. Le maire et les consuls demandèrent que l'affaire leur fût remise, parce que *Lausun*, *Eymet* et *La Salvetat* relevaient du maire et des consuls et la remise eut lieu.

Bourdeille. — Il semble que le château de Bourdeille, avec le titre de comté, comme celui de Montignac, n'avait pas d'abord été remis à l'acquéreur du comté de Périgord, qui n'en prit réellement possession qu'en septembre 1445, par l'entremise de son procureur ; celui-ci le reçut d'Arnaud de Bourdeille, seigneur de l'autre partie dudit lieu, qui en était capitaine, et lui en laissa la garde (2).

Vergn. — (Septembre). Echange entre le nouveau comte de Périgord et Jeanne de Rouffignac, dame de La Mothe. Cette dame céda au comte la terre, seigneurie et châtellenie de Vergn, pour des droits, rentes et revenus sur les biens du bas Limousin (3).

1446. — Laforce. — Les substitutions, au moyen-âge, semblent avoir eu surtout pour but de conserver à la féodalité toute la force de son organisation primitive. Mais au moment où les intérêts se

---

(1) Bibl. nat. coll. Bréquigny, reg. 38, Guienne, vol. xxiv. Ce Guadiffer Schartoize, disent ces mêmes lettres, était maire perpétuel de Bordeaux.

(2) Arch. de Pau, 3e inv. prép., P. et L., l. 500, no 8.

(3) Ibid., ibid., l. 503, no 9.

trouvèrent divisés, les substitutions devinrent un embarras. En voici un exemple remarquable :

Les Prévost, seigneurs de Laforce et de Masduran, avaient toujours été partisans des Anglais. Par son testament, Hélie Prévost avait fait hériter Jean Prévost, son fils, lui avait substitué Mariotte, sa fille, à cette dernière Guillotin Audron, et à celui-ci, Mondot Audron, ses neveux. Jean Prévost étant mort sans enfants, Mariotte se trouva légalement héritière de son père ; or, Mariotte, élevée parmi les partisans de la France, avait fini par épouser un Beaupoil, également ami des Français. Cette situation attira l'attention de Guillotin, qui à la mort d'Hélie Prévost, fit les démarches dont le résultat fut d'établir que, par sa rébellion, Mariotte avait perdu ses droits à la succession de son père, qui, par là, faisait naturellement retour à la couronne d'Angleterre. En conséquence, après délibération du conseil existant à Bordeaux, Guillotin prit possession de Laforce et en jouit jusques à ce que Jean d'Abzac, fils de Bertrand d'Abzac, seigneur de Montastruc, s'en fut emparé, s'y établit de sa propre autorité et y séjourna, sans conteste, pendant un certain temps. En 1446, Henri IV, d'Angleterre, sans tenir autrement compte du testament d'Hélie Prévost, pour rétablir Guillotin et Mondot dans cette terre, par des lettres patentes du 1er janvier, leur céda tous ses droits. Nous ignorons le résultat de ces mesures (1).

L'ÉVÊQUE ET LA VILLE DE PÉRIGUEUX. — Le livre noir de Périgueux contient une lettre, sans nom d'auteur, datée de Tours, relative à l'impôt sur la viande. On engage le prélat à renoncer à toute résistance à cet impôt, à cause de la nécessité de réparer les murailles de la ville et de la Cité, et du droit qu'a toujours eu le roi d'établir de pareils impôts, pour ces sortes de travaux.

MARUEIL, BADEFOLS, LAFORCE, MOLIÈRES, MONTASTRUC, MONTCLAR, CLERMONT, BAUNES, FRONSAC. — Les péripéties de la guerre absorbaient tellement l'attention des chroniqueurs qu'ils ne voient pas les évènements accomplis en Guienne. Voilà pourquoi, jusqu'à ce jour, j'ai pu recueillir si peu de détails sur le Périgord. Mais des lettres de rémission en faveur de Jean Sautos, seigneur de Cognac,

---

(1) Bibl. nat., coll. Brequigny, reg. 33, Guienne, vol. XXIV.

portant la date d'avril 1446, nous fournissent des renseignements précieux sur l'état de cette province. Je les transcris :

« Charles, etc., savoir faisons, etc., nous avoir reçu l'umble sup-
» plication de Jehan de Sautos, escuier, seigneur de Coignac, con-
» tenant que tout son temps et, dès son jeune âge, il nous a bien et
» vaillamment servi au fait de noz guerres..... sans oncques
» avoir tenu autre party que le nôtre..... et s'est trouvé à plusieurs
» sièges, rencontres, des trousses, et bonnes besognes..... tant es
» frontières de Normandie que és marches et frontières de Pierre-
» gort et Bordelais.... et.... soubs nos chiers et amez cousins
» les comtes d'Albret et de Penthièvre et vicomte de Thuraine, és
» dites frontières de Bordelois, et à savoir, soubs nostre dit cousin
» de Penthièvre, és siège de *Maruelh (Mareil)* et à l'entour, ou
» estoient deux fortes garnisons d'Anglais ; es quels sièges, il nous
» a servy à huit vingts combatans, jusques à ce que les dites places
» furent prises, et mises à nostre dite obéissance. Mist aussi, aveç-
» ques ses dites gens, le chastel de *Ludefol (Badefols)* (1), que
» tenoient lors nos diz ennemis, lequel estoit à nous et à nostre
» seigneurie, de par delà très préjudiciable, en nostre dite obéis-
» sance. Et aussi nous a servy, à (avec) 200 combatans, en la com-
» pagnie du comte de Pierregort, lorsque fut levé certain siège que
» tenoit le captal de Bueil (Bug), devant la place de *Laforce*, et
» avecques ce a esté à conquester, par deux fois, la place de *Molières*,
» qui avoit esté très préjudiciable à noz pays de Pierregort, Lymosin
» et autres voisins ; et semblablement a, par deux foiz, esté avecques
» feu led. vicomte de Thuraine, accompagné de huit vingts bons
» combatans, à mestre le siège devant *Limeil (Limeuil)*, où il perdit
» plusieurs de ses dictes gens, chevaulx et harnais et y fut grande-
» ment navré de sa personne, son cheval occis entre ses jambes et
» tellement qu'il en cuida mourir. Fut aussi durant le voyage que
» dernièrement fismes pour le secours de Tartas et recouvrement
» de nos pays et duché de Guyenne et le siège que tenismes devant
» noz ville et chastel de La Réole, es sièges que misdrent lors, de
» nostre ordonnance et commandement nostred. cousin de Penthiè-

---

(1) Je crois qu'il s'agit de Badefols-d'Ans qui, comme Badefols-de-Cadouin, fut longtemps occupé par les Anglais.

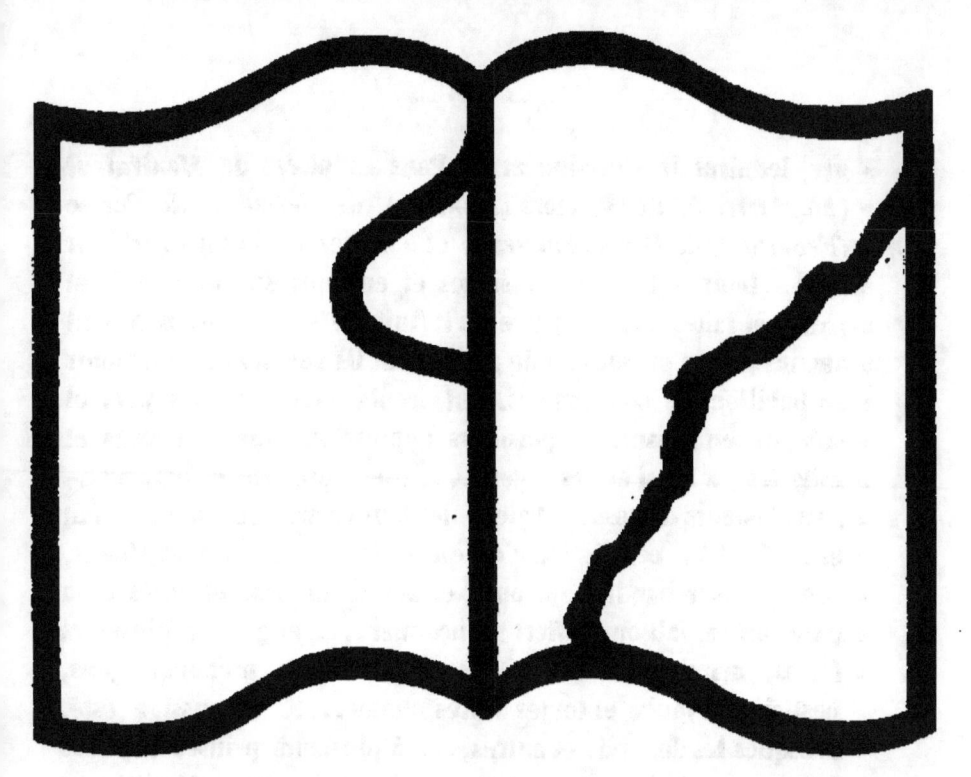

Texte détérioré — reliure défectueuse
RF Z 43-120-11

VALABLE POUR TOUT OU PARTIE D
DOCUMENT REPRODUIT

» vrr, les sires de Thuraine et de Pons es places de *Montratrut*
» (*Montastruc*), de Monclers (*Monclar*), de *Clermont*, de Forsac
» (*Fronsac ?*) de *Beurs* (*Bannes ?*) et à toutes ou la plus-part des
» autres bonnes besongnes, sièges et entreprises, lors depuis et
» paravant faites.... Et parce qu'il (lui) ne sesd. gens n'avoient
» aucuns gaiges ou souldes de nous, dont ils peussent ni eulx tenir
» en habillemens convenables, ont iceulx vescu sur nos pays et
» subgiez, en faisant.... plusieurs oppressions, rançonnemens et
» pilleries ; a aussi et sesd. gens.... esté à prendre et emprison-
» ner plusieurs de nosd. subgiez, de tons estaz, leur a osté, fait
» et souffert et permis oster ce qu'ils avaient or, argent, biens,
» bagues, marchandise, joyaulx et autres choses, et après les a
» raençonnez, fait ou souffert raençonner.... et guetter plusieurs
» foires, marchiez et autres assemblées où ils prenoient gens,
» bestial, chevaulx et toutes autres choses..... et aussi a esté,
» avecques les dessusd. et autres.... à plusieurs prinses de places
» fortes, tant églises que autres.... lesquelles ont esté pillées et
» volées.... aucunes fois s'en sont ou peut estre ensuyes mort ou
» mutilation, etc. (1). »

En 1430, Jean de La Brosse, seigneur de Ste-Sévère et de Bous-sac, et maréchal de France, qui fit lever les sièges de Compiègne et de Lagny, passa en Guienne pour combattre les Anglais. Il avait sous ses ordres Louis Arnohavier qui, en 1446, obtint des lettres de rémission. Il raconte qu'en 1430, étant en Périgord, avec le maréchal et voulant passer la Dordogne, ils furent assaillis par 2,000 hommes du pays qu'ils battirent ; qu'il y en eut 25 de tués et 5 ou 6 de pendus (2). L'histoire ne dit rien de cette expédition.

RÉMISSION POUR PÉRIGUEUX. — Au mois de mai suivant, le roi accorda à la ville de Périgueux des lettres de rémission intéres-santes. La ville, cité et banlieue, y est-il dit, était jadis bonne ville et bien peuplée ; mais en frontière de nos ennemis, si bien que souvent elle a été de toutes parts entourée de forteresses, occupées par des garnisons de nos adversaires. Encore même aujourd'hui, il n'y a de Périgueux à Bordeaux que deux places françaises, d'où

---

(1) Arch. nat., reg. du tr. des ch., coté 178, p. 219.
(2) Arch. nat. reg. des tr. des ch., coté 177, p. 240.

l'obligation, pour les habitants, qui ne cessèrent jamais d'être bons Français, de se garder avec soins et à grands frais ; et, comme les hommes ne suffisaient pas à faire le guet la nuit et le jour, les femmes ont été contraintes à partager les fatigues des hommes. Or, tout cela leur a beaucoup coûté. Si maintenant on tient compte des combats continuels qu'elle a eu à soutenir, des privations imposées à ses habitants, du découragement qui en a poussé à s'éloigner et de la mortalité par les épidémies, pourra-t-on s'étonner qu'il n'y reste plus la dixième partie de la population d'autrefois ? En présence de cette situation, et pour dissiper les inquiétudes de ceux qui r●●ent, au sujet des relations qu'ils peuvent avoir eu avec l'enne●●, en mainte circonstance, désireux d'ailleurs de ●oir rentrer dans la ville ce●● ●●● s'en sont éloignés, le roi leur accorda la rémission demandé● ●●●oli-tion de tout ce qui a pu se faire de mal dans le passé (1).

RÉMISSION POUR SARLAT. — On serait tenté de croire que, pendant que les trêves conclues, en 1444, entre la France et l'Angleterre, du●●●nt encore, les populations se recueillaient, examinaient si elles n'avaient rien à se reprocher et que, quand elles se trouvaient en défaut, elles avaient recours à l'autorité royale. Sarlat fut également absous de tout ce qu'il pouvait avoir à se reprocher (2). D'un autre côté, comme les murs de la ville étaient en mauvais état, les ecclésiastiques furent obligés de contribuer à leur réparation ; mais il fut enjoint aux consuls de ne pas imposer de taille sur les maisons ruinées par la guerre, et des lettres du roi décidèrent qu'on ne pouvait opposer la prescription aux habitants de Sarlat (3).

LE GRAND SCEAU DE PÉRIGUEUX. — Depuis longtemps, les communes et leur organisation municipale n'étaient plus contestées ; aussi la règle étroite qui avait présidé à cette organisation était-elle tombée en désuétude, et le sceau aurait pu s'égarer sans que l'existence du consulat fût mise en question. Voilà ce qui explique le déplacement du grand sceau de Périgueux qui,

---

(1) Arch. nat., reg. du tr. des ch., coté 178, p. 11.
(2) Arch. nat., reg. du tr. des ch., coté 178, p. 12.
(3) Inventaire des archives de Sarlat, à la suite des antiquités du Périgord et du Sarladais. (Voir Tardes).

quoique toujours conservé avec soin dans la maison de ville, en fut retiré et confié à l'un des citoyens, chargé de se rendre à Chinon, auprès du roi, on ne dit pas pourquoi. Le sceau fut réintégré le 28 juillet.

Jacques de Pons. — Toujours en lutte avec la mauvaise fortune, Jacques de Pons était beaucoup plus mal dans ses affaires, en 1447, qu'en 1442. Voici ce qu'on lit dans les lettres déjà citées : « A l'oc-
» casion d'aucunes charges et injures controuvées et à lui imposées
» contre vérité, par aucuns des habitants de sa ville de Pons, par
» l'induction de l'admiral (1); qui furent données à entendre à nos-
» tred. feu seigneur et père led. Jacques de Pons, doubtant la
» fu[...] nostred. père se absenta de lad ville de Pons, et illec
» ([...] led. suppliant (2) et trois autres ses enfans, en mino-
» rité [...] age, lesquels furent prinses et détenus prisonniers par
» longtemps au chastel de Rochefort, sur Charente, en si grant
» poureté et misère que l'un d'eulx mourut et trespassa ; auquel
» temps led. Jacques de Pons fut très fort poursuivy par sesd.
» haineux, tellement qu'il fut prisonnier en la Conciergerie de
» nostre palais à Paris, dont finablement et après qu'il eut esté lon-
» guement détenu, il s'en issit et lui fut de nécessité de soy retraire
» en une de ses places estant aud. pays de Pierregort, pour ce que
» sa ville de Pons et ses autres seigneuries du pays de Xaintonge
» estoient tous hors de ses mains et saisiez, et, pendant ce temps,
» trouva moyen led. Jacques de Pons d'aller à Chinon, par devers
» nostred. feu seigneur et père, où lors estoit led. Jehan, comte de
» Pierregort, lequel comte, voyant la nécessité où led. Jacques
» estoit, trouva façon et moyen de acquerir et achepter dudit
» Jacques de Pons la terre et seigneurie de *Terrasson*, avec toutes
» ses appartenances, fiefs et hommages d'icelle terre, et en oultre
» les hommages des châtellenies et seigneuries de *Salignac, Com-*
» *marque, St-Géniés, Pelleresin* et autres qui estoient tenues dud.
» de Pons, a cause de la vicomté de Turenne seulement ; et néan-
» moins depuis lesd. ventes ainsi faictes, led. de Pons, qui n'avait

---

(1) Prégent de Coëtivy, amiral de 1439 à 1450.
(2) On pourrait croire qu'il s'agit des enfants du suppliant qui est Guy de Pons, fils de Jacques ; mais ce serait une erreur. Il est question des enfants de Jacques.

» de quoy se entretenir, ne vivre comme dessus, fut de rechef
» contrainct, par nécessité, dès l'an 1447, rendre, céder et transpor-
» ter, à nostred. cousin de Pierregort, les chastel, chastellenie et
» seigneurie de *Ribeyrac* et d'*Espeluches*, assis au pays de Pierre-
» gort, avec toutes et chacunes leurs appendances et dépendances ;
» lesquelles terres et seigneuries, places et hommages, par le moyen
» desd. venditions et des contrates sur ce faiz, led. comte Jehan, et
» aussi le comte Guillaume, son frère, qui lui succéda, ont depuis
» tenuz, prinz et perceuz les fraiz et revenus (1). »

1447. — ARNAUD DE BOURDEILLE. — Il reste d'Arnaud de Bourdeille, nommé capitaine du château de ce nom, pour le comte de Périgord, sept quittances de ses gages pour les années 1447-1453 (2).

MARGUERITE DE MONTAUT DE MUSSIDAN. — Marguerite de Montaut, fille de Raimond de Montaut, seigneur de Mussidan, avait épousé Jean de Beaufort, seigneur de Limeuil, en 1416. Elle avait quarante ans, son mari 58. Marguerite apporta en dot, à Jean de Beaufort, 16,000 fr. d'or, en reçut, en douaire, 5,000, et, pour en jouir sa vie durant, les terres de Clérans et de Fleurac. Les sommes furent garanties par les terres de Limeuil, de Clérans, etc., avec autorisation à Marguerite, dans le cas de restitution, de prendre possession de ces terres jusqu'à final remboursement. Après l'assassinat de Jean, Marguerite resta à Limeuil, puis s'établit successivement à Clérans, à Miremont, etc., pendant qu'on se disposait à lui restituer les 21 mille francs d'or qui lui revenaient (3).

Que se passa-t-il alors ? les documents qui nous sont restés ne le disent pas. Mais, en 1447, un grave procès se trouva engagé, entre Jean Harpedenne, seigneur de Belleville, au nom de Marguerite, et Annet de La Tour, vicomte de Turenne, seigneur de Limeuil, etc., comme représentant Pierre de Beaufort, son beau-

---

(1) Arch. de Pau, 2me inv. prép. P. et L., liv. 82, no 17. — La seigneurie de Ribeyrac et d'Espeluches, près de Ribeyrac, fut vendue, en 1446, 2,000 réaux de bon or ; mais l'acte ne fut passé et le prix acquitté qu'en 1447. (Arch. de Pau, 3e inv. prép. P et L., l. 537, no 6.) Elle fut payée pour ainsi dire comptant. (Ibid.)

(2) Ibid., ibid., l. 510, no 6.

(3) Arch. nat., sect. Dom., papiers Bouillon, première liasse.

père, vicomte de Turenne, seigneur de Limeuil et héritier de Jean de Beaufort, son frère. Voici le résumé d'un mémoire relatif à ce procès, dressé dans l'intérêt du seigneur de Belleville :

Après qu'il fut rentré dans Limeuil, par l'expulsion des Anglais (1438-1439), Pierre de Beaufort, dans le but sans doute d'éviter la restitution des 21,000 fr. d'or, fit des démarches auprès de Marguerite qui résidait toujours à Miremont ; mais ces démarches n'ayant pas abouti, il s'empara de tous les domaines, et Marguerite dépossédée, passa en Poitou où elle résida quelque temps.

Pierre de Beaufort voyant alors que pour devenir propriétaire de ces domaines, en vertu d'un titre incontestable, il fallait procéder avec ménagement, envoya deux messagers à Marguerite, porteurs de lettres closes, l'engageant à venir auprès de lui, à Turenne, promettant de lui rendre ses terres et de la traiter honorablement.

Elle se rendit à Tulle où Pierre la décida à le suivre à Turenne. Mais lorsqu'elle réclama la restitution de ses biens, il s'y refusa et lui déclara qu'il voulait voir les titres en vertu desquels elle possédait. Marguerite, de bonne foi, les envoya prendre à Périgueux. Lorsqu'il les eut en sa possession, il la fit enfermer et la laissa dans le dénuement le plus complet. En vain elle en appela au roi, plus étroitement fermée, elle tomba malade et faillit mourir. C'est alors, le 23 janvier 1440, qu'il la contraignit à faire son testament en sa faveur ; et, comme antérieurement à cette époque, elle en avait fait un autre en faveur de Jean Harpedenne, le 28 du même mois, par un codicile, Pierre l'obligea de déclarer qu'elle n'avait aucun souvenir d'avoir fait un don quelconque à Harpedenne ; mais que, si elle en avait fait un, elle le révoquait. Il la força à lui donner une procuration pour plaider en son nom, et fit commencer un procès contre lui-même devant l'official de Périgueux, en restitution des 21 mille francs, afin de déposséder sa sœur, dame d'Oliergues, de sa part sur cette somme ; mais, ayant bientôt compris qu'il pouvait être dupe de ce procès, il l'abandonna. Peu de temps après, il tomba malade, à Brives, et y mourut, sans que Marguerite, qui avait demandé et obtenu de se rendre près de lui, pût le voir.

Après sa mort, sa femme d'abord et puis son gendre Annet de la

Tour, vicomte de Turenne, au moyen de promesses fallacieuses, parvinrent à la ramener à Turenne. Marguerite donna en secret avis au seigneur de Belleville de sa position, et le fit prier de poursuivre sa délivrance auprès du roi.

Annet voulut alors contraindre Marguerite à lui donner en jouissance ses biens, moyennant 400 l. de rente annuelle, avec promesse de lui rendre sa liberté ; elle refusa. Pendant ce temps, Jean Harpedenne essayait vainement de la délivrer ; ni les ordres du roi, ni les menaces du sénéchal, ne purent aboutir. Il en fut de même d'un ordre spécial au sénéchal du Limousin de prendre cette dame sous sa protection, de la conduire à Limoges, et de lui faire restituer ses biens. Le lieutenant, chargé de faire exécuter cet ordre, et sa suite, ne purent même entrer à Turenne.

Annet alors imagina de simuler des assises, à Nazaret, et il l'y fit conduire en grand appareil, ce qui l'effraya beaucoup et permit à son persécuteur d'en obtenir tout ce qu'il désirait.

Sur ces entrefaites, un conseiller du Parlement, accompagné de Jean Harpedenne, se rendit à Turenne et offrit à Marguerite de l'emmener. Annet y consentit, mais il ne voulut pas lui donner ce qui lui était indispensable pour le voyage ; le seigneur de Belleville fournit une litière et le reste. Arrivée à Limoges, au bout de huit jours, elle protesta contre tout ce qui s'était passé depuis l'occupation de ses domaines par Pierre de Beaufort jusqu'à ce jour, et suivit, à Montaigu, le seigneur de Belleville. Son premier soin fut ensuite d'obtenir des lettres du roi l'autorisant à poursuivre ses appels ; mais lorsqu'elle voulut faire assigner Annet devant ses juges naturels, le sergent royal chargé de la citation, au lieu d'être admis dans Turenne, fut poursuivi par des hommes armés. Des lettres du roi ordonnant la restitution des biens de Marguerite, n'ayant pas été mieux accueillies, on eut, pour en finir, recours à l'autorité du Parlement. C'est là que finit le mémoire (1).

Le vicomte de Turenne, Annet de La Tour IV, attaqué devant le Parlement, obtint des lettres du roi, du 16 décembre 1447, qui l'autorisaient à se faire représenter devant la cour, attendu, que

---

(1) Arch. nat., sec. Dom., papiers Bouillon, 1re liasse.

« l'occupation continuelle qu'il a *en nostre service*, en la compa-
» gnie et soubz nostre très chier et amé cousin, le comte de
» Clermont, ne lui permettait pas de s'absenter sans danger. »

Plus tard, le 11 février 1448, et sur sa demande, Marguerite fut visitée et interrogée par le lieutenant du sénéchal de Limoges, accompagné de deux notaires et de plusieurs témoins honorables, et le résultat de cet interrogatoire fut que, si autrefois cette dame avait eu à subir de mauvais traitements et une sorte d'esclavage, ce n'était pas de la part d'Annet ; qu'elle n'avait jamais été arrachée violemment de Miremont pour être conduite à Turenne ; qu'elle y était venue librement de l'abbaye de Saint-Mexant, près Poitiers, et qu'elle y était parfaitement libre.

Comme on le voit, cet interrogatoire et le mémoire ne sont point en contradiction et rien ne semble autoriser à croire qu'Annet eut de grands torts vis-à-vis de Marguerite.

L'affaire engagée au Parlement n'était pas terminée en 1462 (1) ; il n'est pas douteux qu'elle ne fut pas fatale à Annet ou plutôt à son successeur ; puisque nous le voyons, en 1504, donner la terre de Miremont, pour la somme de 12,000 l. encore dues sur la dot de Marie de La Tour, sa fille, femme de Jean d'Autefort, avec la clause de rachat dans les vingt-neuf ans (2).

HÉLIE DE BOURDEILLE, ÉVÊQUE DE PÉRIGUEUX. — Hélie de Bourdeille fut élu évêque en 1437, et, dès son début, témoigna d'un zèle des plus ardents pour la religion. Vers 1447, un jour qu'il se rendait à Saint-Antoine-d'Auberoche (3), il fut surpris et fait prisonnier par le Bâtard de Grammont, chef de bande occupant le château d'Auberoche pour les Anglais. Enfermé d'abord à Auberoche, notre évêque fut ensuite conduit à La Roche-Chalais, d'où on

---

(1) Ibid., sect. jud., reg. du conseil, coté 19.

(2) Ibid., sect. Dom., P. Bouillon, l. xv. — Dans cette affaire, on a exagéré l'âge de Marguerite. Elle avait environ 40 ans, quand elle se maria, en 1416. En 1447, elle avait 30 ou 31 ans de plus. Elle n'avait donc pas plus de 71 à 72 ans, lorsque le procès s'engagea. Mais elle avait beaucoup souffert.

(3) Dupuy ; *Estat de l'Eglise du Périgord*, t. ii, p. 145. — Cette circonstance prouve que la démolition n'était pas aussi complète que le dit le *Livre noir*. Aujourd'hui encore il y a des restes qui permettraient de tenir un homme prisonnier.

le dirigea sur Libourne. L'archevêque de Bordeaux le délivra à Libourne et le mena à Périgueux, où il fut reçu en grande pompe.

RIBEYRAC ET ESPELUCHES. — Cette même année, Jacques de Pons, vicomte de Turenne, etc., vendit au comte de Périgord les châteaux et châtellenies de Ribeyrac et d'Espeluches, avec toutes leurs appartenances et dépendances, moyennant 2,000 réaux, de bon or et de bon poids qu'il reconnut avoir reçus (1).

1448. — LETTRES DE RÉMISSION POUR LES PÉRIGOURDINS. — Les trêves conclues, en 1445, duraient toujours, malgré d'assez graves infractions de la part des Anglais ou de leurs partisans, et les lettres de rémission étaient nombreuses. Après Périgueux et Sarlat, les Etats de la province crurent aussi devoir faire appel à l'indulgence du roi sur tout ce qui pouvait s'être fait de fâcheux ou de criminel et demandèrent une abolition pour tout le passé : « Nous avons
» reçu, répond le roi, l'humble supplication des trois estats
» manans, et habitans du pays de Pierregort contenant que,
» puis cent ans en ça, à l'occasion des guerres et divisions
» qui longuement ont eu cours en nostre royaume, et mesme-
» ment que iceluy pays a esté toujours en frontière de nos
» anciens ennemis et adversaires les Anglais, et aussi que justice
» n'a, en iceluy temps, eu aucun cours, plusieurs desdits supplians,
» durant led. temps, ont communiqué et conversé avec les Anglais
» nosd. ennemis et adversaires..... vendu chevaux, harnais et
» autres marchandises ausd. ennemis, et iceulx baillé, livré et
» vendu places estans en nostre obéissance et gens tenans nostre
» party et receu les deniers, et avec ce ont tué et murdry, les
» aucuns leurs seigneurs naturels et autres d'aguet appensé battu et
» mutilé tant nos subgiets que ennemis, bouté feux, pillé églises,
» ravy femmes, prins, emblé et destroussé toutes manières de
» gens de tous estats, battu nos officiers et emprisonné, battu et
» forgé faulses monnoyes de faulx aloy, aultre que la nostre, icelles
» baillé à plusieurs marchands, leur donné cours, contre le bien de
» la chose publique, contracté usurairement avec gens de tous
» estats, et généralement ont fait, commis et perpétré plusieurs
» maulx et maléfices, lesquels ils ne pourroient bonnement cy

(1) Arch. de Pau, 3ᵉ inv. prép., P. et L., t. 1ᵉʳ, p .26.

» exprimer, etc. » Tel était l'état de cette société. Tous les crimes lui étaient devenus familiers et l'autorité royale se trouvait obligée de jeter le voile de l'oubli sur toutes ces infamies. Aussi l'amnistie fut-elle complète, avec défense expresse à qui que ce fût d'exercer des poursuites contre quelqu'un *pour le temps passé* (1).

Sarlat. — La question du droit de franc fief et de nouveaux acquêts s'agitait toujours à Sarlat, et cette année l'évêque, le chapitre et les consuls firent appel des poursuites exercées contre eux. D'un autre côté, on fit don à la ville de 40 l. t. à prendre sur le droit du commun pendant six ans.

1449. — Un médecin de Séville se fixe a Périgueux. — Jacques L'Ecuyer, médecin de Séville, étant venu à Périgueux, en 1449, demanda au maire et aux consuls la permission de s'établir et d'exercer dans la ville et sa banlieue, ce qui lui fut accordé (2).

Comté de Périgord. — Marguerite d'Orléans, comtesse des Vertus, avait épousé Richard de Bretagne, mort en 1438. Comme fille de Louis d'Orléans, elle prétendait avoir des droits sur le comté de Périgord donné à son père, et acheté par Jean de Blois de son frère Charles. En 1449, elle réclame à Jean ces droits (3).

1450. — St-Amand-de-Coly. — Le 27 février 1450, Bernard Bonald, abbé de St-Amand-de-Coly, fit hommage à Jean de Bretagne, comte de Périgord (4).

Les trèves avaient été rompues, en 1449 ; mais aucun fait d'armes important, et dont le souvenir se soit perpétué jusqu'à nos jours, ne s'était accompli en Périgord, dans le cours de cette année. Durant une grande partie de 1450, les efforts des Français se concentrèrent sur la Normandie ; mais la reprise de cette province s'étant trouvée complète, en septembre, il fut décidé, à Tours, par une grande assemblée, convoquée à cet effet, de porter la guerre en Guienne et d'aller assiéger Bergerac. « Pour ce sujet, le roi fit son lieutenant haut et puissant seigneur » le comte de Penthièvre et de Périgord, vicomte de Limoges,

---

(1) Arch. nat., reg du tr. des ch., coté 179, p. 319.
(2) Arch. de Périgueux, livr. noir, fol. 132, verso.
(3) Arch. de Pau, 3e inv. prép., P. et L., l. 495, n° 17.
(4) Bibl. nat., coll. Doat, Reg. 145, Périgord, t. 4, fol. 121.

» lequel accepta et prit toute la charge de ce siège ; et partirent en
» sa compagnée messire Charles de Culant, seigneur de Jalonges et
» maréchal de France, Poton de Saintrailles, bailly de Berry et
» grand escuyer d'escuyerie du roy, Geoffroy de St-Belin, Joachim
» Rouault, Pierre de Louvain, avec plusieurs autres seigneurs,
» chevaliers, escuyers et autres gens de guerre, se montant à cinq
» ou six cent lances, sans les archers, lesquels y mirent le siège
» devant fort hardiment et très vaillamment, tellement que, par
» leurs puissance, prouesse et bon gouvernement, après l'artillerie
» venue et conduite par maistre Jean Bureau, trésorier de France,
» lequel estoit très diligent et actif en fait de guerre, fut rendue
» lad. ville de Bergerac en l'obéissance du roi, le mois d'octobre
» en suivant (1). »

La ville ne fut pas prise d'assaut, elle se rendit par composition. Les consuls et habitants traitèrent avec le comte de Penthièvre. Le traité est ainsi conçu :

Art. 1ᵉʳ. — Mondit seigneur (le comte) donnera bons sauf conduits, sûretés et conduits suffisants, durant quinze jours, à messire David Chartroise, chevalier, et à tous les autres seigneurs, chevaliers et escuyers compagnons de guerre, de quelque condition qu'ils soient, qui de présent sont en la dite ville, pour eux en aller à Bordeaux ou en autres lieux de l'obéissance du roy d'Angleterre, avec tous leurs biens, choses et habillemens quelsconques, excepté artillerie autre que celle qui se porte en main, à la guerre, quand on chevauche.

Art. 2. — *Item*, Donnera monseigneur le comte abolition générale et pardonnance, et icelle confirmée par le roy, si mestier est, à tous les habitans et habitantes de la dicte ville et à toute autre manière de gens résidens en la dicte ville et qui y demeureront et voudront faire le serment d'estre bons et loyaulx au roy, nostre dict seigneur, de tous crimes de lèse majesté et autres quelsconques faits et perpétrés à l'encontre du roy, nostre dict seigneur.

Art. 3. — *Item*, Confirmera mon dict seigneur, aus dicts habitans, tous leurs anciens privilèges, libertés et franchises à eulx

---

(1) Jean Chartier : Hist. de Charles VII, édition de Godefroi, p. 218.

octroyez par les roys de France, prédécesseurs de nostre souverain seigneur, et dont ils ont joy.

Art. 4. — *Item*, Et ne perdront rien du leur iceulx habitants et ne leur sera fait ne tort ne force en corps ne en biens ne en quelconque manière que ce soit, à l'entrée de la ville et après.

Art. 5. — *Item*, Se anciens de la dicte ville ont achapté biens duement ou héritages, iceulx biens ou héritages, par ainsy duement achaptés, leur demourront, et si les dictes acquisitions ne se peuvent soustenir, l'argent qu'ils ont paié leur sera restitué par ceulx qui les vouldront avoir.

Art. 6. — *Item*, Que se aucuns desdicts habitans ont biens ou heritaiges, en l'obeissance du roy (ces biens ou heritaiges), leur seront renduz et mis a delivrance, nonobstant tout arrest, confiscation ou autres empeschemens quelsconques.

Art. 7. — *Item*, et pour ce que aucuns des habitans de ladicte ville sont de présent absens, les uns en pélérinages, les autres en leurs besognes et affaires, et qui ont des biens en icelle, lesdicts biens leur seront gardez jusque à trois mois; dedans ce temps ils seront receuz à faire leur serment, si bon leur semble; et ceulx qui seront de présent en ladicte ville et qui s'en vouldront aller, auront terme de ung mois de vuider leurs biens, sans que, durant ce temps, on leur y peust mettre ou donner empeschement, et en la fin dudict mois, pourront emporter leurs dicts biens et auront bon et loyal sauf conduit, pour eulx en aller avec leurs dicts biens.

Art. 8. — *Item*, Et leur sera ordonné capitaine par le roy à son bon plaisir qui les armera et gardera de tout son povoir.

Art. 9. — *Item*, Et seront tenus les dessusdicts, quand partiront de ladicte ville, de laisser en icelle tous les prisonniers.

Art. 10. — *Item*, Et ces choses mondict seigneur le comte, comme lieutenant du roy, leur a promis et juré et leur promet, par ces présentes, signées de sa propre main et scellées de son séal.

Art. 11. — *Item*, Et en ce faisant les dicts consuls et habitans de ladicte ville, bailleront demain, dedans tierce, réaument et de fait, en la main de mondict seigneur le comte, pour et au nom du roy, ladicte ville et chastel de Bragerac, et promettront et jureront tous les habitans de ladicte ville, tant gens d'église, nobles que autres, d'estre bons et loyaulx a tous jours mais, envers le roy, nostre dict seigneur, et pour seureté ont baillé à ostaige Perrotin de Chaumont et Ramonet de Génèbre.

Donné et fait devant Bragerac, le dix-huitième jour d'octobre, l'an 1450 : « Et ensuite fut constitué capitaine et gouverneur dudit » Bergerac, messire Philippe de Culant dessus dit, ayant en sa com- » pagnie cent lances et les archers. » (1) En quittant Bergerac, les Français passèrent dans le Bordelais.

LE NOMBRE DES CONSULS DE BERGERAC EST RÉDUIT A QUATRE. — Après la reddition de la ville, la population étant fort réduite : « Et » diminuée tant en habitans que de chevaux, et qu'il n'y a aucuns » deniers communs pour l'entretennement dudit consulat, et ne » sont que charges auxdits consuls (si bien que) ils ne pevent à » présent que à grant peine trouver qui veille prendre la charge » d'iceluy et par ainsy a dès longtemps esté et est encore lad. ville » mal gouvernée, et pour ce auroient advisé lesdits suppliants entre » eulx, pour le bien d'icelle ville, de réduire le nombre de huic » consuls à cinq, dont l'un aura nom le *maire*, et les autres quatre, » *consuls* ». Le roi, par lettre du 4 décembre, même année, ordonna cette réduction, et, de plus, leur fit don d'un moulin en ruine, appelé *Gaudra*, dont le revenu devait être appliqué aux dépenses du consulat. Dans le cours du même mois, il ratifia aussi tous leurs anciens privilèges (2).

LAFORCE. — Jean de Beaupoil qui, par son mariage avec la fille de l'ancien seigneur de Laforce. était devenu seigneur de Laforce, de Masduran et de l'hôtel de la prévauté de Bergerac, menacé d'être dépossédé de ses domaines, avait fait hommage au roi de France, le 2 mai précédent (3).

BIRON, ROUSSILLE, MALRICOU DE BIDERAU ET GUICHARNAUD, SON FILS. — Après la reddition de Bergerac, le comte de Penthièvre et de

---

(1) Arch. nat., reg. du tr. des ch., coté 186, p. 55. Hist. de Charles VII, de Jean Chartier, déjà citée, p. 219.

(2) Arch. nat., reg. du tr. des ch., coté 186, p. 54.

(3) Arch. nat., sect. Dom, ch. des comptes, Languedoc, p. 80.

Périgord, ayant fait sommer Malrigou de Biderau, maître de Biron, pour les Anglais, de rendre ce château, il refusa. Jean d'Albret leva une armée, en donna le commandement à Gaston et Arnaud de Gontaut, qui mirent le siège devant la place et contraignirent Malrigou à capituler et à remettre ce château et celui de Montferrand entre les mains des Français, moyennant la somme de 2,000 réaux d'or, la promesse par le comte, à lui et à son fils Guicharnaud, de leur donner le château de Roussille, et deux harnais complets (1); (ce qui eut lieu) avec cette clause qu'ils se faisaient Français. Instruit de ce traité, Charles VII, par lettres du 6 novembre 1451, ordonna aux sénéchaux d'Agenais et du Quercy, et au châtelain de Dôme, de convoquer les états des trois provinces et d'en obtenir le prélèvement de la somme promise, sur les populations. Le comte de Penthièvre fit loyalement la remise du château de Roussille à ces deux partisans qui s'y installèrent et l'occupaient encore vers 1470 (2).

BERGERAC. — La prise de Libourne par les Français, amena naturellement la confirmation de ses anciens privilèges, et la concession de nouvelles franchises. Dans les lettres de Charles VII, relatives à ces privilèges et franchises (1451), on lit : Art. 12. —
« Qu'il ne pourra y avoir aucun grenier à sel, ni que aucun ne
» pourra vendre sel, puis le lieu du *Bec-d'Ambez*, jusqu'à lad. ville
» Libourne, ne depuis icelle ville de Libourne jusques à Bergerac,
» fors tout seulement en icelle ville de Libourne, et en la ville de
» Bourg, durant une foire qui se tient, chascun an en icelle ville
» de Bourg, le jour de la fête de Saint-Vincent.

ART. 13. — » Qu'il n'y aura aucun naufrage (3) depuis les lieux
» de Soullac et Tellemont jusques à Libourne, ni *en allant contre-*
» *mont* (en montant), depuis lad. ville de Libourne jusque à Berge-
» rac (4). »

Il n'était non plus permis à personne, en montant ni en descendant sur la Dordogne, de faire passer sous le pont de Bergerac ni

---

(1) Courcelles. *Hist. généal. et héraldl. des pairs de France*, t. II, art. Gontaut. d. 19.
(2) Arch. de Pau, 3ᵉ inv. prép., Périg. et Lim., l. 586, n° 1, l. 496, n° 6.
(3) Droit sur les épaves des navires naufragés.
(4) Rec. des ord. des r. de Fr., t. XIV, p. 163.

sel, ni carassonne, ni osiers, ni merrain, sous peine d'une amende de 60 sols et de la confiscation de la marchandise (1).

LANQUAIS. — Le 1ᵉʳ mai 1451, le comte de Penthièvre entrait à Segur avec Jean de La Cropte, seigneur de Lanquais, après l'expulsion des Anglais de ses domaines. Lorsque ce seigneur eut prêté le serment d'être bon Français, le comte lui accorda le pardon de tous ses méfaits jusqu'à ce jour ; le maintint lui et tous ses hommes dans la jouissance de leurs biens, et lui fit la remise de tout ce qui lui avait été confisqué et même de certains revenus qu'il lui avait vendus. Ce traité fut approuvé par Charles VII, en février 1452 ; par Louis XI, en 1461, et par Charles VIII, en 1491 (2).

CLERENS. — Les Anglais étant battus partout, Jean Despoy, écuyer, qui leur était dévoué, les suivait dans leur retraite. Pour le récompenser, le roi d'Angleterre, en 1451, lui donna la terre de Clerens et quelques autres domaines en Bordelais, à la condition qu'il irait en faire la conquête (3).

EYMET. — La ville d'Eymet appartenait à Bertrand de Pellegrue, qui en avait joui jusqu'alors sous l'autorité anglaise. Au moment où fut conclu le traité pour la reddition de Bordeaux, Bertrand crut prudent de se faire comprendre dans l'arrangement, ainsi que ses hommes et son domaine d'Eymet. Il en résulta que Bertrand et sa terre redevinrent français aux mêmes conditions que Bordeaux et le Bordelais (4). On lit au bas de ce traité : « Au mois
» de septembre 1453, le 12 d'icelui mois, fut scellé en laz de
» soye et en cire vert le traicté de la ville de Bordeaux tel qu'il y
» est ci-devant enregistré et baillé à Monseigneur d'Eymet pour
» s'en aider. »

1452. — LE VICOMTE DE TURENNE. — Les populations redevenaient françaises avec un véritable empressement et chacun s'appliquait à se mettre en règle avec la couronne. Le vicomte de Turenne fut un des premier à rendre hommage à Charles VII, pour ses domaines du Périgord. Dans l'acte dressé à cette occasion (5 août 1452), figurent

---

(1) Arch. de Bergerac, liv. des Jurades.
(2) Arch. nat., reg. du tr. des ch., coté 181, p. 23, et coté 222, p. 222.
(3) Bibliot. nation., collect. Brequigny, regist. 33, Guienne, vol. 524.
(4) Arch. nat. Reg. du tr. des ch. coté 185, p. 190,

Limeuil, Miremont, Clérens, Paunat, Trémolat, La Linde, Grand-Castang, St-Exupéry, Chambon, Rosiers et Moliéres (1).

SARLAT. — Cette même année le roi autorisa les consuls de Sarlat à lever six deniers par livre, durant neuf ans, sur toutes les denrées et marchandises vendues ou échangées dans la ville, pour la reconstruction des fortifications (2).

BESSE. — Bertrande de Mazières, d'Agen, dame fort âgée, veuve de Raimond Teste, et héritière de Perinette de Fregeat, sa mère, jouissait depuis longtemps de la terre de Besse, en Périgord, et de ses dépendances, quand le sieur de Puycabret et quelques autres, profitant du désordre occasionné par la guerre, s'avisèrent de s'emparer de cette propriété et de l'exploiter à leur profit. Bertrande se plaignit au roi qui ordonna que l'affaire, à cause de la vieillesse de la plaignante, serait portée devant le sénéchal d'Agen à qui était donnée la mission de rétablir les choses en leur état primitif (3).

1453. — ETATS DE LA PROVINCE. — A la suite de l'expulsion des Anglais de la Guienne, les États de Périgord furent convoqués, et d'accord avec ceux du Limousin et de la Marche, consentirent à s'imposer de vingt mille francs répartis sur les trois provinces. Des lettres du 26 mars 1453 nous apprennent que Gui Bernard, archidiacre de Tours et maître des requêtes de l'hôtel, conjointement avec Jean de Mareuil-Simon, conseiller du roi, avaient été chargés d'imposer cette somme, mais que ne pouvant pas se rendre en Périgord, ils déléguèrent, pour cette opération, Gonthier de Peyruce, seigneur d'Escars, et Hugues Bailly, seigneur de Razat, qui répartirent sur les habitants de la sénéchaussée la somme de 2,230 l. pour leur part (4).

1453. — BIGAROQUE. — Arrentement, au nom de l'archevêque de Bordeaux, comme seigneur de Bigaroque, à Etienne de La Grave, de domaines dépendants de la terre de Bigaroque (5).

---

(1) Ibid. sect. dom., ch. des comp. Languedoc, p. 92.
(2) Inventaire des arch. de Sarlat, à la suite des antiquités du Périgord et du Sarladais, par Tardes.
(3) Arch. nat. Papiers Bouillon, cart. 77.
(4) Arch. nat., K. 677.
(5) Pièce communiquée par M. de La Batut.

Moruscle. — Don par le comte de Périgord, vicomte de Limoges, etc., à Jean de La Roye, de la paroisse de Saint-Memin, et à ses successeurs, des entrages (1) dans les forêts de Born et de Plagnes, châtellenie de Moruscle, moyennant 30 sols et un septier d'avoine par an (2).

Bataille de Lamothe-Montravel. — La Guienne ne fut jamais anglaise de cœur, mais des familles, pour des motifs divers d'intérêt privé, étaient dévouées à l'Angleterre ou du moins la servaient chaleureusement. Il y avait aussi, dans Bordeaux, dans Bayonne et sur le littoral, une population que ses intérêts liaient aux Anglais. Quoique les divers traités qui rendaient à la France Bordeaux et la plus grande partie de la Guienne eussent été conclus par les *gens* des trois Etats, parmi ces gens, plus d'un personnage avait agi à contre-cœur ; aussi, dès qu'ils le purent, ces personnages se mirent en rapport avec les Anglais et se coalisèrent pour les rappeler en Guienne. Ils procédèrent même avec tant d'activité qu'avant la fin de 1452, Bordeaux, était retombé entre les mains de ces insulaires, revenus sous les ordres de Talbot, qui, sans perdre de temps, s'était emparé d'une grande partie du pays.

La campagne s'ouvrit par le siège de Castillon. L'armée française était commandée par les maréchaux André de Laval et Philippe de Culant. Là figuraient Jacques de Chabannes, grand maître de l'hôtel du roi, le sire de Bueil, amiral de France ; Jean Bureau, trésorier de France, chargé spécialement de l'artillerie. Le corps de troupes était composé de seize à dix-huit cents hommes d'armes, sans compter les francs-archers, ce qui le portait à huit ou dix mille combattants. Jean Bureau et son frère Gaspard, maître de l'artillerie, construisirent un camp retranché, à quelque distance de la ville et sur le territoire de la paroisse, aujourd'hui commune de Lamothe-Mont-Ravel, où ils mirent en sûreté toute l'artillerie et où, à un moment donné, l'armée entière pouvait se retirer et se tenir sur la défensive. Cette précaution prise, on commença le siège. Talbot

---

(1) On entendait par entrage un droit payé par les usagers autorisés soit à faire paître, soit à prendre du bois, etc.

(2) Bibl. nat., coll. Doat. Reg. 243, fol: 218.

quitta Bordeaux, accompagné de huit cents à mille cavaliers de distinction, parmi lesquels on comptait son fils, et suivi de quatre à cinq mille fantassins ; en tout environ dix mille hommes. Il arriva devant Castillon, le 17 juillet, au point du jour. A l'approche des Anglais, les Français se replièrent sur le camp ; mais pas avec toute la promptitude désirable ; ce qui fut cause de la mort de cent à cent-vingt retardataires. Cependant Talbot avançait toujours. En voyant la retraite des Français, les assiégés se hâtèrent d'en informer le général anglais. Sur la foi de cet avis erroné, et après avoir fait rafraîchir sa troupe, ce général se jeta tête baissée sur le camp, croyant s'en rendre maître par un vigoureux effort. Les Français résistèrent et, au moyen de leur artillerie, jetèrent le désordre dans les rangs des Anglais déjà confiants dans la victoire.

Pour s'emparer du camp avec plus de célérité, Talbot avait fait mettre pied à terre à sa cavalerie, et était seul resté à cheval ; cet ordre lui fut fatal. Devenu point de mire de l'artillerie, son cheval fut atteint d'un coup de coulevrine et tomba. Resté engagé sous lui, le général fut tué par un archer. La mort de Talbot devint le signal de la déroute, les Anglais et leurs alliés se débandèrent et le massacre commença. Parmi les tués figure en première ligne le fils de Talbot. Voici du reste un document du temps qui résume parfaitement l'ensemble de cette affaire décisive :

« Chers amis, etc. — Je vous laisse savoir de grandes et bonnes
» nouvelles que Dieu nous a données, qui sont telles que mardi
» dernier, qui fut le 17me jour de juillet, l'an 1453, Thalebot, a tout
» (avec) 7,000 combattants anglais, se parti de Libourne et arriva
» devant et près de Chastillon, où nos gens tenoient leur siège pour
» iceulx combattre, et, à tout leur armée, estoient partis hors d'un
» parcq en champ que noz gens avoient fait devant lad. place de
» Chastillon, pour eulx fortifier. Le grand maistre Jacques de Cha-
» bannes et Joachim Rohault (montèrent) à cheval, à tout 200 lanches,
» pour ce qu'ilz se doubtaient bien de la venue dud. Thalebot, et
» esloignèrent du champ bien une demie-lieu. Les Anglois vinrent
» fors et à puissance, et lors se retrayrent led. grand maistre et
» Joachim Rohault ; toutefois furent fort apressés, et fu mon sei-
» gneur le grand maistre prins et puis rescoux, lequel estoit

» demouré derrière, pour faire rentrer ses gens aud. parcq,
» lequel parcq nos gens avoient fortifié.

« Led. Thalebot, avecq grand quantité d'Anglois, drécha la ban-
» nière Saint-Georges et celle d'Angleterre, et les viendrent mettre
» sur le bord du fossé dud. parcq, et puis combatirent les Anglois
» main à main à (avec) nos gens, et dura chelle baterie ung peu de
» temps, et y furent faites des vaillances d'ung costé et d'autres.
» Girault le canonnier (1) et ses assistens et compagnons, dréchèrent
» l'artillerie contre eulx, dont il les gréva moult, car à chacun cop
» on ruait (renversait) cinq ou six par terre, tous morts ; et telle-
» ment les gréva, que par forche furent contrains d'eulx retraire
» et de fait se retrayrent.

» Nos gens ne furent point contens, ains firent lever les bar-
» rières dud. parcq et saillirent dehors à cheval et à pied, et farirent
» (frappèrent) vigoureusement sur sire Jehan Thalebot, tellement
» qu'à l'aborder, en ruèrent plus de 5 à 600 tous mors, car nul n'es-
» toit retenu prisonnier, et en cheste saillie furent les armes dud.
» Thalebot ruées jus (par terre), et led. Thalebot mis à mort par
» ung archer lequel luy bailla d'une espec parmi le fondement,
» tellement qu'elle wida (sortit) parmi (par) la gorge ; et che fait,
» noz gens vinrent par grand courage sur les Angloix, lesquels se
» mirent tantost en fuite, et ne sauriés imaginer ne penser la
» grande desconfiture et le crit qui lors fut entre lesd. Angloix.

« Et, après la mort dud. Thalebot, nos gens leur donnèrent la
» cache (chasse) jusque à Saint-Milion (Saint-Émilion), où il y a
» deux lieues, et y furent les champs tous couvers d'Angloix, et
» des 7,000 dessusd. s'en sont 2,000 retrais dedans Chastillon, et
» requirent de rendre la plache et estre rechus (reçus) en la merchi
» du roy ; le demourant s'en est faiy par la manière devant dicte.

» Tous nos seigneurs qui sont par decha l'ont fait (se sont con-
» duits) si vaillamment que merveilles. Monseigneur l'admiral a
» esté blechié en deus liens ; mais, Dieu merchi, il n'a point de
» danger de mort. Les nouvelles en sont venues au roy à 10 h. et
» à 11 h. l'avons sceu en Angoulesme. Ce jour meyme le roy a
» receu lettres contenans ce que dit est. J'ay veu homme qui y a

---

(1) Artilleur renommé, illustre encore sous Louis XI (Comines, l. 4).

» esté et veu lectres de Gui de La Roche, seneschal d'Angoulesme,
» contenans che que dit est.

» Le roy a fait chanter *Te Deum laudamus* à La Rochefoucault.
» Escript le 19ᵉ jour de juillet, l'an 1453.

» Le fils de Thalebot et chelui du captal (1) sont morts, et fina-
» blement tout a esté prins ou mort. »

Cette bataille a toujours été appelée la *bataille de Castillon*, et pourtant elle se livra sur le territoire de la commune de *La Mothe-Montravel*, à plus de deux kilomètres de Castillon. J'ai cru faire acte de justice, en lui instituant son vrai nom (2).

A partir de ce moment, les insulaires durent renoncer à tout espoir de se maintenir en Guienne. A la suite de ce succès, la tranquillité s'établit, la confiance renait, l'administration se régularise, et les populations commencent à travailler.

VAUCLAIRE. — Vers la fin de 1452, un certain Martin Mouton, trompette d'Antoine d'Aubusson, bailli de Touraine, au requis d'un habitant d'Avauxains, s'était mis à la poursuite des Anglais, emmenant des porcs volés à ce particulier. Avec donze compagnons, il avait suivi la trace de ces ennemis de la France jusques à Gurçon, où les porcs avaient été mis en sûreté. Voyant qu'il ne pouvait les reprendre, il avait rebroussé chemin avec sa troupe, s'était rendu au couvent de Vauclaire, y avait soupé et s'y était querellé avec un de ses hommes, mort peu de temps après d'une blessure qu'il lui avait faite. Le roi lui accorda sa grâce en octobre 1453 (3).

1454. — SAINT-AMAND DE COLY ET ARCHIGNAC. — D'autres lettres de rémission, sans importance, nous apprennent qu'Archignac était de la juridiction de l'abbé de Saint-Amand-de-Coly (4).

LE COMTE DE PÉRIGORD. — Avant la bataille de Lamothe-Montravel, Charles VII avait accordé des lettres de repit d'hommage (1452) à Jean de Blois, pour son comté de Périgord (5). Jean de Blois étant

---

(1) Il ne mourut pas, mais il passa pour mort.
(2) Bibl. nat., n° 8,346. Cette pièce a été imprimée dans la *Bibliothèque de l'École des Chartes*, 2ᵉ série, p. 246.
(3) Arch. nat., reg. du tr. des ch., coté 132, p. 4.
(4) Ibid., reg. 137, p. 212.
(5) Arch. de Pau. 3ᵉ inv., prép. P. et L. 408, n° 52.

mort en 1454, un second repit d'hommage fut accordé à sa veuve (1).

1456 — Gresignac et Bourdeille. — Nous possédons peu de détails sur 1456 ; il se fit un échange entre la terre de Villebois (Lavallette) et la châtellenie de Gresignac (2). Arnaud, seigneur de Bourdeille, de Brantôme et de la Tour-Blanche, fit hommage au roi, de Bourdeille, de Saint-Julien, de Creissac, de Boulonais, de Saint-Crépin, de Valeuil, de Paussat, de Coutures, de Brantôme, de Saint-Perdoux-de-Quentillac et de Saint-Jean-d'Escole (3).

1457. — Cours et valeur des monnaies. — Une des premières préoccupations de l'administration, après l'expulsion des Anglais de Guienne, fut le cours des monnaies, et la fixation de leur valeur légale. La ville de Périgueux, le chapitre de Saint-Front et les agents de l'autorité royale ne pouvant s'entendre à ce sujet, l'affaire fut portée au Parlement qui, en 1457, décida la question, conformément à ce qu'avait demandé l'administration (4).

Ales, Baneuil et Carlux. — Par une quittance (1457), ayant pour objet la remise au majordome du vicomte de Turenne de titres de propriétés, cens, revenus et ventes concernant *Ales*, *Baneuil* et *Carlux*, on reconnait qu'on s'occupait de la régularisation des droits des seigneurs sur les terres qu'ils jouissaient (5).

1458. — Roussille. — Si ce que je viens d'avancer pouvait être mis en doute, il suffirait des proclamations faites en 1458 et renouvelées en 1459 et années suivantes, ayant pour but d'enjoindre aux vassaux de la terre de Roussille de faire connaitre, sous peine d'amende, à quel titre ils y possédaient ce qu'ils y jouissaient (6).

Les Anglais. — Cependant les Anglais n'avaient pas complètement quitté le pays. Des renseignements, recueillis sur un prisonnier de cette nation, en 1458, en sont la preuve certaine (7).

---

(1) Arch. de Pau, n° 46.
(2) Arch. nat., table des manuscr. de la ch. des comptes, t. II, inv. du manuscr. L., p. 45.
(3) Ibid., ch. des comptes, Languedoc, p. 105.
(4) Arch. nat., sect. jud., reg. des jugés, coté 85, fol. 166.
(5) Ibid., sect., hist. K 67, n° 17.
(6) Arch. de Pau, 3° inv. prép. P. et L., l. 536, n° 7.
(7) Ibid., l. 474, n° 3.

Sarlat. — Les élus du Périgord rendirent une sentence reconnaissant qu'en vertu de leurs priviléges, les habitants de Sarlat ne pouvaient être forcés de plaider hors de leur sénéchaussée et renvoyèrent au lieutenant du sénéchal la décision d'un procès qui leur était intenté sur le fait de la taille (1).

1459. — Alès. — La réorganisation du pays se poursuit. Un petit seigneur du nom de du Breuil, possédant un domaine au Gers, commune d'Alès, faute de bras pour le faire exploiter, fait venir de Marquais deux familles auxquelles il donne ce domaine à travailler, à titre de *métairie perpétuelle*, avec des priviléges qui expliquent assez la dépopulation dont parlent les habitants du Bas-Limousin, dans leur requête au comte de Penthièvre et de Périgord que j'ai rapportée plus haut (2).

Dome. — Quoique débarrassée des Anglais, depuis 1438, Dome n'était pas encore remise, en 1453, de ses longues souffrances ; et depuis l'expulsion des Anglais de Guienne, elle avait été constamment maltraitée par les fonctionnaires français. En 1459, elle se plaignit de ces vexations, à propos des titres de propriété de ses habitants, perdus ou détruits pendant les guerres. On avait établi en principe que tous ceux qui ne pourraient pas les produire, seraient dépossédés de leur avoir. Bien des gens réduits au désespoir, avaient quitté la ville. Charles VII ordonna de respecter leur droit de possession, dès le moment qu'ils l'établiraient par témoins.

Françoise de Bretagne, comtesse de Périgord. — Cette même année, les états de Périgord accordèrent 1,000 l. à Françoise de Bretagne, comtesse de Périgord, qui furent assises sur la province par les élus, en vertu de lettres de Charles VII, du 6 novembre (3).

1460. — Villefranche-de-Périgord (de Belvès). — On avait aussi commis des violences à Villefranche-de-Périgord (de Belvès), et c'étaient le substitut du procureur du roi et le châtelain de Dome qui en étaient accusés. L'affaire fut portée devant le juge-

---

(1) Inventaire des archives de Sarlat à la suite des antiquités du Périgord et du Sarladais, par le chanoine Tardes.

(2) Pièce originale.

(3) Arch. de l'au. 3ᵉ inv., prép. P. et L., l. 507, nº 14.

mage, à Périgueux ; mais on ne dit pas comment elle se termina (1).

Saint-Amand-de-Coly. — Les habitants de Saint-Amand-de-Coly se refusaient à payer leur quote-part des 1,000 l. octroyées à la comtesse de Périgord. Il fallut les poursuivre devant le sénéchal (2).

Au mois de juillet, le roi accorda à cette même comtesse de Périgord, par l'entremise de ses tuteurs, des lettres qui la dispensaient de plaider devant le juge-mage de Périgueux (3).

Lisle. — Les privilèges de Lisle furent confirmés (4).

Saint-Cernin-de-l'Erme. — En novembre, Antoine du Sermet (5) fit hommage au roi, de Saint-Sernin-des-Bois (ou de l'Erme) et de cens et rentes à Villefranche-de-Périgord (6).

1461. — Montignac. — Nous n'avons rien pour la partie de l'année 1461, pendant laquelle vécut encore Charles VII, sauf quelques détails sur les affermes de la châtellenie de Montignac (7), et des lettres du comte de Périgord, comme lieutenant du roi en Guienne, par lesquelles, en retour de ce qu'ils ont remis le château de Biron sous l'autorité du roi de France, et se sont faits français, il donne à Maurigou de Biderau et à Guicharnaud son fils, le château de Roussille, conformément à la promesse qu'il leur avait faite (8).

---

(1) Arch. nat., reg. du tr. des ch., coté 190, p. 28.
(2) Arch. de Pau, 3ᵉ inv. prép. P. et L., 1. 541, nᵒ 9.
(3) Arch. de Pau, 3ᵉ inv. prép. P. et L., 1. 495, nᵒ 4.
(4) Rec. des ord. des R. de Fr., t. xiv, p. 495.
(5) Le château de Sermet est dans la commune de Loubejac.
(6) Arch. du royaume, ch. des comptes, Languedoc, p. 115.
(7) Arch. de Pau, 3ᵉ inv., prép., P. et L., 1. 473 nᵒ 6.
(8) Ibid., ibid., 1. 526, nᵒ 1.

L'Appendice mentionné en note, à la page 45 du présent volume, se trouvera à la fin du 3ᵉ volume.

TABLE DES MATIÈRES

Pages.

LIVRE IV.

CHAPITRE Iᵉʳ. — Événements de 1250 à 1400............ 1
CHAPITRE II. — Périgueux, Sarlat, etc.................. 38
CHAPITRE III. (1) — Mouvement religieux............... 72

LIVRE V.

CHAPITRE Iᵉʳ. — Le comte du Périgord et Périgueux...... 81
CHAPITRE II. — Guerre de cent ans..................... 157
CHAPITRE III. — La guerre de Cent ans en Périgord...... 204
CHAPITRE IV. — Mouvement religieux.................... 240
CHAPITRE VI. — De l'administration en Périgord......... 243

LIVRE VI.

LE PÉRIGORD PENDANT LA GUERRE DE CENT ANS

CHAPITRE Iᵉʳ.. 252
CHAPITRE II... 295
CHAPITRE III.. 330
CHAPITRE IV... 359
CHAPITRE V.. 374
CHAPITRE VI. — Mouvement religieux................ 385

LIVRE VII

CHAPITRE Iᵉʳ... 392

---

(1) C'est par erreur que, dans le corps du livre, les chapitres II et III portent les nᵒˢ III et IV.

www.ingramcontent.com/pod-product-compliance
Lightning Source LLC
Chambersburg PA
CBHW070204240426
43671CB00007B/545